T0303447

SOCIOLOGÍA

Una desmitificación

Antonio Cruz

Editorial CLIE
M.C.E. Horeb, E.R. n.º 2.910-SE/A
C/Ferrocarril, 8
08232 VILADECAVALLS (Barcelona) ESPAÑA
E-mail:libros@clie.es
Internet: http://www.clie.es

SOCIOLOGÍA una desmitificación
© Antonio Cruz, 2001

Guía de estudio Sociología: una desmitificación
© Logoi, Inc., 2002
Guía preparada por la Facultad Latinoamericana de Estudios Teológicos.

ISBN: 978-84-8267-259-5

Clasifíquese: 65 TEOLOGÍA:
Pensamiento Cristiano
C.T.C. 01-01-0065-08
Referencia: 22.43.93

CONTENIDO

PRÓLOGO 5

Parte I
INTRODUCCIÓN A LA SOCIOLOGÍA 7

1. ¿Se trata de una ciencia? 11
2. Objetivo de la sociología 13
3. Métodos de la sociología 15
4. Origen de la sociología 19
5. Los padres fundadores 23
6. Características de los planteamientos primitivos 27
7. La sociología en el siglo XXI 29
8. ¿Es sociable el ser humano? 35
9. El proceso de socialización 37
10. Estructura social, estatus y rol 39
11. Familia y Estado 41
12. Valores y normas 43
13. Clases sociales 45
14. Conflicto social 47
15. Cambio social 49
16. Religión 51
17. Sociología y cristianismo 55
18. De la utopía al mito social 59

Parte II
DIEZ MITOS CLAVE DE LA MODERNIDAD 61

1. NICOLÁS MAQUIAVELO (1469-1527): 65
2. RENÉ DESCARTES (1596-1650): 79
3. THOMAS HOBBES (1588-1679): 93
4. JOHN LOCKE (1632-1704): 109
5. JEAN-JACQUES ROUSSEAU (1712-1778): 137
6. GEORG W.F. HEGEL (1770-1831): 157
7. AUGUSTE COMTE (1798-1857): 169
8. CHARLES R. DARWIN (1809-1882): 187
9. KARL MARX (1818-1883): 231
10. SIGMUND FREUD (1856-1939): 269

LOS MITOS SOCIALES A LA LUZ DE LA BIBLIA 297

Parte III
GLOBALIZACIÓN Y PROTESTANTISMO 309

1. ¿Globalización o mundialización? 315
2. El mundo desbocado de la sociedad red 319
3. Antecedentes históricos de la globalización 321
4. Economía sin fronteras 325
5. Nacionalismo *versus* globalización 327
6. Las hormigas de Yanagi y el caballo de Troya de Ramírez 331
7. La aceleración de la historia 335
8. Diáspora globalizadora 337
9. Globalización ecológica 339
10. Cambios en la familia y crisis de interioridad 341
11. Ventajas y peligros de un mundo global 345
12. Futuro de la globalización en el siglo XXI 351
13. Cristianismo y mundialización 355
14. La iglesia ante el peligro del "pensamiento único" 357
15. El líder cristiano en un mundo global 361
16. El retorno de la religión 367
17. Cambios dentro del cristianismo 369
18. Perversiones del protestantismo actual 371
19. ¿Cómo será el cristianismo del futuro? 389
20. La pastoral cristiana en el tercer milenio 393
21. Valores evangélicos para un mundo globalizado 397
22. El reto de las relaciones interconfesionales
    y el diálogo interreligioso 401

CONCLUSIÓN 407

ÍNDICE ONOMÁSTICO Y DE CONCEPTOS 413

BIBLIOGRAFÍA 428

GUÍA DE ESTUDIO 437

MANUAL PARA EL FACILITADOR 469

PRÓLOGO

Decía el escritor italiano Giovanni Papini que "la mitad de los libros que se escriben no se venden. La mitad de los que se venden no se leen. La mitad de los que se leen no se entienden y la mitad de los que se entienden, se entienden mal." Espero que el pesimismo de este polémico autor no se haga realidad también en esta obra que tienes en las manos, querido lector. *Sociología* es un intento de aproximación a la realidad social que envuelve al mundo protestante contemporáneo. Se dirige preferentemente a quienes están sensibilizados y se interesan por la situación actual del Evangelio en plena globalización. He escrito pensando sobre todo en los pastores y líderes cristianos, así como en los estudiantes de teología o de otras materias, que desean profundizar en la perspectiva bíblica acerca de los mitos sociales que mueven todavía a la sociedad occidental. Creo que todos ellos encontrarán en estas páginas suficientes motivos para la reflexión y la inspiración personal. Pero faltaría a la verdad si no confesara que, a la vez, me mueve también el deseo de que la lectura de este libro pueda contribuir a la superación de los errores y los comportamientos equivocados que se están produciendo en el seno de muchas congregaciones evangélicas, como consecuencia de la introducción de ciertas ideas ajenas a la Biblia y de ciertos mitos propios de la cultura secular de nuestro tiempo. En este sentido se pretende también empezar a equilibrar el déficit sociológico que existe en la literatura protestante hispanoamericana.

Las relaciones entre la sociología y la teología siempre han sido muy tensas, debido al empeño de la mayoría de los sociólogos por negar la presencia divina y no querer ver en la religión más que una construcción humana. Sin embargo, lo cierto es que ninguna de esta dos importantes ramas del saber (teología y sociología) constituyen una ciencia unitaria que posea un conjunto definido de principios y una metodología universalmente aceptada. En el estudio de lo social hay muchas perspectivas teóricas distintas que no resulta fácil reconciliar entre sí y que suelen provocar importantes controversias. De manera que, el sociólogo, en tanto que investigador, debe procurar dejar a un lado sus preferencias personales y buscar siempre unas conclusiones que sean demostrables para todo el mundo. Evidentemente la existencia de Dios y la autenticidad de las relaciones religiosas no pueden demostrarse ni refutarse mediante la metodología sociológica. En el presente trabajo se parte de esta realidad y se acepta que aunque la fe cristiana es una dimensión simbólica que se refiere siempre a la idea de un Dios absoluto, como afirma el sociólogo Durkheim, no es posible reducirla a "nada más" que eso, a una simple proyección de la mente humana. Este reduccionismo simbólico no es capaz de captar de manera adecuada el cristianismo desde el punto de vista sociológico. La fe en Jesús como Hijo de Dios es mucho más que un mero exudado de la mente del hombre.

Antes de entrar en tales valoraciones ha sido necesario, por tanto, definir qué es sociología. Conocer su origen y sus principales métodos de estudio. Preguntarse acerca de la sociabilidad del ser humano y explicar las principales realidades sociales existentes. Todo ello se ha llevado a cabo en la primera parte de esta obra. Los principales mitos sociales que han marcado el mundo moderno llegando hasta el presente, constituyen la segunda parte del libro. Las ideas sociales de Maquiavelo, Descartes, Hobbes, Locke, Rousseau, Hegel, Comte, Darwin, Marx y Freud forman un decálogo que se contrasta en cada caso con la doctrina bíblica respectiva, tanto del Antiguo como del Nuevo Testamento. Se pasa revista así a mitos que afirman cosas como que el fin justifica los medios empleados; que la mente del hombre es la fuente de toda verdad; que los gobernantes deben tener poder absoluto sobre su pueblo; que la propiedad privada es tan sagrada como la vida humana; que el hombre es bueno por naturaleza y la guerra necesaria para el progreso de la humanidad; que las personas modernas ya no necesitan a Dios y que hemos evolucionado a partir de los animales; que los pobres heredarán al final la tierra y, en fin, que la religión surgió como consecuencia de sentimientos de culpabilidad del ser humano primitivo, ideas todas ellas contrarias a lo que manifiesta la revelación bíblica.

La tercera parte estudia la influencia que tales mitos de la modernidad han tenido en el cristianismo de la época postmoderna y, en particular, sobre el protestantismo actual. Se señalan algunas de las principales perversiones a que han dado lugar y la urgente necesidad de una reforma de tales actitudes equivocadas. Para ello se realiza el correspondiente análisis del proceso de globalización contemporáneo así como de sus implicaciones económicas, culturales, políticas, sociales y religiosas. La perspectiva del futuro que le espera al cristianismo, así como el tipo de pastoral que habrá que practicar para continuar transmitiendo los valores de la fe a una sociedad mundializada y el reto del diálogo interconfesional, cierran la tercera parte que lleva por título: modernidad y globalización en el protestantismo actual. En la conclusión se resalta la figura de Cristo como Dios humanado y, por tanto, socializado con el propio ser humano. Hacia él debe encaminarse cualquier intento de sociología cristiana. El libro finaliza con preguntas para la reflexión y la evaluación, un índice onomástico y de conceptos importantes, así como la lista bibliográfica utilizada.

Me resta finalmente agradecer a mi hermano Alfonso Cruz, como ya viene siendo tradicional en mis libros, su magnífica aportación artística que constituye la portada [edición 2001]. Primer reclamo que puede llamar la atención de cualquier posible lector. Y también la ayuda de Eliseo Vila, quien muy amablemente puso a mi disposición materiales propios y de su biblioteca personal que fueron útiles sobre todo en la elaboración de la tercera parte de esta obra. Con ambos estoy en deuda.

Terrassa, abril del 2001
Antonio Cruz

Parte I

INTRODUCCIÓN A LA SOCIOLOGÍA

¿QUÉ ES SOCIOLOGÍA?

La palabra "sociología" apareció impresa por primera vez en el *Curso de filosofía positiva* del pensador francés Auguste Comte, obra publicada en el año 1838. No obstante, el término se venía utilizando ya desde hacía catorce años en la correspondencia que su creador –el propio Comte– mantenía con ciertos colegas y amigos. La idea comtiana fue crear una disciplina para estudiar las sociedades humanas y todos los fenómenos sociales que en ellas se daban, pero que fuera diferente a todo lo que hasta entonces se había hecho. Se trataba de aplicar el método científico, que tan buenos resultados estaba dando en el estudio de la naturaleza, a los comportamientos humanos en colectividad. Constituir una especie de *física de la sociedad* que investigara la realidad social, de la misma forma en que las ciencias naturales observaban a los organismos vivos. Es decir, como entidades autónomas con conductas fácilmente mensurables o sometidas a determinadas leyes que podían ser estudiadas y pronosticadas.

Hoy tal pretensión puede parecer exagerada ya que la comparación entre un ser vivo y cualquier sociedad humana presenta notables lagunas e inconvenientes cualitativos. Sin embargo, en aquella época este intento, aunque en principio equivocado, sirvió para hacer germinar la semilla de la metodología científica en el estudio de la sociedad. Comte creía que tal sociología sería la última de las ciencias positivas que, como la física, la astronomía, la química o la biología, habría conseguido liberarse de la "opresión" de la metafísica y de la propia teología. Más adelante, cuando se trate acerca del mito de los tres estados de la humanidad, se abundará en esta particular concepción de Comte.

Conviene aclarar, de momento, que la sociología como estudio de la realidad social no nace con Auguste Comte (1798-1857), sino que desde los antiguos pensadores griegos hasta los enciclopedistas franceses fueron muchos los que se interesaron por el comportamiento del hombre en sociedad. Incluso en las mismas páginas de la Biblia se informa también sobre un "sociólogo incipiente", el profeta Amós. Su libro ofrece una rigurosa descripción de la sociedad israelita de aquella época y denuncia las injusticias sociales de que eran víctimas los judíos más pobres. Amós hace gala de un fino conocimiento social y propone como causa principal del problema, la decadencia religiosa en que habían caído los dirigentes de Israel. La creencia en el único Dios que postulaba el yahvismo se estaba transformando en un paganismo grosero y materialista. De manera que Amós, el primer sociólogo bíblico, concluye que la solución a la violación del orden social en su época, sólo podía venir de la reflexión, el arrepentimiento y el retorno al Dios de Israel, Dios de la historia y Dios de la justicia.

Por el contrario, las resoluciones sociológicas de Comte, en pleno siglo XIX, son radicalmente opuestas a las del profeta Amós. Si éste propuso como solución social una vuelta a la fe en el Dios de la Biblia, el filósofo francés concebirá la sociología como una ciencia con la misión de convertirse en sustituta secular de la religión. Los padres fundadores de esta religiosidad sin Dios predicarán los ideales de la Ilustración francesa para reformar la sociedad. El proceso de secularización se solapará con el desarrollo de la nueva religión científica y el nacimiento de la sociología coincidirá también en el tiempo con la aparición de la sociedad industrial en Europa y con los conflictos originados por la implantación de las distintas clases sociales. De manera que el nuevo estudio de la sociedad surgirá con la aspiración de usurpar el papel a las religiones oficiales; imponer una creencia laica en el mundo presente, como lugar susceptible de llegar a ser un auténtico paraíso terrestre, porque el "más allá" no existiría; despertar la esperanza en una nueva humanidad capaz de arreglarse por sí misma sin las muletas de la fe cristiana; instituir, en fin, una especie de cristianismo pero sin Cristo. ¡Todo un proyecto ambicioso y bastante utópico!

1 ¿SE TRATA DE UNA CIENCIA?

Auguste Comte y los primeros fundadores de la sociología estaban convencidos de que ésta era una ciencia positiva como el resto de las ciencias experimentales. No obstante, antes de responder a tal pregunta conviene saber qué se entiende hoy por ciencia. En el estudio de la naturaleza se considera que un trabajo es científico cuando sigue una metodología particular que permite la experimentación, el análisis de datos, la elaboración de teorías y la comprobación o refutación lógica de los diferentes argumentos. ¿Puede todo esto aplicarse al estudio de las sociedades humanas? ¿es posible experimentar con el hombre como se hace con las cobayas?

Resulta obvio que no es lo mismo investigar plantas, animales o fenómenos físicos que hacerlo con el propio ser humano. Las personas pueden modificar libremente su comportamiento cuando son conscientes de que alguien las está estudiando. Es difícil experimentar de forma controlada con grupos humanos. En ocasiones pueden aparecer también inconvenientes de carácter técnico o incluso moral. No sería ético, por ejemplo, mantener aislados a un grupo de bebés durante algunos años con el fin de comprobar cómo reaccionan frente a la falta de estímulos maternos. Los descubrimientos de los estudios sociológicos no deben tampoco generalizarse, ya que pueden estar sometidos a grandes variaciones de carácter cultural, geográfico o temporal. Es muy arriesgado hacer predicciones sociológicas, ya que éstas suelen presentar casi siempre un cierto grado de subjetivismo. Y, desde luego, conviene también tener en cuenta qué valores sustenta el investigador social, pues éstos pueden condicionar su trabajo o sus conclusiones finales.

Todo esto lleva a la conclusión de que al ser tan diferente el objeto de estudio de la sociología y de las ciencias físico-naturales, no es posible emplear en ambas disciplinas el mismo método. La sociología no es una ciencia en el sentido que pueda serlo la biología o la física. El ser humano es mucho más complejo que un animal o una máquina y, por tanto, requiere también una metodología de estudio muy especial y variada. Esto significa, por otro lado, que toda aproximación al fenómeno social debe hacerse desde un auténtico "acto de fe". Un postulado que afirma la existencia del llamado "orden social". Es decir, se supone que en la sociedad hay orden y que este orden puede ser estudiado. Sin este acto de fe inicial no sería posible investigar la vida humana en sociedad. De ahí que la sociología pueda ser definida como la disciplina del orden y del desorden sociales.

En cualquier caso, actualmente se reconoce que, "tanto el objeto material de estudio –de la sociología– como su estatuto científico son aún objetos de constante debate" (Giner, 1998: 706). Algunos filósofos de la ciencia, como Khun, Lakatos y Feyerabend, sostienen que la ciencia no es pura teoría sino que está condicionada también por elementos extra-científicos que pueden ser de carácter práctico o social. Tales concepciones sugieren, por tanto, que la sociología no es capaz de conocer la verdad de las cosas únicamente observándolas. Tiene que partir del establecimiento de sus propios problemas y dudar de todo lo que a primera vista parezca evidente. De manera que la perspectiva sociológica es parcial, ya que aporta un determinado punto de vista que puede ser tan bueno como los que proporcionan, por ejemplo, la historia, la psicología, la economía o cualquier otra disciplina que incida en lo social. De ahí que su análisis tenga que ser crítico, pues se introduce en aquellos aspectos oscuros o que permanecen escondidos, con el fin de desenmascararlos para mostrar la estructura interna de la sociedad.

Teniendo esto en cuenta, todavía resultan menos comprensibles las actitudes de ciertos autores. Cuando algunos sociólogos generalizan, afirmando alegremente cosas como por ejemplo que la religión es un invento de las clases dominantes para mantener oprimidos a los pobres, abandonan automáticamente el rigor del sociólogo para convertirse en ideólogos de su propia opinión. Los estudios sociológicos no podrán demostrar jamás que la fe cristiana sea un invento humano o que Dios haya sido creado por el hombre, a su imagen y semejanza, como algunos pretenden. Esto es algo que escapa, y escapará siempre, a cualquier metodología mínimamente científica.

2 OBJETIVO DE LA SOCIOLOGÍA

La sociología no pretende transformar la sociedad sino sólo hacerla comprensible. En esto se diferencia de tantas ideologías y también, por supuesto, del cristianismo que busca poner al hombre en paz con Dios. El sociólogo debe despojarse, por tanto, de todo juicio previo y ponerse en el lugar de los demás o en el interior de determinadas circunstancias sociales. Quien no actúa así, no puede pretender que sus estudios y deducciones sean verdaderamente sociológicas. Si la existencia del individuo es el reflejo de las múltiples experiencias vividas en sociedad, entonces la sociología se ocupa de estudiar al ser humano en tanto que éste se asocia, se une a otros y crea así instituciones sociales.

Sin embargo, el estudioso de la realidad social no puede ser tampoco un mero espectador que observe desde la distancia sin implicarse en dicho estudio. Su actitud debe ser doble: preguntar a la sociedad y dejarse preguntar por ella. De manera que el trabajo del sociólogo tiene como objeto descubrir todo el conjunto de relaciones que se dan en el seno de la sociedad. Su labor es interesarse por los problemas individuales y colectivos para descubrir las grandes tendencias estructurales que hay detrás de ellos y poder así informar a la opinión pública. Por tanto, las *ciencias sociales* pueden definirse como el conjunto de materias que tienen por objeto el estudio de los fenómenos sociales desde una perspectiva puramente científica. Entran dentro de esta definición las siguientes disciplinas: economía, demografía, lingüística, ciencias políticas, antropología social y cultural, psicología social, historia y sociología. Todas ellas estudian al ser humano como ser social pero sólo la última, la sociología, se pregunta por el motivo mediante el cual los seres humanos se mantienen unidos a pesar de que sus relaciones sean, a veces, conflictivas. Los estudios sociales pretenden descubrir los mecanismos mediante los cuales las personas dan sentido a sus experiencias sociales y a su capacidad para vivir de forma organizada en sociedad.

3 MÉTODOS DE LA SOCIOLOGÍA

El método de una ciencia es el camino que debe recorrer la mente humana para conseguir un objetivo. Este camino procura apartarse siempre de la arbitrariedad o la casualidad para adentrarse en el orden, la planificación y la sistematización. En sociología existen básicamente tres tipos de métodos: los empiricoanalíticos, el hermenéutico y los criticorracionales. Los primeros se subdividen a su vez en dos tipos: los métodos cuantitativos y los cualitativos.

a) Métodos empiricoanalíticos

a.1) Cuantitativos

Estos métodos siguen el camino propio de las ciencias de la naturaleza. Es decir, intentan explicar un determinado fenómeno a partir del conocimiento de las causas que lo producen y después generalizan el resultado. Se basan en la observación del objeto a estudiar (individuos, grupos, instituciones o toda la sociedad) y en el empleo de las matemáticas. Los métodos cuantitativos de observación directa más importantes son las *encuestas*, el *muestreo* y la *estadística*. En las encuestas se recoge información por medio de preguntas pensadas con un fin determinado. En las muestras o muestreos se selecciona un porcentaje de individuos dentro de una población más amplia y se les pasa una encuesta cuyos resultados se generalizarán a toda la población. Las estadísticas permiten organizar los datos recogidos para analizarlos y obtener las características de la población estudiada. A pesar de que todos estos métodos suelen considerarse muy precisos es conveniente reconocer que el grado máximo de precisión o de predicción no se ha conseguido. Hay que tener en cuenta que la conducta de los individuos es libre y que las intenciones o los valores de las personas no se pueden cuantificar. De ahí la necesidad de complementar tales métodos con los cualitativos.

a.2) Cualitativos

Son métodos empiricoanalíticos que se utilizan sólo para el estudio de casos concretos y no pretenden la generalización. Se trata de las *entrevistas* que consisten en una conversación entre dos personas cuyo fin es obtener información por medio de preguntas que pueden ser abiertas o cerradas; y las *historias de vida* que son también entrevistas pero no suelen estar dirigidas por el entrevistador, sino que se deja toda la iniciativa a la persona entrevistada para que sea ella quien explique las experiencias que ha tenido a lo largo de su vida.

b) Método hermenéutico

La hermenéutica es el arte de interpretar textos o documentos. El primero en utilizar el método hermenéutico durante el siglo XIX fue Schleiermacher y lo hizo para interpretar el mensaje de la Biblia o el sentido que tenía los textos sagrados. Después se aplicó también a la interpretación de textos jurídicos, filosóficos, literarios y científicos. Para poder emplear correctamente este método es imprescindible conocer bien el contexto en el que los textos fueron escritos, así como los problemas que éstos pretendían resolver. La aplicación del método hermenéutico a la sociología pretende, por tanto, comprender el sentido de las acciones humanas, para lo cual es necesario situarse dentro de los hechos en vez de observarlos desde afuera. Los partidarios de este método creían que toda realidad humana e histórica sólo podía ser correctamente interpretada si se asumía que la conciencia del investigador estaba condicionada por su propia época, su lenguaje o su cosmovisión y que era necesario aclarar previamente todos estos prejuicios para comprender la realidad. Los sociólogos que emplearon la hermenéutica pensaban que gracias a ella podían comprender una obra mejor que su propio autor y una época histórica mejor que los que vivieron en ella.

c) Métodos criticorracionales

Fue la Escuela de Frankfurt, constituida por sociólogos como Horkheimer, Adorno, Marcuse y Habermas, la que desarrolló estos métodos conocidos también como *teoría crítica*. Tales autores pensaban que los métodos anteriores no eran suficientes para el análisis de los fenómenos sociales y que, lo que había que hacer era criticar tales fenómenos para lograr que la sociedad se volviera más libre, racional, justa y humana. Los partidarios de la teoría crítica deseaban lograr que el progreso técnico y científico alcanzado por el hombre sirviera para liberar a los individuos, en vez de caer en los mismos errores del pasado. Como escribió Adorno: "que Auschwitz no se repita nunca más". La misión principal de las ciencias sociales sería, por tanto, transformar la realidad social y liberarla de la dominación que padece.

FASES DEL PROCESO DE INVESTIGACIÓN

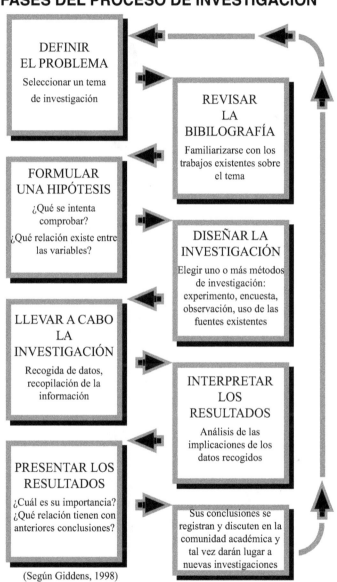

DEFINIR EL PROBLEMA
Seleccionar un tema de investigación

REVISAR LA BIBLIOGRAFÍA
Familiarizarse con los trabajos existentes sobre el tema

FORMULAR UNA HIPÓTESIS
¿Qué se intenta comprobar?
¿Qué relación existe entre las variables?

DISEÑAR LA INVESTIGACIÓN
Elegir uno o más métodos de investigación: experimento, encuesta, observación, uso de las fuentes existentes

LLEVAR A CABO LA INVESTIGACIÓN
Recogida de datos, recopilación de la información

INTERPRETAR LOS RESULTADOS
Análisis de las implicaciones de los datos recogidos

PRESENTAR LOS RESULTADOS
¿Cuál es su importancia?
¿Qué relación tienen con anteriores conclusiones?

Sus conclusiones se registran y discuten en la comunidad académica y tal vez darán lugar a nuevas investigaciones

(Según Giddens, 1998)

4 ORIGEN DE LA SOCIOLOGÍA

La sociología nació, según se ha mencionado, con la finalidad primordial de sustituir a la religión en la época moderna. Pero ¿por qué este deseo de acabar con las instituciones religiosas? La raíz del problema fue la deformación del mensaje bíblico a que habían llegado las iglesias cristianas del momento. Lo que predicaba el clero no era el Evangelio revolucionario de Jesucristo, capaz de cambiar a las personas, sino todo lo contrario, el mantenimiento del orden social existente. Una teología de la resignación que justificaba las estructuras sociales de los regímenes absolutistas y fomentaba la apatía social en el pueblo. Esta fue una de las causas del oscurantismo de la época, contra el que se rebelaron los filósofos de la Ilustración, desde finales del siglo XVII. Pensadores franceses, ingleses y alemanes, se opusieron al viejo orden social y religioso. La nueva ciencia que defendían se veía como la salvadora del ser humano. Se creía que el poder absoluto de la razón rescataría a la humanidad de la superstición religiosa y de las injusticias sociales que ésta había producido. En tan especial caldo de cultivo fue donde germinó, a principios del siglo XIX, la primitiva sociología.

No obstante, a ello contribuyeron también los planteamientos teológicos de la Reforma protestante. Si en el viejo orden medieval católico se creía que el ser humano había sido creado por Dios para obedecerle y que la voluntad de la divinidad se transmitía sólo por medio de interlocutores humanos pertenecientes al clero religioso a los que no se podía discutir, como eran papas, obispos y sacerdotes, ahora los reformadores afirmarían que cada creyente es un sacerdote y que todos los hombres son iguales delante de Dios. Esto promovía una mayor igualdad social y daba pie al desarrollo de la idea del género humano como unidad fundamental, a pesar de las diferencias culturales, lingüísticas o raciales. Pero, con el fin de que tal unidad llegara a ser una realidad, había que dar un paso más. Era menester superar el retraso de los pueblos y lograr un progreso solidario. El ideal del progreso llegó a transformarse así, poco a poco, en la nueva religión del hombre secularizado.

El peligro de las ideas humanas que progresivamente adquieren formas religiosas es que tarde o temprano acaban por volverse contra el propio hombre. Ciertos filósofos, como Voltaire, vieron en las enseñanzas de Jesús la causa original de las injusticias sociales cometidas por las clases gobernantes. Confundiendo el mensaje de Cristo con el evidente comportamiento corrupto de la Iglesia del momento, los enciclopedistas franceses acusaron a Jesucristo de ser el principal enemigo de la tolerancia religiosa, que habría roto la creación artística y la felicidad inicial propuesta por los pensadores del mundo antiguo. El cristianismo fue entendido como promotor de barbaries, torturas inquisitoriales, guerras de religión, cruzadas y bandolerismos de todo tipo. Por tanto, la solución consistía en terminar con todo eso. Aplastar a las clases sociales dominantes porque, al sustentar tales creencias religiosas, se habían hecho enemigas del progreso general de toda la sociedad. Había que terminar con la injusticia, el engaño, el derecho a la propiedad privada, el derecho divino de los reyes, los privilegios de la Iglesia y de las familias poderosas. Mediante tales ideas el escenario para la Revolución francesa estuvo ya preparado.

El nacimiento de la sociología se produjo, por tanto, en medio de un ambiente de sublevación. Revolución en el mundo de las ideas y revolución también en el mundo laboral. La trayectoria iniciada por la Ilustración culminó en el siglo XIX con la idea de progreso. Los sociólogos se convirtieron en los sacerdotes de este progreso, una creencia secularizada que venía a sustituir –según se decía– la fe en la salvación cristiana. Mientras tanto, la revolución del trabajo transformó las fábricas en el nuevo hogar de los obreros y generó toda una serie de problemas sociales que fueron estudiados minuciosamente por los principales padres de la sociología: Marx, Durkheim y Weber.

El catedrático español, Juan González-Anleo, se refiere al carácter religioso de esta primitiva sociología en los siguientes términos:

"*La nueva religión* aspiraba a convertirse en un cristianismo sin religión y sin Dios, es decir, en una religión o forma religiosa triplemente secularizada: *laicizada,* pues ha suprimido todo vestigio del sacerdocio y de ingredientes eclesiales; *temporalizada,* pues se ha desembarazado de los más-allás extramundanos; y *milenarizada,* ya que propone a una "nueva" humanidad la peligrosa misión de arreglarse por sí misma para vivir por su cuenta en una gran fiesta planetaria en la que el mundo –milagrosamente reconstruido por la nueva élite sacerdotal de los sabios y de los señores del saber sociológico– será el único templo, y el hombre planetario el supremo oficiante" (González-Anleo, 1994: 48).

El francés Claude-Henri, conde de Saint-Simon (1760-1825), fue quien inspiró en Comte esta especie de "sociocracia" que mezclaría la ciencia, la filosofía y la fe para desembocar pronto en una auténtica "sociolatría". Una religión sociológica sin futuro ni fundamento. No obstante, Comte creía que la sociología contribuiría indudablemente al bienestar de la humanidad porque permitiría predecir y mejorar el comportamiento del ser humano. Hacia el final de sus días se dedicó incluso a elaborar estrategias para arreglar la sociedad francesa. Hoy, sin embargo, la sociología ha cambiado mucho. Ya no se dedica a responder las preguntas existenciales. No aspira –como se verá– a ser sustituta de la fe o de la religión. Aunque esto no significa que algunos sociólogos contemporáneos no continúen todavía manteniendo los mismos mitos y prejuicios de antaño frente al origen de la fe cristiana. Creer o no creer es una opción personal que sigue estando presente en la filosofía que sustenta ciertos trabajos sociológicos.

Entre las principales obras que han contribuido decisivamente al origen y consolidación de la sociología, se pueden señalar las siguientes:

OBRAS EMBLEMÁTICAS DE LA SOCIOLOGÍA

1776.- A. SMITH, *The Wealth of Nations* (ed. cast.: *La riqueza de las naciones,* Alianza Editorial, Madrid, 1994).

1798.- T.R. MALTHUS, *An essay on the principle of Population,* (ed. cast.: *Primer ensayo sobre la población,* Alianza Editorial, Madrid, 1966).

1838.- A. COMTE, *Cours de philosophie positive,* Rouen, París (ed. cast.:*Curso de filosofía positiva,* Aguilar, Madrid, 1973).

1867.- K. MARX, *Kapital,* (ed. cast.: *El capital,* 3 tomos, Fondo de Cultura Económica, México, 1974).

1874.- H. SPENCER, *The Principles of Sociology* (ed. cast.: *Principios de sociología,* 2 vols., Revista de Occidente Argentina, Buenos Aires, 1947).

1893.-E. DURKHEIM, *De la division du travail social: étude sur l'organisation des sociétés supérieures,* Paris (ed. cast.: *La división del trabajo social,* Akal, Madrid, 1982).

1899.- T. VEBLEN, *The Theory of the Leisure Class.*

1900.- G. SIMMEL, *Philosophie des Geldes,* Dunker & Humblot, Leipzig (ed. cast.: *Filosofía del dinero,* Instituto de Estudios Políticos, Madrid, 1977).

1902.- C.H. COOLEY, *Human Nature and the Social Order,* New Brunswick U.S.A., Transaction Books, Londres, 1983.

1906.- W.G. SUMMER, *Folkways: A Study of the Sociological Importance of Usages, Manners, Customs. Mores and Morals,* Nueva York, Dover.

1916.- V. PARETO, *Trattato di Sociologia Generale* (*Escritos sociológicos,* Alianza Editorial, Madrid, 1987).

1922.- M. WEBER, *Witischaft und Gesellschaft,* Tubinga, J.C.B. Mohr (ed. cast.: *Economía y sociedad,* F.C.E. México, 1944).

1925.- R.E. PARK y E.W. BURGUESS, *The City,* Chicago, University of Chicago Press.

1934.- G.H. MEAD, *Mind, Self and Society* (ed. cast.: *Espíritu, persona, sociedad. Desde el punto de vista del conductismo social,* Ed. de Charles W. Morris, Paidós, Barcelona, 1981).

1936.- K. MANNHEIM, *Ideology and Utopia*, Nueva York (ed. cast.: *Ideología y utopía*, F.C.E., México D.F., 1941).

1949.- R.K. MERTON, *Social Theory and Social Structure*, Nueva York (ed. cast.: *Teoría y estructura sociales*, F.C.E., México D.F., 1964).

1950.- A.H. HAWLEY, *Human Ecology: A theory of Community Structure*, Nueva York, Ronald Press Company (ed. cast.: *Ecología humana*, Tecnos, Madrid, 1982).

1950.- G.C. HOMANS, *The Human Group* (ed. cast.: *El grupo humano*, Eudeba, Buenos Aires, 1977).

1951.- T. PARSONS, *The Social System*, Free Press, Nueva York (ed. cast.: *El Sistema Social*, Alianza Editorial, Madrid, 1988).

1955.- P.M. BLAU, *The Dynamics of Burocracy*, Chicago, University of Chicago Press.

1956.- C.W. MILLS, *The Power Elite* (ed. cast.: *La élite del poder*, Fondo de Cultura Económica, México, 1960).

1956.- S.N. EISENSTADT, *From Generation to Generation*, Free Press, Nueva York.

1957.- R. DHARENDORF, *Soziale Klassen und Klassenkonflikt in der industriellen Gesellschaft* (ed. cast.: *Las clases sociales y su conflicto en la sociedad industrial*, Rialp, Madrid, 1974).

1959.- E. GOFFMAN, *The Presentation of Self in Everyday Life*, Doubleday Anchor, Nueva York (ed. cast.: *La presentación de la persona en la vida cotidiana*, Amorrortu, Buenos Aires, 1981).

1963.- P.L. BERGER, *Invitation to Sociology* (ed. cast.: *Introducción a la sociología. Una perspectiva humanística*, Limusa, México, 1967).

1967.- H. GARFINKEL, *Studies in Ethnomethodology*, Englewood Cliffs, Prentice Hall, New Jersey.

5 LOS PADRES FUNDADORES

Tres son los pensadores de la cuestión social cuyos nombres sobresalen en casi todos los libros de sociología: Karl Marx, Émile Durkheim y Max Weber. Cada uno de ellos se formuló cuestiones acerca de la naturaleza humana y de las estructuras de la sociedad. Las respuestas a las que llegaron han sido importantes durante todo el siglo xx y algunas continúan manteniendo su relevancia para la sociología actual, aunque otras se han ido desvaneciendo al compás de los últimos cambios sociales.

Karl Marx (1818-1883) se centró en los acontecimientos económicos provocados por la Revolución industrial, así como en la relación existente entre éstos y las instituciones sociales. Desde su concepción materialista del mundo llegó a la conclusión de que el principal motor que movía la historia no era el de los valores, las creencias o las ideas de los hombres, sino el de la economía. El mayor impulsor del desarrollo histórico sería el conflicto de intereses materiales existente entre ricos y pobres. De ahí que su propuesta social fuera la lucha de clases hasta alcanzar el perfecto socialismo, la sociedad igualitaria. Es decir, la sustitución del capitalismo por la sociedad sin clases. Esto se conseguiría, según Marx, haciendo que el sistema económico de las naciones fuera de propiedad comunal.

La influencia del pensamiento marxista ha sido muy importante durante todo el siglo xx. Casi la tercera parte de las naciones del mundo han intentado llevar a la práctica tales principios. Incluso en el ámbito de las creencias religiosas las ideas de Marx han ejercido también su poder, como lo demuestra el éxito alcanzado por la teología de la liberación dentro del catolicismo. No obstante, los últimos cambios sociales de Occidente se han aliado con ciertas hipótesis científicas sobre el origen del universo para arrastrar los fundamentos que sustentaban el edificio del marxismo. La teoría cosmogónica del Big Bang y la reciente caída del comunismo soviético han corroído los principales pilares marxistas, su credo y su aplicación. El planteamiento que aceptan hoy la mayoría de los científicos sostiene que la materia no es eterna como proponía el materialismo, sino que tuvo un principio. A partir de la nada (o del "superátomo primigenio") se produjo la Gran Explosión que habría originado todo el cosmos existente. El segundo acontecimiento, consumado con la caída del muro de Berlín en 1989, supuso el reconocimiento de la incompetencia humana para crear la sociedad igualitaria que pretendía la utopía de Marx.

Émile Durkheim (1858-1917) fue un pensador francés cuyas obras han tenido una influencia decisiva en la sociología moderna. Su propósito fue siempre intentar estudiar los acontecimientos sociales como si fueran objetos materiales. Este método hizo que sus análisis de la sociedad persiguieran siempre la misma objetividad que los estudios llevados a cabo por científicos de la naturaleza. Entre sus obras más características destacan: *La división del trabajo social,* 1893 (ed. cast.: 1982, Akal, Madrid); *Las reglas del método sociológico,* 1895 (ed. cast.: 1982, Alianza, Madrid); *El suicidio,* 1897 (ed. cast.: 1976, Akal, Madrid) y *Las formas elementales de la vida religiosa,* 1912 (ed. cast.: 1992, Akal, Madrid).

Durkheim creía que la religión, cualquier forma de religión con sus normas y prohibiciones, poseía la capacidad de crear solidaridad entre los seres humanos que la profesaban. La religión contribuiría, de alguna manera, a integrar los individuos en el grupo social. La sociedad tendría también los rasgos propios de la religión, en el sentido de ser un ente "normativo" y "coercitivo" para las personas. La sociedad sería, en cierta manera, "religión" ya que representaría la "conciencia colectiva" de los pueblos. Sin embargo, el sociólogo francés pensaba que la división del trabajo, ocurrida en el mundo moderno, estaba desplazando cada vez más a la religión como principal núcleo de cohesión social. Los seres humanos dependían cada vez menos de sus creencias religiosas y cada vez más de los bienes materiales y de los servicios que les podían proporcionar aquellos que desempeñaban otras ocupaciones.

Los cambios sociales que esta división del trabajo generó en el mundo moderno fueron tan rápidos e importantes que, en opinión de Durkheim, habrían provocado un grave trastorno social. Una enfermedad de nueva adquisición: la "anomia". Es decir, la falta de objetivos en la vida y la desesperación de no saber cuál es el sentido de la propia existencia. Al abandonar las normas morales y los valores que proporcionaba la religión, por culpa del desarrollo social, el hombre de las modernas urbes había quedado en medio de un vacío existencial y normativo que estaba originando el aumento de conductas antisociales, individualistas y claramente patológicas. Estos razonamientos le llevaron a ocuparse del problema del suicidio, entendiéndolo como demostración de la profunda infelicidad que padecían algunas personas. Durkheim creía que era precisamente esta anomia, esta ausencia de norma, vinculación y sentido vital, el principal factor social que influía en el comportamiento suicida.

Por último, **Max Weber** (1864-1920), es considerado como el tercer padre fundador de la ciencia social, a pesar de que su amplia cultura y su extensa obra no permiten clasificarlo sólo como sociólogo ya que trabajó también en cuestiones de derecho, historia y filosofía. Sus estudios fundamentales son: *El método de las ciencias histórico-sociales,* 1902; *Ensayos sobre sociología de la religión,* 1920-1921 (ed. cast.: 3 vols. 1983, 1987 y 1988, Taurus, Madrid). En el primero de tales ensayos se encuentra el más famoso de todos: *La ética protestante y el espíritu del capita-*

lismo (ed. cast.: 1995, Península, Barcelona) y, finalmente, *Economía y sociedad,* 1922 (ed. cast.: 1944, F.C.E., México).

Max Weber se opuso al materialismo histórico de Karl Marx al considerar que los conflictos económicos entre las clases sociales no eran tan decisivos para la transformación de la sociedad como éste había pensado. Se debía tener en cuenta también la influencia de la religión. Las creencias y los valores que profesaban las personas y los pueblos, ejercían asimismo un influjo importante en el cambio social. Después de dedicarse a estudiar las religiones orientales y de compararlas con el cristianismo, especialmente con las iglesias protestantes, dedujo que éstas habían desempeñado un notable papel en el origen y desarrollo de la sociedad capitalista. La concepción del tiempo y del trabajo, realizado "para la gloria de Dios", habría sido algo determinante en el progreso económico del mundo anglosajón. También Weber se referirá a la ciencia y a la burocracia como factores importantes para el desarrollo de la sociedad, ya que supondrían una cierta racionalización de la misma.

De manera que, si para Marx la religión era el opio del pueblo porque perpetuaba el inmovilismo social e impedía la revolución y la lucha de clases, para Durkheim la religión será la principal generadora de cohesión social que habría entrado en retroceso como consecuencia de la compleja división creada en el mundo laboral. Y por último, para Weber, las creencias y los valores religiosos habrían sido también uno de los principales ejes del motor del cambio social. Tres opiniones diferentes, aunque en cierto sentido complementarias, de los llamados padres de la sociología.

6 CARACTERÍSTICAS DE LOS PLANTEAMIENTOS PRIMITIVOS

Se han señalado algunos caracteres distintivos de la primera sociología que estarían ausentes de las concepciones y estudios sociológicos que se vienen realizando en la actualidad (Pérez Adán, 1997). Si al principio se trataba de una disciplina de carácter *enciclopédico*, ya que pretendía abarcar toda la vida del ser humano descubriendo leyes generales que iluminaran la razón de ser de los grandes fenómenos sociales, hoy la sociología se ha especializado. Las antiguas teorías globalizadoras que aspiraban a explicar la realidad social, o las diferentes etapas por las que habría pasado el desarrollo de la humanidad, han sido sustituidas paulatinamente por teorías de alcance medio que procuran dar razón sólo de pequeñas áreas de conocimiento. Durante las últimas décadas la sociología aplicada ha experimentado un auge muy importante. En la actualidad se realizan, por ejemplo, numerosos estudios de audiencia, sondeos de opinión pública, investigaciones electorales o de mercado que poseen un evidente interés económico. De los planteamientos ambiciosos y filosóficos de antaño, que pretendían explicar el desarrollo de la humanidad, se ha pasado a una especie de ingeniería social particular y concreta.

El segundo carácter de la primitiva ciencia social fue su acentuado *evolucionismo*. La mayoría de los sociólogos del siglo XIX estuvieron claramente influidos por las ideas evolucionistas que Charles Darwin había propuesto en su libro *El origen de las especies* (1856). El británico Herbert Spencer (1820-1903), que tuvo una notable influencia sobre muchos de sus contemporáneos, es considerado también como uno de los padres del evolucionismo por sus intentos de interpretar la dinámica de la sociedad en base a la supervivencia de los más fuertes. Se creía que la sociedad evoluciona de forma similar a como lo hacen el resto de los seres vivos y que era necesario descubrir las leyes de esta progresiva transformación social. Sin embargo tal "dar-winismo social", que podía llevar fácilmente a justificar desde el punto de vista moral el comportamiento de los más poderosos e incluso el racismo, carece actualmente de aceptación en el mundo de las ciencias sociales. La sociología no se concibe ya como una disciplina evolucionista porque tampoco se cree que existan leyes de evolución social que puedan ser aplicables a todas las sociedades por igual.

Los primeros estudiosos de la realidad social creían también que la sociología era –según se vio– una ciencia *positiva* similar a la física o la biología. La sociedad humana se concebía así como si se tratara de un organismo natural en constante desarrollo e interacción con el medio natural. Un objeto de estudio sometido a las mismas leyes naturales que cualquier órgano animal. Hoy, no obstante, este positivismo decimonónico puede considerarse como algo superado. A lo sumo, lo que se pretende en la actualidad es equiparar la sociología a la historia, la política o la misma antropología. La mayoría de los autores son conscientes de que sus estudios sociales no deben considerarse como si pertenecieran al ámbito de las ciencias naturales.

7 LA SOCIOLOGÍA EN EL SIGLO XXI

El enfoque actual de los estudios sociológicos revela que la ciencia social contemporánea no tiene prácticamente nada que ver con lo que se entendía por sociología hace ciento cincuenta años. Si antes interesaban las respuestas globalizadoras que aspiraban a explicar toda la realidad social, su origen y su destino final, hoy predomina la humildad y la incertidumbre acerca de lo que nos deparará el futuro. Si en el pasado el germen sociológico dio a luz numerosas interpretaciones "totalistas" de la sociedad, como fueron el marxismo, estructuralismo, historicismo o culturalismo, en la actualidad se detecta más bien todo lo contrario. Una pérdida de confianza en el devenir y en los instrumentos de que se dispone hoy para analizarlo. De ahí que algunos opinen que la sociología ha entrado también en crisis.

Como señalan Josetxo Beriain y José Luis Iturrate, profesores de teoría sociológica en las universidades de Navarra y Deusto (Bilbao) respectivamente: "La sociología (actual) ..., no trata de ofrecer respuestas a preguntas existentes de ultimidad, como la religión, ni siquiera constituye un código semántico secularizado que realice funciones de substitución o de reocupación del lugar y función de otros discursos sociales como la religión o la política o la moral, desplegándose como "religión civil" o como "filosofía pública" (Beriain & Iturrate, 1998: 7). Por eso la interpretación que suelen hacer actualmente los propios sociólogos acerca de las distintas teorías sociológicas existentes, es la de "posibles formas de ver" y entender la realidad. El objetivo de la sociología no es, por tanto, el de dar una explicación total del ser humano, de la historia o de la sociedad, sino el de formular teorías particulares y proponer métodos de investigación social que pueden resultar válidos para aproximarse a la tremenda complejidad del hombre en colectividad. Sin embargo, debe admitirse que no hay nada seguro. No existe teoría que sea universalmente aceptada, más bien estamos ante una pluralidad de interpretaciones. Todas poseen pretensiones de validez. Probablemente en cada una de ellas haya algo de verdad y algo de mentira. En el siguiente esquema se pasa revista, de forma breve, a los principales enfoques teóricos de la sociología desarrollados durante el siglo xx.

La sociología contemporánea parece haberse curado en salud de la indigestión sufrida en el pasado a causa de tanta teoría y cosmovisión social. Hoy ya no se trabaja con la intención de descubrir la fórmula general que resolvería todos los problemas sociales o que explicaría definitivamente cómo son los hilos que mueven el mundo en que vivimos.

PRINCIPALES ENFOQUES TEÓRICOS
DE LA SOCIOLOGÍA

FUNCIONALISMO

–Talcott Parsons (1902-1979)

–Robert K. Merton (1910-1984)

–Igual que la función correcta de un órgano biológico repercute en el buen funcionamiento de todo el organismo, también la función de cualquier elemento social tiene consecuencias en el funcionamiento de la sociedad.

–La sociedad posee de forma inherente orden y armonía.

–La sociedad condiciona las acciones del individuo.

–**Teoría del Consenso**: para que una sociedad perviva debe existir consenso general sobre una serie de normas y valores básicos. El orden social se basa en el acuerdo tácito. El cambio social se produce de forma lenta y ordenada.

–Uno de los ejemplos sociológicos que propone Merton se refiere a los indios "hopi" de Nuevo México, quienes realizan un ritual para conseguir que llueva. Toda la tribu interviene en la organización del mismo. Aparentemente la función de este ritual es conseguir que caiga la lluvia y se rieguen sus campos para obtener una buena cosecha. Sin embargo, Merton afirma que además de esta función obvia, el ritual posee también otra función latente menos manifiesta que consiste en proporcionar una mayor cohesión al grupo. Esta sería una explicación funcionalista.

ALTERNATIVA AL FUNCIONALISMO

—Ralf Dahrendorf (1929-)

–**Teoría del Conflicto**: subraya el dominio de unos grupos sociales sobre otros. El orden social se basa en la manipulación y el control de los grupos dominantes. El cambio social se produce de forma rápida y desordenada, a medida que los grupos subordinados sustituyen a los dominantes.

ESTRUCTURALISMO

–Claude Lévi-Strauss (1908-)

–Michel Foucault (1926-1984)

–El estructuralismo es la búsqueda teórica de leyes invariables de la humanidad que operarían en todos los niveles de la vida humana, tanto en los más primitivos como en los más avanzados. El empuje básico para su desarrollo proviene de la lingüística. Igual que la *estructura* del lenguaje muestra una serie de reglas gramaticales que están detrás de las palabras pero que no se hacen evidentes en ellas mismas, también detrás de los acontecimientos sociales hay una estructura social camuflada que el sociólogo debe intentar descubrir e interpretar.

–Tales estructuras sociales presionan y condicionan las acciones de grupos e individuos.

INTERACCIONISMO SIMBÓLICO

–George H. Mead (1863-1931)

–Presta más atención al individuo activo y creativo que a las grandes estructuras sociales. Si en el lenguaje humano es el *símbolo* el que nos libera de estar limitados a nuestra experiencia constante de ver, oír o sentir, también el intercambio de símbolos entre las personas (interacción simbólica) hace posibles todas las relaciones sociales.

–Los individuos son los actores activos que controlan las condiciones de sus vida y, por tanto, el funcionamiento de la sociedad. No somos criaturas de la sociedad, sino los creadores de la misma.

–Un ejemplo de lo que propone el interaccionismo simbólico es explicado por el sociólogo Anthony Giddens con estas palabras: "supongamos que un hombre y una mujer salen juntos por primera vez. Lo más probable es que ambos dediquen gran parte de la noche a formarse una opinión del otro y a calibrar cómo puede evolucionar la relación, si es que va a durar. Ninguno querrá que esto resulte demasiado evidente, aunque los dos saben que es así. Ambos se mostrarán cautelosos en su comportamiento y desearán que el otro se cree una imagen favorable de ellos, pero, aun sabiendo esto, uno y otro buscarán aspectos del comportamiento de su interlocutor que desvelen sus verdaderas opiniones. Entre ambos tiene lugar un complejo y sutil proceso de interpretación simbólica." (Giddens, 1998: 712).

MARXISMO

Marxismo ortodoxo: –Georg Lukács (1885-1971) Teoría crítica (Escuela de Frankfurt): –Jürgen Habermas (1929-)	–La teoría sociológica neomarxista pretende estudiar las estructuras ocultas subyacentes a la sociedad capitalista. Los autores marxistas conciben su análisis sociológico como el germen que debe provocar una reforma política radical de la sociedad capitalista. Se pone gran énfasis en las divisiones de clase, el poder y la ideología.
Marxismo estructural: –Louis Althusser (1918-1990)	–La sociedad vive de forma permanente en un conflicto de clases. –Las influencias sociales condicionan las acciones del hombre. El mundo moderno es el producto de los mecanismos del sistema económico capitalista.

Elaborar una gran teoría que explicara la sociedad contemporánea es algo que escapa a las posibilidades y aspiraciones de la moderna sociología. Por otro lado, la diversidad de teorías rivales contribuye a relativizarlas a todas un poco y aleja cada vez más el fantasma del dogmatismo. Las pretensiones de los sociólogos se han tornado bastante menos ambiciosas que antaño. Lo que se pretende en la actualidad es resolver conflictos concretos de pequeño o mediano alcance. En este sentido, la Asociación Internacional de Sociología (AIS) ha agrupado los diferentes ámbitos de estudio de la realidad social en más de cincuenta ramas según el orden siguiente:

–1. Sociología de las fuerzas armadas y de la resolución de conflictos.

–2. Sociología de colectividades y comunidades.

–3. Sociología de las razas y grupos minoritarios.

–4. Sociología de futuros e investigaciones prospectivas.

–5. Cambio, transformación e intervenciones sociales.

–6. Sociología de la vejez.

–7. Sociología del ocio.

–8. Sociología de la salud.

–9. Sociología de las organizaciones.

–10. Sociología de la pobreza, del bienestar y de las políticas sociales.

–11. Desarrollo regional y urbano.

–12. Sociología de la ciencia.

–13. Sociolingüística.

–14. Sociología del deporte.

–15. Desviacionismo y control sociales.

–16. Sociología de las migraciones.

–17. Lógica y metodología de la sociología.

–18. Análisis conceptual y terminológico.

–19. Sociología del arte.

–20. Sociología de los desastres.

–21. Sociología de la población.

–22. Sociología de la vivienda y su entorno construido.

–23. Sociología de la elección racional.

–24. Sociología de la acción colectiva, movimientos y clases sociales.

–25. Sociología del turismo.

–26. Sociología de los movimientos nacionales.

–27. Sociocibernética.

–28. Hambre y sociedad.

–29. Sociología del cuerpo.

–30. Economía y sociedad.

–31. Sociología de la educación.

–32. Sociología de la familia.

–33. Historia de la sociología.

–34. Participación social y autogestión.

–35. Sociología del derecho.

–36. Sociología de la comunicación, del conocimiento y la cultura.

–37. Teoría sociológica.

–38. Sociología política.

–39. Sociología comparativa.

–40. Sociología de la religión.

–41. Ecología social.

–42. Sociotécnica.

–43. Estratificación social.

–44. Sociología del trabajo.

–45. Mujer y sociedad.

–46. Sociología de la juventud.

–47. Teoría e investigación sobre la alienación.

–48. Biografía y sociedad.

–49. Sociología de la agricultura.

–50. Psicología social.

–51. Sociología del movimiento obrero.

–52. Sociología clínica.

–53. Sociología de la desviación mental.

–54. Indicadores sociales.

–55. Sociología del uso y paso del tiempo.

–56. Sociología de la infancia.

–57. Sociología de los grupos profesionales.

Como puede intuirse al leer tales disciplinas, detrás de los más importantes debates sociológicos que se están dando en la actualidad, subyace una intención general: "reducir algunas de las fuentes de infelicidad humana sobre las que no existe controversia" (González-Anleo, 1994: 19). Cuando la sociología se emplea en verdad para esto, entonces se torna de suma utilidad para el hombre.

8   ¿ES SOCIABLE EL SER HUMANO?

En el siglo IV ante de Cristo, Aristóteles (384-322 a.C.) dijo que la forma social, más básica y fundamental, era la familia. Entendiendo por tal la unidad formada por individuos que estaban relacionados por parentesco sanguíneo y también los esclavos que convivían con ellos. Más tarde, las familias se agrupaban en villorrios o aldeas y de la asociación de aldeas surgía la "polis" o ciudad estado. En su opinión, la polis era la sociedad perfecta ya que en ella el ser humano podía ser plenamente feliz porque disponía de todo lo necesario para vivir. Por tanto, la polis era anterior al individuo como el todo lo era a la parte. Ningún hombre podía bastarse a sí mismo separado de sus congéneres y además, lejos de la justicia y de la ley, corría el peligro de convertirse en un animal salvaje.

Los seres humanos eran cívicos por naturaleza precisamente porque la sociedad era anterior al individuo. Para Aristóteles únicamente existían dos tipos de seres incívicos: los dioses, que poseían una condición superior al hombre, y los animales, de condición inferior. La razón principal de la sociabilidad humana era la palabra. Aristóteles veía al hombre como un ser cívico por naturaleza porque podía hablar y comunicarse con los demás. Mediante las palabras los seres humanos tenían capacidad para manifestar lo justo y lo injusto, así como para diferenciar lo malo de lo bueno. Pero había también otra razón que justificaba el que los individuos fueran sociables, la necesidad innata de convivir con los demás. Por tanto, el hombre podía concebirse como un animal social porque requería de las demás personas para satisfacer sus necesidades. Por sí sólo no era capaz de sobrevivir.

La teoría aristotélica sobre la naturaleza social del ser humano perduró hasta los siglos XVII y XVIII. Sin embargo, en esta época se produjo la Revolución científica y con ella se adoptó un nuevo método para el estudio de la realidad. En vez de analizar las cosas como hacía Aristóteles, partiendo de razonamientos generales y llegando hasta conclusiones particulares, se invirtió el procedimiento. El nuevo método afirmaba que para comprender el todo era necesario analizar las partes, ir del estudio de lo particular a las conclusiones generales (Cruz, 1997: 28). Este método se aplicó también a las ciencias sociales y surgió la cuestión acerca de las causas que habían contribuido a unir a los individuos para que vivieran en sociedad. Se empezó a pensar, en contra de Aristóteles, que primero habrían sido las personas y después la sociedad. Ésta debió surgir como consecuencia de un pacto entre individuos libres que desearon superar un supuesto "estado de naturaleza", en el que se encontraban los humanos antes de la aparición de la sociedad.

Los principales pensadores que asumieron tales principios para explicar el origen del Estado y el contrato social fueron Hobbes y Rousseau. El primero hizo famosa la expresión de que "el hombre es un lobo para el hombre" con la que pretendía definir aquel primitivo estado natural en el que los humanos eran egoístas y la muerte violenta era el principal enemigo de la humanidad. De ahí que los hombres se unieran y realizaran un pacto, un contrato social mediante el cual éstos otorgaban al Estado el poder necesario para ser gobernados. Rousseau, por su parte, creía que el ser humano en estado natural no era ambicioso, violento o egoísta sino simplemente indiferente.

De modo que al principio los individuos vivían en estado puro, eran inocentes y carecían de vicios. Sin embargo, los cataclismos naturales, las inclemencias del tiempo y el hambre les obligaron a abandonar la vida natural y empezaron a vivir en sociedad. El contrato social supondría pues la unión de todas las voluntades individuales en una sola voluntad general en la que prevalecería el interés común por encima de los intereses particulares. Rousseau propuso la democracia directa en la que todo se decidía en asamblea soberana y cada ciudadano era en el fondo un soberano.

Pero los estudiosos del fenómeno social en el siglo XIX se opusieron a los planteamientos de Hobbes y Rousseau, volviendo a proponer la existencia real de la sociedad al margen de los individuos. Las sociedades estaban sometidas a las leyes de la historia y por tanto las personas no tenían más remedio que someterse también a tales fuerzas. Tanto Auguste Comte como Karl Marx y Émile Durkheim creían que la sociedad poseía cierta autonomía y dinámica propia pero, en cambio, los individuos que la formaban habían perdido parte de su libertad. Comte pensaba que las leyes que dirigían la sociedad escapaban al control de los individuos y eran independientes de su voluntad. Sin embargo, a través del método científico que utilizaban las ciencias naturales sería posible descubrir y conocer estas leyes y, por tanto, prever los fenómenos sociales e incluso dirigir la evolución de la sociedad.

Marx, por su parte, no sólo deseaba conocer las leyes que regían el mundo social sino que pretendía también transformar la sociedad y aseguraba que el motor del tal cambio sería el proletariado, la revolución de los obreros de todo el mundo contra el capitalismo. Durkheim, a su vez, comparaba la sociedad a un organismo vivo que sólo podía funcionar correctamente cuando todos sus órganos, los individuos y las organizaciones, cumplían adecuadamente con sus papeles respectivos. La unión de los individuos sería posible gracias a la "conciencia colectiva", es decir, al conjunto de ideas y principios morales que todo el mundo compartía dentro de la sociedad. Pero como el hecho social era superior al individuo, éste debería someterse a la sociedad. De manera que la sociedad coaccionaría a las personas obligándoles a adaptarse o a rebelarse. Aquellas que optasen por la segunda opción se verían enfrentadas inmediatamente a las disposiciones legales.

9 EL PROCESO DE SOCIALIZACIÓN

La socialización es la acción mediante la cual una persona se convierte en alguien competente dentro de la cultura en la que vive, gracias a que ha aprendido y hecho suyas las normas y valores de esa cultura. Por tanto, el proceso de socialización equivaldría al camino que un individuo realiza a lo largo de toda su vida. Evidentemente este *aprendizaje* es más intenso durante la infancia que en las otras etapas de la existencia ya que es en los primeros años cuando el ser humano aprende e *interioriza* la mayor parte de los elementos socioculturales del ambiente en que vive. En la niñez tales elementos se integran rápidamente, conforman la personalidad y contribuyen a adaptar el individuo al entorno en el que ha de vivir. Esta adaptación suele realizarse básicamente a tres niveles: físico (gestos, gustos, higiene, etc.); afectivo (saber qué sentimientos pueden exteriorizarse y cuáles no) y mental (tener interiorizadas las formas de pensar que pueden desarrollar la memoria, la inteligencia o la imaginación). De esta manera cada persona aprende a ser esposo o esposa, médico, profesora, pastor, estudiante o trabajador.

El aprendizaje de la cultura se lleva a cabo por medio de la repetición de actos en el seno de la familia, la escuela, el trabajo o la universidad, así como por la imitación de comportamientos a los que se da valor. Cada persona interioriza su medio sociocultural teniendo en cuenta la opinión de los demás individuos e identificándose con ellos. Los *agentes de socialización* son las instituciones sociales que contribuyen a la transmisión de modelos y pautas para que los individuos se integren en la sociedad. Los principales agentes son la familia, la escuela, el grupo de amigos y los medios de comunicación.

La familia suele crear un clima afectivo adecuado y despertar en los niños deseos, aspiraciones, perspectivas, convicciones o esperanzas, así como modelos sexuales y conductas a imitar. La escuela por su parte transmite normas, valores sociales, disciplina, destrezas y conocimientos para poder integrar a los estudiantes en el mundo de los adultos. Mientras que el grupo de los amigos o de los iguales, que es elegido libremente por cada persona, permite desarrollar la autonomía y el sentido de la justicia; entre ellos se aprende a ser críticos con los demás o a emitir juicios objetivos sobre los otros. Todo ello debe contribuir a desarrollar la responsabilidad individual y social.

Por último, los medios de comunicación ejercen actualmente un gran atractivo, sobre todo, entre la juventud ya que suscitan preocupaciones o asuntos, en torno a los que suele girar la integración o no a la sociedad.

La televisión, por ejemplo, constituye hoy una fuente de valores que influye poderosamente en los pequeños y que puede anticipar las conductas futuras. Al mismo tiempo estos medios legitiman un determinado orden social, político y económico. Establecen lo que es correcto y forman una opinión pública que contribuye a adaptar los individuos al orden social existente, a difundir determinados puntos de vista, a crear hábitos de consumo o estilos de vida conformes con aquello que se considera estándar.

Es obvia la influencia que los valores religiosos y las creencias de los agentes de socialización pueden tener en la formación de los niños y adolescentes. De ahí que la aportación de los padres cristianos en el seno de la familia creyente, así como de la iglesia y la escuela dominical sea tan importante y necesaria para contrarrestar el tremendo influjo de los agentes de socialización que no se fundamentan en los valores del Evangelio. Aquello que se asimila e interioriza durante la socialización primaria de la infancia es lo que proporciona las bases esenciales de la cultura y lo que formará parte de la personalidad definitiva. Con razón afirma la Biblia: "instruye al niño en su camino, y aún cuando fuere viejo no se apartará de él." (Pr. 22:6). Cuando después, en las últimas etapas del desarrollo, se produzcan las otras socializaciones secundarias, la adaptación al mundo de los amigos y al profesional, las huellas impresas en la infancia proporcionarán seguridad, convicción y estabilidad personal.

Conviene señalar aquí también lo que se conoce como "resocialización", es decir, el proceso mediante el cual un individuo puede interiorizar un conjunto de normas y valores diferentes de los que hasta el momento tenía asumidos. Esto puede llegar a producir un verdadero cambio de personalidad. Cuando se viven situaciones de ruptura a partir de las cuales se hace necesario empezar de nuevo, reconstruir y volver a interiorizar un mundo diferente, es menester encontrar una situación apropiada para que se produzca una nueva socialización primaria. Hay que hallar un ambiente de afecto y comprensión capaz de proporcionar una imagen nueva de la persona que la convenza de que el nuevo mundo es mejor que el anterior.

Ejemplos negativos de resocialización se dieron entre las víctimas de los campos de exterminio nazis, pero también se dan hoy en los geriátricos, los hospitales psiquiátricos, las cárceles o los internados. No obstante, también sería posible hablar de una resocialización positiva como la que se da en el proceso de la conversión cristiana. Personas que durante toda su vida han vivido en un ambiente hostil y han llevado una conducta egoísta poco solidaria con los demás, cuando descubren el mensaje de Jesucristo y le aceptan personalmente, se integran en una iglesia o comunidad cristiana, cambiando radicalmente de actitud y experimentando un auténtico nuevo nacimiento.

10 ESTRUCTURA SOCIAL, ESTATUS Y ROL

En sociología se entiende por *estructura social* al conjunto de las principales instituciones y grupos que integran una sociedad. Elementos como el territorio que se ocupa, la población que la compone, así como los grupos, las instituciones, las clases sociales existentes o el estatus y el rol que desempeñan las mismas, serían los que darían una determinada estructura a la sociedad. Giddens ha comparado la estructura social con la de un edificio:

> "La sociedad es mucho más que la suma de los actos individuales; cuando se analiza la ESTRUCTURA SOCIAL se estudian las características que poseen una "firmeza" o "solidez" comparable a las estructuras del entorno natural. Pensemos en una persona que se encuentra en una habitación con varias puertas. La estructura de la habitación limita el abanico de sus posibles actividades y la posición de las paredes y puertas, por ejemplo, define las rutas de entrada y salida. De forma paralela, según Durkheim, la estructura social limita nuestras actividades, marcando los límites de lo que como individuos podemos hacer. Es "exterior" a nosotros, al igual que las paredes de la habitación." (Giddens, 1998: 716).

Cuando se cumple con las obligaciones de alumno, esposa, obrero o empresario, por ejemplo, se están aceptando unas obligaciones determinadas por la tradición social o por la ley, que son externas a uno mismo. Desde el idioma que se emplea para comunicarse, hasta los códigos que existen en cada profesión, pasando por la moneda que se utiliza en el intercambio económico, todo se da ya antes del individuo concreto y funciona independientemente del uso que se haga de ello. Estas actividades exteriores al individuo forman las principales instituciones de la sociedad y constituyen lo que en sociología se llama la estructura social. Por tanto, las sociedades humanas son como edificios en una constante reconstrucción que es debida a la labor de los mismos ladrillos que las componen, los ciudadanos.

El *estatus social* es la posición que cada persona ocupa en la estructura social cuando se comunica con los demás. Dentro de la familia, por ejemplo, se puede ocupar el estatus de padre o madre, esposo o esposa, hijo o hija, hermana o hermano, etc. Pero como además cada persona puede ocupar a la vez diferentes estatus sociales, un esposo puede ser también hermano, hijo, diácono de la iglesia y escritor, por ejemplo. El estatus social que desempeña cada individuo debe estar reconocido por las demás personas de su mismo ámbito. El conjunto de normas de comportamiento que van asociadas a cada estatus se conoce con el nombre de *rol social* y es posible estudiarlo científicamente. El rol sería como el papel que cada actor desempeña en un teatro. Por tanto, un determinado estatus o posición social va siempre unido a uno o más roles, que representan la conducta esperada de quien ocupa esa posición.

No obstante, lo que realmente distingue las nociones de estatus y rol es que el primero debe gozar de la consideración y el reconocimiento subjetivo de la sociedad, mientras que el segundo se refiere simplemente al papel real que desarrolla un individuo en una sociedad determinada. Por ejemplo, en el mundo occidental se valora mucho más la figura del médico, el arquitecto o el empresario que la del recogedor de basura o el agricultor. Podría decirse que el estatus de arquitecto está más valorado que el de agricultor. Existe aquí, por tanto, en la definición de estatus una valoración social subjetiva, mientras que el rol no depende de tal valoración. Sin embargo, desde una perspectiva cristiana está claro que la valoración más importante, el estatus clave de toda persona, debe ser ante todo el de ser humano. Los prejuicios sociales que discriminan injustamente a las criaturas son contrarios al mensaje del Evangelio.

11 FAMILIA Y ESTADO

Las más importantes instituciones que existen en la sociedad son la familia y el Estado. Desde la sociología se considera que la familia posee un carácter universal ya que en todas las sociedades conocidas se han encontrado formas de esta institución basada en el parentesco. Pero el hecho de que sea universal no significa que en todas partes la familia tenga las mismas características que en el mundo occidental e incluso en este mundo, hoy es posible constatar que muchas de sus funciones están cambiando como consecuencia de la incorporación de la mujer al trabajo y la consiguiente aparición de guarderías infantiles, residencias para ancianos, etc.

La clasificación de los tipos de familia por todo el mundo puede hacerse en función del ámbito de personas que comprende, de las formas de relación conyugal y del sistema de autoridad que impera en ellas. Dentro del primer tipo es posible hablar de familias *nucleares*, son aquellas en las que todos sus miembros residen en un mismo lugar y están relacionados por el matrimonio heterosexual y la filiación. Se trata de las familias típicas de Occidente formadas por el marido, la mujer y los hijos. Las familias *extensas* están constituidas además por aquellos miembros que tienen relaciones más lejanas de parentesco como los abuelos, los tíos y los nietos. Últimamente están proliferando también las familias *monoparentales*, en las que los hijos conviven sólo con uno de sus progenitores, el padre o la madre. Esto puede deberse a una ruptura matrimonial o divorcio, a la muerte de uno de los padres o bien a la concepción de hijos fuera del matrimonio. Como consecuencia de lo anterior son frecuentes también las familias *reconstituidas* en las que ambos progenitores provienen de un matrimonio anterior y cada uno de ellos aporta hijos a la nueva relación en la que conviven todos juntos.

Según sea la relación conyugal existen familias *monógamas*, en las que el marido tiene una sola mujer y viceversa, como suele ocurrir en la mayoría de las sociedades occidentales; pero también hay familias *polígamas* en las que se da una pluralidad de esposas o de esposos. Dentro de éstas pueden darse dos formas más: la *poliginia*, en la que el marido tiene varias mujeres, o al revés la *poliandria*, en la que la esposa poseen varios maridos. Según el sistema de autoridad imperante, las familias pueden ser *patriarcales* o *matriarcales*. Las primeras confieren el rol autoritario y la capacidad para tomar decisiones al marido, mientras que en las otras es la mujer quien realiza tales funciones. En la sociedad postindustrial el sistema de autoridad familiar se ha vuelto más igualitario y la responsabilidad tiende a repartirse de manera equilibrada entre ambos cónyuges.

41

Frente a todos los cambios sociales que experimenta la familia hoy, ante tal abanico de posibilidades conyugales, es menester reconocer que aquellas unidades familiares constituidas por personas cristianas, tienen ante ellas un reto social importante, el de continuar funcionando correctamente desde la perspectiva bíblica, el de entenderse para así seguir dando sentido y belleza a la sociedad. A pesar de los problemas existentes, las familias que se apoyan en los valores cristianos del Evangelio constituyen una fuente de consuelo e inspiración para toda clase de familia y son el germen de donde puede surgir una nueva humanidad basada en el amor verdadero (aquél que Pablo explica en 1 Co. 13).

Por último, es conveniente señalar que la institución política que persigue la satisfacción de las necesidades administrativas y de orden público, en el seno de esa sociedad formada por familias, es el *Estado*. Sus elementos fundamentales son el territorio, la población y la organización jurídica y política. Él es quien promulga las leyes, se encarga de que éstas se cumplan, imparte justicia entre los ciudadanos y debe procurar el bienestar del pueblo. Para poder realizar todo esto el Estado cuenta con un *gobierno* que mediante la estructura burocrática posibilita el funcionamiento de la sociedad. La *nación*, por su parte, puede definirse como aquella comunidad unida por vínculos culturales, históricos y económicos que habita en un determinado lugar geográfico. A veces en un mismo Estado pueden coexistir armónicamente dos o más naciones, pero en ocasiones tal convivencia puede ser fuente de conflictos. El concepto de nación surgió con la Revolución francesa y el de la ideología nacionalista a partir del Romanticismo alemán. Éste consideró que las fronteras geográficas y políticas de un Estado tenían que coincidir con las de la lengua hablada. A partir de tales ideas se pensó, desde la individualidad nacionalista, que el mundo debería estar dividido en naciones independientes y autodeterminadas.

12 VALORES Y NORMAS

Las creencias que condicionan el comportamiento humano son llamadas "valores" desde el punto de vista sociológico. Se trata de ideales capaces de guiar el camino de las personas; actitudes o convicciones que ya se poseen antes de realizar cualquier tipo de acción. Pueden considerarse valores, por ejemplo, el deseo de no mentir nunca, de no discriminar a nadie por razón de su raza, sexo, religión o manera de pensar, la tendencia hacia la solidaridad con los necesitados o la voluntad de actuar siempre de forma pacífica. Los valores no pueden verse o tocarse pues no son objetos materiales pero sí pueden ser también cualidades de las cosas. Hay valores estéticos que buscan generalmente la belleza y armonía de los objetos; o valores útiles que dependen del servicio que ciertos materiales pueden ofrecer al hombre. Sin embargo, los valores más importantes son los morales ya que dependen de la relación entre las personas o entre éstas y las cosas que les rodean. Sólo los seres humanos son capaces de sustentar valores morales y de tener voluntad para tomar decisiones libres que sean moralmente significativas.

Durante el proceso de socialización en la infancia, al que nos referimos anteriormente, se aprende a interiorizar los valores que predominan en la familia, la escuela y la sociedad. Tales valores originan unas determinadas pautas de comportamiento que suelen servir como guía o modelo en el estilo de vida de las personas. Estas pautas pueden ser llamadas también "normas" de conducta y suelen dividirse en: *costumbres, usos, normas formalizadas* y *normas no formalizadas.* Las costumbres son las normas básicas de una sociedad que todo el mundo acepta y cuyo incumplimiento tiene como consecuencia la sanción. Muchas de tales costumbres, como no matar, no mentir, no robar, etc., tienen un claro origen en la revelación bíblica que es la que ha influido decisivamente en la formación de la cultura occidental. Los usos, en cambio, se refieren a normas más débiles que dependen sobre todo de la voluntad de cada cual; es aquello que sería deseable hacer pero que depende de la opinión propia y, por tanto, no es obligatorio hacerlo. Si no se hace tampoco hay sanción. Por ejemplo, el vestir de etiqueta en determinados actos sociales es un uso común pero si alguien se niega a hacerlo no se le castiga.

Las normas formalizadas son las leyes positivas que se conocen también como *leyes jurídicas* y que han sido hechas después de un debate minucioso para estar escritas en códigos jurídicos que habrán de servir como modelos de comportamiento y convivencia. Mientras que las normas no formalizadas o *normas sociales* no están escritas pero son aceptadas de forma inconsciente. En los países del norte de Europa, por ejemplo, no tirar papeles al suelo o no escupir en la calle sería una norma social aceptada y respetada por la mayoría de los ciudadanos. Las normas sociales pueden cambiar o modificarse con el tiempo y también es posible que ciertas normas se vayan extendiendo poco a poco de unos países a otros.

13 CLASES SOCIALES

Las sociedades humanas a lo largo de la historia se han venido caracterizando por su permanente estratificación social, es decir, por la distribución jerárquica existente entre los individuos que componían la estructura social, cada cual con su estatus y rol diferentes. En la antigua Grecia del siglo V a.c., por ejemplo, la sociedad esclavista dividía a las personas en dos grandes grupos sociales, el de los libres y el de los esclavos; todavía hoy en la India existe la división por castas o familias según la riqueza que se posee e incluso, en los países de regímenes casi feudales, se habla de *estamentos* para referirse a grupos sociales de carácter corporativista. En el análisis social que realizó Karl Marx, y que será estudiado más adelante en este libro, se entendía por *clase social* aquella entidad formada por individuos que tenían en común una determinada posición económica. La división de la sociedad en clases se debía, por tanto, a la economía, y la historia de la humanidad era entendida como la lucha continua de tales clases, entre el proletariado y la burguesía.

En la actualidad no es posible realizar una división tan simple de las clases sociales. La mayoría de los sociólogos reconoce una clase superior que posee los medios de producción, una clase obrera o de trabajadores asalariados y unas clases medias compuestas por funcionarios o por individuos con profesiones liberales. Algunos autores consideran también que los agricultores constituyen otra clase social. Por tanto, en el presente, la clase social podría definirse como el conjunto de personas que pertenecen al mismo nivel de prestigio, según la posición que ocupan en el sistema de división del trabajo. Las clases son colectividades abiertas que pueden generar cierta solidaridad entre sus componentes ya que éstos están unidos por lazos económicos y ocupacionales, aunque no posean una organización formal interna.

Ciertos sociólogos se han preguntado si desaparecerán las clases sociales en el futuro y han llegado a la conclusión de que tal acontecimiento no parece probable, al menos en un futuro inmediato. Una cosa es que se den redistribuciones a gran escala y que se reduzcan las desigualdades económicas, pero otra muy diferente es que se llegue a la completa igualdad. Más bien se evidencia que la desaparición de las clases, el hecho de conseguir el mismo nivel de riqueza, poder y prestigio para todo el mundo, es difícil que se dé en la sociedad moderna (Giddens, 1998). No resulta fácil poner límite y mucho menos terminar con esa aspiración humana al prestigio que puede proporcionar el dinero. Tampoco es sencillo el intento de prescindir de los líderes o directivos que constituyen grupos de presión muy poderosos en el mundo actual.

Por todo ello parece improbable que las desigualdades entre los seres humanos vayan a desaparecer de la sociedad industrial moderna. Por desgracia en este tema, como en tantos otros, continúan siendo pertinentes aquellas palabras de Jesús: "porque siempre tendréis pobres con vosotros" (Mt. 26:11). Sin embargo, esto no significa que no deba denunciarse la injusticia social o que los cristianos, y aquellos que apuestan por un mundo más solidario, deban renunciar a sus convicciones bíblicas y personales. Al contrario, la acción social es hoy más necesaria que nunca porque la brecha abierta entre el Norte y el Sur es en la actualidad mucho más dramática.

Los factores que influyen en la división de las clases sociales, que ya han sido señalados, –poder, riqueza y prestigio– no suelen ser fijos o inmutables sino que pueden cambiar en función del desarrollo económico y tecnológico de la sociedad. De manera que las clases no son compartimentos estancos ya que entre ellas existe la movilidad social. Cualquier individuo puede pasar de un estrato al siguiente al cambiar de profesión o de situación económica. Los factores que permiten esta estratificación social son económicos, profesionales y culturales. La relación existente entre estos tres factores permite distinguir dos tipos de movilidad: la horizontal y la vertical.

La primera significa un cambio de estatus pero dentro del mismo nivel. Este sería el caso, por ejemplo, de un profesor que es nombrado director de su centro educativo o el de un financiero que pasa a ser ministro. Se trata de cambios horizontales que afectan más al prestigio personal que a la economía del individuo. Sin embargo, la movilidad vertical supone un cambio de estatus que puede ser consecuencia de un ascenso o un descenso. Cuando, por ejemplo, el líder de un partido de la oposición pasa a ser jefe del Estado o, al revés, un coronel que es degradado a sargento. Las sociedades en las que estas movilidades se dan de manera fluida y no suponen traumas sociales se denominan *sociedades abiertas*, mientras que las *cerradas* serían aquellas que poseen una estructura rígida y no permiten ningún tipo de cambios, como la sociedad hindú con su sistema de castas.

14 CONFLICTO SOCIAL

Si las rivalidades existentes entre las personas o los grupos sociales se manifiestan abiertamente, entonces aparece el conflicto social. Éste puede tener carácter económico, ideológico, lingüístico, religioso, etc., y se trata siempre de un desequilibrio temporal en la cohesión del sistema social que puede desembocar, en el peor de los casos, en la lucha armada. El origen del conflicto suele estar en el choque de intereses contrarios, en el enfrentamiento de dos fuerzas opuestas que aspiran al poder, en la necesidad de recursos que no se distribuyen adecuadamente o en la invasión del rol o la función de los demás. Estos son los motivos más frecuentes, aunque también puede haber otros.

La sociología considera, siguiendo las ideas evolucionistas acerca del origen del hombre, que el conflicto es inherente a la naturaleza del ser humano ya que éste, desde tiempos remotos, tuvo que luchar por su existencia y competir con otras especies animales o con el inhóspito medio ambiente. De ahí que el conflicto forme parte de su naturaleza animal y humana. Aunque la teología bíblica del Génesis sugiera otra concepción del origen de la rivalidad, más fundamentada en la desobediencia del hombre a la voluntad de Dios y en su deseo egoísta de autonomía e independencia personal, lo cierto es que también Caín experimentó en carne propia el primer conflicto humano que llegó hasta sus últimas consecuencias, la muerte violenta de su hermano Abel.

No existe unanimidad en cuanto a las valoraciones sociológicas del conflicto social. Algunos autores, como Parsons y Warner conocidos como los "teóricos del equilibrio", creen que la sociedad es como un organismo vivo en busca de equilibrio y que, por tanto, todo conflicto supone una inestabilidad, una ruptura de ese equilibrio que puede poner en peligro la supervivencia de todo el sistema social. No obstante, otros sociólogos, como Lynd, Mills y Coser denominados los "teóricos del conflicto", lo interpretan como si fuera un elemento natural de la organización social que permite la revitalización positiva y necesaria de la sociedad. Marx pensaba que todos los conflictos sociales eran el resultado de la lucha de clases y que esta lucha conducía inevitablemente a la revolución que era precisamente el motor de la historia. Sin embargo, según Dahrendorf, no todos los conflictos sociales son conflictos de clase, muchos buscan ante todo el control de la autoridad y el poder sobre las personas o grupos. En su opinión, la violencia de los conflictos disminuye cuando los grupos se pueden organizar, dialogan entre sí y actúan abiertamente sin necesidad de recurrir a acciones clandestinas o al terrorismo. Los conflictos siempre suelen provocar cambios pero también los cambios pueden provocar conflictos.

No siempre resulta fácil resolver adecuadamente los conflictos sociales, pero la experiencia demuestra que si se quiere evitar la imposición o la agresión armada es menester arribar a un consenso que tenga en cuenta las costumbres, creencias y valores de cada parte enfrentada. Para ello es necesaria la negociación o el diálogo, en el que puede intervenir una entidad mediadora, como el defensor del pueblo, un tribunal internacional, la ONU o cualquier organismo supranacional que actúe como árbitro y facilite la creación de un pacto o acuerdo que sea respetado por ambas partes.

15 CAMBIO SOCIAL

Los hábitos, costumbres y sistemas de valores de cada sociedad van cambiando con el transcurso del tiempo. La sociología considera esta evolución como un elemento normal y característico de la sociedad. Tales transformaciones de la estructura social repercuten también en los valores culturales, científicos o económicos que ésta posee. Los cambios sociales son, por tanto, las variaciones que afectan a uno o a más elementos observables de una sociedad y que se pueden comparar en el tiempo, entre una época y otra posterior. Para constatar la existencia de un cambio real es necesario que se produzca una diferencia entre la situación social anterior y la actual; que el cambio se haya producido en el tiempo, es decir, que se trate de una sucesión temporal y, por último, que tal cambio persista y no se trate sólo de una costumbre pasajera.

Los cambios sociales afectan también a los valores de las personas; éstos en cuanto tales no varían, pero la manera de asimilarnos o de vivenciarlos por parte de los individuos sí que puede cambiar. Cierto sector de la burguesía española de principios del siglo xx, por ejemplo, practicaba a escondidas el adulterio o el concubinato, sin embargo no soportaba la publicidad del mismo ni el divorcio. Se podía ser hipócrita siempre que se fuera discreto. El matrimonio seguía considerándose como un valor social que no se podía romper pero se vivenciaba de manera engañosa e infiel. Es evidente que tal comportamiento ha experimentado un cambio profundo. En la sociedad española actual el divorcio ya no escandaliza como antes y las relaciones de pareja se han liberalizado ante la opinión pública. También en el ámbito cristiano este asunto suele verse desde una perspectiva más tolerante, aunque desde la fe evangélica el valor del matrimonio y de la fidelidad conyugal continúa siendo para la mayoría de los creyentes tan preciado como antaño.

Los principales factores que influyen en el cambio social son: el entorno físico, el sistema de autoridad o de organización política y la religión. El entorno ambiental constituye las coordenadas básicas que delimitan el espacio y los recursos naturales que la sociedad necesita para sobrevivir. Esto se aprecia bien en los pueblos esquimales, en los beduinos del desierto o en los pigmeos que viven en la selva centroafricana, pero también interviene en las sociedades occidentales. Los grupos humanos se adaptan a las condiciones naturales de su entorno, sus costumbres están condicionadas por él y si éste cambia provoca también el cambio de la sociedad. La historia demuestra que el sistema de autoridad representado por el ejército o el poder militar ha tenido siempre un gran papel como inductor del cambio social. De la misma manera las religiones o las creencias han sido una importante fuente de cambio social que han llegado hasta el presente y que todavía hoy siguen influyendo poderosamente en las diferentes sociedades.

Los cambios constituyen una constante que se sucede de época en época con mayor o menor rapidez. Entre las generaciones se dan los cambios de mentalidad que pueden apreciarse no sólo en los gustos, modas, o costumbres sino también en la aparición de nuevos valores y nuevos planteamientos sociales o comunitarios. La división del trabajo que produjo la aparición de los obreros o artesanos especializados se hizo necesaria cuando la población aumentó y ya no podía seguir siendo autosuficiente. Por tanto, la densidad demográfica y la división del trabajo son factores que propician el cambio social.

También existen factores tecnológicos; la revolución que produjo la industrialización provocó la emigración del campo a la ciudad y originó la urbanización, el aumento de la productividad, la aceleración de los transportes y el impacto de los medios de comunicación social. Un cambio evidente es hoy la nueva situación social que ha adquirido la mujer en el mundo occidental a raíz de su incorporación al trabajo fuera del hogar. Todo esto ha afectado decisivamente al perfil social que tenía antes la familia y ha provocado una serie de cambios dentro del hogar. El mundo laboral y las relaciones sociales en general se han visto afectadas por la tecnología científica. De la misma manera, la infraestructura económica o la forma de ganarse la vida contribuyen al cambio.

Finalmente, los valores culturales o religiosos, como señaló Max Weber, pueden motivar determinadas conductas que favorezcan el cambio social y económico. Si, por ejemplo, entre los europeos de la modernidad predominaban valores como el esfuerzo, la laboriosidad, el ahorro, el deseo de construir un futuro mejor, en la actualidad predomina por el contrario la búsqueda del placer, la vivencia del presente, el ansia de libertad y de realización personal. Se trata de un cambio de valores que va desde los movimientos solidarios y colectivistas del pasado a la perspectiva individualista presente. Muchos sociólogos han manifestado su preocupación por estas tendencias postmodernas ya que si se impusiera esta ética sería difícil mantener los lazos sociales. No obstante, parece que en determinados ambientes esto no es así y se detecta un retorno al trabajo, una revaloración de lo laboral que puede producir satisfacción personal, una apreciación del éxito en los estudios y de la fidelidad matrimonial, la creación de empresas cooperativas y de organizaciones solidarias con el Tercer Mundo. Tal podría ser el perfil para el futuro: después de la postmodernidad los valores de la ultramodernidad (Cruz, 1998).

16

RELIGIÓN

La primera verdad sociológica en relación al tema de la religión es que ésta se da en todas las sociedades humanas conocidas (Giddens, 1998). La arqueología y la paleoantropología demuestran que las culturas más antiguas que se conocen presentan ya vestigios de religiosidad. Esto no significa ni mucho menos que todas las religiones acepten la existencia de un único Dios creador que gobierne el mundo. Hay religiones sin ningún tipo de dioses; otras que carecen de prescripciones morales acerca del comportamiento de los creyentes; algunas no explican cómo llegó a existir el mundo y en otras, como el confucianismo, ni siquiera se apela a lo sobrenatural sino sólo a aquello que produce la armonía natural en el universo. Las formas religiosas más importantes varían desde el totemismo y el animismo al judaísmo, el cristianismo y el islam, pasando por las religiones del Extremo Oriente: hinduismo, budismo, confucianismo y taoísmo.

Los tres sociólogos más influyentes en el estudio de las religiones han sido: Marx, Durkheim y Weber. Ninguno de ellos era creyente y además los tres estaban convencidos de que la "ilusión religiosa", como ellos la llamaban, desaparecería poco a poco de la sociedad moderna. Uno de los principales argumentos que usaron en contra de la religión fue precisamente el de la existencia de tantas religiones repartidas por toda la tierra. El hecho de ser cristiano, judío, musulmán o budista dependía de dónde se había nacido. Esto, en su opinión, hacía inviable la validez de cualquiera de tales creencias.

Marx no estudió nunca la religión en profundidad y se dejó influir por las ideas ateas de Feuerbach, pero estaba convencido de que todas las creencias religiosas no eran más que el producto de la autoalienación del ser humano. Durkheim investigó mucho más que Marx el tema religioso y aunque estuvo de acuerdo en que la religión tradicional desaparecería, llegó a la conclusión de que sería sustituida por alguna otra forma de religiosidad humanista que no supo concretar. Posiblemente la política o cualquier tipo de religión civil que exaltase la libertad, la igualdad y la cooperación social, vendría a llenar el hueco dejado por las religiones clásicas.

Max Weber fue sin duda quien realizó el estudio más exhaustivo de las religiones alrededor del mundo, llegando a la conclusión de que tales creencias eran capaces de provocar grandes cambios sociales. El puritanismo protestante había sido, en su opinión, la fuente del capitalismo occidental ya que la lucha constante de los creyentes contra el mal y el pecado, estimulaba la rebeldía ante el orden social establecido y abría las puertas al progreso. El éxito material era entendido como signo de aprobación divina. En cambio, otras religiones como las orientales no se habrían abierto al progreso porque fomentaban la pasividad del individuo o la huida de las tareas del mundo material. Comparando los países protestantes con los católicos concluyó que éstos no habían prosperado tanto porque interpretaban el trabajo manual como un castigo y no como un don de Dios.

El argumento fundamental de estos tres grandes sociólogos acerca de que la existencia de tantas religiones echaría por tierra su veracidad demostrando que todas serían falsas, no deja de ser una afirmación subjetiva imposible de demostrar en la realidad. Existe otra respuesta que se desprende de las mismas páginas de la revelación bíblica, aquella en la que el apóstol Pablo escribiendo a los romanos les dice:

"Pues habiendo conocido a Dios, no le glorificaron como a Dios, ni le dieron gracias, sino que se envanecieron en sus razonamientos, y su necio corazón fue entenebrecido. Profesando ser sabios se hicieron necios, y cambiaron la gloria del Dios incorruptible en semejanza de imagen de hombre corruptible, de aves, de cuadrúpedos y de reptiles. [...] ya que cambiaron la verdad de Dios por la mentira, honrando y dando culto a las criaturas antes que al Creador, el cual es bendito por los siglos. Amén" (Ro. 1:21-25).

Pablo se refiere aquí a todos los paganos de la historia que, aunque muchos de ellos en su intuición natural abrigaban la idea de un Dios creador del universo, se negaron a adorarle y prefirieron volverse a la idolatría más burda. Se construyeron ídolos con apariencia humana y de diversos animales para rendirles culto. Fabricaron sus propias religiones politeístas e infundieron a sus dioses las mismas deplorables pasiones que anidan en el alma humana. Se esforzaron por allegarse a la divinidad porque en lo más hondo de su ser seguían teniendo necesidad de trascendencia. El vacío de Dios les motivó, por consiguiente, a la invención de tanta religiosidad hueca incapaz de saciar la sed espiritual del hombre. Por eso existen tantas religiones en el mundo.

Sin embargo, es imposible incluir de forma coherente el verdadero cristianismo, el de Cristo, en ese mismo saco porque no se trata de una "religión" en el sentido que habitualmente se le da a este término, sino de una "relación" personal con Jesucristo. Las religiones son esfuerzos humanos por aferrarse al ropaje divino o por conectar con el sentido oculto del cosmos. No obstante, el Evangelio enseña que la condición humana por sí misma es incapaz de alcanzar a Dios y que requiere, por tanto, que sea Él quien le tienda la mano. El individuo por más religioso que sea no puede salvarse a sí mismo sino que necesita que el Creador se haga hom-

RELIGIONES DEL MUNDO

Religión	Adeptos	Porcentaje del total
Cristianos	1.869.282.470	33,5
—Católicos	1.042.501.000	18,7
—Protestantes	382.374.000	6,9
—Ortodoxos	173.560.000	3,1
—Anglicanos	75.847.000	1,4
—Otros	197.000.470	3,5
Musulmanes	1.014.372.000	18,2
—No religiosos	912.874.000	16,4
Hinduistas	751.360.000	13,5
Budistas	334.002.000	6,0
Ateos	242.852.000	4,3
Religiones populares chinas	140.956.000	2,5
Nuevas religiones	123.765.000	2,2
Religiones tribales	99.736.000	1,8
Sijs	19.853.000	0,4
Judíos	18.153.000	0,3
Otros	49.280.000	1,0

(Statistical Abstract of the United States, 1994, p. 855)

bre, entre en la historia, y venga a salvarlo personalmente a través de Jesús. Como escribió hace más de treinta años nuestro entrañable hermano José Grau:

> "La existencia de tantas religiones se debe a los múltiples esfuerzos por alcanzar a Dios por medios meramente humanos. Y la existencia del cristianismo demuestra que Dios nos alcanza en su gracia misericordiosa" (Grau, 1968: 35).

Muchas religiones empezaron siendo meros sistemas filosóficos o de conducta moral, como la mayoría de las creencias tradicionales de Oriente, y acabaron convirtiéndose en religiones, aunque ni Buda, Confucio o Zoroastro se propusieron nunca que lo fueran. Otra característica de tales religiosidades es lo que podría llamarse su "endemismo", es decir, su adaptación exclusiva a la región o nación donde existen. Aunque durante la segunda mitad del siglo XX algunas de estas religiones han sido trasladadas al mundo occidental, casi como una moda exótica, lo cierto es que tales exportaciones tarde o temprano suelen fracasar, a no ser que arriben con las inmigraciones de los creyentes oriundos que las profesan. Esto significa que no se trata de religiones universales o transportables como la fe cristiana. Son creencias que han nacido en una sociedad con una idiosincrasia determinada y desempeñan ahí una función concreta, pero al ser trasladadas a otras culturas pierden gran parte de su significado original. Sin embargo, el Evangelio de Cristo no está limitado por las fronteras geográficas o políticas sino que es capaz de arraigar en el corazón de toda persona, sea de la etnia que sea, pertenezca a cualquier civilización o habite en el continente que habite. Tal es la universalidad y originalidad del cristianismo.

Los sociólogos ateos o agnósticos tienen razón cuando acusan a la religión, y concretamente al cristianismo, de muchas agresiones y guerras provocadas a lo largo de la historia por el fanatismo de los hombres. Es verdad que los esfuerzos colonialistas europeos por someter a otras culturas se llevaron a cabo en nombre de las religiones cristianas. Aunque la mayoría de los misioneros que intentaron convertir a los pueblos paganos eran sinceros con sus propias creencias, lo cierto es que destruyeron culturas tradicionales para imponer la suya europea. También es verdad que casi todas las confesiones cristianas toleraron la esclavitud en América y en otras partes del mundo hasta el siglo XIX.

Pero, al mismo tiempo, es menester reconocer que los ideales religiosos han desempeñado papeles muy positivos para la sociedad; han servido para revolucionar y cambiar ciertas ideas sociales injustas que eran aceptadas por todo el mundo. Muchos líderes cristianos, por ejemplo, se opusieron a la esclavitud y a la discriminación racial, desempeñando una función clave para abolirla. Participaron en la lucha por los derechos civiles durante los años sesenta en los Estados Unidos. La lista de comportamientos beneficiosos para la sociedad llevados a cabo por hombres y mujeres de fe es larga y conduce a la conclusión de que el sentimiento religioso ha desempeñado un papel ambivalente, con un lado positivo y otro negativo. Esto es cierto y así se debe reconocer. Pero aunque sea posible acusar a los cristianos de ciertos hechos, a Cristo no se le puede acusar de nada. Los hombres se equivocan a menudo, fracasan en su fidelidad, traicionan su fe, sin embargo Jesús permaneció fiel hasta la muerte en la cruz. Nadie puede culparlo absolutamente de nada. Esta es la grandiosa singularidad del Maestro. Mientras todas la religiones humanas intentar señalar la verdad y el camino para hallarla durante esta vida, Jesucristo afirmó claramente que él era "el camino, la verdad y la vida". Ningún otro líder humano ha sido capaz de decir esto. De ahí que la fe cristiana no pueda equipararse con las demás religiones.

17 SOCIOLOGÍA Y CRISTIANISMO

Como consecuencia de lo dicho anteriormente, es posible que el joven estudiante que con una visión cristiana de la vida se adentra en el polifacético mundo de los análisis sociales, se sorprenda de ciertas opiniones de sus profesores, o de sociólogos famosos, acerca del fenómeno religioso. Muchos autores asumen, según hemos visto, que todas las religiones, cristianismo incluido, no son más que el producto del contexto social en el que han surgido. El pueblo hebreo por ejemplo, –suelen decir algunos pensadores– habría desarrollado el "mito de un Mesías liberador" a causa de haber sufrido la esclavitud en diferentes momentos de su accidentada historia. Más tarde, los seguidores de Jesús –en opinión de otros– creyeron ver en su maestro al anhelado libertador y fusionaron así la antigua creencia en el Mesías prometido con el nuevo "mito de la resurrección". La fe evangélica sería, por tanto, una cadena de mitos gestados por la sociedad judeocristiana con el único fin de dar solución al eterno problema humano de la muerte. Pero, en realidad, todo resultaría ser pura ficción. Ni conversión, ni resurrección, ni vida eterna. Lo único real sería aquello que podemos constatar mediante nuestros sentidos. ¿Pueden considerarse tales ideas como deducciones verdaderas de la ciencia social? ¿Es posible dar una respuesta coherente a estos argumentos?

Ya vimos anteriormente que la sociología surgió en un contexto humanista escéptico a las cuestiones religiosas. El ideal de muchos estudiosos durante el siglo XIX fue cambiar la sociedad. Alejar de ella las creencias que propagaba la religión y sustituirlas por nuevos valores seculares fundados en los conceptos modernos de igualdad, libertad y democracia. También se señaló que en la actualidad aquella antigua furia antirreligiosa ha ido perdiendo poco a poco casi todo su vigor. Hoy la mayoría de los sociólogos se despreocupan de las preguntas existenciales y si se dedican al estudio de la religión, se concentran casi siempre en la influencia que ésta ejerce sobre la economía o los comportamientos sociales. No obstante, a pesar de esta tendencia general todavía es posible toparse con profesores que defienden vehementemente los modelos antirreligiosos de los primeros tiempos. La convicción de que la ciencia acabará sustituyendo por completo a la fe, les hace adoptar actitudes arrogantes e intransigentes o a dogmatizar sobre cuestiones espirituales que ellos, a título personal, jamás han experimentado. No es lo mismo defender una creencia propia, lo cual es muy legítimo, que intentar convencer al alumnado de que tal creencia está demostrada por la sociología.

Debe admitirse, como se ha señalado, que el estudio de lo social no es capaz de ofrecer una visión total del ser humano. Con mucho podrá aportar detalles de su comportamiento en sociedad e incluso obtener resultados excelentes en cuanto a mejoras sociales que, desde la perspectiva del creyente, pueden ser del agrado de Dios. Sin embargo, la fe cristiana defiende que el hombre es mucho más que un cerebro metido en un cuerpo físico que se relaciona con sus semejantes. Se trata además de un sujeto poseedor de conciencia, moralidad y espiritualidad. Dimensiones éstas que no siempre se tienen suficientemente en cuenta en los estudios sociales. Los modelos mecanicistas propios de las ciencias experimentales no deben ser aplicados de forma indiscriminada a las ciencias sociales o humanas. No es posible estudiar las relaciones entre personas de la misma manera que se investiga el comportamiento de las aves o de los gorilas. Tal realidad obliga a ser prudentes y a huir de las presuposiciones no comprobadas.

Es obvio que cada sociólogo posee sus propios valores y sus particulares creencias pero la disciplina que lleva a cabo tiene que ser necesariamente neutra. Como escribe el profesor Peter Berger: "El sociólogo tendrá, por tanto, sus propios valores: como ciudadano, como particular, como miembro de un grupo religioso o de cualquier clase de asociación. Pero dentro del ámbito de su actuación como sociólogo debe prevalecer un único valor esencial: el de la integridad científica" (Berger, 1995: 18). La sociología no puede partir de ninguna idea preconcebida sobre el ser humano, la sociedad, la religión o la familia. Cuando alguien afirma, en nombre de la ciencia social, ideas que no proceden de estudios rigurosos sino que responden más bien a prejuicios personales, se descalifica automáticamente y realiza un flaco servicio a la sociología. Las discrepancias entre sociología y cristianismo, que en ocasiones se airean con intenciones claramente partidistas, surgen casi siempre de tales supuestos previos que no están confirmados por la ciencia de lo social.

La lista de tales suposiciones indemostrables que nada tienen que ver con la verdadera sociología, viene encabezada por el enunciado de que Dios no existe. Le sigue inmediatamente el de que no hay tampoco verdadera revelación divina, que la creencia en un mundo sobrenatural es un invento humano ya superado por la cultura científica o tecnológica. El catálogo de ideas ateas se engruesa añadiéndole que son las crisis económicas, la pobreza o la mortalidad el principal caldo de cultivo que induce al ser humano a buscar el consuelo de la fe. Para poder sobrevivir en un mundo cruel y despiadado sería necesario desarrollar la esperanza de lo divino. De manera que la "mentira religiosa", en la que los creyentes creen con sinceridad, se convertiría en el principal instrumento de dominación que las clases dominantes utilizarían para controlar y manipular al resto de la población. Esta era, según se vio, la opinión de Marx y de otros muchos pensadores que han realizado aportaciones al estudio social.

Como consecuencia, el hombre que vive presionado por tales influencias no sería en realidad responsable de sus acciones, sino que detrás de ellas estaría la sociedad como auténtica inductora. La antigua creencia en la responsabilidad del individuo debería abandonarse y ser sustituida por la moderna responsabilidad social. Pero, según tales razonamientos, si las personas son entidades moralmente neutras y es la sociedad quien las moldea, resulta que todos los valores se vuelven relativos. La frontera que separa lo bueno de lo malo se torna sumamente ambigua. La ética se fragmenta y los infractores pueden señalar siempre a la sociedad impersonal como última responsable de los males que ellos mismos han ocasionado. La idea de libertad se difumina convirtiéndose en algo ilusorio o irreal.

Es evidente que tales conclusiones no están probadas por la sociología y que no satisfacen a todos los sociólogos. Además, el determinismo social al que conducen está en abierta contradicción con las creencias y los postulados del cristianismo. La Biblia enseña claramente en el Antiguo Testamento que: "el alma que pecare, esa morirá" (Ez. 18:4), para matizar después en el Nuevo: "Porque la paga del pecado es muerte, más la dádiva de Dios es vida eterna en Cristo Jesús Señor nuestro" (Ro. 8:23). La criatura humana es siempre en última instancia responsable de sus actos, aunque tal comportamiento se haya visto influido por la educación y el ambiente en el que cada cual se ha desarrollado. Sin embargo, la consecuencia de la muerte puede cambiarse en vida eterna gracias al sacrificio de Jesucristo. Según el mensaje del Evangelio, todo pecador que se acerca a la fe cristiana debe hacerlo en plena conciencia de su responsabilidad individual.

La experiencia personal de la fe religiosa, así como la creencia de que la Biblia es la revelación de Dios, son asuntos que no pueden ser cuestionados por el análisis sociológico porque escapan a toda metodología que pretenda ser científica. Asumir que sólo existe aquello a lo que nuestros sentidos físicos tienen acceso es también un acto de fe. Decir que la conversión o la relación personal con Jesucristo a través de la oración es pura sugestión psicológica condicionada por el entorno social, es manifestar una convicción propia que desde luego puede ser cierta, pero también falsa. No obstante, pretender que tal afirmación sea una conclusión evidente de la ciencia social es simplemente faltar a la verdad. Afirmar no es lo mismo que demostrar. Ni la existencia de un Dios creador puede ser probada o "desprobada" por la ciencia, ni la comunión espiritual con Cristo es algo en lo que la sociología, como investigación material humana, pueda honestamente inmiscuirse o decirnos la última palabra.

La voluntad de Dios, expresada en las Sagradas Escrituras, siempre encontró una notable resistencia por parte de los seres humanos a quienes iba dirigida. Los profetas que anunciaron los mandamientos divinos al pueblo de Israel y después a la Iglesia primitiva, fueron testigos directos del rechazo que sufría la Palabra de forma casi constante. La cuestión que se plantea es obvia. ¿Por qué arraigó la fe cristiana frente a tanta oposición? ¿Cómo explicar que el mundo occidental abrazara la doctrina de Jesús? Si es verdad, según aseguran algunos autores, que el cristianismo es un invento humano restrictivo y que coarta la libertad mediante mandamientos difíciles de aceptar y cumplir ¿cómo pudo prosperar en inferioridad de condiciones y en medio de otras muchas religiones paganas circundantes que toleraban el libertinaje sexual o practicaban una moral muy relajada? ¿no resulta paradójico este progreso de la fe cristiana?

Es verdad que todo individuo es influido por la cultura en la que nace y vive pero esta realidad social, que puede ser más o menos impactante, no puede eliminar la creencia en un Dios providente que mueve los hilos de la historia. La fe cristiana asume que es el poder de Dios, algo exterior a la realidad observable, lo que capacita a los creyentes para vivir su cristianismo y permanecer fieles al Señor en medio de una sociedad reacia e incrédula. La revelación bíblica, aunque inculturada en el mundo judío, griego y romano de la antigüedad, no tuvo su origen en el hombre sino en un agente externo a la humanidad: el Creador del universo. El mismo que le manifestó al profeta Jeremías: "He aquí he puesto mis palabras en tu boca" (Jer. 1:9). Él y sólo Él sigue teniendo la última palabra y el control de la historia humana. Esta clase de fe no es ni será nunca cuestionada por la verdadera sociología.

18 DE LA UTOPÍA AL MITO SOCIAL

En el ámbito sociológico por "utopía" suele entenderse la "sociedad imaginaria perfecta". El primero en utilizar este término fue Tomás Moro en su famosa obra *Utopía* (1516), en la que describió una sociedad que no se encontraba en ningún lugar concreto de la Tierra (en griego *u-topós*), cuyos pobladores vivían felizmente sin problemas sociales gracias a la igualdad que reinaba entre ellos y al correcto ejercicio de la política. El pensamiento de Moro influyó en otros autores desde el Renacimiento hasta nuestros días, provocando la aparición de libros como *La ciudad afortunada* de Francescco Patrizi en 1551, *La ciudad del sol* de Tommaso Campanella (1623) en el que se ponía la confianza en la técnica humana para erradicar la injusticia social, o *Nueva Atlántida* de Francis Bacon (1627) que también seguía la misma línea. En realidad no es posible negar el notable influjo que sobre todos estos ideales ejerció la primera obra utópica de la humanidad, la *República* de Platón, que proponía un modelo perfecto para la organización de la ciudad. Después de tres generaciones de utopistas, el siglo XX vio como se llevaban a la práctica, promovidos por distintas ideologías, utopismos de izquierda y de derechas. Desde el bolchevismo soviético o el maoísmo chino hasta el nazismo y el fascismo, así como desde la creación de comunas, después de las revueltas estudiantiles de Mayo del 68, hasta las actuales utopías ecologistas o "ecotopías".

El ser humano siempre ha soñado con cambiar la sociedad para conseguir la felicidad aquí en la Tierra. Lo malo es que paradójicamente, en demasiadas ocasiones, tales experimentos sólo han servido para derramar sangre inocente de millones de criaturas. La tentación de fabricar utopías sociales fundamentadas exclusivamente en la razón humana ha conducido casi siempre al engendro de quimeras esclavizantes. Y es que como señalara el gran maestro Goya en uno de sus famosos grabados: "el sueño de la razón produce monstruos". Cuando las empresas del hombre prescinden conscientemente de Dios o de la dimensión trascendente para apoyarse sólo en doctrinas de origen humano y así "arreglar" la vida en sociedad, tarde o temprano, la Tierra se llena de dioses humanos monstruosos y alienantes.

Muchas de tales utopías que anhelaban la sociedad perfecta forjaron auténticos mitos sociales que contribuyeron a fundar lo que hoy se conoce como ciencias sociales. Otros autores, sin ser utopistas, aportaron también sus ideas a la creación de estos mitos. Actualmente se acepta que las creencias susceptibles de convertirse en modelos o prototipos para la sociedad y ser capaces de organizar la existencia humana, son las que forman los mitos en todas las épocas. La psicología y la sociología modernas han puesto de manifiesto, en contra de lo que el racionalismo y el positivismo pensaban, que el hombre actual, igual que el de otros períodos de la historia, sigue necesitando y creando mitos para poder sobrevivir. Es como si el mito soportara todo el sistema de valores sobre el que se organizan los seres humanos. Las tesis de los primeros sociólogos que preveían una sociedad futura basada exclusivamente en la razón y la ciencia, se han demostrado completamente equivocadas. A pesar de la tecnología y los avances científicos, la realidad es que las sociedades del tercer milenio continúan, como veremos, apoyándose en los mitos humanos.

Parte II

DIEZ MITOS CLAVE DE LA MODERNIDAD

DIEZ MITOS CLAVE DE LA MODERNIDAD

El término "mito" es de origen griego y significa literalmente: "palabra explicada, discurso o narración". Según esta definición el mito puede entenderse como la explicación de las relaciones sociales. Aquello que hace posible al hombre encontrar su lugar en el mundo, fortalecer sus lazos con los demás seres humanos y sustentar un determinado sistema de valores, aunque éstos se apoyen sobre algo que nadie ha visto ni comprobado jamás. Si en los mitos primitivos intervenían actores imaginarios, héroes, semidioses o personajes fantásticos que realizaban proezas asombrosas con el fin de, por ejemplo, traer el fuego a los hombres como en el caso de Prometeo, en los mitos modernos interesa más la hipotética causa social que habría provocado tal o cual aspecto de la vida en comunidad. Pero en ambas tradiciones se trata siempre de lo mismo, buscar una explicación que procure aclarar el misterio. El problema principal que plantean todos los mitos es precisamente el de su verificación. Los ritos que ciertas civilizaciones repiten periódicamente pueden servir para actualizar el mito, pero nunca para demostrarlo. El acto de fe resulta siempre imprescindible en la fundamentación mítica.

Las ciencias sociales se han elaborado también a partir de unas hipótesis de base que, en determinados casos, constituyen auténticos mitos fundadores. A lo largo de la historia de la sociología se han aceptado principios indemostrables como si se trataran de verdades fundamentales sobre las que construir el edificio del estudio social. En este sentido, se dio por descontado que las ideas de Hobbes acerca del contrato social o las de Locke sobre la propiedad privada eran verdaderas y debían ser admitidas sin discusión. Lo mismo ocurrió con el mito rousseauniano que afirmaba la responsabilidad de la sociedad sobre la conducta delictiva de los individuos o con el de los tres estadios por los que, según Comte, habría pasado la humanidad en su desarrollo evolutivo. No obstante, lo cierto es que la popularidad y el prestigio alcanzado por pensadores como Hegel, Marx, Darwin o Freud se debe más al vigor que supieron darle a sus ideologías y al momento histórico en que las propusieron que a sus verdaderas aportaciones científicas (Claval, 1991: 266). Veamos algunos de tales mitos sociales propios de la época moderna y las repercusiones que han tenido después en el comportamiento de la humanidad.

NICOLAS MAQUIAVELO
(1439-1527)

El mito del príncipe nuevo
o del fin que justifica los medios

"Porque un hombre que quiera hacer en todos los puntos profesión de bueno, labrará necesariamente su ruina entre tantos que no lo son. Por todo ello es necesario a un príncipe, si se quiere mantener, que aprenda a poder ser no bueno y a usar o no usar de esta capacidad en función de la necesidad."

MAQUIAVELO, *El Príncipe,* (1996: 83).

¿Fue Maquiavelo la clase de monstruo pérfido que algunos de sus críticos y biógrafos han querido ver? Si nos atenemos a la definición de la *Encyclopaedia Britannica* parece que tal opinión no se corresponde con la realidad. "Maquiavelo –se afirma– fue un hombre de complexión media, delgado, de rostro huesudo, frente despejada, pelo negro, ojos penetrantes, labios finos que dibujaban una sonrisa enigmática. Fue un hombre honesto, buen ciudadano y excelente padre" (Barincou, 1985: 9). ¿Cómo es posible entonces que sus detractores vieran en él a un ser perverso, egoísta y corrupto? Quizá el dilema se deba a la original radicalidad de su pensamiento político y a las implicaciones que tales ideas iban a tener posteriormente. A veces, los hombres honestos pueden equivocarse también. El mito del maquiavelismo, entendido como la práctica de una política que ignora la dimensión moral y acepta cualquier medio para lograr los objetivos perseguidos, ha arraigado por desgracia en demasiados terrenos baldíos de la historia. Incluso hoy, a aquellos políticos de la democracia que se valen del engaño, la astucia o la maquinación, se les continúa llamando "maquiavélicos". ¿Cómo se gestó este mito?

Niccolò nació en Florencia, hijo de una familia noble que se había empobrecido. Esta situación le obligó a formarse de manera autodidacta y a leer por su cuenta autores clásicos, como Lucrecio o Tito Livio, que le fueron muy útiles para madurar sus propios puntos de vista sobre la sociedad humana. Desempeñó tareas administrativas como secretario de la segunda cancillería de la República de Florencia, cargo que le permitió adquirir una notable experiencia política. A los 29 años tomó posesión de tal ocupación y poco después contrajo matrimonio con Marietta Corsini, de quien tuvo seis hijos. Según afirman los biógrafos, Maquiavelo fue feliz en su matrimonio y supo hacer de su vida la mejor de sus obras de arte. En contraste con esta excelente situación familiar, el ambiente político en que vivió dejaba mucho que desear. Durante todo el siglo xv la inestabilidad institucional fue una constante de la República florentina. Los intereses de la aristocracia y de la burguesía mercantil eran las fuerzas predominantes en el delicado equilibrio social. Las divisiones internas y la impotencia militar contribuyeron al descrédito, así como al poco respeto que se tenía por los gobernantes. Italia era un puzzle de pequeños Estados envueltos en frecuentes luchas intestinas. De manera que la existencia de Maquiavelo transcurrió durante uno de los períodos de mayor confusión política de las repúblicas italianas. Fue testigo de numerosas guerras y vio como su Estado era invadido por los ejércitos franceses y españoles.

Cuando los Médicis volvieron al poder, Maquiavelo fue destituido de su cargo, encarcelado y torturado. Este sería el final de su vida pública ya que no volvería a ocupar ningún puesto oficial hasta dos años antes de morir. Después de su liberación se retiró a una heredad familiar que poseía en las inmediaciones de Florencia y allí escribió sus obras más influyentes. Durante algunos meses del año 1513 elaboró *El Príncipe* y lo dedicó a Lorenzo de Médicis (el Magnífico) con el deseo de que sus pensamientos contribuyeran a la creación de un Estado moderno. Su intención fue influir para conseguir un "príncipe nuevo" que fuera política y militarmente eficaz. Un gobernante que restaurara la antigua libertad y la ruina en que habían caído todos los príncipes de Italia. Sin embargo, la obra no alcanzó mucho éxito entre sus contemporáneos ya que su receptor la despreció y circuló en forma de manuscrito hasta la muerte del autor. No obstante, la fama que logró después fue enorme. Se cuenta que Carlos V sabía de memoria capítulos enteros, que Enrique III y Enrique IV no se separaban del libro ni un solo día, que Cristina de Suecia redactó un largo comentario sobre el mismo y que Federico de Prusia escribió también, como príncipe heredero, un *Antimaquiavelo* (Marcu, 1967).

Hoy Maquiavelo es considerado el fundador de la ciencia política moderna ya que sus ideas rompieron con la concepción religiosa que se tenía de los gobernantes hasta el final de la Edad Media. La profunda desconfianza que sentía hacia los religiosos se manifiesta a través de sus numerosas cartas personales. Estaba convencido de que la Iglesia de su tiempo había contribuido a la decadencia de la sociedad italiana al mezclar lo político con lo religioso y al oponerse a la creación de un principado civil. A pesar de creer que la actitud de la iglesia de Roma y de sus sacerdotes mantenía dividido al país, seguía pensando que las creencias religiosas eran el soporte más necesario de la sociedad ya que proporcionaban cohesión social. Sin embargo, sus razonamientos le llevaron a analizar la política, prescindiendo de cualquier consideración moral o religiosa, e incluso modificando conceptos anteriores.

Maquiavelo afirmó que para conservar el Estado el príncipe debía incurrir en ciertos vicios. Creía que las acciones de los hombres dependían de la perspectiva a través de la cual se mirasen. Había cosas aparentemente buenas que en realidad podían ser malas, así como vicios susceptibles de trastocarse en virtudes. Propuso que el concepto medieval cristiano de "virtud" fuese cambiado por el de *virtù* política. Es decir, la aplicación de una fría y técnica racionalidad del poder, más preocupada por el éxito de sus logros que por los medios empleados en alcanzarlos. La *virtù* de saber acallar la conciencia cuando el gobierno lo exigiera. Una auténtica "razón de Estado" que, aunque no fuera mencionada expresamente por Maquiavelo, podía en ocasiones violar las más elementales normas morales. Lo importante debía ser siempre el éxito del gobernante, para lo cual el empleo de la mala fe era a veces necesario. Esta manera de razonar revela un profundo escepticismo hacia la naturaleza humana.

OBRAS DE MAQUIAVELO

1504	*Cómo hay que tratar a los pueblos del Valle de Chiana sublevados.*
1506-1509	*Decenales.*
1513-1519	*Discursos sobre la primera década de Tito Livio.*
1513	*El Príncipe.*
1517	*El asno de oro.*
1520a	*Vida de Castruccio Castracani de Lucca.*
1520b	*La mandrágora.*
1521	*Sobre el arte de la guerra.*
1521-1525	*Historias florentinas.*
1525	*Clizia.*
1532a	*Descripción de las cosas de Alemania.*
1532b	*Descripción de las cosas de Francia.*
1549	*Belfagor archidiablo.*

Buscando el bien a través del mal

El político florentino creía que el ser humano no era ni bueno ni malo, pero que podía llegar a ser lo uno y lo otro. De manera que no resultaba aconsejable confiar en la buena voluntad de los hombres. En relación con la virtud de cumplir lo que se promete, o "de qué modo han de guardar los príncipes la palabra dada", Maquiavelo escribe:

> "Estando, por tanto, un príncipe obligado a saber utilizar correctamente la bestia, debe elegir entre ellas la zorra y el león, porque el león no se protege de las trampas ni la zorra de los lobos. Es necesario, por

tanto, ser zorra para conocer las trampas y león para amedrentar a los lobos. Los que solamente hacen de león no saben lo que se llevan entre manos. No puede, por tanto, un señor prudente –ni debe– guardar fidelidad a su palabra cuando tal fidelidad se vuelve en contra suya y han desaparecido los motivos que determinaron su promesa. Si los hombres fueran todos buenos, este precepto no sería correcto, pero –puesto que son malos y no te guardarían a ti su palabra– tú tampoco tienes por qué guardarles la tuya" (Maquiavelo, 1996: 91).

Es decir, como los hombres pueden llegar a ser malos, los gobernantes tienen también la obligación de ser malos. El príncipe que se revela contra esta situación de maldad y quiere gobernar honestamente estaría, según nuestro autor, labrando su propia ruina. De ahí la necesidad de "saber entrar en el mal" cuando haga falta; la obligación de "actuar contra la fe, contra la caridad, contra la humanidad o contra la religión" para conservar el Estado; la preferencia que debe tener todo monarca por ser temido antes que amado y, en fin, la convicción de que las injusticias hay que hacerlas todas a la vez para no temer la posible venganza. Quien propicia el poder de otro estaría socavando su propia destrucción en el futuro, por eso el que conquista nuevos territorios tiene en primer lugar que "extinguir la familia del antiguo príncipe". La lista de máximas inmorales se multiplica a lo largo de *El Príncipe* hasta concluir en la idea final del majestuoso fin, capaz de justificar toda clase de medios:

"...en las acciones de todos los hombres..., se atiende al fin. Trate, pues, un príncipe de vencer y conservar su Estado, y los medios siempre serán juzgados honrosos y ensalzados por todos, pues el vulgo se deja seducir por las apariencias y por el resultado final de las cosas, y en el mundo no hay más que vulgo" (Maquiavelo, 1996: 92).

Maquiavelo hace una descripción de la realidad social tal como era en su época y no como debería ser. Los análisis que realiza demuestran un gran conocimiento de los impulsos que anidan en el alma humana pero su mito del príncipe nuevo, o de que la moral debe sacrificarse al interés, es ni más ni menos que el reflejo de la desaprensiva época en que vivió. Es verdad que su obra inauguró la nueva ciencia de la política en los inicios de la modernidad, pero también lo es que la receta recomendada para lograr el buen quehacer gubernativo fue profundamente inmoral. Si durante la Edad Media los príncipes "cristianos" no consideraban generalmente a sus súbditos como un medio para alcanzar gloria personal, sino como una sociedad a la que había que servir y proteger, ya que el día del juicio final Dios les pediría cuentas de sus acciones, el príncipe nuevo que propone Maquiavelo sólo parece preocuparse de su propia fortuna, de su poder, de su gloria y destino personales. Los ciudadanos sobre los que gobierna se conciben sólo como posesiones o instrumentos para aumentar su influencia. Es el choque entre dos visiones opuestas del mundo. De una parte la medieval que, a pesar de sus imperfecciones, seguía basándose en la idea de un Dios creador que dirigía la historia y de otra, la concepción humanista de Maquiavelo que contemplaba al gobernante como alguien que había dejado de ser responsable delante del Creador y que ya no tenía la obligación moral de rendirle cuenta de su comportamiento. La sociedad se convertía así en algo ajeno al príncipe que podía ser utilizado para demostrar su ingenio político o afirmar su propio orgullo personal.

El príncipe maquiaveliano, convencido de que la política debe basarse en la maldad y que es menester pecar para conservar la dignidad y el Estado, resulta impensable en cualquier otro lugar que no fuera la Italia de los *condottieri* (aquellos belicosos jefes de tropas mercenarias). La propuesta de combatir el mal con el mal, la violencia con la violencia, el fraude con el fraude o la traición con la traición para gobernar bien, sólo pudo gestarse en un pequeño Estado donde la intriga y las maquinaciones eran el plato de cada día. En un ambiente así había que confiar en el destino pero también en las maniobras personales. En este sentido, Maquiavelo afirmaba que "vale más ser impetuoso que precavido porque la fortuna es mujer y es necesario, si se quiere tenerla sumisa, castigarla y golpearla" (Maquiavelo, 1996: 120). Hoy tal cinismo escandaliza pero, sin embargo, aquel mito arraigó poco a poco en la sociedad moderna, hundiendo sus raíces en la Europa renacentista y haciendo germinar en demasiados ambientes la equivocada idea de que es legítimo servirse del pueblo para conseguir determinados objetivos políticos.

A pesar de que Maquiavelo fue un gran admirador de Moisés y de que creía en Dios, su obra rompió con las antiguas concepciones teocráticas de la vida política. La tradición cristiana que entendía el poder como una institución divina no encontró apoyo en el pensamiento del primer teórico de la política moderna. En *El Príncipe* escribe:

"Y aunque sobre Moisés no sea lícito razonar por haber sido mero ejecutor de las órdenes de Dios, sin embargo, debe ser admirado aunque sólo sea por aquella gracia que lo hacía digno de hablar con Dios." (Maquiavelo, 1996: 48).

En este texto parece recalcar su respeto por el gran líder hebreo y por el Dios de la Biblia, sin embargo su concepción de la naturaleza humana como sede constante de envidias, ambiciones, impaciencia y deseos de venganza, le llevaron a entender la historia al modo helénico. La teoría oriental de los ciclos universales, o del eterno retorno, que habían compartido griegos y romanos era aceptada también por Maquiavelo (Cruz, 1997: 35). Entendía la historia de la humanidad como una permanente manifestación de lo mismo. Todo resultaba coincidente. Todo se repetía. Los ciclos vitales de las sociedades eran siempre iguales: un ascenso hacia las cimas de la virtud y perfección para descender después en picado hasta el máximo grado de corrupción, desorden y degeneración. Lo paradójico de esta creencia es que descartaba a la divinidad. El Dios Creador no intervenía en el mundo de lo social. No existía ningún ser trascendente detrás de los ciclos vitales de la historia. El pensador de Florencia creyó que Dios no se ocupaba en poner o quitar soberanos. Esto sólo lo hacía el hombre con su radical ambivalencia, con su grandeza pero también con su profunda miseria.

Un mito que sigue vivo

En la actualidad millones de criaturas continúan creyendo lo mismo que creía Maquiavelo. Su mito se adhirió a la conciencia del mundo occidental y sigue siendo como una pesada rémora que con los aires postmodernos aumenta de tamaño sin parar. ¡En cuántas situaciones y conflictos actuales los medios se esclavizan y condicionan a los fines! Casi todo el mundo está a favor de reconocer que el maquiavelismo, o lo maquiavélico, son conceptos de los que es mejor apartarse, sin embargo, ¿quiénes están dispuestos hoy a sacrificar sus deseadas finalidades en aras de unos medios que no son todo lo justos que deberían ser? No se trata sólo de aquellos políticos corruptos que sacrifican su prestigio y credibilidad inmolándose ante el altar de Mamón, el dios de la riqueza. Están también los que matan para defender una idea. Los terroristas que disponen a su antojo de la vida ajena o los policías que combaten el terrorismo con métodos ilegales. El mito maquiavélico está vivito y coleando en el corazón de la sociedad postcristiana. Quizá donde sea más evidente es en los conflictos armados que de manera endémica vienen sangrando a la humanidad. Los métodos que tales luchas emplean han creado un nefasto diccionario en el que se definen sin horror términos como "limpieza étnica", "masacre humana", "fosas comunes", "castigo al pueblo", "hora de la venganza", "daños colaterales", "bombardeos indiscriminados sobre la población civil", "inmunidad para los criminales de guerra" y un largo etcétera de maquiavelismo solapado. La repercusión de tales conceptos son heridas que nunca acaban de curar porque la paz no es sólo el silencio de las armas.

Dejando de lado la amenaza de los misiles y de los coches bomba, la violencia del mito se descubre también en otros ambientes. Desde los banqueros que aprendieron a defraudar y se convirtieron de pronto en pedagogos de una sociedad ávida de modelos, sean del cariz que sean, hasta los mafiosos del deporte o de la cocaína, los secuestradores amantes del dinero fácil e, incluso, los maridos que asesinan a sus esposas por considerarlas objetos personales, todos responden al mismo patrón mítico. La pegajosa tela de araña se extiende asimismo a los empresarios desaprensivos que juegan con la salud pública contaminando alimentos, piensos o bebidas refrescantes. Y aquellos otros que directa o indirectamente son responsables de los vertidos de petróleo a los océanos, de la contaminación en todas sus facetas, del paro o de la explotación salarial. ¿Qué pensar de ciertas multinacionales de farmacia cuando se niegan a fabricar determinadas vacunas, como la que podría curar la malaria, exclusivamente en base a puros intereses comerciales? ¿o de los modistos prestigiosos que diseñan tallas mínimas sin importarles para nada el futuro de las jóvenes anoréxicas? ¿y las decenas de miles de muchachas inmigrantes que son obligadas a practicar la prostitución para sobrevivir? ¿no es todo esto consecuencia del egoísmo y la maldad humana que subyace en la creencia de que el fin justifica los medios? El mundo entero rezuma maquiavelismo por todos sus poros. El mito no está todavía superado, como piensan algunos, sino que subsiste en estado latente, escondido en los más oscuros rincones del alma humana, para manifestarse con toda su virulencia allí donde se le permite.

Maquiavelo a la luz del Evangelio

El estudioso de Maquiavelo, Augustin Ranaudet, escribió: "Entre todos los espíritus del Renacimiento italiano Maquiavelo es el más ajeno al Evangelio, el más indiferente a la moral cristiana, a la que acusa de haber debilitado la energía de carácter de los hombres de su tiempo" (Barincou, 1985: 193). Es evidente que la ética maquiaveliana, si es que puede llamarse así, resulta radicalmente opuesta a la que se manifiesta en las páginas del Nuevo Testamento. No hay que discurrir mucho para darse cuenta de ello. No obstante, ¿es verdad que la moral cristiana debilita el carácter de las personas como pensaba Maquiavelo? Pues, depende de lo que se entienda por "debilitar". Si responder al mal con el bien se interpreta como debilidad de carácter, entonces sí, no hay más remedio que admitir esta debilidad cristiana provocada por lo que el apóstol Pablo llamaba la "locura" de la predicación. Pero ¿realmente es esto endeblez o blandura de ánimo? ¿acaso no se requiere más valor para defender el bien, en un mundo en el que las fuerzas del mal campean a su aire con absoluta libertad, que para dejarse arrastrar por ese remolino de iniquidad y depravación? Siempre fue más difícil nadar contra la corriente de las ideas, o las costumbres de la sociedad, que encaramarse a la balsa de los hábitos y abandonarse a la deriva de la moda. Para mantenerse a flote en el torrente de la vida, obrando como cristiano, sigue siendo necesario tener un carácter valeroso que no sea precisamente débil.

En el Nuevo Testamento, desde el sermón de la montaña pronuncia-
do por Jesús hasta las cartas de Pablo y Pedro, se apela continuamente al
amor fraterno y a la solidaridad cristiana. En la primera epístola universal de San Pedro se dice: "...sed todos de un mismo sentir, compasivos,
amándoos fraternalmente, misericordiosos, amigables; no devolviendo
mal por mal, ni maldición por maldición, sino por el contrario, bendi-
ciendo, sabiendo que fuisteis llamados para que heredaseis bendición"
(1 P. 3:8, 9). Puede resultar fácil devolver bien por bien o incluso mal por
mal, pero lo realmente difícil es cambiar la maldición por la bendición.
Esto es precisamente lo que sugiere el autor de estas palabras, su deseo
de que aquellos creyentes perseguidos por un mundo hostil, supieran poner
en práctica la solidaridad cristiana hacia quienes les maldecían y les hacían la vida difícil. ¿Cómo puede pedirse algo así? Tal demanda sacaría
de sus casillas al propio Maquiavelo. Pero este es el reto del mensaje
cristiano. Aquí reside la sublime altura moral que Jesús anuncia para los
ciudadanos del reino de Dios. La conducta de los auténticos seguidores
de Cristo no puede ser una simple imitación de quienes viven sin Dios,
sin fe y sin esperanza. No se trata de reaccionar instintivamente ante el
modelo de conducta propio del ambiente mundano. No hay que confor-
marse con devolver mal por mal sino que frente a toda lógica y toda
razón, ante la maldad hay que replicar con la bondad y ante la perversidad con la nobleza de la honestidad. ¿Por qué? Porque el cristiano es
heredero de bendición, es decir, de vida eterna. Tal es la voluntad del
Creador.

La ley del talión que se propone en el Antiguo Testamento es la que
sustenta también el pensamiento de Maquiavelo. Aquel añejo trueque de
pagar "vida por vida, ojo por ojo, diente por diente, mano por mano, pie
por pie, quemadura por quemadura, herida por herida y golpe por golpe"
(Éx. 21:23-25), constituye, en realidad, un origen reconocido para el desarrollo posterior del mito del príncipe nuevo. En contra de lo que a veces se ha señalado, esta ley cumplió bien su función en el tiempo veterotestamentario. No se trataba del reflejo de una mentalidad bárbara y primitiva sino que, ante todo, pretendía poner equidad en las venganzas
desproporcionadas que entonces se practicaban. Es lo que se aprecia por
ejemplo en textos como el de Génesis (4:23, 24) en el que Lamec habla
con sus mujeres, Ada y Zila, manifestándoles que estaba dispuesto a matar
a "un varón por su herida y a un joven por su golpe", así como a vengarse
hasta "setenta veces siete". Esta clase de injusta venganza es la que se
pretendía regular. Sin embargo, la ley del talión fue eliminada de manera
radical por el propio Señor Jesucristo. Refiriéndose al problema de los
enemigos personales, Jesús dijo: "Oísteis que fue dicho: Ojo por ojo, y
diente por diente. Pero yo os digo: No resistáis al que es malo; antes, a
cualquiera que te hiera en la mejilla derecha, vuélvele también la otra"
(Mt. 5:38, 39). La moral cristiana presenta unas exigencias muchísimo

más elevadas que aquella antigua ley. Los seguidores del Maestro no deben empecinarse en sus derechos, sino que han de aprender a renunciar a ellos. La ley del talión quedó así abolida para los cristianos.

El concepto novotestamentario de humildad también resulta incompatible con el mito de Maquiavelo. La virtud de actuar sin orgullo reconociendo siempre las propias limitaciones se contempla en *El Príncipe* desde la misma perspectiva que en el mundo clásico. La cultura romanohelénica concebía la humildad como un vicio característico de los esclavos. Ser humilde era ser débil. Sin embargo, el hombre libre que se respetaba a sí mismo no debía renunciar jamás a la autoafirmación. No es de extrañar que en tal ambiente la doctrina cristiana encontrase notable resistencia. Cuando Pablo les dice a los filipenses: "nada hagáis por contienda o por vanagloria; antes bien con humildad, estimando cada uno a los demás como superiores a él mismo" (Fil. 2:3), estas palabras debían sonar como algo radical y revolucionario porque alentaban al cambio de costumbres. De manera que la ética cristiana concebirá la humildad como algo muy positivo, precisamente porque también Cristo "se despojó a sí mismo, tomando forma de siervo, hecho semejante a los hombres; y estando en la condición de hombre, se humilló a sí mismo, haciéndose obediente hasta la muerte, y muerte de cruz" (Fil. 2:7, 8). Si el Hijo de Dios supo humillarse, la humildad debe ser característica de toda vida cristiana. Esto es algo que la filosofía de Maquiavelo nunca podrá asumir.

Otro tanto ocurrirá con la veracidad de las palabras. Si en el mito del príncipe nuevo la mentira es considerada casi como moneda de cambio necesaria para el ejercicio de la política, la ética de Jesús no solamente rechaza el juramento frívolo e irreflexivo, sino que exige del creyente que sea una persona de palabra. Mateo recoge las frases del Maestro acerca de los juramentos: "Además habéis oído que fue dicho a los antiguos: No perjurarás, sino cumplirás al Señor tus juramentos. Pero yo os digo: No juréis en ninguna manera... Pero sea vuestro hablar: Sí, sí; no, no; porque lo que es más de esto, de mal procede" (Mt. 5:33-37). Cuando se habla la verdad cualquier juramento resulta superfluo. El cristiano debe aspirar a vivir en la sencillez y en la prudencia del lenguaje porque cuando esto no se pone en práctica pronto germina la mentira. Un embuste abre la puerta a otro y el hombre mentiroso termina porque ni cree ni es creído por nadie. De estas palabra de Cristo se deduce que el Maligno, el que es padre de toda mentira, al introducir la falsedad en el cosmos, provocó el que los hombres empezaran también a jurar por el cielo, la tierra y el propio Dios. Los mentirosos están siempre dispuestos a jurar por lo que sea. Sin embargo, esta no es la voluntad del Creador.

Por lo que respecta a la relación entre el creyente y la política, algunos teólogos han intentado demostrar que Jesús fue un luchador a favor de la liberación judía del Imperio romano. Un zelota que defendía apasionadamente al pueblo de Israel, incluso mediante el uso de la violencia, ya que estaba convencido de que la soberanía de Roma atentaba claramente contra la soberanía absoluta de Dios (Schrage, 1987: 138). Sin embargo, esta teoría apenas encuentra justificación en las páginas del Evangelio. Jesús no fue un revolucionario político ejecutado por los romanos a causa de una revuelta. Es verdad que la tentación del poder político llamó a la conciencia de Jesucristo en algún momento de su vida. Las palabras diabólicas del desierto de Judea, en relación a los reinos del mundo: "Todo esto te daré si postrado me adorares" (Mt. 4:9), podrían muy bien referirse a tal incitación. Pero lo que está suficientemente claro es que el Señor rechazó siempre estas proposiciones para ejercer el poder político. Es la situación que menciona también el evangelista Juan con motivo de la alimentación de las cinco mil personas: "Pero entendiendo Jesús que iban a venir para apoderarse de él y hacerle rey, volvió a retirarse al monte él solo" (Jn. 6:15). El Señor siempre fue consciente de que su reino no era de este mundo.

A pesar de que en el círculo más íntimo de sus discípulos había antiguos zelotas, como Simón Zelote y posiblemente Judas Iscariote, el Maestro rehusó sistemáticamente la violencia y el extremismo característico de estos nacionalistas. Cuando en Lucas 22:36-38 Jesús recomienda a sus discípulos que quien no tenga espada, venda su capa y se compre una, no está haciendo apología de la violencia. Casi todos los comentaristas están de acuerdo en que estas palabras deben entenderse en sentido figurado. La intención del Señor fue decirles que los tiempos tranquilos se habían terminado. A partir de ese momento la predicación del mensaje cristiano iba a pasar por etapas de odio, rechazo y persecución. Jesús utilizó un tono irónico para expresar la necesidad, por parte de sus mensajeros, de tener una actitud de lucha contra las adversidades venideras. Tal consejo no debía entenderse de forma literal o al pie de la letra como hicieron sus oyentes. De ahí que al sugerirle: "Señor, aquí hay dos espadas", Jesús les respondiera con tristeza y algo de frustración, al comprobar que no le habían comprendido: "Basta". Después, ante la pregunta directa de uno de sus discípulos: "Señor ¿heriremos a espada?", el Maestro volvió a responder: "Basta ya; dejad" (Lc. 22:49-51) y sanó la oreja cortada al siervo del sumo sacerdote. Pero donde se concreta más explícitamente este rechazo de Cristo a la violencia de las armas es en el relato que ofrece Mateo: "Entonces Jesús le dijo: Vuelve tu espada a su lugar; porque todos los que tomen espada, a espada perecerán" (Mt. 26:52). No hay ningún tipo de duda, Jesús no fue un zelota violento y extremista sino que, por el contrario, siempre fomentó la paz y se opuso a las agresiones físicas entre las personas.

Tampoco debiera pensarse que el Señor fue un perfecto apolítico despreocupado de las cuestiones del Estado o de la vida pública de su comunidad. Las interesantes palabras que recopila Marcos así lo dan a entender: "Respondiendo Jesús, les dijo: Dad a César lo que es de César, y a

Dios lo que es de Dios" (Mr. 12:17). Los fariseos y los herodianos intentaron provocar al Maestro mediante una pregunta fundamental en la ética política de aquel tiempo. Su intención fue mezclarle en el debate de si
era justo o no pagar tributo a César. Ellos eran partidarios de hacerlo ya
que utilizaban sin ningún tipo de escrúpulos el dinero de los romanos.
Sin embargo los judíos nacionalistas consideraban que tales impuestos
eran una clara humillación para Israel, pues les recordaban continuamente
su dependencia y sometimiento al Estado romano. Jesús actuó con sabiduría. Les pidió una de aquellas monedas que eran emblema de la discor-
dia, un denario romano de plata. En el anverso del mismo aparecía el
César con una corona de laurel, símbolo de su dignidad divina, bajo una
inscripción que decía: "César Tiberio, hijo adorable del Dios adorable".
Mientras que en el reverso figuraba la emperadora madre situada sobre
el trono de los dioses romanos en representación de la paz celestial. Era
evidente que aquella moneda pertenecía a César. De la misma manera, el
ser humano pertenece a Dios. El reparto era, por tanto, simple. El dinero
para César y el hombre para Dios. Jesús opta por el equilibrio del punto
medio. Ni la revolución sangrienta que proponían los zelotas negándose
a pagar impuestos, ni tampoco la mitificación gloriosa del César y del
imperio romano que asumían los colaboracionistas.

El Maestro desacraliza la autoridad estatal de Roma y, a la vez, considera que el pago de los tributos es algo congruente y necesario para el
buen funcionamiento de la sociedad. Esto no significa, como en ocasiones se ha mantenido, que el Maestro propusiera un maridaje entre la religión y el Estado o una alianza entre el trono y el altar. Ni tampoco que los
ciudadanos tuvieran la obligación de obedecer en todo al César como se
debe obedecer a Dios. No se está abogando aquí por un Estado religioso
o por una Iglesia nacional. El paralelismo que existe en esta frase de
Cristo es notablemente antitético. César no se puede comparar con Dios.
No es el soberano quien puede decidir de forma autónoma lo que le corresponde a él y aquello que pertenece a Dios, sino Dios mismo. Los
requerimientos del Estado siempre tendrán un importancia relativa cuando se comparan con las demandas de Dios. El hecho de que el Señor se
mantuviera en el término medio de la moderación, sin rechazar abiertamente la figura de César, no debe entenderse tampoco como una aceptación indiscriminada del Estado romano. Pues, la muerte de Cristo en una
cruz según el estilo de las torturas practicadas por Roma, demostró hasta
que punto tuvo que oponerse al poder incondicional y a la injusticia del
imperio romano.

El apóstol Pablo siguió también la misma línea argumentativa que
Jesús. Los siete primeros versículos del capítulo trece de la epístola a los
Romanos, a pesar de haber sufrido distorsiones por parte de ciertos comentaristas que creyeron ver en ellos la justificación evangélica para
una actitud servil de sumisión al Estado, sugieren simplemente que el

cristiano debe respetar las leyes civiles del país en que vive. No es ético que un creyente eluda las obligaciones que comparte con el resto de los ciudadanos. El argumento principal de Pablo es que, en definitiva, toda autoridad ha sido establecida por Dios, incluso aunque ella misma no quiera admitirlo. Seguramente el apóstol se inspiró en el proverbio que dice: "Por mí reinan los reyes, y los príncipes determinan justicia" (Pr. 8:15) y en las palabras del propio Jesucristo en relación al pago de impuestos. Según la doctrina paulina, los creyentes deben saber que cuando venga el "día del Señor" será él quien reine de forma absoluta (1 Co. 15:26-28) pero mientras tanto, conviene obedecer a los gobernantes de las naciones. ¿Y si éstos actúan despóticamente? ¿qué hacer ante las dictaduras que no respetan los derechos humanos ni actúan con justicia? Pablo se refiere en este pasaje sólo a las autoridades legítimas que gobiernan de manera responsable. De las demás no dice nada. Aquí se concentra exclusivamente en los deberes de los súbditos cristianos, no en los del gobierno.

No obstante, del versículo 3: "Porque los magistrados no están para infundir temor al que hace el bien, sino al malo" (Ro. 13:3), puede deducirse cómo debería ser, según la concepción apostólica, la labor de los legisladores y del propio Estado. Los gobiernos no han sido establecidos por Dios sólo para velar por la propiedad privada de los ciudadanos, como pensaban los romanos, sino sobre todo para promover el bien y proteger al pueblo. Por supuesto Pablo no cerró los ojos a la realidad. Él sabía de la existencia de muchos gobernantes tiránicos que oprimían injustamente a los ciudadanos o se oponían a la predicación del Evangelio. De hecho, conocía por propia experiencia este tipo de situaciones. Cuando se le descolgó en canasto desde una ventana de los muros de Damasco, fue precisamente para huir de una mala autoridad, el gobernador de la provincia del rey Aretas que deseaba prenderle (2 Co. 11:32, 33). Pablo había sufrido arrestos, castigos, azotes y cárcel, tanto por parte de los romanos como de sus propios compatriotas judíos. Era, por tanto, perfectamente consciente de que la obediencia a ciertos gobernantes debe tener un límite. El hecho de que fuera condenado a muerte, y muriera en Roma, habla muy claro de hasta dónde debe llegar el sometimiento a la autoridad. Ningún gobierno humano que pretenda silenciar la voz del mensaje de Cristo o imponga una apostasía obligatoria para los creyentes, merece sumisión ni acatamiento. El respeto a la conciencia y a la fe de los ciudadanos debe ser una de las primeras obligaciones de los Estados. Sin embargo, para Pablo, este rechazo a obedecer a tales gobiernos no es incompatible con la creencia de que las autoridades superiores han sido establecidas por Dios.

El principal problema de conciencia que se generaba en los creyentes, que vivían bajo el poder de gobiernos imperiales como el de Roma, era el de reconocerles una dignidad de carácter divino. Los cristianos respetaban al emperador, porque ésta era la voluntad del Señor Jesús, pero reconocían que su dignidad era la de una criatura humana y nunca podrían rendirle el culto que le reservaban a Dios. Esta negación a adorar al César hizo correr mucha sangre por motivos religiosos. El rechazo del culto al emperador era considerado por el gobierno romano como un grave crimen, el *crimen laesae maiestatis*, un acto anárquico de ateísmo que merecía la confiscación de bienes, el destierro o incluso el martirio. Sin embargo, es aleccionador ver cómo reaccionaron los cristianos primitivos ante tales persecuciones. En el Apocalipsis de San Juan, cuando se describen estos trágicos momentos para la Iglesia, no se hace un llamamiento a la revuelta armada, a la rebelión, el terrorismo o la guerra santa, sino que, por el contrario, se propone una resistencia paciente y no violenta: "Si alguno lleva en cautividad, va en cautividad; si alguno mata a espada, a espada debe ser muerto. Aquí está la paciencia y la fe de los santos" (Ap. 13:10). Frente a la terrible "bestia" que era el Imperio romano (13:1), cada cristiano debía asumir el futuro que Dios había previsto para él por difícil y desagradable que fuera. La paciencia y la fe tenían que llevarles a someterse a la voluntad de Dios, antes que claudicar de sus principios. Ante el poder diabólico del mal en este mundo, hay situaciones en las que la única posibilidad que le queda al creyente es resistir de forma pacífica incluso hasta el martirio.

Es evidente que Maquiavelo no estaría de acuerdo con esta determinación de los primeros cristianos. Pero, seguramente, tampoco lo estaría con la actitud de Jesús de arrodillarse y lavar los pies a sus discípulos, sabiendo de antemano que entre ellos estaba también el propio Judas Iscariote que le traicionaría. Sin embargo, esta es en realidad la profunda sima que separa el mito del príncipe nuevo, tan poderoso todavía en nuestros días, del mensaje de aquel gran Príncipe de paz que fue el Galileo. Las dos orillas que se anteponen sobre tal abismo son la luz y las tinieblas, la vida y la muerte pero también el amor y el odio. Según el pensamiento del Evangelio, el odio no es otra cosa que quererse a uno mismo a costa del otro. Y el producto de este egoísmo es generalmente la muerte. "El que no ama a su hermano, permanece en muerte... es homicida; y... ningún homicida tiene vida eterna" (1 Jn. 3:14, 15). A esta fosa conduce inevitablemente el mito de Maquiavelo, sin embargo el amor fraterno que propone Jesús desemboca en la entrega, la solidaridad y la auténtica vida.

2 RENÉ DESCARTES (1596-1650)

El mito de la razón
o de la mente humana como fuente de toda verdad

"¿No habrá algún Dios o alguna otra potencia que ponga estos pensamientos en mi espíritu? No es necesario; pues quizá soy yo capaz de producirlos por mí mismo".
DESCARTES, *Meditaciones metafísicas,* (1997: 134).

"Pues, en último término, ... no debemos dejarnos persuadir nunca sino por la evidencia de la razón".
DESCARTES, *Discurso del método,* (1997: 73).

El principal error de Descartes fue, sin duda, pretender demostrar la existencia de Dios y la esencia del alma humana desde la razón física y metafísica. Esta pretensión le provocó una fuerte oposición por parte de filósofos y teólogos tanto católicos como protestantes. Se le acusó de ateísmo, escepticismo y pelagianismo. Sin embargo, él sólo pretendió discernir lo verdadero de lo falso: "aplicar mi vida entera –escribió– al cultivo de mi razón y a adelantar cuanto pudiera en el conocimiento de la verdad" (Descartes, 1997: 63). Pero ¿quién fue, en realidad, este gran pensador francés?, ¿un hombre de ciencia o un hombre de fe?, ¿un católico o el primer racionalista de la Edad Moderna que sembró el germen de la incredulidad propia de la Ilustración?

Según afirman sus múltiples biógrafos, Descartes profesó la fe católica durante toda su vida. Aceptó la providencia de Dios pero, a la vez, sentó las bases para asumir que el hombre era la medida de todas las cosas. El giro copernicano consistió precisamente en pasar del antiguo teocentrismo al moderno antropocentrismo. Si en el pasado sólo se había pensado la realidad a partir de la fe en Dios, el método que Descartes propuso consistió en pensarla partiendo de la conciencia del propio hombre. Por eso se le considera como el padre del pensamiento científico y filosófico moderno porque señaló la razón humana como el punto de partida de todo conocimiento. Su filosofía constituye la frontera intelectual entre el Renacimiento y la Edad Moderna ya que inaugura el idealismo. Es decir, la creencia de que la verdadera realidad es el mundo de las ideas y que sólo puede existir aquello que se puede pensar. Estos argumentos serían posteriormente desarrollados por filósofos como Leibniz, Berkeley, Kant y Hegel, entre otros. Además de esto es posible afirmar también que la gran aventura iniciada en el siglo XVII, el de Descartes, fue sin duda la del racionalismo: la concepción de que la realidad es, en última instancia, racional.

No obstante, de la luz de la razón se llegó a la "filosofía de las luces" propia de la Ilustración. Todos aquellos valores respetados durante el siglo XVII, como el orden, la autoridad, la disciplina, el dogma, la Iglesia o la fe, resultaron abominables para el siglo XVIII. Si Descartes fue moderado y respetuoso con las opiniones de ciertos pensadores cristianos, como Tomás de Aquino, sus vehementes discípulos, por el contrario, arremetieron contra toda afirmación dogmática para negarla de forma radical. El viejo orden teológico y cosmológico llegaría a ser sustituido por las directrices de otra clase de divinidad: la diosa Razón. De manera que en el pensamiento cartesiano aparece uno de los grandes mitos que, a nuestro entender, condicionará también la mentalidad moderna. El mito de la razón, un gran mito fundador de las ciencias humanas y sociales que concibe al hombre como un ser autónomo gracias a su capacidad para pensar. El ser humano usurpaba así a Dios su centralidad en el universo. La sociedad se entenderá, por tanto, como procedente del individuo y no al revés. Pero la realidad del mal en el mundo confirmaría que los seres humanos no actúan siempre de forma reflexiva. Por lo tanto, la única posibilidad de liberación del pecado que le quedaría al hombre sería sólo la razón. Así que quien no sabe aceptar las reglas del juego de la razón es porque no está en su sano juicio y tiene que ser recluido. En este sentido, "el siglo de la razón es también el siglo de la gran reclusión" (Claval, 1991: 48). Los locos tendrán que ser internados así como todos aquellos que se niegan a mostrarse dignos de su condición racional humana.

Vida de aventura en pos de la verdad

René Descartes nació en la aldea francesa de La Haye, en la Touraine, el 31 de marzo de 1596. Hijo de un juez católico, que fue consejero en el Parlamento de Rennes, perdió a su madre cuando sólo contaba con un año de edad y tuvo que ser criado por una nodriza. A los ocho años ingresó en el colegio jesuita de La Flèche, donde por primera vez entró en contacto con los dogmas de Aristóteles y los escolásticos, contra quienes argumentaría después durante toda la vida. Su elevado nivel intelectual le permitió destacar pronto del resto de los compañeros. Más tarde, continuó los estudios en la Universidad de Poitiers donde se formó como abogado. Fue una persona intelectualmente inquieta que pretendió descubrir por sí misma aquella razón última de las cosas que, en las instituciones educativas donde se había formado, no logró encontrar. Al terminar la carrera tuvo la fortuna de recibir una herencia que le permitió viajar y dedicarse a conocer otras culturas. Cambió los textos académicos por "el gran libro del mundo". A pesar de ser católico –fe que no abandonó durante toda su vida– se enroló como soldado en las tropas de un protestante, el príncipe de Orange, Mauricio de Nassau. Lo hizo para colaborar en la recuperación de Holanda frente al ejército español. También participó en la Guerra de los Treinta Años con un nuevo destino militar a las órdenes del duque Maximiliano de Baviera. De esta manera pudo visitar los Países Bajos, Alemania, Dinamarca y Suecia. No obstante, cuando se dio cuenta de que en realidad estaba luchando contra la causa protestante, pidió otro destino militar que le apartara de la lucha armada. Fue destinado a Neuberg, a orillas del Danubio, y allí consiguió tranquilidad y tiempo para escribir.

En este último destino tuvo tres sueños misteriosos que inspiraron su obra y le marcaron casi toda la vida (Boorstin, 1999: 167). Descartes creyó firmemente que Dios le había revelado en tales sueños el método que debía seguir para razonar correctamente en su búsqueda de la verdad. Asumió la empresa de reformar la filosofía de su tiempo en base a la "invención maravillosa" que había recibido por inspiración divina. No sólo escribió sobre filosofía, también se interesó por la física, la meteorología y la biología. Siempre demostró gran respeto hacia la Iglesia católica. Cuando en 1633 se disponía a publicar su *Tratado del Mundo*, tuvo noticias de la condena de la obra de Galileo por parte de la Iglesia. Como él mismo aceptaba también la hipótesis de Copérnico acerca de la centralidad del Sol en el Sistema Solar, renunció a su publicación para evitar posibles conflictos. No fue ésta la única obra que dejaría sin publicar. Durante toda su existencia rehusó los cargos públicos así como los puestos de responsabilidad. Prefirió vivir libremente, viajando, escribiendo y experimentando.

En octubre de 1649 llegó en barco a Estocolmo, invitado por la joven reina Cristina de Suecia, para disertar sobre temas filosóficos y científicos ante toda la corte. Sin embargo, la fría hora elegida por la soberana para tales discursos, las cinco de la mañana, le provocó un neumonía que acabó con su vida. Descartes murió a los cincuenta y tres años, en febrero de 1650. Diecisiete años después, los restos fueron trasladados a París. Para entonces sus obras habían sido incluidas en el índice de libros prohibidos y durante bastante tiempo fue considerado un crimen llamarse cartesiano en Francia.

Si no dudas es porque no existes

La primera actitud que caracterizó el pensamiento de Descartes fue la desconfianza hacia sus propios sentidos ya que éstos, según él, podían engañarle o deformar la realidad. En sus *Meditaciones metafísicas* escribió: "Todo lo que he tenido hasta hoy por más verdadero y seguro lo he

OBRAS DE DESCARTES

1618	*El Compendium musicae.*
1628	*Regulae ad directionem ingenii.*
1633	*Tratado del mundo o de la luz (Tratado del hombre).*
1637a	*Discurso del método.*
1637b	*Dióptrica.*
1637c	*Meteoros.*
1637d	*Geometría.*
1641	*Meditaciones metafísicas.*
1644	*Principia philosophiae.*
1649	*Pasiones del alma.*

aprendido de los sentidos o por los sentidos; ahora bien: he experimentado varias veces que los sentidos son engañosos, y es prudente no fiarse nunca por completo de quienes nos han engañado una vez" (Descartes, 1997: 126). ¿Cómo reconocer la diferencia entre el sueño y la vigilia? ¿Quién puede asegurar que la propia existencia humana no sea más que una ilusión o una alucinación? ¡Todo lo que se considera real podría ser un puro engaño! ¿Cómo estar seguros? Aquí el filósofo apeló a la existencia de Dios y sugirió que tal incertidumbre sólo tendría sentido en el supuesto de que el Creador hubiera hecho al hombre en un estado de radical equivocación. Pero un error de estas características sería incompatible con la bondad y sabiduría divinas. No resultaría concebible, por tanto, que fuera Dios el que engañara deliberadamente al ser humano. "Reconozco, además, por propia experiencia, que hay en mí cierta facultad de juzgar o discernir lo verdadero de lo falso, que sin duda he recibido de Dios, como todo cuanto hay en mí y yo poseo; y puesto que es imposible que Dios quiera engañarme, es también cierto que no me ha dado tal facultad para que me conduzca al error, si uso bien de ella" (Descartes, 1997: 164). Luego, si no se trataba Dios ¿quién podría ser tal engañador?

Descartes recurrió a la hipótesis del genio maligno y dijo: "Supondré, pues, no que Dios, que es la bondad suma y la fuente suprema de la verdad, me engaña, sino que cierto genio o espíritu maligno, no menos astuto y burlador que poderoso, ha puesto su industria toda en engañarme" (Descartes, 1997: 130). Las artimañas de este hipotético genio maligno encarnan y representan la duda profunda que anidaba en el alma de su creador: ¿Es posible la ciencia? ¿Se puede llegar a conocer la realidad? ¿Es acaso el universo algo incognoscible que escapa a la razón humana? ¿Vivimos en un mundo irracional y absurdo? Descartes inventó su *genius malignus* precisamente para que le formulara todas estas preguntas y, por último, las respondió afirmando la racionalidad del conocimiento. Si Dios existe y ha dotado de razón a la criatura humana, entonces es posible llegar a conocer verdaderamente la realidad.

El primer fundamento de la filosofía cartesiana se resume en una breve y famosa frase: *cogito ergo sum,* (pienso, luego soy o existo).

"Pero advertí luego que, queriendo yo pensar, de esa suerte, que todo es falso, era necesario que yo, que lo pensaba, fuese alguna cosa; y observando que esta verdad: "yo pienso, luego soy", era tan firme y segura que las más extravagantes suposiciones de los escépticos no son capaces de conmoverla, juzgué que podía recibirla, sin escrúpulo, como el primer principio de la filosofía que andaba buscando" (Descartes, 1997: 68).

La existencia y realidad del individuo que piensa es la primera verdad para el filósofo. Se existe en tanto se duda, es decir, se piensa. La máxima cartesiana puede entenderse también como: "dudo, luego existo" porque sólo puede dudar quien es persona. El ser humano es una cosa que piensa y, por lo tanto, es entendimiento, razón y espíritu. Se podría llegar a dudar de todo, menos de la propia vida del pensador.

La mayor inspiración de Descartes es lo que se conoce como el "principio de la unidad de la razón". Aquello que, en realidad, uniría e igualaría a todos los seres humanos sería su capacidad reflexiva. La razón se concebirá así como la sustancia fundamental de la persona que haría iguales a todos los hombres. Algo único y universal que consistiría en juzgar correctamente y saber distinguir lo cierto de lo falso. Pero si para los antiguos filósofos estoicos la razón era de naturaleza divina y los hombres sólo podían participar de ella en la medida en que Dios lo permitía, para Descartes la razón sería una cualidad específica del ser humano y su primer fruto debía ser la ciencia, en particular las matemáticas. Aquí encontramos ya la primera grieta de separación con el pensamiento anterior y el principio que conduciría a la autonomía total del individuo. Esta racionalidad le llevó a deducir una física mecanicista en la que las sustancias y los fenómenos que se daban en la naturaleza surgían de la materia en movimiento. Dios era la causa primera del movimiento característico de la materia pero, después del acto creador, Dios ya no intervenía más. Tal concepción mecánica del universo, como si se tratara de un gigantesco reloj de cuerda que funcionara sólo en base a las leyes impuestas por el relojero universal, tuvo una gran influencia en la Revolución científica posterior. Descartes creía que ciertas propiedades de los cuerpos físicos, como el calor que desprendían o los diversos colores que presentaban, así como su olor o sabor, no eran constituyentes reales del mundo material. Se trataba sólo de ilusiones provocadas por las partículas de materia en movimiento sobre los órganos sensoriales humanos. En una palabra, eran propiedades irreales que engañaban a los sentidos.

En cuanto a las funciones biológicas de los organismos se las explicaba también en términos mecánicos. Los animales eran sólo máquinas complejas sin psiquismo; autómatas inconscientes que reaccionaban únicamente a los estímulos del medio. Lo importante será siempre el hombre, no los animales. Esta peligrosa manera de entender el mundo animal y en general toda la naturaleza no humana, contribuía a eliminar la responsabilidad del hombre por la creación. El universo se concebía así como algo inferior y extraño que podía ser utilizado, sin ningún tipo de respeto, en beneficio de la humanidad. La naturaleza era despojada de su antigua concepción mística o sagrada, con la que ciertos pensadores griegos la habían dotado, para convertirse en un puro instrumento hacia el que no había que tener ningún tipo de consideración. Tales ideas de Descartes suponen también el germen que producirá en el futuro la actitud propia de la tecnología salvaje que no aprecia en nada el mundo natural, sino que sólo procura dominarlo mediante la razón.

En relación al asunto de la existencia, ¿qué podía decirse, según el *cogito* cartesiano, de todos estos seres sin conciencia e incapaces de pensar? ¿existían realmente? Para no dudar de que existan los objetos materiales, los animales y las plantas, no habría más remedio que confiar en la existencia de un Dios fiel y bondadoso. Era necesario saber que Dios existía. De ahí que Descartes intentara demostrar racionalmente la existencia de Dios y afirmara que "la idea de Dios, que está en nosotros, tiene por fuerza que ser efecto de Dios mismo". La sola presencia en el hombre de la idea de Dios demostraría, según el filósofo, la existencia de la divinidad creadora. Se basaba en el famoso argumento de que la existencia pertenece a la esencia de Dios. De la misma manera en que un triángulo no se podía concebir sin la existencia de sus tres ángulos, tampoco sería posible entender a un Dios perfecto si éste careciera de existencia. No obstante, estos razonamientos pronto dejaron de convencer ya que, como demostraron numerosos pensadores a partir de Kant, de la idea de Dios no se extrae necesariamente su realidad sino, a lo sumo, su posibilidad. Lo mismo que de la idea de un millón de dólares no se sigue que éstos existan realmente en la caja fuerte. Cabría la posibilidad de que existieran, eso sí, pero el hecho de que tal idea se pueda pensar no demuestra que el dinero exista de verdad.

La teoría cartesiana de las dos plantas, una baja a ras de suelo en la que los hombres trabajaban guiados por su razón y otra alta en la que moraba lo divino y era necesaria la fe para acceder a ella, degeneró en el pensamiento de sus sucesores, quienes paulatinamente fueron quitándole relevancia a la planta alta porque se fueron convenciendo de que en la baja se podía también vivir muy bien. El ser humano que había depositado todas sus esperanzas en el poder de la razón, empezaba a contemplar la planta alta con desdén e indiferencia ya que aparentemente no necesitaba nada de allí. Descartes respetó la tradición cristiana acerca de la realidad de estas dos plantas pero los filósofos posteriores arremetieron con fuerza contra ella. Si la razón era capaz de permitirle al hombre crear una base sólida sobre la que edificar toda la ciencia universal ¿para qué era necesario algo más? ¿qué necesidad había de la creencia en una planta superior? Como indica el teólogo católico, Hans Küng: "¿Por qué no se sacude decidida y consecuentemente todos los prejuicios de la fe y se desliga de toda autoridad, para vivir únicamente de la razón pura, que tiene soluciones para todo? ¿Por qué un hombre así, razonable, ha de querer aún en absoluto ser cristiano? ¿No es ser cristiano, en el fondo, un postizo superfluo, un accidente exterior, una superestructura irracional del ser hombre?" (Küng, 1980: 71). A tales cuestiones condujo el pensamiento de Descartes porque, en el fondo, su Dios no era el de Abraham, Isaac y Jacob, no era el Padre de Jesucristo, ni el Abba Padre personal del Nuevo Testamento, sino el Dios de los filósofos, el de la más pura especulación racional humana.

El mito cartesiano consistió precisamente en afirmar que la fuente de toda verdad no era Dios sino la mente del hombre. La experiencia humana se entendió así como el centro del universo sobre el que debía orbitar todo lo demás. Tales creencias conducirían a los intelectuales, años después, a olvidarse de la complejidad del ser humano. Se centraron sólo en la dimensión intelectual, permitiendo que la razón sustituyera a la fe y se apropiara de los atributos divinos. Al ser considerada como la esencia misma del hombre que le permitía ser autónomo, la razón se convertía en la nueva divinidad. Llegaron incluso a adorarla bajo las bóvedas de las catedrales como ocurrió, de hecho, en Francia durante la Ilustración. Es posible que Descartes fuera un católico sincero pero las consecuencias de su filosofía serían radicalmente opuestas a la fe cristiana. A partir de su pensamiento se llegaría pronto a la convicción de la irrelevancia divina. Si Dios no era necesario, entonces la moralidad y el orden social inspirados en el Dios bíblico no tenían tampoco por qué conservarse. El filósofo alemán del siglo XIX, Friedrich Nietzsche, fue quien mejor se dio cuenta de tales consecuencias. Al matar a Dios, el hombre moderno destruía también inevitablemente el fundamento último de la moralidad y el sentido de la vida.

Del orgullo cartesiano a la humildad de Newton

La no aceptación del mundo tal como es y el sueño de transformarlo a la medida del hombre según las directrices de la razón, ha acompañado desde siempre al ser humano. Pero muy especialmente a partir del pensamiento cartesiano. Las más importantes utopías sociales que aspiraron a mejorar la convivencia entre los hombres, hundieron habitualmente sus raíces en los conceptos de planificación racional y autonomía del individuo. La mente humana fue con frecuencia una gran forjadora de mitos que, en ocasiones, pretendieron borrar a Dios de la perspectiva del hombre. Pero, como señalara Karl Barth, "cuando el cielo se vacía de Dios, la tierra se llena de ídolos". Los tótems de la razón a menudo se convirtieron en monstruos devoradores de hombres. Los pretendidos paraísos sociales tarde o temprano conocieron las purgas, las depuraciones, los fusilamientos masivos y la instauración del terror. Aquella anhelada utopía social se transformó demasiadas veces en pura patraña inalcanzable, revelando sucesivamente que la sola razón era incapaz de explicar la compleja realidad humana y construir ninguna sociedad ideal en este mundo. La obsesión de aplicar el método cartesiano a los fenómenos sociales y el deseo de planificar la sociedad según la razón condujo en numerosas ocasiones a la búsqueda ansiosa del mito social. El deseo de crear sociedades equilibradas y paradisíacas en el mundo real no empezó, desde luego, con Descartes, ya Platón en *La República* había propuesto lo mismo así como también el pensamiento gnóstico. Sin embargo, será a partir del cartesianismo cuando más énfasis se hará en tales ideas. Los escritos de los utopistas se sucedieron progresivamente desde el Renacimiento hasta la época de los Beatles. El mítico cantante de este famoso grupo musical, John Lennon, escribió en su canción *Imagine:*

> "Imagina que no hay paraíso. Es fácil si lo intentas.
> Ni infierno debajo de ti. Encima de nosotros sólo el cielo.
> Imagina toda la gente viviendo para el presente.
> Imagina que no hay países. No es difícil de hacer.
> Ningún medio para matar ni para morir. Tampoco religión.
> Imagina toda la gente viviendo una vida de paz.
> Imagina que no existe la propiedad. Me pregunto si puedes.
> Nada de ansiedad ni hambre. La hermandad del hombre.
> Imagina toda la gente compartiendo el mundo.
> Dirás que soy un soñador pero no soy el único.
> Espero que algún día te unas a nosotros
> Y que el mundo sea como una unidad."

La obcecación por la utopía ha tenido siempre las mismas aspiraciones de paz, unidad, igualdad y armonía social, pero a costa de eliminar la religión, la propiedad privada, instaurar el gobierno de los sabios que actúen sólo mediante la razón y compartir todos los bienes, incluso las mujeres y los maridos en las idílicas comunas. Así sería –según se afirma– como se podría alcanzar la felicidad y el bienestar para todos en esta tierra. Pero lo cierto es que el utopismo siempre ha tenido terribles consecuencias para la humanidad.

De otra parte, una de las críticas que se han hecho al racionalismo del siglo XVII es la de colocar a la sociedad fuera del tiempo (Claval,

1991: 52). Si la razón era siempre la misma y capaz de captar la verdad del mundo en cualquier momento, entonces las colectividades humanas vivirían en una especie de intemporalidad, en un tiempo inmóvil en el que no serían posibles las innovaciones ni el progreso. Los descubrimientos que podrían alcanzarse en el presente o en el futuro debían ser necesariamente los mismos que ya se revelaron durante el pasado. El techo cultural e intelectual estaría siempre a la misma altura y podía ser alcanzado en todas las épocas por las mentes más brillantes. Incluso cabía la posibilidad de llegar a entender el presente casi como un tiempo de decadencia y a creer, de acuerdo con los pensadores clásicos, que cualquier tiempo pasado fue mejor. La edad de oro de la humanidad sólo podía pertenecer al mundo antiguo, no al presente ni al futuro. El racionalismo no permitía ningún progreso social. Por tanto, en una concepción así el hombre vivía siempre amenazado por el fantasma del olvido ya que la amnesia cultural podía acabar en cualquier momento con los logros adquiridos en la antigüedad. El cartesianismo, en el fondo, daba tanta importancia a la intuición que caía con mucha frecuencia en posturas dogmáticas. La deducción teórica que proponía Descartes estaba siempre mermada por la falta de comprobación experimental. De ahí que su método para llegar a conocer la realidad no pueda considerarse verdaderamente científico hasta que Galileo y Bacon no aportaran respectivamente los suyos propios, acerca de la experimentación y la inducción (Cruz, 1997: 28).

También Isaac Newton, el gran físico británico que nació ocho años antes de la muerte de Descartes, combatió algunas de sus ideas. Su descubrimiento de la gravitación universal le llevó a creer que en la naturaleza existían unas leyes precisas impuestas por Dios que eran accesibles al hombre gracias a la comprobación experimental. Según Newton, el Creador había depositado su razón no sólo en la mente humana sino también en todos los rincones del universo. Se trataba, por tanto, no únicamente de buscar en la reflexión humana (en el *cogito*) sino sobre todo de explorar la realidad, descubrir la regularidad de cada ley natural y reconstruir los mecanismos que permitirían el funcionamiento del cosmos. En definitiva, todas las piezas del inmenso puzzle cósmico debían de estar interrelacionadas y al estudiarlas experimentalmente lo que se hacía en realidad era leer la otra gran revelación de Dios.

Esto supuso un cambio radical de actitud hacia el mundo natural. El orgullo cartesiano que veía al hombre como el único ser que merecía respeto e interés por disponer de capacidad reflexiva, se transformará poco a poco en un sentimiento de humildad hacia todo lo creado ya que todos los seres, animados o inanimados, así como las leyes naturales que los gobiernan, testificarían claramente acerca de la grandeza de Dios. Si rocas, plantas y animales habían sido creados igual que el hombre por el ingenio divino y poseían el misterio de la razón providencial en cada átomo de su ser, entonces merecían también un profundo respeto. Este nuevo talante será muy importante para las ciencias sociales durante el siglo XVIII ya que el ser humano y sus manifestaciones en sociedad, empezarán a ser entendidos en relación con el mundo natural. El hombre dejará de ser una mente pensante aislada para integrarse en el entorno natural que habita, del que se nutre y al que modifica.

Sospecha de la Razón y confianza en el Sentimiento

La obra de Descartes separa radicalmente el concepto de conciencia (o razón) del de cultura (o mundo social) para resaltar el primero sobre el segundo en su relevancia para descubrir la verdad. Según el pensador francés las creencias populares que forman parte del mundo social serían, en ocasiones, auténticas piedras de tropiezo en la búsqueda de la realidad. El espíritu humano no debería dejarse engañar por los cantos de sirena de la cultura y sus tradiciones sino que haría bien en escuchar únicamente las voces que provienen de su conciencia. Las ideas innatas serían las únicas que, convenientemente dirigidas por el método de la razón, podrían conducir hasta el conocimiento de lo real.

Este método que Descartes proponía se podría resumir en cuatro principios fundamentales. El primero sería, "no aceptar como verdad nada que no reconozca claramente serlo". El segundo, "dividir cada uno de los problemas... en tantas partes como sea posible". El tercero, "conducir las reflexiones de manera ordenada, comenzando por los objetos más sencillos y fáciles de comprender". Y el último, "realizar enumeraciones tan completas y exámenes tan generales que se pueda estar seguro de no haber omitido nada". Lógicamente este individualismo extremo de la propia reflexión daría lugar a controversias en el seno de la ciencia social. Algunos seguidores del cartesianismo se opondrán años después a aceptar una imagen del hombre como ser completamente socializado (Giner, 1998: 192). Hay que reconocer que Descartes no fue un teórico social pero sí realizó ciertas aportaciones a la sociología, desde las famosas coordenadas cartesianas que se utilizan no sólo en matemáticas sino también para representar ciertos fenómenos sociales, hasta las nociones enfrentadas de conciencia y cultura.

El pensamiento de Descartes en su intento de explicar mecánicamente la estructura interna de todos los seres naturales, desde las piedras hasta el propio hombre, y el comportamiento general de la naturaleza, se inspiró en el atomismo de filósofos griegos como Demócrito, para quien la materia estaría formada por partículas indivisibles, los átomos, que serían inmutables e imperecederos ya que no habrían tenido principio ni tampoco podían dejar de ser. Como señala Alfonso Ropero: "Descartes todavía necesitaba a Dios en su teoría, pero no así sus herederos. Para éstos la materia se basta a sí misma para explicar cuanto existe. La materia es el verdadero Dios tangible y demostrable: ni se crea ni se destruye, simplemente se transforma; tiene en sí misma su principio y finalidad suficientes" (Ropero, 1999: 369). De manera que la filosofía posterior derivaría por derroteros que convertirían el mecanicismo cartesiano en el más puro materialismo mecanicista. Según éste la conciencia humana e incluso la vida espiritual no serían más que el resultado de las fuerzas ciegas que operan en la materia. El universo carecería de finalidad y, por tanto, Dios resultaría del todo innecesario.

Sin embargo, durante el siglo XX este materialismo fue cuestionado seriamente desde la misma filosofía, desde la física cuántica e incluso desde la psicología. Hoy existen numerosos pensadores e investigadores convencidos de que la conciencia humana no puede reducirse al simple juego de los átomos. Tal como remarca el psicólogo José Luis Pinillos: "Sin cerebro no hay conciencia, pero la conciencia no es el cerebro" (Pinillos, 1995: 111). La concepción de la mente y del espíritu humano que se tiene en la actualidad es muy diferente de la que proponía el materialismo decimonónico. La conciencia se entiende como aquella función cerebral propia de la persona que trasciende la pura materia de que está hecho el cerebro. Todavía se desconoce en qué consisten los procesos mentales superiores, pero una cosa parece estar clara, no se pueden restringir a funciones exclusivamente materiales.

Por otro lado, la sospecha de la razón se ha hecho patente sobre todo durante la época postmoderna. El sociólogo Max Weber fue quizás uno de los primeros en darse cuenta de que la racionalización moderna de la sociedad no conducía a ningún paraíso en la tierra, sino más bien a un mundo completamente deshumanizado. Aplicar los parámetros de la razón al desarrollo de la sociedad era como introducir al ser humano en una auténtica jaula de hierro. El progreso tecnológico y científico ha hecho mucho bien a la sociedad pero también ha contribuido a su propio descrédito. La grave amenaza que supone el armamento nuclear, el nefasto deterioro medioambiental del planeta, la proliferación de nuevas enfermedades como el sida o el peligro de la manipulación genética de los seres vivos, son como crespones de luto clavados sobre la bandera de la razón y la utopía científica. También el comportamiento fratricida y sanguinario característico de todo el siglo XX ha hecho que en la actualidad se haya perdido casi por completo la fe en las maravillosas promesas de la razón. En su lugar, el hombre postmoderno prefiere colocar la emoción y el sentimiento. Según la opinión del escritor Milan Kundera, en relación a la famosa frase cartesiana, actualmente el "pienso, luego existo" debería traducirse más bien por un "siento, luego existo" ya que el *Homo sapiens* se habría convertido en un *Homo sentimentalis* que habría revalorizado el sentimiento por encima de la razón. Hoy se prefiere sentir, en vez de pensar (Cruz, 1997: 58).

De cualquier manera, aunque el antiguo mito de la razón propuesto por Descartes, haya demostrado su incapacidad para hacer feliz al hombre y dar lugar a una sociedad justa, sería iluso creer que durante la postmodernidad el ser humano ha renunciado a su tradicional deseo de autonomía e independencia de Dios. Es verdad que hoy proliferan por doquier religiosidades de todo tipo y que muchos individuos procuran saciar su sed espiritual de diferentes maneras, pero el anhelo profundo del alma humana continúa siendo el mismo. El deseo de probar el fruto prohibido para ser como dioses, la aspiración primigenia a la emancipación del Creador y al autogobierno, siguen presentes en todos los rincones de la geografía humana. La fe en que la razón capacita absolutamente al hombre para descubrir toda la realidad y que aquello a lo que la razón no puede dar explicación es porque no existe, no terminó con el ocaso del positivismo, sino que todavía pervive en el sentimiento de muchas criaturas. El mito de Descartes consistente en pensar que la fuente de todo conocimiento verdadero no es Dios sino la experiencia humana, continúa vivo e influye poderosamente en la forma de ver la realidad y entender el mundo que sigue teniendo el hombre contemporáneo.

La Revelación más allá de la Razón

Como se ha señalado, el pensamiento de Descartes no puede calificarse de filosofía cristiana ya que nunca se refiere a Jesucristo ni a su resurrección. Le interesó más el método para llegar a conocer de manera correcta la realidad, así como las nuevas teorías astronómicas, que intentar demostrar la existencia de Dios o la inmortalidad del alma. No obstante, su obra desprende un cierto aroma apologético y procura respetar los principios básicos de la Iglesia católica. En opinión de Küng, "aun cuando Descartes no hace filosofía cristiana, sí hace filosofía como cristiano" (Küng, 1980: 44). La fe sería para él, el resultado de la voluntad humana que apoyándose en la revelación de Dios podría llegar a conocer la verdad sin necesidad de evidencia. La fe no necesitaría demostraciones como la razón. Algo verdaderamente excepcional. La razón, por el contrario, requería de un método adecuado para alcanzar la certeza intelectual. Siguiendo las directrices de tal método se podría estar seguro de acceder a la verdad. Descartes dedicó toda su vida a la búsqueda de esta verdad y llegó a la convicción de que realmente la había encontrado.

Sin embargo, alcanzar certeza racional no es lo mismo que poseer seguridad existencial. Tener muchos conocimientos objetivos acerca de la realidad que nos rodea no es lo mismo que saber vivir adecuadamente. La mejor de las ciencias puras cuando se convierte en aplicada, tanto puede servir para el bien como para el mal. Ahí están para confirmarlo los múltiples arsenales militares con sus nuevas tecnología bélicas. Cuando el conocimiento se transforma en instrumento de poder y esclaviza al ser humano, puede tratarse incluso de algo muy científico pero la certeza que proporciona no sirve para aprender a vivir. Además de razón, el hombre posee también corazón. Detrás de las ideas están los sentimientos y éstos, a veces, se apoyan en razones inconfesables. Como escribiera el pensador francés Blas Pascal, que nació cuatro años después de que Descartes concibiera su "ciencia admirable": *"Le coeur a ses raisons, que la raison ne connaît point: on le sait en mille choses"* ("El corazón tiene sus razones que la razón no conoce: se ve en mil cosas") (*Pensamientos*, 277). El corazón tiene su propia lógica y en numerosas ocasiones se comprueba que esta lógica del sentimiento es, en realidad, el centro espiritual de la persona humana capaz de dirigir su vida, mientras que la certeza puramente racional presenta unos límites que con frecuencia resultan infranqueables.

Una de las principales paradojas de la época moderna, en la que vivió Descartes, fue que buscó ansiosamente la certeza pero produjo incertidumbre. El deseo por descubrir la verdad objetiva condujo al relativismo. Pronto se descubrió que el pensamiento humano por muy racional o apegado al método que fuera no podía reflejar fielmente la realidad pura. La inseguridad empezó a infiltrarse en los conocimientos que podía alcanzar la razón del hombre. Marx dijo que los juicios humanos estaban deformados por las condiciones sociales y económicas que envolvían al pensador. Freud descubrió que el pensamiento estaba limitado por ese oscuro e incomprensible abismo del inconsciente. Mientras que Nietzsche puso en duda la existencia misma de la razón y la verdad objetiva, afirmando que ésta igual que las muñecas rusas o las cebollas casi siempre tienen dentro otra capa y nunca es posible descubrir un núcleo central sólido. La razón del hombre es pura cáscara. Y hasta la nueva física contemporánea ha llegado a decir que no es posible conocer la realidad, ya que siempre se choca con el factor humano, con los métodos subjetivos y las aproximaciones relativas. Hoy se está muy lejos de conocer la famosa fórmula general del universo que explicaría cómo lo creó Dios. La razón no ha llegado a destapar el sentido de la vida o de la historia. Lo que de verdad se ha descubierto bien, son los propios límites del ser humano. El hombre es ahora más objetivo pero también mucho más inseguro de lo que pronosticó Descartes. La postmodernidad se ha olvidado de la Razón ilustrada y ha aprendido a escribirla con minúscula. La ciencia se ha vuelto más humilde hacia las cuestiones de la fe porque reconoce que ya no quedan auténticas razones para ser ateo.

¿Quién quiere vivir en un mundo absolutamente objetivado, donde todo esté gobernado por el cálculo frío y meticuloso? El método analítico de la razón desvitaliza lo vivo para estudiarlo, divide en partes, disecciona, diviniza los objetos y los órganos, los mata para comprenderlos. Pero ¿acaso no se pierde así la esencia vital de los seres? El filósofo postmoderno Jean Baudrillard habla refiriéndose a todo esto de esa "pornografía de la ciencia" por destaparlo todo y no querer dejar nada al ámbito del misterio. La razón moderna quiere encarcelar la realidad para convertirla en esclava del hombre. Sin embargo, la postmodernidad actual se ha encargo de demostrar que esto no ha sido posible. Más bien, hoy se intenta ponerle restricciones a la ciencia y rescatar al ser humano de la prepotencia de la razón porque si no se produce mejora ética no puede haber progreso material. Hay por tanto que descubrir y cultivar esa otra razón religiosa y moral, la razón contemplativa, que es capaz de dar respuesta a todas las cuestiones que la ciencia y el progreso plantean hoy.

La razón humana no puede revelar por sí sola todos los misterios de la existencia. Sólo el mensaje cristiano, el de la fe en Dios a través de la obra de Jesucristo, puede responder a los enigmas del hombre. Esto significa que, en contra de la opinión cartesiana, no es a partir del conocimiento de uno mismo como se puede llegar al conocimiento de Dios y de la realidad, sino precisamente al revés: es partiendo de la realidad del Dios que se manifiesta en Jesucristo como se puede llegar a conocer verdaderamente al ser humano. De manera que tanto el "pienso, luego existo" de Descartes como el "siento, luego existo" postmoderno, deberían ser cambiados por un "creo, luego existo" propio de la esperanza cristiana (Küng, 1980: 95). Tal sería la convicción evangélica: la certeza de la fe por encima de la certeza del pensamiento. Sólo es posible conocer a Dios por medio de la voluntad de creer y no a través de la razón especulativa. Sin embargo, esta certeza de la fe no debe ser considerada como algo irracional. Aunque, desde luego, no sea igual que la certidumbre de la ciencia humana, medible y constatable por los sentidos, se trata de otro tipo de certeza más intuitiva, fundamental, propia del sentimiento del hombre que aporta razones básicas para vivir. La fe cristiana es el fundamento de la razón y no ésta la base de aquélla.

3 THOMAS HOBBES (1588-1679)

El mito del contrato social o del gobernante que tiene siempre poder absoluto sobre el pueblo

"Esto es algo más que consentimiento o concordia; es una verdadera unidad de todos en una y la misma persona, unidad a la que se llega mediante un acuerdo de cada hombre con cada hombre, como si cada uno estuviera diciendo al otro: *Autorizo y concedo el derecho de gobernarme a mí mismo, dando esa autoridad a este hombre o a esta asamblea de hombres, con la condición de que tú también le concedas tu propio derecho de igual manera, y les des esa autoridad en todas sus acciones.* Una vez hecho esto, una multitud así unida en una persona es lo que llamamos ESTADO, en latín CIVITAS. De este modo se genera ese gran LEVIATÁN, o mejor, para hablar con mayor reverencia, ese *dios mortal* a quien debemos, bajo el *Dios inmortal,* nuestra paz y seguridad".

HOBBES, *Leviatán,* (1999: 156-157).

El filósofo inglés Thomas Hobbes es considerado hoy, al lado de Maquiavelo, como el fundador de la moderna ciencia política. Su pensamiento, directamente relacionado con el de Descartes, supone la otra gran alternativa del siglo XVII al concepto de razón. Si en la reflexión cartesiana, como se ha visto, el hombre podía llegar a ser autónomo gracias a la seguridad que le proporcionaba su capacidad para pensar, Hobbes irá más lejos y propondrá una aplicación práctica de esta autonomía. Un poder absoluto para que cada soberano elegido por su pueblo pueda gobernar de manera autónoma en base a la razón y mantener así la paz y el orden social. La pregunta fundamental que preocupaba a los pensadores del fenómeno social durante esta época era: ¿por qué se agrupan los seres humanos? ¿qué les motiva a vivir en sociedad? Las respuestas oscilaban desde el amor o la simpatía natural que el hombre siente hacia sus congéneres, hasta el más puro egoísmo por utilizar los bienes y recursos de los demás.

Según Hobbes, la sociedad habría nacido a partir de un contrato acordado entre los hombres en base a la necesidad de evitar la lucha de todos contra todos, que sería el estado natural del ser humano. El hombre era concebido así como un ser malo por naturaleza, una especie de lobo para el hombre *(homo homini lupus).* Situación lamentable que sólo la razón podía cambiar. Por tanto, el raciocinio humano debería ser suficiente para garantizar la convivencia ya que conduciría a la firma de un pacto solemne de unión y a la renuncia de la autonomía personal de cada individuo en beneficio del rey o soberano. La razón humana vendría así, una vez más, a ser sustituta de la fe cristiana ya que ésta habría demostrado ser insuficiente para garantizar la convivencia pacífica del hombre. Independientemente de que Hobbes fuera o no creyente, lo cierto es que su mito fundador sirvió para robarle protagonismo a Dios en la vida social y en ese lugar colocar la razón innata del ser humano. De manera que, en su opinión, el intelecto de los hombres habría sido el impulsor de ese gran gesto institucional: el contrato social. El acuerdo que legitimaría el poder absoluto del gobernante y lo convertiría en el pacto redentor por excelencia de la humanidad. Este mito laico, sustentado en la creencia de que las personas ya no necesitaban a Dios para vivir en comunidad, brotó con fuerza durante el siglo XVII y se ha venido manteniendo activo hasta la actualidad. ¿Qué ideas habrían dado lugar a tal contrato? ¿dónde podría situarse el origen de este mito fundador de Hobbes?

Algunos sociólogos opinan que la historia del contrato social hunde sus raíces en la visión protestante acerca del sacrificio de Abraham (Claval, 1991: 70). Los reformadores aceptaron la doctrina bíblica de que el Creador no sólo había formado al hombre del polvo de la tierra, sino que además había establecido con él un primer pacto que le garantizaba la vida eterna si elegía permanecer dependiendo de Dios. No obstante, a pesar de que la caída supuso la ruptura de este pacto primigenio, ya que el ser humano prefirió la autonomía personal a la dependencia del Señor, Dios no renunció a su criatura. Otra vez tomó la iniciativa y estableció una nueva alianza con el hombre. Según el relato bíblico (Gn. 17), Dios hizo otro pacto con el patriarca de Ur y le prometió una enorme descendencia así como una tierra rica para que la habitara. Sin embargo, Jehová quiso probar la fe de su siervo y le pidió que sacrificara a su hijo Isaac. Al comprobar que Abraham estaba dispuesto a llevar a cabo tan difícil petición, lo premió renunciando al sacrificio (Gn. 22:1-19). La conclusión es que la fe sincera siempre tiene motivos para la esperanza. La importancia de esta nueva alianza del Antiguo Testamento será fundamental para la Reforma ya que vendrá a confirmar que lo que Dios demanda del ser humano es, por encima de todo, la sinceridad de su fe.

Esta creencia del mundo protestante es la que ha marcado tantas diferencias con los países de tradición católica. De la importancia de la fe no se sigue, como en ocasiones se ha dicho, la infravaloración de las obras. Es verdad que, como escribe Isaías, "nuestras justicias son como trapo de inmundicia" si es que mediante ellas se pretende ganar la vida eterna. Pero también es cierto que "la fe, si no tiene obras, está muerta en sí misma" (Stg. 2:17). El valor de las obras del hombre, según la teología de la Reforma, queda restaurado y confirmado por la doctrina de la alianza. Dios se complace en que sus hijos desarrollen los dones que poseen. El trabajo no es una maldición o un castigo sino la oportunidad para colaborar con el Creador en la restauración del mundo caído. Como escribe Max Weber:

> "Es evidente que en la palabra alemana "profesión" *(Beruf)*, como quizá más claramente aún en la inglesa *calling*, hay cuando menos una reminiscencia religiosa: la idea de una misión impuesta por Dios... Siguiendo la génesis histórica de la palabra a través de las distintas lenguas, se ve en primer término que los pueblos preponderantemente católicos carecen de una expresión coloreada con ese matiz religioso..., mientras que existe en todos los pueblos de mayoría protestante" (Weber, 1995: 81).

El sentido casi sagrado del concepto de trabajo que siempre tuvieron los pueblos de tradición protestante contrasta con la ética católica al respecto. Tomás de Aquino, por ejemplo, veía las profesiones manuales como algo que pertenecía al orden material y por tanto merecía poca consideración. Lo importante era para él superar todo lo material o terreno mediante la ascesis monástica y la vida contemplativa. Sin embargo, Lutero se fue distanciando poco a poco de esta interpretación hasta llegar a concebir la idea de profesión como el cumplimiento de los deberes que todo cristiano tiene que realizar para agradar a Dios. El trabajo dejó de verse como una condena para entenderse como un don divino. De hecho, Dios puso a Adán en el jardín de Edén "para que lo cultivara y lo cuidara" (Gn. 2:15), aún antes de la caída. El texto bíblico concibe el trabajo como una exigencia divina positiva que sirve para realizar al ser humano y nunca como consecuencia de la maldición primigenia.

Es evidente que la teología protestante de la alianza, desarrollada entre 1610 y 1630 en base al redescubrimiento del pacto de Dios con Abraham, tuvo también sus repercusiones políticas. El antiguo contrato veterotestamentario implicaba un vínculo entre los hombres y el Creador que, de alguna manera, explicaba el origen de la sociedad. Por medio de este contrato divino y humano podía comprenderse la voluntad de Dios para el mundo. La vida social era entendida así desde la lógica de la fe. Pero en su origen, el pacto entre Dios y los seres humanos demostraba una profunda desigualdad. El Creador era, por definición, todopoderoso mientras que el hombre siempre fue un ser débil. No obstante, esta enorme diferencia desaparecía si se miraba sólo desde la perspectiva de los descendientes de Abraham. Entre tales criaturas, que llegarían a ser tan numerosas como "las estrellas del cielo y como la arena que está a la orilla del mar" (Gn. 22:17), sí existía una extraordinaria semejanza. Todos los descendientes de Abraham eran esencialmente iguales entre ellos. Por tanto, en el mundo protestante la nueva sociedad será considerada como fundamentalmente igualitaria. Dios había pactado con el hombre y permanecía siempre comprometido con él a lo largo de la historia, pero le concedía espacio para la libertad. El ser humano a partir de la fe en Jesucristo, el Hijo de Dios que decidió hermanarse con la humanidad, era libre para actuar racionalmente en el mundo.

Esta nueva manera de fundamentar las relaciones sociales en la igualdad entre las personas, fue absolutamente revolucionaria para la época. Hasta entonces predominaban las ideas que hacían acepción de personas. Tanto las religiones orientales como el catolicismo medieval venían considerando a los príncipes como individuos diferentes, poseedores de un prestigio casi místico. Hombres con destino especial que eran portadores de una misión divina, la de organizar la sociedad y conducir al pueblo en justicia. El rey era una especie de mediador entre Dios y los hombres. Un ser impuesto por el Creador, perteneciente a la casta sacerdotal privilegiada y superior al resto de los mortales. Había aquí una clara discriminación entre gobernante y gobernados.

Sin embargo, con la Reforma protestante todas estas concepciones se vinieron abajo ya que, mediante la doctrina de la alianza, se promovió una nueva filosofía social que eliminaría todas las diferencias entre las personas. La crisis desencadenada por las creencias reformadas afectó directamente al papel de los gobernantes, ¿cómo un príncipe que era representante de Dios podía ser cómplice de los errores de Roma? Estas cuestiones bullían en la mente de Hobbes y afloraron frecuentemente en su *Leviatán*. Puede afirmarse, en este sentido, que las ciencias sociales modernas aparecieron de la reflexión protestante acerca de la caída, el pecado y la redención. Sin embargo, el mito hobbesiano del contrato social supuso un paso atrás en los logros de la Reforma porque, como se verá, negaba la libertad humana así como la igualdad de todos los hombres y proponía una sociedad jerárquica dirigida por un soberano que, incluso aunque actuara de manera autoritaria, nunca podía ser sustituido.

Existencia longeva y prolífica

Thomas Hobbes vio la luz en la aldea inglesa de Westport, perteneciente al condado de North Wiltshire, el día 5 de abril de 1588. Su padre fue un vicario eclesiástico de carácter iracundo que a raíz de una discusión con su clérigo sucesor, abandonó para siempre a la familia y huyó a Londres donde murió en avanzada edad. Mientras el pequeño Thomas convivió con su padre fue obligado por éste a escuchar todos sus sermones y a leer libros de oración. Al parecer, esta huida paterna influyó negativamente en su carácter que siempre fue melancólico, tímido e inseguro. Cuando después fue acogido por un tío materno, su educación mejoró considerablemente, fue enviado primero a la escuela parroquial de Westport, luego a un colegio privado donde aprendió lenguas clásicas y finalmente, a los catorce años de edad, al Magdalen College de Oxford en el que obtuvo el título de Bachiller. Allí profundizó en el conocimiento del griego, latín y filosofía escolástica pero de ésta quedó muy desilusionado. Prefirió dedicarse a la literatura antigua y se interesó de manera especial por la obra de Tucídides, de quien realizó una traducción de la *Historia de las Guerras del Peloponeso*, que fue publicada en 1628.

Un antiguo profesor en Oxford, sir James Hussee, le recomendó para el puesto de tutor privado del primer *Earl of Devenshire* de la familia Cavendish, cuando sólo tenía veinte años. Este importante empleo, que conservó toda la vida, le permitió viajar y conocer a grandes pensadores de la época, como Francis Bacon, Galileo, Claudio Berigardo y Marin Mersenne que fue muy amigo de Descartes. En 1640 Hobbes repartió entre los amigos sus *Elementos de Derecho*, obra escrita en inglés en la que defendía la teoría de la indivisibilidad del poder soberano y proponía una justificación del absolutismo. Por miedo a las reacciones que pudiera suscitar este libro contra su persona, huyó a París y se quedó allí durante once años. La situación política en Inglaterra era tensa y en 1642 estalló la Primera Guerra Civil. El bando monárquico fue derrotado y como consecuencia Carlos I decapitado. El régimen parlamentario se impuso provocando que otros muchos partidarios de la realeza huyeran a Francia. En este país, Hobbes fue nombrado tutor del heredero de la Corona, el Príncipe de Gales, quien sería el futuro Carlos II. La mayor parte de la obra de Hobbes se escribió durante su estancia en Francia, entre los años 1640 y 1650. Sólo una enfermedad que se prologó durante meses y estuvo a punto de acabar con su vida, le mantuvo apartado de la escritura.

La principal obra de Hobbes, *Leviatán*, fue concebida con una evidente tendencia en favor de la monarquía. Sin embargo, durante su redacción el terreno político había cambiado mucho en Inglaterra y parecía casi imposible que en el futuro un nuevo monarca pudiera gobernar allí. Hobbes añadió una conclusión a su libro en la que parecía abrir la puerta a todos aquellos exiliados que quisieran regresar a su país de origen y someterse al nuevo gobierno parlamentario. En este último apartado titulado: *Repaso y Conclusión*, escribió: "De igual manera, si un hombre, cuando su país ha sido conquistado, se encuentra fuera de él, este hombre no habrá sido conquistado ni será súbdito; pero a su regreso, si se somete al nuevo gobierno, estará obligado a obedecerlo" (Hobbes, 1999: 572). Tales manifestaciones fueron malinterpretadas por sus correligionarios en París y se empezó a gestar una desconfianza hacia quien durante tantos años había defendido la monarquía inglesa. En 1651 Hobbes regresó a Londres y se sometió al nuevo Consejo de Estado, gracias al cual pudo vivir tranquilamente y seguir escribiendo. Cuatro años después publicó el tratado *De Corpore* (Tratado de los cuerpos) y en 1658 fue restaurada la monarquía bajo el rey Carlos II de Inglaterra. Inmediatamente el nuevo monarca recibió a Thomas Hobbes y le proporcionó una pensión vitalicia de cien libras anuales. Además dio orden de que se pintara su retrato, obra que se conserva todavía hoy en el National Portrait Gallery de Londres.

La protección que le ofreció el rey no fue suficiente para protegerle del nuevo ambiente creado después de la peste de 1665 y del gran incendio de Londres, ocurrido durante el año siguiente. El anticlericalismo evidente de su obra *Leviatán* se convirtió en el punto de mira de la Cámara de los Comunes. El miedo supersticioso del pueblo, que creyó ver en estas dos catástrofes un castigo divino a causa del ateísmo y la blasfemia que suponían ciertas obras, provocó que se estableciera un comité para velar contra el agnosticismo y la profanación. Se realizó una moción de censura contra el *Leviatán* y se prohibieron nuevas ediciones en lengua inglesa. Hobbes se vio obligado a reescribir su libro en latín para que pudiera ser publicado en Amsterdam, pero sin la polémica conclusión final. Otras dos obras posteriores, *Diálogo entre un filósofo y un estudioso del derecho común inglés* e *Historia ecclesiastica*, fueron también denegadas para su publicación.

Durante los últimos años de su vida, Hobbes sufrió una parálisis progresiva que le mantuvo alejado de la escritura. A pesar de eso llegó a escribir unas cuarenta obras. Murió el 9 de diciembre de 1679 en Hardwich, en la mansión del tercer *Earl of Devonshire*, a los 91 años de edad. Cuatro años después del fallecimiento algunas de sus obras, entre las que figuraban *Leviatán* y *De Cive*, fueron prohibidas por la Universidad de Oxford, ordenándose que fuesen arrojadas públicamente a la hoguera. Ciertos autores han afirmado que Hobbes fue ateo, sin embargo de la lectura de su obra principal, no parece que pueda extraerse tal conclusión. Más bien al contrario, en ella se manifiesta la creencia de que Dios revela su ley al hombre por medio de la razón. Como señala Carlos Mellizo en el prólogo a la sexta edición del *Leviatán*: "En su tiempo, y tras la publicación de *De Cive*, Hobbes fue calificado de "ateo", acusación que sigue repitiéndose y que, a pesar de su posible verdad, no queda sustentada en ninguna página del *Leviatán*" (Hobbes, 1999: xviii). Desde luego, la impresión que produce su obra es la de un hombre que, aunque pudiera sustentar ideas políticas equivocadas, aceptaba con sinceridad la existencia de un Dios trascendente.

OBRAS DE HOBBES

1640	*Elementos de la ley natural y de la política.*
1642	*De cive.*
1651	*Leviatán.*
1658a	*De corpore.*
1658b	*De homine.*
1670c	*Behemoth.*
1670d	*Historia eclesiástica.*
1672	*Autobiografía.*

En el principio... fue la guerra

Cuando se habla acerca del materialismo de Hobbes, generalmente lo que se quiere decir es que estaba convencido de que sólo los objetos materiales son accesibles a la razón humana. Únicamente la realidad observable es susceptible de experimentación y verificación por los sentidos del hombre. De manera que todo aquello que no es materia saldría fuera de las posibilidades de la investigación científica. Esto no significa que lo inmaterial no pueda darse sino que los métodos que usa la razón no permiten demostrar cosas como la existencia o inexistencia de Dios. En *Leviatán* escribe:

> "Todo lo que imaginamos es finito. No hay, por tanto, ninguna idea o concepción de nada que podamos llamar *infinito*. Ningún hombre tiene en su mente una imagen de magnitud infinita, y no puede concebir una velocidad infinita, un tiempo infinito, una fuerza infinita o un poder infinito. Cuando decimos que algo es infinito, lo único que queremos decir es que no somos capaces de concebir la terminación y los límites de las cosas que nombramos. No tenemos concepción de esas cosas, sino de nuestra propia incapacidad. Por tanto, el nombre de Dios es usado, no para que ello nos haga concebirlo –pues Él es incomprensible, y su grandeza y poder son inconcebibles–, sino para que podamos rendirle honor" (Hobbes, 1999: 33).

El materialismo de Hobbes se refiere, en realidad, al análisis de los objetos materiales y no a las cuestiones metafísicas o a la creencia de que sólo exista la materia, que ésta sea eterna y que haya originado por azar todo el universo, como afirmará después el materialismo dialéctico. Hobbes acepta que Dios es la primera causa creadora del cosmos y entiende el mundo como algo externo al Creador. En lo que él insiste es en que no conviene renunciar nunca a la razón natural, a esa capacidad reflexiva propia del hombre porque es precisamente esta cualidad la que puede permitir llegar a descubrir la otra gran revelación de Dios, la revelación del mundo natural.

> "No debemos renunciar a nuestros sentidos y a nuestra experiencia, ni tampoco a eso que es indudable palabra de Dios: nuestra razón natural. Pues ésos son los talentos que Él ha puesto en nuestras manos para que negociemos con ellos hasta la segunda venida de nuestro bendito Salvador; y, por tanto, no debemos cubrirlos con el manto de una fe implícita, sino emplearlos en la compra de la justicia, de la paz y de la religión. Pues aunque en la palabra de Dios haya muchas cosas que están por encima de la razón, es decir, que la razón no puede ni demostrar ni refutar, no hay ninguna que vaya contra la razón misma; y cuando parezca que es

así, la falta estará en nuestra torpe interpretación o en un razonamiento erróneo por nuestra parte" (Hobbes, 1999: 315).

Desde luego, no parece que quien esto escribe pueda ser tachado de ateo o agnóstico. Sin embargo, como se ha señalado, este juicio temerario se ha realizado en numerosas ocasiones.

Por lo que respecta a las propiedades físicas de la materia, al igual que Descartes, Hobbes pensaba que las cualidades "sensibles" de los cuerpos, como la luz que reflejaban, su color o el olor que desprendían, eran fantasías aparentes provocadas por el movimiento de la materia presionando sobre los sentidos humanos. Esta interpretación iba contra la filosofía escolástica del conocimiento sensible que, basándose en Aristóteles, enseñaba cosas como, por ejemplo, que la causa de la visión se debía a una "species visible" que desprendían los objetos por todos sus lados, que al llegar al ojo provocaba en éste el acto de ver. De manera que sólo el estudio paciente de la realidad, logrado mediante buenas dosis de esfuerzo y trabajo, podía conducir al descubrimiento de la verdad. La razón natural, concedida por Dios al hombre, era el único medio eficaz para discernir entre lo real y lo falso.

El núcleo central de todo el pensamiento hobbesiano lo constituye la idea de que el fin supremo del hombre es alcanzar la felicidad. Para conseguir tan anhelado estado de ánimo el ser humano tendría que satisfacer constantemente sus deseos. El placer de poseer un determinado objeto le llevaría a querer otro, cuando el primero se hubiera ya obtenido. Adquirir una cosa sería sólo el medio para desear la siguiente. Esta aspiración de acumular bienes y conseguir poderes, únicamente se terminaría con la muerte. El problema surgiría del choque con los intereses naturales de los demás. Para lograr tal felicidad los humanos no tendrían más remedio que habérselas entre ellos. La competencia por tener cada vez más posesiones, títulos y poderes llevaría inevitablemente a un estado general de antagonismo entre las personas. Esta sería la condición natural del ser humano, una lucha permanente de todos contra todos. Una situación innata de agresividad perpetua de la que no se podría escapar, a menos que se consiguiera romper la igualdad natural que existe entre los hombres. Aquí radica una de las principales propuestas sociales de Hobbes: si la desigualdad entre los hombres fuese manifiesta, no sería posible la competencia y, por tanto, se acabaría la guerra. Si entre los débiles y los poderosos existiesen suficientes diferencias, sería del todo imposible que se diera en ellos cualquier tipo de rivalidad o enfrentamiento. Según este razonamiento, la igualdad en que nacen todos los hombres llevaría a la lucha, mientras que la desigualdad motivaría la paz.

De ahí que la única solución, según Hobbes, fuera la creación del Estado presidido por un soberano temido que asumiera todo el poder y contra el que ningún ciudadano pudiera disputar jamás. Sólo así habría paz y cesarían para siempre las hostilidades naturales. La institución de tal Estado se habría producido por la necesidad de defensa y protección que tenían todos los hombres. Su motivo fundamental sería terminar con la horrible situación en que se encontraba el ser humano primitivo. Este mítico contrato social, que señalaría el paso del estado de naturaleza al estado civil, se fundamentaría en la renuncia de cada hombre a sus derechos personales para transferirlos al soberano o a la asamblea correspondiente.

De esta manera surgiría el gran Leviatán propuesto por Hobbes, la mítica figura humana que representaba al Estado y que fue dibujada en la página titular de la obra del mismo nombre, en la edición de 1839. Se trataba de un gigantesco soberano de cabellos largos que se elevaba sobre el horizonte de la ciudad, portando en su cabeza la corona. En la mano diestra sostenía una espada, símbolo de la fuerza militar, y en la siniestra el báculo que representaba al poder religioso. Lo más curioso de semejante figura era el torso y los brazos formados por las minúsculas figuras de todos los ciudadanos (Hobbes, 1999: 9). Este era el "dios mortal" al que Hobbes atribuía la paz y la seguridad del pueblo. Como dato anecdótico es interesante señalar que el escritor inglés se inspiró en la Biblia para crear su mítico personaje. En efecto, el famoso monstruo marino o fluvial que aparece varias veces en el Antiguo Testamento y contra el que cualquier ser humano se sentía impotente, sirve a Hobbes para ilustrar su concepción del Estado. Sobre la cabeza de la figura de Leviatán, en la página titular de la obra, podía leerse en latín el texto de Job 41:24, "Su corazón es firme como una piedra, y fuerte como la muela de abajo", referido al misterioso monstruo.

La base de la convivencia sería, por tanto, el miedo a la espada que portaba el soberano, es decir, a la fuerza represora. El poder militar del Estado tendría que ser suficiente para atemorizar a todos los ciudadanos. De manera que el horror entre los hombres no desaparecería jamás, sólo que habría pasado de ser un temor de todos hacia todos a un recelo general de todos con respecto al soberano. Únicamente el miedo a las armas podría mantener en raya a las personas. En la misma línea, Hobbes argumentaba que los súbditos no deberían tener poder para cambiar tal forma de gobierno absoluto. En el capítulo 18 de su *Leviatán* escribe:

> "En consecuencia, los que ya han instituido un Estado, y han convenido tomar como propios los juicios y las acciones de una sola persona, no pueden, sin su permiso, establecer legalmente un pacto nuevo entre ellos mismos comprometiéndose a prestar obediencia a otro soberano en ninguna cosa. Por lo tanto, los que están sujetos a un monarca no pueden abolir la monarquía sin su aprobación y volver a la confusión propia de una multitud desunida" (Hobbes, 1999: 159).

El contrato social no podía quebrantarse unilateralmente sin la aprobación del monarca. Ni siquiera debía permitirse que alguien protestara contra la institución del soberano que había sido declarado por la mayoría de los ciudadanos. Nada de lo que éste hiciera podía ser censurado o castigado por sus súbditos. Él era el juez absoluto, el único capaz de establecer qué doctrinas debían enseñarse en su Estado, cuándo convenía o no hacer la guerra con otros Estados, a qué ministros o consejeros se debía elegir, así como premiar o castigar, según le pareciera, allí donde la ley no lo determinaba con claridad. El poder del soberano tenía que ser absoluto en todos los Estados ya que aunque pudieran derivarse, en algún momento, consecuencias malas de unas atribuciones tan ilimitadas, lo cierto era que –según Hobbes– "la guerra perpetua de cada hombre contra su vecino" era mucho peor. Por lo tanto, la filosofía política del absolutismo, el gobierno que goza de poderes plenarios sin cortapisa legal alguna, sería la solución más certera para lograr la eliminación de las contiendas civiles, la anarquía, la barbarie y la guerra. Quizá una de las mejores definiciones de "absolutismo" sea la que dio el propio rey de Francia, Luis XV: "El poder soberano reside en mi sola persona. El poder legislativo, ni sujeto a otros ni compartido con otros, me pertenece a mí, y los derechos e intereses de la nación son necesariamente únicamente los míos, y reposan en mis manos sólo" (Giner, 1998: 3). El asunto parecía estar bastante claro.

Hobbes llegó a relacionar la fe cristiana con la obediencia casi absoluta al soberano civil. De la misma manera en que la fe y la obediencia son necesarias para la salvación, esto implicaba también que la obediencia a Dios y al soberano puesto por Él, eran imprescindibles para cumplir con la voluntad divina. Incluso aunque el monarca fuese un dictador infiel que no creyese en Dios, cualquier súbdito que le hiciera frente estaría pecando contra las leyes del Creador y estaría rechazando el consejo de los apóstoles de obedecer a los príncipes (Hobbes, 1999: 493). El fin supremo del soberano era procurar la seguridad de su pueblo, pero éste debía reconocer que los derechos del rey tenían que ser absolutos, tanto en materia civil como religiosa. El Estado reunía así la espada de la autoridad civil y el báculo pastoral de la autoridad religiosa.

Por lo tanto, no se podía reconocer otra autoridad clerical independiente como el papado de la Iglesia romana o los representantes eclesiásticos de otras confesiones. Los poderes del Estado y la Iglesia debían coincidir en la persona del monarca. Esto se fundamentaba en la sentencia evangélica de Jesús: "Mi reino no es de este mundo" (Jn. 18:36). Algo que, en opinión de Hobbes, muchas autoridades religiosas no habían entendido. El Papa y la Iglesia no podían reinar porque Cristo tampoco reinó sobre este mundo. Volverá a reinar después de la resurrección universal, eso sí, pero mientras tanto vivimos en el tiempo de la regeneración. Esto implicaba que cualquier Iglesia que dictaminara órdenes contrarias o al margen de aquellas que dictara el soberano caía inmediatamente en usurpación. Las Iglesias sólo debían exhortar a los hombres y predicar el Evangelio pero no atribuirse un poder que les resultaba del todo ilegítimo. En este sentido, el pensador inglés no sólo arremetió contra los católicos sino también contra la Iglesia anglicana, afirmando que todos los cambios religiosos negativos ocurridos en el mundo se debían a la mala conducta de los clérigos.

Hobbes estaba convencido de que el Estado y la Iglesia eran la misma cosa, como se desprende de su definición del concepto de "Iglesia":

"...defino una IGLESIA así: una compañía de hombres que profesan la religión cristiana, unidos en la persona de un soberano a cuyo mandato deben reunirse en asamblea, y sin cuya autoridad no deben reunirse. Y como en todos los Estados las asambleas que se reúnen sin autoridad del soberano civil son ilegales, también la Iglesia constituirá una asamblea ilegal si el Estado la ha prohibido reunirse" (Hobbes, 1999: 392).

El soberano civil era entendido como el medio por el cual Dios hablaba a su pueblo; el pastor supremo en el que debían creer todos los súbditos. Por tanto, el Papa y las demás autoridades religiosas se habían apoderado de un privilegio que no les pertenecía y que la Escritura sólo concedía a los monarcas políticos. Este fue uno de los temas que más obsesionaron siempre a Hobbes, el poder que las falsas concepciones religiosas ejercieron sobre los hombres a lo largo de la historia.

Inconvenientes de la doctrina de Hobbes

A pesar de que el mito del contrato social repitiera ciertos planteamientos religiosos propios de la teología protestante de la alianza, inspirada en el pacto de Dios con Abraham, lo cierto es que la hipótesis propuesta por Hobbes presentaba importantes diferencias con el primitivo acuerdo bíblico. Si en el Antiguo Testamento todos los que participaban de la nueva alianza, es decir los descendientes de Abraham, eran iguales delante de Dios y por tanto debían comportarse entre sí como hermanos, en la doctrina de Hobbes, por el contrario, todos los hombres tenían forzosamente que renunciar a sus derechos individuales en beneficio del monarca. La sociedad que se establecía así era necesariamente autoritaria ya que el contrato no se realizaba, de hecho, entre individuos iguales. El soberano estaba en la cima de una estructura jerárquica y exigía la sumisión absoluta del pueblo, cosa que anulaba por completo la igualdad entre todas las personas. Es lógico que tales ideas despertaran notable oposición sobre todo entre antimonárquicos y republicanos.

Otra de las inconveniencias del contrato es que estaba planteado entre hombres libres. En principio esto parecía correcto. No obstante, el problema surgía cuando se explicitaba quiénes eran éstos hombres y se llegaba a la conclusión de que sólo los ciudadanos poseedores de bienes materiales podían considerarse hombres libres. Quienes no fueran amos de la tierra, ni dispusieran de posesiones, no serían tampoco amos de su destino y no habría que considerarlos como personas libres. Lo que a primera vista podía parecer un acuerdo que garantizaba la justicia social y la igualdad entre los hombres, resultaba ser un sistema que perpetuaba las injusticias y las desigualdades sociales.

Actualmente la sociología considera que el contrato social es una ficción que utilizan determinadas teorías políticas para justificar la obediencia al poder (Giner, 1998: 151). Incluso se ha sugerido que el *Leviatán* contiene un claro mensaje en favor del Estado omnipotente como el que impuso el nacionalsocialismo alemán de preguerra. Un mito que supone el hipotético estado inicial de naturaleza en el cual los seres humanos habrían vivido como fieras salvajes, luchando y devorándose continuamente entre sí, sin un poder coercitivo que los gobernara. Frente a tan inestable y aterradora situación de la primitiva naturaleza humana, habría surgido la imperiosa necesidad de realizar un contrato social, un acuerdo que posibilitara la creación del Estado y de la sociedad civil. Por medio de la renuncia de sus derechos naturales, los primeros ciudadanos consintieron en este acuerdo para lograr una mayor seguridad y estabilidad social. Delegaron así en una persona para que les dirigiera de forma absoluta y sin impedimentos de ninguna clase. Tal sería el mítico origen del Estado moderno y de sus soberanos.

Reflexiones bíblicas en torno al contrato social

Las ideas de Hobbes obligan a realizar un ejercicio de comparación con ciertas enseñanzas fundamentales de la Escritura. En primer lugar surge la importante cuestión acerca de la naturaleza y el origen del mal en el mundo. La teodicea aceptada por el autor de *Leviatán* le lleva a asumir que el hombre es malo por naturaleza. La situación propuesta en su mito, de una lucha constante de todos contra todos en el mundo primigenio, se debería precisamente a tal condición innata de maldad. Probablemente Thomas Hobbes, buen conocedor de la Biblia, estaría familiarizado con pasajes como el de Génesis 8:21, en el que después de la gran catástrofe diluviana, Jehová dijo: "No volveré más a maldecir la tierra por causa del hombre; porque el intento del corazón del hombre es malo desde su juventud". También en el Nuevo Testamento es el propio Jesús quien reconoce de manera implícita, en numerosas ocasiones, la perversidad que demuestra el género humano (Mt. 7:11; 12:34; 15:19; etc.). Sin embargo, ¿es ésta la enseñanza genuina que Cristo quiso transmitir? ¿el mal existente en el universo creado procede siempre de la especial naturaleza humana? ¿cuál es el mensaje bíblico al respecto?

El relato bíblico del Génesis presenta al hombre en el entorno privilegiado del paraíso. Dios no es responsable, por tanto, del sufrimiento humano que se desencadenaría poco después, ya que al principio proveyó para Adán y Eva un ambiente idóneo y protegido. Tampoco habría que buscar el origen del mal en los primeros padres sino que se trataría de algo anterior y extraño al propio hombre. El mal es presentado en la Biblia como un ente suprahumano que se aprovecha de la debilidad y credulidad de la primera pareja. Se trata de la figura tentadora de la serpiente, algo que viene de fuera para seducir el corazón de la mujer y del hombre. Aunque el mal estaría ya presente en el caos primigenio anterior a todo lo humano, es por medio de la serpiente cómo se remarca que el poder del mal se habría originado en una criatura y no en el propio Dios (Gn. 3:1-5; 14, 15).

No obstante, la tentación y la caída se producen, en realidad, por el deseo humano de querer ser como el Creador. De manera que el hombre, al estar situado en un medio ambiente en el que ya existía el bien y el mal, deberá en base a su libre albedrío elegir entre uno u otro. La torpe, aunque también libre, decisión consistió en querer traspasar el orden creado, acceder como criatura al ámbito de lo divino, identificar y decidir personalmente lo que es el bien y lo que es el mal. En una palabra, autodivinizarse. Ser Dios mismo. Traspasar la frontera entre creatura y Creador adueñándose así de toda la creación. Lo trágico de esta decisión humana fue que eligió lo imposible ya que el pleno conocimiento del bien y del mal estaba reservado exclusivamente a Dios. El ansia de saber lo que Dios sabe se estrella siempre contra la misma ley de la finitud humana. El hombre no puede conocer el origen del bien y del mal, no es capaz de determinarlo, ni de recrearlo. De ahí que todavía hoy tal asunto siga siendo un misterio tanto para la filosofía como para la teología. Pretender ser como Dios, dominando el misterio de la vida o el secreto del bien y del mal, es como querer volar sin tener alas y lanzarse al vacío creyendo que se vencerá la ley de la gravedad. El resultado siempre trágico es parecido a lo que le ocurrió a Adán, descubrió el significado de la palabra "muerte".

La revelación bíblica no enseña que el hombre sea malo por naturaleza, pues esto trasladaría la responsabilidad del mal a Dios mismo y le culpabilizaría directamente a Él por ser el Creador. El bien y el mal pertenecen ambos a la naturaleza humana pero no como algo inherente a ella misma sino como el producto de la libertad. La Biblia entiende el pecado y la maldad como una decisión equivocada del hombre que desea arrebatarle a Dios el conocimiento que le pertenece. Dar la espalda al Creador es como errar el blanco del destino humano, negar la propia finitud y la dependencia, romper la relación con Él y proclamar la autonomía personal o la autosuficiencia. Esto es precisamente lo que se puso de manifiesto en la torre de Babel (Gn. 11:4-9). La maldad no está escrita en los genes humanos, como proponen hoy ciertas corrientes de la socio-biología, no es una necesidad biológica constitutiva, sino que se trata del resultado de una libre decisión de cada hombre.

Aquello que Dios prohibió al ser humano, al señalarle el árbol que estaba en medio del huerto, fue la actitud de creerse igual a Él, la auto-deificación del hombre. Y no lo hizo arbitrariamente por celos o envidia, como era característico en las demás divinidades míticas de la antigüe-dad, sino porque sabía que la independencia de Dios era destructiva para la humanidad. El Creador había construido al hombre a partir del polvo de la tierra y sabía también qué cosas podían destruirlo. Los seres huma-nos no se pueden realizar plenamente sin Dios. La autosuficiencia gene-ra a la larga diversas formas de autodestrucción. Aquí radica la maldad de la decisión original humana. No es que el hombre sea malo por natu-raleza es, simplemente, que no supo utilizar su libertad de manera sabia. Sin embargo, aquella primera decisión equivocada puede ser corregida por cada criatura humana mediante la apertura personal a Jesucristo. Este es el mensaje fundamental de la revelación bíblica.

La segunda idea con la que Hobbes adorna su mito del contrato social es la creencia de que el fin supremo del hombre es alcanzar la felicidad mediante la acumulación de bienes materiales, poderes, éxitos y presti-gio social (Hobbes, 1999: 93-94). Efectivamente, esto parece haber sido así desde que el hombre es hombre. Sin embargo, la experiencia demues-tra que la búsqueda afanosa de la felicidad convierte al ser humano en esclavo de una quimera. Como escribía Victor Hugo en *Los miserables:* "La felicidad nos hace olvidadizos. Cuando poseemos el falso objeto de la vida, que es la felicidad, nos olvidamos del verdadero objeto, que es el deber" (Hugo, 1973:744). Jesús se refirió también a esta creencia popu-lar, que basa la dicha humana sólo en lo material, con estas palabras: "Mirad, y guardaos de toda avaricia; porque la vida del hombre no con-siste en la abundancia de los bienes que posee" (Lc. 12:15). El pensa-miento bíblico niega que se pueda servir bien a dos señores a la vez. No es posible servir a Dios y a las riquezas. El cristiano no debe confundir nunca la verdadera felicidad con la abundancia material y mucho menos depositar en ella su confianza.

Tampoco el poder, el éxito o la influencia social tienen que tentar a los creyentes haciéndoles creer que tales logros son los pilares sobre los que descansa la mayor alegría o satisfacción humana. En este sentido el Señor Jesús reveló a Pablo una paradójica escala de valores. El propio apóstol confesó en cierta ocasión que el Maestro le había dicho: "Bástate mi gracia; porque mi poder se perfecciona en la debilidad" (2 Co. 12:9). De manera que cuando era rechazado por predicar a Cristo, cuando se le afrentaba públicamente, se le perseguía y angustiaba, es decir, cuando era humanamente débil, Pablo se sentía fuerte en el poder de Jesucristo. Hasta tal punto esto fue así que llegó a escribir: "porque cuando soy débil, entonces soy fuerte" (2 Co. 12:10). Esta es la clase de poder que da prestigio en la vida cristiana y proporciona la genuina felicidad, la satisfacción de haber cumplido con el deber de servir a Dios a través del prójimo. Tal es el fin supremo del ser humano redimido por Cristo y no la búsqueda ansiosa de una felicidad egoísta y mal entendida.

Por lo que respecta a las relación entre la Iglesia y el Estado ya se trató, en el mito de Maquiavelo, que Jesús no abogó jamás por un Estado religioso ni por una Iglesia nacional. De la misma manera, la obediencia ciega a los gobernantes despóticos o la imposibilidad de protestar contra el Estado tiránico, a que conducían las ideas de Hobbes, chocan frontalmente como se vio contra la ética del Nuevo Testamento. El acatamiento al soberano o al gobierno legítimo del país tendrá siempre un límite claro que será aquel que imponga el respeto a la conciencia individual y a la fe de los ciudadanos. Cuando el apóstol Pablo aconseja a los romanos acerca de su relación con las autoridades superiores, les dice textualmente que el magistrado: "es servidor de Dios" (Ro. 13:4). ¿Qué significa esto? La obediencia de los súbditos está condicionada al comportamiento del gobernante en relación a los propósitos de Dios. Si un gobierno no actúa de acuerdo a los principios bíblicos fundamentales de respeto a la vida humana y a las creencias religiosas, así como de identificación con los derechos fundamentales de las personas, no merece la consideración ni la sumisión sino todo lo contrario, la resistencia del pueblo.

Cuando se prohíbe la predicación del Evangelio y la vivencia de la fe o cuando se masacra al ser humano por motivos religiosos, culturales, étnicos o ideológicos, se atenta claramente contra la voluntad del Creador. Si las autoridades no sirven a Dios promocionando los valores de la convivencia, la solidaridad, la tolerancia y la libertad, caen en una dinámica de injusticia y pierden su derecho al respaldo divino. En tal situación la legitimidad del gobierno se desvanece y lo que ocurre es que se fuerza al pueblo a la desobediencia o a la rebelión.

La democracia que disfrutan tantas sociedades en el presente tuvo su primer origen en las páginas de la Biblia. El deseo de los reformadores durante el siglo XVI por poner en práctica los valores humanos del Evangelio condujo a la aparición del Estado democrático en los países protestantes. También la Revolución francesa basada en ideales humanistas, liberales y relativistas que rechazaban la existencia de Dios, influyó en la idea moderna de democracia. Sin embargo, como escribe el profesor Godofredo Marín, existe una profunda diferencia entre ambas:

"Las democracias salidas del pensamiento humanista liberal se originaron en este siglo, y presentan rasgos de inestabilidad e ineficacia social, por la ausencia de arraigo en la conciencia del pueblo de los valores de autonomía y productividad. Por su parte, las democracias generadas en los países al calor y sustento de los valores bíblicos, hoy llamados países protestantes o evangélicos o países desarrollados y ricos, como son Suiza, Suecia, Holanda, Inglaterra, Alemania, Canadá, Estados Unidos, etc., son estables y con eficacia social de desarrollo en libertad, por cuanto está muy arraigado en la conciencia del pueblo el valor de la autonomía y la búsqueda permanente de la excelencia." (Marín, 1985: 40).

A pesar de los errores históricos posteriores y de las posibles equivocaciones que hayan podido cometer estos pueblos, una cosa es cierta, en su desarrollo económico y social tuvo mucho que ver la aceptación generalizada de la Palabra de Dios y de los principios sociales evangélicos.

4 JOHN LOCKE (1632-1704)

El mito de que la propiedad privada es tan sagrada como la vida humana

"... cada hombre es *propietario* de su propia *persona*, sobre la cual nadie, excepto él mismo, tiene ningún derecho. Podemos añadir a lo anterior que el *trabajo* de su cuerpo y la *labor* de sus manos son también suyos. Luego, siempre que coja algo y lo cambie del estado en que lo dejó la naturaleza, ha mezclado su *trabajo* con él y le ha añadido algo que le pertenece, con lo cual, lo convierte en *propiedad* suya."

LOCKE, *Dos ensayos sobre el gobierno civil,* (1991: 223).

Durante los siglos XVII y XVIII los métodos propios de las matemáticas y de las ciencias experimentales fueron las bases respectivas que inspiraron, en Europa, dos importantes sistemas de pensamiento: el *Racionalismo* y el *Empirismo.* Descartes que, como se vio, fue el padre del primero creía que la fuente de todo conocimiento era la razón humana. El pensamiento sería como el juez que dictaminaba aquello que era verdadero o falso, pasando incluso por encima de lo que detectaban los sentidos. La razón se concebía como independiente de la experiencia sensible. Lo verdaderamente importante debía ser el adecuado análisis teórico de las explicaciones y no la comprobación experimental de las mismas.

Sin embargo, este planteamiento fue puesto en tela de juicio por los empiristas. Para ellos la fuente del conocimiento no era la razón sino la acción del mundo sobre la persona. Llegar a conocer algo dependía de la experiencia de los sentidos, de la verificación práctica y no sólo de la argumentación teórica. Si para los racionalistas las ideas eran innatas y se originaban en el ámbito de la conciencia, para los empiristas las ideas se adquirían por medio de los sentidos. John Locke fue el primero en negar la existencia de las ideas innatas y en afirmar que la conciencia del ser humano está vacía hasta que no recibe la información que le llega de la experiencia. Por eso se le considera el impulsor del empirismo inglés, el gran apóstol del espíritu liberal o el Aristóteles de los tiempos modernos que, con su exaltación del conocimiento sensible, cambió de forma radical la historia de la filosofía y de las ciencias sociales.

Desde la comprensión racionalista del hombre, como ser dotado de una razón innata mediante la cual interpreta el mundo y la realidad, resulta que el individuo dependería más de la herencia que del ambiente en que se ha formado. La sociedad sería el resultado planificado de la vo-

luntad de los hombres por vivir en comunidad. La personalidad individual no dependería tanto de la educación, ni de las interacciones existentes en el seno de la comunidad, sino que sería algo congénito anterior a
las relaciones sociales. Pero en una concepción así, ¿cómo podía explicarse el desarrollo progresivo de la personalidad en el niño? ¿de qué
serviría la educación? ¿sería posible, desde el racionalismo, conciliar la
autonomía del individuo con la maduración paulatina de su inteligencia
y carácter?

John Locke respondió a tales preguntas por medio de su teoría sensualista, afirmando que las impresiones o sensaciones externas que se
van acumulando en las personas a lo largo de la vida, constituyen el punto de partida para que el pensamiento perfile y conforme el espíritu del
hombre. De esta manera Locke abrió la puerta al estudio científico del
ser humano. Su método de búsqueda, en el fondo, no era tan opuesto al
del racionalismo sino que recogía las aportaciones de éste. La vía de las
ideas se complementaba con la de la experiencia. Tanto la sensación (experiencia externa) como la reflexión (experiencia interna) se conjugaban
para constituir la fuente del conocimiento humano. De esta manera se
formaría la personalidad sin que la sociedad tuviera sobre ella una influencia decisiva.

Si Hobbes sostenía que el hombre es malo por naturaleza –como se
vio– y Rousseau afirmaba más tarde que el hombre era naturalmente
bueno, para Locke el estado natural de libertad e igualdad en que el ser
humano fue creado sería perfecto todavía en el presente, siempre y cuando los individuos se condujeran de manera racional. Pero como esto no
es así, el hombre se vuelve peligroso necesitando una ley y una organización política que resuelva eficazmente tal situación. Es, por tanto, el egoísmo de los individuos el que anula la libertad y la razón. Si el ser humano
no atropellara los derechos de sus semejantes no habría necesidad de
legislación, las leyes divinas bastarían porque el legislador último es Dios.
No obstante, la realidad de tantos conflictos y enfrentamientos obligaba
a que fuera el Estado quien garantizara los derechos de los ciudadanos.

La razón del hombre era tan importante para Locke que incluso la fe
cristiana necesitaba de ella. En efecto, si la fe es el asentimiento dado a
cuestiones que no vienen demostradas por la razón sino que dependen
del crédito que se concede a quien las propone, en cuanto persona inspirada por Dios, entonces la fe se fundamenta en la revelación y es la razón
humana quien pone límites a la fe. Sólo la razón permitiría decidir acerca
del valor de la revelación en la que el creyente deposita su fe. De manera
que, como señala Ropero, "con Locke asistimos a la plena racionalización de la fe, hasta el punto que razón y fe vienen a ser sinónimos... Fe y
razón se complementan." (Ropero, 1999: 397).

Influido probablemente por el platonismo, el padre del empirismo
partió de tres certezas iniciales para proponer la existencia de una cien-

cia moral demostrativa. Locke aceptó la realidad de la existencia del ser humano, así como la de Dios y la evidencia de la verdad matemática. El hombre tendría conocimiento de su propia existencia gracias a la intuición; de la presencia de un Dios creador, a través de la demostración; y de las demás cosas, por medio de la sensación. Con relación a Dios, Locke recurrió al argumento de que la nada no puede producir nada, por tanto, si existe el universo es porque lo ha producido un ser poderoso y eterno. A partir de tales ideas, como fundamento del saber humano y como inspiradoras de las normas de conducta, llegó a afirmar que la moral se podría situar dentro de las ciencias demostrativas. En este sentido escribió:

"La idea de un Ser Supremo, infinito en poder, en bondad y sabiduría, cuya obra somos y del cual dependemos, y la idea de nosotros mismos como seres racionales, capaces de entendimiento, estando como está tan clara en nosotros, proporcionarían, supongo, si fueran debidamente consideradas y proseguidas, tales fundamentos de nuestro saber y de las normas de nuestras acciones, que podrían colocar la moral entre las ciencias susceptibles de demostración." (Locke, 1980: 2, 18).

Partiendo de tales conceptos, Locke dedujo todo un conjunto de derechos fundamentales de la persona que serían anteriores a la formación de la sociedad política. Los hombres y mujeres creados por Dios serían poseedores de derechos tan básicos, como el derecho a la vida, a la libertad y a la propiedad privada, entre otros. Tales derechos individuales tenían que ser respetados y salvaguardados por el Estado a fin de promover el bien, la convivencia y el respeto mutuo. Siguiendo este camino pronto tropezó con el poder absoluto de ciertos reyes que, con demasiada frecuencia, hacían caso omiso de tales derechos o los violaban impunemente. Locke se opuso a los argumentos de sir Robert Filmer, el pensador absolutista más destacado del momento, que fue muy apreciado por los seguidores del rey Carlos II y llegó a tener una gran significación política. Filmer afirmaba que el poder absoluto de los reyes se fundamentaba en la Biblia.

En efecto, según él, del libro del Génesis se podía deducir que Dios concedió a Adán toda la tierra para que éste la sometiera y fuese su soberano absoluto. El primer hombre habría recibido poder de mando sobre Eva y sobre toda su descendencia. Tal facultad, reforzada por el mandamiento de honrar a los padres, habría sido transmitida al hijo primogénito y así a los varones mayores de generación en generación. Este sería, por tanto, el origen del poder monárquico absoluto. Pero de tales ideas podía deducirse fácilmente que los hombres no eran libres por naturaleza ya que venían al mundo sujetos a la autoridad de los padres, todos nacerían esclavos de sus progenitores, excepto el primer Adán; que los reyes estaban por encima de las leyes, puesto que al ser su poder otorgado por la ley de Dios, no habría ley humana que pudiera limitarlo y, en fin, que la monarquía era el mejor sistema de gobierno ya que había sido instituido por Dios. ¿Cómo era posible extraer tales conclusiones de la Escritura?

Locke criticó en su *Primer Ensayo sobre el Gobierno civil* los argumentos empleados por Filmer, señalando que Dios no entregó la tierra a Adán para que él fuera su único propietario sino que la otorgó como patrimonio a toda la humanidad. Tal legado no fue sólo para el hijo mayor sino para todos los hijos, ni tampoco el poder absoluto podía derivarse de una herencia exclusivista en la línea sucesoria de Adán. De manera que el Estado no debía entenderse como una creación divina especial, en la que el poder absoluto del gobernante quedase fundamentado en la primera monarquía de Adán, sino que por el contrario había que concebirlo como una creación humana, hecha a partir de la libre voluntad de hombres iguales entre sí. Esto implicaba que las personas no nacían esclavas de nadie, ni de sus progenitores ni tampoco de los gobernantes, sino libres para poder decidir y responder de ellas mismas. Refiriéndose a los escritos de Filmer, Locke señaló:

> "Y no creo que esperen que los hombres racionales e imparciales se vean atraídos hacia esta opinión, ya que este su gran doctor en el tema, en un discurso compuesto con el propósito de establecer el *poder monárquico absoluto de Adán,* en contraposición a la *libertad natural* de la humanidad, ha aportado tan pocas pruebas, que lo más natural es pensar que hay pocas pruebas que presentar." (Locke, 1991: 60).

En su *Primer Ensayo* John Locke manifestó que en la Biblia "lo único que se le concede a Adán es la propiedad y no se dice una palabra de la monarquía", por tanto la teoría del origen divino de los reyes, tal como la defendían sir Robert Filmer, la iglesia anglicana, también utilizada por el partido realista de los *Tories* en sus contiendas doctrinales, carecía por completo de justificación bíblica. Para convencerse de que el poder absoluto era malo sólo había que leer la historia y comprobar que "el hombre que es insolente y peligroso cuando habita en las selvas de América, no mejorará gran cosa si lo sentamos en un trono" (Locke, 1991: 269). La monarquía absoluta, o el poder total del soberano, serían intrínsecamente malos porque anularían la libertad original con que fue creado el ser humano.

En relación al pacto social es interesante resaltar las diferencias que Locke mantenía con la teoría de su predecesor Thomas Hobbes. Tal como se indicó en su momento, Hobbes sostenía que el estado natural del ser humano era la guerra de todos contra todos. No obstante, con el fin de evitar esta desastrosa situación, los individuos primitivos habrían decidido ceder sus derechos al Estado absoluto para que éste les proporcionara

seguridad. Sin embargo, Locke entendía las cosas de otra manera. Para
él, los argumentos de Hobbes eran sumamente peligrosos ya que rebajaban los orígenes del ser humano y de la sociedad al nivel moral de las
fieras salvajes y conducían a un relativismo político. Por el contrario, él
aceptaba que Dios había establecido unas leyes naturales a las que se
ajustaban todos los seres que formaban parte del universo, incluido
el propio ser humano (García, 1995: 46).

Tales leyes basadas en la razón eran el principio ordenador que posi-
bilitaba la convivencia pacífica entre todos los hombres. Por tanto, la
tendencia a la organización política era una consecuencia natural y voluntaria característica de la humanidad. El hombre no fue en su estado
original un lobo para el hombre, sino una criatura reflexiva que espontáneamente supo renunciar a sus libertades individuales para vivir en paz.
El origen de la sociedad se debería pues a un pacto libre entre iguales, en
el que se habría valorado sobre todo el consenso y la opinión de la mayoría como algo que podía garantizar la seguridad y la tranquilidad de todos los ciudadanos. Era verdad que los primeros hombres tuvieron que
someter sus voluntades individuales al poder del Estado para que éste les
protegiera, pero también era cierto que tal renuncia había valido la pena
ya que garantizaba los derechos de las personas y salvaguardaba su libertad para establecer leyes o elegir a sus gobernantes.

Otra importante discrepancia con Hobbes es la que se refiere al poder
del Estado. Los gobiernos no debían actuar jamás contra el interés del
pueblo, ni olvidar que eran mandatarios delegados por el mismo. Locke
decía que el poder del Estado no debía ser ilimitado, ni arbitrario, ni
absoluto porque provenía de los ciudadanos y era a ellos a quienes debía
remitirse continuamente. De ahí que, con el fin de evitar posibles aberraciones en el uso del poder, propusiera la separación entre las funciones
legislativas, ejecutivas y judiciales. Esta sugerencia fue posteriormente
una constante en todos los planteamientos políticos del liberalismo.

Como última diferencia con Hobbes, estaría la posibilidad de que la
sociedad pudiera destituir a su gobierno si es que éste hubiera defrau-
dado o anulado la libertad de los ciudadanos, la seguridad o la protección de la propiedad privada. Igual que fue elegido de manera democrática, también de esa misma forma sería posible derrocarlo para proteger los intereses del pueblo. Los razonamientos que Locke empleó en
sus *Dos ensayos sobre el gobierno civil* apoyaban claramente los objetivos políticos de los *Whigs*. Éstos, reunidos en torno al Conde de Shaftesbury, intentaban que la sucesión al trono de Inglaterra recayera sobre un protestante y no se creara así una monarquía absoluta al estilo
francés. Por eso, el padre del liberalismo inglés, realizó en su obra una
defensa del derecho a la revolución. Tal derecho podía ser empleado
siempre que el gobierno dejara de actuar de acuerdo a la voluntad de
los ciudadanos.

Tal como señala Esmeralda García: "Locke dio un paso fundamental al proponer una monarquía constitucional y un poder moderado por el parlamento. Frente a Hobbes que establecía el poder absoluto para los reyes y Rousseau, un cierto 'anarquismo sentimental', en palabras de Luis Rodríguez Aranda." (García, 1995: 24). Es necesario reconocer que la influencia de Locke fue decisiva en las doctrinas políticas posteriores. Tanto la filosofía inglesa del siglo XVIII como el enciclopedismo, la Ilustración e incluso la *Declaración de independencia* de los Estados Unidos fueron claros deudores de la ideología liberal propuesta por John Locke. En su opinión, todos los hombres fueron creados por Dios, libres e iguales entre sí. De ahí que ningún ser humano pueda estar jurídica o legalmente por encima de otro. Sólo Dios es el único soberano absoluto y no existe hombre alguno que deba atribuirse tal función. Todas las criaturas pertenecen al Creador, son de su propiedad, por tanto los hombres originalmente creados no fueron súbditos de ningún otro hombre. Las personas tienen la obligación moral de conservar su vida porque ésta pertenece a Dios.

Esto implica que nadie puede ni debe someterse a otro ser humano, ni mucho menos convertirse en su esclavo o en siervo de un gobierno ilegítimo que ya no posee el apoyo de la población. La esclavitud es abominable a los ojos de Dios. Con estas ideas, Locke propuso una nueva filosofía del hombre y de la sociedad que solucionaba los conflictos planteados por Hobbes en su *Leviatán*. El contrato social fue así reinterpretado desde una perspectiva liberal completamente diferente a la del absolutismo monárquico. No cabe duda de que fueron sus creencias protestantes, fundamentadas en el sacerdocio universal de los creyentes, las que le llevaron a concebir esta versión igualitaria del gobierno civil, propia también de los puritanos (Claval, 1991: 78).

En su *Carta sobre la tolerancia* (Locke, 1985) se refiere al primitivismo bárbaro que supone la intolerancia religiosa entre las personas. Para él, el respeto y la comprensión hacia las diferentes confesiones religiosas eran características principales de la verdadera Iglesia cristiana. Las ideas sobre la libertad religiosa proclamadas desde la Reforma protestante fueron recogidas por el pensador inglés, como principio característico de la modernidad y origen de las demás libertades. Cuando no se respetaban las creencias de los demás, la sociedad entera se resentía y la política padecía unas consecuencias negativas. En un país libre, ningún ser humano podía ser obligado a profesar ideas o realizar actos que fueran en contra de su conciencia y de su fe. La verdad no debía ser monopolizada por las personas, las iglesias o los estados ya que cada criatura humana poseía la ayuda de su razón para juzgar por sí misma en materia religiosa o ideológica. En este sentido lleva razón Alfonso Ropero cuando escribe:

"Con estas ideas Locke no hace sino dar un paso más en la dirección marcada por el principio protestante del libre examen, que es principio de autonomía. Cada persona, desde la más ignorante a la más culta, tiene el derecho y capacidad intelectual de juzgar las creencias que se le exponen como objeto de fe o aceptación. Renunciar a ese derecho es caer en la superstición, en el caso religioso, en la dictadura en el terreno político y en absolutismo en el reino de la ciencia. El mundo moderno sería incomprensible sin el protestantísimo principio del libre examen." (Ropero, 1999: 399).

La libertad en materia de fe puede llegar hasta el límite donde empiezan los derechos de otras personas o donde se pone en peligro la existencia misma del Estado. Este límite no debe traspasarse jamás, pero la libertad religiosa tiene que ser garantizada porque constituye el fin primordial de la sociedad política. Para conseguir tal fin, Locke propuso la secularización del Estado y de la política así como la diferenciación de lo religioso y lo civil. Estas ideas del liberalismo condujeron años después a la separación entre las iglesias y los estados.

Es conveniente resaltar también, en honor a la verdad, que cada pensador suele ser el producto del ambiente propio de su época y que cuando se pretende juzgar mediante los patrones éticos del presente, conductas o ideas del pasado, se cae a veces en un anacronismo erróneo e injustificable. En este sentido, a pesar del reconocido mérito que tiene el pensamiento de Locke por su defensa de las libertades, hay que señalar que ni siquiera en su *Carta sobre la tolerancia* se le concedió a ésta una aceptación total, ya que llegó a manifestar que "los que niegan la existencia de Dios no pueden ser tolerados de ningún modo" (Abbagnano, 1982: 2, 304). Es decir, ¡tolerancia para todos, menos para los ateos! ¿Cómo se reaccionaría hoy ante semejante declaración? Hay que entender que las sociedades han tenido en cada época su propia mentalidad e idiosincrasia condicionada por múltiples factores sociales y que la evolución del pensamiento humano, aunque ha sido progresiva, se ha visto determinada por las opiniones predominantes en cada momento histórico.

Tampoco las concepciones liberales propuestas por Locke supusieron un derecho universal de voto para todos los ciudadanos. Por su parte se conformó con que se limitaran los privilegios de la monarquía constitucional inglesa, pero lo cierto es que la igualdad social que predicó no llegó durante su época a todos los ciudadanos. El único cambio importante fue que el rey empezó a ejercer su poder legislativo por medio del parlamento y, por tanto, se sometió de alguna manera a este órgano representativo del pueblo. El ideal democrático de Locke, que iba en realidad contra la monarquía constitucional de Guillermo de Orange, chocó poco después con la auténtica democracia radical propugnada por Rousseau, ya que para el liberalismo del momento la democracia fue sólo un medio para proteger los derechos civiles privados (Dooyeweerd, 1998: 170). La unión entre el comercio y la incipiente industria dieron como resultado el desarrollo de una nueva clase social, la burguesía, que llegaría a tener una gran influencia política durante la Edad Moderna. Como consecuencia se produjo una valoración social del hombre negociante y emprendedor que, en ocasiones, podía comportarse también sin demasiados escrúpulos éticos. Esto condujo a una cierta exaltación del individualismo por encima de valores como la solidaridad o el compañerismo.

A caballo entre la política y la religión

John Locke nació en Wrington, en el condado inglés de Somerset, el 29 de agosto de 1632. Su familia era de confesión puritana y se dedicaba al comercio, aunque su padre fue un abogado liberal e inconformista. Después de acabar los estudios secundarios en la escuela londinense de Westminster ingresó en el Christ Church College de Oxford donde entró en contacto con la filosofía escolástica y obtuvo su *Bachelor of Arts* en 1656. Dos años después consiguió también el *Master of Arts* y fue nombrado *Senior Student*, con lo cual se le permitió formar parte del claustro de profesores del mismo centro donde se había formado. Pronto se interesó por cuestiones tan diversas como el derecho natural, la tolerancia religiosa, la filosofía de Descartes, las ciencias experimentales y la medicina. Tales vocaciones le llevaron a conocer a científicos de la talla de Robert Boyle, el famoso químico que formuló la ley de la compresión de los gases, así como a Isaac Newton, a quien llamaba "el incomparable señor Newton", y a ingresar en la *Royal Society* en 1668.

Durante los años sesenta, sus concepciones políticas sufrieron un cambio paulatino. El conocimiento personal de lord Ashley, quien llegó a ser el primer conde de Shaftesbury, influyó en los planteamientos conservadores de su juventud, haciendo que éstos fueran adoptando cada vez una posición más liberal. Locke entró a trabajar en la casa del lord como médico y educador. Fue precisamente en esta mansión donde empezó su contacto con la vida política. De acuerdo con las ideas de su protector, llegó a creer que lo más importante en política no era mantener el orden y la seguridad del Estado, sino proteger los derechos de los ciudadanos. Esto le alejaba de sus orígenes puritanos y le aproximaba a los teólogos que defendían la tolerancia religiosa y combatían el materialismo de Hobbes.

Los acontecimientos políticos ocurridos a partir de 1672 contribuyeron también de forma decisiva a reforzar tales convicciones. Lord Ashley fue nombrado lord Canciller, es decir, el cargo ministerial más elevado del Estado. Esto repercutió en Locke, a quien también se le nombró *Secretary of Presentations*, un empleo relacionado con la política eclesiástica. Tal ascenso ministerial permitió a Ashley enterarse de que el rey Carlos II de Inglaterra había firmado un pacto secreto con el rey Luis XIV de Francia, mediante el cual se comprometía a convertirse al catolicismo a cambio de recursos económicos y militares. Este plan pretendía volver a introducir la monarquía absoluta en Inglaterra y que ésta aceptara las directrices de Francia. Inmediatamente, Ashley se opuso al pacto declarándose enemigo del absolutismo francés y del catolicismo. Su oposición le costó el cargo ministerial. Fue destituido y al abandonar la cancillería creó el *Green Ribbon Club*, de donde poco después surgiría el partido de los *Whigs*.

En 1675 Locke colaboró con su amigo Ashley en la confección de un panfleto en el que se advertía del peligro de que se reintrodujera la monarquía absoluta en Inglaterra. A pesar de que fue publicado anónimamente, Locke se exilió de forma voluntaria a Francia ya que las autoridades inglesas buscaban al autor de dicho escrito para castigarlo. Durante los cuatro años que pasó allí estableció contacto con los intelectuales franceses, profundizando en el estudio de sus publicaciones científicas, teológicas y filosóficas. Al poco tiempo el rey Carlos II volvió a nombrar a Ashley, el conde de Shaftesbury, como presidente del Consejo. Éste llamó, en 1679, a su amigo Locke para que regresara a Londres pues ya había pasado el peligro. Pero poco después se desencadenó un importante debate entre los políticos ingleses como consecuencia de una norma, la llamada *Exclusion Bill*, que Shaftesbury pretendía que el rey aprobara. En ella se intentaba que el hermano católico del rey, Jacobo de York, así como cualquier otro aspirante católico fueran excluidos de la sucesión al trono. Evidentemente el rey no aprobó esta propuesta, no obstante durante el desarrollo de la campaña se definieron y generalizaron las dos posiciones enfrentadas, los *Whigs* y los *Tories*. Como señala Joaquín Abellán en su introducción a *Dos ensayos sobre el gobierno civil:*

> "Los *Tories* se manifestaban, como partido de la corte, en contra del *Exclusion Bill*; consideraban que el derecho sucesorio no se podía alterar y defendían asimismo la doctrina del origen divino del poder y de que no cabía resistencia alguna al poder supremo. Los llamados *Whigs*, en torno a Shaftesbury, defendían la tesis de que el poder político descansa en un contrato y de que es legítima la resistencia al poder cuando éste comete abusos." (Locke, 1991: 14).

El debate se resolvió a favor de los *Tories*, lo que desencadenó una persecución contra los *Whigs*, muchos de los cuales fueron detenidos. En 1681 se detuvo también a Shaftesbury, a quien se acusó de alta traición, pero pronto fue puesto en libertad. Cuando se vio libre, el conde huyó a Holanda por miedo a que lo volvieran a encerrar y allí murió dos años después. La situación fue empeorando progresivamente hasta que Locke decidió imitar a su amigo y exiliarse también al mismo país en 1683. Dos años después Jacobo II sucedió sin dificultad a su hermano Carlos II y ocupó el trono de Inglaterra. Mientras tanto, en Holanda fue donde Locke tuvo tiempo para escribir sus principales obras y donde, según se cree, pudo conocer a Guillermo III de Orange, el esposo de María, la hija de Jacobo II. A pesar de la religión que profesaba su padre, María era protestante y los *Whigs* tenían puestas sus miras en este matrimonio para que ocupara el trono de Inglaterra. Sin embargo, la noticia del nacimiento de un hijo varón de la reina de Inglaterra y de Jacobo II, en el verano de 1688, fue como un jarro de agua fría sobre las pretensiones de los *Whigs* ya que este niño, a quien se llamó Jacobo Eduardo, pasaba a ser entonces el legítimo heredero al trono.

Los múltiples errores políticos cometidos por Jacobo II, tales como su desprecio del parlamento, al que nunca convocó; la manifiesta desconfianza hacia sus consejeros políticos; su abierta amistad con el rey francés, Luis XIV, a quien casi toda Inglaterra despreciaba, así como sus numerosos favores hacia el catolicismo, le granjearon el odio de la opinión pública. Tal fue así que los *Whigs* y los *Tories* llegaron a unirse contra él e invitaron oficialmente a Guillermo III de Orange para que invadiera Inglaterra y liberara al pueblo de este monarca. Cuando en noviembre de 1688 Guillermo llegó a Inglaterra con un pequeño ejército, Jacobo II prefirió huir a Francia. Este fue el inicio de la incruenta "Revolución Gloriosa" que acabaría con la monarquía absoluta y el derecho divino de los reyes en Inglaterra.

Un año después Locke regresó de nuevo a su país natal, en el que se le ofrecerían varios cargos públicos que él declinó. Prefirió dedicarse a la investigación y seguir escribiendo obras que influyeron poderosamente en otros grandes pensadores. La última etapa de su vida la dedicó al estudio de la Biblia, de esta época son sus obras: *La racionalidad del cristianismo* (1695) y *Comentarios a las epístolas de san Pablo* (1704). Murió el 28 de octubre de 1704 en Oates, Essex, y fue enterrado al lado de la iglesia de High Laver. Sus biógrafos coinciden en que fue un hombre amable, curioso, pacífico y bondadoso; un gran pensador social que formuló ideas capitales para las revoluciones democráticas de los siglos posteriores.

El egoísmo de acumular como fin en sí mismo

El principal acto de fe de Locke fue creer que antes de que existiera cualquier gobierno humano sobre la tierra, el hombre vivía en un "estado de naturaleza" en el que se podían violar los derechos y libertades de los demás. Sin embargo, a pesar de tal situación natural, todavía la razón podía abrirle los ojos al hombre y descubrirle la "ley moral natural" que poseía en lo más profundo de su ser. Tal ley le dibujaba los límites de la conciencia y le susurraba la conducta que debía seguir. La ley moral le mostraba que todas las personas eran iguales y que nadie debía dañar a nadie. A través de la conciencia, el hombre descubría que no era lícito atentar contra la vida, la salud, la libertad o la propiedad de los demás hombres.

El mito de Locke consistió en hacer del trabajo la prolongación del hombre, afirmando que el derecho a la propiedad privada era tan básico como el derecho a la vida. Esto legitimaba el liberalismo político y abría el grifo a todas las energías del capitalismo incipiente, pero también daba carta blanca al desarrollo del individualismo egoísta y posesivo. Al decir que la propiedad que se había obtenido mediante el trabajo acumulado en forma de capital era tan sagrada como la vida humana, Locke mitificaba la acumulación indefinida de dinero y de bienes. El peligro de tales ideas era obvio, podían conducir al acopio de riqueza en manos de unos pocos, desvinculándola de las necesidades humanas y haciendo de ella un fin en sí misma. Esto fue precisamente lo que ocurrió en Inglaterra y los Países Bajos con el desarrollo de la sociedad comercial y el liberalismo económico, durante la revolución de 1688. A partir de ahí, tal ideología social se expandió por todo el mundo llegando a modelar casi por completo la sociedad occidental del presente.

Al principio, el pensamiento de Locke parecía razonable. Era lógico creer que la propiedad obtenida por un individuo, mediante su trabajo o esfuerzo personal, merecía respeto y tuviera que ser protegida por las autoridades. De eso no cabía la menor duda. Sin embargo, este no fue el problema, los verdaderos inconvenientes surgieron cuando el capital dejó de ser un medio y se convirtió en un fin en sí mismo; cuando no se empleó para satisfacer las necesidades de las personas sino para especular y amasar fortunas privadas; cuando para proteger la propiedad se justificó cualquier tipo de inmoralidad o se afirmó que la confrontación de todos los egoísmos privados era el método más eficaz para garantizar el enriquecimiento y la felicidad colectiva. En este sentido, algunos años después, el médico británico de origen francés, Bernard de Mandeville (1670-1733), llegó a proponer su curiosa *Fábula de las abejas,* en la que decía que, de la misma forma en que a pesar del aparente desorden reinante en una colmena, la miel se iba acumulando poco a poco, también el orden en las sociedades humanas se derivaba de la concurrencia de los intere-

---

OBRAS DE LOCKE

1689	*Cartas sobre la tolerancia.*
1690a	*Tratados sobre el gobierno civil.*
1690b	*Ensayo sobre el entendimiento humano.*
1693	*Pensamientos sobre la educación.*
1695	*El cristianismo racional.*

ses injustos y egoístas (Claval, 1991: 81). Es decir, las mismas ideas maquiavélicas de que un fin bueno puede justificarse mediante unos medios inmorales.

En el capítulo quinto de su *Segundo ensayo sobre el gobierno civil,* Locke escribió refiriéndose al trabajo y a la propiedad:

> "Tanto Dios, como su razón, le obligan a someter la tierra, esto es, a incrementar el beneficio que se extrae de ella, abonándola con algo que forma parte de sí mismo: su trabajo. Aquel que, en obediencia a este mandamiento divino, sometiera la tierra, y labrara y sembrara una parte de ella, agregaba a ese terreno algo que era de su *propiedad* y sobre lo cual nadie podría esgrimir ningún título de propiedad, ni arrebatar sin cometer un flagrante delito." (Locke, 1991: 227).

De manera que el trabajo era la vía de acceso a la propiedad privada ya que la orden divina de cultivar la tierra implicaba necesariamente el apoderarse de ella. No obstante, al principio resultaba tan inútil como deshonesto el intento de acaparar más de lo necesario. Inútil porque un hombre no podía cultivar más terreno del que sus propias fuerzas le permitían, deshonesto por cuanto usurpaba tierras comunales que podían ser trabajadas por otras personas. ¿Qué fue entonces lo que desencadenó la acumulación excesiva de riqueza? ¿cómo surgieron las desigualdades económicas?:

> "Y dado que la cantidad de posesiones que podían adquirir dependía del grado de ingenio y esfuerzo que se aplicara, esta *invención del dinero* les dio la oportunidad de aumentar la producción y las posesiones." (Locke, 1991: 238).

El dinero habría sido la causa de la acumulación de bienes por encima de las propias necesidades de subsistencia y el origen de las desigualdades en el patrimonio de las personas. Según Locke, sólo en el seno de la comunidad política, establecida mediante el pacto social, sería posible superar estas discriminaciones y garantizar la justicia o el respeto a la propiedad de cada cual. Con el fin de erradicar la inseguridad característica del estado de naturaleza habría sido necesario dar autoridad al Estado civil para que éste estableciera sus leyes positivas. De manera que con los poderes legislativo y ejecutivo, el Estado o *commonwealth* habría nacido para suprimir las deficiencias primitivas y para proteger los derechos individuales a la vida, a la libertad y a la propiedad privada. La ley fundamental de la propiedad era tan sagrada que ni siquiera el Estado, o el poder supremo, podían arrebatar a ningún hombre algo que formara parte de sus posesiones particulares:

"..., el poder supremo no puede arrebatar a ningún hombre parte alguna de su propiedad sin su propio consentimiento. Si el fin del gobierno es la preservación de la propiedad y tal es la razón por la que los hombres entran en sociedad, es absolutamente preciso que el pueblo pueda disfrutar de su propiedad, sin que nadie se la arrebate al entrar en sociedad (en la que entra para proteger su propiedad), pues si así ocurriera sería un absurdo tan grande que nadie lo podría admitir." (Locke, 1991: 305).

De manera que nadie podía tener ningún derecho sobre la propiedad privada de un hombre, ni siquiera el propio gobierno del país. Incluso hasta el derecho de conquista debía afectar sólo a las vidas y no a las haciendas de las víctimas. Estas ideas de Locke tuvieron tanta trascendencia social que fueron recogidas posteriormente en las declaraciones de los derechos humanos. Concretamente, en la *Declaración universal de los derechos humanos* de las Naciones Unidas (1948), el artículo 17 dice: "1. Toda persona, individual y colectivamente, tiene derecho a la propiedad. 2. Nadie puede ser privado arbitrariamente de su propiedad." No cabe duda de que el pensamiento del gran profesor inglés contribuyó positivamente al desarrollo del liberalismo y éste, sobre todo a lo largo del siglo XIX, fundamentó las libertades modernas y creó el caldo de cultivo adecuado para que se surgiera la democracia.

Sin embargo, en el ambiente social de la Inglaterra del siglo XVIII, se fue extendiendo la idea de que la felicidad del hombre consistía básicamente en el bienestar, el confort o la riqueza y que, para conseguir todo esto, lo mejor era dejar hacer a cada cual. La búsqueda egoísta y libre de la propia conveniencia se veía como el método ideal para acceder a la dicha completa. El mito de Locke conducía al respeto por el egoísmo de cada hombre ya que esto permitía alcanzar el anhelado orden social. El ideal de hombre que tales concepciones perfilaban era el de un ser frío y calculador que sopesaba minuciosamente todas sus acciones y elegía siempre aquellas que resultaban económicamente más provechosas para él. De manera que el egoísmo individual dejó de verse como un mal inevitable para transformarse en el bien que hacía posible la felicidad en la tierra. El altruismo, la generosidad o la solidaridad con el pobre, eran términos que dejaron de figurar en el diccionario de este hombre que deseaba vivir de acuerdo a los criterios de la razón. El egocentrismo pasó de ser vicio a entenderse como virtud ya que garantizaba la prosperidad colectiva. Y en fin, la filosofía de Locke, aunque al principio parecía lógica y justa, llevó a derroteros claramente discriminatorios para los más desfavorecidos de la sociedad. Se llegó a preferir la dureza contra los pobres que no hacían nada por salir de la miseria, a una caridad "absurda" que sólo servía para multiplicar las bocas y acababa por hacer insoluble el problema social.

Esta nueva moral utilitarista, que tendía a considerar el provecho o el beneficio propio como el valor máximo que se debía anteponer a todo, fue el resultado directo del pensamiento de Locke sobre el contrato social y la propiedad privada. Es innegable que el éxito alcanzado por tales ideas sociales fue enorme ya que contribuyeron a crear las condiciones necesarias para que floreciesen la revolución industrial y los principales mecanismos de la economía moderna. Sin embargo, también es verdad que estos dos logros fueron la causa de las debilidades más denunciadas en las ciencias sociales de tendencia liberal. Como afirma Paul Claval: "las ciencias sociales de inspiración liberal dan muestras de una paradójica miopía hacia aquellas formas de organización que ellas mismas han contribuido a fundamentar. No parece escandalizarlas la injusticia económica derivada de la concentración de riqueza en unas pocas manos." (Claval, 1991: 88).

Si, al principio, el liberalismo luchó por la igualdad entre los hombres, finalmente se demostró incapaz de resolver las tremendas desigualdades existentes, sobre todo, en los países en vías de industrialización. El espíritu que dio origen al capitalismo, como señala Max Weber, surgió de una mentalidad ascética de influencia protestante. Pero pronto se apartó de ella para depender exclusivamente del más puro egoísmo por acumular, como fin en sí mismo. El afán de amontonar bienes se desvinculó de las auténticas necesidades humanas y dejó, por tanto, de ser razonable. Pero, ¿cuál era el mensaje bíblico acerca de la propiedad privada en relación a las personas? ¿cómo debían los creyentes administrar sus posesiones?

La propiedad privada en el Antiguo Testamento

Las Sagradas Escrituras, tanto en el Antiguo como en el Nuevo Testamento, priorizan siempre las necesidades de las personas sobre los derechos de propiedad. Las leyes israelitas se preocupaban ante todo por favorecer más a los individuos que a las posesiones. Esto se detecta en numerosos pasajes, como por ejemplo en los que se insta a realizar préstamos libres de interés a los necesitados:

"Cuando prestares dinero a uno de mi pueblo, al pobre que está contigo, no te portarás con él como logrero, ni le impondrás usura." (Éx. 22:25).

"Y cuando tu hermano empobreciere y se acogiere a ti, tú lo ampararás; como forastero y extranjero vivirá contigo. No tomarás de él usura ni ganancia, sino tendrás temor de tu Dios, y tu hermano vivirá contigo." (Lv. 25:35, 36).

"Cuando haya en medio de ti menesteroso de alguno de tus hermanos en alguna de tus ciudades, en la tierra que Jehová tu Dios te da, no
endurecerás tu corazón, ni cerrarás tu mano contra tu hermano pobre,
sino abrirás a él tu mano liberalmente, y en efecto le prestarás lo que
necesite." (Dt. 15:7, 8).

"No exigirás de tu hermano interés de dinero, ni interés de comesti-
bles, ni de cosa alguna de que se suele exigir interés." (Dt. 23:19).

De la misma manera, las deudas debían perdonarse si después de
siete años no habían podido ser satisfechas (Dt. 15:1-3); los sueldos tenían que ser justos y debían pagarse puntualmente (Dt. 24:14, 15; Lv.
19:13); es verdad que Israel tuvo esclavos, pero les ofreció siempre mayor protección que cualquier otro pueblo del Cercano Oriente antiguo y
sus leyes contemplaban la posibilidad de devolverles la libertad al cabo
de seis años de trabajo (Éx. 21:20-27); los pobres poseían el derecho a
rebuscar en los campos ajenos (Éx. 23:10, 11; Lv. 19:9, 10; 25:1-7; Dt.
24:19-22; Rt. 2:1-23); y, en fin, la tierra había que devolverla cada cincuenta años (Lv. 25:8-17). Todas estas disposiciones tenían como fin prioritario atender las necesidades de las personas y luchar contra la pobreza.
Pero también demuestran indirectamente que el mantenimiento de la propiedad privada posee sólo un interés secundario en la Biblia, en relación
con los requerimientos humanos.

El pueblo de Israel que había superado la experiencia del éxodo, es
decir, el paso de la esclavitud en Egipto a la libertad y la posesión de la
tierra prometida, era una comunidad que había aprendido el valor del ser
humano. Los diez mandamientos reflejaban esta importancia de las personas como "imagen de Dios" y procuraban proteger su integridad. Como
era propio de un pueblo de pastores que había pasado cuarenta años deam-
bulando por el desierto, su economía era de tipo comunal. Los rebaños y
las tierras se entendían como patrimonio de toda la comunidad porque, en
realidad, pertenecían a Jehová. Ningún individuo debía considerar el terreno que cultivaba como algo exclusivo o privado. Si el pueblo obedecía
a Dios y era responsable de sus actos, la tierra se mostraba generosa y
producía abundantes cosechas; si por el contrario, le daban la espalda al
Creador y se iban en pos de los ídolos paganos, los terrenos perdían su
fertilidad y eran conquistados por potencias extranjeras. Al principio, las
parcelas se distribuían y estaban sujetas a una rotación periódica. Más
tarde, pasaron a ser propiedad de las familias aunque los individuos no
podían deshacerse de tal herencia familiar. Si una persona moría sin dejar
descendencia, su pariente más próximo tenía que comprar la tierra del
difunto para que ésta no fuera a parar a manos de extraños (Lv. 25:23, 34).

En este ambiente, el mandamiento contra el robo no se entendía como
una ley para preservar la propiedad privada, ya que las posesiones más

importantes pertenecían a toda la comunidad, sino como algo que atentaba contra la sociedad y la ponía en peligro. De manera que la propiedad individual no se consideraba inviolable, las personas no tenían un derecho sagrado a la posesión de la tierra, lo verdaderamente inviolable eran los seres humanos, el pueblo en su conjunto. El delito de robar se consideraba una falta grave porque quien lo cometía estaba adueñándose de algo que pertenecía a Dios y, en usufructo, a todo el pueblo. Era atentar contra el Creador y contra la comunidad para favorecer los intereses egoístas del ladrón. La prohibición de robar estaba destinada, en contra de lo que tantas veces se ha dicho, a proteger a las personas, especialmente a las más débiles, y no a los bienes materiales.

La Biblia nunca antepone la propiedad privada a las necesidades de los pobres o de los desposeídos, sino que sus leyes específicas pretenden siempre velar por la igualdad económica de todos y mantener así una sociedad justa y equilibrada. Ningún israelita podía privar a otro de los bienes necesarios para llevar una vida digna. El ladrón tenía que recompensar a la víctima con una cantidad superior a la robada que, en ocasiones, podía ser de hasta cuatro o cinco veces más. Pero, a diferencia de las naciones vecinas, el pueblo hebreo no aplicaba la pena capital por delitos de hurto. Como mucho, si la sustracción había sido importante y el delincuente no podía pagar, se le podía vender como esclavo pero nunca se exigía su muerte (Éx. 22:3). Las personas eran demasiado sagradas como para ser ejecutadas por delitos contra la propiedad. En este mismo sentido se expresa Robert Gnuse: "Las leyes nos hacen ver también que Israel no conocía el derecho inalienable a la propiedad privada; lejos de eso, las necesidades personales tenían prioridad sobre los bienes privados" (Gnuse, 1987: 36).

La sociedad israelita del Antiguo Testamento poseía importantes instituciones cuya finalidad principal era conseguir la igualdad económica entre las personas. Las leyes sobre el derecho de espigar y rebuscar se oponían frontalmente al concepto moderno de la propiedad privada, ya que de esta manera los pobres participaban de las cosechas de los ricos (Dt. 23:24, 25; 24:19-22; Lv. 19:9, 10; 23:22). El que tenía hambre podía comer todo lo que quisiera de los campos del vecino y esto no se consideraba delito. Lo que sí se veía como hurto era que quien no lo necesitaba hiciera también lo mismo. De manera que el robo no se entendía en relación a los derechos de propiedad sino en relación a las necesidades humanas. Otra institución importante era la del diezmo para los pobres que en el libro de Deuteronomio se describe así:

"Al fin de cada tres años sacarás todo el diezmo de tus productos de aquel año, y lo guardarás en tus ciudades. Y vendrá el levita, que no tiene parte ni heredad contigo, y el extranjero, el huérfano y la viuda que hubiere en tus poblaciones, y comerán y serán saciados; para que Jehová tu Dios te bendiga en toda obra que tus manos hicieren." (Dt. 14:28, 29).

La idea era que mediante una distribución sistemática de alimento se cubrieran las necesidades de la población, se alcanzara bienestar para todos y se ayudase a quienes tenían problemas económicos a salir de su marginación.

Es evidente que tales costumbres pretendían minimizar las diferencias económicas, evitando los excesos y abusos, así como las desigualdades injustas. Sin embargo, el Antiguo Testamento está repleto también de citas contra la pereza y la falta de diligencia de algunos individuos. En especial el libro de Proverbios hace un importante énfasis en este asunto poniendo de manifiesto que tan injusto es aquél que se enriquece a expensas de su prójimo, como quien se empobrece por ser un vago y no querer trabajar (Pr. 6:6; 10:26; 13:4; 15:19; 19:24; 20:4; 21:25; 24:30; 26:14). La justicia social a que aspiraba el pueblo de Israel se fundamentaba en la diligencia y en la responsabilidad de cada persona delante de Dios.

Esto contribuía a mantener el carácter igualitario del pueblo. De la misma manera, el año del barbecho o de descanso de la tierra supone otro intento para lograr justicia económica:

"Habla a los hijos de Israel y diles: Cuando hayáis entrado en la tierra que yo os doy, la tierra guardará reposo para Jehová. Seis años sembrarás tu tierra, y seis años podarás tu viña y recogerás sus frutos. Pero el séptimo año la tierra tendrá descanso, reposo para Jehová; no sembrarás tu tierra, ni podarás tu viña. Lo que de suyo naciere en tu tierra segada, no lo segarás, y las uvas de tu viñedo no vendimiarás; año de reposo será para la tierra. Mas el descanso de la tierra te dará para comer a ti, a tu siervo, a tu sierva, a tu criado, y a tu extranjero que morare contigo; y a tu animal, y a la bestia que hubiere en tu tierra, será todo el fruto de ella para comer." (Lv. 25:2-7).

Mientras para los pueblos paganos esta práctica del barbecho se realizaba con el fin de apaciguar la ira de los dioses y conseguir así mejores cosechas en el futuro, el pueblo de Israel la consideraba como un regalo de Jehová, un acto solidario hacia el débil, una costumbre que ponía a prueba la responsabilidad del ser humano. La tierra era de todos porque pertenecía a Dios y, por eso, sus productos debían compartirse también entre todos. Sin embargo, los cananeos tenían concepciones muy diferentes que se parecían más a los modernos principios capitalistas del derecho a la propiedad privada. Según las leyes cananeas aquellas tierras que quedaban dentro de las aldeas o ciudades amuralladas no podían volver a comprarse, ni ser devueltas a sus propietarios originales. Esto marcaba cada vez con mayor intensidad las diferencias entre ricos y pobres.

No obstante, la auténtica raíz del problema fue de carácter religioso. Así como los israelitas se reconocían monoteístas y creían que Yahvé era el único Dios, que a partir de un pueblo de esclavos en Egipto había hecho una sociedad de hombres libres e iguales ante él, la religión cananea por el contrario era politeísta, concebía numerosos dioses que constituían jerarquías celestes. Por tanto, resultaba lógico que si en el cielo había un sistema de clases también lo hubiera en la tierra. Si en las alturas los dioses fuertes dominaban a los débiles, ¿no era justo que en las sociedades humanas ocurriera lo mismo? El sentido de los sacrificios cananeos era ante todo conseguir la fertilidad que proporcionaban tales divinidades. Los sacerdotes se entregaban a ritos sexuales con seres humanos y con otras especies para obtener de los dioses la fecundidad de personas, animales y plantas. Evidentemente todo esto contrastaba con la austera moral hebrea y sus elevadas normas éticas. Si los cananeos desarrollaron una compleja liturgia cultual y mostraron poco interés hacia las necesidades de las personas y los derechos humanos, los israelitas manifestaron en cambio una gran sensibilidad por los miembros más débiles de la sociedad, a la vez que practicaron un culto sobrio y poco recargado.

Los reyes de Canaán, en base a la idea de la propiedad privada, tenían derecho a apropiarse de las tierras que desearan, sin ningún miramiento hacia las necesidades de los aldeanos pobres a quienes se las usurpaban; nunca perdonaban las deudas de sus súbditos; ningún esclavo podía salir jamás de su condición social; la solidaridad hacia los pobres y oprimidos era algo que prácticamente se desconocía; la riqueza estaba en manos de unos pocos y a las personas se las trataba como meros objetos inferiores en valor a los bienes materiales. El feudalismo era el sistema predominante en Mesopotamia y Canaán. Los reyes y los sacerdotes del templo eran los auténticos amos de la tierra, mientras que los labradores que las cultivaban lo hacían casi como esclavos.

Sin embargo, en Israel el dueño del terreno era Yahvé porque sólo él había liberado a los esclavos de su pasado egipcio y les había proporcionado la tierra de la promesa. De ahí que este suelo de Dios se pudiera entregar a los pobres y a los antiguos esclavos para que lo trabajasen y vivieran como hombres libres e iguales entre sí. Por eso en el pueblo de Israel no se desarrollaron leyes para proteger la propiedad privada. No habían normas sobre el arriendo de tierras o la tenencia de las mismas, a pesar de que tales disposiciones eran muy frecuentes en los demás pueblos del mundo antiguo. Si en el Cercano Oriente los bienes materiales se podían arrebatar a las personas o a las familias, mediante la fuerza o la astucia, en Israel por el contrario los propietarios pobres estaban protegidos por los valores religiosos. La nobleza y humanidad de las leyes hebreas se debía a su carácter teológico ya que habían sido inspiradas por la autoridad de Dios, quien se las dio a Moisés sobre el monte Sinaí.

Hasta la época de los jueces, el pueblo de Dios fue responsable con sus creencias y supo mantenerse alejado del sistema cananeo de la economía estatal. Las familias judías vivían en aldeas no amuralladas construidas en las regiones altas. Disfrutaban de igualdad económica, las propiedades eran compartidas, las estructuras sociales giraban siempre en torno a relaciones de parentesco y eran autosuficientes en la producción de sus bienes. Cada familia trabajaba su propio terreno pero era consciente de que, en última instancia, la tierra pertenecía a Dios. Sin embargo, progresivamente, esto se fue perdiendo en la medida en que la economía cananea fue introduciéndose en las comunidades hebreas. Con la amenaza militar de los filisteos y la introducción de la monarquía durante la época de Saúl, David y Salomón, empezó la asimilación de los valores cananeos en relación con la propiedad privada y la acumulación capitalista de riqueza. En la transición desde la vida pastoril a la sedentaria, los bienes comunales se fueron transformando en privados. Las familias empezaron a repartir sus tierras y a cultivar parcelas separadas. Si al principio las ganancias se distribuían equitativamente entre todos los miembros del clan, con el nuevo sistema monárquico el superávit obtenido fue objeto de impuestos destinados a pagar los gastos de la corte y esto contribuyó al incremento de la pobreza entre los aldeanos. Los derechos de los labradores pobres dejaron de protegerse como antes, para que la voracidad de unos pocos ricos en sus poderosas ciudades-estado pudiera ser satisfecha.

La vuelta a la monarquía supuso también un regreso al paganismo cananeo con la proliferación de sacrificios inmorales, la relajación de las costumbres, así como el aumento de las desigualdades sociales, la injusticia y la opresión de los pobres. Todo esto socavó los sentimientos del pueblo israelita dejándole a merced de las potencias extranjeras. En palabras de Gnuse:

> "Las políticas sociales y económicas cananeas erosionaron la base de la sociedad israelita libre y destruyeron la clase media, reduciendo a los campesinos dueños de sus tierras a la condición de arrendatarios, de esclavos por deudas y de proletarios urbanos. Esta fue, probablemente, la causa principal de la incapacidad de Israel y de Judá para sobrevivir a los ataques de los ejércitos asirios y babilonios. En verdadero sentido político, los profetas se hallaban en lo cierto al anunciar que la decadencia de la nación se debía al pecado, ya que la adoración de divinidades extranjeras y la opresión de los pobres, que iba asociada, destruyeron el alma de la nación y debilitaron la voluntad popular de resistir a la invasión extranjera." (Gnuse, 1987: 184).

El propio rey Salomón se vio obligado a donar veinte ciudades edificadas en Galilea y, por tanto, pertenecientes a Israel para pagar deudas contraídas con Hiram, el rey de Tiro (1 R. 9:11). ¡Qué tragedia debió suponer esta operación para los israelitas que consideraban la tierra como un don divino que había que conservar siempre! Durante esta época, el siglo VIII a.c., y bajo el reinado de Salomón se empezaron a formar los grandes latifundios en Israel, es decir, la acumulación de territorios en enormes fincas que pertenecían a unos pocos señores. Esto condujo a una desastrosa opresión social que provocó el descontento del pueblo. Con el fin de evitar la sublevación popular y los mismos errores que había cometido su padre David, Salomón procuró mantener ocupados a todos los varones israelitas y cananeos, mediante la construcción de obras faraónicas. Tanto el famoso templo de Jerusalén como su palacio, las ciudadelas militares y los edificios que realizó para su esposa egipcia, la hija del faraón (1 R. 5-8; 7:1-12; 9:15-19), contribuyeron a darle fama de hombre poderoso e importante que impresionaba notablemente a los trabajadores y, a la vez, ejercía una forma de control social.

El arte cananeo se introdujo en las construcciones israelitas y hasta el propio templo fue edificado siguiendo los patrones de los santuarios de Canaán. Salomón se convirtió en una especie de rey-sacerdote semidivino que ofició en el culto de dedicación del templo y que poseía muchas mujeres o concubinas de sus múltiples matrimonios políticos. Algunos líderes religiosos cananeos sustituyeron a los propios sacerdotes israelitas y el templo se transformó en un santuario sincretista en el que se adoraba a Yahvé junto a Baal, Moloc y Astarté, los dioses de Canaán. La intención del rey Salomón fue unificar la política y la religión de los dos pueblos para poder así gobernarlos mejor, pero tal intento fracasó porque algunos israelitas, los que permanecieron fieles a sus creencias originales, aborrecieron profundamente esta connivencia con el paganismo.

La apostasía religiosa y la política mercantilista que fomentaba el poder de los ricos en detrimento de los pobres, acabaron con el antiguo comunalismo de tierras y bienes. La responsabilidad económica y la solidaridad hacia el débil fueron menguando poco a poco. Parecía que esta lamentable situación iba a terminar para siempre con el ideal bíblico de la igualdad de las personas. Sin embargo, el descontento empezó a extenderse entre la población y el imperio de Salomón no pudo mantenerse unido. Poco tiempo después de la muerte del rey, los pueblos del norte rompieron con los del sur. Los israelitas y los cananeos no consiguieron fusionar sus culturas.

Los libros de Reyes afirman que tanto la destrucción de Israel por Asiria, en el año 721 a.C., como la de Judá por Babilonia, en el 586 a.C., se debieron a motivos de carácter religioso ya que eran pueblos cuya mitología de dioses agresivos y belicosos no les motivaba a respetar al débil. De manera que oprimían a los israelitas pobres sin ningún cargo de conciencia. El sentimiento generalizado de los hebreos tradicionalistas era que Yahvé había permitido que las potencias extranjeras los sometieran, a causa del pecado de apostasía cometido por el pueblo de Israel. Durante el siglo VIII a.c., en plena aplicación del feudalismo injusto de Canaán, empezaron a sonar cada vez con mayor fuerza las voces críticas de los profetas de Israel contra aquel estilo de vida. Sus protestas giraban siempre alrededor de los dos pecados fundamentales del pueblo de Dios: la adoración de dioses ajenos y la opresión que ejercían los israelitas ricos sobre sus hermanos pobres.

El profeta Amós, que habló al estado del norte hacia el año 750 a.C., fue sin duda el más crítico y valiente de Israel. En relación a las criaturas que eran vendidas como esclavas por ser insolventes y no poder pagar sus deudas, escribió:

> "Así ha dicho Jehová: Por tres pecados de Israel, y por el cuarto, no revocaré su castigo; porque vendieron por dinero al justo, y al pobre por un par de zapatos. Pisotean en el polvo de la tierra las cabezas de los desvalidos, y tuercen el camino de los humildes." (Am. 2:6-7).

La situación de injusticia social había llegado a ser tan grave que incluso existían hombres sin escrúpulos que con el fin de cobrar una deuda tan insignificante como el valor de un par de zapatos, eran capaces de convertir en esclavo a su deudor. Amós denunció enérgicamente la manera en que los ricos se aprovechaban de los humildes. Señaló que la fe en el Dios verdadero estaba en peligro porque los ricos habían expulsado a Yahvé de su vida diaria y en su lugar habían colocado al dios del dinero. El deseo de tener más les había llevado a prescindir del Señor y a poner su corazón en los tesoros materiales. Pero esto sólo podía llevarse a cabo de una manera: oprimiendo a los pobres, creando una división profunda entre el ser humano y la propiedad. Se trataba de una clara afrenta contra el Creador. Como afirma el autor de Proverbios: "El que oprime al pobre afrenta a su Hacedor; mas el que tiene misericordia del pobre, lo honra." (Pr. 14:31).

Cuando la persona decide aumentar su capital abusando de los débiles es como si pisoteara el nombre de Dios y olvidara que la fidelidad al Creador viene determinada precisamente por el amor al hermano débil y por la solidaridad con el pobre. Amós comparó a las esposas de los comerciantes adinerados de Samaria con las "vacas de Basán" que oprimían a los menesterosos (Am. 4:1) y comerciaban con el hambre humana. Profetizó que todas las riquezas acumuladas de manera inmoral no podrían ser disfrutadas porque Jehová pronto haría justicia y, en efecto, así ocurrió. Veintisiete años después de estas predicciones, en el 721 a.C., sus oráculos se cumplieron. Israel fue tomado por el ejército asirio y todo el mundo se acordó de las palabras del profeta Amós.

Oseas vivió en la misma época que Amós y se preocupó también por las mismas cuestiones sociales aunque desarrolló mejor sus implicaciones religiosas. Lo más original de la vida de esta profeta fue su singular matrimonio. Se casó con Gomer, una mujer adúltera, que con su comportamiento infiel reflejó la conducta equivocada de Israel al abandonar a Jehová e irse detrás de dioses ajenos. El profeta Oseas en su denuncia del engaño económico que practicaban habitualmente los mercaderes de su tiempo, puso de manifiesto la creencia errónea de que las riquezas son siempre una bendición de Dios:

> "Mercader que tiene en su mano peso falso, amador de opresión, Efraín dijo: Ciertamente he enriquecido, he hallado riquezas para mí; nadie hallará iniquidad en mí, ni pecado en todos mis trabajos." (Os. 12:7, 8).

Dios puede bendecir a sus criaturas de múltiples formas pero el dinero que se obtiene injustamente es como un fiscal perpetuo que acusa al hombre por sus ganancias deshonestas. Las riquezas nunca pueden borrar la culpa.

Algo más tarde, entre los años 710 y 700 a.C., el profeta Miqueas dirigiéndose a Judá en el sur, se manifestó en esta misma línea de pensamiento. Su denuncia fue dirigida sobre todo contra aquellos ricos que vivían en la ciudad de Jerusalén y usurpaban las tierras de los campesinos pobres que habitaban los asentamientos rurales de Judá. Y no sólo les quitaban sus terrenos sino que además sobornaban a los jueces para acusarles de delitos que los agricultores no había cometido (Mi. 3:11; 7:3). Incluso contrataban bandidos para que les robaran, difamaran e inventaran contra ellos argumentos en los que basarse para echarles por la fuerza de sus casas. En el segundo capítulo de su libro, Miqueas se expresó así:

> "Codician las heredades, y las roban; y casas, y las toman; oprimen al hombre y a su casa, al hombre y a su heredad... El que ayer era mi pueblo, se ha levantado como enemigo; de sobre el vestido quitasteis las capas atrevidamente a los que pasaban, como adversarios de guerra. A las mujeres de mi pueblo echasteis fuera de las casas que eran su delicia; a sus niños quitasteis mi perpetua alabanza." (Mi. 2:2, 8, 9).

Despojar a un israelita de su tierra era muy grave ya que suponía privarle de la condición de hombre libre. Al vender a los jóvenes y a los niños como esclavos se estaba agrediendo seriamente al pueblo elegido por Dios pues disminuía el número de personas libres en la generación siguiente.

También el profeta Isaías (735-690 a. C.) que fue contemporáneo de Miqueas lanzó violentas recriminaciones contra la clase social que oprimía a la nación. Señaló que al haber adoptado las costumbres de los extranjeros, algunos miembros de la casa de Jacob habían llenado su tierra de plata y oro, hasta el extremo que "sus tesoros no tienen fin" (Is. 2:6, 7). Negó que ésta fuera la voluntad de Jehová y su denuncia fue tajante:

> "¡Ay de los que juntan casa a casa, y añaden heredad a heredad hasta ocuparlo todo! ¿Habitaréis vosotros solos en medio de la tierra? Ha llegado a mis oídos de parte de Jehová de los ejércitos, que las muchas casas han de quedar asoladas, sin morador las grandes y hermosas." (Is. 5:8, 9).

No obstante, las profecías de Isaías abrigaban una rayo de esperanza y contemplaban la posibilidad de que si Israel se volvía de su erróneo comportamiento, Dios permitiría la venida de un Mesías justo que traería "justicia a los pobres" e igualdad para "los mansos de la tierra" (Is. 11:4).

El relevo de Isaías durante el siglo siguiente lo tomó Jeremías (626-580 a.C.). Su censura de la injusticia social la dirigió principalmente contra el rey Joacim, quien oprimió con impuestos excesivos al pueblo para pagar tributo a Egipto y se construyó un magnífico palacio, obligando a los ciudadanos a realizar trabajos forzados. Jeremías le acusó de no haber sabido ser un auténtico hermano, un "prójimo" para sus conciudadanos israelitas:

> "¡Ay del que edifica su casa sin justicia, y sus salas sin equidad, sirviéndose de su prójimo de balde, y no dándole el salario de su trabajo! Que dice: Edificaré para mí casa espaciosa, y salas airosas; y le abre ventanas, y la cubre de cedro, y la pinta de bermellón. ¿Reinarás, porque te rodeas de cedro? ¿No comió y bebió tu padre, e hizo juicio y justicia, y entonces le fue bien? El juzgó la causa del afligido y del menesteroso, y entonces estuvo bien. ¿No es esto conocerme a mí? dice Jehová. Mas tus ojos y tu corazón no son sino para tu avaricia, y para derramar sangre inocente, y para opresión y para hacer agravio." (Jer. 22:13-17).

Ezequiel fue contemporáneo de Jeremías y profetizó también durante el destierro de Babilonia. Aunque su preocupación principal fueron las cuestiones relacionadas con el culto, esto no le impidió denunciar la injusticia de su tiempo. En el capítulo 34 criticó a los dirigentes de Israel mediante la imagen del rebaño. Las autoridades israelitas eran, según él, como ovejas engordadas que no sólo comían "los buenos pastos" y bebían "las aguas claras" sino que después hollaban tales pastos con los pies y enturbiaban las aguas para que las ovejas flacas no pudieran alimentarse (18-21). El amor al dinero se había convertido para ellos en una forma de idolatría que les impedía poner en práctica la palabra de Dios. Su afán de riqueza les había transformado en lobos sanguinarios que derramaban sangre inocente. No respetaban a las viudas, ni a los huérfanos o emigrantes y ni siquiera a sus propios padres. De manera que Ezequiel vino a confirmar lo que ya habían señalado los profetas anteriores, y lo que mucho después repetirían también los evangelistas (Mt. 13:22), que el deseo de enriquecerse a costa del prójimo era uno de los principales obstáculos que impedía poner en práctica la voluntad de Dios y hacía estéril su mensaje.

La historia de Israel como unidad política se acabó con el destierro a Babilonia, entre los años 586 y 539 antes de Cristo. En adelante se procuró otra vez la unión pero ya no fue por medio de la política sino mediante la identidad religiosa. Este sería el nuevo vínculo que relacionaría a todos los hebreos, tanto a los que permanecieron en Judá como aquellos otros que fueron dispersados por todo el mundo, en lo que se conoce como la "diáspora". A partir de ese momento, la mayoría de los estudiosos están de acuerdo en denominar "judíos" a los miembros del pueblo de Israel. Después del regreso de la cautividad, a partir del 539 y hasta el 70 a.C., se originaron en el judaísmo ciertos movimientos sociopolíticos como los saduceos, los fariseos, los zelotas y los esenios. También el cristianismo surgió más tarde en el seno del mundo judío, aunque pronto rebasó los límites del mismo para extenderse a los gentiles.

En la literatura poética posterior al destierro son frecuentes las alusiones a la injusticia social y a la distribución poco equitativa de las posesiones materiales. Aunque de los salmos es difícil extraer conclusiones de carácter social, algunos textos reflejan más claramente que otros esta inquietud del salmista:

"Con arrogancia el malo persigue al pobre; será atrapado en los artificios que ha ideado. Porque el malo se jacta del deseo de su alma, bendice al codicioso, y desprecia a Jehová. El malo, por la altivez de su rostro, no busca a Dios; no hay Dios en ninguno de sus pensamientos... Llena está su boca de maldición, y de engaños y fraude; debajo de su lengua hay vejación y maldad. Se sienta en acecho cerca de las aldeas; en escondrijos mata al inocente. Sus ojos están acechando al desvalido; acecha en oculto, como el león desde su cueva; acecha para arrebatar al pobre; arrebata al pobre trayéndolo a su red." (Sal. 10:2-4, 7-9).

"A tu pueblo, oh Jehová, quebrantan, y tu heredad afligen. A la viuda y al extranjero matan, y a los huérfanos quitan la vida. Y dijeron: No verá el Señor, ni entenderá el Dios de Jacob." (Sal. 94:5-7).

En general, el Antiguo Testamento concibe la codicia como una forma de idolatría de los bienes terrenos y el excesivo amor a la propiedad privada como uno de los grandes rivales de Dios ya que conduce a que el ser humano se olvide por completo de su Creador. Aunque el afán por enriquecerse no es exclusivo de ninguna clase social, sino que puede dominar por igual a distintas capas sociales, sin embargo, quienes caen en este error con mayor frecuencia suelen ser las personas pudientes. Los profetas de Israel no se dejaron engañar por los cantos de sirena del dinero que pretenden cautivar a las criaturas, sino que reconocieron el peligro que éste suponía para la realización plena del hombre. Como auguró Jeremías, las riquezas tienen por costumbre abandonar a la mitad de la vida:

> "Como la perdiz que cubre lo que no puso, es el que injustamente amontona riquezas; en la mitad de sus días las dejará, y en su postrimería será insensato." (Jer. 17:11).

No es que el dinero y los bienes materiales sean intrínsecamente injustos o que posean en sí mismos el estigma de la maldad. El propio Jeremías que denunció las injusticias económicas cometidas por sus contemporáneos, no tuvo reparos en comprar la heredad de Hanameel (Jer. 32). El uso del dinero no es pecaminoso para el hombre del Antiguo Testamento, lo que sí constituye pecado es la divinización del mismo. Cuando el apego a la riqueza hace florecer en el alma humana el egoísmo que impide dar y compartir, el agobio por conservar lo que se posee o por disponer para el día de mañana, así como la injusticia de apropiarse de los bienes ajenos, la persona se convierte en víctima de su propio dinero. Como escribe el teólogo José Luis Sicre en su estudio sobre la riqueza en los profetas anteriores al exilio:

> "Pero hay otra víctima más de este culto a los bienes terrenos: el mismo hombre que lo practica. Podríamos pensar que él es el gran beneficiado. Pero cometeríamos un grave error. Aunque el hombre se imagina dominar esa riqueza, es ella quien lo domina a él. No se trata sólo de que acapara su vida y le exige un esfuerzo continuo, una preocupación constante. Se trata de que lo destruye interiormente, cerrándolo a Dios, al prójimo y a su misma realidad profunda. El culto al dinero es una de las formas más claras de alienación." (Sicre, 1979: 156).

Después de rastrear brevemente el concepto de propiedad en los escritos veterotestamentarios pueden resultar pertinentes las siguientes cuestiones: ¿es razonable afirmar que el pueblo de Israel fracasó en su intento de crear una sociedad igualitaria porque sus pretensiones fueron excesivamente idealistas? Es evidente que como nación pequeña fue reducida por sus enemigos que eran militarmente mucho más poderosos. Sin embargo, ¿quiere esto decir que sus ideales sociales y religiosos no han permanecido latentes en el alma de la humanidad? ¿acaso no han inspirando numerosas instituciones políticas a lo largo de la historia? A nuestro modo de ver, el triunfo de los valores del judaísmo, que se vertieron después en el cristianismo y están recogidos en las páginas de la Biblia, no sólo consiste en formar parte del pasado espiritual de Occidente como una reliquia singular, según opinión de algunos, sino sobre todo en constituir una fuente de agua pura e inagotable que no ha podido ser desecada ni superada por las ideologías sociales modernas. Los sentimientos solidarios con las necesidades humanas, la sensibilidad especial hacia el débil, así como la valoración primordial del hombre por encima de la riqueza, que eran características originales del pueblo de Israel, continúan siendo un modelo de referencia social válido para el hombre contemporáneo.

Jesús y los bienes materiales

El mensaje del Maestro posee abundantes referencias a las riquezas y a los bienes materiales ya que durante su tiempo el abismo entre ricos y pobres se había hecho tan profundo que éstos eran marginados, no sólo desde el punto de vista social sino también desde la propia religión. Los hebreos menesterosos no podían observar correctamente todos los rituales del judaísmo y, por tanto, eran considerados como impuros por los dirigentes de Israel. Son numerosas las frases de Jesús que condenan la riqueza, tales como: "no podéis servir a Dios y a las riquezas" (Lc. 16:13); "¡cuán difícilmente entrarán en el reino de Dios los que tienen riquezas!" (Lc. 18:24); "más fácil es pasar un camello por el ojo de una aguja, que entrar un rico en el reino de Dios" (Mr. 10:25); "el engaño de las riquezas ahogan la palabra" (Mt. 13:22) y muchas otras.

También fue éste el tema de algunas de sus principales parábolas que contienen una denuncia del equivocado comportamiento de ciertos hombres ricos. Jesús pudo hablar con autoridad de todos estos asuntos porque no tuvo bienes materiales y predicó siempre con el ejemplo personal. En cierta ocasión le dijo a un escriba que deseaba hacerse su discípulo y seguirle en su ministerio: "Las zorras tienen guaridas, y las aves del cielo nidos; mas el Hijo del Hombre no tiene donde recostar su cabeza." (Mt. 8:20). De manera que la pobreza formaba parte del estilo de vida del Señor Jesús.

De todo esto, algunos autores deducen que Jesucristo fue un revolucionario social que luchó contra la acumulación de propiedades, con el fin de proteger a las clases más débiles de la sociedad. Sin embargo, esta no es la versión que ofrecen los evangelios ni el resto del Nuevo Testamento. Lo que Jesús rechazó fue esa clase de amor a la riqueza que es capaz de convertirla en lo principal de la vida humana. En realidad, se trataba del mismo argumento que sostenían los antiguos profetas de Israel, lo que se condenaba no era el dinero en sí mismo sino el apego a la riqueza que eliminaba a Dios y al hermano de la perspectiva vital. Cuando los bienes llegaban a ser más importantes que las personas y que el propio Creador, los hombres se embrutecían volviéndose incapaces de cumplir con la voluntad de Dios. En el momento en que la riqueza se convertía en la fuente principal de la confianza humana, entonces ya no quedaba más remedio que renunciar a ella si se quería seguir al Maestro. Este fue el consejo dado al joven rico porque ése era su particular problema (Lc. 18:18-30). Contra tal actitud del corazón iba dirigido el mensaje de Jesucristo, pero nunca exigió voto de pobreza a todos sus seguidores, ni propuso la revuelta social para redistribuir por la fuerza los bienes de los adinerados. El principal obstáculo de la existencia para aquel muchacho acomodado fue su riqueza. Quizá para cualquier otra persona hubiera sido otro.

Seguir a Jesús no implica por tanto una renuncia inevitable a la propiedad privada, aunque sí exige que los bienes no sean lo prioritario de la vida ni sustituyan jamás a Dios o a las personas. El dinero debe servir para satisfacer las necesidades humanas y ayudar a quienes lo requieren. Pero, no obstante, lo que se desprende de las palabras y del estilo de vida austero y humilde del Maestro es que, en contra de la opinión que sostenían los fariseos de su tiempo y ciertas teologías de la prosperidad en el nuestro, las riquezas no constituyen siempre un signo evidente de bendición divina. El dinero puede ser a veces una bendición pero también una maldición, sobre todo cuando se ha obtenido de forma injusta. La pobreza y la sobriedad tienen también valor en la vida cristiana porque manifiestan que los bienes materiales son secundarios en el mensaje que Jesús predicó. Las bendiciones que Dios concede a sus hijos son absolutamente gratuitas y en su reino sólo se puede entrar por medio de la gracia.

La frase hiperbólica utilizada por el Señor al referirse a la salvación de los ricos, más difícil que el tránsito de "un camello por el ojo de una aguja", pretendía sin duda utilizar la exageración para captar la atención del auditorio. Y desde luego lo consiguió porque los discípulos se quedaron asombrados y se preguntaron "¿quién, pues, podrá ser salvo?" (Mr. 10:26). Inmediatamente el Maestro respondió: "Para los hombres es imposible, mas para Dios, no; porque todas las cosas son posibles para Dios". Jesús no pretendió decir que ningún rico podía ser salvo a menos que renunciara a sus bienes y se volviera pobre. La gracia de Dios es capaz de solucionar aquello que resulta imposible para los hombres y hacer que, tanto los pobres como los ricos, entren en su reino. El problema no es la riqueza como tal, sino el peligro de la codicia que tanto puede arraigar en el alma del rico como en la del pobre. Por tanto, el fin de los cristianos no debe ser la renuncia sistemática a los bienes materiales, sino la utilización sabia de ellos, ayudando a los demás y no permitiendo que el dinero se convierta en el eje de nuestra vida (Cruz, 1998: 433-441).

Las Escrituras no apoyan ni la acumulación de la riqueza en manos de unos pocos, ni su redistribución por la fuerza. Ni el capitalismo salvaje ni tampoco el comunismo a rajatabla, sino más bien el amor al prójimo que se manifiesta en compartir los bienes con justicia y compasión ya que, en la perspectiva bíblica, el dueño de la tierra es Dios y sólo Él puede donarla a todo el pueblo. La prohibición del robo en los diez mandamientos iba contra aquellos que pretendían apropiarse de bienes comunes, perjudicando a sus semejantes y disminuyendo así su calidad de vida. El bien material más valioso que poseía Israel, la tierra, no era algo privado sino de toda la comunidad.

El mito de tal inviolabilidad fue algo que se inventó mucho después, como hemos visto, durante la época moderna. Pero la Biblia, en contra de las ideas de Locke, condena siempre la acumulación masiva e injusta de riquezas y propone su equilibrada distribución. A diferencia de Canaán, Grecia o Roma que defendían el mantenimiento de la propiedad privada, las leyes bíblicas pretendieron cambiar la sociedad, garantizar la justicia, mantener la libertad para todos, pero sobre todo procurando defender al débil y alcanzar el bienestar de los necesitados. De ahí que la Palabra de Dios continúe siendo un modelo válido para los gobernantes de nuestro tiempo.

En ocasiones se afirma que la Biblia apoya a quienes tienen éxito en la vida y que la riqueza suele ser habitualmente el resultado de la laboriosidad y del esfuerzo personal en el trabajo, mientras que la pobreza sería consecuencia de la pereza o de la apatía de los individuos. Sin embargo, aunque es verdad que las enseñanzas bíblicas defienden la diligencia y las ganas de trabajar, también proponen la generosidad, la solidaridad y el hábito de compartir los bienes que se poseen con el resto de la comunidad. El individualismo egoísta jamás tiene cabida en las páginas de la Escritura ni en el mensaje de Jesucristo. La ética bíblica apunta hacia una sociedad en la que cada persona tenga derecho al alimento, a la vivienda, a la educación y a todos aquellos servicios que permitan el desarrollo de sus capacidades humanas.

5 JEAN-JACQUES ROUSSEAU (1712-1778)

El mito de la sociedad culpable o de que el hombre es bueno por naturaleza

"¡Oh, señor, si alguna vez hubiera podido escribir la cuarta parte de lo que vi y sentí bajo aquel árbol, ... con qué sencillez habría demostrado que el hombre es naturalmente bueno y que sólo por las instituciones se vuelven malvados los hombres."
ROUSSEAU, *Cartas a Malesherbes,* (1998: 11).

Se ha dicho que en la obra de Rousseau prevalecen el entusiasmo y la oratoria sobre el razonamiento y la demostración convincente. Sin embargo, lo cierto es que sus argumentos influyeron poderosamente en la manera de entender al ser humano que tuvieron numerosos pensadores posteriores. Su pluma provocó una reacción literaria en cadena haciendo correr más tinta que la de Aristóteles, Cicerón, San Agustín o cualquier otro escritor en el mundo. Incluso hoy algunos políticos manifiestan ser fervientes admiradores del libro de Rousseau, *El contrato social.* Al parecer, hasta Fidel Castro llevaba un ejemplar del mismo en el bolsillo cuando luchaba en Cuba (de Beer, 1985: 19). Se podrá o no estar de acuerdo con Rousseau, pero de lo que no es posible dudar es de la originalidad de sus ideas y del influjo que éstas ejercieron.

En contra de lo que había manifestado Descartes, poco más de un siglo antes, Rousseau decía que la naturaleza del hombre no es razón, sino instinto y sentimiento. Los razonamientos se extravían y se pierden, según él, si no son guiados por el instinto natural. Tal exaltación del sentimiento sobre la razón haría de Rousseau casi un postmoderno para quien "el hombre que medita es un animal depravado". El pensamiento, el saber, el arte y la cultura no habrían contribuido a la felicidad o a la perfección del ser humano como entonces se creía, sino a sus principales vicios y extravíos, alejándole así de la bondad propia de su origen natural. En su *Discurso sobre las ciencias* afirmó que:

"La astronomía ha nacido de la superstición; la elocuencia, de la ambición, del odio, de la adulación, de la mentira; la geometría, de la avaricia; la física de una vana curiosidad; todas, aun la misma moral, nacen del orgullo humano." (Abbagnano, 1982: 2, 381).

El contraste fundamental que recorre todos sus escritos es siempre entre el hombre natural y el hombre artificial. El primero sería esencialmente bueno e inocente porque acababa de salir de las manos del Creador, mientras que el segundo, al dejarse llevar por las pasiones propias de la vida en sociedad, se habría alejado de su naturaleza original, degenerando y volviéndose malvado. De ahí que para Rousseau el auténtico progreso fuera una vuelta a los orígenes. Avanzar sería volver al principio. Evidentemente tal planteamiento iba contra la filosofía del progreso que estaba de moda durante el siglo XVIII y que suponía que el ser humano mejoraba paulatinamente, en la medida en que se ampliaban sus conocimientos acerca del mundo físico y de su propia naturaleza.

La inclinación principal de los estudiosos de esta época era ante todo el hombre, su fisiología y psicología. Predominaba el interés por el individuo sobre las cuestiones de carácter social. Sin embargo, esto no era lo que más le interesaba a Rousseau. Él prefería, por el contrario, centrar sus reflexiones en torno a la vida en sociedad porque el hombre, según lo entendía, no había sido nunca un ser aislado de los demás. Desde la educación recibida hasta la inserción en el mundo de los adultos, el ser humano iba haciendo uso de su libertad y responsabilidad en relación con otras personas. Alcanzar el éxito o la felicidad en la vida no sólo dependía de haber recibido una buena instrucción sino también de saber comportarse adecuadamente en el seno de la sociedad.

Desde esta perspectiva Rousseau conectaba con la ética puritana del contrato social pero modificándola de manera importante. Si para Hobbes, como para los teólogos puritanos, el contrato social había sido una consecuencia inevitable de la maldad humana ya que los hombres primitivos habrían decidido pactar entre ellos con el fin de poder sobrevivir en un ambiente de guerra generalizada de todos contra todos, para Rousseau el hombre primitivo sería inocente pues no habría pecado original en él ni, por tanto, necesidad de ningún pacto social que lo librara de sí mismo. La exigencia de tal contrato sólo se habría hecho manifiesta cuando el hombre empezó a experimentar los males de la sociedad y quiso recuperar la bondad de sus orígenes. El mito de Rousseau es, por tanto, inverso al de Hobbes. Para éste, el contrato social se habría realizado en un pasado tan remoto que la investigación humana no tendría acceso a él. Para Rousseau, en cambio, el pacto se situaría en el futuro de la humanidad, en el momento en que el hombre fuera capaz de reconocer que la injusticia humana brota siempre de la sociedad. El mito rousseauniano pretende pues liberar al individuo de cualquier culpa o pecado original, acusando a la sociedad de todos los males existentes y situando su posible redención en un futuro mejor.

Para aproximar dicha redención, Rousseau proponía una modificación radical de la educación tradicional. A los niños y jóvenes no había que inculcarles los ideales de la civilización sino liberarles de ellos y sustituirlos por una vuelta a la naturaleza. Crear un programa de "educación negativa" que inmunizara a los alumnos contra los múltiples perjuicios de la sociedad, no insistiendo en lo que es la verdad o la virtud sino, sobre todo, intentando preservarles de caer en errores y vicios; un sistema pedagógico que fomentara el aprendizaje por medio de las prácticas o los experimentos y que, en definitiva, despertara en los muchachos un pensamiento reflexivo e independiente. En el *Emilio* escribió:

> "¿Queréis pues excitar y alimentar en el corazón de un joven los primeros movimientos de la sensibilidad naciente y orientar su carácter hacia la beneficencia y la bondad? No hagáis germinar en él el orgullo, la vanidad, la envidia, con la engañosa imagen de la felicidad de los hombres; no expongáis primero a sus ojos la pompa de las cortes, el fasto de los palacios, el atractivo de los espectáculos; no lo paseéis por los círculos, por las brillantes asambleas. No le mostréis el exterior de la buena sociedad sino después de haberle puesto en situación de apreciarla en sí misma. Mostrarle el mundo antes de que conozca a los hombres no es formarlo, es corromperlo; no es instruirlo, es engañarlo." (Rousseau, 1998: 327).

Lograr que el hombre volviera a ser natural y bondadoso, como al principio, no significaba abandonarlo a su suerte en medio de los bosques para hacer de él un salvaje, sino educarlo en una "libertad bien guiada" que le motivara a vivir en medio de la sociedad pero sin dejarse arrastrar por el torbellino de pasiones negativas que anidaban en ella. Su propuesta era, por tanto, la de una educación que promoviera un retorno a la naturaleza y al estado original de inocencia. Pero para alcanzar esta utopía no sólo había que cambiar la educación, también los gobiernos debían tender siempre hacia el bien general respetando la voluntad del pueblo. Rousseau estaba convencido de que los gobernantes no podían actuar como si fueran los amos de la población. Tanto el soberano como sus consejeros tenían que ser conscientes de estar desempeñando el papel de funcionarios o empleados al servicio del pueblo. Cuando un gobierno degeneraba y se oponía a la voluntad general de sus súbditos, éstos podían derrocarlo por la fuerza:

> "La revuelta que termina por estrangular o destronar a un sultán es un acto tan jurídico como aquellos por los que él disponía la víspera de las vidas y los bienes de sus súbditos. Sólo la fuerza lo mantenía, sólo la fuerza lo derroca; así todo ocurre según el orden natural,..." (Rousseau, 1996: 284).

Rousseau no admitía ningún tipo de restricción respecto a los derechos o libertades de las personas porque, en su opinión, un hombre que no gozara de libertad no era un hombre. Sin embargo, cuando los individuos de un pueblo se asociaban, aunque perdían su "voluntad individual", ganaban una libertad sin límites ya que adquirían "voluntad colectiva". Este último concepto es el que abre una profunda fisura en el pensamiento político del gran escritor francés. ¿Qué podía ocurrir si un hombre no estaba de acuerdo con tal voluntad colectiva? La respuesta de Rousseau es que a ese hombre se le debía, sin duda, matar porque era un disidente enemigo del Estado. ¿Qué pensar entonces de las distintas ideologías y de los diferentes partidos políticos? Pues que serían peligrosos y dañinos para el mantenimiento de la convivencia ya que suponían la lucha constante entre la voluntad particular y la colectiva. Por tanto, el Estado rousseauniano que no legitimaba a los partidos de oposición, ni contemplaba la voluntad individual, podía convertirse pronto en una caricatura del estado totalitario. Como señaló sir Gavin de Beer refiriéndose a *El contrato social*, "rara vez ha estado la libertad tan amenazada como lo está en este libro" (de Beer, 1985: 93).

No obstante, a Rousseau se le continúa considerando como el apóstol de la democracia. Aunque, eso sí, de una democracia radical y totalitaria ya que como él mismo escribió: "el hombre debe ser forzado a ser libre". El gobierno menos malo para ese estado utópico que él proponía sería el de una aristocracia elegida por el pueblo, en la que los más preparados dirigieran a la multitud, "siempre que se esté seguro de que la gobernarán para el beneficio general, y no para el suyo propio". Pero lo cierto es que, como se verá, las ideas de Rousseau contribuyeron paradójicamente, a pesar de sus anhelos de libertad y democracia, a cortar la cuerda de la guillotina durante la Revolución francesa.

Por lo que respecta a su posición religiosa hay que confesar que siempre fue ambigua y a caballo entre el protestantismo y el catolicismo, aunque sus orígenes calvinistas en la ciudad de Ginebra le hicieron especialmente permeable a las corrientes de pensamiento propias de los países protestantes. El sociólogo francés Paul Claval define tal situación con estas palabras:

"Educado en la fe reformada, convertido y vuelto a convertir, la experiencia religiosa de Rousseau es más directa y más rica que la que da a la mayor parte de sus contemporáneos un catolicismo reseco por el rigorismo jansenista, o bien vacío de significado por el formalismo jesuítico. En cambio, el pietismo insufla unos contenidos emotivos nuevos en la religiosidad protestante, y Rousseau participa en este movimiento de apertura a la emotividad y a la experiencia mística, como queda demostrado en el éxtasis que relata en el *Décimo sueño de un caminante solitario*." (Claval, 1991: 92).

Este transfuguismo religioso, ya que se convirtió primero de protestante en católico y después de católico en protestante, hizo de él un creyente heterodoxo que acabó uniéndose a la corriente del iluminismo, un movimiento místico que se centraba sobre todo en la iluminación interior inspirada directamente por el Creador. Para llegar al descubrimiento de Dios siempre pareció darle más importancia a lo que él llamaba la "religión natural", que se basaba en la naturaleza y en la conciencia humana, que a la revelación bíblica. Los principales dogmas de fe de tal religión natural eran la existencia de Dios, deducida de la necesidad de una primera causa para el movimiento de la materia, y la espiritualidad del alma que garantizaba también su inmortalidad. Sin embargo, la gran variedad de creencias religiosas existentes en el mundo, así como la posibilidad de entender los milagros relatados en la Escritura como pruebas históricas de la fe e incluso la propia inspiración de la Biblia, constituyeron otras tantas piedras de tropiezo para Rousseau. En el *Emilio* reflejó unas veces sus dudas y otras sus convicciones:

"Percibo a Dios por todas partes en sus obras; lo siento en mí, lo veo a mi alrededor, pero tan pronto como quiero contemplarlo en sí mismo, tan pronto como quiero buscar dónde está, qué es, cuál sea su sustancia, se me escapa, y mi espíritu turbado ya no percibe nada." (Rousseau, 1998: 414).

No obstante, al comparar la muerte de Cristo con la de Sócrates llegó a la siguiente conclusión:

"La muerte de Sócrates filosofando tranquilamente con sus amigos es la más dulce que se pueda desear; la de Jesús expirando en los tormentos, injuriado, burlado, maldecido por todo un pueblo es la más horrible que se pueda temer; ... Sí, si la vida y la muerte de Sócrates son de un sabio, la vida y la muerte de Jesús son de un Dios. ¿Diremos que la historia del Evangelio ha sido inventada a capricho? Amigo mío, no es así como se inventa, y los hechos de Sócrates, de los que nadie duda, están menos atestiguados que los de Jesucristo." (Rousseau, 1998: 461).

Esta ambivalencia en sus apreciaciones es la que le motivó a decir que era cristiano pero "a su manera". También resultan interesantes ciertas reflexiones acerca de la oración personal:

"Medito sobre el orden del universo, no para explicarlo mediante vanos sistemas, sino para admirarlo sin cesar, para adorar al sabio autor que en él se deja sentir. Converso con él, inundo todas mis facultades de su esencia divina; me enternezco con sus beneficios, lo bendigo por sus dones, pero no le ruego. ¿Qué le pediría? ¿Que cambiase para mí el curso de las cosas, que hiciera milagros en mi favor? Yo, que debo amar por encima de todo el orden establecido por su sabiduría y mantenido por su providencia, ¿he de querer que se turbe por mí ese orden? No, ese voto temerario merecería ser más bien castigado que escuchado. No le pido tampoco el poder de obrar bien: ¿por qué pedirle lo que me ha dado? ¿No me ha dado la conciencia para amar el bien, la razón para conocerlo, la libertad para elegirlo? Si hago el mal no tengo excusa; lo hago porque lo quiero; pedirle cambiar mi voluntad es pedirle lo que él me pide; es querer que él haga mi trabajo, y que yo recoja su salario; ... ¡Dios clemente y bueno! ... el supremo deseo de mi corazón es que tu voluntad se haga." (Rousseau, 1998: 439).

Quizá aquí Rousseau no tuvo suficientemente en cuenta que, a pesar de la dificultad de la oración reconocida ya en el Nuevo Testamento por los discípulos de Jesús en su petición: "enséñanos a orar" y por el apóstol Pablo: "qué hemos de pedir como conviene, no lo sabemos", es sin embargo el Espíritu Santo quien ora en los cristianos. Es su poder el que ofrece la ayuda necesaria al creyente para que la oración sea posible y pueda conectar con el lenguaje divino, llegando así a la misma presencia de Dios (Ro. 8:26). Además Jesús exhortó a los discípulos a pedir "en su nombre", y esta credencial es susceptible también de abrir los oídos del cielo. Como escribió Oscar Cullmann: "Dios no necesita de nuestra oración, pero la *quiere* para acoger a las criaturas en su voluntad de amor" (Cullmann, 1999: 231).

El hombre que vivió en discrepancia con sus ideas

Jean-Jacques Rousseau nació en una casa de la Grand Rue de Ginebra, el 28 de junio de 1712. Su madre, sobrina de un pastor calvinista, murió a consecuencia del parto, mientras que el padre, de carácter iracundo y violento, maltrató siempre al pequeño ya que lo hacía culpable de la muerte de su querida esposa. Relojero de profesión, huyó de dicha ciudad cuando el niño Rousseau apenas tenía diez años, por culpa de una disputa mantenida con el capitán Pierre Gautier, a quien había causado una herida de espada. La orfandad a que se vio condenado el pequeño Rousseau parece que le marcó muchos aspectos de su futura personalidad. Un tío suyo llamado Gabriel asumió su tutoría y le envió con el pastor protestante Jean-Jacques Lambercier, que vivía en un pueblo cercano a Ginebra, para que éste le educase. Algunas de las experiencias infantiles que tuvo con tal maestro fueron redactadas posteriormente, debido al impacto que le causaron en su más tierna infancia. En cierta ocasión fue acusado injustamente de haber estropeado un peine y por tal motivo recibió una tremenda paliza de manos del señor Lambercier. Hacia el final de su vida se refirió a este incidente con las siguientes palabras:

"Este primer sentimiento de la violencia y de la injusticia quedó tan profundamente grabado en mi alma, que todas las ideas que se relacionan con él me recuerdan mi primera emoción, ... Cuando leo las crueldades de un tirano feroz, las sutiles maldades de un cura trapacero, volaría gustoso a apuñalar a esos miserables, aunque me costase la vida mil veces. A menudo he sudado a chorros persiguiendo a la carrera o a pedradas a un gallo, a una vaca, a un perro, a un animal cualquiera que atormentaba a otro, únicamente porque se sentía más fuerte. Este sentimiento tal vez sea natural en mí, y así lo creo; pero el vivo recuerdo de la primera injusticia que sufrí estuvo durante tanto tiempo y tan íntimamente enlazado a él para que no haya contribuido a arraigarlo poderosamente en mi alma." (Rousseau, 1991: 40).

De la misma manera, parece que la relación que Rousseau mantuvo toda su vida con las mujeres estuvo condicionada por ciertas experiencias sufridas durante su niñez. En los castigos físicos o azotainas que recibía de parte de la hermana del señor Lambercier, o de alguna otra chica compañera de juegos, el pequeño Rousseau sentía un cierto placer masoquista que de adulto confesó en sus escritos y que le acompañó el resto de su existencia:

"... y lo extraño es que aquel castigo me hizo tomar más cariño aun a la que me lo había impuesto... porque había encontrado en el dolor, en la vergüenza misma del castigo, una mezcla de sensualidad que me había producido más el deseo que el temor de experimentarlo de nuevo por la misma mano. Es verdad que, como en esto se mezclaba sin duda alguna precocidad instintiva del sexo, el mismo castigo, recibido de su hermano, no me hubiese parecido tan agradable... ¿Quién creería que este castigo de chiquillos, recibido a la edad de ocho años por mano de una mujer de treinta, fue lo que decidió mis gustos, mis deseos y pasiones para el resto de mi vida, y precisamente en sentido contrario del que debería naturalmente seguirse?" (Rousseau, 1991: 36).

La educación que recibió fue un tanto desordenada y caprichosa. Apenas cursó estudios oficiales. Su formación autodidacta se realizó en base a lecturas que su padre le realizaba durante la infancia, a libros religiosos que le proporcionó el pastor Lambercier y a ciertas lecciones de latín efectuadas por algún otro eclesiástico. Su afición a la lectura le proporcionó muchas de las ideas que posteriormente le fueron tan útiles en la defensa de la libertad y del hombre natural. Pronto empezó a trabajar, primero como aprendiz de un oficinista, después como aprendiz de grabador. Tras huir de Ginebra a los dieciséis años y pasar buena parte de su juventud como un vagabundo que se acogía a las ocupaciones más diversas (camarero, secretario, lacayo, profesor de música, empleado del catastro, intérprete, etc.), encontró alojamiento en casa de François-Louise de la Tour, baronesa de Warens, señora que se convirtió en su protectora y llegó a ser para Rousseau como una madre, una amiga y, por último también, una amante. Aunque él siempre consideró esta última relación como incestuosa, lo cierto es que supo aprovecharse de ella.

Años después llegó a París y allí se relacionó con intelectuales como Diderot, hombre que tenía muchos conocimientos de biología, y con el físico y matemático D'Alembert, lo que le permitió publicar artículos sobre música en la *Encyclopédie* francesa. En dicha capital conoció a Thérèse Le Vasseur, una camarera del hotel donde se alojaba, mujer sencilla de poca cultura y modales nada refinados que, precisamente por eso, constituía el blanco de las burlas de los huéspedes. Esta situación provocó que Rousseau se pusiera de su parte y se interesara por ella. La amistad dio paso al amor sincero y ya no se separaron jamás. Tuvieron cinco hijos pero todos fueron donados inmediatamente a la inclusa. Este hecho constituye la mayor paradoja en la vida de Rousseau. El hombre que escribió la prestigiosa obra *Emilio o De la educación,* en la que pretendía enseñar al mundo cómo hay que educar y amar a los niños, resulta que se desentendió por completo de los suyos y no fue capaz de aceptarlos ni educarlos. ¿Por qué?:

> "Rousseau... justifica su actitud con varios argumentos: primero, tenía una enfermedad incurable de vejiga y se temía que no viviría mucho; además no tenía dinero y ni si quiera un trabajo estable que le permitiese educar a sus hijos debidamente o dejarles algún legado. Tampoco quería que fuesen educados por la familia Levasseur porque se convertirían en pequeños monstruos". Así que la mejor solución era la inclusa, donde no recibirían ningún mimo y lo pasarían mejor, y, además, esta era la forma de educación que Platón recomienda en su *República:* los niños deben ser educados por el Estado." (de Beer, 1985: 52).

De cualquier manera, ninguna de estas excusas puede justificar moralmente el abandono de los hijos por parte de los padres, incluso aunque ésta fuera una práctica habitual en el París de la época. Precisamente por eso, Rousseau no tuvo más remedio que confesar el remordimiento que sentía por haber depositado en el hospicio a sus cinco hijos recién nacidos. Hacia el final de su vida, en *Las confesiones* escribió:

> "Al meditar mi *Tratado de la educación,* me di cuenta de que había descuidado deberes de los que nada podía dispensarme. Finalmente, el remordimiento fue tan vivo que casi me arrancó la confesión pública de mi falta al comienzo del *Emilio.*" (Rousseau, 1998: 15).

Una de las críticas que se ha hecho al *Emilio* es que carece de afectividad. El niño que inventó Rousseau no parece tener emociones, no ríe ni llora ni se encariña o se pelea con los demás niños. Es como un autómata sin alma, frío, insensible y encerrado en el propio yo. Su creador intentó fabricar un muchacho completamente libre ante el mundo pero, en el fondo, lo que forjó fue un monstruoso esclavo de su maestro que observaba la realidad sólo a través de los ojos y de las ideas del mismo Rousseau. Evidentemente el conocimiento que el escritor tuvo acerca de los niños fue siempre mucho más teórico que real. Por lo que respecta a las mujeres, se relacionó sentimentalmente con varias, aunque de hecho fue un antifeminista convencido ya que estaba persuadido de que éstas no formaban parte del pueblo soberano. En su opinión, únicamente los hombres libres podían pertenecer a él.

En 1750 envió un ensayo a un concurso público organizado por la Real Academia de Dijon sobre el tema: *"El progreso de las ciencias y de las letras, ¿ha contribuido a la corrupción o a la mejora de las costumbres?"*. En contra de lo que las autoridades académicas esperaban, Rousseau argumentó en este trabajo que el progreso de las ciencias y las artes no había servido para mejorar al ser humano sino para degradarlo. Se había creado así una sociedad artificial e injusta que premiaba a los más ricos y, a la vez, cargaba las débiles espaldas de los pobres con impuestos y privaciones que éstos no podían soportar. Los poderosos se habían corrompido mediante vicios refinados, ahogando el espíritu de libertad que anidaba en el alma de los primeros hombres. Éstos gozaban de mejor salud que sus descendientes en el presente, no necesitaban ningún tipo de medicina porque todavía no habían sido domesticados por la civilización. Eran libres, sanos, honestos y felices pues desconocían las desigualdades características de la sociedad civil. Mediante tales ideas, tan contrarias al pensamiento general de aquella época, Rousseau sorprendió por su originalidad, aunque para muchos su ensayo constituyó un motivo de escándalo. Sin embargo, se le concedió el premio, su trabajo se publicó y el joven filósofo saltó a la fama.

Algunos biógrafos opinan que a partir de este momento el hombre Rousseau se convirtió en prisionero del escritor y siempre tuvo que mantener esta paradoja en su vida (de Beer, 1985: 58). Su primer éxito fue este trabajo literario en el que, precisamente, procuraba demostrar que la literatura era perjudicial para la humanidad. Las letras eran dañinas pero él se convirtió en un escritor prolífico. Afirmó que las ideas pervierten al hombre y que quien medita acaba depravándose, sin embargo, pocos hombres han tenido tantas ideas y han meditado tanto como él. Exaltó la castidad pero tuvo relaciones con tres mujeres. Adoró al sexo femenino pero fue un antifeminista radical. Escribió un extenso libro sobre la educación, a la vez que se desentendió por completo de sus cinco hijos dejándolos a todos en el hospicio. Lo mismo le ocurrió también con sus escritos acerca del teatro, la ópera o la política. Ensalzaba y fulminaba. Criticó a los nobles y a los ricos, pero siempre dependió de ellos para subsistir. Rousseau vivió en discrepancia con sus ideas, actuó en contra de lo que pensaba y quiso ser maestro de aquello que no supo, o no deseó, poner en práctica en su vida. Su lema podía haber sido: "haced lo que yo os digo, pero no hagáis lo que yo hago" o quizás, "la intención es lo que cuenta, no la acción". De cualquier forma, mediante tales contradicciones internas vivió engañándose a sí mismo.

En el mes de junio de 1762, tanto el gobierno de Ginebra como el de París dictaron la orden de quemar sus principales obras, el *Emilio* y *El contrato social*, y de arrestarle porque, según se creía, sus libros eran "escandalosos, impíos, tendentes a destruir la religión cristiana y todos los gobiernos". Mientras tales obras ardían en la hoguera, Rousseau huía procurando ponerse a salvo. En realidad, no estuvo del todo seguro hasta que cinco años después, a principios de 1767, consiguió instalarse en Inglaterra. Hacia el final de su vida se fue obsesionando con la idea de que hasta sus mejores amigos conspiraban contra él y hacían todo lo posible por traicionarle. Su enemistad con Voltaire era manifiesta. En cierta ocasión le envió una carta en la que le manifestaba abiertamente el odio que sentía hacia su persona. Voltaire no le respondió pero escribió a otro amigo diciéndole: "He recibido una carta muy larga de Jean-Jacques Rousseau. Está medio loco. Es una pena." En el análisis acerca del pensador francés que Gavin de Beer hace al final de su biografía, dice:

> "Dando por hecho que no era un actor, cabría preguntarse si Rousseau era esquizofrénico; pero probablemente tampoco lo era. Su poder de imaginación era tan grande, su timidez tan acusada, su indignación moral tan fácil de explotar, su vanidad tan aplastante y su egotismo tan irrebatible, que un momento estaba violentamente a la defensiva y hostil y al siguiente era todo tranquilidad, un hombre aparentemente normal y casi eufórico. Todavía hay otra explicación, más seria, de su comportamiento: daba incipientes muestras de demencia." (de Beer, 1985: 145).

El remordimiento que sentía por los delitos que creía haber cometido en su juventud, se fue transformando poco a poco en un sentimiento de autocomplacencia. Pensaba que el sufrimiento de las enfermedades que padecía y las persecuciones de que había sido objeto por parte de sus enemigos, eran el pago de aquellos pecados pasados. Sin embargo, se sentía como el mejor de los hombres, el más bueno de todos. Incluso llegó a decir que su existencia había sido una especie de vida paralela a la de Jesús. Si el Maestro fracasó en su intento de convertir al pueblo de Israel; Rousseau fracasó en convertir a los suizos y a los franceses. Si Jesús padeció; Rousseau padeció también. Y de la misma manera que la humanidad necesitaba un redentor cuando vino Jesucristo; Rousseau era el redentor que requería la sociedad caída del siglo XVIII para reconducirla a la condición natural del principio. En fin, toda una megalomanía que rayaba en la blasfemia. El 2 de julio de 1778, Rousseau murió de apoplejía, se le paralizó el cerebro y fue enterrado en una pequeña isla situada en el lago de Ermenonville, en casa del marqués Girardin que fue su último protector.

El viaje de la bondad natural a la corrupción social

Como se ha señalado, las ideas míticas que Rousseau concibió apuntaban a la creencia de que el ser humano era naturalmente bueno pero, al vivir en sociedad, su naturaleza ética experimentaba una brusca mutación que le hacía descubrir el placer al observar las desgracias de los demás. Al principio el hombre natural encontraba "una repugnancia innata a ver sufrir a su semejante". El individuo primitivo era piadoso, no sólo consigo mismo sino también con los demás, y esta solidaridad congénita es la que habría contribuido a la "conservación mutua de toda la especie". La humanidad no se habría extinguido a lo largo de la historia porque aquel amor de los orígenes, aunque disminuido, habría logrado también dejar su huella en lo más recóndito del alma humana. Todavía en el presente tal característica "nos lleva en socorro de aquellos a quienes vemos sufrir" y constituye asimismo la causa de la "repugnancia que

OBRAS DE ROUSSEAU	
1743	*Disertación sobre la música moderna.*
1745	*Las musas galantes (ópera).*
1746	*La alameda de Sylvie.*
1750	*Discurso sobre las ciencias y las artes.*
1752	*El adivino del pueblo (ópera).*
1753	*Narciso o el amante de sí mismo (comedia).*
1755	*Discurso sobre el origen de la desigualdad.*
1758	*Carta a d'Alembert sobre los espectáculos.*
1761	*Julia o la nueva Eloísa.*
1762a	*El contrato social.*
1762b	*Emilio.*
1764	*Cartas desde la montaña.*
1782-1789	*Confesiones*
1782	*Meditaciones de un paseante solitario.*
1789	*Tres diálogos.*

todo hombre experimentaría en hacer el mal" (¡!). No obstante, la condición moral del ser humano que vive en sociedad ya no es como en el pasado. El hombre primitivo fue superior en todos los aspectos al civilizado, pero éste se habría ido degradado poco a poco:

> "El caballo, el gato, el toro, el asno mismo, tienen en su mayoría una talla más alta, y todos una constitución más robusta, más vigor, fuerza y valor en los bosques que en nuestras casas; pierden la mitad de estas ventajas al volverse domésticos, y diríase que todos nuestros cuidados por tratar bien y nutrir a estos animales no sirven sino a bastardearlos. Así es con el hombre mismo: al volverse sociable y esclavo, se vuelve débil, temeroso, rastrero, y su manera de vivir muelle y afeminada acaba por enervar a un tiempo su fuerza y su valor." (Rousseau, 1996: 16).

En tal proceso de degeneración la humanidad habría perdido dos importantes características originales: la igualdad y la libertad. Según él, los hombres nacieron de las manos del Creador, libres e iguales entre sí. Sin embargo, podía observarse con facilidad que en el mundo presente el ser humano se veía encadenado por doquier. Cuando se robaba la libertad a las personas, lo que se hacía era sustraerles la facultad de ser seres humanos porque "renunciar a su libertad es renunciar a su cualidad de hombre" y entonces sobrevenían todo tipo de discriminaciones. Estas graves amenazas, surgidas de la vida en sociedad, habrían empezado el mismo día en que fue instaurada la propiedad privada. Cuando un hombre cercó por primera vez una parcela de tierra y exclamó: ¡esto es mío!, en ese mismo instante se terminó la época de la inocencia y empezó la sociedad civilizada.

> "El primero al que, tras haber cercado un terreno, se le ocurrió decir *esto es mío* y encontró personas lo bastante simples para creerle, fue el verdadero fundador de la sociedad civil. ¡Cuántos crímenes, guerras, asesinatos, miserias y horrores no habría ahorrado al género humano quien, arrancando las estacas o rellenando la zanja, hubiera gritado a sus semejantes!: '¡Guardaos de escuchar a este impostor!; estáis perdidos si olvidáis que los frutos son de todos y que la tierra no es de nadie.'" (Rousseau, 1996: 248).

Como es sabido, la trascendencia de este pensamiento fue inmensa para las generaciones posteriores. Rousseau escribió ya en el siglo XVIII lo que más tarde constituiría la base de la doctrina marxista. La propiedad privada sería la gran generadora de desigualdad, de bienes de producción cada vez más superfluos y, finalmente, de guerra entre las distintas clases sociales. Así como para Locke la propiedad privada era entendida como un derecho natural, para Rousseau ésta suponía siempre la semilla del mal que inevitablemente desencadenaba la corrupción en el seno de la sociedad. Su convicción personal fue que "el demonio de la propiedad infecta cuanto toca" (Rousseau, 1998: 530).

El mito del contrato social que habían defendido Hobbes y Locke, era visto por Rousseau como una colosal estafa propuesta por los propietarios a aquellos otros que carecían de bienes. El ofrecimiento de paz social venía, en realidad, precedido por una amenaza de guerra. En su opinión, este primer contrato para fundar el Estado era perverso en sí mismo ya que se fundamentaba sobre una usurpación y legitimaba el poder de los que tienen, sobre los que no tienen. En contra de las ideas de Hobbes, acerca de la guerra original de todos contra todos que habría dado lugar al contrato social, Rousseau negaba tajantemente que las contiendas se debieran a la naturaleza humana. Cuando el hombre se peleó por primera vez contra su hermano es porque había dejado ya de ser una criatura natural. Se había "desnaturalizado" permitiendo la implantación de la propiedad privada, que era en realidad la auténtica causa de la guerra. De manera que con la llegada de la sociedad civil y de las leyes que protegían la propiedad privada de unos pocos, habrían empezado todos los males. Se acabó la libertad. Se inició la desigualdad social y los seres humanos se dividieron en dos grupos muy diferentes: el de los ricos y el de los pobres. El ser humano se vio así sometido al trabajo, a la sumisión y a la miseria. Tal sería el mito rousseauniano que vendría a sustituir a los anteriores.

La concepción que el pensador francés tenía del ser humano era profundamente optimista. Estaba convencido de la posibilidad de establecer, todavía en el presente, un nuevo orden social que fuera capaz de superar la corrupción moral y las injusticias que se derivaban de las desigualdades sociales. Su pensamiento político se basaba en la idea de que los individuos, además de buscar su propio interés y su bienestar particular, eran capaces también de procurar el interés de toda la comunidad. La nueva sociedad libre e igualitaria podía lograrse, por tanto, en base a esta renuncia altruista de los beneficios privados en favor de los intereses colectivos. A tal renuncia Rousseau la llamó, "voluntad general" y procuró convencer a sus lectores de que ésta "es siempre justa".

Su teoría política, perfectamente explicada en *El contrato social*, llegó a convertirse veintisiete años después en el ideario de la Revolución francesa de 1789. El concepto de "voluntad general" se transformó en un dogma populista que hizo de la opinión del pueblo algo tan supremo e infalible como si se tratase de la voluntad de Dios. Se asumió el dicho de Alcuino, filósofo de la corte de Carlo Magno en el siglo VIII: "la voz del pueblo es la voz de Dios". Desgraciadamente, a partir de la idea de "voluntad general" de Rousseau se creó, como reconoce Daniel J. Boorstin, "un totalitarismo populista que ha atraído desde entonces a todos los revolucionarios, a menudo con consecuencias desastrosas" (Boorstin, 1999: 199).

Es verdad que Rousseau no imaginó las violentas repercusiones que tendría su obra, sin embargo *El contrato social* dio pie a los sanguinarios episodios del Terror ocurridos durante la Revolución francesa. El paralelismo que el pensador francés creyó ver entre su propia vida y la de Jesús, se dio también de alguna manera entre ciertos planteamientos de la doctrina cristiana y los acontecimientos revolucionarios acaecidos durante esta época. Si el pecado de la humanidad sólo podía ser redimido mediante el sacrificio cruento de Cristo, los partidarios de la ideología rousseauniana presentaban también una solución similar para erradicar los males del presente: la injusticia social únicamente podía erradicarse a través del derramamiento de sangre de los contrarrevolucionarios. Si la cruz había sido necesaria en la antigüedad para limpiar al hombre, ahora en la época moderna era la guillotina el principal agente purificador.

Rousseau no pensó en este otro macabro paralelismo, pero lo cierto es que su mito favoreció tal tipo de interpretación. Su pensamiento a favor de una libertad personal sin límites, basada en la bondad natural del ser humano y de un estado también bondadoso que representaba la "voluntad general", sirvió para hacer brotar los sistemas políticos más violentos y agresivos de los últimos siglos de la historia humana. Desde Robespierre hasta Hitler han sido muchos los intentos por imponer una política de redención que iba a crear un mundo mejor, habitado por un "hombre nuevo". Sin embargo, el resultado ha sido siempre el mismo: sufrimiento, destrucción y muerte. ¿Por qué? ¿será acaso que el hombre no es tan bueno como imaginó Rousseau? ¿será quizá que la mente humana está afectada por ese tumor maligno que la Biblia llama pecado?

¿Dónde tiene su nido el mal?

Las Sagradas Escrituras reconocen abiertamente la total depravación que caracteriza desde el principio a los seres humanos. El libro del Génesis contempla la caída radical del hombre en la culpa y afirma que "el intento del corazón del hombre es malo desde su juventud" (Gn. 8:21). El apesadumbrado Job se interroga: "¿qué cosa es el hombre para que sea limpio... (*siendo que*) bebe la iniquidad como agua?" (Job 15:14, 16). Mientras que el salmista confiesa que "en maldad he sido formado y en pecado me concibió mi madre" (Sal. 51:5), y que, por lo tanto, "no se justificará delante de ti ningún ser humano" (Sal. 143:2). También el evangelista Juan certifica que inevitablemente "lo que es nacido de la carne, carne es" (Jn. 3:6). Y finalmente el apóstol Pablo comunica a los romanos que "por la desobediencia de un hombre, los muchos fueron constituidos pecadores" (Ro. 5:19). ¿Corroboran todos estos versículos la doctrina del "pecado original"? Es verdad que el pensamiento del hombre natural está gobernado y condicionado por su enemistad hacia Dios, pero ¿quiere esto decir que el pecado se hereda genéticamente de padres a hijos a partir de Adán? ¿Es esto lo que enseña el capítulo cinco de Romanos?

En primer lugar, es necesario señalar que en ningún momento Pablo utiliza el término "pecado original". Éste fue un concepto que se consolidó a partir de la época de san Agustín y que la Iglesia Católica formalizó durante el concilio de Trento celebrado en el siglo XVI (Grau, 1987 (1): 587). Conviene pues tomar las palabras del apóstol Pablo en su justo valor. Él no está diciendo que el pecado se herede, lo que se hereda son las consecuencias del mismo, es decir la muerte. Por el pecado del primer hombre, Adán, entró la muerte en el mundo y ésta sí que es un fenómeno hereditario. El envejecimiento y la defunción vienen determinados en la información genética que portan los cromosomas humanos, pero no así el pecado. Pablo intenta poner de manifiesto el contraste que hay entre la universalidad del pecado y del fallecimiento físico, –ya que todos los hombres son pecadores no por culpa de Adán sino debido a su propia responsabilidad individual– con la universalidad del perdón y de la nueva vida en Cristo. Aunque Adán fue el primer pecador no fue el único y, por tanto, no todo lo que es pecado en el ser humano puede cargarse sobre las espaldas del primer hombre. Todos los intentos por culpar del mal a Adán, a los primeros hombres, a la sociedad, a las circunstancias o a los demás, no consiguen eliminar la responsabilidad que cada persona tiene.

Desde la teoría evolucionista se afirma que el mal, la violencia y la agresividad natural del hombre serían características necesarias de la existencia que habrían permitido a la especie humana sobrevivir en un mundo en el que siempre imperaría la ley de la selva. Los teólogos que asumen el evolucionismo se ven obligados a admitir que en ningún momento de la historia pudo darse un modelo diferente al que se da en la actualidad. Nunca pudo existir una creación perfecta y buena donde no se diera el dolor, el sufrimiento y la muerte porque, en su opinión, esto iría contra las leyes naturales. Paul Ti-llich se identifica con tales planteamientos al escribir:

> "'Adán antes de la caída' y 'la naturaleza antes de la maldición' son estados de potencialidad. No son estados reales. El estado real es esta existencia en la que el hombre se halla junto con todo el universo, y no hubo tiempo alguno en que esto fuese de otro modo. La noción de un momento *en* el tiempo en el que el hombre y la naturaleza pasaron del bien al mal es absurda y carece de todo fundamento tanto en la experiencia como en la revelación." (Tillich, 1982 (2): 62).

Pero, si el hombre es el producto de la lenta transformación evolutiva a partir de animales irracionales y no hubo caída, ¿dónde y cuándo empezó la responsabilidad humana? ¿cómo sostener la doctrina bíblica del pecado?

"Es imposible decir en qué punto de la evolución natural la naturaleza animal es sustituida por la naturaleza que, según nuestra experiencia actual, conocemos como humana y que es cualitativamente distinta de la naturaleza animal... En segundo lugar, no es posible determinar en qué momentos del desarrollo del individuo humano empieza y termina su responsabilidad." (Tillich, 1982 (2): 63).

Es evidente que desde las hipótesis de la antropología evolucionista, las doctrinas bíblicas de la creación y de la caída se quedan sin fundamento. No obstante, la revelación bíblica insiste claramente en la creación directa y sobrenatural del ser humano, así como en la existencia real de un tiempo en que todo era bueno pero, por culpa del pecado, pasó a ser malo. En mi opinión existe aquí una incompatibilidad fundamental entre ambas interpretaciones de los orígenes. Pienso que las enseñanzas acerca del pecado, la caída y la salvación por medio del sacrificio de Cristo, sólo pueden sustentarse en la doctrina bíblica de la creación. Si arrancamos este relato como si se tratara de un mito inventado por los hombres, todo el edificio doctrinal de la Biblia se nos viene abajo. Según el apóstol Pablo "la paga del pecado es muerte, más la dádiva de Dios es vida eterna en Cristo Jesús" (Ro. 6:23) y, por tanto, esto implica que antes del pecado no pudo imperar el reino de la muerte.

De otra parte, resulta también pertinente la cuestión acerca de cómo es posible culpar a los primeros homínidos de violencia y agresividad, llamando a esta actitud, "maldad y pecado", cuando tal comportamiento era necesario para su subsistencia y progreso, según postula el darwinismo. ¿Se puede acusar de pecadores a los australopitecinos, o a los diversos grupos de humanos fósiles agrupados dentro del género *Homo*, porque eran antropófagos y se peleaban frecuentemente entre sí? ¿cómo explicar toda esa situación de violencia y muerte que reflejan tantos afilados colmillos y tantas garras terminadas en punta? ¿es posible que todo esto se diera antes de la aparición del hombre y de la caída? Tales cuestiones, para ser convenientemente abordadas, requieren por sí solas la extensión de un libro como el presente. No obstante, cuando se trate el mito de Darwin volveremos sobre ellas. De momento, únicamente señalar las palabras de los doctores, Whitcomb y Morris:

"¿Qué debemos decir entonces acerca de la caída y de la moderna ciencia de la antropología física? Nosotros decimos, sobre la base de abrumadoras evidencias bíblicas, que todo hombre fósil que haya sido jamás descubierto, o que será descubierto alguna vez es *descendiente* de Adán y Eva que fueron *creados sobrenaturalmente*. Esto es absolutamente esencial al edificio íntegro de la teología cristiana," (Whitcomb & Morris, 1982: 722).

Por otro lado, la Biblia contradice el mito rousseauniano de que el hombre es bueno por naturaleza y que sólo se torna malvado cuando empieza a convivir con otros hombres. Es verdad que el pecado no pertenecía a la naturaleza original del hombre porque eso significaría que Dios nos habría creado deliberadamente pecadores. El Creador no es el responsable del mal en el mundo, él dio origen a una creación perfecta, a un mundo del que se podía repetir "y vio Dios que era bueno". Sin embargo, la primera pareja humana conoció el mal y perdió inmediatamente su inocencia original. La historia de Adán y Eva no pretende explicar el origen del mal, sólo cuenta cómo los primeros padres lo descubrieron y se hicieron pecadores.

Es cierto que el pecado entró en el mundo por Adán porque él fue el primer pecador, pero entender esto de forma biológica, en el sentido de que el pecado se propaga a través de la relación sexual, del nacimiento y de la transmisión de los genes, como sugería san Agustín, no es bíblico. Dios no castiga a la raza humana por el pecado de Adán, sino que cada individuo incurre en su propia transgresión. Cada hombre es su propio Adán y cada mujer su propia Eva. Ser pecador significa negarse a ser lo que se es en realidad. Oponerse a la voluntad de Dios para nuestra vida. Romper relaciones con él. Preferir la autonomía personal a la dependencia del Creador. Es decir, negar a Dios y negar la condición de hombre. Por tanto, no tiene ningún sentido realizar clasificaciones de pecados. No es bíblicamente coherente separar entre "pecado original" –el cometido por el primer hombre y que se borraría con el bautismo– y el resto de pecados perpetrados a diario. Pecado debe escribirse con mayúscula porque, en realidad, es un concepto singular que consiste en darle la espalda a Dios y vivir como si la resurrección de Jesús no hubiera ocurrido.

El pecado de Adán y Eva ha llegado hasta el presente porque, de hecho, es también nuestro propio pecado, el de la rebelión del género humano en todas las épocas contra la voluntad de Dios. El de querer comportarse y vivir como dioses, sin serlo. El de negar la propia condición humana y entrar así en una existencia de degeneración y rechazo de la fuente de la vida. De manera que el pecado original sería el que han venido cometiendo todos los hombres desde Adán. Un pecado que no se transmite hereditariamente pero que sí se renueva y se propaga a través de la conducta. El relato del Génesis pretende enseñar que todas las personas del pasado, del presente y del futuro siguen siendo tan pecadoras como lo fue el primer ser humano.

La grandeza de este texto inspirado estriba en la notable desmitificación que ejerce sobre las supersticiones religiosas de los pueblos periféricos a Israel (Flori, 1983: 216). El autor del Génesis desmitifica el mal al decir que no es necesario o inevitable, como era el "destino" griego, sino que aparece por primera vez cuando Adán se rebela contra el Creador. La responsabilidad del mal, por tanto, no está en Dios quien creó al ser humano perfectamente libre, sino en el hombre. También se rechaza el maniqueísmo posterior que defendía la existencia de dos principios creadores contrarios entre sí, el del bien y el del mal. La serpiente que simboliza a Satanás no es el dios del mal de las demás mitologías extrabíblicas, sino Lucifer, el ángel caído que se convirtió en el Tentador por su rebelión contra Dios.

De manera que hablar del mal es referirse al mismo y único pecado universal, el de Satán, el de Adán y Eva y el de cada criatura humana. Es el pecado, sucesivamente renovado a lo largo de la historia, de oponerse a lo que el Creador desea de cada persona. Pero el mal no tiene entidad propia al modo de un segundo dios de las tinieblas que rivaliza en poder con el Dios bíblico; no existe eternamente por sí mismo como afirmaban las creencias politeístas del mundo antiguo, sino que aparece siempre como consecuencia del equivocado uso de la libertad y la subversión contra Dios.

Una última desmitificación del Génesis bíblico es la que se refiere al psiquismo humano. La historia de los orígenes presenta de forma clara la primera reacción que tuvieron Adán y Eva ante la acusación por parte del Creador. El primer hombre pretende disculparse de su error haciendo responsable a la mujer que lo ha inducido y a Dios por haberle dado tal compañera. Eva a su vez acusa a la serpiente engañadora y también a Dios que ha permitido su presencia en el huerto. La agresividad surge por primera vez como una acusación contra los demás. Se trata de la negativa del ser humano a reconocer su propia culpabilidad. Es el proceso psicológico que le lleva al hombre a no asumir la responsabilidad personal y acusar siempre de los propios errores a los demás, a la sociedad, a Dios o al diablo. Es la misma equivocación en que cae también el mito de Rousseau.

Sin embargo, el pecado de los primeros padres es también el nuestro, es el mal que anida en el alma humana y que le lleva continuamente a huir de la presencia de Dios. Como dice el texto: "... y el hombre y su mujer se escondieron de la presencia de Jehová Dios entre los árboles del huerto" (Gn. 3:8). La desnudez psicológica aterra al ser humano porque pone en evidencia su maldad. No obstante, es una equivocación intentar huir de Dios y ocultarse debajo de los árboles, pues su presencia empapa todos los rincones del universo. Además su voz potente invita a la criatura a reconocer el pecado que mora en ella, en vez de intentar disimularlo, para que el arrepentimiento sincero pueda hacer germinar la fe en la promesa de Jesucristo y ésta, finalmente, produzca vida en abundancia.

El hombre no es malo por naturaleza, como se vio a propósito del mito de Hobbes. Tampoco es naturalmente bueno al estilo propuesto por Rousseau ya que la caída supuso la pérdida de su condición original. ¿Cómo es entonces el ser humano? Es una criatura libre y con razón para actuar de una u otra manera. Un ser susceptible de elección, con voluntad propia, que fue creado en libertad –en esto Rousseau tenía razón– pero que no supo usarla bien, pecó contra Dios y se convirtió en esclavo de sus propios instintos. Esta idea de que el hombre es pecador no gusta, pero es la realidad. No es la sociedad como ente abstracto quien tiene la culpa del mal sino el hombre que ha formado la sociedad sobre los pilares del pecado, olvidándose cada vez más de su Creador. Es lógico, por tanto, que si el individuo es pecador, en los pueblos y en las sociedades integradas por individuos exista también el estigma del pecado.

En la actualidad, el mal tiene un carácter social y político que va más allá de las acciones individuales (Mott, 1995: 4). Es verdad que el mal es algo inexplicable para el ser humano y que éste tiene por naturaleza una inclinación irresistible hacia lo malo. La Biblia tampoco trata de explicarlo, pero le da una solución. Se trata de la fe. El pecado y el mal no se contrarrestan con buenas obras o con bondad como muchas religiones predican, sino por medio de la fe en la resurrección de Jesucristo, ya que "sin fe es imposible agradar a Dios". Lógicamente la fe sincera generará también las buenas obras y la acción social de los creyentes en el mundo contribuirá sin duda a disminuir el mal del mismo. Pero éste no será definitivamente erradicado hasta que Cristo regrese y destruya la muerte para siempre, seque toda lágrima de los rostros oprimidos y elimine la afrenta sufrida por su pueblo (Is. 25:8). Tal es la esperanza cristiana ante el problema del mal.

6 GEORG W. F. HEGEL (1770-1831)

El mito de las revoluciones o de que la guerra es necesaria para el progreso humano

"Reconocer que la historia universal es este curso evolutivo y la realización del espíritu bajo el cambiante espectáculo de sus acontecimientos, tal es la verdadera teodicea, la justificación de Dios en la historia... Lo único que puede reconciliar el espíritu con la historia universal y la realidad es el conocimiento de que cuanto ha sucedido y sucede todos los días no sólo proviene de Dios y no sólo no sucede sin Dios, sino que es esencialmente la obra de Dios mismo."

HEGEL, *Philosophie der Geschichte,* (Colomer, 1986: 374).

Si ha existido alguna vez un filósofo difícil de comprender e intrincado en sus razonamientos, éste es sin duda Hegel. No en vano se le llamó "el oscuro". Sin embargo, cuando se logra penetrar en sus argumentos se entiende por qué llegó a ser el pensador alemán más influyente de su tiempo, creando un numeroso grupo de seguidores y marcando para siempre la filosofía, las ciencias sociales y, en general, las humanidades. Hoy se le considera como el padre de la "dialéctica" contemporánea ya que sus ideas provocaron las reflexiones posteriores de Marx. La filosofía de Hegel rescató este término de los pensadores griegos, como Heráclito, Parménides y Zenón, quienes lo usaban como forma de confrontación entre posiciones opuestas, de las que al final surgía el conocimiento verdadero. Para el pensador alemán, la dialéctica era también el método a seguir en la obtención del saber que se desarrollaba mediante tres fases: tesis, antítesis y síntesis. Es decir, era el motor de todo progreso científico. Aquello que permitía unificar lo múltiple, conciliar lo aparentemente opuesto, ordenar cada pieza del rompecabezas natural y del proceso histórico en un todo armónico y coherente.

Hegel creía que la evolución histórica de la humanidad debía entenderse como un movimiento guiado por la razón y por la providencia. A pesar de las grandes crisis sociales, de las revoluciones, las guerras y las injusticias de todo tipo que pudiera sufrir el ser humano, lo cierto era que todo esto servía a la larga para mejorar y progresar. Lo importante de tales transformaciones era el resultado final al que daban lugar. De manera que los grandes acontecimientos cruentos que sacudían la Europa de aquella época, como por ejemplo la Revolución francesa con su violencia sanguinaria, constituían el precio a pagar por el surgimiento de un mundo nuevo y mejor. Las atrocidades cometidas por los hombres eran las contradicciones con las que Dios, la razón o el espíritu, entretejían la historia. En este proceso podía haber avances y retrocesos pero, en definitiva, la humanidad salía ganando.

Por lo tanto, dedicarse a una valoración moral de los hechos puntuales constituía una pérdida de tiempo ya que fácilmente se podía llegar a condenar aquello que, en realidad, era necesario para alcanzar la felicidad del hombre. Quien deseara comprender este movimiento que impulsaba misteriosamente a la humanidad, tenía que realizar un esfuerzo personal y elevarse por encima de los acontecimientos injustos de la historia para alcanzar una visión global. Mediante tales ideas, Hegel propuso una nueva filosofía social consistente en la modificación del mito del contrato social. Su nuevo mito afirmaba que como el hombre era malo desde su origen y la sociedad imperfecta, sólo sería posible la reforma y el progreso social por medio de las revoluciones violentas que poco a poco iban transformando la humanidad, con arreglo a la idea y la voluntad divinas. Todo lo negativo finalmente se transformaría en positivo. El mal presente era necesario para alcanzar el bien futuro. Esta revelación era gradual y no había terminado todavía.

Aunque, a primera vista, tales concepciones parecían próximas a las de la teología cristiana tradicional, lo cierto era que suponían una ruptura radical con el principio de la responsabilidad individual que proponía la Reforma protestante. Si el hombre era un esclavo de la historia, un títere manejado por los hilos de la razón divina, entonces dónde quedaba el compromiso personal y la libertad para decidir y actuar en consecuencia. Si tal razón, basada en la violencia de la revolución, tenía que conquistar el mundo en un futuro próximo, entonces cualquier tipo de reflexión moral responsable era, en efecto, una pura pérdida de tiempo. Los escrúpulos de conciencia dejaban de tener sentido. Por tanto, al negar al individuo, se abría de par en par la puerta a las peores experiencias totalitarias de los siglos XIX y XX. La mayoría de los movimientos políticos de esta época, tanto de derechas como de izquierdas, que despojaban al hombre de su responsabilidad y de su derecho a ser persona libre, se fundamentaron precisamente en este mito de Hegel.

En lucha con el enigma del mundo

Georg Wilhelm Friedrich Hegel nació el 27 de agosto de 1770 en la ciudad alemana de Stuttgart. Creció en una familia sencilla pero que poseía sólidas convicciones protestantes. A los cinco años entró en la escuela latina y a los seis pasó al gimnasio de su ciudad natal. Fue un buen estudiante y pronto empezó a traducir textos de los grandes autores clásicos griegos y latinos, como Epicteto, Tácito o Tucídides. Después de completar sus estudios secundarios, en octubre de 1788, ingresó en el seminario de teología luterana de la ciudad universitaria de Tubinga. Allí descubrió tres cosas que le fueron importantes a lo largo de su vida: la amistad de otros compañeros, el mundo griego y los ideales de la Revolución francesa.

Era habitual que los jóvenes universitarios alemanes de su generación se interesasen por la situación política y social que atravesaba el vecino país francés. Durante el verano de 1789 fue derrumbada la prisión de la Bastilla y la Asamblea Nacional proclamó la Declaración de los derechos del hombre. La juventud alemana se identificaba con los ideales de esta revolución y hacía suyo el famoso lema sobre la libertad, la igualdad y la fraternidad. No obstante, a pesar de simpatizar con estas ideas, Hegel siempre se consideró luterano y entendió el protestantismo no sólo como religión, sino sobre todo como cultura racional superior ya que se basaba en un espíritu de reflexión.

En 1790 Hegel se graduó en filosofía y tres años después lo hizo en teología. Sin embargo, sus convicciones religiosas empezaron a tambalearse y su deseo original de convertirse en pastor luterano fue desvaneciéndose progresivamente. Durante los siete años que trabajó como preceptor en Berna y en Francfort sufrió un crisis espiritual que le hizo sentirse sólo y deprimido. A principios de 1801 fue solicitado como profesor por la Universidad de Jena y esta nueva ocupación le permitió también dedicarse a escribir. Seis años después apareció su primer libro, la *Fenomenología del espíritu*. En esta época conoció a la joven Christiana Charlotte Fischet, que había sido abandonada por su esposo. Se enamoró de ella y tuvieron un hijo, el pequeño Luis, quien moriría de fiebres a una edad temprana. Más tarde, después de esta etapa triste de su vida, en diciembre de 1806, Hegel fue nombrado director del liceo de Nuremberg. Este nuevo cargo le proporcionó estabilidad económica y le permitió pensar seriamente en el matrimonio. Conoció a la hija de un senador bávaro, Maria von Tucher, que era veinte años más joven que él y se casó con ella. La pareja fue muy feliz y tuvieron dos hijos varones, Carlos y Manuel.

La época que le tocó vivir al filósofo alemán fue socialmente tempestuosa. El mismo día en que Hegel terminó su obra *Fenomenología*, el 13 de octubre de 1806, Napoleón conquistó Jena poniendo fin al Sacro Imperio Romano Germánico que había sido establecido en el año 800 por Carlomagno. Esta guerra llamó a la misma puerta del gran filósofo. El profesor Alberto Vanasco lo explica así:

"La guerra llegó hasta las propias puertas de la casa de Hegel, que según pensaba, debía brindar alojamiento a la oficialidad, como los demás ciudadanos de Jena. Al día siguiente de la batalla salió por la mañana con dos discípulos a recorrer las afueras de la ciudad y se encontraron de pronto ante el Emperador, que en esos momentos montaba a caballo para salir de reconocimiento. La sorpresa de Hegel fue enorme. Acababa de escribir el libro en que describía el proceso total del espíritu del mundo y ahora se hallaba allí frente al hombre que lo encarnaba en ese instante de la historia. Napoleón no pudo sospechar, y seguramente nunca llegó a saber, lo que había sucedido entre él y ese oscuro profesor que lo miraba alelado, flanqueado por dos de sus alumnos. El Emperador echó una mirada en torno, como tomando posesión del mundo y se alejó al galope, seguido por su escolta, y en pocos segundos se perdió entre la espesura de las colinas próximas; pero ese encuentro quedaría para siempre grabado en el espíritu de uno de aquellos hombres. Ese mismo día, Hegel escribiría a su amigo Niethammer: "Hoy he visto al Emperador —esa alma del mundo— salir de la ciudad para efectuar un reconocimiento; es, efectivamente, una sensación maravillosa el ver a semejante hombre que, concentrado aquí en un punto, montado en su caballo, se extiende sobre el mundo, y lo domina." (Vanasco, 1973: 105).

Estas palabras reflejan bastante bien lo que sentía Hegel por los grandes militares y estadistas que eran capaces de cambiar el curso de la historia, y que ocupaban un papel preponderante en su teoría acerca de las revoluciones. Para él la revolución era como "una magnífica salida del sol, una sublime conmoción, una exaltación del espíritu", como un importante momento histórico en el que lo divino y lo mundano se reconciliaban.

Entre 1812 y 1816 apareció su segunda obra importante, *La Ciencia de la lógica*, y su fama de buen filósofo le permitió acceder a una cátedra universitaria. Fue profesor en Heidelberg, así como en Berlín, y su pensamiento filosófico llegó a convertirse en la filosofía oficial del Estado prusiano ya que, según su opinión, éste encarnaba la razón absoluta. Era frecuente ver entre el auditorio que llenaba sus clases, altos funcionarios y oficiales del gobierno. Llegó a ser rector de la Universidad de Heidelgerg y más tarde, durante los años que pasó en Berlín, escribió su última gran obra, *Líneas fundamentales de la filosofía del derecho*, así como otros artículos. El 14 de noviembre de 1831 murió rodeado de su familia a consecuencia de una epidemia de cólera. Encima de su mesa quedó sin concluir una obra que pensaba publicar, *Pruebas de la existencia de Dios*. Según Eusebi Colomer, en realidad, Hegel "tuvo las típicas cualidades del suabo: tenacidad, firmeza, disciplina mental, profundidad y cavilosidad" (Colomer, 1986:121). Aunque, en opinión de otros autores, le faltó elocuencia y poder de convicción.

¿Utiliza Dios el egoísmo humano para lograr su fin?

Como se ha señalado, los tres momentos históricos típicos del pensamiento hegeliano son: la tesis, la antítesis y la síntesis. El primero afirma que la meta de la historia universal sería el progreso en la conciencia de la libertad. Por su parte, la antítesis dice que los medios para lograr esta libertad habría que verlos –por paradójico que pareciera– en las pasiones y en los egoísmos humanos. Mientras que la síntesis concluye señalando que el ámbito de la libertad es precisamente el Estado, la institución que aseguraría la consecución del fin al que se dirige toda la historia. El ser humano podría gozar de verdadera libertad y de una existencia racional, exclusivamente en el ámbito de la institución estatal.

De ahí que sólo en el Estado pudiera existir el arte, la filosofía y la religión. De manera que, según el mito de Hegel, la maldad del ser humano sería inevitablemente empleada por Dios para realizar su plan histórico. Las mezquindades, los atropellos, las ambiciones y la codicia constituirían el motor que permite avanzar hacia la libertad absoluta del hombre. El interés individual sería el cebo que movilizaría la realización del interés universal. Dios habría usado los fines particulares y egoístas de hombres como Alejandro Magno, Julio César o Napoleón Bonaparte, para conseguir el progreso de la historia hasta que ésta se adecuara a su fin supremo y universal.

Hegel tuvo siempre una predilección especial por el número tres. También el progreso histórico de la humanidad se habría desarrollado, según él, en tres etapas, la oriental, la grecorromana y la germánica. El Antiguo Oriente encajaba perfectamente en la primera pues "los orientales no han alcanzado el conocimiento de que el espíritu –el hombre como tal– es libre y, al no saberlo, no son libres". Por tanto, únicamente el rey podía

OBRAS DE HEGEL

1785-1792	*La vida de Jesús.*
1792	*Religión del pueblo y cristianismo.*
1795	*La positividad de la religión cristiana.*
1796	*Diario de viaje por los Alpes berneses.*
1798	*Cartas confidenciales.*
1800	*El espíritu del cristianismo y su destino.*
1801a	*Diferencia de los sistemas filosóficos de Fitche y de Schelling.*
1801b	*La constitución alemana.*
1802	*Fe y saber.*
1806	*Fenomenología del espíritu.*
1816	*Ciencia de la lógica.*
1817	*Enciclopedia de las ciencias filosóficas.*
1821	*Filosofía del derecho.*
1837	*Lecciones sobre la filosofía de la historia.*

ser considerado como hombre libre, aunque se comportase como un déspota para sus súbditos. Según Hegel, "la conciencia de la libertad" surgió por primera vez entre los griegos y los romanos pero de una manera imperfecta ya que estos pueblos creían que sólo algunos hombres podían ser libres, la mayoría seguían siendo esclavos que realizaban tareas manuales para que sus amos pudieran gozar de libertad. La tercera y última de estas fases sería la que conformaban las naciones germánicas de la época de Hegel, las únicas que al ser influidas por el cristianismo habrían desarrollado la conciencia de que todos los hombres son libres. En sus propias palabras: "El Este supo sólo, y sabe hasta el día de hoy, que *uno* es libre; el mundo griego y romano, que *algunos* son libres; el mundo germánico sabe que *todos* son libres." (Boorstin, 1999: 211).

La visión hegeliana de la historia hunde sus raíces en las concepciones griegas del tiempo cíclico. Según éstas, las transformaciones de la naturaleza y de las culturas son como una sucesión de círculos que se repiten siempre. Las civilizaciones nacen, crecen y desaparecen para dejar paso a otras que evolucionarán de la misma manera. La historia es como un eterno retorno, como una carrera de relevos en la que cada pueblo pasa al siguiente el testigo del que es portador. Los individuos y los imperios sólo son los medios que usa la historia, pero el verdadero protagonista es el testigo, es decir, el espíritu que persigue como fin absoluto la conquista de la libertad. Hegel ve como ejemplo de tales movimientos cíclicos el símbolo mitológico del ave Fénix, que muere y renace de sus propias cenizas. A través de estas etapas repetitivas, el espíritu avanza sin cesar. Por tanto, los vencedores siempre tienen razón ya que, de alguna manera, marcan la trayectoria que debe seguir el proceso histórico.

Es evidente que tal comprensión de la historia resulta claramente occidentalista. "La historia universal va de Oriente a Occidente. Europa es absolutamente el término. Asia el comienzo." Hegel relacionaba la infancia de la humanidad con el mundo oriental; la juventud con Grecia y Roma; mientras que la etapa de madurez estaría representada por el occidente germano-cristiano. La Reforma protestante iniciada por Lutero significaba la reconquista de la interioridad cristiana frente a la exterioridad de la Iglesia católica medieval. Hegel creía que esta interioridad sólo se podía haber originado en un pueblo simple y sencillo como el alemán, que poseía una gran intimidad de espíritu. Tal como lo expresa Colomer:

> "Mientras los otros pueblos europeos habían salido al mundo, habían ido a América o a las Indias orientales a adquirir riquezas o a fundar un imperio colonial, en Alemania, en donde se conservaba la pura espiritualidad interior, un monje tosco y obscuro buscó la perfección en su propio espíritu. La sencilla doctrina de Lutero es la doctrina de la libertad interior, a saber, que el conocimiento de la salvación tiene sólo lugar en el corazón y en el espíritu. Con esto se logró en la Iglesia la pura intimidad del alma y se aseguró la libertad cristiana." (Colomer, 1986: 373).

Hegel ensalzó el espíritu alemán en la historia, afirmando que sólo las naciones germánicas estaban destinadas a ser los soportes de los principios cristianos. En cambio, aunque la vieja Roma había jugado un papel histórico indispensable, era incapaz de proporcionar suficiente solidez a tales principios. El exceso de patriotismo le llevó a decir que ninguna de las naciones latinas estaba capacitada para soportar el edificio del cristianismo, ya que eran pueblos con una sangre muy mezclada y guardaban siempre en sí mismos un principio de división. Sin embargo, el pueblo germánico era el único verdadero sucesor del antiguo pueblo griego y por tanto estaba destinado a conducir el cristianismo a su término. ¿Se inspiraría más tarde Hitler en esta idea?

Para Hegel la historia es como una teodicea que pretende justificar a Dios de los males que hay en el mundo. Una teología natural en la que todo lo negativo se esfuma ante el conocimiento de lo positivo. Una filosofía que intenta explicar cómo a través del tiempo, y a pesar de las muchas adversidades, se ha ido realizando el plan del espíritu de Dios. Su gran optimismo puede incluso resultar trágico porque, lo cierto es que, él nunca cerró los ojos a la cruda realidad. Conocía bien la crueldad, la sinrazón, la locura y la injusticia de tantos aconteceres históricos, pero prefirió creer que todo eso tenía una explicación racional, una meta gloriosa que lo justificaba.

Si durante la Edad Media la teología católica creía que todo lo relacionado con el mundo era malo, la Reforma protestante entendió lo temporal y mundano como el ámbito en el que se podía realizar la justicia y la ética del Estado. Algo que Dios quería y aprobaba ya que el Estado era el fin de la historia. Hegel pensaba que el ser humano sólo podía llegar a disfrutar de la auténtica libertad cristiana mediante la obediencia al Estado. De ahí que en los países donde caló la Reforma, la revolución no fuera necesaria porque los principios que ésta proclamaba ya habían sido asumidos por el protestantismo. El liberalismo que intentaron difundir por todo el mundo los partidarios de Napoleón procuró ser el sustituto de la Reforma, sobre todo en los países románicos, pero lo cierto es que no fue capaz de cambiar el alma del ser humano. Su influjo fue únicamente externo mientras que la liberación que predicaban los reformadores era ante todo personal e interior. "Napoleón no fue capaz de someter España a la libertad, lo mismo que Felipe II no pudo someter Holanda a la esclavitud".

El Dios de Hegel recorre toda la historia de la humanidad, la impregna en todos sus acontecimientos más mínimos y se manifiesta en cada situación concreta. Hay un cierto matiz panteísta en este espíritu que todo lo penetra. Su providencia gobierna el mundo para su propia gloria y enaltecimiento. Pese a todas las miserias, catástrofes y revoluciones, la historia universal constituiría la realización del reino de Dios en la tierra. A pesar de lo malo, el espíritu de Dios caminaría incansable hacia la consecución final de lo bueno, la libertad absoluta. Siempre se estaría mejorando porque Dios mismo es en la historia. Sin embargo, este mito optimista de Hegel no consigue desvanecer la espesa niebla del mal en el mundo. ¿Cómo es posible seguir considerando la historia como un proceso razonable? ¿cómo aceptar que un Dios de amor pueda servirse del mal para hacer el bien? ¿pueden explicarse tantas masacres apelando a la evolución del espíritu hacia la libertad? ¿acaso no supone esto una reivindicación del mito de Maquiavelo acerca del fin que justifica los medios? ¿no es una manera de engañarnos a nosotros mismos?

Los filósofos y pensadores de la generación siguiente dejaron pronto de confiar en el mito de las revoluciones porque, de hecho, la realidad de los acontecimientos hablaba un lenguaje muy diferente al que proponía Hegel. La visión que Hegel tuvo de la historia fue, en realidad, como un intento de secularizar la teología cristiana. Pero en tal esfuerzo perdió de vista una de las doctrinas fundamentales del cristianismo, la esperanza escatológica (Colomer, 1986). Confundió lo material y temporal con lo espiritual. Transmutó el mundo de lo inmanente al de lo trascendente, llegando a creer que en la historia universal se estaba dando ya el juicio universal. Al pensar que el reino de Dios se realizaba en los mismos términos que la historia del mundo, cambió de manera ambigua la teología por la filosofía. Fusionó la esperanza cristiana en los "cielos nuevos y tierra nueva" con el proceso histórico sobre el planeta Tierra. Esto es lo que después le echaron en cara sus críticos.

Sin embargo, Marx se dio cuenta, años después, del gran partido que le podía sacar a la dialéctica hegeliana para interpretar la historia y llegó a deducir, precisamente todo lo contrario de lo que pensaba Hegel, que la moral y la religión eran como velos que ocultaban los verdaderos intereses de los grupos dominantes y que, por tanto, la religión era el opio del pueblo.

La concepción del tiempo en la Biblia

Si en la filosofía griega el tiempo se desenvolvía de una forma cíclica o circular, ante la cual el ser humano carecía por completo de libertad y era como un esclavo del destino o de la fatalidad, para el hombre de la Biblia en cambio el tiempo era entendido como un proceso lineal ascendente en el que era posible diferenciar claramente entre el ayer, el hoy o el mañana. El hombre era libre para actuar con arreglo a su conciencia o a su voluntad y, por tanto, responsable delante de Dios. Precisamente por esta concepción en línea recta del tiempo, los cristianos primitivos pudieron entender la revelación y la salvación en momentos históricos sucesivos. De ahí que la historia de la salvación constituya el permanente escándalo del cristianismo y el desafío a la conciencia humana en todas las épocas. Desde el nacimiento de la Iglesia los seguidores de Cristo han venido predicando que la suerte de toda la humanidad depende de unos acontecimientos históricos ocurridos en el tiempo y en el espacio. Dios no sólo ligó sus acciones y su revelación a la historia real de los hombres, sino que además se hizo hombre en Jesucristo. Es decir, entró una vez y para siempre en esta historia.

Cuando la idea del tiempo linear pasó del judaísmo al cristianismo experimentó una ligera modificación. En efecto, si los judíos miraron siempre hacia el futuro, al porvenir escatológico que suponía la llegada del Mesías y el posterior juicio final, para los cristianos de los primeros siglos el núcleo principal de la línea ascendente de la historia no era ya el futuro, sino el pasado. El sacrificio de Cristo que ya había tenido lugar. Esto cambió el centro de gravedad de la historia desde la parusía final a la muerte de Jesús en la cruz. El judaísmo distinguía tres etapas clave en el camino histórico hacia la salvación: antes de la creación, desde la creación hasta la parusía y después de la parusía (Briva, 1961:28). Sin embargo, el cristianismo partió la historia de la salvación en dos grandes etapas: antes y después de Cristo.

Este es el reto que planteó, y continúa planteando, la fe cristiana. El Hijo de Dios no destruyó el valor del tiempo histórico, no provocó una irrupción de la eternidad en el tiempo, sino que se sumergió en él para reinar desde él y sobre él. No es que el cristianismo haya prescindido de la esperanza escatológica. El creyente continúa esperando la segunda venida gloriosa de su Señor, pero en esta parusía cristiana la novedad ya no será absoluta. No lo podrá ser porque ya conocemos la perfección de Cristo resucitado. Su victoria sobre la muerte. De ahí que, como han indicado tantos teólogos, la esperanza del cristiano se desenvuelva entre la tensión del "ya está realizado" y el "todavía ha de llegar".

En cambio, en la filosofía griega del platonismo, el concepto de eternidad se oponía a la noción de tiempo. Se consideraba eterno aquello que estaba fuera del tiempo histórico. Los humanos vivían en el tiempo porque estaban sometidos a un antes y a un después, pero los dioses eran eternos porque se creía que existían al margen de esta sucesión temporal. Tal noción platónica de eternidad se introdujo en el cristianismo de la época postapostólica, de la mano de ciertos teólogos fascinados por la cultura helénica.

No obstante, la idea que tenía el cristianismo primitivo acerca de la eternidad era muy diferente a la del pensamiento griego. Para los creyentes del primer siglo no había diferencia cualitativa entre tiempo y eternidad. Ésta resultaba de una prolongación infinita de aquél. El término griego *aion* es utilizado indistintamente en el Nuevo Testamento para referirse al tiempo o a la eternidad. Aunque Dios es eterno no se le concibe como si estuviera fuera del tiempo histórico. El pensamiento del Antiguo, así como el del Nuevo Testamento, resultan "incapaces de concebir la eternidad como categoría opuesta a la temporalidad" (Coenen, 1984, 4:264). De manera que, en la concepción cristiana, el acontecimiento histórico es único e irrepetible, por eso el sacrificio de Cristo posee también un valor redentor decisivo y único.

¿Es Dios el responsable de la historia?

La Biblia no enseña la idea panteísta de que Dios es todo y todo es Dios, a partir de la cual podría llegar a pensarse que los acontecimientos históricos, buenos o malos, son su responsabilidad. La Escritura muestra que hay muchas cosas que Dios no puede hacer. No puede mentir, ni cambiar, ni arrepentirse, ni negarse a sí mismo, ni pecar, ni ser tentado, ni tentar a nadie o hacer el mal (Nm. 23:19; 1 S. 15:29; 2 Ti. 2:13; He. 6:18; Stg. 1:13, 17). El poder de Dios no es absoluto en el sentido de ir contra su propia perfección y de poder realizar cosas contradictorias. El Creador y la historia no son uno y, por tanto, no todo lo que pasa en la Tierra es su voluntad. La Escritura entiende la historia más bien como el lugar donde el ser humano desafía de manera irresponsable a su Hacedor, mientras que Él sólo desea reconciliarse con el hombre. La influencia o el poder de Dios en la historia no debe entenderse como un proceso que perdura continuamente y controla a cada instante todo lo que ocurre en el mundo. Es verdad que a partir del acto creador empezaron a actuar las fuerzas naturales que rigen el cosmos presente y que desde entonces existe un compromiso divino con su creación. Desde luego que el universo no fue abandonado a la suerte después de su formación.

Sin embargo, la Biblia enseña que las intervenciones de Dios en la historia suelen ser extraordinarias y que aunque su poder no siempre actúe, lo cierto es que su preocupación siempre está presente. En el primer capítulo del Génesis se puede leer que después de la creación de los grandes grupos de seres vivos y de la propia especie humana, el Creador se cercioró de que cada uno de sus actos creativos "era bueno". Sin embargo, en ningún lugar se dice que después de contemplar la historia de los hombres, pronunciara las mismas palabras: "y vio Dios que era buena". Él nunca puede aprobar la maldad ni el pecado del ser humano. Así como tampoco se sirve de ellos para llevar a cabo sus planes.

Los dioses que concebían los antiguos griegos no tenían poder sobre la historia de los hombres. Como mucho, se creía que su poderío se limitaba a la creación de rayos, vientos, temblores de tierra, pestilencias o a la inspiración de pasiones desatadas en el corazón de los humanos. La mitología helénica nunca desarrolló tampoco la idea de un juicio final en el que los dioses harían justicia a los mortales. Sin embargo, el pueblo de Israel entendió siempre que todas las naciones de la tierra eran responsables de sus acciones delante del Dios todopoderoso. Los profetas del

Antiguo Testamento se preocuparon mucho de lo que sucedía en la historia y creyeron firmemente que tanto la naturaleza como el devenir de la humanidad estaban sujetos al dominio de Dios. Él podía intervenir cuando quisiera e incluso modificar el rumbo de la historia, si así lo deseaba. Pero nunca de manera arbitraria o caprichosa, sino para motivar la reflexión del hombre y restablecer la comunión con él.

La idea de historia en el judaísmo nació como resultado del conocimiento de que hay un Dios que juzga los acontecimientos históricos. Un Dios que da poder a los seres humanos, especialmente a los reyes y gobernantes, pero que también demanda cómo se ha ejercido ese poder. Por tanto la historia es concebida, sobre todo, como aquello que el hombre hace con el poder que se le ha otorgado. También otros muchos pueblos han juzgado la historia de la humanidad desde la perspectiva del poder. El rasero de las victorias ganadas o de las derrotas, de las riquezas conseguidas o del éxito político y militar, ha servido frecuentemente para determinar el curso de la historia.

No obstante, el hombre de la Biblia concibió la historia desde el ángulo de la justicia y la valoró en términos de rectitud y corrupción, o de compasión y violencia. Como escribe el rabino Heschel: "Para nosotros la historia es el registro de la experiencia humana; para el profeta es el registro de la experiencia de Dios" (Heschel, 1973: 30). Los humanos olvidamos pronto los crímenes y las atrocidades cometidas a lo largo de la historia. Las tumbas de los inocentes pueden desaparecer o ser olvidadas por el advenimiento de nuevas culturas y modernos imperios, pero Dios no olvida. Los cadáveres no pueden hablar, sin embargo el Creador revelará el secreto de la tierra. Tal como escribió el profeta Isaías:

"Porque he aquí que Jehová sale de su lugar para castigar al morador de la tierra por su maldad contra él; y la tierra descubrirá la sangre derramada sobre ella, y no encubrirá ya más a sus muertos" (Is. 26:21).

De manera que, según la perspectiva del Antiguo Testamento, el sentido último de la historia no es la manifestación del poder humano, sino de aquello que, de momento, se encuentra oculto en la mente de Dios. Sería una blasfemia llegar a creer que la historia de la humanidad refleja el propósito divino para su creación; que tanta injusticia y maldad constituyen el objetivo final del Creador o que, como pretende el mito de Hegel, la conciencia humana irá mejorando poco a poco, gracias a la injusticia de las revoluciones, para alcanzar finalmente la libertad del espíritu. Por el contrario, el mensaje bíblico iniciado ya por los antiguos profetas veterotestamentarios apuntaba hacia la promesa de restauración y renovación. Ezequiel anunció que el Señor había prometido dar un corazón nuevo a los humanos: "y quitaré el corazón de piedra de en medio de su carne, y les daré un corazón de carne" (Ez. 11:19). El final previsto por Dios para la historia es aquél tiempo en el que el conocimiento de su Palabra prevalecerá; el terror, el miedo y el mal serán erradicados del mundo y toda guerra desaparecerá. De la misma manera, la fe cristiana condujo también a la idea de una historia que espera en Dios.

No obstante, cuando se examina el estado actual de la humanidad y se comprueba la extremada pobreza en que vive más de la mitad de la población mundial, los numerosos conflictos armados, los cientos de miles de víctimas de la represión, la descomposición moral, las idolatrías del poder, del dinero o del placer, la xenofobia y el terrorismo... es fácil convencerse de que el mal sigue reinando sobre el bien y de que no es posible hablar de salvación de la historia ni, casi tampoco, de salvación en la historia. Es como si la realidad de Cristo fuera incapaz de cambiar el mal de este mundo. Incluso es posible preguntarse si ha fracasado el reino de Dios en la historia. ¿Qué se puede responder ante todo esto? ¿qué explicación hay desde la fe?

De la misma manera en que la vida del Señor Jesús no alcanzó la consumación del proceso salvífico de la humanidad hasta después de su muerte y resurrección, tampoco la salvación por antonomasia del ser humano que cree y la consiguiente erradicación completa del mal, pueden realizarse antes de la muerte y resurrección del hombre entero. Esto quiere decir que la salvación se da más allá de la historia. Aunque el nacido de nuevo sepa que ya es salvo en Cristo Jesús, es evidente que no puede disfrutar con plenitud de su salvación hasta después de la muerte y resurrección. Sin embargo, esto no significa que la salvación sea ahistórica o que no tenga nada que ver con la realidad presente. Debe hacerse presente en la historia pero, en cualquier caso, el fracaso histórico de la salvación no demuestra tampoco que ésta sea históricamente inútil ya que la historia todavía no ha terminado. El hecho de que en la historia no se dé la plenitud de la salvación, no prueba que ésta haya fracasado. Lo que demuestra, en todo caso, es que los hombres en cuanto tales sí hemos fracasado. La salvación que Dios ofrece no falla, quienes fallamos somos los creyentes que debíamos anunciarla y vivirla y, quizás, no hemos sabido hacer bien ni una cosa ni la otra.

Sea como sea, tenemos que aprender a vivir con esas preguntas que taladran el alma, acerca de una creación en la que sigue habiendo tanto mal. Desde la pura racionalidad humana, no será posible jamás justificar el problema del mal en la historia. La única alternativa deseable continúa siendo asumir el riesgo de la fe. Acogerse con cordura a la locura de una resurrección de los muertos y una justicia final en Cristo Jesús.

7 AUGUSTE COMTE (1798-1857)

El mito de los tres estados de la humanidad o de que el hombre moderno ya no necesita a Dios

"Según esta doctrina fundamental, todas nuestras especulaciones, cualesquiera, están sujetas inevitablemente, sea en el individuo, sea en la especie, a pasar sucesivamente por tres estados teóricos distintos, que las denominaciones habituales de teológico, metafísico y positivo podrán calificar aquí suficientemente, para aquellos, al menos, que hayan comprendido bien su verdadero sentido general. Aunque, desde luego, indispensable en otros aspectos, el primer estado debe considerarse siempre, desde ahora, como provisional y preparatorio; el segundo, que no constituye en realidad más que una modificación disolvente de aquél, no supone nunca más que un simple destino transitorio, a fin de conducir gradualmente al tercero; en éste, el único plenamente normal, es en el que consiste, en todos los géneros, el régimen definitivo de la razón humana".

COMTE, *Discurso sobre el espíritu positivo*, (1997: 17).

El autor de estas ideas fue un claro exponente de la educación universitaria que se impartía en la Francia revolucionaria de la primera mitad del siglo XIX. Vivió de forma apasionada como librepensador y defensor de las consignas de la Revolución. Durante toda su vida se propuso llevar a la práctica de manera "positiva" tales concepciones y a este propósito contribuyó sin duda su habilidad mental, ya que desde la infancia destacó por su gran genio matemático. Comte fue el primero en acuñar el término "sociología" para definir la nueva disciplina científica que pretendía crear. Sin embargo, la mayoría de los sociólogos actuales parecen aceptar con disgusto que él sea el patrón de la ciencia de lo social. Es cierto que su deseo fue ése, crear una ciencia, pero la verdad es que terminó elaborando una religión laica. Un nuevo culto a la humanidad del futuro.

Auguste Comte fue un hombre moralmente obsesionado por la anarquía moral que observaba en su tiempo y, por tanto, pretendió combatirla por medio de su propuesta de regeneración social. Un sistema autoritario de normas éticas que debía partir siempre de la razón humana y nunca de la religión tradicional. En realidad, a pesar de haberle dado nombre a la sociología, no fue el descubridor del objeto de la misma. Muchos de los enunciados que expuso como propios habían estado ya flotando en el ambiente intelectual del siglo XVIII en Francia y Escocia. Tampoco puede afirmarse que su pensamiento encajara con el de los demás estudiosos que, incluso en su misma época y años después, se dedicaron también al análisis sociológico. Desde Alexis de Tocqueville hasta el propio Karl Marx, la mayoría de los sociólogos pensaban que el racionalismo y el cientifismo eran negativos para la vida humana, ya que provocaban la desaparición de los valores tradicionales y fomentaban el individualismo de la sociedad burguesa. Por el contrario, Comte creía que la Ilustración racionalista y científica era la única ideología que podía mejorar al ser humano en sociedad.

Con el "positivismo" le ocurrió lo mismo que con la sociología, inventó el nombre pero no fue su creador. Desde esta corriente de pensamiento, gestada al calor de la industrialización y del avance de las ciencias naturales, se pretendía interpretar el mundo y toda la realidad humana en base exclusiva al método científico. El único válido, según se afirmaba, para alcanzar la verdad, toda la verdad y nada más que la verdad. Capaz de desvelar todos los misterios de los objetos materiales y descubrir las leyes positivas que los gobernaban. El interés de tal método consistía en que la observación adecuada permitía conocer las regularidades del mundo y, por tanto, era posible así predecir el futuro.

> "Así, el verdadero espíritu positivo consiste, ante todo, en *ver para prever*, en estudiar lo que es, a fin de concluir de ello lo que será, según el dogma general de la invariabilidad de las leyes naturales." (Comte, 1997: 32).

Todo aquello a lo que no podía aplicarse tal método carecía, en su opinión, del más mínimo interés. Lo importante era saber centrarse en lo positivo, es decir, en lo real que se opone a lo quimérico, en lo verdaderamente asequible; pero también en lo útil que puede mejorar al individuo o a la sociedad; en lo que proporciona certeza o evita las vanas especulaciones teóricas; y también en todo lo preciso que permite organizarse racionalmente. En definitiva, todas estas definiciones comtianas de lo positivo conducen a la misma conclusión: hay que sustituir en todas las cosas lo absoluto por lo relativo. Nada de verdades eternas, nada de revelaciones divinas ni manifestaciones sobrenaturales, todo lo que existe puede explicarse mediante acontecimientos naturales positivos.

No obstante, Comte se enfrentó a un serio problema. ¿Qué ocurría con aquellos fenómenos humanos que todavía no habían sido explicados, como los sociales y políticos? ¿existían leyes de lo social susceptibles de ser descubiertas por el método de la ciencia? ¿podía la filosofía positiva dar cuenta de ellas? Este es el principal reto al que el pensador francés pretendió responder. Las leyes del espíritu humano podían y debían ser encontradas por la última y más grande de todas las ciencias, la *física social*, que posteriormente acabaría llamándose "sociología". Una nueva disciplina que, según Comte, tenía que reorganizar la sociedad y reformar la educación para que ninguno de tales ámbitos volviera a apoyarse jamás en la teología o en la metafísica, sino exclusivamente en la ciencia.

Su desconocimiento de la cultura bíblica, tanto del Antiguo como del Nuevo Testamento, le llevó a escribir que en la fe monoteísta la vida social no existía, mientras que, por el contrario, el espíritu positivo que él proponía era directamente social y solidario.

> "A los ojos de la fe, sobre todo monoteísta, la vida social no existe, por falta de un fin que le sea propio; la sociedad humana no puede entonces ofrecer inmediatamente más que una mera aglomeración de individuos, cuya reunión es siempre tan fortuita como pasajera, y que, ocupados cada uno de su sola salvación, no conciben la participación en la del prójimo sino como un poderoso medio de merecer mejor la suya, ...El espíritu positivo, por el contrario, es directamente social... Para él, el hombre propiamente dicho no existe, no puede existir más que la Humanidad, puesto que todo nuestro desarrollo se debe a la sociedad." (Comte, 1997:94).

Es posible que determinados ambientes religiosos de la época de Comte manifestaran una fe individualista y deformada. Sin embargo, no existe la menor duda de que la sensibilidad social que mostraron, tanto el pueblo hebreo como los cristianos primitivos, siempre que se mantuvieron fieles a la voluntad de Dios, fue un testimonio solidario y fraternal en medio de otros pueblos que oprimían y avasallaban al ser humano (Ver en este mismo trabajo: "La propiedad privada en el Antiguo Testamento"). El hecho de que ciertos sectores del cristianismo contemporáneo de Comte practicaran una religiosidad exclusivamente vertical, no confirma que el mensaje bíblico al respecto fuera éste precisamente. Son abundantes los textos de la Escritura que promueven la vida social y las relaciones justas entre las personas y los pueblos.

En sus reflexiones sociales Comte partió de la base de que la sociedad era antes que el individuo y no al revés. No aceptó tampoco la idea mítica de que la realidad social se reducía a un contrato racional permanentemente válido. El ser humano no era el creador del entorno social sino más bien su producto. De ahí que para comprender lo social hubiera que empezar estudiando al hombre como un animal más. Las personas, según él las veía, no eran ya seres diferentes dotados de conciencia y libertad, sino objetos equiparables a los minerales, las plantas o los demás organismos vivos y como tales debían ser analizadas. Así es como nació la sociología, como una ciencia que trataba a la sociedad como si fuera una cobaya de laboratorio. Una física de lo social que pretendía descubrir las leyes del comportamiento humano. En su opinión, esta especial ciencia física social que él proponía era la última disciplina que faltaba por crear para alcanzar el bienestar de la humanidad, poder predecir el futuro y controlar la conducta del hombre.

Una de las grandes zozobras que preocuparon al sociólogo francés durante toda su vida, fue la decadencia que experimentaba la vida religiosa en su país. A pesar de ser muy crítico con los religiosos de su tiempo, supo reconocer que la desaparición de la religiosidad en Francia, durante el siglo XVIII, constituía una de las principales causas que estaban en la raíz de las perturbaciones sociales de la época. Esta observación le llevó a convencerse de que las personas necesitan una fe, una moral y unos valores para vivir adecuadamente. Todo esto era lo que habían perdido sus compatriotas durante la Revolución. Por tanto, ya no poseían nada a lo que aferrarse. Se necesitaba que alguien les devolviera algo en lo que creer. Comte abrigó la esperanza de que la ciencia positiva que él predicaba sería este principio reconciliador que la sociedad requería. Y así intentó elaborar una ciencia social que fuera la culminación de todas las ciencias, el último peldaño del saber humano capaz de organizar racionalmente a la sociedad y dirigirla hacia los valores positivos.

Sin embargo, lo que Comte creó no fue una verdadera ciencia, sino el Catecismo Positivista de una nueva religiosidad, la Religión de la Humanidad. Y él se autodenominó el sumo sacerdote de esta religión que tenía como fin principal crear grupos de hombres que vivieran como si ya estuviesen en la nueva sociedad perfecta. Quiso establecer un régimen absolutista, una sociocracia fundamentada en la sociología y dirigida por una élite de sabios, de los que él sería el jefe espiritual. El Dios de los cristianos tenía que ser sustituido por esa otra divinidad abstracta que era la propia humanidad en general. En vez de Dios arribaba el Hombre con la misión sagrada de ver para prever y adueñarse así del mundo. Las normas básicas de tal culto eran el amor al prójimo, el orden social y el progreso humano. Esta curiosa religión sin Dios había sido concebida a imagen y semejanza de la Iglesia católica, ya que Comte estuvo muy influido por el ideólogo católico, Joseph de Maistre. Incluso llegó a proponer que el símbolo cristiano de la cruz fuera cambiado por una nueva señal que consistiera en palpar sucesivamente los órganos que, según la teoría cerebral entonces vigente, se relacionaban con las mencionadas normas del amor, el orden y el progreso. Su nueva trinidad estaba formada por el Gran Ser, que era la humanidad; el Gran Fetiche representado por la Tierra y el Gran Medio, es decir, el Espacio.

Ninguna de tales ideas se llevó a la práctica. La religión de la humanidad nunca llegó a existir, a excepción de alguna pequeña sociedad positivista. El sumo sacerdote Comte consiguió hacer muy pocos prosélitos y en su funeral sólo estuvieron presentes un par de docenas de amigos. Su pasión por la regeneración social le llevó al extremo de convertirse en un anti-intelectual que llegó incluso, aunque resulte paradójico reconocerlo, a despreciar los estudios teóricos por muy científicos que fueran, si éstos no presentaban una aplicación práctica en la sociedad. El sociólogo Timothy Raison lo explica así:

"... con todas sus excentricidades, Comte fomentó ciertos rasgos que sus más "normales" sucesores absorbieron involuntariamente. A pesar de sus raíces teoréticas, se convirtió en antiintelectual. Su contemporáneo John Stuart Mill llegó a la conclusión de que "no es exagerado decir que Comte adquirió gradualmente un odio real por todos los empeños científicos y puramente intelectuales, y propendía a no retener de ellos más que lo estrictamente indispensable"... La pasión de Comte por la regeneración social le desvió e incapacitó para el estudio intelectual de la sociedad y sus instituciones." (Raison, 1970: 42).

A pesar de tales críticas de sus sucesores, lo cierto es que a Comte se le recuerda sobre todo por su famosa Ley de los Tres Estados; un intento teórico que pretendía explicar la evolución histórica de la humanidad; un mito social que procuró eliminar al Dios del universo a cambio de divinizar el universo de los hombres, o sea, la historia del ser humano. Analizaremos más tarde tales ideas míticas, mientras tanto veamos cómo transcurrió la vida de este singular pensador.

Vida turbulenta de un pensador ateo

Comte nació el 19 de enero de 1798 en la ciudad francesa de Montpellier, en el hogar de una familia católica y monárquica. Empezó sus estudios en el Liceo de dicha ciudad y pronto destacó por su inteligencia y disciplina, aunque también por su rebeldía a los convencionalismos de la sociedad. Su salud fue siempre delicada y su aspecto físico algo desgarbado. Tenía las piernas cortas en comparación con las proporciones de su cuerpo y cabeza, lo cual supuso una fuente de problemas sobre todo con las mujeres pero también con los demás compañeros. Comte era miope y sufría frecuentes enfermedades de estómago. No obstante, su carácter fue siempre voluntarioso, casi testarudo y bien dotado para el estudio, lo que le llevó con frecuencia a aislarse de la gente y concentrarse en sus propios pensamientos.

A los quince años aprobó el examen de ingreso en la École Polytechnique de París, pero tuvo que esperar un año más para poder entrar en la misma ya que aún no tenía la edad requerida. En esta época ya se había declarado republicano, librepensador y ateo, avergonzando así a su familia al renunciar a la religión católica que ésta profesaba. Pronto empezó a leer las obras de Fontenelle, Maupertuis, Adam Smith, Hume, Condorcet, etc., y a familiarizarse con sus ideas. En 1817 conoció a Henri de

Saint-Simon con quien llegó a colaborar posteriormente como secretario. Esta relación le permitió escribir artículos en diferentes publicaciones que editaba su patrón. A los veinte años, estando todavía soltero, tuvo una hija a la que reconoció y cuidó.

Su relación con Saint-Simon se fue deteriorando a causa de que éste se atribuía ciertos escritos realizados por Comte, hasta que en 1824 se produjo la ruptura definitiva. Un año después contrajo matrimonio por lo civil con una prostituta, Caroline Massin, con la que había venido manteniendo relaciones desde hacía tiempo. Según cuenta alguno de sus biógrafos, esta ceremonia se llevó a cabo con el fin de que la policía borrara a Caroline de sus archivos (Boorstin, 1999: 221). Algo más tarde y con el deseo de contentar a su madre, Comte se casó también por la Iglesia católica pero fue incapaz de firmar en el registro de la misma. Esto le deprimió tanto que incluso intentó el suicidio saltando al río Sena desde el Pont des Arts. Sin embargo, fue rescatado por un soldado que en ese momento pasaba por allí. Años después llegó a escribir que esta boda había sido un gran error de su vida.

Tal situación anímica se vio agravada por la muerte de su hija a los nueve años de edad. Todas estas situaciones añadidas al intenso ritmo de trabajo que llevaba le provocaron un ataque de locura y tuvo que ser internado en un manicomio. Después de superar la crisis mental empezó a publicar numerosos trabajos y a impartir lecciones privadas a las que asistían importantes intelectuales de la época. No obstante, su carrera académica fue siempre desgraciada. Intentó ganar una cátedra de matemáticas en la École Polytechnique de París pero no lo consiguió y tuvo

OBRAS DE COMTE

1819	*Separación general entre las pasiones y los deseos (opúsculo).*
1820	*Sumaria apreciación del conjunto del pasado moderno (opúsculo).*
1822	*Plan de trabajos científicos necesarios para reorganizar la sociedad (op.).*
1825	*Consideraciones filosóficas sobre las ciencias y los sabios (opúsculo).*
1826	*Consideraciones sobre el poder espiritual (opúsculo).*
1828	*Examen del tratado de la irritación de Broussais (opúsculo).*
1830-1842	*Curso de filosofía positiva.*
1843	*Tratado elemental de geometría analítica, en dos y tres dimensiones.*
1844	*Discurso sobre el espíritu positivo.*
1845	*Tratado filosófico de astronomía popular.*
1848	*Discurso sobre el conjunto del positivismo.*
1851-1854	*Sistema de política positiva.*
1852	*Catecismo positivista o Sumaria exposición de la religión universal.*
1856	*Síntesis subjetiva.*

que contentarse con un puesto precario de profesor auxiliar que perdió poco después. En realidad, tuvo que mantenerse hasta su muerte con ayudas o subvenciones de sus discípulos y amigos.

En 1830 se empezaron a publicar sus lecciones sobre filosofía que constituyen los seis volúmenes de su obra fundamental: *Curso de Filosofía Positiva*. La relación sentimental que sostuvo con su esposa empezó también a deteriorarse, hasta que doce años después ésta le abandonó definitivamente. Tal ruptura le condujo a encerrarse cada vez más en sí mismo y a reducir sus contactos con el mundo exterior. Incluso limitó sus lecturas a autores clásicos como Virgilio, Dante, Cervantes o Shakespeare, mientras que a los escritores contemporáneos los seleccionó mucho para, según decía, no contaminarse de sus ideas. En esta época publicó el *Discurso sobre el espíritu positivo*, texto que en realidad fue una introducción a un curso de astronomía popular.

El período más triste de su vida empezó cuando en 1844 conoció a Clotilde de Vaux, escritora y hermana de uno de sus discípulos, mujer casada que había sido abandonada por su marido. Se enamoraron platónicamente y ella se convirtió en la principal fuente de inspiración para Comte. Adoptaron la costumbre de verse dos veces por semana y llegaron a escribirse alrededor de 180 cartas al año. En ellas hablaban, entre otras cosas, de la nueva moralidad, la nueva religión y el nuevo matrimonio que el positivismo pretendía instituir. Lamentablemente Clotilde murió dos años después, lo que contribuyó a que Comte la idealizara y la recordara frecuentemente en sus escritos posteriores. Nunca pudo superar semejante pérdida y llegó a convertir su recuerdo en un rito, visitando regularmente la tumba y escribiéndole una carta cada año.

La fundación de la Sociedad Positivista, en 1848, desembocó en la institución de la Iglesia Universal Positivista, de la que Comte se proclamó Sumo Pontífice en el *Calendario Positivista* y en el *Catecismo Positivista*. Incluso llegó a trazar un plan con unos plazos determinados para instaurar en la sociedad la religión positivista. Su intención fue que en tal proyecto colaboraran también los católicos ignacianos junto a los positivistas. La idea era obligar a todos los creyentes a hacerse católicos y a los incrédulos a convertirse a la fe positivista. Los libros sagrados de la nueva religión tenían que contener las biografías de Clotilde y la suya propia, así como la correspondencia que habían mantenido entre ambos, las oraciones positivistas y el Testamento de 1855. Y entre las nuevas festividades religiosas a celebrar figuraba el setenta cumpleaños del sumo sacerdote del Gran Ser, es decir, del mismísimo don Auguste Comte.

A pesar de lo absurdo que hoy pudieran parecer tales pretensiones, lo cierto es que en su momento este sistema se difundió en varios países europeos y americanos. En Francia colaboró a ello su discípulo Émile Littré; en Inglaterra, John Stuart Mill y en Italia, Cesare Lombrosso. Tales ideas llegaron también a los países de Hispanoamérica, especialmente a México y Brasil. De esta manera, creyéndose el sumo sacerdote de una nueva religión de la razón científica, Comte murió de ictericia –aumento de los pigmentos biliares en la sangre– el día 5 de septiembre de 1857 en París.

La Ciencia que mató a Dios para inventar la Religión

Lo que contribuyó a forjar el mito de los tres estados de la humanidad en la mente del padre de la sociología fue, sin duda, la idea de progreso característica de los pensadores ilustrados. Comte quiso hacer de tal pensamiento una auténtica ley. Según esta visión de la historia, la humanidad progresaba constantemente a lo largo del tiempo pasando de un estado imperfecto de barbarie y primitivismo a otro futuro de civilización, en el que se alcanzaría de forma definitiva la sociedad perfecta y feliz. Comte estaba convencido de que tal sociedad sólo podía surgir en el mundo moderno europeo, el único absolutamente válido. Por tanto, todos los demás pueblos y culturas de la tierra tenían que desembocar finalmente en la sociedad que se había creado en el corazón de la vieja Europa. De ahí que se le haya llamado "el sociólogo de la unidad humana o de la unidad de la historia humana" (Aron, 1996: 1, 89).

Comte explicó su ley de los tres estados diciendo que el hombre había pasado por tres etapas sucesivas a lo largo de su evolución histórica. De la edad religiosa o teológica a la metafísica y de ésta a la científica o positiva. En la primera, el espíritu humano se preocupó sobre todo por las causas originales y finales. Los interrogantes que inquietaban en aquella época eran: ¿de dónde venimos? ¿quiénes somos? ¿a dónde vamos?. Cada civilización respondió a su manera pero la tendencia general apuntaba siempre hacia las explicaciones absolutas. Los hombres estaban culturalmente tan desarmados que interpretaban los fenómenos de la naturaleza atribuyéndolos a fuerzas sobrenaturales, dioses o seres poderosos que se parecían bastante a los humanos. Este sería el *estado teológico* o ficticio que a su vez habría pasado por tres fases, primero la del fetichismo, después el politeísmo y finalmente la del monoteísmo.

Según afirmaba Comte, esta etapa correspondía a la infancia de la humanidad, en la cual el primitivismo religioso se manifestaba en la adoración de los astros, en la creación de un universo imaginario poblado de dioses buenos o malos y, por último también, en la creencia judeocristiana en un único Dios todopoderoso que no sólo había creado el cosmos, sino que podía a la vez mantener una relación personal con cada individuo. En definitiva, puras quimeras religiosas que sirvieron para tranquilizar la conciencia humana durante estos primeros tiempos, pero que también la incapacitaron para entender la naturaleza y actuar sobre ella.

En el segundo de sus estados, el *metafísico* o abstracto, el hombre habría comenzado a sustituir las divinidades religiosas por fuerzas indefinidas inherentes a la propia naturaleza. Se empezó a creer que la causa general de cada ser no residía en ninguna divinidad supramundana. Ya no era Dios quien estaba en el origen de las cosas, de los animales o de los seres humanos. La esencia de los objetos animados e inanimados estaba en ellos mismos. Comte lo expresó así:

> "Como la teología, en efecto, la metafísica intenta sobre todo explicar la íntima naturaleza de los seres, el origen y el destino de todas las cosas, el modo esencial de producirse todos los fenómenos; pero en lugar de emplear para ello los agentes sobrenaturales propiamente dichos, los reemplaza, cada vez más, por aquellas *entidades* o abstracciones personificadas, cuyo uso, en verdad característico, ha permitido a menudo designarla con el nombre de *ontología.*" (Comte, 1997: 24).

El estudio filosófico del ser y sus propiedades trascendentales, que es el objeto propio de esa parte de la metafísica llamada ontología, habría venido a sustituir, según Comte, a la fe religiosa y a la creencia en la providencia de Dios. Esta nueva situación reflejaría la etapa de juventud de la humanidad, intermedia entre la infancia y la virilidad. El conocimiento humano habría mejorado algo porque los hombres empezaron a sacar más provecho de sus facultades intelectuales, pero tampoco era éste el estado definitivo ya que todavía se apelaba a los saberes absolutos. El hombre seguía negándose a aceptar que la verdad no residía en él mismo, sino que estaba en el mundo y para descubrirla era necesario someterse a sus leyes. Los razonamientos eran todavía muy especulativos y no existía aún una verdadera observación científica. Por tanto el estado metafísico había sido puramente transitorio.

La tercera y última parte del mito comtiano la constituye el *estado positivo* o científico, en el que el ser humano habría renunciado ya a conocer la causa original de los hechos y se contentaría con descubrir las leyes que los gobiernan. El hombre se convertiría así en observador del mundo natural. Se limitaría a contemplar los fenómenos y a establecer las pautas que los relacionan, en el espacio y a lo largo del tiempo. Sería la edad de la razón y de la aplicación plena del método de la ciencia que permitiría manipular tecnológicamente el entorno para obtener de él el máximo beneficio.

Comte relacionaba estos tres estados de la humanidad con las etapas de la vida humana y decía: "¿Quién de nosotros no recuerda, contemplando su propia historia, que ha sido sucesivamente, respecto a las nociones más importantes, *teólogo* en su infancia, *metafísico* en su juventud y *físico* en su virilidad?" Ni que decir tiene, que el estado que más le interesó siempre a Comte fue el positivo, aquél en el que la inteligencia humana habría alcanzado las máximas cotas de progreso, gracias a la experiencia de los sentidos, y en el que se habría prescindido de las muletas de la religión y de la fe en Dios. La ciencia y la industrialización habrían acabado definitivamente con la superstición religiosa y con la filosofía especulativa. El hombre positivo del mundo moderno que Comte vislumbraba ya no necesitaría a Dios en su vida.

"La filosofía teológica no podía realmente convenir sino a aquellos tiempos necesarios de sociabilidad preliminar, en que la actividad humana debe ser militar esencialmente, a fin de reparar poco a poco una asociación normal y completa, que al principio era imposible, según la teoría histórica que he establecido en otro lugar. El politeísmo se adaptaba sobre todo al sistema de conquista de la antigüedad, y el monoteísmo a la organización defensiva de la edad media. Haciendo prevalecer cada vez más la vida industrial, la sociabilidad moderna debe, pues, secundar poderosamente la gran revolución mental que hoy eleva nuestra inteligencia, definitivamente, del régimen teológico al régimen positivo... La vida industrial es, en el fondo, directamente contraria a todo optimismo providencial, puesto que supone necesariamente que el orden natural es lo bastante imperfecto para exigir sin cesar la intervención humana, mientras que la teología no admite lógicamente otro medio de modificarlo que solicitar un apoyo sobrenatural." (Comte, 1997: 47).

Si la vida industrial era contraria a la providencia divina, según entendía ingenuamente Comte, porque el hombre dejaba ya de confiar en Dios y de esperar pacientemente los frutos de la tierra y se dedicaba a forzar el medio ambiente mediante su tecnología agresiva, entonces la ciencia también debía ser incompatible con la teología. Y esa era la razón de la crisis que experimentaba la sociedad moderna de su época. Los desórdenes sociales del momento se debían, en su opinión, a la contradicción existente entre el viejo orden teológico-militar que todavía imperaba y que era incompatible con el progreso, y un nuevo orden social científico e industrial que estaba a punto de nacer. Así pues, la fe en el Dios tradicional tenía que ser sustituida por la fe en ese otro "gran ser" positivo, científico e industrial, constituido por la humanidad en general.

El espíritu humano sólo podía llegar al conocimiento verdadero si era capaz de someterse humildemente al veredicto de los sentidos. La verdad no era construida por el investigador sino que le venía impuesta desde afuera. Lo único que había que hacer era simplemente leerla, porque el mundo no era caos ni anarquía sino que estaba regulado por unas leyes precisas y rigurosas. No habría más verdad que la que se le muestra al hombre a través de sus sentidos. Comte creía que sólo existían cinco ciencias fundamentales y positivas: la astronomía, la física, la química, la fisiología y la física social. En este mismo orden, que es en el que aparecieron, iría aumentando también su grado de importancia y complejidad. Todas ellas estarían relacionadas por medio de otra disciplina que tendría un cierto carácter instrumental: las matemáticas.

Las demás materias que no entraban en esta clasificación no debían ser consideradas como ciencias positivas y, por tanto, no podían ser incluidas en la enciclopedia de las ciencias. Comte pensaba, por ejemplo, que la psicología era una disciplina ilusoria que representaba sólo la última transformación de la teología. Sin embargo, la sociología era la más grande de todas las ciencias, a la que el resto debían estar subordinadas, ya que su finalidad principal era "libertar a la sociedad de su fatal tendencia a la disolución inminente."

> "La combinación de la ley de los tres estados y la clasificación de las ciencias tiene como fin demostrar que el modo de pensamiento que ha triunfado en matemáticas, en astronomía, en física, en química y en biología debe imponerse finalmente en el plano político, y desembocar en la constitución de una ciencia positiva de la sociedad, que es la sociología." (Aron, 1996: 1, 93).

No obstante, el pensamiento de Comte no se detuvo en la comparación simple entre estas seis ciencias positivas, sino que extrajo conclusiones que resultaron mucho más peligrosas. En efecto, si en matemáticas, física o biología no había libertad de conciencia, tampoco debía haberla en el terreno sociológico. De la misma manera en que los matemáticos o los físicos imponían sus veredictos a los indoctos e ignorantes, así también los sociólogos tenían que imponer sus conclusiones en el ámbito de la política y las relaciones sociales. Así la política y el gobierno de las naciones se sustentaría sobre el conocimiento y estaría dirigido por los descubrimientos de la ciencia social. Comte pretendía ser a la vez sabio y reformador.

Sin embargo, inmediatamente asaltaba una duda. Para que una ciencia gozara de credibilidad, era menester que aportara resultados ciertos e indudables que pudieran ser corroborados, como ocurría con las matemáticas o la astronomía. Pero, ¿poseía la sociología tal característica? ¿era capaz de descubrir verdades tan ciertas como las que se evidenciaban con las demostraciones físicas, químicas o matemáticas? Comte estaba convencido de que sí, de que su física social era la reina de las ciencias positivas y de que debía influir en el diseño de una nueva moralidad pública o individual. En el *Discurso sobre el espíritu positivo* escribió:

> "Según la teoría positiva de la Humanidad, demostraciones irrecusables, apoyadas en la inmensa experiencia que ahora posee nuestra especie, determinarán con exactitud la influencia real, directa o indirecta, privada y pública, propia de cada acto, de cada costumbre, de cada inclina-

ción o sentimiento; de donde resultarán naturalmente, ... las reglas de conducta, ... más conformes con el orden universal, y que, por tanto, habrán de ser ordinariamente las más favorables para la felicidad individual." (Comte, 1997: 89).

Su optimismo y confianza en el ser humano llegaron a convertirle casi en un profeta de la paz entre sus contemporáneos. Creía que la guerra ya no tenía sentido en una sociedad industrial. Los conflictos bélicos habrían sido necesarios para motivar al trabajo a hombres perezosos, para construir grandes imperios y estados, permitiendo así la evolución de la humanidad hacia el positivismo moderno, pero la guerra carecía ya de finalidad en un mundo presidido por los valores del trabajo y en el que no habría clase militar, ni motivos para pelear.

Comte se dio cuenta de que para construir una sociedad así, habría que educar a los ciudadanos en unos determinados valores. Era necesario forjar una nueva moralidad que empapara todos los espacios del entramado social. Sin embargo, los códigos morales de los pueblos siempre se sustentaron sobre la base de las creencias religiosas. ¿No estaba su ley de los tres estados de la humanidad en contradicción con esta necesidad de valores y símbolos religiosos que evidenciaba el hombre moderno? ¿Cómo era posible combinar la postura racionalista de la Ilustración que pronosticaba el hundimiento de la religión, con los planteamientos sociológicos que asignaban a la fe religiosa un importante papel en la creación y el mantenimiento de la sociedad?

La solución curiosa e inconsecuente que adoptó Comte fue la de inventarse una nueva religión laica; un culto a la humanidad que rompiera definitivamente con las religiones institucionales y fuera capaz de inspirar en la sociedad los valores de la solidaridad, el trabajo y el progreso. El hombre con verdadero espíritu científico ya no podía creer, según pensaba Auguste Comte, en la revelación cristiana o en la divinidad de Cristo. Pero por otra parte la religión continuaba siendo una necesidad permanente del ser humano. Las personas habían necesitado siempre creer en algo que las superara. De ahí que la sociedad precisara de una religión que estimulara su espiritualidad y moderara sus pasiones menos nobles. El sabio francés predicaba que la sociedad no era mala ni corrompía al individuo, como había dicho Rousseau, sino todo lo contrario. La sociedad era el recurso supremo con que contaban los ciudadanos para realizarse y darle sentido a su vida. La sociedad lo era todo para el hombre ya que éste no podía vivir en soledad y dependía siempre de los demás. Comte creía que como no existía una vida después de la muerte, ni tampoco salvación o eternidad, lo único en que debía creer el individuo moderno era en el destino colectivo de la sociedad.

Esta religión que Comte se sacó de la manga no tuvo por objeto el culto a Dios sino a la humanidad, por eso fue en realidad una "sociolatría" fabricada para llenar el vacío espiritual del hombre moderno. Pero, ¿lo consiguió? Desde luego que no. Más bien ocurrió todo lo contrario. La religión del positivismo amenazó con convertirse en una utopía esclavizante y controladora de las conciencias. Todo el mundo tenía que someterse a la autoridad de los que más sabían, es decir, de los sociólogos. Ellos eran los únicos que podían gobernar las naciones en su singular dictadura de los sabios.

No es extraño, por tanto, que este poder espiritual de la sociología, que Comte pretendía, no haya existido nunca ni haya podido llenar jamás el vacío del alma humana. Quizás sea que las personas no son en realidad tan altruistas como él pensaba. Es posible también que los hombres prefieran centrarse más en aquello que les divide y les separa, que en lo que les une. De hecho, tampoco la sociedad industrial ha demostrado poseer tantas virtudes como pensaba Comte. Pero lo cierto es que hoy, entrado ya el siglo XXI, es posible confirmar que la religión no ha muerto. El ser humano continúa buscando y hallando al Dios de la Biblia que se reveló en Jesucristo, mientras que la fe positivista no es más que un recuerdo del pasado y la ley de los tres estados de la humanidad, un mito que nadie se toma en serio. La religión de la humanidad que inventó Auguste Comte murió pronto, pero el Dios trascendente continúa vivo.

A pesar de Comte, lo religioso goza de buena salud

Las ideas que mantuvo el sociólogo francés acerca del progreso histórico de la humanidad, igual que las de Hegel y otros pensadores, quedaron desautorizadas por diversos estudios posteriores mucho más precisos. La confianza que Comte depositó en la ciencia, como la fuerza que impulsaría el progreso del ser humano hacia un mundo mejor, más justo y equilibrado, se ha visto resquebrajada durante el siglo XX por los múltiples conflictos armados y las progresivas diferencias entre los países del Norte y los del Sur. La crisis energética y ecológica que sufre actualmente el planeta ha provocado la pérdida de la fe en las promesas de la técnica. Tanto la confianza en el poder de la tecnología para mejorar la convivencia entre los hombres, como el positivismo de Comte, han quedado desacreditados y en la actualidad ya no es posible seguir manteniéndolos.

Sus utópicas profecías del nuevo tiempo industrializado se han diluido en ese mar de la crisis ambiental que hoy padece la tierra. Aquellas doctrinas de la Ilustración y de la primitiva sociología que postulaban la liberación del hombre de la tiranía del clero religioso, pronto crearon también su propia tiranía laica. La constatación de estos hechos lleva inevitablemente en el presente a la creencia de que al ser humano no se le puede mejorar actuando desde afuera, modificando sus condiciones de vida o el entorno en el que se desenvuelve, sino desde dentro, llenando su interioridad y dándole sentido a la vida. Es verdad que las circunstancias externas son importantes y que es menester trabajar para mejorarlas, pero las motivaciones internas, las convicciones personales, los valores éticos y las creencias religiosas que sustenta cada persona, son verdaderamente lo importante, aquello que puede llenar y enriquecer la sociedad.

Comte se equivocó al creer que el método positivo de la ciencia podía aplicarse en política, moral o religión de la misma manera que se hacía en matemáticas, física o astronomía. No supo ver la diferencia que hay entre estudiar moléculas, células o animales y analizar los comportamientos sociológicos del ser humano. Su error fue aceptar la idea evolucionista de que una sociedad podía compararse a un organismo vivo y que el sistema para entender el funcionamiento de un órgano, como el corazón, el hígado o los riñones, en relación al individuo completo, era el mismo que se debía aplicar para comprender la política o el Estado en relación a la sociedad. Porque lo cierto es que las personas, a diferencia del resto de los seres vivos, no reaccionan siempre como sería de esperar. La libertad y la tremenda complejidad del espíritu humano hace que la metodología científica, que funciona bien en las ciencias experimentales aplicadas al mundo natural, no siempre pueda ser empleada convenientemente en el estudio de lo social. Esto es lo que algún tiempo después reconoció la psicología del comportamiento humano.

Los motivos de la acción humana no siempre podían ser captados por la mecánica propia de la biología evolucionista. Sin embargo, este "organicismo" de Comte, es decir, la creencia de que la sociedad era una entidad semejante a los organismos vivos, pasó más tarde a formar parte también del pensamiento de Herbert Spencer (1820-1903), quien sostenía que a nivel social había una evolución parecida a la evolución orgánico-biológica, que iba desde las formas más indiferenciadas hasta las más diferenciadas y complejas, desde la sociedad militar primitiva hasta la sociedad industrial moderna. No obstante, estos planteamientos desaparecieron gradualmente del terreno de la sociología. Con el paso de los años, las ideas de Comte y las de Spencer, que tanto habían impactado a la sociedad de su tiempo, fueron siendo abandonadas poco a poco por parte de los sociólogos. Como escribió Crane Brinton, al principio del voluminoso estudio de Talcott Parsons titulado, *La estructura de la acción social*:

"¿Quien lee en la actualidad a Spencer? Es difícil para nosotros comprender cuanta conmoción produjo en el mundo... Era el íntimo confidente de un Dios extraño y poco agradecido, al que él denominaba el principio de la Evolución. Su Dios le traicionó. Hemos avanzado más allá de Spencer." (Raison, 1970: 77).

Actualmente el positivismo ha dejado también de existir en filosofía. La oposición de los diversos pensadores, iniciada ya a principios del siglo xx, ha terminado por desalojarlo del panorama filosófico. La acusación contra el pensamiento de Comte afirma hoy que el positivismo no era filosofía y que, por tanto, su muerte resultaba inevitable. El hecho de querer convertirlo en casi-religión hizo que el poco interés que hubiera podido tener se desvaneciera por completo. En cuanto al mito de los tres estados de la humanidad, sociólogos posteriores llegaron a la conclusión de que aunque el hombre hubiera podido pasar por diferentes fases en su desarrollo cultural, nada de lo que se había experimentado en el pasado se perdía. La humanidad progresaba de un estadio poco desarrollado a otro culturalmente más avanzado, conservando en el subconsciente sus creencias, sus símbolos y tradiciones.

Como señala Mircea Eliade: "Cada ser histórico lleva en sí una gran parte de la humanidad anterior a la Historia" (Ropero, 1999: 484). El hecho de vivir en un mundo industrializado o tecnológicamente adelantado no implica que las creencias religiosas tengan que ser arrojadas por la ventana. El vacío espiritual del ser humano no puede llenarse con matemáticas, electrónica o física cuántica. Comte y sus inmediatos seguidores no supieron entender que la fe en el Dios trascendente que se revela en la Biblia, continuaría siendo necesaria en el imperio de la tecnología científica.

Por otro lado, hoy se considera, en contra de Comte, que la sociología no debe intentar cambiar la sociedad, ni para bien ni para mal. Se trata de una disciplina que debe estar libre de valores o ser "valorativamente neutra" (Berger, 1995: 18). Esto no significa que el estudioso de lo social no deba tener sus propias creencias y valores, pero en tanto que analista de la sociedad tiene que aspirar siempre a la integridad científica. Tanto la sociología contemporánea como la de épocas pasadas, carece de una metodología especial para solucionar los problemas éticos o para establecer el curso de la política que debe seguir una sociedad.

Sin embargo, también es verdad que toda concepción de lo social se inscribe siempre en un marco cosmovisional concreto. Si hasta ahora la sociología se ha venido apoyando en el ideal humanista de la ciencia, en la fe del hombre en su origen azaroso, en su autonomía personal y en la oposición a unas estructuras de la realidad fundamentadas en el orden de la creación por parte de Dios, también cabe la posibilidad de que tal marco de referencia humanista pueda y deba ser cambiado, en una visión cristiana de la sociología, por el de la creación, la caída en el pecado y la redención a través de Jesucristo. La sociología cristiana sería así la reflexión hecha desde la fe, de la realidad social en base a los conocimientos que tal concepción cristiana y la razón misma suministran. "Si Dios existe, hay que tenerle en cuenta. Puesto que existe, no hacerlo es condenarse al fracaso científico" (Pérez Adán, 1998: 6). De ahí la necesidad y la pertinencia de una cosmovisión cristiana de la sociedad.

Comte pensaba que la idea de Dios había sido útil a la humanidad primitiva pero en la época moderna ya había quedado anticuada y superada. No obstante, en la época actual, llamada por los sociólogos y filósofos postmoderna, se ha producido el desengaño de la razón moderna y un progresivo retorno de lo sagrado (Cruz, 1997:113). Contra las profecías de Comte que vaticinaban el funeral del sentimiento religioso en la sociedad industrial, lo que se observa hoy es precisamente todo lo contrario, el florecimiento de la religión. El mundo tecnificado que según las intuiciones ilustradas iba a cobijar una sociedad feliz y plenamente realizada, se ha transformado en un recinto de competencia salvaje que aísla a las personas, las desampara física, psíquica y espiritualmente generando en lo más profundo de su ser una incertidumbre existencial. Tal ambiente constituye un trampolín que impulsa al hombre a la búsqueda de algún tipo de sacralidad que pueda ofrecerle seguridad, satisfacción emocional, realización personal y calidez espiritual en medio de una sociedad fría y despersonalizada.

En contra de lo que propone el mito de Comte, el individuo postmoderno quiere salvarse de esta nada social y por eso busca en el seno de las comunidades religiosas algo nuevo que le llene interiormente. Tal necesidad de compensación viene a demostrar los límites del declive de lo religioso y del proceso de secularización en la sociedad contemporánea. Es verdad, sin embargo, que no siempre se trata de una vuelta al Dios bíblico, sino que en muchos de tales regresos lo que se aprecia es el retorno de los dioses.

En palabras de Max Weber: "Los numerosos dioses antiguos, desmitificados y convertidos en poderes impersonales, salen de sus tumbas, quieren dominar nuestras vidas" (Weber, 1986: 218). Son las religiosidades de carácter místico-esotérico; las que exaltan valores profanos como la música, el deporte, el cuerpo o la ecología; aquellas que vuelven la vista a los ritos de Oriente o le rinden culto a la democracia, los nacionalismos o la economía de mercado. Es cierto que al debilitamiento de la razón moderna le acechan los numerosos demonios de la irracionalidad que vienen acompañados por nuevas idolatrías. Pero también conviene reconocer que tras este despertar postmoderno de lo religioso late un rechazo de la injusticia, de la insolidaridad y una valoración de la compasión y el amor al prójimo. ¿Y quién puede llenar mejor que el cristianismo de Cristo estas lagunas de la sociedad? Hoy existen posibilidades nuevas para la fe que deben ser sabiamente aprovechadas.

Cuando vuelva Jesucristo ¿hallará fe en la tierra?

La sociología que propuso Auguste Comte se sostenía sobre unos pilares sumamente débiles. Dio por supuesto que el progreso moral de la humanidad iba paralelo al desarrollo tecnológico y que ambos eran además inevitables; asumió que cualquier creencia religiosa era falsa en sí misma y que el mejor método para estudiar la sociedad era el propio de las ciencias naturales. Todas estas "evidencias" juntas, aunque en la actualidad se les pretenda quitar importancia, estaban en la base de su particular física social. Una disciplina que se relacionaba directamente con el humanismo ateo de su tiempo. El positivismo que Comte elaboró pretendió eliminar el concepto de "revelación" y llegó a decir que la Biblia no tenía nada que decirle al hombre. Lo sobrenatural no existía, únicamente lo natural era lo que conformaba la realidad.

De ahí que tanto el mito de los tres estados como su consecuencia final, la pretendida religión científica de la humanidad, constituyan una especie de instauración de aquello que el apóstol Pablo escribió a los romanos, refiriéndose al error de ciertos hombres que: "cambiaron la verdad de Dios por la mentira, honrando y dando culto a las criaturas antes que al Creador" (Ro. 1:25). Esta fue la gran equivocación de Comte, no darse cuenta de que existe un conocimiento exterior a cualquier contexto social de este mundo; que hay una manifestación veraz procedente de la Trascendencia y, por tanto, proveniente de afuera, la revelación de Dios y de que, por encima de lo social y humano, está el Creador del universo. Como afirma el sociólogo cristiano, David Lyon:

> "Nuestro pensamiento sociológico deberá reflejar nuestra firme creencia de que ni el individuo ni la sociedad son el árbitro final del conocimiento. Dios no sólo debe tener la última palabra, sino también la primera." (Lyon, 1979: 50).

A pesar de todas las argumentaciones positivistas, la sed de Dios continúa latente en las personas del siglo XXI, mientras que las utopías humanas y los mitos cientifistas se han venido derrumbando uno tras otro como el muro de Berlín. En la actualidad los sociólogos de la religión siguen teniendo trabajo precisamente porque la religión no ha muerto. Muchos son los lugares del mundo donde se experimenta hoy un importante avivamiento espiritual. Quizás el más expectacular sea el despertar religioso que se observa en Latinoamérica. En países como Cuba, que sufrieron una persecución religiosa o bien los cultos estuvieron prohibidos durante años, se está viendo hoy cómo la gente busca a Dios. Jóvenes educados en la ideología oficial, atea o agnóstica, se convierten a Jesucristo y experimentan un verdadero nuevo nacimiento. Lo mismo ocurre en diferentes países de Europa Oriental, en China y por todo el mundo.

Las hipótesis sociológicas de Comte y de tantos otros, que eran contrarias a la religión, se estrellan contra esta realidad y quedan completamente desacreditadas. También otras teorías sociales pueden albergar mitos, prejuicios y ser portadoras de errores fundamentales. Se impone, por tanto, que el sociólogo de la religión se acerque a su objeto de estudio con humildad, con el deseo sincero de descubrir qué es aquello que despierta la fe en los individuos y les hace vivir de una determinada manera. Tal como señalaba Alberto Barrientos en la Consulta sobre Sociología y Fe Cristiana, celebrada en Alajuela (Costa Rica) durante el mes de mayo de 1991: "La sociología de la religión no podrá explicar la realidad de la fe cristiana hasta que no comprenda la necesidad que el hombre tiene de Dios y el poder suyo en la vida cuando la persona se lo pide o le permite ejercerlo" (Barrientos, 1993: 70).

Comte quiso crear una religión del amor a la humanidad, un culto en el que los hombres procuraran amar de forma altruista a otros hombres, pero su soberbia le impidió ver que, en realidad, eso ya se había hecho. El Dios cristiano se hizo hombre. Eso sí fue verdaderamente amar a la humanidad. El Creador se humilló y entró en la historia humana para morir como un malhechor, colgando de una cruz. Tal es el escándalo del cristianismo. La locura de la omnipotencia de Dios en la impotencia amorosa de la cruz. Dios se convirtió en no-Dios por amor al hombre. La iniciativa fue suya porque "Él nos amó primero". Y este Dios hecho hombre en Jesucristo formuló en cierta ocasión la pregunta: "Pero cuando venga el Hijo del Hombre, ¿hallará fe en la tierra?" (Lc. 18:8). ¿Quedarán seguidores del Maestro cuya fe les inspire una vida vigilante de oración y amor al prójimo?

Tal pregunta supone un reto a los cristianos de todas las épocas, pero especialmente al creyente de hoy. En medio de una sociedad postmoderna, pero también postsecularizada, el Evangelio continúa teniendo atractivo para dar sentido a la existencia del hombre y para reconciliar a la criatura con el Creador. Otras frases de Jesús aportan también la seguridad de que: "El cielo y la tierra pasarán pero mis palabras no pasarán" (Mt. 24:35). La validez de su palabra es eterna pero los cristianos debemos seguir orando, predicando y actuando sin desmayar. De esta manera cuando Cristo vuelva, la llama de la fe seguirá dando su brillo y su calor.

CHARLES DARWIN
(1809-1882)

El mito del evolucionismo o de que el hombre ha evolucionado a partir de los animales

"Así pues, el objeto más excelso que somos capaces de concebir, es decir, la producción de los animales superiores, resulta directamente de la guerra de la naturaleza, del hambre y de la muerte. Hay grandeza en esta concepción de que la vida, con sus diferentes facultades, fue originalmente alentada por el Creador en unas cuantas formas o en una sola, y que, mientras este planeta ha ido girando según la constante ley de la gravitación, se han desarrollado y se están desarrollando, a partir de un comienzo tan sencillo, infinidad de formas cada vez más bellas y maravillosas."
DARWIN, *El origen de las especies,* (1980: 479).

Con estas palabras terminó Darwin su obra por excelencia, *El origen de las especies*. Seguramente la alusión al creador pretendió aminorar las críticas de sus adversarios ya que, de hecho, cuando este libro se publicó, su autor se confesaba agnóstico en la intimidad. Pero, a pesar de las dudas e indecisiones, Charles Darwin fue el hombre que cambió sus creencias personales y las de millones de criaturas, originó divisiones en el mundo científico que perduran hasta hoy y provocó rupturas en el seno de la Iglesia cristiana. Con el transcurso de los años se fue convirtiendo de naturalista aficionado en investigador meticuloso y observador, que pudo dedicarse plenamente a esta ocupación gracias a poseer el dinero suficiente para no tener que depender de un trabajo remunerado. Sus intereses científicos fueron tan amplios que le llevaron desde asuntos particulares, como el estudio de las plantas carnívoras, las lombrices de tierra o los fósiles de ciertos crustáceos, a temas mucho más generales y abstractos, como la herencia biológica, las variaciones geográficas que experimentaban los seres vivos, el dimorfismo sexual o la selección artificial de los animales domésticos. Puede afirmarse que su pensamiento acerca de la evolución de las especies constituye la síntesis de todas las ideas transformistas que se conocían en la época, pero una síntesis que las interpretaba a través del filtro de la lucha por la existencia y de la supervivencia del más apto.

¿Por qué tardó tanto tiempo en hacer públicas sus conclusiones evolucionistas, a las que había llegado desde hacía más de veinte años? ¿Cómo es que se decidió a publicar su polémico libro sólo después de recibir el breve manuscrito que le envió Wallace? Algunos biógrafos han señalado que la resistencia de Darwin a publicar su teoría tuvo una base claramente psicopática (Huxley & Kettlewel, 1984: 121). Al parecer, la causa de tal tardanza habría sido el conflicto emocional existente entre él y su padre, Robert, al que reverenciaba, pero por quién sentía también un cierto resentimiento inconsciente. El padre de Darwin nunca aceptó la idea de la evolución que proponía su hijo. Tampoco su esposa, Emma, comulgó jamás con la teoría de su marido, tan opuesta a los planteamientos creacionistas del Génesis bíblico. El reparo casi patológico de Charles a publicar la obra que le había llevado tantos años, se debió probablemente a esta negativa de sus propios familiares y amigos. Timothy Ferris opina lo siguiente:

> "Es mucho más probable que Darwin temiese la tormenta que provocarían, como bien sabía, sus ideas. Era un hombre afable, abierto y sencillo casi como un niño, habitualmente respetuoso de los puntos de vista de los demás y en absoluto inclinado a la disputa. Sabía que su teoría encendería los ánimos, no sólo del clero, sino también de muchos de sus colegas científicos." (Ferris, 1995: 195).

Es posible también que, además de estas razones, la dificultad para dar una explicación convincente de la herencia biológica, frenase la publicación de su libro. En la época de Darwin no se sabía lo que era el gen, ni en qué consistían los mecanismos de la herencia. Años después la genética descubrió la estructura de los genes y su influencia sobre las características de los individuos, así como las mutaciones o los cambios bruscos que éstos pueden sufrir. Mediante tales observaciones, los neodarwinistas reelaboraron posteriormente la teoría de la evolución en base a ciertas suposiciones que después analizaremos.

Es verdad que Darwin no fue nunca amante de la polémica ni de la disputa personal y que prefirió retirarse para trabajar aislado de los demás. Sin embargo, sus más fervientes partidarios, el biólogo inglés Thomas Huxley y el alemán Ernst Haeckel, fueron en realidad quienes se encargaron de polemizar y difundir las ideas evolucionistas. En el famoso debate público mantenido en una reunión de la British Association, celebrada en Oxford en 1860, el obispo Wilberforce, en medio del acaloramiento de su discurso, le preguntó irónicamente a Huxley si se consideraba heredero del mono por línea paterna o materna, a lo que éste replicó que prefería tener por antepasado a un pobre mono que a un hombre magníficamente dotado por la naturaleza, que empleaba aquellos dones para ridiculizar a quienes buscaban humildemente la verdad. Una señora se desmayó en medio de la conmoción general, mientras Huxley continuó rebatiendo los argumentos del obispo, hasta que éste dejó de responder. La batalla entre partidarios y detractores de la evolución no hizo más que comenzar.

En su obra, *El origen del hombre*, Darwin escribió que todos los seres humanos descendían probablemente de un antepasado común. No de un mono como los actuales, sino de alguna especie de primate simiesco que habría vivido en el continente africano. Muchos científicos empezaron a creer en la idea de que el hombre había aparecido de forma gradual por medios exclusivamente naturales y a rechazar que descendiera de una sola pareja creada por Dios hacía sólo unos pocos miles de años. Lo que antes se atribuía al diseño divino y a la providencia, ahora se hacía depender de otra clase de divinidad: la Naturaleza y su mecanismo de selección natural.

Darwin manifestó: "Cuanto más estudio la Naturaleza, más me impresionan sus mecanismos y bellas adaptaciones; aunque las diferencias se produzcan de forma ligera y gradual, en muchos aspectos... superan con gran margen los mecanismos y adaptaciones que puede inventar la imaginación humana más exuberante." Es decir, aquello que parece maravilloso ha podido ser originado por la selección lenta y ciega de la Naturaleza. En esto consistía la fe dar-winista. La gran paradoja de tal mecanismo natural sería que podría producir un grado muy elevado de improbabilidad. Lo que parece imposible, como por ejemplo la aparición del cerebro humano por azar, se haría posible gracias a la evolución gradualista. Todo, menos diseño inteligente. Dios era así sustituido por la Naturaleza y dejaba por tanto de ser necesario. Como escribió sir Julian Huxley:

"... para cualquier persona inteligente resultaba claro que las conclusiones generales de Darwin eran incompatibles con la doctrina cristiana entonces en boga sobre la creación, sobre el origen del hombre a partir de la única pareja de Adán y Eva, sobre la caída, y sobre la escala temporal de los hechos planetarios y humanos" (Huxley & Kettlewel, 1984: 134).

Darwin fue consciente de que su teoría atacaba directamente el fundamento principal de la religión bíblica. En el fondo el mito del evolucionismo intentaba robarle a Dios el papel de creador del universo y de la vida. No obstante, estas ideas prosperaron y todavía hoy siguen sustentado la visión del mundo que poseen millones de personas.

Un viaje que cambió el mundo

Charles Darwin nació en Shrewsbury el 12 de febrero de 1809. Su padre, Robert Waring Darwin, que era una persona muy corpulenta, —media casi 1,90 de altura y pesaba más de 150 kilos— ejercía con éxito la medicina en esa ciudad. El pequeño Darwin siempre quiso mucho a su padre pero a la vez se sentía algo cohibido delante de él. A su abuelo,

Erasmus Darwin, que también había sido un hombre de ciencia y miembro de la Royal Society, no le llegó a conocer ya que murió siete años antes de que él naciera. La madre de Charles, Sussanah, murió también cuando él sólo contaba con ocho años de edad. A pesar de ello fueron una familia muy unida formada por el padre, cuatro hijas y dos hijos.

Ya en los años de colegial, Darwin manifestó una gran predilección por el coleccionismo. Guardaba toda clase de conchas, minerales, insectos, sellos y monedas. A los nueve años ingresó en la escuela del doctor Butler donde pasó siete cursos en régimen de internado. Más tarde escribió que lo único que se enseñaba allí era geografía antigua y algo de historia. Sin embargo, él prefería en aquella época la poesía, en especial la de Lord Byron y la de Shakespeare, así como los libros de viajes y de pájaros. Su afición a los experimentos científicos se satisfacía eventualmente mediante las demostraciones que le hacía su tío, el padre de Francis Galton, acerca del funcionamiento de instrumentos físicos, como el barómetro o las reacciones químicas que con su hermano mayor realizaban en un viejo almacén de herramientas. A los dieciséis años, Darwin salió de la escuela para ingresar en la Universidad de Edimburgo. Su padre quiso que estudiara la misma carrera que él ejercía y la que también estudiaba su hijo mayor Erasmus. Sin embargo, esta no era la vocación de Charles ni tampoco la del hermano. Al poco tiempo ambos dejaron los estudios frustrando así el deseo paterno de tener un hijo médico que le sucediera.

Ante el fracaso de Edimburgo, el padre decidió que Darwin debía ingresar en la Universidad de Cambridge para estudiar teología. Todo menos permitir que su hijo se convirtiera "en un hombre aficionado a los deportes, y ocioso". De manera que a los diecinueve años cambió los estudios de medicina por la *Teología natural*, de William Paley. Bastante tiempo después escribió, que "por entonces no dudaba lo más mínimo de la verdad estricta y literal de todas y cada una de las palabras de la Biblia, pronto me convencí de que nuestro Credo debía admitirse en su integridad" (Huxley & Kettlewel, 1984: 33). No obstante, a pesar de esta convicción, también estudió forzado por las circunstancias durante los tres años que pasó en Cambridge. Darwin prefería la amistad con botánicos y geólogos, se inclinaba más por aprender a disecar aves y mamíferos o por leer los libros de viajes de Humboldt, que convertirse en un pastor rural como deseaba su padre.

En agosto de 1831, el reverendo John Stevens Henslow que además era profesor de botánica y amigo de Darwin, le escribió una carta informándole de la posibilidad de enrolarse como naturalista en el *Beagle*, un barco con misión cartográfica y científica que iba a dar la vuelta al mundo. Aunque su trabajo en la nave no sería remunerado, a Darwin le entusiasmó la idea y después de ciertas dificultades logró convencer a su padre para que le permitiera ir. El *Beagle* zarpó de Inglaterra en diciembre de ese mismo año con un Charles Darwin ilusionado que todavía no era, ni mucho menos, evolucionista.

Había logrado licenciarse en teología por la Universidad de Cambridge, así como en matemáticas euclidianas y en estudios clásicos, pero aceptó el empleo de naturalista sin tener ninguna titulación en ciencias naturales. No obstante, poseía una gran experiencia práctica. Sabía cazar y disecar animales. Era experto en coleccionar rocas, fósiles, insectos y en realizar herbarios. Además su curiosidad y capacidad de observación le conferían unas cualidades idóneas para la labor que debía realizar abordo del *Beagle*. El capitán del barco, Robert Fitzroy, que era sólo cuatro años mayor que Darwin, poseía una personalidad muy fuerte y, a pesar de que a Charles no le gustaba polemizar, llegó a discutir en varias ocasiones con él. El marino defendía vehementemente la esclavitud, mientras Darwin se rebelaba contra aquella denigrante costumbre. Pero la excesiva duración del viaje, –cinco años y dos días– hizo inevitable que llegaran a entenderse.

Las primeras semanas de navegación supusieron un verdadero infierno para el joven naturalista. Durante la travesía del golfo de Vizcaya, los frecuentes mareos le hicieron el trayecto insoportable. Se ha especulado mucho sobre la salud de Darwin, incluso se ha formulado la cuestión acerca de si durante su juventud se convirtió en un hipocondríaco, convencido de que estaba gravemente enfermo. Es cierto que cuando era un muchacho tenía fama de ser buen corredor y de disfrutar de las actividades al aire libre como la caza. Sin embargo, en su etapa de madurez escribió que a los veintidós años creía que sufría una enfermedad cardíaca y que, durante todo el viaje en barco, tuvo periódicas rachas de malestar, cansancio o dolores de cabeza. Algunos historiadores atribuyeron después estos síntomas a las secuelas de una tripanosomiasis que pudo haber contraído en América del Sur. Era la enfermedad de Chagas, endémica de estas regiones y que venía causada por un protozoo, un tripanosoma frecuente en los armadillos que Darwin recolectaba y, en ocasiones, consumía. La enfermedad se transmite por un insecto alado parecido a una chinche, la vinchuca, que chupa la sangre del armadillo y puede picar también a los humanos. Años más tarde, en 1849, Darwin escribió que sus problemas de salud le impedían trabajar uno de cada tres días. De manera que sus dolencias pudieron deberse a dicha enfermedad de Chagas, a una afección psiconeurótica o a ambas cosas a la vez.

Cuando llegaron a Tenerife, el día 6 de enero de 1832, sólo pudieron ver desde lejos el famoso pico volcánico del Teide, ya que el cónsul no les permitió desembarcar en la isla. Las leyes exigían que los barcos provenientes de Inglaterra debían permanecer doce días en cuarentena. Donde sí pudieron descender diez días después, fue en el archipiélago de Cabo Verde. La isla de Santiago fue la primera región tropical que Darwin visitó. Después se refirió a esta experiencia con las siguientes palabras:

"Volví a la costa, caminando sobre rocas volcánicas, oyendo el canto de pájaros desconocidos y observando nuevos insectos revoloteando alrededor de flores nunca vistas... Ha sido un día glorioso para mí, como un ciego que recibiera la vista; al principio, se quedaría anonadado ante lo que ve y no le sería fácil entenderlo. Esto es lo que yo siento y seguiré sintiendo" (Huxley & Kettlewel, 1984: 50).

En las tres primeras semanas del viaje, Darwin empezó a reflexionar sobre los nuevos organismos que veía y a poner en tela de juicio las concepciones fijistas que hasta entonces se aceptaban. Quedó sorprendido al observar la fauna sudamericana y compararla con la de los demás continentes. Los avestruces americanos (ñandúes) le interesaron mucho e incluso llegó a descubrir una segunda especie, que más tarde sería descrita por Gould y denominada *Struthio darwinii*, en honor suyo. También le llamaron la atención las llamas (guanacos), así como los fósiles de armadillos gigantes que parecían tener alguna relación con las especies vivas de la actualidad.

Cuando Darwin dejó Inglaterra era creacionista y pensaba, como la mayoría de los científicos de su tiempo, que todas las especies animales y vegetales habían sido creadas a la vez y de manera independiente. Pero cuando regresó del viaje, las dudas al respecto se amontonaban en su cabeza. Había visto evidencias de que todo el planeta estaban implicado en un proceso de cambio continuo y se preguntaba si las especies podían cambiar también y dar lugar a otras nuevas. Otros autores se habían referido ya al transformismo biológico, como Buffon (1707-1788) en su *Historia Natural*, que aún reconociendo la fijeza de los seres vivos, admitía la posibilidad de que algunas especies se hubieran desarrollado a partir de un mismo antecesor. Darwin conocía perfectamente el libro de su abuelo, Erasmus Darwin, *Zoonomía*, que era una defensa evolucionista de la idea de que todos los seres vivos podían haberse originado a partir de un único antepasado.

Había leído la obra del biólogo francés, Jean-Baptiste de Lamarck, en la que se sostenía que los caracteres adquiridos por los individuos de una generación se transmitían a su descendencia. Esto haría posible, por ejemplo, que a las jirafas se les fuera estirando gradualmente el cuello a medida que se esforzaban por alcanzar los brotes más tiernos y más altos de las acacias. Las ideas lamarkistas no prosperaron pero es indudable que influyeron en Darwin y en la sociedad victoriana, ya que poseían repercusiones morales positivas. Si los padres eran trabajadores y se abstenían de cualquier vicio, sus hijos serían genéticamente más fuertes, podrían trabajar duro y llevarían una vida sana. También estaba familiarizado con el pensamiento sociológico de Herbert Spencer, quien creía que la idea de evolución era de aplicación universal.

En 1852, unos seis años antes de la aparición de *El origen de las especies*, Spencer había escrito un artículo en el que curiosamente se adelantaba a la teoría de la selección natural de Darwin. En este trabajo, titulado "Una teoría de la población", afirmaba que lo fundamental del desarrollo de la sociedad humana había sido "la lucha por la existencia" y el principio de "la supervivencia de los más aptos". Según su opinión, el permanente cambio se habría producido tanto en la formación de la Tierra a partir de una masa nebulosa, como en la evolución de las especies, en el crecimiento embrionario de cada animal o en el desarrollo de las sociedades humanas. Darwin llegó a decir de Spencer que: "¡Es mil veces superior a mí!" (Raison, 1970: 79).

Por lo que respecta a las diferentes etnias humanas que observó a lo largo de su viaje, Darwin manifestó sus prejuicios sin ningún tipo de escrúpulos. Algunos pasajes de sus libros presentan claras tendencias etnocéntricas. Considera a los demás pueblos desde la óptica de la sociedad europea. Compara los indígenas primitivos con los hombres civilizados y llega a la conclusión de que los primeros no son seres del todo humanos ya que carecen de sentido moral. Por ejemplo, los brasileños no le agradaron, decía que eran "personas detestables y viles", pero los esclavos negros le merecieron todo tipo de alabanzas. Los nativos de Tierra de Fuego resultaron ser para él individuos poco fiables, refiriéndose a ellos dijo:

> "Nunca me había imaginado la enorme diferencia entre el hombre salvaje y el hombre civilizado... Su lengua no merece considerarse ni siquiera como articulada. El capitán Cook dice que cuando hablan parece como si estuvieran aclarándose la garganta... Creo que aunque se recorriera el mundo entero, no aparecerían hombres inferiores a éstos" (Huxley & Kettlewel, 1984: 61).

Los maoríes de Nueva Zelanda le parecieron también sucios y granujas, en contraste con los tahitianos que le habían causado muy buena impresión. Estaba convencido de que con sólo mirar la expresión de sus rostros era posible determinar que los primeros eran un pueblo salvaje, ya que la ferocidad de su carácter les iba deformando progresivamente el rostro y les daba unos rasgos agresivos, mientras que los habitantes de Tahití formaban comunidades de personas pacíficas y civilizadas.

Al llegar al archipiélago de las Galápagos y conocer los animales que lo poblaban, quedó fascinado. Cada isla estaba habitada por una variedad diferente de pinzones que él supuso descendientes de un antepasado común que habría emigrado del continente americano. Pero además, en una misma isla existían especies diferentes de estas aves, cada una de las cuales estaba adaptada a un tipo particular de alimento. Unas comían insectos y presentaban picos delgados, mientras que otras eran capaces de romper ciertas semillas y nueces con sus robustos picos. Refiriéndose a estas singulares islas escribió:

> "Cuando veo estas islas, próximas entre sí, y habitadas por una escasa muestra de animales, entre los que se encuentran estos pájaros de estructura muy semejante y que ocupan un mismo lugar en la naturaleza, debo sospechar que sólo son variedades... Si hay alguna base, por pequeña que sea, para estas afirmaciones, sería muy interesante examinar la zoología de los archipiélagos, pues tales hechos echarían por tierra la estabilidad de las especies" (Huxley & Kettlewel, 1984: 85).

Las cuatro semanas que pasó en las Galápagos constituyen el período más decisivo de su vida, en el que comenzó a cambiar de ideas y a gestar la teoría de la transformación evolutiva de las especies. Pero también los organismos de Australia, con animales tan extraños si se los compara con los del resto del mundo, como el ornitorrinco, el equidna y los marsupiales, supusieron para Darwin otros tantos argumentos en favor de los planteamientos evolucionistas.

> "La desemejanza entre los habitantes de regiones diferentes puede atribuirse a modificación mediante variación y selección natural, y probablemente, en menor grado, a la influencia directa de condiciones físicas diferentes" (Darwin, 1980: 372).

El 2 de octubre de 1836 el *Beagle* amarró por fin, después de tan largo periplo, en el puerto inglés de Falmouth. Darwin tenía tantas ganas de ver a su familia que no perdió ni un minuto. Tomó el primer coche hacia Shrewsbury, a donde arribó dos días después. Se presentó en su casa sin avisar, en el preciso momento en que su padre y sus hermanas se sentaban para desayunar. En medio de la alegría y el caluroso recibimiento, el padre se volvió hacia sus hijas y les dijo: "Sí, la forma de su cabeza ha cambiado por completo". Pero, en realidad, lo que había cambiado eran las ideas gestadas en la cabeza del joven Darwin.

Después del feliz reencuentro con su familia, pasó tres meses en Cambridge, relacionándose con profesores de la universidad, hasta que finalmente se instaló en Londres. Allí clasificó, con la ayuda de otros especialistas, las inmensas colecciones que había recogido durante el viaje y que fueron publicadas en la obra *Zoología del viaje del "Beagle"*. Al poco tiempo escribió también su famoso *Diario de investigaciones* que tuvo gran éxito. Una vez que terminó con todo este trabajo al que estaba obligado como naturalista de la expedición, se puso a escribir tres libros importantes: *Arrecifes de coral, Islas volcánicas* y *Observaciones geológicas sobre Sudamérica*, que fueron publicados entre 1842 y 1846. Sus investigaciones geológicas tuvieron un mal principio. En 1839 publicó un estudio acerca de unas extrañas "sendas paralelas" que podían observarse en la ladera de una montaña de Glen Roy, en Escocia. LLegó a la conclusión de que eran antiguas playas marinas formadas a consecuencia del hundimiento de la tierra. El ferviente defensor del darwinismo, Julian Huxley, lo explica así:

> "Fue ésta una de las pocas ocasiones en que las conclusiones científicas de Darwin resultaron totalmente erróneas; en realidad, aquellas sendas habían sido originalmente playas de un lago glacial represado. Su desilusión debió obligarle a ser sumamente cauto en la publicación de sus obras posteriores. Desde luego, su imprudencia le enseñó una lección: nunca volvería a extraer conclusiones antes de contrastarlas con gran número de datos recogidos a tal fin" (Huxley & Kettlewel, 1984: 97).

En los años siguientes entró en contacto con famosos científicos ingleses, como Charles Lyell, geólogo que sostenía su teoría del *uniformitarismo* o del *actualismo*, afirmando que el presente es la clave del pasado. Es decir, que el estudio de los procesos geológicos actuales constituye un medio para interpretar los acontecimientos que ocurrieron en el pasado. Darwin aceptó estas ideas pero las fusionó con su principio de la selección natural. En su opinión los cambios geológicos progresivos afectaban también a los fenómenos biológicos.

A principios del otoño de 1838, mientras buscaba distracción leyendo el libro del economista británico Thomas Robert Malthus (1776-1834), *Ensayo sobre el principio de la población*, Darwin descubrió la idea que durante tanto tiempo había estado buscando, la selección natural. Malthus decía que las poblaciones tendían a crecer en proporción geométrica si nada se lo impedía. Esto fue la clave para que Darwin pensara en un mecanismo que llevaba a la conservación de las variaciones más adecuadas para sobrevivir y a la desaparición de aquellas otras que eran menos aptas para la vida. Esta debía ser la solución, la naturaleza favorecía la supervivencia de las especies más adaptadas al entorno y eliminaba sin contemplaciones a los débiles e inadaptados. Tal selección era como una misteriosa fuerza que obligaba a todos los seres vivos a penetrar en los huecos que dejaba la economía de la naturaleza. Darwin dedicó el resto de su vida a demostrar que la selección natural era el motor de la teoría de la evolución de las especies.

El 11 de noviembre de 1838, Darwin pidió la mano de Emma, quien dos meses después se convertiría en su esposa. Su matrimonio resultó muy afortunado. En diciembre del año siguiente nació el primero de los diez hijos que tuvieron. La paternidad le permitió a Charles estudiar la conducta humana y las emociones, realizando experimentos y observaciones en sus propios hijos. Darwin llevaba casi veinte años recopilando información que confirmara su teoría de la evolución, pero siempre emprendía otros estudios que le impedían terminar su obra principal. No obstante, el 14 de mayo de 1856, animado por su amigo Hooker y por Lyell, empezó a redactar una obra definitiva sobre el tema que se titularía *La selección natural* y sería un trabajo monumental de 2.500 páginas. Pero dos años después, cuando terminaba el décimo capítulo, recibió una carta inesperada que fue como un auténtico bombazo en la vida de Darwin. El remitente era un tal Alfred Russel Wallace, un joven naturalista residente en las islas Molucas que había llegado por su cuenta a las mismas conclusiones que Charles. En unas pocas hojas explicaba perfectamente la teoría de la evolución por selección natural que tantos años había ocupado a Darwin. El ensayo se titulaba, *Sobre la tendencia de las variedades a apartarse indefinidamente del tipo original.* Además le pedía su opinión y su ayuda para poder publicarlo.

La primera reacción de Darwin fue renunciar a la publicación de su propia obra y cederle todo el mérito a Wallace. Esa misma tarde escribió

OBRAS DE DARWIN

1839	*Narración de los viajes de estudio de los buques de la marina británica "Adventure" y "Beagle" durante los años 1826-1836.*
1840-1843	*Zoología del viaje del "Beagle".*
1842	*La estructura y distribución de los arrecifes de coral.*
1844	*Observaciones geológicas sobre las islas volcánicas durante el viaje del "Beagle"*
1845	*Diario de investigaciones de la historia natural y de la geología de los países visitados durante el viaje del "Beagle" alrededor del mundo.*
1851a	*Monografía de los* Lepadidae *fósiles de Gran Bretaña.*
1851b	*Los balánidos (o cirrípedos sésiles).*
1854	*Monografía de los balánidos y* Verrucidae *fósiles de Gran Bretaña.*
1859	*Del origen de las especies por medio de la selección natural, o la conservación de las razas favorecidas en la lucha por la vida.*
1860	*Viaje de un naturista.*
1862	*De los diferentes artificios mediante los cuales las orquídeas son fecundas por los insectos.*
1868	*La variación de los animales y de las plantas en domesticidad.*
1871	*La descendencia del hombre y la selección en relación al sexo.*
1872	*La expresión de las emociones en el hombre y en los animales.*
1875a	*Los movimientos y costumbres de las plantas trepadoras.*
1875b	*Plantas insectívoras.*
1876a	*Los efectos del cruzamiento y de la autofecundación en el reino vegetal.*
1876b	*Recuerdos del desarrollo de mis ideas y de mi carácter.*
1877	*Las diferentes formas de flores en plantas de una misma especie.*
1880	*La facultad de movimiento en las plantas.*
1881	*La formación del moho vegetal por la acción de los gusanos.*

a Lyell contándole aquella coincidencia tan notable y diciéndole que estaba dispuesto a quemar su libro antes que Wallace u otros pudieran pensar que se había comportado con espíritu mezquino. Pero Lyell y Hooker le convencieron para que se hiciese público un anuncio conjunto de las conclusiones de los dos autores y después, él escribiera un libro más breve de lo que pensaba, para publicarlo en el plazo de un año. Así nació, después de trece meses de redacción, *El origen de las especies mediante la selección natural*. La obra se publicó por primera vez en 1859 y tuvo un éxito absoluto ya que la primera edición, que contaba con algo más de mil ejemplares, se agotó el mismo día de su aparición. La carta de Wallace fue como un revulsivo que acabó con los temores de Darwin a publicar su teoría y los libros se fueron sucediendo uno tras otro. El mérito de su trabajo consistió en aportar un gran número de observaciones de campo a su teoría de la selección natural que, según él, explicaba definitivamente la evolución biológica. Pero también, le ayudó el hecho de haber presentado tales ideas en el preciso momento en que la visión romántica de progreso estaba de moda y parecía indestructible.

Por lo que respecta a sus convicciones filosóficas o religiosas, conviene señalar que las expresó casi siempre en privado, en cartas personales a los amigos que no fueron escritas pensando en que después se publicarían. A pesar de haber estudiado teología en su juventud, a Darwin no le gustaba hablar de estos temas. Seguramente, la manifiesta convicción cristiana de sus más íntimos familiares, así como el ambiente religioso general de la Inglaterra victoriana, le hacían sentirse cohibido para confesar públicamente su falta de fe. Sin embargo, en una de estas cartas escrita hacia el final de su vida respondió:

> "Pero, puesto que me lo preguntáis, puedo aseguraros que mi juicio sufre a menudo fluctuaciones... En mis mayores oscilaciones, no he llegado nunca al ateísmo, en el verdadero sentido de la palabra, es decir, a negar la existencia de Dios. Yo pienso que, en general (y, sobre todo, a medida que envejezco), la descripción más exacta de mi estado de espíritu es la del agnóstico" (Abbagnano, 1982: 3, 284).

En relación al problema del mal en el mundo, en su obra *Recuerdos del desarrollo de mis ideas y de mi carácter*, escribió también:

> "Nadie discute que existe mucho sufrimiento en el mundo. Algunos han intentado explicarlo en relación al hombre con la suposición de que esto mejoraría su moral. Pero el número de personas en todo el mundo no es nada comparado con todos los demás seres sensitivos, y éstos muchas veces sufren considerablemente sin ninguna mejoría moral. Un ser tan poderoso y sabio como un dios que pudiera crear el universo, parece omnipotente y omnisciente a nuestra mente limitada, y la suposición de

que la benevolencia de Dios no es limitada, es rechazada por nuestra conciencia, porque ¿qué ventaja podría significar el sufrimiento de millones de animales primitivos en un tiempo casi interminable? Este argumento tan viejo de la existencia del sufrimiento contra la existencia de una Primera Causa inteligente, me parece que tiene peso; aunque, como acabo de comentar, la presencia de mucho sufrimiento coincide bien con el punto de vista de que todos los seres orgánicos fueron desarrollados por variación y selección natural" (Darwin, 1983a:80).

El 19 de abril de 1882 Darwin falleció de un ataque al corazón cuando tenía setenta y tres años. Fue enterrado en la abadía de Westminster y entre los que llevaron su féretro había tres destacados biólogos amigos suyos, Huxley, Hooker y Wallace. El nieto del primero, el naturalista ateo sir Julian Huxley, escribió al final de su biografía sobre Darwin, las siguientes palabras:

"De esta manera acabaron unidos los dos mayores científicos de la historia de Inglaterra: Newton, que había acabado con los milagros en el mundo físico y había reducido a Dios al papel de un creador del cosmos que el día de la creación había puesto en marcha el mecanismo del universo, sometido a las leyes inevitables de la naturaleza; y Darwin, que había acabado no sólo con los milagros sino también con la creación, despojando a Dios de su papel de creador del hombre, y al hombre, de su origen divino" (Huxley & Kettlewel, 1984:194).

El esqueleto del mito transformista

La teoría que Darwin propuso constaba de tres premisas y una conclusión. La primera se refería a "la variación existente en los seres vivos". Cada individuo, fuera de la especie que fuera, presentaba unas variaciones propias que lo distinguían del resto de sus congéneres. Hoy diríamos que la estructura genética de cada organismo es individual y distinta a la de los demás. Precisamente estas diferencias individuales eran las que utilizaban los agricultores y ganaderos para formar razas o variedades concretas que eran diferentes al tipo original. La segunda premisa darwinista afirmaba que "todas las especies eran capaces de engendrar más descendientes de los que el medio podía sustentar". No todas las crías llegaban a adultas. Muchas eran devoradas por los depredadores o eliminadas por la escasez de alimento. Darwin halló un mecanismo natural que actuaba entre la ilimitada fecundidad de los seres vivos y los limitados recursos disponibles para alimentarlos. Tal mecanismo debía actuar eliminando la mayoría de las variaciones y conservando sólo aquellas de los individuos que sobrevivían y lograban reproducirse.

Esto le llevó a formular su tercera premisa: el misterioso mecanismo era lo que Darwin llamó la "selección natural". Las diferencias entre los individuos unidas a las presiones del ambiente provocaban el que unos sobrevivieran lo suficiente como para dejar descendientes, mientras que otros desaparecieran prematuramente sin haber tenido hijos. En este proceso siempre perdurarían los más aptos, no por ser superiores sino por estar mejor adaptados a su ambiente. Cuando las condiciones de éste cambiaran, entonces serían otros con diferentes características los herederos del futuro. Por tanto, la conclusión a la que llegó Darwin era que la selección natural constituía la causa que originaba nuevas especies. El cambio evolutivo que provocaba la aparición de nuevos organismos debía ser lento y gradual ya que dependía de las transformaciones geológicas ocurridas a lo largo de millones de años. Unas especies se extinguían mientras otras surgían de manera incesante.

Hacia el final de sus días, Darwin presentó la *teoría de la pangénesis*, que resultó ser un planteamiento totalmente equivocado. Él era consciente de que a la teoría de la evolución le faltaba algo importante. Como se ha señalado antes, en aquella época no se conocían los mecanismos de la herencia. Sólo después de más de cincuenta años de investigación, se pudo disponer de una teoría satisfactoria sobre la herencia y conocer la existencia de las mutaciones en los genes. Pero en su tiempo y con sus limitados conocimientos, Darwin intentó explicar los fenómenos hereditarios mediante unas hipotéticas partículas que procedían de los distintos tejidos del organismo y eran transportadas a través de la sangre hasta los órganos reproductores o allí donde fueran necesarias. Hoy se sabe que la teoría de la pangénesis no era cierta, pero el mérito de Darwin, según sus más fervientes seguidores, los neodarwinistas, consistió en aferrarse a la selección natural y rechazar los principios del lamarkismo.

Cuando la biología se convierte en sociología

Las ideas de Darwin dividieron el mundo de su época. No sólo se le opusieron la mayoría de los líderes religiosos sino también prestigiosos hombres de ciencia, como el zoólogo Phillip Gosse que se mantuvo siempre en el creacionismo; el profesor de geología Adam Sedgwick quien le censuró por haber abandonado el método científico de la inducción baconiana; el prestigioso paleontólogo y especialista en anatomía comparada, Richard Owen, que era discípulo del gran científico francés, Georges Cuvier, padre de esas mismas materias y enemigo declarado del transformismo. También en Estados Unidos se levantaron voces contra la teoría de la evolución, como la del naturalista de origen suizo, Louis Agassiz, que poseía una gran reputación como zoólogo y geólogo.

Sin embargo, de la misma manera hubo científicos y teólogos relevantes que asumieron el evolucionismo, contribuyendo a su difusión por medio de escritos o a través de sus clases en la universidad. Cabe mencionar aquí al zoólogo Thomas Huxley, al botánico Joseph Hooker y al geólogo Charles Lyell, todos ellos ingleses. Pero también a sociólogos como el ya mencionado Herbert Spencer o teólogos como Charles Kingsley que era novelista y clérigo de la Broad Church. En Alemania, el biólogo Ernst H. Haeckel, profesor de zoología en la Universidad de Jena, se puso también a favor de las ideas de Darwin. Y así progresivamente la teoría de la selección natural se fue difundiendo en todos los países occidentales.

Se ha planteado la cuestión acerca de si influyó la teoría darwiniana de la evolución en el pensamiento de Karl Marx, quien vivía en Londres durante el momento de máxima efervescencia transformista. Al parecer Marx sintió siempre una gran admiración por Darwin, hasta el punto de querer dedicarle la traducción inglesa de su obra *El Capital*. No obstante, Darwin se negó amablemente a tal distinción. Marx se refirió, en varias notas de dicho libro, a la opinión de Darwin acerca de ciertos órganos de animales y plantas capaces de poseer diferentes funciones, con el fin de ilustrar su idea de que el rendimiento del trabajo no sólo dependía de la habilidad del obrero, sino también de la perfección de las herramientas que éste utilizaba (Marx, 1999b:1, 276,303).

El transformismo de Darwin estuvo siempre presente en la ideología marxista. También en Rusia el padre del evolucionismo fue considerado como un héroe nacional e incluso se construyó en Moscú el famoso Museo Darwin y, en 1959, se acuñó una medalla especial para conmemorar el centenario de la publicación de *El origen*. Es lógico que, en un país institucionalmente ateo, quien hiciera innecesaria con su obra la creencia en un Dios creador fuera tratado como un superhombre. Ahora ya se disponía de un argumento "científico" que apoyaba la idea de que la materia eterna, por si sola, se había transformado dando lugar al universo, la tierra y todos los seres vivos, sin necesidad de apelar a ninguna causa sobrenatural.

En sus primeros momentos el darwinismo fue más influyente en el terreno ideológico que en el puramente científico y una de sus principales secuelas fue la aparición del llamado "darwinismo social". El intento de aplicación de los aspectos más crueles de la teoría darwinista a la sociedad humana. Los conceptos de "lucha por la existencia" y de "supervivencia de los mejores" fueron empleados por Herbert Spencer en sus *First Principles* (1862) para decir que el conflicto social y la guerra habían desempeñado un papel positivo en la evolución de las sociedades. El sufrimiento de los pueblos, la lucha armada y el derramamiento de sangre inocente habrían sido fundamentales para el establecimiento de los mayores y más complejos sistemas sociales, sobre todo en los primeros tiempos del desarrollo de la humanidad.

Por tanto, según el darwinismo social, el éxito de las sociedades se debería a la supervivencia de los más fuertes. Y tal supervivencia estaría siempre moralmente justificada, independientemente de los medios que se usaran para lograrla. No hace falta discurrir mucho para darse cuenta de que con este tipo de creencias era posible justificar el racismo ya que se establecían categorías entre los grupos humanos, pero también se fomentaba la guerra, la eugenesia y hasta la ideología nacionalsocialista de individuos como Hitler. La historia se ha encargado de demostrar, por medio de las atrocidades que se produjeron, lo equivocados que estaban quienes creyeron en el darwinismo social.

Desde el momento en que las ciencias sociales asumieron el evolucionismo, la concepción de las sociedades humanas adquirió una dimensión completamente diferente. Si el hombre descendía de los primates, ¿cómo había podido liberarse de la animalidad, socializarse y llegar a crear una verdadera cultura? Los modelos propuestos hasta el siglo XVIII se tornaron obsoletos y empezó a buscarse otros nuevos. La prehistoria comenzó a investigar cuál pudo ser la influencia del entorno sobre los hombres primitivos. Los estudiosos se volcaron en el conocimiento de las costumbres de los diferentes pueblos o grupos étnicos actuales, asumiendo que la etnología proporcionaría el banco de pruebas necesario para descubrir cómo se habría producido la hipotética transición del animal al ser humano. Las excavaciones arqueológicas sólo aportaban pruebas de los utensilios y las técnicas empleadas por el hombre de la antigüedad. Se establecieron así, sin demasiadas discusiones, las diferencias entre el paleolítico, el neolítico y la edad de los metales.

Sin embargo, con las cuestiones etnológicas las cosas no resultaron tan sencillas. ¿Cómo se habían originado las primeras sociedades humanas? ¿qué habría motivado la aparición de la cultura? ¿cuándo surgió la solidaridad territorial? ¿cuál fue el origen de la familia? ¿se debería creer que al principio fue el patriarcado, el matriarcado o la promiscuidad sexual? Todas estas cuestiones alimentaron la polémica entre antropólogos y sociólogos durante la mayor parte del XIX. Finalmente, a últimos de este siglo se empezaron a matizar todas las interpretaciones y a reconocer la existencia de una gran variedad de culturas que eran originales y diferentes entre sí. Por tanto, no resultaba posible establecer unas leyes comunes o una única explicación que diera cuenta de todos los hechos. Quienes realizaban trabajos de campo y estudiaban los documentos de primera mano, se dieron cuenta de que el evolucionismo no era capaz de interpretarlo todo.

¿Es el darwinismo una pseudociencia?

No obstante, el darwinismo se ha venido aceptando como verdad científica durante mucho tiempo. Tanto en el ámbito de la ciencia y las humanidades como en el popular, generalmente se ha supuesto que el tema de los orígenes había quedado explicado satisfactoriamente gracias a los planteamientos de Darwin. La selección natural actuando sobre las variaciones y las mutaciones de los individuos sería capaz de disolver el enigma de la aparición de la vida y de todas las especies que habitan la tierra. Esto es lo que se sigue enseñando en la inmensa mayoría de los centros docentes de todo el mundo. Salvo en aquellas pocas escuelas o universidades americanas que incluyen también el creacionismo como alternativa en los programas de sus alumnos. También la sociología continúa hoy aceptando los principios evolucionistas del señor Darwin, como puede verse en las siguientes manifestaciones de prestigiosos estudiosos del fenómeno social:

> "Aunque la teoría de la evolución se ha perfeccionado desde la época de Darwin, lo esencial de la interpretación darwiniana aún goza de una aceptación mayoritaria. La teoría evolucionista nos permite confeccionar una interpretación clara de la aparición de las diferentes especies y de sus relaciones entre sí" (Giddens, 1998: 45).

> "Si dejamos de lado la postura de algunos fundamentalistas religiosos, la evolución es un hecho universalmente aceptado desde la aparición de la obra de Charles Darwin y, desde luego, el evolucionismo constituye uno de los paradigmas más firmemente asentados en el mundo científico de hoy" (Giner y otros, 1998: 283).

De manera que la mayor parte de los jóvenes estudiantes aprenden hoy a observar el mundo a través del filtro darwinista aunque, de hecho, nadie sea capaz de explicarles cómo pudo la evolución crear los complejos mecanismos y sistemas bioquímicos descritos en sus libros de texto. Porque lo cierto es que comprender cómo funciona algo, no es lo mismo que saber cómo llegó a existir. En la actualidad, por ejemplo, se conocen muy bien los movimientos del planeta Tierra, su rotación y traslación alrededor del Sol. Es posible predecir los solsticios y equinoccios con gran precisión, así como los eclipses de Sol y de Luna. Sin embargo, tanto su origen como el del Sistema Solar siguen suscitando importantes debates entre los astrónomos.

Cuando Darwin publicó su famosa teoría no se conocía cuál era el motivo por el cual se producían variaciones dentro de una misma especie. No se sabía por qué era posible producir diferentes razas de perros, palomas o guisantes con características diversas, a partir de individuos que carecían de tales rasgos externos. Pero hoy se conocen bien los procesos bioquímicos y genéticos que operan en tales cambios. Por tanto, la cuestión es ¿resulta posible que las complejas cadenas metabólicas descubiertas por la moderna bioquímica, que se dan en el interior de las células y son capaces de provocar los mecanismos de la herencia, se hubieran podido formar por selección natural, tal como propone el darwinismo? ¿pueden los dispositivos genéticos que operan en la selección artificial de razas y variedades, explicar también la selección natural propuesta por el darwinismo?

En la época de Darwin la célula era un misterio, una especie de "caja negra" según afirma el profesor de bioquímica, Michael J. Behe, en su espléndido libro que titula precisamente así, *La caja negra de Darwin* (Behe, 1999: 27). Pero en la actualidad, la célula ha dejado de ser un saquito sin apenas nada en su interior para convertirse en una especie de factoría repleta de orgánulos altamente complejos que interactúan entre sí, realizando funciones elegantes y precisas. Resulta que la base de la vida no era tan sencilla como se esperaba. La ciencia citológica ha descubierto que cualquier función de los seres vivos, como la visión, el movimiento de las células o la coagulación de la sangre, es tan sofisticada como una computadora o una cámara de vídeo. La alta complejidad de la química de la vida frustra cualquier intento científico que pretenda explicar su origen a partir del azar, la casualidad o la selección natural. Esto se ha empezado a decir ya en voz alta en el mundo de la ciencia. El mencionado investigador de la Universidad Lehigh en Pensilvania, Behe, lo expresa así:

> "Ahora que hemos abierto la caja negra de la visión, ya no basta con que una explicación evolucionista de esa facultad tenga en cuenta la estructura *anatómica* del ojo, como hizo Darwin en el siglo diecinueve (y como hacen hoy los divulgadores de la evolución). Cada uno de los pasos y estructuras anatómicos que Darwin consideraba tan simples implican procesos bioquímicos abrumadoramente complejos que no se pueden eludir con retórica. Los metafóricos saltos darwinianos de elevación en elevación ahora se revelan, en muchos casos, como saltos enormes entre máquinas cuidadosamente diseñadas, distancias que necesitarían un helicóptero para recorrerlas en un viaje. La bioquímica presenta pues a Darwin un reto liliputiense" (Behe, 1999: 41).

El origen de la complejidad de la vida apunta hoy más que nunca, puesto que ya se conoce el funcionamiento de los más íntimos mecanismos biológicos, hacia la creación de la misma por parte de un ente dotado de inteligencia. Descartar la posibilidad de un diseño inteligente es como cerrar los ojos a la intrincada realidad de los seres vivos. Después de un siglo de investigación científica, algunos hombres de ciencia se han empezado a dar cuenta de que no se ha progresado apenas nada por la vía darwinista. El evolucionista español Faustino Cordón reconocía que: "...curiosamente, Darwin, que da un nuevo sentido a la biología, a los cien años de su muerte parece que ha impulsado poco esta ciencia...

¿A qué se debe esta infecundidad hasta hoy de Darwin y, en cambio, la enorme capacidad incitadora de Mendel, y qué puede suceder en el futuro?" (Huxley & Kettlewel, 1984: 13). Los problemas que el padre de la teoría de la evolución planteó en su tiempo, continúan actualmente sin resolver. Hoy la ciencia sigue sin saber cuál podría ser el mecanismo evolutivo capaz de producir la diversidad del mundo natural.

Sería lógico suponer que ante esta enorme laguna de conocimiento, se publicaran continuamente trabajos sobre biología evolutiva y se diseñaran experimentos para descubrir cómo funciona la evolución. Sin embargo, cuando se analiza la bibliografía al respecto ésta brilla por su ausencia. Casi nadie escribe artículos sobre darwinismo o sobre la influencia de las ideas de Darwin en la biología actual. El profesor honorario de la Universidad de la Sorbona, Rémy Chauvin, dice:

> "¿Qué piensan muchos biólogos de Darwin? Nada. Hablamos muy poco de este tema porque no nos resulta necesario. Es posible estudiar la fisiología animal o vegetal sin que jamás venga al caso Darwin. E incluso en el campo de la ecología, el gran bastión darwinista, existen miles de mecanismos reguladores de la población que pueden ser analizados empíricamente sin necesidad de recurrir a Darwin" (Chauvin, 2000: 38).

Es como si el darwinismo hubiera paralizado la investigación acerca del origen de los seres vivos o sus posibles cambios y, a la vez, resultara irrelevante para las demás disciplinas de la biología. Como si se tratara de una pseudociencia incapaz de generar resultados susceptibles de verificación o refutación. No obstante, a pesar de la esterilidad de esta teoría, resulta curioso comprobar el grado de fanatismo existente en ciertos sectores del mundo científico contemporáneo. Cuando en alguna conferencia para especialistas sale a relucir el tema del darwinismo, es posible pasar de los argumentos a los insultos con la velocidad del rayo. Las pasiones se encienden y las descalificaciones aparecen pronto. Una de tales reuniones científicas fue la que motivó precisamente, según confiesa el prestigioso biólogo Rémy Chauvin, la creación de su obra de reciente aparición: *Darwinismo, el fin de un mito*, cuyo título es suficientemente significativo.

No una teoría biológica sino metafísica

Cuando desde ambientes evolucionistas se hacen alusiones a los partidarios de la creación, generalmente se les acusa de fundamentalismo fanático y anticientífico, ya que si Dios creó de manera inmediata o mediante procesos especiales que actualmente no se dan en la naturaleza, entonces quedaría automáticamente cerrada la puerta a cualquier posible investigación científica del origen de la vida. El creacionismo sería, por tanto, religión y no ciencia. Sin embargo, la misma crítica puede hacerse al darwinismo. ¿No es éste también una forma de religiosidad atea y materialista? En realidad, tampoco se trata de una teoría científica sino metafísica, como señaló acertadamente el filósofo Karl Popper (1977: 230).

La selección natural, que es el corazón del dar-winismo, pretende explicar casi todo lo que ocurre en la naturaleza, pero lo cierto es que sólo explica unas pocas cosas. Ni la adaptación de los organismos al entorno ni la pretendida selección natural de los mismos son acontecimientos que puedan ser medidos objetivamente, como más adelante se verá. Por tanto, no es posible verificar o desmentir las predicciones del evolucionismo mediante el método científico. Pero para que una teoría pueda ser considerada como científica tiene que ser susceptible de verificación y el darwinismo no lo es. ¿Qué es entonces? Pues un mito naturalista y transformista que se opone frontalmente a la creencia en un Dios creador inteligente que intervino activamente en el universo. Aunque se presente como ciencia y se le intente arropar con datos y cifras, en realidad es la antigua filosofía del naturalismo. Como bien señala Charles Colson:

"La batalla real se libra entre visión del mundo y visión del mundo, entre religión y religión. De un lado está la visión naturalista del mundo, declarando que el universo es el producto de fuerzas ciegas y sin fin determinado. Del otro lado está la visión cristiana del mundo, diciéndonos que fuimos creados por un Dios trascendente que nos ama y tiene un propósito para nosotros" (Colson, 1999: 60).

La oposición entre darwinistas y antidarwinistas es en el fondo de carácter teológico. Hay que ser sinceros y reconocer que detrás de unos y otros se esconde una ideología de naturaleza religiosa. Es el viejo enfrentamiento entre la increencia y la fe en Dios, entre el materialismo y el espiritualismo. De ahí que los debates se vuelvan en ocasiones tan agrios porque despiertan sentimientos y creencias muy arraigadas. Esto se comprueba, por ejemplo, en las actitudes de ciertos paladines, como el biólogo evolucionista Richard Dawkins, uno de los proponentes de la sociobiología, que pregunta siempre a quienes desean hablar con él acerca de la evolución: "¿Cree Ud. en Dios?" Si se le responde con una afirmación, da la espalda a su interlocutor y se marcha de forma grosera. En una entrevista realizada para el periódico *La Vanguardia* en Barcelona (España), al ser interrogado sobre el tema de la religión dijo: "Estoy en contra de la religión porque nos enseña a estar satisfechos con no entender el mundo". Y acerca de la fe pensaba que "es la gran excusa para evadir la necesidad de pensar y juzgar las pruebas" (27.02.00).

Otro ejemplo del carácter fundamentalmente teológico de la controversia creación-evolución es la frecuencia con la que sale a relucir el tema de la teodicea, la presencia del mal en el mundo. Darwin no entendía cómo era posible que un Dios bondadoso permitiera las crueldades que se dan en el mundo natural. Se refería sobre todo a un tipo especial de insectos, los icneumónidos, que suelen poner sus larvas en el cuerpo de ciertas orugas para que se alimenten mientras las van devorando vivas, y escribía: "esta es una de las lecciones más crueles que existen para el hombre". Dawkins rescata este mismo argumento pero cambia de personajes y dice: "Si la gacela y el guepardo deben su existencia al mismo creador, ¿a qué juega Dios?". ¿No es ésta una pregunta metafísica? ¿cómo la responde Dawkins? Por supuesto, él no cree en Dios, pero propone otra religión en la que sí cree, la selección natural. Esta primera causa ciega, azarosa y carente de sentimientos sería, en su opinión, la única que podría explicar el comportamiento de parásitos y carnívoros en función de lo único verdaderamente importante, la perpetuación de los genes.

> "Hemos sido criados bajo la perspectiva de la evolución que considera "el bien de las especies" y, naturalmente, pensamos que los mentirosos y los engañadores pertenecen a especies diferentes: predadores, víctimas, parásitos, etc. Sin embargo, debemos esperar que surjan mentiras y engaños y explotación egoísta de la comunicación, siempre que difieran los intereses de los genes de individuos diferentes. Ello incluirá a individuos de la misma especie. Como veremos, debemos esperar que los niños engañen a sus padres, los maridos a sus esposas y los hermanos mientan a sus hermanos" (Dawkins, 1979: 104).

La teoría del egoísmo de los genes que sugiere la sociobiología, y que justificaría cualquier conducta humana, es profundamente pesimista. Sin embargo, la realidad del mundo actual no es tan negra como la pinta Dawkins. Es verdad que el problema de la teodicea sigue arañando la conciencia humana, superando cualquier respuesta dada desde la razón o la ciencia. Y que sólo desde la fe en la resurrección de Cristo es posible abrir una puerta a la esperanza. Sin embargo, en el ámbito natural también es posible decir que el mal presente en el universo no ha desplazado por completo al bien. En el mundo existe todavía belleza, elegancia, precisión, organismos increíblemente complejos y perfectos, así como astros capaces de despertar sentimientos de admiración en el alma humana y de hacerle decir al hombre que "los cielos cuentan la gloria de Dios".

Ciertamente la muerte de la gacela asfixiada entre los colmillos del guepardo o el león es cruel, pero el resto de sus congéneres no se pasan la existencia deprimidos o apesadumbrados por lo que también les puede ocurrir a ellos. Por el contrario, saltan, corren, retozan, juegan y se aparean, disfrutando de la vida antes de ser devorados o inmediatamente después de que alguno de sus parientes haya desaparecido, como si nada pasara. Por fortuna el sufrimiento de los animales, recordando el pasado o temiendo el futuro, no se puede comparar al del ser humano. El cosmos actual no es un paraíso pero tampoco un infierno, quizás sea las dos cosas a la vez.

Vivimos en un mundo caído, como afirma la Biblia, donde el mal campea a su aire, pero en el que todavía se conservan huellas de su perfección original. En cualquier caso, lo único que resulta posible afirmar, desde la perspectiva científica, es que "somos demasiado ignorantes; la ciencia es demasiado joven; la biología está aún en pañales. Y, sobre todo, hay que abstenerse de realizar declaraciones estrepitosas y desesperantes al estilo de Dawkins" (Chauvin, 2000: 30). Hoy por hoy no existe una teoría científica capaz de descifrar el misterio del origen y la inmensidad de este universo que revela diseño e inteligencia. Tanto el creacionismo como el evolucionismo son explicaciones de carácter metafísico.

Razonamiento circular

Una crítica clásica al darwinismo es que se trata de un razonamiento en círculo vicioso, una tautología que repite dos veces lo mismo. Por ejemplo, la selección natural propone la supervivencia de las especies más aptas, pero también las más aptas serían aquellas que sobrevivirían. Es decir, lo que ocurriría en definitiva es la supervivencia de los supervivientes. Una especie estaría adaptada al ambiente cuando se reprodujera bien y aumentara la proporción de sus genes, pero lo que haría que aumentaran tales genes sería precisamente su grado de adaptación al ambiente. Mediante este tipo de argumentación aplicada a la idea de progreso, el darwinismo es capaz de explicar cualquier cosa. En este sentido, se ha señalado el ejemplo de cómo un hámster ha podido evolucionar hasta convertirse en un ratón y, por el contrario, cómo un pequeño ratón ha sido capaz de transformarse en hámster.

"Ciertos hámsteres han evolucionado hasta transformarse en ratones: los hámsteres son animales que se desplazan muy lentamente y que son presa fácil para los depredadores. En ciertas regiones, en las que abundan los predadores, los hámsteres de pequeño tamaño, son más rápidos que los grandes, sobreviven mejor. Los hámsteres más rápidos desarrollan una larga cola, que les permite guardar mejor el equilibrio cuando corren raudos para escapar a los depredadores. Estos pequeños animales, rápidos y con una larga cola, se denominan ratones.

Pero ciertos ratones evolucionan hasta convertirse en hámsteres. En las zonas en las que escasea el alimento, un animal de mayor tamaño, con un metabolismo lento, y capaz de almacenar alimento en la boca, puede sobrevivir mejor que un animal más pequeño que solo puede ingerir una pequeña cantidad de comida de una vez. Los más grandes pueden tomar suficiente alimento para todo el día, mientras que los pequeños solo pueden asimilar una pequeña cantidad. Un metabolismo más lento ayuda al animal a sobrevivir durante los períodos en los que no se encuentra sustento. Para estos animales más lentos, una cola más corta puede ser útil, ya que así es más difícil que los depredadores los atrapen. Estos animales se convierten entonces en lo que denominamos un hámster (Ludwig)" (Chauvin, 2000:259).

Pero lo cierto es que ninguno de estos argumentos se puede demostrar de manera objetiva. Tal es la crítica que se hace constantemente al darwinismo por parte de sus adversarios.

Imposibilidad de la generación espontánea de la vida

Antes de la invención del microscopio y del descubrimiento de la complejidad de ese mundo en miniatura que escapa al sentido de la vista humana, los naturalistas pensaban que ciertos animales pequeños podían aparecer de forma súbita a partir de la materia orgánica putrefacta. Se creía que insectos, gusanos, anguilas o ranas surgían de manera natural en el barro, mediante la transformación de la materia inorgánica en orgánica. Cuando se comprobó que esto no era así, el ámbito de la generación espontánea de la vida se fue reduciendo cada vez más. Louis Pasteur se dio cuenta de que si se protegían convenientemente los alimentos, éstos no eran capaces de generar microbios ni insectos, por lo que en 1862 demostró definitivamente que la generación espontánea era una quimera. No obstante, tal teoría fue asumida por los partidarios del darwinismo, como Ernst Haeckel, para explicar el origen de las primeras células. En aquella época se creía que la célula era un simple grumo de carbono que había surgido por evolución de la materia inanimada. Hoy se sabe que las células son muchísimo más complejas de lo que se creía entonces.

Cuando a mediados del siglo xx, los partidarios del evolucionismo realizaron una serie de reuniones interdisciplinarias para poner al día las ideas de Darwin, se realizó una síntesis evolucionista entre materias como la genética, la paleontología y la sistemática, creándose así la teoría neodarwinista que constituye la base del pensamiento evolucionista actual. Sin embargo, hubo disciplinas como la citología y la bioquímica que no se tuvieron en cuenta en tales congresos, por la sencilla razón de que prácticamente no existían. Han pasado los años y estas últimas materias han avanzado mucho, demostrando la alta complejidad de las estructuras celulares y de las reacciones moleculares que ocurren en su interior. Por tanto, en la actualidad se está ya en condiciones de interpretar el neodarwinismo a la luz de los nuevos datos que aporta la bioquímica moderna. Si las suposiciones transformistas de Darwin fueran ciertas, deberían ser capaces de explicar adecuadamente la estructura molecular de la vida. Pero resulta que, en el mundo de la bioquímica, se han levantado ya voces diciendo que mediante el darwinismo no es posible explicar la complejidad molecular de los seres vivos (Behe, 1999: 44).

La serie de experimentos encaminados a demostrar en el laboratorio cómo pudo originarse espontáneamente la vida en una atmósfera carente de oxígeno –desde los aminoácidos obtenidos por Stanley L. Miller hace cincuenta años, hasta la famosa sopa orgánica de Harold C. Urey o los coacervados de Alexander I. Oparin– tampoco ha podido convencer al mundo científico. Como reconoce el paleoantropólogo evolucionista, Richard E. Leakey, en el prólogo de una reciente edición de *El origen de las especies*: "hay una gran distancia desde esta "sopa orgánica" a una célula viva, y nadie ha logrado todavía crear vida en el laboratorio... Considerando que los científicos están intentando comprender acontecimientos que tuvieron lugar hace millones de años, nunca conoceremos la historia completa del origen de la vida" (Darwin, 1994: 43). Por mucho que se arreglen los aparatos para obtener aquellas sustancias que se desean, lo cierto es que las condiciones de una Tierra primitiva, como las que supone el evolucionismo, habrían destruido prematuramente cualquier molécula orgánica que se hubiera podido formar. Además, la tendencia general de las moléculas complejas es romperse y convertirse en otras más simples, nunca ocurre lo contrario en un ambiente inorgánico. Este es el gran reto que plantea la *polimerización* a la teoría dar-winista del origen de las macromoléculas vitales.

Por otro lado, existe también una incompatibilidad fundamental entre los aminoácidos que constituyen las proteínas de los seres vivos y aquellos otros que forman parte de la materia inerte. Esta propiedad se conoce con el nombre de *disimetría molecular* de los seres vivos. Resulta que en la naturaleza cada molécula de aminoácido posee también su simétrica. Son como las manos derecha e izquierda. Los aminoácidos que obtuvo Miller en la trampilla de su aparato diseñado para tal fin, tales como glicina, alanina o ácido aspártico, eran de esta clase. Es decir, pertenecían a las dos formas, derecha e izquierda, o como se dice en química, eran dextrógiros (D) y levógiros (L). Sin embargo, las células de los organismos vivos solamente utilizan aminoácidos de la forma L sin que nadie hasta ahora pueda explicar por qué. De manera que la mitad de las moléculas obtenidas por Miller eran de la forma D y la otra mitad de la L. Por tanto, nunca hubieran podido dar lugar a las proteínas de los seres vivos que siempre son L. La cuestión es obvia, si la materia viva procede tal como supone el evolucionismo de la materia inerte, ¿cómo explicar que sólo posea aminoácidos de la forma L? ¿cuál es la razón de esta singular selectividad de los seres vivos? El darwinismo es incapaz de dar una respuesta coherente ya que la hipótesis de la generación espontánea de la vida no puede ser demostrada.

En cualquier caso, incluso aunque algún día se llegara a fabricar en el laboratorio alguna macromolécula biológica o alguna pequeña célula, esto no demostraría que al principio hubiera ocurrido por generación espontánea y debido sólo a las condiciones naturales. Más bien se confirmaría que detrás de la aparición de la vida o de las moléculas vitales, tiene que existir necesariamente una inteligencia capaz de dirigir, controlar y hacer posible todo el proceso. Igual que para la obtención de aquellos famosos aminoácidos fue precisa la intervención del señor Miller, el origen de la vida requiere también la existencia de un creador inteligente. La ciencia actual no le cierra la puerta al Dios creador del que habla la Biblia sino que se la abre de par en par. Los nuevos descubrimientos vienen a confirmar que la fe de los cristianos tiene unos fundamentos sólidos y no es un salto a ciegas en el vacío, como algunos pretenden.

¿Pudo el ojo producirse por evolución?

Acerca de los órganos que presentan una perfección y complicación extremas como puede ser el ojo, Darwin escribió:

"Parece absurdo de todo punto –lo confieso espontáneamente– suponer que el ojo, con todas sus inimitables disposiciones para acomodar el foco a diferentes distancias, para admitir cantidad variable de luz y para la corrección de las aberraciones esférica y cromática, pudo haberse formado por selección natural... (*Pero*) La razón me dice que si puede demostrarse que existen numerosas gradaciones desde un ojo sencillo e imperfecto a un ojo complejo y perfecto, [...] entonces la dificultad de creer que... pudo formarse por selección natural, aunque insuperable para nuestra imaginación, no sería considerada como destructora de nuestra teoría. [...] (*No obstante*) Si pudiera demostrarse que existió algún órgano complejo que tal vez no pudo formarse por modificaciones ligeras, sucesivas y numerosas, mi teoría se vendría abajo por completo" (Darwin, 1980: 196,199).

Esto último es precisamente lo que acaba de suceder con los nuevos descubrimientos de la ciencia bioquímica. Los especialistas se han dado cuenta de que ciertos órganos o sistemas, llamados "irreductiblemente complejos", no han podido originarse mediante modificaciones ligeras y graduales como propone el darwinismo (Behe, 1999: 60). ¿Qué es un sistema irreductiblemente complejo? Se trata de un órgano o una función fisiológica compuestos por varias piezas o etapas que interactúan entre sí, dependiendo unas de otras y contribuyendo entre todas a realizar una determinada función básica. Si se elimina una sola de tales piezas o etapas, el sistema deja automáticamente de funcionar.

Un sistema así no se puede haber producido por evolución porque cualquier precursor que careciera de una parte concreta sería del todo ineficaz. Tuvo que originarse necesariamente como una unidad integrada para poder funcionar de manera correcta desde el principio. El ejemplo más sencillo propuesto por Behe es el de la ratonera. Mediante tal artilugio, formado básicamente por cinco piezas, se persigue sólo una cosa: cazar ratones. La plataforma de madera soporta un cepo con su resorte helicoidal y una barra de metal para sujetar el seguro que lleva atravesado el pedacito de queso. Si se elimina una de tales piezas, la ratonera deja de funcionar. Se trata, por tanto, de un sistema irreductiblemente complejo.

Cualquier sistema biológico que requiera varias partes armónicas para funcionar puede ser considerado como irreductiblemente complejo. El ojo que tanto preocupaba a Darwin es en efecto uno de tales sistemas. Cuando un simple fotón de luz penetra en él y choca con una célula de la retina, se pone en marcha toda una cadena de acontecimientos bioquímicos en la que intervienen numerosas moléculas específicas como enzimas, coenzimas, vitaminas e incluso iones como el calcio y el sodio. Si una sola de las precisas reacciones que estas moléculas llevan a cabo entre sí se interrumpe, la visión normal resulta imposible e incluso puede sobrevenir la ceguera.

La extrema sofisticación del proceso de la visión elimina la posibilidad de que el aparato ocular se haya originado mediante transformación gradual. Para que el primer ojo hubiera podido ver bien desde el principio era necesario que dispusiera ya entonces de todo el complejo mecanismo bioquímico que posee en la actualidad. Por tanto, el ojo no pudo haberse producido por evolución de lo simple a lo complejo como propuso Darwin, sino que manifiesta claramente un diseño inteligente que le debió permitir funcionar bien desde el primer momento. La misma selección natural a la que tanto apela el darwinismo se habría encargado de eliminar cualquier forma que no funcionase correctamente.

Aparte del órgano relacionado con la visión, los seres vivos muestran numerosas estructuras semejantes que paralizan cualquier intento científico de explicar sus orígenes por transformación lenta y progresiva. También el proceso de coagulación de la sangre va contra la teoría de la evolución, ya que depende de una cascada de reacciones bioquímicas en cadena que están subordinadas las unas a las otras y debieron funcionar bien desde el primer momento. Lo mismo ocurre con el sofisticado aparato defensivo del escarabajo bombardero o con el flagelo bacteriano que permite el desplazamiento de ciertos microorganismos en el medio acuoso. El estudio detallado de tales órganos conduce inevitablemente a la conclusión de que fueron diseñados con un propósito concreto.

Las razas domésticas y el "hecho" de la evolución

Después de más de un siglo de estudios de campo y de investigaciones ecológicas son muchos los científicos que han llegado a la determinación de que ni la adaptación de las especies al medio ambiente, ni la selección natural pueden ser medidas de forma satisfactoria, tal como requiere el darwinismo. En este sentido el Dr. Richard E. Laekey admite que:

> "Tanto la adaptación como la selección natural, aunque intuitivamente son fáciles de entender, con frecuencia resultan difíciles de estudiar rigurosamente: su investigación supone no sólo relaciones ecológicas muy complicadas, sino también las matemáticas avanzadas de la genética de poblaciones. Los críticos de la selección natural pueden estar en lo cierto al poner en duda su universalidad, pero todavía se desconoce el significado de otros mecanismos, como las mutaciones neutras y la deriva genética" (Darwin, 1994: 49).

A pesar de la gran cantidad de datos que se posee en la actualidad acerca del funcionamiento de los ecosistemas naturales, lo cierto es que el mecanismo de la evolución continúa todavía sumido en la más misteriosa oscuridad. Los ejemplos a los que habitualmente se recurre para ilustrar la selección natural se basan siempre en suposiciones no demostradas o en la confusión entre microevolución y macroevolución. Es verdad que mediante selección artificial los ganaderos han obtenido ovejas con más lana, gallinas que ponen más huevos o caballos bastante más veloces, pero en toda esta manipulación conviene tener en cuenta dos cosas. La primera es que se ha llevado a cabo mediante cruces realizados por criadores inteligentes y no por el azar o el capricho de la naturaleza. Tanto los agricultores como los ganaderos han usado sus conocimientos previos con una finalidad determinada. Han escogido individuos con ciertas mutaciones o han mezclado otros para conseguir aquello que respondía a sus intereses.

Sin embargo, nada de esto se da en una naturaleza sin propósito. Cuando las razas domesticadas por el hombre se abandonan y pasan al estado silvestre, pronto se pierden sus características adquiridas y revierten al tipo original. La selección natural se manifiesta más bien, en esos casos, como una tendencia conservadora que elimina las modificaciones realizadas por el hombre. Por tanto, la analogía hecha por Darwin entre la selección artificial practicada por el ser humano durante siglos y la selección natural resulta infundada.

La segunda cuestión a tener en cuenta es que la selección artificial no ha producido jamás una nueva especie con características propias que fuera incapaz de reproducirse con la forma original. Esto parece evidenciar que existen unos límites al grado de variabilidad de las especies. Todas las razas de perros, por ejemplo, provienen mediante selección artificial de un antepasado común. Los criadores han sido capaces de originar variedades morfológicamente tan diferentes entre sí como el *chihuahua*, que puede llegar a pesar tan sólo un kilogramo en estado adulto, y el *san Bernardo* de más de ochenta. No obstante, a pesar de las disparidades anatómicas continúan siendo fértiles entre sí y dan lugar a individuos que también son fértiles. El semen de una variedad puede fecundar a los óvulos de la otra y viceversa, porque ambas siguen perteneciendo a la misma especie. Como escribe el eminente zoólogo francés, Pierre P. Grassé:

"De todo esto se deduce claramente que los perros, seleccionados y mantenidos por el hombre en estado doméstico *no salen del marco de la especie*. Los animales domésticos falsos (animales que se vuelven salvajes) pierden los caracteres imputables a las mutaciones y con bastante rapidez, adquieren el tipo salvaje original. Se desembarazan de los caracteres seleccionados por el hombre. Lo que muestra [...] que la selección natural y la artificial no trabajan en el mismo sentido. [...]

La selección artificial a pesar de su intensa presión (eliminación de todo progenitor que no responda a los criterios de elección) no ha conseguido hacer nacer nuevas especies después de prácticas milenarias. El estudio comparado de los sueros, las hemoglobinas, las proteínas de la sangre, de la interfecundidad, etc., atestigua que las razas permanecen en el mismo cuadro específico. No se trata de una opinión, de una clasificación subjetiva, sino de una realidad medible. Y es que la selección, concreta, reúne las variedades de las que es capaz un genoma, pero no representa un proceso evolutivo innovador" (Grassé, 1977: 158,159).

Las posibilidades de cambio o transformación de los seres vivos parecen estar limitadas por la variabilidad existente en los cromosomas de cada especie. Cuando, después de un determinado número de generaciones, se agota tal capacidad de variación ya no puede surgir nada nuevo. De manera que la microevolución, es decir la transformación observada dentro de las diversas especies animales y vegetales, no puede explicar los mecanismos que requiere la teoría de la macroevolución o evolución general de la ameba al hombre. La naturaleza, más o menos dirigida por la intervención humana, es capaz de hacer de un caballo salvaje, un pequeño poni o un pesado percherón, pero no puede convertir un perro en oso o un mono en hombre. Los pequeños pasos de la microevolución permiten que, por ejemplo, un virus como el del SIDA modifique su capa externa para escapar al sistema inmunológico humano; o que determinadas bacterias desarrollen su capacidad defensiva frente a ciertos antibióticos.

Sin embargo, los grandes cambios que propone la macroevolución, como el salto de una bacteria a una célula eucariota o el de ésta a un organismo pluricelular, requieren procesos que no se observan en la naturaleza. "Mucha gente sigue la proposición darwiniana de que los grandes cambios se pueden descomponer en pasos plausibles y pequeños que se despliegan en largos períodos. No existen, sin embargo, pruebas convincentes que respalden esta postura" (Behe, 1999: 33). Es más, la bioquímica moderna ha descubierto que estos grandes saltos de la macroevolución no se han podido producir por microevolución. Ante esta situación la única alternativa que le queda al evolucionismo es apelar a las hipotéticas mutaciones beneficiosas que aportarían algo que antes no existía. Sin embargo, lo cierto es que no se sabe si tales mutaciones se producen realmente ni, por supuesto, con qué frecuencia lo hacen. A pesar de todo ello el darwinismo sigue creyendo en ellas porque evidentemente las necesita. Este es quizás el mayor acto de fe del transformismo.

Ala de murciélago o pata de caballo

Uno de los principales argumentos evolucionistas que se ha venido utilizando desde los días de Darwin es el de los *órganos homólogos.* Éstos se definen como los que poseen un mismo origen embrionario y, por tanto, presentan la misma estructura interna aunque puedan tener una forma e incluso una función diferentes. Por ejemplo, las extremidades anteriores de una iguana, una gaviota, una ballena, un caballo, un murciélago, un topo o un hombre, a pesar de ser tan diferentes entre sí, todas presentarían el mismo esqueleto interno formado por los huesos: húmero, cúbito, radio, carpos y falanges. Este parecido sólo podría explicarse, según se afirma, si se considera que todas estas especies proceden por evolución de un antepasado común que experimentó una evolución divergente y llegó a formar animales capaces de trepar, volar, nadar, galopar, excavar o tomar objetos respectivamente. Por tanto, estos órganos homólogos serían la prueba de un parentesco evolutivo con antepasados comunes. Esto es lo que todavía hoy se sigue enseñando en los libros de texto de secundaria y en la universidad.

No obstante, cuando se examina el asunto con más detenimiento aparecen serios inconvenientes. Es verdad que tales órganos presentan una estructura interna parecida, pero su origen embrionario no es en absoluto el mismo. Por ejemplo, de los numerosos sectores o metámeros en que se divide el cuerpo de los embriones, las patas delanteras de las salamandras, se desarrollan a partir del segundo, tercero, cuarto y quinto; las del lagarto lo hacen a partir del sexto, séptimo, octavo y noveno metámeros, mientras que el embrión humano lo hace del trece al dieciocho, etc. (Chauvin, 2000: 219). Muchos de tales órganos considerados homólogos se forman a través de procesos embrionarios que no tienen nada en común. Esto es lo que ocurre con el tubo digestivo de los vertebrados, con el riñón o con numerosos órganos de los insectos y de las plantas superiores. En contra de lo que escribió Darwin, la embriología actual demuestra que múltiples órganos considerados antiguamente como homólogos no derivan del desarrollo de las mismas partes embrionarias correspondientes. De esto puede deducirse que parecido no implica necesariamente un origen común o una filiación evolutiva y que, por lo tanto, el argumento de la homología queda notablemente debilitado.

Flores que engañan a las mariposas

Otro misterio de la naturaleza que resulta difícil de explicar desde el darwinismo es el curioso fenómeno por el que dos especies tan diferentes como una planta y un insecto, por ejemplo, están tan complementadas entre sí que les resulta imposible subsistir la una sin la otra. Muchos de estos vegetales cuya polinización es realizada por insectos, presentan flores con colores llamativos y con formas adecuadas para atraer y facilitar la labor de sus alados visitantes. Al mismo tiempo, éstos poseen órganos sensoriales que facilitan la localización de las flores y bocas capaces de extraer el preciado néctar de la mejor manera posible. A tal relación simbiótica, en la que ambos organismos salen beneficiados, el darwinismo la ha denominado *coevolución* y la ha interpretado como la evolución simultánea y complementaria de dos especies diferentes, causada por la presión de selección que una de dichas especies ha ejercido sobre la otra. Sin embargo, no todos los autores están de acuerdo con esta precipitada opinión ya que el estudio de los factores ecológicos implicados revela la extrema dificultad que existe al intentar demostrar si, en realidad, se da o no el fenómeno de la coevolución en la naturaleza.

Las pasionarias son un grupo de plantas pertenecientes al género *Digitalis* que generalmente no suelen verse afectadas por los insectos debido a su elevada toxicidad. No obstante, existe una mariposa del género *Heliconius* cuyas orugas son capaces de alimentarse de dicha planta sin que el veneno de ésta parezca afectarles. Lo curioso es que algunas especies de pasionaria desarrollan flores que imitan perfectamente los huevos de la mariposa y ésta cuando visita tales flores con la intención de realizar su puesta, es engañada creyendo que otra mariposa ya ha realizado allí la suya y se marcha en busca de otra planta. ¿Cómo es posible que una flor devorada por orugas haya desarrollado la capacidad de imitar los huevos de donde éstas surgieron, con la intención de engañar a la mariposa progenitora? ¿puede la selección natural dar cuenta de este misterioso mecanismo? ¿es capaz el azar ciego y desprovisto de intención de lograr tal maravilla? Si a los numerosos ejemplos de este tipo de relaciones entre las especies se añaden los casos de parasitismo, predación o mimetismo las dificultades se multiplican y se hace cada vez más evidente que el mecanismo propuesto por el darwinismo es incapaz de dar una respuesta satisfactoria. De nuevo el dedo de la naturaleza apunta hacia un diseño inteligente que debió poner en marcha desde el principio muchas de estas complejas relaciones.

¿Está el adulterio escrito en los genes?

La palabra "sociobiología" que, como se vio, deriva de los escritos del zoólogo norteamericano Edward O. Wilson (1980), se refiere a la aplicación de los principios biológicos darwinistas al comportamiento de los animales sociales y del ser humano. Muchas actitudes propias de las personas se deberían, según este punto de vista, a la estructura de los genes que posee la especie humana. En este sentido se argumenta, por ejemplo, que las diferencias entre el comportamiento sexual de hombres y mujeres vendrían determinadas genéticamente. Como los órganos genitales de las hembras fabrican muy pocos gametos o células reproductoras, las mujeres no las malgastarían y no mantendrían relaciones sexuales con muchos compañeros, prefiriendo dedicarse a cuidar de los hijos. Por el contrario los varones, al producir muchos espermatozoides, estarían inclinados de forma natural a la promiscuidad. Su deseo de mantener contactos sexuales con numerosas mujeres sería lógico desde el punto de vista de la especie ya que así cumplirían mejor con la función biológica de dejar muchos descendientes. Esto explicaría, según la sociobiología, fenómenos tan frecuentes como la violación, el adulterio o la infidelidad. Y así, mediante tal razonamiento, se llegaría a la determinación de restarle importancia moral a tales comportamientos. ¿Qué responsabilidad podría tener un adúltero, o un mujeriego, si su conducta estuviera en verdad condicionada por los propios genes?

Hay que reconocer que los estudios sociobiológicos han servido para algo positivo, han revelado que algunas especies animales son más "sociales", desde el punto de vista biológico, de lo que antes se creía. Dicho esto, es menester señalar inmediatamente que no existen pruebas convincentes de que la herencia genética de las personas controle o determine pautas complejas de su conducta. Las ideas de la sociobiología son absolutamente especulativas cuando se refieren a la vida social humana. Sus planteamientos acerca de la conducta sexual en hombres y mujeres, son imposibles de demostrar mediante una metodología verdaderamente científica. Es verdad que muchos individuos cambian con frecuencia de pareja pero esto no significa que todos los hombres sean promiscuos o, por el contrario, que ninguna mujer lo sea. Lo que se observa más bien en las sociedades democráticas modernas que gozan de libertad, es que las mujeres tienen tantas aventuras como los hombres (Giddens, 1998: 48).

En el comportamiento sexual de varones y hembras influyen sobre todo factores culturales, psicológicos, sociales o religiosos, pero la conducta humana no viene determinada genéticamente. El hombre y la mujer son responsables de sus actos ante la sociedad pero, por encima de todo, delante de Dios. Él es el único que conoce todos los secretos del alma humana y, por tanto, el único capaz de evaluar certeramente el uso o el abuso que cada cual ha hecho con su libertad. La promiscuidad o el libertinaje sexual es un comportamiento claramente contrario a la moral y la enseñanza del Nuevo Testamento.

El misterio de los eslabones perdidos

Si hay un argumento realmente incómodo para la teoría de Darwin, es sin duda el que aporta la paleontología, el estudio de los fósiles. Actualmente se conocen ya más de 250.000 especies de vegetales y animales petrificados. Pues bien, el análisis de los mismos rara vez refleja las numerosas formas de transición entre especies que deberían haber existido si el gradualismo darwinista estuviera en lo cierto. Las especies fósiles no aparecen nunca en los estratos rocosos de manera gradual a partir de una transformación continua de sus antepasados en los estratos más profundos. Surgen siempre de golpe y ya perfectamente formadas. Esto suele ser la regla y no la excepción. No se han encontrado jamás los hipotéticos eslabones perdidos, que según el gradualismo, debieron existir entre invertebrados y vertebrados, o entre peces y anfibios; anfibios y reptiles; reptiles y mamíferos, etc. De ahí la extraordinaria importancia que se da cuando se descubre algún posible candidato, como los discutibles *Archeopteryx* y otros pretendidos fósiles intermedios. Tan manifiesto resulta este hecho que eminentes paleontólogos evolucionistas se vieron obligados en 1970 a elaborar una nueva teoría de la evolución que rechazaba los principales planteamientos del darwinismo, la llamada *teoría del equilibrio puntual.* Una nueva hipótesis que no necesitaba fósiles intermedios.

Pero, por su parte, los neodarwinistas como Ernst Mayr insisten en que no se posee ninguna prueba clara de este cambio repentino y brutal de una especie a otra que proponen los evolucionistas innovadores. De manera que tal polémica es la que persiste actualmente en el seno del evolucionismo. Hay además una tercera opción, la de aquellos que conjugan ambas hipótesis y afirman que la evolución podría funcionar gradualmente en determinados casos y por medio de cambios bruscos en otros. No obstante, lo cierto es que si la síntesis moderna no se sostiene como consecuencia de la escasez de fósiles intermedios, mucho menos demostrable resulta la teoría del equilibrio puntual que pretende justificar dicha escasez en base a la suposición de grandes transformaciones en áreas muy reducidas y en un tiempo muy breve, en el que no se habría producido la fosilización. De todo esto se puede concluir que, hoy por hoy, el origen de las especies en la perspectiva de la ciencia sigue siendo tan oscuro como en los días de Darwin, aunque pocos investigadores se atrevan a confesarlo.

Los embriones ¿hablan del pasado?

El estudio comparado del desarrollo de los embriones aportaría, según el darwinismo, una de las pruebas clásicas en favor de la evolución. Al parecer, determinadas similitudes entre embriones de peces, aves, mamíferos y seres humanos demostrarían que todos ellos descenderían de antepasados comunes parecidos a los peces. Darwin lo explicaba así:

"De dos o más grupos de animales, aunque difieran mucho entre sí por su conformación y costumbres en estado adulto, si pasan por fases embrionarias muy semejantes, podemos estar seguros de que todos ellos descienden de una misma forma madre y, por consiguiente, de que tienen estrecho parentesco. Así, pues, la comunidad de estructura embrionaria revela la comunidad de origen; [...] La embriología aumenta mucho en interés cuando consideramos al embrión como un retrato, más o menos borroso, del progenitor de todos los miembros de una misma gran clase" (Darwin, 1980: 446, 447).

Estas ideas fueron recogidas en la llamada "ley biogenética de Haeckel" que afirmaba que la ontogenia o desarrollo embrionario de un organismo era una recapitulación breve de su filogenia o secuencia evolutiva de las especies antecesoras. Es decir que, durante los primeros estadios en el útero materno, los embriones pasaban por formas que recordaban las transformaciones experimentadas por sus ancestros a lo largo de la evolución. Se señalaba, por ejemplo, que en los embriones humanos igual que en los de gallina, se podían observar arcos aórticos similares y un corazón con sólo una aurícula y un ventrículo como el que poseen los peces actuales. Esto se interpretaba como una prueba embriológica de que tanto los hombres como las aves habían evolucionado a partir de sus antepasados los peces.

Eran tantos los datos de la embriología que contradecían esta ley que pronto fue abandonada por la comunidad científica. Sin embargo, a pesar de este rechazo lo cierto es que todavía continúa apareciendo en los textos escolares como una confirmación de la teoría transformista. En la actualidad, los embriólogos saben que los embriones de los vertebrados se diferencian progresivamente en varias direcciones, sólo para converger en apariencia a mitad del proceso y luego volver a divergir hasta formar órganos o estructuras que pueden ser parecidas entre sí, pero que se han formado a partir de células o tejidos diferentes.

Por ejemplo, la presencia en los embriones de los mamíferos de un corazón con dos cavidades y unos arcos aórticos parecidos a los de los peces, se debe a que tales embriones sólo necesitan en las primeras etapas de su desarrollo una circulación simple, ya que están alimentados a través de la placenta materna. Pero más tarde, la circulación sanguínea se vuelve doble a fin de que los pulmones permitan la respiración autónoma del bebé. De manera que la presencia de tales órganos se debe a las diferentes necesidades fisiológicas del embrión durante el desarrollo y no a su pretendido parentesco evolutivo con los peces. La forma de los órganos de los embriones viene impuesta por las exigencias fisiológicas y no por su pasado filogenético.

Finalmente ha sido la genética quien ha aportado la prueba definitiva contra las pretensiones de la ley biogenética. El ADN de cada especie está determinado únicamente para desarrollar el cuerpo de los individuos que pertenecen a dicha especie. No es capaz de volver a recrear en el desarrollo embrionario las etapas de otros organismos supuestamente anteriores y relacionados entre sí. El genoma de cada ser vivo sólo expresa aquello que corresponde a su propio género. Como reconoce el evolucionista, Pere Alberch, del Museo de Zoología Comparada de la Universidad de Harvard:

> "El descubrimiento de los mecanismos genéticos dio la puntilla definitiva a las leyes de Haeckel, demostrando que la teoría de la recapitulación no puede ser justificada fisiológicamente... En resumen, la biología del desarrollo jugó un papel cada vez menor en la teoría de la evolución. Muestra de ello, ...es el insignificante papel que tuvo la embriología en la llamada "Nueva Síntesis" darwiniana de los años 40 de este siglo" (Alberch, 1984: 410).

La ley biogenética de Haeckel no es capaz de explicar los hechos comprobados por la embriología, ni constituye tampoco un argumento sólido en favor del darwinismo, y además fue abandonada por la ciencia hace ya muchos años, ¿cómo es que continúa apareciendo todavía como prueba de la evolución en tantos libros escolares?

Se necesitan monstruos y mutantes

Según los planteamientos del neodarwinismo contemporáneo, aquello que provoca el cambio y la transformación de unas especies en otras, sería el conjunto de las mutaciones que ocurren al azar en la molécula de ADN, filtradas a través del enorme colador de la selección natural y preservadas de generación en generación sin un propósito determinado. Como la mezcla de los genes que ya existen en los organismos sólo puede producir combinaciones o variedades dentro del mismo género, sería necesario que las mutaciones elaboraran nuevos genes capaces de añadir otros niveles de complejidad, así como órganos mejores y diferentes.

Sin embargo, tales argumentos chocan en la realidad con un serio inconveniente. La inmensa mayoría de las mutaciones conocidas en la actualidad, tanto las naturales como las provocadas por el hombre, son perjudiciales o letales para los organismos que las sufren. Si tales cambios bruscos del ADN se acumularan progresivamente en los seres vivos, lo que se produciría en vez de evolución sería regresión o degeneración. ¿Cómo intenta el transformismo solucionar esta seria inconveniencia? Apelando a la posibilidad de que en algún momento se hayan producido, o se puedan producir, mutaciones beneficiosas. Aunque esto pueda sonar bastante a acto de fe, es precisamente lo que hoy sigue sosteniendo el neodarwinismo. Pero tal razonamiento de nuevo vuelve a ser de carácter circular. Si estamos aquí –se dice– es porque la evolución se ha producido y, por tanto, tales mutaciones beneficiosas han tenido que ocurrir, a pesar de que no se tenga la más mínima constancia de ello.

La pequeña mosca del vinagre o de la fruta (*Drosophila melanogaster*) ha sido muy utilizada en los laboratorios de todo el mundo para realizar pruebas y experimentos de genética o de dinámica de poblaciones (Cruz, 1999: 242). Mediante la aplicación de determinados productos químicos o a través de radiaciones especiales se han obtenido moscas mutantes con ojos de diferente color, otras con las alas más grandes, con doble dotación alar, con las alas reducidas casi a vestigios e incluso sin alas. También se ha conseguido modificar la cantidad y distribución de los pelos que presentan las larvas.

No obstante, la mosca del vinagre continúa siendo una mosca del vinagre de la misma especie. Los mutantes son individuos empeorados, no mejorados. Jamás se ha originado por mutación inducida en los laboratorios, una nueva especie de insecto o una mosca mejor y más perfecta que la *Drosophila* ya existente. No han aparecido estructuras nuevas ni más complejas que hicieran más eficaz al animal, sino defectos o duplicaciones entorpecedoras de órganos ya existentes. Lo mismo puede decirse de todas las mutaciones provocadas en otros organismos como bacterias, ratones, cobayas, etc. Las bacterias –como es sabido– pueden desarrollar resistencia a determinados antibióticos, pero desde el origen de los tiempos hasta hoy siguen siendo bacterias. No salen de su tipo básico fundamental. Todo esto conduce a la conclusión de que las mutaciones observables no pueden ser la fuente del cambio ilimitado que necesita la teoría de la evolución. ¿Es posible que se hayan producido en el pasado grandes mutaciones o *macromutaciones* capaces de originar especies nuevas?

Esta idea repugnó siempre a Darwin. Él estaba convencido de que una macromutación capaz de originar repentinamente a un individuo nuevo y diferente de sus progenitores equivalía, en realidad, a un milagro de creación especial. La naturaleza no daba saltos bruscos (*natura non facit saltum*) sino que cambiaba lenta y gradualmente mediante la acumulación de pequeños pasos. Sin embargo, este dogma no fue respetado por todos sus seguidores. A finales del siglo XIX el botánico, Hugo DeVries, fue el primero en dudar de él proponiendo la teoría de que en la naturaleza los cambios hereditarios podían haber sido grandes y discontinuos. DeVries llamó a tales efectos *mutaciones* y esto provocó una importante controversia entre "mutacionistas" y gradualistas. Más tarde, a mediados del siglo XX, otro prestigioso genetista germano-americano, el profesor Richard Goldschmidt, de la Universidad de California en Berkeley, volvió a resucitar la polémica al afirmar que la evolución no se podía haber producido mediante la acumulación selectiva de pequeños cambios graduales.

Goldschmidt pensaba que el darwinismo gradualista sólo podía explicar la microevolución o variación dentro del ámbito de la especie. No obstante, para que la evolución general o macroevolución se hubiera producido era imprescindible creer en la posibilidad de las macromutaciones. La mayoría de tales grandes saltos originaría monstruos defectuosos que morirían pronto, pero en determinados casos podrían haber surgido "monstruos viables" capaces de prosperar y reproducirse (¿con quién?), transmitiendo así de repente sus nuevas características adquiridas. Tal como él mismo sugirió: "un día un reptil puso un huevo y lo que salió del huevo fue un ave" (Cruz, 1996: 95).

Las ideas de Goldschmidt fueron cruelmente ridiculizadas por los darwinistas y pronto cayeron en el olvido. Hasta que en 1980, Stephen Jay Gould, las rescató en su artículo: "El regreso del monstruo esperanzado", en el que intentó conciliar las pequeñas mutaciones del neodarwinismo con las macromutaciones propuestas por Goldschmidt:

"Goldschmidt no planteaba ninguna objeción a los ejemplos estándar de la microevolución; [...] No obstante, rompía bruscamente con la teoría sintética al argumentar que las nuevas especies surgen abruptamente por variación discontinua o macromutación. Admitía que la inmensa mayoría de las macromutaciones no podían ser consideradas más que como desastrosas –a éstas las denominó "monstruos"–. Pero continuaba Goldschmidt, de tanto en tanto, una macromutación puede, por simple buena fortuna, adaptar a un organismo a un nuevo modo de vida, "un monstruo esperanzado", en sus propias palabras. La macroevolución sigue su camino por medio de los escasos éxitos de estos monstruos esperanzados, no por una acumulación de pequeños casos en el seno de las poblaciones [...] Como darwiniano, quiero defender el postulado de Goldschmidt de que la macroevolución no es simplemente la extrapolación de la microevolución, y que pueden producirse transiciones estructurales básicas rápidamente sin una homogénea sucesión de etapas intermedias" (Gould, 1983: 199).

Gould pretendió reducir la distancia entre las ideas de Darwin y las de Goldschmidt afirmando que las grandes mutaciones podrían haberse producido mediante pequeños cambios en los embriones tempranos que se habrían acumulado a lo largo del crecimiento, originando profundas diferencias entre los adultos. De manera que los monstruos esperanzados o viables habrían aparecido como consecuencia de las micromutaciones sufridas por sus embriones. Esta era la única posibilidad que veía Gould para salvar la evolución de las especies.

Sin embargo, lo cierto es que no existe evidencia alguna de tales mutaciones embrionarias. Ni las macromutaciones capaces de convertir un reptil en ave, ni las micromutaciones modestas del desarrollo embrionario pueden ser observadas en la realidad. Hoy por hoy, el mecanismo de la evolución continúa siendo un misterio para la ciencia, como algunos prestigiosos investigadores reconocen (Grassé, Chauvin, Behe, etc.). Por tanto, la aceptación de la teoría transformista no se fundamenta en sólidas bases científicas que la demuestren, como a veces se afirma, sino que continúa apelando a las creencias indemostrables. En definitiva, se trata de tener fe en la posibilidad de las pequeñas mutaciones graduales, en las macromutaciones milagrosas o en una combinación de las dos opciones.

Desde la perspectiva del materialismo, con frecuencia, se ataca a los creacionistas porque sostienen que Dios creó todos los seres vivos, como afirma la Biblia, según su género o tipo básico de organización, aunque después éstos hubieran podido variar dentro de ciertos límites. Se dice que tal postura entraría de lleno en el terreno de la fe, sería por tanto indemostrable y cerraría la puerta a cualquier investigación científica ya que si realmente fue así, el creador habría empleado para crear el universo, leyes o procesos que hoy no se podrían detectar ni estudiar. La crítica contra la creación especial es, pues, que se trata de una creencia, de un acto de fe indemostrable.

Ahora bien, ¿acaso no puede decirse lo mismo del evolucionismo? ¿no se trata también de un inmenso acto de fe en el poder de las mutaciones al azar y de la selección natural? Si es así, ¿por qué se habla tan alegremente en los textos escolares acerca del "hecho" de la evolución confirmado por la ciencia? ¿Puede la ciencia confirmar acontecimientos del pasado imposibles de reproducir en el presente y de los que no se tiene ningún testimonio o constancia? El tema de los orígenes es sumamente escurridizo y escapa a menudo al ámbito de la metodología científica para entrar de lleno en el de la fe, la especulación y las convicciones personales.

El principio antrópico

No obstante, existe un planteamiento llamado "principio antrópico" que sugiere que las fuerzas del universo fueron calculadas con gran precisión para permitir la existencia del ser humano y del resto de los seres vivos sobre la Tierra. En efecto, cualquier mínima diferencia en el equilibro de tales fuerzas habría hecho del todo imposible la vida. Desde la peculiar estructura de los átomos que constituyen la materia del universo, con sus electrones cargados negativamente y sus neutrones ligeramente superiores en masa a los protones positivos, hasta la precisión de la órbita terrestre alrededor del Sol, situada a la distancia adecuada para que la temperatura en la Tierra permita la vida, todo induce a pensar que las leyes físicas fueron calibradas exquisitamente desde el principio, con el fin de permitir la existencia de la especie humana (Colson, 1999: 65). El globo terráqueo tiene el tamaño justo, la temperatura idónea, la fuerza de la gravedad necesaria, el agua imprescindible y los elementos químicos adecuados para sustentar a todos los organismos y especialmente al ser humano. ¿Por qué? ¿se debe todo ello al producto de una cadena de casualidades o al diseño de una mente inteligente? ¿es el orden resultado del caos o de un plan determinado?

Los fenómenos naturales que se producen por casualidad presentan unas características comunes que son bien conocidas. Se trata siempre de acontecimientos irregulares, inconstantes y muy imprecisos (Dembski, 1998). Por ejemplo, la trayectoria que sigue un relámpago producido en una tormenta es un acontecimiento aleatorio o casual. La meteorología sabe que los rayos se originan en la atmósfera por efecto de las nubes de desarrollo vertical, que al acumular cargas eléctricas enormes, provocan descargas en el interior de la nube, entre dos nubes o entre la base de una nube y la superficie terrestre. Pero no puede predecir en que punto exacto de la tierra caerá el rayo, ni cuántos lo harán o con qué frecuencia. Su comportamiento es por tanto impreciso, inconstante e irregular, ya que depende de la casualidad. Otros fenómenos naturales están sometidos a leyes y su comportamiento se puede predecir con exactitud puesto que son regulares y repetibles.

Dentro de este segundo grupo entraría, por ejemplo, la ley de la gravitación universal formulada por Newton que es la responsable de que en el espacio los cuerpos se atraigan recíprocamente en razón directa de sus masas y en razón inversa del cuadrado de sus distancias. Según esta ley es posible predecir la velocidad a la que caen los cuerpos en cualquier planeta, así como su aceleración y otras muchas características regulares que se pueden comprobar y repetir. De manera que los fenómenos como la caída de la lluvia, la nieve o el granizo, son el producto de las fuerzas de la naturaleza.

Ahora bien, hay acontecimientos que no pueden ser explicados mediante la casualidad ni como consecuencia de leyes naturales. Se trata de fenómenos impredecibles pero que, a la vez, son altamente precisos. En tales casos, la respuesta más lógica es que son el resultado de un diseño inteligente. Si, por ejemplo, a la orilla de un río se descubren guijarros redondeados, resulta fácil deducir que son el producto de la erosión fluvial. Pero si entre ellos aparece un teléfono portátil, un celular, la única explicación razonable es que semejante artefacto debe ser el resultado de un designio ingenioso. Es imposible que se haya formado por casualidad o por medio de las leyes de la naturaleza. Esto es precisamente lo que sugiere el principio antrópico, que en el universo hay evidencia de diseño ya que existen formas irregulares que no se pueden explicar mediante leyes naturales y que, al mismo tiempo, presentan una alta especificidad, una disposición misteriosamente compleja para permitir y sustentar la vida. El principio antrópico apunta hacia la existencia de un creador inteligente que diseñó el universo con un plan determinado.

La teoría del diseño inteligente

El teólogo protestante y filósofo inglés del siglo XVIII, William Paley (1743-1805), fue el primero en desarrollar de forma convincente, en su *Teología natural,* el argumento acerca del diseño inteligente que evidencia la naturaleza. En el párrafo inicial de dicha obra escribió las siguientes palabras:

"Supongamos que, al cruzar un brezal, mi pie tropezara con una piedra, y me preguntaran cómo llegó la piedra a estar allí; yo podría responder que, según mis conocimientos, la piedra pudo haber estado allí desde siempre; y quizá no fuera muy fácil demostrar lo absurdo de dicha respuesta. Pero supongamos que encontrara un reloj en el suelo, y me preguntaran cómo apareció el reloj en ese lugar; ni se me ocurriría la respuesta que había dado antes, y no diría que el reloj pudo haber estado ahí desde siempre. ¿Pero por qué esta respuesta no serviría para el reloj como para la piedra, por qué no es admisible en el segundo caso como en el primero? Pues por lo siguiente: cuando inspeccionamos el reloj, percibimos algo que no podemos descubrir en la piedra, que sus diversas partes están enmarcadas y unidas con un propósito, es decir, que fueron formadas y ajustadas para producir movimiento, y que ese movimiento se regula para indicar la hora del día; que si las diferentes partes hubieran tenido una forma diferente de la que tienen, o hubieran sido colocadas de otro modo o en otro orden, ningún movimiento se habría realizado en esa máquina, o ninguno que respondiera al uso que ahora tiene. [...] Observando este mecanismo, se requiere un examen del instrumento, y quizás un conocimiento previo del tema, para percibirlo y entenderlo; pero una vez observado y comprendido, como decíamos, es inevitable la inferencia de que el reloj debe tener un creador, que tiene que haber existido, en algún momento y lugar, un artífice o artífices que lo formaron para el propósito que actualmente sirve, que comprendió su construcción y diseñó su uso" (Behe, 1999: 261-262).

De este argumento Paley concluyó que también los seres vivos que pueblan la Tierra son altamente complejos y, por tanto, demandan la existencia de un creador que los planificara. Paley fue muy criticado por culpa de las exageraciones que empleó en algunos de sus razonamientos, pero en éste del reloj jamás ha podido ser refutado. Ni Darwin ni ninguno de sus seguidores hasta hoy han sido capaces de explicar cómo es posible que un sistema tan complejo como un reloj (irreductiblemente complejo según Behe), se haya podido originar sin la intervención de un relojero que lo diseñara.

Sin embargo, hubo serios intentos de rebatirlo, como el del filósofo David Hume, quien arguyó que el argumento del diseño no era válido porque comparaba dos cosas que, en su opinión, no se podían comparar: una máquina y un organismo biológico. Es verdad que en aquella época no se podían comparar. No obstante, los avances de la bioquímica se han encargado de demostrar que Hume no tenía razón. Hoy se sabe que ciertos mecanismos biológicos son capaces de medir el tiempo como si fueran relojes. Las células que controlan los latidos del corazón, el sistema hormonal que es capaz de iniciar la pubertad o la menopausia, las proteínas que ordenan a las células cuando se tienen que dividir, y otros similares indican que la analogía entre un organismo viviente y un reloj no es tan disparatada. Además muchos de los componentes bioquímicos de la célula actúan como engranajes, cadenas flexibles, cojinetes o rotores similares a los que tienen los relojes. Los mecanismos de realimentación que se emplean en relojería también se dan en bioquímica. Incluso es posible que en el futuro se pueda llegar a diseñar un reloj mediante materiales exclusivamente biológicos. Por tanto, la crítica de Hume ha quedado anticuada y ha sido descartada por los descubrimientos de la bioquímica moderna.

Otro argumento contrario al diseño inteligente es el de la imperfección. Si hay —se dice— un creador sabio que diseñó la vida en este planeta, entonces debió hacerlo todo de manera perfecta, ¿por qué pues existen las imperfecciones? ¿por qué posee el ojo humano un punto ciego? ¿a qué se debe el derroche de tantos genes sin función (seudogenes) como existen en el ADN? ¿por qué hay órganos rudimentarios que no tienen función? ¿no encaja todo esto mucho mejor con la selección natural al azar que con una planificación inteligente? Este presuntuoso razonamiento se basa en la equivocación de creer que se conoce la mente o los motivos del creador. Si algo no concuerda con la concepción humana de cómo deberían ser las cosas, entonces se concluye que no puede existir tal proyectista original.

Sin embargo, es posible recurrir aquí a una analogía entre el diseñador por excelencia y los padres humanos. Piénsese, por ejemplo, en la educación de los hijos. ¿Otorgan siempre los padres a sus pequeños todo aquello que éstos les piden? ¿no hay muchos progenitores que niegan a sus descendientes los mejores juguetes, o los más caros y sofisticados, con el fin de no malcriarlos o de que aprendan a valorar el dinero? A veces, lo mejor no es lo más conveniente. El argumento de la imperfección pasa por alto el hecho de que el creador pudo tener muchas razones para hacer las cosas como las hizo y que aquello que en la actualidad se considera como "óptimo", no tenía por qué serlo también en los planes del diseñador.

Pretender realizar un análisis psicológico del creador que revele los motivos de su actitud es una tarea muy arriesgada, a no ser que él mismo manifestara su finalidad. También es posible que muchas de las imperfecciones que existen actualmente en el mundo natural no hayan sido diseñadas así desde el principio, sino que se deban a degeneraciones genéticas provocadas por los cambios y la influencia del medio ambiente.

El argumento que supone que un creador sabio habría hecho el ojo de los animales vertebrados sin punto ciego y que, por tanto, lo más razonable sería creer que éste fuera el producto de la evolución dar-winiana no dirigida, se basa en un sentimiento emocional de cómo deberían ser las cosas y no en el rigor científico. Pues, lo cierto es que cuando se analiza a fondo la bibliografía especializada, no se descubren pruebas que demuestren cómo es posible que la selección natural, actuando sobre las mutaciones al azar, sea capaz de originar uno ojo con su punto ciego o cualquier otro órgano irreductiblemente complejo. "Un observador más objetivo sólo llegaría a la conclusión de que el ojo de los vertebrados no fue diseñado por una persona a quien le impresionara el argumento de la imperfección" (Behe, 1999: 277).

Tampoco la existencia de los órganos vestigiales, (como los ojos rudimentarios de los insectos cavernícolas o de algunos topos que viven siempre en la oscuridad, las pequeñas patas de ciertos lagartos parecidos a serpientes, la pelvis reducida de las ballenas o la existencia de seudogenes) es capaz de destruir el argumento del diseño inteligente. El hecho de que no se haya descubierto todavía la función de una determinada estructura no significa que carezca de ella. Antes se pensaba, por ejemplo, que las amígdalas no servían para nada. Hoy se sabe que poseen una función importante dentro del sistema inmunitario. Lo mismo puede decirse del apéndice cecal en el intestino, que es un órgano linfoide que participa también en la producción de defensas contra las infecciones.

La lista con más de 180 órganos humanos considerados rudimentarios a principios del siglo XX, se ha ido reduciendo hasta prácticamente desaparecer ya que se ha descubierto que cada uno de ellos cumple con alguna función útil por reducida que sea. Se ha señalado que la pelvis en las ballenas hace posible la erección del pene en el macho y contribuye a la contracción de la vagina en la hembra (Flori, 2000: 185). Parece que los seudogenes no forman proteínas, pero deducir de esto que no sirven para nada es una conjetura arriesgada y prematura que se basa en suposiciones. Quizá se descubra más adelante que sí tienen una misión concreta. Pero incluso aunque carecieran de alguna función, esto tampoco explicaría cómo se habrían podido producir por selección natural. De todo ello puede deducirse que el argumento de la imperfección es incapaz de refutar la creencia en un creador original.

Lo que está ocurriendo actualmente es que la teoría del diseño inteligente que se opone al darwinismo, está cobrando cada vez más adeptos en el estamento científico. Son ya bastantes los estudiosos de prestigio que se han quejado de los planteamientos propuestos por el evolucionismo darwinista que parecen conducir inevitablemente a un callejón sin salida para sus investigaciones. En este sentido el profesor Chauvin confiesa al principio de su obra:

"Somos personas centradas en la práctica, con los pies en el suelo: lo que nos interesa de una teoría es que sea eficaz, que inspire experimentos. Ahora bien (y ya estoy oyendo chillar a algunos fanáticos), ¿reúne el darwinismo todavía estas condiciones? Es innegable que el darwinismo le ha dado un gran impulso a la biología, ¿pero puede Darwin todavía aportarnos algo? Creo que no, y no solo porque se hayan proferido demasiados disparates y errores en su nombre. [...] Me parece que desde hace años la convicción de que el darwinismo era la respuesta definitiva ha paralizado la investigación en otras direcciones; [...] hoy día no tenemos ninguna alternativa al darwinismo, salvo la de buscar una nueva teoría, cosa que hasta ahora no se ha intentado seriamente" (Chauvin, 2000: 14).

Sin embargo, casi al final de su libro propone la siguiente idea:

"Planteo la hipótesis de que podría haber dos programas, el de la doble hélice primero, relativamente a corto plazo, y otro programa a muy largo plazo, situado sin duda en el citoplasma, y del cual dependería la auténtica evolución de las especies. Esta hipótesis, en apariencia gratuita, podría desembocar en experimentos interesantes" (Chauvin, 2000: 281).

Rémy Chauvin está convencido de que las especies han evolucionado, pero no mediante los mecanismos que propone el darwinismo sino por medio de algún programa todavía desconocido que debe estar escrito en el interior de las células. Pero si esto es así, la existencia de un programa requiere también la de un diseñador. Según sus propias palabras: "...no seamos hipócritas: cierto es que todo programa supone la existencia de un programador, y ninguna acrobacia dialéctica puede llevarnos a esquivar esta dificultad". De manera que la teoría de un diseño inteligente puede convertirse en un nuevo paradigma científico capaz de revolucionar la ciencia en el tercer milenio. A partir de ahora, si se abandonan los principios de Darwin, quizá será posible plantear experimentos que permitan demostrar qué sistemas biológicos fueron diseñados originalmente por el creador y qué otros pudieron aparecer por mecanismos derivados de esa primera planificación.

La aceptación del diseño inteligente será sin duda capaz de hacer avanzar el conocimiento científico de los orígenes, tema que durante muchos años ha permanecido prácticamente estéril. Esto no significa que, de repente, todos los científicos tengan que volverse creyentes en el Dios de la Biblia (¡ojalá fuera así!), sino que de la misma manera en que es posible estudiar un meteorito que hace miles de años impactó con el planeta, analizando los elementos químicos que dejó esparcidos en un determinado lugar de la superficie terrestre, también resulta posible para la ciencia comprobar los efectos que un diseñador inteligente dejó patentes en los organismos vivos.

Es cierto que ninguna teoría científica puede imponer la creencia en Dios por la fuerza de la razón. La detección del diseño en el mundo natural no es capaz de facilitar información acerca del carácter del diseñador. Los investigadores ateos o agnósticos seguramente continuarán creyendo que la inteligencia creadora surgió de misteriosos alienígenas, que sembraron la Tierra con esporas vitales en una "panspermia dirigida" (lo cual no hace sino retrasar el problema del origen de la vida), o en cualquier otra hipótesis, mientras que los creyentes, como es obvio, preferiremos aceptar que el diseñador fue el Dios personal que se revela en la Escritura. Pero, a pesar de que la identidad del diseñador es ignorada por la ciencia, lo cierto es que ésta se abre por completo a la necesidad de su existencia. La gran revolución que debe asumir la comunidad científica en el siglo XXI es que la vida no procede de simples leyes naturales como se pensaba hasta ahora, sino de un diseño realizado por un agente inteligente. Y para los cristianos, desde la perspectiva de la fe, tal agente seguirá siendo Dios.

Comprender la mente de Dios

El mito del evolucionismo propuesto por Darwin se ha venido utilizando, durante todo el siglo XX, por los partidarios del materialismo puro para corroer la creencia en un Dios creador. Muchos pensadores cristianos, como Pierre Teilhard de Chardin y otros, procuraron hacer frente a tal ataque conciliando la teoría transformista con la fe, abundando en la posibilidad de que la creación hubiera ocurrido mediante un proceso de evolución darwinista dirigido por Dios. Se elaboró así una moderna cosmogonía evolucionista-teísta que suavizaba el relato bíblico, reduciéndolo a una especie de parábola constituida por verdades simbólicas que no debían interpretarse en sentido literal. De esta manera se pretendía que la Biblia no entrara en conflicto con los enunciados transformistas de la ciencia que, en aquella época, se consideraban verdaderos. Como resalta el catedrático de Antropología Social de Cambridge, Ernest Gellner:

" [...] los creyentes "modernos" no se preocupan por la incompatibilidad entre el libro del Génesis y el darwinismo o la astrofísica contemporánea. Dan por sentado que los enunciados, si bien en apariencia tratan de los mismos sucesos –la creación del mundo y los orígenes del hombre–, están en realidad en niveles muy distintos o incluso, como dirían algunos, en lenguajes completamente distintos, en tipos de "discurso" diferenciados o separados. Hablando en general, las doctrinas y las exigencias morales de la fe se convierten así en algo que, debidamente interpretado, apenas está –curiosamente– en conflicto con la sabiduría secular de la época, o con nada en realidad. Así descansa la paz y la vacuidad doctrinal" (Gellner, 1994: 16).

Sin embargo, a principios del siglo XXI, los últimos descubrimientos de la ciencia parecen sugerir que esta batalla era innecesaria. Hay evidencia de la variabilidad que existe dentro de las especies, pero no la suficiente como para explicar las profundas transformaciones requeridas por el darwinismo. Los seres vivos prosiguen reproduciéndose según su género y no salen del cuadro estructural al que pertenecen, tal como afirma el relato del Génesis. Los cambios observados tampoco van siempre de lo simple a lo complejo, como se suponía, sino que desde el principio las estructuras celulares y los procesos metabólicos demuestran una alta complejidad que se mantiene hasta hoy y que sólo puede ser interpretada apelando a un creador inteligente.

Toda la información de que dispone la ciencia en la actualidad apunta hacia un principio del universo en el tiempo y el espacio. La física y la cosmología han descubierto que la materia no es eterna como antes se creía, sino que empezó a existir en un momento determinado. Miles de acontecimientos físicos y químicos se dan la mano de forma asombrosa en el planeta Tierra para hacer posible la vida humana y del resto de los organismos. Pero, a la vez, la ciencia ha demostrado que en ningún lugar del planeta aparece actualmente le vida de manera espontánea, como consecuencia de las leyes naturales.

El descubrimiento del ADN y de la sofisticación del genoma humano, así como de la complejidad irreductible que hay en cada célula viva, sugieren también la necesidad de un diseñador que lo haya planificado todo. No obstante, el acto mismo de la creación sigue envuelto en la bruma del misterio y aunque nos fuera explicado por el mismo Dios, seguramente tampoco seríamos capaces de entenderlo. El nivel de los conocimientos científicos actuales no está a la altura requerida, aunque lo que cada vez resulta más evidente es que tal proceso creador no es ni mucho menos el transformismo lento y azaroso propuesto por Darwin, sino que más bien se perfila como un diseño perfecto, complejo y consumado desde el primer momento.

El estudio de los orígenes continúa siendo uno de los principales retos para la ciencia del tercer milenio. En lo más hondo del alma humana sigue latiendo el deseo de desentrañar los misterios que hay detrás de las leyes que rigen el universo y de los seres vivos que lo habitan. Es el eterno desafío de intentar comprender la mente del creador. Pero conviene reconocer que hay cosas que la ciencia nunca podrá hacer, como revelar el carácter del supremo diseñador o su plan de salvación para la criatura humana. Esto es algo que pertenece a la teología.

A pesar de ello, la evidencia de designio y propósito en la naturaleza interpela directamente a cada ser humano. De tal manera que como afirma el apóstol Pablo: "las cosas invisibles de él, su eterno poder y deidad, se hacen claramente visibles desde la creación del mundo, siendo entendidas por medio de las cosas hechas, de modo que no tienen excusa" (Ro. 1:20). El diseño inteligente demanda una respuesta de cada persona. Una actitud de aceptación o de rechazo. Dios se ha manifestado también en el mundo natural y, por tanto, no valen las ambigüedades. La creación es la evidencia del creador y seguirá siendo el fundamento de la visión cristiana del mundo.

9

KARL MARX
(1818-1883)

El mito de la redención proletaria
o que los pobres heredarán la tierra y serán libres

"El primer paso de la revolución obrera es la elevación del proletariado a clase dominante, la conquista de la democracia. El proletariado se saldrá de su dominación política para ir arrancando gradualmente a la burguesía todo el capital, para centralizar todos los instrumentos de producción en manos del Estado, es decir, del proletariado organizado como clase dominante, y para aumentar con la mayor rapidez posible la suma de las fuerzas productivas."

MARX-ENGELS, *Manifiesto comunista,* (1997:48).

Marx fue un pensador revolucionario que vivió el conflicto entre su vocación de estudioso de la sociedad y su deseo de convertirse en profeta de la justicia social de su tiempo. Lo importante para él no fue limitarse a interpretar el mundo, sino intentar cambiarlo. En su opinión, los análisis filosóficos de la realidad social eran estériles si no conducían a una praxis concreta, a una aplicación práctica que contribuyera a mejorar la vida de los hombres. "Los filósofos se han limitado a *interpretar* el mundo de distintos modos; de lo que se trata es de *transformarlo*" (Marx, 1970: 668). La verdad del pensamiento sería siempre –según él– de carácter práctico y consistiría en aclararle a los hombres sus problemas reales para que pudieran solucionarlos. De ahí que la filosofía marxista sea profundamente humanista; una reflexión de protesta cargada de fe en el hombre y en su capacidad para liberarse de cualquier opresión.

Esta confianza en las posibilidades de la humanidad, tan característica de los pensadores de la época moderna, contrasta notablemente con la falta de esperanza que se vislumbra hoy en el mundo postmoderno. Y es que las atrocidades cometidas por el ser humano durante todo el siglo xx le han bajado los humos a la humanidad, provocando la transformación de aquella fe utópica en el hombre que tenía Marx, en un sentimiento creciente de desengaño y resignación.

Karl Marx quiso mejorar la situación social de los obreros de su época a pesar de que él nunca fue un obrero sino más bien todo lo contrario, un sólido burgués victoriano de pies a cabeza, tanto en sus valores como en sus sentimientos más íntimos. Sin embargo, la sociología que desarrolló para lograrlo –si es que se la puede llamar así– resultó ser sumamente primitiva y simplista, vista desde la perspectiva actual. El ambicioso análisis que hizo de la sociedad requería de instrumentos metodológicos sofisticados que no estaban disponibles en su tiempo. El intento de pronosticar el futuro social, en base a la propia intuición personal y a una determinada interpretación de la historia que no era universalmente aceptada, fue un proyecto muy arriesgado. Algunos sociólogos posteriores opinaron que aunque había muchas verdades sociales en Marx, esto no le convertía necesariamente en sociólogo.

"En parte, no podía ser un sociólogo porque la sociología es una forma de encuesta y él ya poseía la información y, lo que es más fundamental, no podía serlo porque Marx no se interesaba por lo social sino por lo que subyace y explica lo social; esto es, a su modo de ver, el orden económico. Y para concluir, no tenía necesidad de serlo porque lo que le interesaba ante todo era la antropología filosófica y su tiempo favorito era el futuro (Donald G. Mac Rae)." (Raison, 1970: 61).

No obstante, otros sociólogos de prestigio como el profesor Raymond Aron creen que la principal empresa de Marx, el intento de explicar a la vez la historia, el funcionamiento y la estructura social del régimen capitalista, es de hecho una pretensión que fusiona la economía con la sociología. Marx sería, por tanto, un economista que quiere ser al mismo tiempo un sociólogo. Otra cosa es que tal empresa se lograra satisfactoriamente. "Esta tentativa es sin duda grandiosa, pero me apresuro a agregar que no creo que haya tenido éxito. Hasta ahora, ninguna tentativa de este orden ha dado buenos resultados" (Aron, 1996: 183). No existe una teoría sociológica general que relacione necesariamente la estructura social, el modo de funcionamiento y el destino de las personas en un determinado régimen social como el capitalismo, ni que explique la evolución que va a experimentar éste a lo largo del tiempo.

La sociología no es capaz de realizar semejante tarea porque la historia de la humanidad no es hasta tal punto predecible, racional y necesaria. Sin embargo, dejando de lado la cuestión de si Marx fue o no sociólogo, su principal mérito consistió en saber arrebatarle al capitalismo del siglo XIX aquella aureola de santidad que lo caracterizaba. Al negar el pretendido orden sagrado y natural que protegía a la moderna sociedad mercantil y capitalista, Marx destapó la situación de dominación y explotación en que vivían tantas criaturas en las fábricas de la época. El progreso industrial y tecnológico dejó de verse ya como el resultado positivo de la historia de la razón humana, para mostrar su cara oculta de discriminación y creación de miseria.

Gracias a su prodigiosa memoria y a su corrosiva pluma, Karl Marx, se convirtió en el principal pensador de su tiempo. Fue el filósofo de la transición entre dos maneras distintas de entender el mundo. Frente a la concepción religiosa preocupada sobre todo por la finalidad del universo y de la historia humana, Marx procuró presentar su opción "científica" más interesada en cómo habían ocurrido tales cosas. En su opinión, la causa del mundo o el "por qué", era más interesante que el fin, o el "para qué" existía.

Aunque la ciencia concluyera que el mundo estaba gobernado por leyes impersonales y que todo era producto de la evolución ciega y carente de valor, él creía que al final triunfaría la justicia. El cosmos recobraría sentido cuando los hombres descubrieran por fin el régimen perfecto, el socialismo que él proponía. Eso iba a constituir la auténtica salvación de la humanidad y ya no sería necesario el cristianismo ni ninguna otra religión. Si Darwin había conmocionado al mundo religioso con la teoría de la evolución natural, Marx convirtió su teoría de la evolución de la historia humana en una religión secular.

Su principal obra, *El Capital,* fue calificada como "la Biblia de la clase trabajadora" y algunos autores señalaron pronto las semejanzas existentes entre el comunismo soviético y el catolicismo romano (Küng, 1979: 337). Es cierto que presentó sus ideas como si realmente constituyeran una teoría científica materialista, el llamado "materialismo dialéctico", pero lo que no llegó nunca a imaginar es que éstas acabarían transformándose también para algunos en una nueva religiosidad secularizada, la religión de la revolución. ¿Más opio del pueblo? Marx criticó el cristianismo de su tiempo –de hecho, como se verá, había motivos para la crítica– pero se inspiró en él para elaborar su concepción mítica del proletariado, al que le atribuyó una misión histórica propiamente redentora.

El ideólogo del mundo obrero

Karl Marx nació el 5 de mayo de 1818 en Tréveris, ciudad prusiano-renana con abundante industria y repleta de monumentos que recordaban su pasado latino, francés y germánico. En la actualidad se la denomina Trier y está muy próxima a la frontera entre Alemania y Luxemburgo. Su familia era de origen judío y pertenecía a la clase media. El padre, Hirschel Marx, que trabajaba como abogado del tribunal supremo, se convirtió al protestantismo y fue bautizado a los 35 años de edad. Era un hombre liberal que había leído a Voltaire, Rousseau y Kant y se había apartado poco a poco del judaísmo, aunque siempre mantuvo su fe en Dios.

En repetidas ocasiones recomendó a su hijo esta creencia deísta, que podía encontrar también en pensadores como Locke, Newton o Leibniz, y que constituía, según él, un buen apoyo para la moral. Heinrich dejó de leer el Antiguo Testamento a sus hijos, como solían hacer los padres judíos y en su lugar les leía a Voltaire y sobre todo a Rousseau. Algunos biógrafos creen que la conversión del padre de Marx pudo estar condicionada por la necesidad de seguir ejerciendo la abogacía ya que en 1815, tras la caída de Napoleón, los judíos fueron apartados de todo cargo público en Prusia.

Por tanto, su bautismo en la iglesia evangélica, así como el de sus hijos y esposa, podía interpretarse como una decisión forzada por las circunstancias o por el deseo de seguir ejerciendo de abogado (Blumenberg, 1984: 29). De ahí que el desarrollo del joven Marx atravesara tres etapas diferentes: nació judío, se educó como cristiano y su formación superior le llevó al ateísmo. La madre de Karl, Henriette Marx, era también creyente pero no poseía mucha formación y aunque siempre sintió un gran cariño por su hijo, dedicó la mayor parte del tiempo al cuidado de sus otros hijos enfermos. Esto no le permitió mantener una vinculación muy íntima con Karl Marx. Se ha especulado acerca de cómo pudieron influir estos hechos de la infancia y adolescencia en su concepción posterior de la religión y en la idea de Dios. Hans Küng escribe al respecto lo siguiente:

> "Ahora bien, para la religiosidad del joven Marx, ¿cómo no iba a tener consecuencias el hecho de que un padre sumiso, poco sobresaliente, y una madre medrosa, de pocos alcances, luego casi ni mencionada por el propio Marx, le alojaran la alienación como quien dice en la misma cuna? 'Marx fue, por judío, un extraño al mundo no judío, por bautizado, un extraño al propio judaísmo... Esta experiencia inicial de la alienación, sin embargo, no provocó en Marx, que se había acostumbrado muy pronto a reprimir todas sus hiperintimidades, desesperadas cavilaciones y noches de insomnio, sino que él sublimó, racionalizó y objetivó todo en un problema filosófico (y más tarde económico). Todo ello constituyó, no obstante, un proceso inconsciente'. Así habla el sociólogo de Basilea A. Künzli." (Küng, 1979: 307).

Después de terminar sus estudios secundarios en el Liceo "Federico Guillermo" de Tréveris, Marx pasó seis años en la universidad, primero en la de Bonn en la que sólo estuvo un año y el resto en la de Berlín. Estudió Derecho, más para complacer a su padre que por gusto propio. En realidad lo que a él le gustaba eran las humanidades, preferentemente la Filosofía, la Historia y la Política. Su participación en la vida estudiantil fue muy activa. A pesar de que en aquella época las asociaciones de estudiantes estaban prohibidas, Marx fue miembro del grupo de los treverienses e incluso llegó a ser su presidente.

En cierta ocasión fue encarcelado por alboroto y embriaguez, también se le acusó de llevar armas no permitidas. Llegó incluso a batirse en duelo y en el diploma que se le extendió en la Universidad de Berlín constaba que había sido denunciado en varias ocasiones por no saldar debidamente las deudas económicas. Su padre le recriminaba frecuentemente el mal uso que hacía con el dinero que se le enviaba para su manutención.

Durante el primer año de estudiante que pasó en Berlín, Marx gastó 700 táleros, tres o cuatro veces más de lo que gastaba cualquier otro estudiante de su edad. Esto era casi lo que ganaba al año un concejal de Berlín. En 1837 recibió una carta del padre en la que éste le decía: "...a veces me hago a mí mismo amargos reproches por haberte aflojado demasiado la bolsa y he aquí el resultado: corre el cuarto mes del año judicial y tú ya has gastado 280 táleros; yo no he ganado todavía esa cantidad durante todo el invierno." (Blumenberg, 1984: 53). Después de la muerte del padre, Marx se encerró cada vez más en sí mismo, dejó de hacer confesiones íntimas o personales y las relaciones con su madre se fueron enfriando paulatinamente.

A los veintitrés años consiguió doctorarse en la Facultad de Filosofía de Jena (1841) con una tesis sobre el materialismo de Demócrito y Epicuro. En el prefacio de la misma declaraba su ateísmo personal mediante la célebre frase de Prometeo en la tragedia de Esquilo: "yo odio absolutamente a todos los dioses". De ahí que este personaje mitológico fuera para Marx el santo más ilustre de su calendario filosófico. El interés por la filosofía se le acentuó, estudió la obra de Hegel y quedó fascinado por la originalidad de su pensamiento, aunque pronto empezó a criticar sus teorías. Junto con el profesor de teología Bruno Bauer que era ateo declarado y otros compañeros de estudios, fundó el Club de Doctores en el que se agruparon los jóvenes hegelianos de izquierdas. La influencia de estas amistades, así como la del pensamiento de Ludwig Feuerbach, otro teólogo que se volvió ateo, causaron un profundo impacto en la evolución espiritual del joven Marx. En una carta de aquella época escrita por un amigo algo mayor que él, Moses Hess, y dirigida a otro compañero de la Universidad de Bonn, se hablaba de Karl en estos términos:

"Dispónte a conocer al mayor, y quizá al único filósofo vivo verdadero... Dr. Marx, tal es el nombre de mi ídolo, hombre todavía muy joven (rondará los 24 años) que le asestará el golpe de gracia a la religión y política medievales. Reúne en su persona la más profunda seriedad filosófica y la más incisiva ironía; imagínate a Rousseau, Voltaire, Holbach, Lessing, Heine y Hegel juntos en una persona –y digo juntos, no revueltos– y tendrás al Dr. Marx." (Blumenberg, 1984: 61).

Pasada la etapa humanista y decepcionado del conservadurismo de la universidad que le había cerrado las puertas del mundo de la docencia, al denegarle el acceso a una cátedra, Marx optó por dedicarse al periodismo y a la política. El altavoz para sus ideas fue un periódico de tendencia hegeliana, socialista y liberal que se editaba en Colonia, la *Gaceta Renana (Rheinische Zeitung)*, y que estaba patrocinado por un grupo de ciudadanos acomodados. Los artículos de Marx pronto llamaron la atención y esto le convirtió en redactor jefe. Escribió acerca de la opresión política, social y religiosa que padecía el proletariado de la época, pero en unos términos de denuncia radical que motivaron la reacción inmediata del gobierno prusiano. Fue perseguido por la censura y obligado a abandonar el país. Antes de hacerlo contrajo matrimonio en Kreuznach con Jenny Westphalen, una muchacha hermosa y alegre que era cuatro años mayor que él y provenía de una aristocrática familia prusiana que no era de origen judío.

Erich Fromm escribió de ellos. "Era un matrimonio en que, a pesar de las diferencias de origen, a pesar de una vida continua de pobreza material y de enfermedades, existió un amor y una felicidad mutua inconmovibles" (Fromm, 1962: 90). Ambos se refugiaron en París en otoño de 1843 y allí tuvieron la oportunidad de conocer a pensadores anarquistas como Bakunin y Proudhon y, especialmente, al hijo de un empresario textil de Manchester que llegaría a ser la gran amistad de su vida, Frederic Engels. Juntos escribieron varias obras y dirigieron la lucha de los obreros durante mucho tiempo. Gracias a las aportaciones económicas que Engels le suministraba periódicamente, Marx pudo sobrevivir y dedicarse a su obra.

En París entró en contacto con los obreros y fue donde Marx se hizo verdaderamente socialista y comunista. Allí descubrió las enormes posibilidades que podía tener un movimiento de trabajadores organizado y allí se convirtió en el teórico del proletariado. Quince meses después de la llegada a París y como consecuencia de sus actividades revolucionarias fue acusado de conspirador y expulsado de Francia por el ministro de justicia, Guizot. A ello contribuyeron también las presiones continuas del gobierno prusiano. Se inició entonces una larga peregrinación que le condujo a vivir y seguir con su lucha obrera en ciudades como Bruselas, Colonia y Londres. Durante esta época fundó, en colaboración con Engels y otros compañeros, la Asociación Internacional de los Trabajadores (AIT) y defendió el centralismo de esta organización frente a radicales anarquistas como Bakunin.

El anarquismo rechazaba al comunismo porque éste pretendía concentrar todo el poder en el Estado y ponía en sus manos toda la propiedad, mientras que Bakunin y sus partidarios deseaban abolir el Estado cuanto antes, porque según ellos esclavizaba y humillaba a las personas. Marx creía que la abolición del Estado tendría lugar cuando hubieran desaparecido las diferencias entre las clases sociales, pero Bakunin sostenía que tal abolición debía ser el inicio de la revolución y no el final. De manera que la ruptura entre ambos fue inevitable.

La fama de arrogante y autoritario que tenía Marx se debía a que en sus escritos empleaba siempre un estilo sarcástico, era un luchador con mucha agresividad y no sabía tolerar el disimulo ni el engaño en cuestiones relacionadas con los problemas de la existencia humana. Su tono al hablar era cortante y áspero, su intransigencia le descalificaba para ser dirigente de partido ya que le faltaba el requisito principal de saber tratar a la gente. En una época en que la miseria de los obreros se atribuía simplemente a su carencia de virtudes morales, Marx se rebelaba y denunciaba vivamente:

> "El pícaro, el sinvergüenza, el pordiosero, el parado, el hombre de trabajo hambriento, miserable y delincuente son *figuras* que no existen *para ella* (la Economía Política del capital), sino solamente para otros ojos; para los ojos del médico, del juez, del sepulturero, del alguacil de pobres, etc.; son fantasmas que quedan fuera de su reino. Por eso para ella las necesidades del trabajador se reducen solamente a la *necesidad* de mantenerlo *durante el trabajo* de manera que no se *extinga la raza de los trabajadores*." (Marx, 1999a: 124).

A partir del año 1849 Marx empezó a sufrir todo tipo de contrariedades de carácter físico, económico y familiar. Contrajo enfermedades del hígado y de la vesícula, así como fuertes neuralgias y dolores reumáticos, que ya no le abandonarían nunca más. A pesar de haber trabajado toda su vida en el periodismo, jamás ganó lo suficiente para mantener dignamente a su familia, llegando a pasar décadas enteras de auténtica miseria económica. Fue desahuciado de su casa en Londres y sus propiedades fueron confiscadas. Allí murieron también dos de sus cuatro hijos y su esposa Jenny padeció varias crisis nerviosas. Por si todo esto no fuera poco, una relación extramarital vino a perturbar la vida matrimonial. Marx tuvo un hijo con Helene Demuth al que nunca quiso reconocer por miedo a que su esposa, que era muy celosa, le pidiese la separación.

Este hecho supuso una herida silenciada que ensombreció los últimos años de la vida de Marx. "Pero no se hablaba del asunto, en parte porque el hecho les parecía escandaloso a la luz de la moral burguesa imperante en la época, y en parte porque no se ajustaba a los rasgos heroicos e idílicos propios de un ídolo de las masas. Se borraron, pues, todas las huellas de ese hijo, y sólo la casualidad preservó de la destrucción una carta de Louise Freyberger-Kautsky dirigida a August Bebel que aclaraba el asunto" (Blumenberg, 1984: 139). De las tres hijas que tuvo el matrimonio Marx dos se quitaron la vida, la primera, Jenny, lo hizo dos meses antes de la muerte de su padre, mientras que Laura, la segunda, se suicidó también veintiocho años después, en 1911.

En la etapa de Londres Marx escribió sus obras económicas más importantes y colaboró, mediante cartas y artículos, en los acontecimientos de la Comuna de París, difundiendo así entre la clase obrera europea la importante lucha social que se estaba llevando a cabo allí. En alguna ocasión, cuando sus ideas eran malinterpretadas protestaba enérgicamente y decía en tono irónico: "Yo, desde luego, no soy marxista". Después de la muerte de su esposa, ocurrida el 2 de diciembre de 1881, Marx viajó a

Francia, Argel y Suiza pero su fuerzas empezaron a debilitarse paulatinamente. Al regreso de este viaje se le oyó decir: "¡Qué inútil y vano es este querido camino de la vida!" El 14 de marzo de 1883, cuando tenía 65 años de edad, Marx falleció en Londres apesadumbrado por el reciente suicidio de su hija Jenny y como consecuencia de una grave tuberculosis. La obra de su vida que llevaba redactando desde hacía veinte años, *El Capital,* quedó esbozada pero inacabada y ocupó durante generaciones a los investigadores especializados.

¿De qué fuentes bebió Marx?

Como ya se indicó en su momento, las ideas evolucionistas de Darwin influyeron en el pensamiento de Marx, según se desprende claramente de una carta personal dirigida por éste a Lasalle y fechada del 16 de enero de 1861:

> "El libro de Darwin es muy importante y en ciencias naturales me sirve de base para la lucha de clases en la historia. Desde luego que uno tiene que aguantar el crudo método inglés de exposición. A pesar de todas las deficiencias, no sólo se da aquí por primera vez el golpe de gracia a la "teleología" en las ciencias naturales, sino que también se explica empíricamente su significado racional" (Jerez, 1994: 57).

Sin embargo, las raíces del pensamiento de Marx hay que buscarlas fundamentalmente en el método dialéctico de Hegel y en el ateísmo materialista de Feuerbach. No obstante, entre estos dos filósofos existen profundas diferencias ya que si el idealismo hegeliano afirma que el mundo real es el producto del mundo ideal, Feuerbach no admite más realidad que la naturaleza y cree que el mundo ideal de Hegel es pura ilusión, una mera construcción de la mente humana. La doctrina hegeliana conduce inevitablemente a la conclusión teológica de que la naturaleza ha sido creada por Dios, pero la filosofía de Feuerbach, por el contrario, asume que el mundo natural es todo lo que existe y que el hombre, uno de sus muchos productos, sólo es una especie biológica más. De modo que Dios resulta ser únicamente una construcción fantástica de la imaginación humana. Son los hombres quienes crean a los dioses y no al revés. Cuanto más pobre es el hombre, cuanto más despojado está de bienes materiales, tanto más rico es su Dios.

Marx defiende el materialismo de Feuerbach frente al idealismo de Hegel pero afirma, a la vez, que la dialéctica hegeliana es la base de toda dialéctica, una vez que se la ha depurado de su forma mística. "Soy hegeliano pero la revés" dice Marx. Por tanto, la interpretación materialista de la historia es, en su opinión, el "materialismo dialéctico", del que se deduce que la historia de la especie humana es sólo una etapa más de la historia natural. Marx escribe que "el hombre hace la religión, la religión no hace el hombre. [...] La religión es la queja de la criatura en pena, el sentimiento de un mundo sin corazón y el espíritu de un estado de cosas embrutecido. Es el *opio* del pueblo" (Marx & Engels, 1974: 94). Conviene pues superar estas circunstancias alienantes en las que surge la religión y mejorar la vida de los hombres mediante la revolución. Marx aceptó la visión atea que tenía Feuerbach pero, al mismo tiempo, le acusó de no prestar suficiente atención a las causas sociales que originaban la religión. Lo que había que hacer, según él, era eliminar esas causas alienantes y entonces la religión desaparecería por si sola.

El problema de la alienación humana

El *Manifiesto comunista* escrito entre Marx y Engels comienza con las siguientes frases: "Un fantasma recorre Europa: el fantasma del comunismo. Todas las fuerzas de la vieja Europa se han unido en santa cruzada para acosar a ese fantasma: el Papa y el zar, Metternich y Guizot,

---

OBRAS DE MARX

1841	*Diferencias entre la filosofía de la naturaleza de Demócrito y la de Epicuro.*
1842-1843	*En defensa de la libertad: Los artículos de la Gaceta Renana.*
1843a	*Para la crítica de la filosofía del estado, de Hegel.*
1843b	*Sobre la cuestión judía.*
1844a	"Crítica de la filosofía del derecho de Hegel: Introducción" en *Anales franco-alemanes.*
1844b	*Manuscritos económico-filosóficos.*
1845a	*La sagrada familia.*
1845b	*Once tesis sobre Feuerbach.*
1845-1846	*La ideología alemana (*en colaboración con Engels).
1847	*La miseria de la filosofía.*
1848	*El Manifiesto del Partido Comunista* (en colaboración con Engels).
1850	"Las luchas de clases en Francia 1848-1850" *en Obras escogidas.*
1852	"El 18 Brumario de Luis Bonaparte" *en Obras escogidas.*
1854-1858	*Escritos sobre España.*
1857-1858	*Elementos fundamentales para la crítica de la economía política.*
1859	*Contribución a la crítica de la economía política.*
1862-1863	*Teorías sobre la plusvalía.*
1867	*El Capital* (tomo I).
1871	"La Guerra Civil en Francia" *en Obras escogidas.*
1875	*"Crítica del programa de Gotha" en Obras escogidas.*
1867-1879	*El Capital (tomos II y III).*

---

los radicales franceses y los polizontes alemanes". ¿Por qué casi todo el mundo parecía temer a ese fantasma? ¿dónde estaba el hipocentro de aquél terremoto que tambaleó los cimientos de la antigua Europa? La primera onda sísmica hay que buscarla en el concepto de *alienación* humana que Marx tomó prestado de Hegel. La palabra alienación proviene del latín *alienus* y significa: "sentirse ajeno o extraño", "sentirse otro". Hegel a su vez sacó este término del Derecho y lo utilizó para referirse a la persona que ha perdido sus derechos, que ha sido expropiada y, por tanto, está "alienada". También en psiquiatría se puede decir, por ejemplo, que un demente está alienado porque no sabe quién es, porque ha perdido su propia identidad y adopta una actitud distinta a la que en él resultaría natural.

Pues bien, Marx aplicó este mismo concepto de alienación al mundo laboral, señalando que el obrero se aliena cuando su trabajo deja de pertenecerle, cuando se vende para conseguir un sueldo humillante. Aquellas tareas en las que el trabajador no es más que una pieza de un complicado engranaje, dejan de ser creativas y de realizar al obrero para convertirlo en apéndice de la máquina, en un trozo de carne pegado a una herramienta mecánica. Ante las miserables condiciones laborales que se daban en tantas industrias de la época, en las que se obligaba a trabajar jornadas de hasta quince y dieciséis horas, no sólo a hombres y mujeres sino también a niños de tan sólo siete años, Marx levanta su voz crítica para decir que aquello no era progreso sino esclavitud; que aquél no era el verdadero mundo del trabajador y que por eso éste se sentía ajeno a él.

En esas condiciones el obrero se volvía extraño a sí mismo, ya no se podía reconocer en su actividad y en sus obras. Tal sería, para el marxismo, la primera o la más importante de todas las alienaciones, la económica que conduciría hacia todas las demás: alienación ideológica, política, jurídica, religiosa, etc. Según Marx, los hombres estaban alienados en el régimen capitalista porque habían creado organizaciones colectivas tan grandes en las que se habían perdido. La propiedad privada de los medios de producción y la anarquía del mercado constituían las dos principales fuentes de alienación, pero no sólo para los trabajadores sino también para los propios empresarios que se convertían así también en esclavos de la competencia.

La noción del inconsciente social

Marx llegó a la conclusión de que toda la sociedad estaba montada sobre un impresionante malentendido. Aquello que enseñaban los economistas de la época no tenía absolutamente nada que ver con lo que ocurría de verdad. La apariencia de la sociedad no era su realidad. El mundo de la modernidad, justo e igualitario, que pregonaban los teóricos del liberalismo, no era en la práctica más que la explotación sistemática del trabajador por parte del capital. Lo que en verdad provocaba el desarrollo de la sociedad burguesa era algo que se ocultaba a los hombres. Fuerzas que actuaban bajo mano y permanecían escondidas a la mayoría de los individuos. Sólo los perspicaces eran capaces de intuirlas y descubrirlas. Fenómenos como la política, que en el fondo era el engaño de los pocos; la religión, el triste consuelo de los muchos; la familia o la explotación a pequeña escala del sistema de clases; la ciencia, base técnica del poder económico o, en fin, el arte que hace creer a la gente que el mundo es un lugar bello y pacífico. Toda la realidad social no era más que pura apariencia. Marx llamó a esta situación de ignorancia generalizada, el "inconsciente social" y la hizo responsable del incremento de las desigualdades en el seno de la sociedad. El sociólogo Paul Claval resalta también el valor de esta teoría:

> "La noción de inconsciente se vuelve indispensable para explicar la mayor parte de las situaciones y constituye, para las ciencias sociales, un progreso indiscutible. Gracias a ella, es posible ir más allá de las interpretaciones, ingenuas o interesadas, que los protagonistas de la vida social tienden a dar de sus acciones y de las reglas vigentes de su mundo." (Claval, 1991:175).

Sin embargo, Marx, después de llegar a esta conclusión del inconsciente social, no actúa como cabría esperar. No empieza su estudio a partir de los hechos visibles de la sociedad para continuarlo con aquellos otros desconocidos y que pasan desapercibidos a la mayoría de las personas, sino que se niega a aplicar el sentido común. En vez de estudiar el mundo real, prefiere basar su interpretación en el estudio de lo que no se ve, en el mundo de las intuiciones, las ideas y los conceptos, renunciando así a cualquier recurso a la experimentación o a las pruebas demostrativas. La debilidad principal de la visión sociológica de Marx es precisamente ésta, considerar que el análisis de la vida en sociedad sólo se puede hacer de forma teórica.

La historia de la humanidad ¿es la historia de la lucha de clases?

Tanto para Marx como para su amigo Engels la respuesta a esta pregunta es evidente y absolutamente afirmativa. En el *Manifiesto comunista* escriben:

> "En la antigua Roma hallamos patricios, caballeros, plebeyos y esclavos: en la Edad Media, señores feudales, vasallos, maestros, oficiales

y siervos, y, además, en casi todas estas clases todavía encontramos gradaciones especiales.

La moderna sociedad burguesa, que ha salido de entre las ruinas de la sociedad feudal, no ha abolido las contradicciones de clase. Únicamente ha sustituido las viejas clases, las viejas condiciones de opresión, las viejas formas de lucha por otras nuevas. Nuestra época, la época de la burguesía, se distingue, sin embargo, por haber simplificado las contradicciones de clase. Toda la sociedad va dividiéndose, cada vez más, en dos grandes campos enemigos, en dos grandes clases, que se enfrentan directamente: la burguesía y el proletariado." (Marx & Engels, 1997: 22).

La clase social es entendida así como un conjunto de personas unidas por unas determinadas condiciones económicas y sociales que se identifican entre sí, que poseen una conciencia de clase ya que comparten sentimientos, necesidades, problemas y maneras de pensar. De ahí que el interés principal de la clase dominante sea siempre perpetuar su dominio, mientras que para el proletariado, el interés de clase sería destruir el modo de producción capitalista. Estos intereses antagónicos son los que conducirían a la inevitable lucha de clases, al eterno conflicto entre los que tienen y los que no tienen.

Por tanto, los seres humanos ya no se diferenciarían por la raza o la nacionalidad sino sobre todo por la clase social a la que pertenecen. Según esta concepción materialista de la historia, el motor del cambio en las sociedades no está constituido por las ideas o los valores de las personas sino por las influencias económicas, por las peleas clasistas entre los ricos y los pobres. No obstante, el número de clases sociales que aparece en los trabajos de Marx es un tanto desconcertante. Unas veces se refiere a tres, como en *El Capital:* terratenientes, empresarios y obreros; otras habla de dos, como en el *Manifiesto comunista:* patronos y proletarios; e incluso en determinadas ocasiones enumera hasta siete u ocho, como en *El 18 Brumario de Luis Bonaparte.* Según palabras del catedrático de sociología, Juan González-Anleo:

"En definitiva, la llamada teoría marxista de las clases no está bien definida, es una pluralidad de teorías con un principio común: la lucha de clases. Los criterios de distinción, y por tanto el número mismo de las clases, varían según la intención de Marx, hombre polivalente que escribía en clave económica, político-dialéctica o histórica, según la ocasión." (González-Anleo, 1994: 173).

De cualquier manera, Marx abrigaba la esperanza de que las clases intermedias existentes entre capitalistas y proletarios, tales como las de los artesanos, pequeños burgueses, comerciantes y campesinos, se agruparían sólo en las dos primeras cuando llegara la revolución proletaria.

En ese momento todos tendrían que decidirse por los trabajadores o por los empresarios, ya que sólo habría dos bandos. Por lo tanto, la única posibilidad que le quedaba al proletariado para liberarse de la opresión impuesta por el capital era acabar con la sociedad de clases. Lo cual implicaba abolir la propiedad privada de los medios de producción mediante la instauración del comunismo. Pero para acabar con el poder del capitalismo era necesario empuñar las armas ya que "la burguesía no ha forjado solamente las armas que deben darle muerte; ha producido también los hombres que empuñarán esas armas: los obreros modernos, los *proletarios*" (Marx & Engels, 1997: 30).

La burguesía había producido sus propios sepultureros, esos trabajadores que ya no tenían nada que perder, sólo sus propias cadenas. Su misión era destruir todo aquello que durante mucho tiempo había venido asegurando la propiedad privada existente, ya que en el futuro la burguesía sería incompatible con la sociedad y su hundimiento, frente a la victoria del proletariado, iba a ser absolutamente inevitable. El objetivo inmediato del comunismo era constituir a los trabajadores en la clase que conquistara el poder político y redimiera a la sociedad. Tal es el gran mito marxista de la redención proletaria.

Sin embargo, ante la cuestión acerca de si la lucha de clases es el único motor del cambio social, como pensaba Marx, quedan abiertas otras posibilidades. ¿Acaso la lucha pacífica por la justicia y por la verdad de los hombres de buena voluntad no ha movido también la historia? Los principios cristianos del amor al prójimo, al débil y al enfermo ¿no han logrado mejorar las condiciones humanas en los dos últimos milenios? El desarrollo científico y técnico iniciado por hombres que procuraban leer el gran libro de la naturaleza como la "otra" revelación de Dios, ¿no ha impulsado el desarrollo de la humanidad? Es verdad que bajo el pretexto de lo religioso se han cometido muchas injusticias y auténticas atrocidades a lo largo de la historia, pero esto no resta importancia a los progresos sociales alcanzados a partir de la verdad revelada. No es posible negar la continua agresión ambiental contra el planeta, causada por los excesos egoístas de la actual tecnología industrial, sin embargo tampoco se puede obviar la realidad de los avances científicos en la lucha contra la enfermedad y en otras esferas del bienestar humano. Es evidente que no toda evolución social es imputable a la lucha de clases sino que en la historia de la humanidad intervienen también otros importantes factores.

El concepto de clase social usado por Marx hunde sus raíces en el individualismo humanista. Si lo único capaz de mover la sociedad es el interés económico y material de los individuos, si la causa real del desarrollo social es solamente el egoísmo de los ciudadanos, entonces ¿qué ocurre con la idea de comunidad? "Si la historia entera de la sociedad no es nada más que la historia de la lucha de clases, entonces no hay ningún espacio en tal sociedad para una verdadera comunidad" (Dooyeweerd,

1998: 211). Si cada estamento social buscara sólo su propio beneficio, ¿no habría que pensar también en el Estado, o en la clase dirigente, como en un instrumento de dominio? ¿que garantías habría para confiar en que los gobernantes buscarían ante todo el bienestar social de los ciudadanos? En la evolución de las comunidades humanas tiene que haber algo más que el puro egoísmo individualista y corporativista propuesto por la lucha de clases.

¡Proletarios de todos los países, uníos!

Karl Marx creyó haber encontrado en su concepción de la historia y en su crítica del capital, los fundamentos científicos para la liberación de la clase obrera. La emancipación de los trabajadores de todo el mundo iba a ser, según su teoría, el inicio de la emancipación de toda la humanidad. Estas ideas le llevaron a participar en la organización de la clase obrera europea así como en su revolución contra el sistema. Procuró aunar su creación teórica con su militancia práctica. Sin embargo, Marx no se hizo proletario ni tampoco sus convicciones le llevaron a renunciar a los privilegios de clase. Es verdad que pasó épocas de miseria y privaciones pero no por ser fiel a sus principios sino debido a los avatares propios de su existencia. Marx fue siempre un burgués, no un obrero. El interés por la injusticia social que sufrían los trabajadores se le despertó tardíamente.

"A principios de la década cuarenta había en Alemania –y mucho más en Francia– una ingente cantidad de literatura sobre la cuestión social. No hay indicio ninguno de que Marx se haya interesado por ella antes de pasar a vivir en Colonia. Se consideraba filósofo, pese a que "ocupaciones políticas y filosóficas de otro tipo" lo apartaban de la exposición general de la filosofía griega tardía que tenía proyectada. Defendía la "masa pobre, desposeída política y socialmente"; pero, sin embargo, es indudable que no fue la indignación sobre una injusticia social su experiencia primaria, como, por ejemplo, para Engels lo fueron los abusos sociales en Wuppertal, o para el joven Lasalle, que se indignó tanto por las persecuciones de los judíos en Damasco, en 1840, que deseó ser el libertador de los judíos y posteriormente de todo el pueblo. El nivel extraordinario del trabajo periodístico del joven Marx está más bien determinado por una agudeza antitética y una lógica dominante, basada en una educación filosófica muy profunda" (Blumenberg, 1970:67).

Sea como fuere, Marx se convirtió en el profeta teórico de la lucha obrera augurando que la revolución supondría el fin de las clases y de la sociedad capitalista. Aceptó el mito de las revoluciones de Hegel, creyendo que las revueltas sociales no eran accidentales sino que constituían la expresión de una necesidad histórica y que ocurrían en el momento oportuno, allí donde se daban las condiciones adecuadas. También compartió con Rousseau el mito de la sociedad culpable, asumiendo que la única esperanza de salvación para el mundo de su tiempo era la revolución. Si Rousseau creía que el ser humano sólo alcanzaría la felicidad después del establecimiento de un auténtico contrato social, Marx pensaba que tal felicidad vendría al final de la historia, con la dictadura del proletariado que haría desaparecer toda alienación. Ambos mitos coincidían en la crítica del mundo presente y en señalar que la salvación no podía ser individual sino colectiva, por medio de un nuevo contrato o de la revolución proletaria. Si no había pecado individual, si el hombre era bueno por naturaleza, no era necesario por tanto hablar de arrepentimiento sino de revolución.

El análisis social que realiza Marx es absolutamente radical al afirmar que la propia dinámica del sistema capitalista conducirá inevitablemente el enfrentamiento entre las clases sociales hasta sus últimas consecuencias: la aparición de la sociedad sin clases como resultado de la lucha revolucionaria. La implantación de esta nueva sociedad supondrá la ruptura más radical con las relaciones de propiedad tradicionales. Las verdades eternas que históricamente han venido presentando la religión y la moral tendrán también que ser abolidas por el comunismo. Cuando triunfe éste no podrá haber ni Patria, ni Estado, ni religión; la educación dejará de justificar los ideales burgueses del mundo capitalista; la propiedad privada que siempre ha estado en manos de unos pocos, pasará a ser propiedad común para todo el pueblo y, en fin, la familia no será nunca más un objeto para explotar o prostituir.

Marx entiende estos objetivos del comunismo como si se tratasen del resultado necesario de la doctrina "científica" del materialismo histórico. Las tres leyes "científicas" que constituyen esta doctrina son tomadas del esquema clásico de Hegel: tesis, antítesis y síntesis. Pero en la visión marxista la tesis afirma que los capitalistas se hacen cada vez más ricos; por el contrario, la antítesis, implica que los obreros tienen que trabajar también cada vez más y en peores condiciones hasta que provocan la revolución. La síntesis vendría, por último, a nivelar y redistribuir adecuadamente la riqueza.

El mito de la inevitabilidad del comunismo propuesto por Marx contempla el paso del capitalismo al comunismo mediante dos etapas. En primer lugar, después de la revolución, se instaurará un *comunismo primitivo* en el que toda la propiedad privada pasará a ser de la comunidad. Sin embargo, esta situación no será del agrado del pueblo porque creará malestar cuando los individuos se den cuenta de que nadie tiene lo suficiente para vivir. El *comunismo auténtico* sólo llegará cuando las personas vuelvan a ser ellas mismas. Cuando comprendan cuáles son sus exigencias reales y reconozcan que a cada uno hay que darle con arreglo a sus propias necesidades. Únicamente así se podrán eliminar las envidias y las peleas sociales para vivir un comunismo que sea, en verdad, la unión de individuos libres capaces de superar el egoísmo humano y de crear una sociedad sin clases.

En la segunda etapa habrá un período de transición al que Marx llama la *dictadura del proletariado*, seguido de otro *socialista* de carácter económico, en el que se abolirán por completo las clases sociales y la propiedad privada será definitivamente colectivizada. Por último, este proceso culminará con el *paraíso comunista* en el que no habrá ni propiedad, ni clases, ni religión, ni Estado. Y, desde luego, el detonante que provocará todo este proceso social será el grito de guerra: ¡proletarios de todos los países, uníos!

Teoría de la plusvalía

De la misma manera que Auguste Comte distinguía tres etapas para la historia humana, según la manera de pensar que tenía el hombre de cada época, también Marx propuso cuatro etapas en función del tipo de economía que predominaba en cada una de ellas. Estos cuatro modos de producción eran: el asiático, el antiguo, el feudal y el burgués. En el antiguo el trabajo lo realizaban los esclavos, en el feudal eran los siervos y en el modo burgués los obreros. La principal objeción que se ha hecho a esta clasificación es que mientras los tres últimos modos corresponden a la historia de Occidente, el primero de ellos no parece pertenecer a la misma (Aron, 1996: 180).

En efecto, el modo de producción asiático no consiste en la subordinación de los esclavos, los criados o los trabajadores a una clase social que sea dueña de los medios de producción, sino al Estado. Por tanto, su estructura social no sería la de una lucha de clases en el sentido marxista, sino más bien la de una explotación de toda la sociedad por parte de la burocracia estatal. Esta dificultad provocó interminables discusiones entre los intérpretes de Marx acerca de si existía o no unidad en tal proceso histórico de los modos de producción. De cualquier manera, los acontecimientos posteriores se encargaron de demostrar que en ciertos países donde había triunfado la revolución socialista, lo que ocurrió en realidad fue una sustitución de la explotación burguesa por otra explotación de Estado, según el modo de producción asiático.

Marx se refiere frecuentemente al trabajo como a un elemento de notable importancia para su teoría. El trabajo es el factor que constituye la mediación entre el hombre y la naturaleza; es el esfuerzo humano por regular su metabolismo con el mundo natural; es la expresión de la vida del individuo que puede modificar su relación con el entorno. El trabajo no es sólo un medio para lograr un fin, sino un fin en sí mismo; es la expresión significativa de la energía humana; por eso el trabajo puede ser gozado y a través de él, el hombre puede cambiarse a sí mismo. El trabajo no es un castigo para el hombre, sino el hombre mismo. Sin embargo, Marx se queja de la perversión sufrida por el trabajo en el mundo capitalista, que lo ha convertido en una tarea forzada, enajenada, carente de sentido; en algo que transforma al ser humano en una especie de "monstruo tullido" dependiente de la máquina. Esta es la peor "estupidización del obrero", aquella que lo reduce a la condición de accesorio viviente de una herramienta inteligente. En tales condiciones el trabajador queda rebajado a "la más miserable de todas las mercancías" ya que puede venderse como cualquier otro producto y su valor está sujeto a las fluctuaciones del mercado o de la competencia.

Igual que ocurre con las demás mercancías, el precio de la fuerza del trabajo en el mercado depende de su valor de cambio. Es decir, del tiempo que el obrero emplea en producir sus medios de subsistencia, necesarios para reponer la energía muscular, nerviosa, psíquica, etc., gastada frente a la máquina. El empresario tiene con sus trabajadores una mercancía preciosa ya que éstos producen un valor mayor que el necesario para reponer el desgaste físico que sufren en sus trabajos: un *plusvalor*. Además del trabajo necesario para recuperar fuerzas, los obreros realizan un trabajo excedente, un *plustrabajo*, que es el origen del beneficio que obtiene el capitalista.

En esto consiste el segundo gran "descubrimiento" de Marx, en la teoría económica del valor excedente o *teoría de la plusvalía* basada a su vez en la teoría del valor-trabajo de David Ricardo. Si su primer hallazgo fue "descubrir" el papel mesiánico del proletariado en el inestable sistema capitalista, su segunda revelación será ésta, la de mostrar que el capitalista paga al trabajador lo justo para subsistir, explotándolo así al quedarse con el valor producido por el obrero por encima de su remuneración. Este valor excedente es la plusvalía que enriquece al empresario. Si, por ejemplo, un trabajador produce en cinco horas un valor igual al que está contenido en su salario, pero trabaja diez horas. Lo que hace es trabajar la mitad del tiempo para sí mismo y la otra mitad para el empresario.

La plusvalía será, por tanto, la cantidad de valor producida por encima de esas cinco horas necesarias para obtener el salario del obrero. Si el capitalista entregara a sus trabajadores todo el producto del trabajo que éstos realizan, no le quedaría ningún margen de beneficios. Lo que hace, por el contrario, es robar tiempo de trabajo ajeno para obtener así su plusvalía. Este régimen injusto de usurpación se constituye en la base de la sociedad capitalista. La teoría de la plusvalía, aunque sigue defendiéndose por parte de los marxistas ortodoxos, ha sido criticada por algunos economistas partidarios de las ideas de Marx y totalmente rechazada por los no marxistas ya que, como señala Raymond Aron, "en ningún régimen es posible dar a los trabajadores la totalidad del valor que producen, porque es necesario reservar una parte para la acumulación colectiva" (1996: 235).

La religión como opio del pueblo

La famosa frase que afirma que "la religión es el opio del pueblo" está tomada en realidad, como tantas otras, de Bruno Bauer (1809-1882), amigo personal de Marx y miembro de la izquierda hegeliana. El sentido de la misma es manifestar que las religiones eran como sedantes o narcóticos que creaban una felicidad ilusoria en la sociedad; drogas que contribuían a evadir al hombre de su realidad cotidiana; prejuicios burgueses detrás de los que se ocultaban los verdaderos intereses del capitalismo. Marx combatió la religión degradada de su tiempo porque creía que alienaba al ser humano y no satisfacía sus verdaderas necesidades; pensaba que tal religión sólo servía para persuadir a los individuos de que el orden actual de la sociedad era aceptable e irremediable y, por tanto, desviaba sus deseos de justicia y felicidad del mundo humano al mundo divino.

En este sentido, la religión era la medida de la miseria terrena del hombre; la conciencia invertida del mundo porque lo concebía al revés, injusto e inhumano; algo que legitimaba las injusticias sociales del presente creando a la vez una esperanza ilusoria de justicia definitiva en el más allá. Por tanto, lo que había que hacer para superar tal alienación religiosa era cambiar las condiciones económicas y sociales por medio de la revolución y crear un paraíso en la tierra que hiciera innecesario el anhelo religioso. Pasar de la crítica de la religión a la crítica de la política. "También Marx se tiene por un segundo Lutero, pero que ya no entabla combate con los curas de fuera de él, sino con su propio cura interior, con su naturaleza clerical" (Küng, 1980: 323).

Como simpatizante de las ideas de Hegel, Marx llegó a conocer bien la obra de Friedrich Daumer (1800-1875), otro de los jóvenes hegelianos de izquierda que había publicado un libro titulado, *Secretos de la antigüedad cristiana* (1847). Con este trabajo absurdo y simplista se pretendía desacreditar a los cristianos primitivos afirmando que Jesús, bajo el pretexto de reformar el judaísmo, lo que hizo fue volver a las prácticas de los sacrificios humanos y al canibalismo. Daumer decía cosas como que el Maestro atraía hacia sí a los niños con el fin de sacrificarlos o que la última cena fue en realidad una comida de caníbales en la que Judas se habría negado a participar. Lo que resulta increíble es que tales ideas fueran tomadas en serio por personas cultas como eran los filósofos ateos hegelianos. El teólogo católico Henri de Lubac comenta:

"El mismo año de la aparición de los *Secretos*, Karl Marx, [...] presenta públicamente a los ingleses la "sustancia" del pensamiento de Daumer, feliz por haber descubierto allí "el último golpe dado al cristianismo": "Daumer demuestra que los cristianos, efectivamente, han degollado a los hombres, han comido carne humana y bebido sangre humana. [...] El edificio de la mentira y del prejuicio se hunde" (de Lubac, 1989, 2: 329).

Si realmente Marx estuvo dispuesto a aceptar tales afirmaciones, esto demostraría por su parte muy poco conocimiento de los principios del cristianismo y de la historia de la Iglesia primitiva. De hecho, lo que resulta evidente a través de sus escritos, es que nunca se enfrentó seriamente con la concepción bíblica de Dios, de Jesucristo y del propio ser humano. Marx pensaba que los burócratas y la psicología burocrática eran al Estado laico del capitalismo lo que los jesuitas y la psicología jesuítica fueron en su día respecto de la monarquía absoluta cristiana y la sociedad señorial moderna. Los jesuitas pretendían hablar en nombre de Dios y de los intereses espirituales de la Iglesia, así como los burócratas lo hacían en nombre del Estado y de los intereses de los ciudadanos.

Sin embargo, tanto unos como otros sólo velaban por sus propios intereses. Bajo la apariencia de altruismo y solidaridad hacia el resto de la sociedad únicamente defendían su provecho corporativista y particular (Jerez, 1994: 48). En cuanto al protestantismo, Marx llamó también la atención, mucho tiempo antes que Max Weber, acerca de la relación que existe entre éste y el capitalismo. En su opinión, el individualismo espiritual tan característico de los seguidores de la Reforma había pasado, de forma evidente, al modo de producción capitalista propio de la sociedad burguesa.

No obstante, la creencia de Marx era que la religión moriría por sí sola sin necesidad de que se la combatiera violentamente. Mediante la introducción del nuevo orden comunista, la conciencia religiosa desaparecería sencillamente porque ya no habría más necesidad de ella, pues el ser humano se realizaría a sí mismo en el reino de la libertad y la justicia. Pero si Marx pensaba que la religión se volvería superflua e iría desapareciendo poco a poco a medida que se instaurase el comunismo, alguno de sus discípulos más fervientes no estuvieron tan convencidos de ello y emplearon todos los medios a su alcance para combatirla. Lenin, por ejemplo, odiaba todo lo que tuviera que ver con el fenómeno religioso y consideraba el ateísmo como una exigencia necesaria del partido comunista. En su opinión, para ser marxista había que ser también ateo. Hans Küng se refiere a él con estas palabras:

> "Ahora la religión ya no es, como para Marx, el "opio del pueblo", al que el mismo pueblo se entrega para alivio de su miseria. Es más bien [...] "opio (conscientemente suministrado por los dominadores) *para* el pueblo": "La religión es opio para el pueblo. La religión es una especie de aguardiente espiritual, en el que los esclavos del capital ahogan su rostro

humano y sus aspiraciones a un vida medio digna del hombre. Pero el esclavo que ha tomado conciencia de su esclavitud y se ha puesto en pie para luchar por su liberación, cesa ya a medias de ser esclavo. Educado por la fábrica de la gran industria e ilustrado por la vida urbana, el obrero moderno, consciente de su clase, arroja de sí con desprecio los prejuicios religiosos, deja el cielo a los curas y a los beatos burgueses y consigue con su lucha una vida mejor aquí en la tierra" (Küng, 1980: 335).

No obstante, ni el ateísmo beligerante que profesaba Lenin, ni el más moderado de Marx o el de Feuerbach, se apoyan sobre un fundamento suficientemente convincente. Es indudable que existe una influencia de lo psicológico, de lo social e incluso de lo económico sobre la religión y la idea de Dios, pero tal influencia no dice nada en absoluto acerca de la existencia o no existencia de Dios. Es verdad que el hombre puede hacer la religión pero esto no significa que también sea capaz de hacer a Dios. La elaboración de doctrinas, dogmas, rituales, himnos, oraciones y liturgias puede ser obra de los seres humanos, más o menos influidos por lo trascendente, sin embargo la divinidad misma en cuanto tal no puede ser creada por ningún humano. Si la filosofía rechaza el argumento ontológico que niega que de la idea de Dios pueda concluirse su existencia, ¿no debería negar también, por la misma razón, que de esa misma idea pueda determinarse su no existencia?

Los pensamientos que el hombre se forma acerca de Dios, las representaciones humanas de la divinidad, no demuestran que Dios sea sólo el producto del pensamiento o de la imaginación humana. El hombre es obra de Dios pero Dios no es obra del hombre. "Aun cuando se pueda demostrar [...] que la imagen de Dios de una sociedad helenista, feudal o burguesa tiene una esencial determinación, un tinte, un cuño helenista, feudal o burgués, de ahí no se sigue en absoluto que esa imagen de Dios sea simple ilusión, que ese concepto de Dios sea pura proyección, que ese Dios sea una nada" (Küng, 1980: 342). Por tanto, el ateísmo marxista es una pura hipótesis sin pruebas, dogmática e incapaz de superar la fe en Dios.

Errores de Marx

La obra de Karl Marx ha tenido una notable repercusión por todo el mundo durante el siglo xx. Sus principales planteamientos han influido en otras corrientes de pensamiento como el existencialismo, el estructuralismo y en movimientos religiosos cristianos como la teología de la liberación, que será comentada más adelante. Incluso en el campo de la sociología muchos estudiosos se han visto marcados por la concepción de la lucha de clases que Marx propuso. Hasta la caída del comunismo soviético y del muro de Berlín, prácticamente la tercera parte de la población mundial vivía bajo gobiernos que se consideraban herederos y practicantes de las ideas marxistas.

El régimen comunista, concebido como organización socioeconómica que perseguía el que ninguno de sus miembros difiriera grandemente en lo que tenía, procuró implantar, en los diferentes países donde arraigó, un único partido (el comunista); expropiar toda propiedad privada y llevar a cabo una industrialización masiva. Pero si bien es verdad que el proyecto político de Marx alimentó durante décadas la conciencia obrera de la lucha de clases, también lo es que se convirtió después del triunfo de la revolución rusa, en un sistema cerrado o en una ideología de dominación y de terror. Posiblemente el propio Marx se hubiera horrorizado al ver cómo en su nombre eran masacradas y enviadas al cadalso miles de criaturas humanas. "El estado soviético liquidó durante los años treinta a un buen número de sus fundadores: nada garantiza que en nombre del marxismo no habría liquidado también a Marx de haber tenido la posibilidad física de hacerlo" (Blumenberg, 1984: 15).

Poco tiempo después, las derrotas de los movimientos obreros en Europa empezaron a influir sobre las predicciones del pensamiento marxista. Se inició así una revisión de su ideología que terminó por suprimir toda referencia a Marx de los programas políticos de muchos partidos socialistas europeos. Esta tendencia siguió aumentado hasta terminar con el hundimiento del marxismo como sistema cerrado de pensamiento. A mediados de los años setenta, el teólogo protestante Jürgen Moltmann describía la situación europea con estas palabras:

"El espíritu europeo se asemeja a un paisaje con cráteres apagados y con una capa de lava solidificada. Ideologías, utopías, perspectivas halagüeñas y proyectos ingeniosos en orden a un futuro que hay que conquistar, se han convertido en caricaturas" (Moltmann & Hurbon, 1980: 109).

¿Cuáles fueron los errores y los aciertos de Marx que llevaron a tal situación? ¿en qué se equivocó y en qué atinó su *Manifiesto comunista*? El pensamiento de Marx ha dado lugar a una pluralidad de interpretaciones diferentes que son el producto de los equívocos generados por su particular filosofía. El origen de tales confusiones habría que buscarlo en el tipo de análisis que se hace de la sociedad en general.

Tal análisis pretende ser sociológico pero se fundamenta sobre una filosofía de futuro, sobre la convicción de que la historia de la humanidad culminará en un régimen poscapitalista sin antagonismos. Y esto es algo completamente indemostrable. ¿Cómo es posible comprobar científicamente que los problemas de la sociedad actual se vayan a solucionar en el futuro mediante la realización del hombre total, aquél que sustituirá el modo de producción capitalista por otro mucho mejor?

a) El Estado no ha desaparecido

Marx proclamó la desaparición del Estado en una sociedad sin clases ni luchas económicas. Sin embargo, la historia posterior ha confirmado que no es posible la existencia de una sociedad moderna e industrializada carente de administración y autoridad centralizada. Si lo que se pretende es una economía planificada, no es posible que desaparezca el Estado. Tiene que haber un ente que proyecte, diseñe y vele por el cumplimiento de las directrices económicas y sociales. Tampoco parece posible el que en una sociedad humana no se den los antagonismos. Decir que la mejor idea para solucionar los conflictos de clase es hacer del proletariado la clase universal que asuma el poder y gobierne, es algo bastante utópico.

Es evidente que los millones de obreros del mundo no podrían desempeñar a la vez el poder y que deberían estar representados por un grupo de hombres o por los dirigentes del partido que ejercieran este poder en nombre de la masa popular, pero ¿acaso no constituirían éstos un Estado que cumpliría las funciones administrativas y de dirección? ¿no podrían surgir también en tal sociedad antagonismos entre el pueblo y los dirigentes? Del hecho de que no existiera la propiedad privada no es posible deducir que en tal sociedad no se dieran jamás los conflictos entre personas y grupos. El poder del Estado no puede desaparecer de la sociedad a menos que ésta deje de existir.

> "El mito del decaimiento del Estado es el mito de que el Estado existe únicamente para producir y distribuir los recursos, de modo que una vez resuelto este problema ya no se necesita del Estado, es decir del mando. Este mito es doblemente engañoso. Ante todo, la gestión planificada de la economía implica un refuerzo del Estado. Y aunque la planificación no implique un refuerzo del Estado, perduraría siempre, en la sociedad moderna, un problema de mando, es decir del modo de ejercicio de la autoridad. (Aron, 1996: 241).

Ni siquiera en las sociedades comunistas se ha podido prescindir del Estado e incluso en algunas, su régimen socialista se llegó a convertir en un auténtico capitalismo de Estado. Como afirma un chiste corriente en los países del Este: "En el capitalismo impera la explotación del hombre por el hombre, mientras que en el socialismo ocurre lo contrario".

b) El capitalismo no se ha hundido

Marx estaba convencido de que el capitalismo se autodestruiría irremediablemente como consecuencia del enfurecimiento y la rebelión de los obreros del mundo. El descontento crecería entre los trabajadores hasta que estallara y provocara la destrucción del universo capitalista. Pero resulta que esto no ha sido así, sino que más bien ha acontecido todo lo contrario. En general, las condiciones laborales de los diferentes países donde impera el régimen del capital han ido mejorando y, hoy por hoy, no existen suficientes motivos para creer que tal sistema esté condenado a desaparecer, al menos en un futuro próximo.

A pesar de las crisis económicas, el capitalismo ha ido creciendo hasta convertirse en un sistema salvaje y globalizado, que se apoya en el pensamiento único del neoliberalismo, y es capaz de saltarse todas las fronteras o controles democráticos que intenten frenarlo. Ciertamente el capitalismo no se ha hundido como vaticinó Marx, pero las discriminaciones e injusticias a que está dando lugar continúan aumentando en el siglo XXI. Este sigue siendo uno de los principales retos del presente a los gobiernos de los principales países del mundo. En contra de las profecías de Marx, el régimen del capital ha tenido mucho éxito, pero también es posible "morir de éxito" si no se acierta con las medidas adecuadas para terminar con esa injusta brecha económica que separa al Norte del Sur.

c) Los nacionalismos se han incrementado

Marx y Engels escribieron en su *Manifiesto comunista* que: "El aislamiento nacional y los antagonismos entre los pueblos desaparecen de día en día con el desarrollo de la burguesía, la libertad de comercio y el mercado mundial, con la uniformidad de la producción industrial y las condiciones de existencia que le corresponden" (Marx & Engels, 1997: 46). Esto tampoco ha sido así, como lo demuestra la trayectoria histórica de la segunda mitad del siglo XX en Europa. A pesar de que el comercio y la comunicación han convertido el mapamundi terráqueo en una especie de "aldea global", según la famosa expresión del sociólogo McLuhan, el ser humano continúa siendo un lobo para el hombre. La reivindicación violenta de los nacionalismos y de las diferencias étnicas, lingüísticas o religiosas sigue latiendo en lo más hondo del alma humana. El antagonismo entre vecinos prosigue estando a la orden del día por todo el mundo y continúa, por ejemplo, tiñendo de rojo los ríos de la vieja Europa.

d) El nivel de vida de los obreros se ha elevado

En los países occidentales no ha ocurrido lo que Marx previó acerca de que los obreros se irían convirtiendo en indigentes. Durante estos últimos 150 años no se ha producido en los regímenes capitalistas la tan temida pauperización de los trabajadores, sino la progresiva elevación de su nivel de vida. La hipótesis de Ricardo que Marx tomó prestada y que afirmaba que al elevarse el salario de los obreros aumentaba también la tasa de natalidad, creándose así después un excedente de mano de obra que era imposible de emplear y un consiguiente empobrecimiento del proletariado, no se ha visto confirmada en la realidad. Es más, incluso hasta los partidos políticos proletarios han dejado de existir.

e) Los proletarios del mundo nunca se unieron

Marx se equivocó también al augurar la unión indisoluble de la clase obrera universal. Su pensamiento apostó por esa masa creciente de trabajadores que llevaría a cabo la revolución y daría lugar a un tipo más humano de sociedad; un mundo centrado sobre todo en torno a un concepto de trabajo digno y en el que el obrero se viera realizado como persona. No obstante, lo que ha ocurrido es que la clase trabajadora, lejos de convertirse en el grupo más numeroso de la sociedad, capaz de llevar a cabo la revolución, ha ido disminuyendo poco a poco. Los operarios de cuello azul han ido dejando paso a los ejecutivos con corbata o a los funcionarios especializados y aquéllos son ahora una minoría dentro de la población trabajadora. La posibilidad de que los obreros se puedan hacer con el control de las empresas o con el poder del Estado es hoy tan remota que ningún sociólogo se atrevería a mantenerla.

f) La formación multidisciplinaria del obrero es inviable

Marx concibió al hombre universalizado de la futura sociedad comunista como un obrero no especializado. El hombre total sería aquel que no estaría mutilado por la división del trabajo; el que no habría sido formado únicamente para desempeñar durante toda su vida un oficio dado, sino que poseería una formación de carácter politécnico que le habría preparado para realizar múltiples tareas diferentes. En *La ideología alemana* Marx escribió las siguientes palabras:

"Desde el momento en que comienza a dividirse el trabajo, cada uno tiene una esfera de actividad exclusiva y determinada, que se le impone y de la cual no puede salir; es cazador, pescador o pastor o crítico, y debe quedarse en ello si no quiere perder sus medios de existencia; pero en la sociedad comunista, donde cada uno tiene una esfera de actividad exclusiva, y por el contrario puede perfeccionarse en la rama que le plazca, la sociedad reglamenta la producción general y le permite así hacer hoy tal cosa, mañana tal otra, cazar por la mañana, pescar por la tarde, practicar la cría de ganado al atardecer, escribir críticas después de la comida, todo según su voluntad, sin llegar a ser jamás cazador, pescador o crítico" (Aron, 1996: 206).

Actualmente estas ideas del joven Marx resultan tan románticas como inviables en la práctica ya que no se entiende como podría funcionar una sociedad industrializada sin obreros especializados, que además estuvieran formados en muchas profesiones diferentes. Esta contradicción revela también otra quizá más profunda que se da también en sus escritos, se trata del sentido del trabajo. La actividad laboral ¿realiza o aliena? Marx parece decantarse en ciertas ocasiones por una concepción de la actividad laboral como realizadora del ser humano. El obrero realizaría su humanidad en el trabajo en la medida en que éste fuera libre y no estuviera especializado. Sin embargo, en otros escritos parece afirmar que el hombre sólo podría realizarse y ser verdaderamente libre al margen del mundo laboral, cuando dispusiera de tiempo suficiente para hacer algo más que trabajar.

g) La religión no ha desaparecido

Muchos de los análisis que hizo Marx sobre la sociedad de su tiempo fueron acertados, sin embargo por lo que respecta a las predicciones sobre la evolución social del futuro, hay que reconocer que la mayoría no se han cumplido. Esto se comprueba de manera especial con el tema de las religiones. La utópica idea que suponía el advenimiento de una sociedad poscapitalista en la que hubiera desaparecido la propiedad privada así como el antagonismo de clase y también la religión, no ha ocurrido por lo menos hasta el presente. Más que una predicción "científica" era quizás un deseo de su propio autor. Lo cierto es que hoy el sentimiento religioso subsiste todavía y, en general, ya no se le considera como el opio del pueblo.

Sin embargo, lo paradójico es que en algunos rincones de este mundo se descubre que, después de muchos años de ideología marxista, la revolución no ha conseguido sus propósitos iniciales sino que se ha convertido a su vez en un auténtico opio para el pueblo. La represión sufrida durante años por la religión en los regímenes ateos no ha conseguido extinguirla sino todo lo contrario, cuando las condiciones lo permitieron, ésta se volvió a manifestar con fuerza. A pesar de haberla dado tantas veces por muerta, la religión sigue viva. Es como si el deseo de lo trascendente que hay en el alma humana no pudiera ser extinguido.

h) La revolución violenta no es inevitable

Marx estaba convencido de que el modo de vida y la situación económica de los trabajadores no podría mejorarse sin una revolución social violenta. No reparó en las posibilidades pacíficas del sindicalismo, ni en la mejora de las condiciones de trabajo como consecuencia del desarrollo tecnológico, ni en la seguridad social que podría proporcionar el Estado. Su mito para redimir a la clase proletaria se sustentaba exclusivamente en el uso de la violencia. La última página del *Manifiesto comunista* especifica claramente: "Los comunistas consideran indigno ocultar sus ideas y propósitos. Proclaman abiertamente que sus objetivos sólo pueden ser alcanzados derrocando por la violencia todo el orden social existente" (Marx & Engels, 1997: 69). Sin embargo, el análisis de la historia revela que la violencia casi nunca ha podido resolver los problemas humanos, sino que más bien los ha incrementado generando resentimiento y más odio. La experiencia confirma que para conseguir la paz es mucho más eficaz el diálogo y la voluntad de entendimiento que la lucha armada. La mejor revolución para cambiar la historia es siempre la del corazón.

Aportaciones del marxismo

Quizá el planteamiento de la lucha de clases entre esas dos entidades sociales tan polarizadas, proletarios y capitalistas, que hizo Marx en su momento, pueda resultar hoy excesivamente simplista. No obstante, es indudable que el panorama global actual continúa siendo, a pesar de las ventajas que pueda tener la mundialización, el de una minoría rica y dominante (Primer Mundo) y el de una gran mayoría pobre, oprimida por el peso del hambre, la miseria y la deuda externa (Tercer y Cuarto Mundo).

Marx se equivocó en muchas cosas, como se acaba de ver, pero algunas de las injusticias sociales que denunció continúan afectando negativamente al mundo del siglo XXI. Asuntos como la concentración del poder económico sin control democrático; la desaparición de los valores humanos como consecuencia del aumento del espíritu de lucro; la deshumanización del trabajo que persiste provocando frustración, impotencia y resignación; la crisis de insatisfacción humana o el sinsentido de la vida que genera la propia civilización capitalista, así como la contradicción entre el desarrollo tecnológico y la protección del ser humano y de la naturaleza, siguen siendo asignaturas pendientes para este tercer milenio.

Una vez caído el muro de Berlín y demolido el sistema de la antigua URSS, el fantasma del comunismo se ha desvanecido casi por completo (aunque no conviene olvidar a China). Tal es así que en el momento actual parece ilusorio e incluso anacrónico intentar vincular la idea de democracia con un sistema económico diferente al capitalista. Probablemente en esta aldea global la batalla del socialismo revolucionario, al estilo de las consignas propuestas en el *Manifiesto* por Marx y Engels, esté del todo perdida. Sin embargo, esto no quiere decir que los focos de conflictividad y de insatisfacción social se hayan erradicado por completo o que nunca más vaya a haber rebelión contra la injusticia económica. Ningún sociólogo es capaz de prever con suficiente garantía lo que puede deparar el futuro en este sentido. Pero lo que resulta evidente es que la férrea lógica de cargar sobre las espaldas de los más débiles la parte más pesada del proceso globalizador es algo inhumano que no puede mantenerse indefinidamente.

Hay que dar una solución planetaria a la contradicción entre esta lógica del mercado y esa otra lógica de la fraternidad humana. No es posible aceptar impasibles la teoría de que el mundo progresa bien porque la economía del Norte crece sin parar, cuando se está prescindiendo conscientemente de millones de seres humanos del Sur, simplemente porque no son rentables desde el punto de vista económico. ¿Qué responsabilidad tienen las iglesias cristianas en esta situación mundial? Es posible que las inquietudes éticas que tuvo Marx en su tiempo y todas sus propuestas revolucionarias no se hubieran producido si el cristianismo del momento hubiera sabido poner en práctica la solidaridad y la justicia social que pregona el Evangelio. El reto para los cristianos del siglo XXI será, por tanto, exigir a todos los gobernantes del mundo que acierten a regular la economía internacional para terminar cuanto antes con la pobreza de la mayor parte de la humanidad y para poner fin a la explotación del hombre por el hombre.

Teología de la liberación

Las ideas marxistas se encuentran desacreditadas actualmente como teoría política en casi todo el mundo. Sin embargo, el neomarxismo continúa vivo en varios movimientos actuales de liberación. Simplemente que el concepto de proletariado ha sido sustituido por el de la mujer, los homosexuales o cualquier grupo étnico oprimido que reivindique sus derechos (Colson, 1999). Además de esto, el pensamiento de Marx ha influido también en la religión. Sus ideas fueron analizadas en los 60 por ciertos teólogos cristianos y dieron lugar a la famosa "teología de la liberación" que se extendió casi por todo el mundo. En América Latina se inició mediante la labor de hombres como Gustavo Gutiérrez, José Míguez Bonino, Rubem Alves, Leonardo Boff, José Severino Croatto, José Porfirio Miranda, Hugo Assmann y Juan Luis Segundo; entre la población negra de Sudáfrica fue promovida por líderes como Desmond Tutu; algunos negros norteamericanos la aceptaron a través de James Cone e incluso existe una teología de la liberación feminista que tiene también sus raíces en el movimiento latinoamericano.

A pesar de que habitualmente se cree que la teología de la liberación es un movimiento de origen católico surgido en la ciudad colombiana de

Medellín, en el año 1968 y en el seno del Consejo General del Episcopa-do Latinoamericano (CELAM II), lo cierto es que ocho años antes de tal fecha ya había nacido entre teólogos protestantes pertenecientes al movi-miento, Iglesia y Sociedad en América Latina (ISAL) (Hundley, 1990). La finalidad principal de estos pensadores fue centrarse en el problema de la responsabilidad social del cristiano. El misionero presbiteriano Ri-chard Shaull, que llegó a Colombia en 1942 y nueve años después se trasladó al Brasil para ejercer como profesor del Seminario Presbiteriano de Campinas, fue uno de los primeros en entender la revolución como la única solución a los problemas sociales de Latinoamérica. En 1961 reali-zó una gira por Brasil y Argentina junto a su amigo, Paul Lehmann, quien dictó conferencias acerca de cómo Dios podía utilizar la revolución mar-xista para humanizar los pueblos latinoamericanos. Estas ideas que unían el cristianismo con el marxismo para lograr una meta común, constituye-ron el principal argumento de la teología de la liberación.

Tres años después, en 1964, un discípulo de Shaull llamado Rubem Alves escribió un artículo titulado, "Injusticia y rebelión" para la revista *Cristianismo y Sociedad*, que era el medio oficial de ISAL. En este traba-jo se sentaban las bases principales de lo que Alves bautizó como la "teo-logía de la liberación". Tales dogmas afirmaban que la pobreza de los países del Sur se perpetuaba por culpa de las naciones del Norte, que se enriquecían explotando a los países pobres; este grave problema era lo que Marx había llamado la lucha de clases entre proletarios y capitalis-tas; por tanto, el marxismo debía unirse al cristianismo para alcanzar la meta común, la liberación de la humanidad oprimida; Dios no se revela-ba en las Escrituras sino en cada momento de la historia y, en el tiempo presente, obraba a través de la revolución marxista para establecer su reino en América Latina; de ahí que la Iglesia tuviera la obligación moral de colaborar y unirse al movimiento liberacionista para realizar dicha revolución. Estos principios constituyeron el germen de la teología de la liberación que brotaría con fuerza, después de la colaboración mutua entre teólogos protestantes y católicos, en la conferencia del CELAM II de 1968 en Medellín. A partir de ahí, y a pesar de la importante oposición que se generó, el movimiento se extendió por todos los continentes.

La crítica que realiza la teología de la liberación al cristianismo tradi-cional está, como se verá, plenamente justificada en varios aspectos. Igual que las iglesias cristianas institucionales practicaban en los días de Marx una religiosidad vacía que sólo parecía servir para adormecer la concien-cia del pueblo y evadirlo de la realidad cotidiana, también durante los siglos XX y XXI el pecado de la insensibilidad social y de la alianza con los poderes humanos se ha alojado en determinados rincones de la Iglesia universal. Hay que reconocer que en demasiadas ocasiones la teología, adoptando las formas del pensamiento griego, ha intentado espiritualizar la fe cristiana enseñando que el cuerpo es malo y alma buena; que de lo físico y material no vale la pena ocuparse porque sólo lo espiritual perdurará. Se ha forjado así una doctrina contraria a la Palabra de Dios; una teología errónea que no ha sabido tener en cuenta que el Nuevo Testamento apuesta claramente por la esperanza de la resurrección de la persona completa, por la redención tanto del cuerpo físico como de la imagen divina que hay en el ser humano.

También la crítica que hace la teología de la liberación al individualismo característico del mundo protestante resulta del todo pertinente. Es bueno tener una relación personal con Dios a través de Jesucristo; es más, incluso es imprescindible tenerla si se quiere crecer como creyentes. Pero si tal relación individual provoca indirectamente el olvido del hermano, entonces se convierte en un comportamiento equivocado. La relación vertical con Dios no debe anular o despreciar las relaciones horizontales con los hermanos.

El egoísmo y la arrogancia religiosa fueron abiertamente denunciados por Cristo mediante la parábola del fariseo y el publicano. No es posible estar en paz con Dios, cuando a la vez se mantiene una guerra silenciosa de indiferencia hacia los problemas del prójimo que se tiene al lado. Cuando la propia salvación personal es lo único que importa, por encima del bienestar material y espiritual del hermano, es que no se ha entendido que amar a Dios pasa por amar al compañero, al pobre, al enfermo y al hambriento. Según el Evangelio, ofrecer alimento al que tiene hambre o dar agua al sediento, es una de las mejores demostraciones de que se ama de verdad a Dios. El individualismo religioso que se desprende de aquella primitiva pregunta: "¿soy yo acaso el guardián de mi hermano?", es absolutamente incompatible con el amor al prójimo predicado por Jesucristo.

El movimiento de la liberación puso de manifiesto este importante descuido de muchas iglesias cristianas, la falta de ministerio social. Quizá el "evangelio social" practicado en el pasado por algunas comunidades religiosas, se equivocó al considerar que la vida cristiana consistía exclusivamente en solucionar las necesidades económicas de los menesterosos. Sin embargo, como reacción a esta actitud, algunas iglesias evangélicas se colocaron en el extremo opuesto y dejaron de practicar un ministerio social adecuado.

Ambos comportamientos erraron el blanco ya que si bien es verdad que el fin del Evangelio es mucho más que mera solidaridad con el prójimo y que persigue, ante todo, la implantación del reino de Dios en la Tierra, (el intento de que su mensaje de salvación arraigue en el corazón de las criaturas para que éstas se pongan en paz con el creador y lleven vidas que reflejen su nuevo nacimiento) al mismo tiempo, hay que reconocer que tal proyecto cristiano no es realizable si se descuida la responsabilidad hacia los necesitados de este mundo. La epístola universal de Santiago se refiere a la solidaridad con el pobre y afirma que "la fe, si no tiene obras, es muerta en sí misma" (2:17). Por tanto, el ministerio social es una consecuencia directa de poner en práctica el Evangelio de Jesucristo.

Los partidarios de la teología de la liberación critican con razón la actitud de ciertos líderes religiosos que siempre parecen estar dispuestos a justificar la sociedad democrática capitalista o a equipararla con los valores del cristianismo, mientras que al mismo tiempo profesan un odio visceral hacia las ideas de Marx, como si éstas fueran siempre producidas por el mismísimo diablo o no hubiera en sus denuncias sociales ni un ápice de verdad. Esta "marxofobia" –como la denomina Hundley– hace que muchos cristianos condicionados por su formación política o ideológica, dejen de ser objetivos cuando se trata de analizar los aciertos y/o errores del marxismo frente a los de las iglesias cristianas.

Muchos de tales prejuicios antimarxistas han sido inculcados consciente o inconscientemente por misioneros procedentes de regímenes capitalistas que desconocían la realidad social existente en los países poco desarrollados a los que se dirigían. No obstante, el hecho de vivir entre personas que subsisten con muy pocos recursos suele despertar la sensibilidad social en algunos de tales misioneros y hace que sus valoraciones cambien con el tiempo. Tal como escribe el teólogo católico Hans Küng:

"Cuando se contempla la situación social de los obreros en los países meridionales, por desgracia católicos en su mayoría, se comprende por qué muchos cristianos comprometidos, seglares y sacerdotes, luchan en ellos por el marxismo; por qué particularmente en Sudamérica hay un vigoroso movimiento de Cristianos por el Socialismo; por qué en Italia una asamblea de 140 sacerdotes obreros (en Módena, en 1976) cantó la "Internacional" y proclamó el "Cristo de las fábricas" como distinto del "Cristo de la Curia", y así sucesivamente. Todo ello evidencia el fracaso de la Iglesia institucional y de los partidos "cristianos". El marxismo representa para muchos cristianos la única esperanza real de eliminar los indescriptibles abusos sociales de estos países y de establecer un orden social más justo, más humano." (Küng, 1980: 358).

Cuando se vive entre la miseria se comprende mejor a los partidarios de la teología de la liberación. Mientras que desde la comodidad y el bienestar distante de los países ricos es mucho más difícil entender las motivaciones reales de los liberacionistas. Marx y Engels denunciaron en su *Manifiesto* que la burguesía había "ahogado el sagrado éxtasis del fervor religioso, [...] en las aguas heladas del cálculo egoísta" (1997:24). Es una realidad que cuando el interés materialista crece, disminuye irremediablemente la fe cristiana genuina. Este ha sido por desgracia el eterno error de la Iglesia oficial que ha estado marcada, desde la época de Constantino, por una vergonzosa alianza con el poder, por un matrimonio con la clase dominante.

Tal relación hizo que la Biblia fuese leída no como una contestación del poder injusto, sino como la justificación del mismo. Con el tiempo, los pensadores que se autodenominaban cristianos se alimentaron preferentemente de la cultura burguesa dominante y dieron a la Iglesia un carácter antirrevolucionario que provocó, lógicamente, el anticristianismo y el ateísmo de los grandes movimientos revolucionarios como el marxismo. El espíritu evangelizador hizo que los pueblos dominantes exportaran e impusieran sus ideas capitalistas, de modo que el colonialismo religioso fue (y en algunos casos continúa siendo) un elemento del colonialismo puro y simple. De modo que la unión entre colonización y evangelización se prolongó convirtiéndose en un importante factor de dependencia global. De ahí que todavía hoy en muchos países, el cristianismo sea visto como una religión extranjera y como un elemento del sistema de dominación. Como dice Moltmann: "el cristianismo se convirtió en la religión que garantizaba la integridad del imperio romano, e incluso hoy funciona en muchos sitios como la religión del bienestar nacional" (Bloch, 1973: 104).

Frente a todo esto la teología de la liberación se pregunta: ¿es compatible el cristianismo de Cristo con el sistema capitalista? La revolución religiosa lanzada por Jesús de Nazaret, ¿no debería también hoy insertarse en una revolución global? ¿no existe acaso una connaturalidad profunda entre el proyecto cristiano y el de una sociedad sin clases? ¿no es conveniente, por tanto, realizar una crítica de ese cristianismo aliado con las ideologías dominantes? Las posibles respuestas que se ofrecen apuntan siempre a la convicción de que todo aquello que se opone a la liberación del hombre, no puede ser cristiano ni puede venir del Dios liberador. El sociólogo y teólogo liberacionista Hugo Assmann se refiere a la perversión original del capital con estas palabras:

"Fue en los templos donde comenzaron a acuñarse las monedas, ligadas al culto sacrificial. Además de adquirir así una estructura sacral, el dinero adquirió una estructura libidinal y una connotación patriarcal. [...] Jesús de Nazaret exigió una prueba pública de que la efigie, en la moneda del tributo, era la del despreciable acuñador de monedas en Roma. Puesto que no tenía valor de vida, que la devolviesen. Porque Dios "acuña" vidas y es pura vida lo que él desea (Mt. 22:19; Mc. 12:14; Lc. 20:24). Y en el templo arrojó con decisión al suelo las monedas de los cambistas (Jn. 2:15)." (Assmann, 1993: 365).

El Maestro denunció las relaciones de dominación establecidas en nombre de la religión por parte de los poderosos de su época y esta denuncia contribuyó también para llevarle a la muerte. De ahí que, según los teólogos de la liberación, los cristianos no tengan que luchar sólo contra el pecado y las fuerzas del mal sino también contra la miseria y la explotación. El creyente debería comprometerse no únicamente con el problema de la salvación sino también con el de la libertad. La fe y la esperanza en el destino común del más allá no tendría que distraer de las divisiones y discriminaciones que existen en el más acá.

La revelación no debe velar a los hombres el sentido de la historia; el Evangelio no puede alejarles de lo esencial sino abrirles de par en par los ojos a la realidad. El Dios de la Biblia no se desinteresa del hambre, del analfabetismo ni de la tortura o los genocidios para preocuparse exclusivamente de la regularidad con que se asiste al culto, de la pureza legal o de la sana doctrina. Esa clase de Dios no existe. Quizá fuese por culpa de los mismos cristianos que creían en ese Dios inexistente y que sostenían una "fe sin esperanza", por lo que Marx y la mayoría de sus seguidores empezaron a tener una "esperanza sin fe". La creencia en un "Dios sin futuro" originó en aquellos que sólo deseaban una sociedad mejor, la fe atea en un "futuro sin Dios". Pero lo cierto es que el Dios que se manifiesta en Jesucristo, el que de verdad existe, es aquel que conoce de cerca el sufrimiento; el que experimenta en carne propia la injusticia; aquél que ha pasado por la muerte ignominiosa de la cruz para llevar la salvación al ser humano.

El cristianismo no es sólo un mensaje de resignación y de consolación sino también de amor, de esperanza y de libertad. Por tanto, a la Iglesia le queda todavía mucho que hacer ante los problemas de este mundo. Debe seguir evangelizando pero también debe ponerse de parte de los oprimidos y procurar su completa liberación. Tiene que superar las concepciones exclusivamente espiritualistas o sobrenaturalistas acerca de su misión para entrar de lleno en el terreno de la práctica, de la ayuda al pobre y de la solidaridad cristiana. El creyente no debe ser un asceta que llame malo al mundo y lo abandone o se retire durante toda la vida a meditar entre los muros protectores de un monasterio, sino un servidor comprometido que sea capaz igualmente de llamar malo al mundo, pero intente cambiarlo. Los profetas del Antiguo Testamento no fueron únicamente líderes espirituales, como Lao Tsé o Buda; también fueron líderes políticos que procuraron transformar las miserias sociales de su tiempo. Esto enseña que el fin espiritual del hombre está inseparablemente relacionado con la transformación de la sociedad. Por tanto, los cristianos deben procurar que la política no se divorcie alegremente de los valores morales y de la autorrealización del ser humano que fue creado a imagen de Dios. El cristianismo es la mejor alternativa tanto al capitalismo como al comunismo.

Después de examinar las principales críticas que hace la teología de la liberación a las iglesias que profesan la fe cristiana y de comprobar que gran parte de tales quejas están apoyadas por el mensaje evangélico e incluso de admitir que deben producir el correspondiente cambio de actitud en el seno de las comunidades cristianas, conviene también señalar los errores de fondo que desde la perspectiva del Evangelio ensombrecen ciertos aspectos del pensamiento liberacionista. En primer lugar, la negación de la autoridad de la Biblia como base de la fe y del estilo de vida cristiano no nos parece que sea algo acertado y coherente con el mensaje evangélico. Cuando se afirma que la Escritura es sólo "palabra de hombres" y no "palabra de Dios", se está abriendo la puerta a un sinfín de errores teológicos que pueden conducir a comportamientos sociales equivocados.

La Biblia deja entonces de ser el fundamento de la teología, así como la norma de fe y de conducta para el creyente. Si la revelación, según afirman ciertos liberacionistas, se va enriqueciendo en cada época de la historia gracias a las ideas que aportan los hombres, también sería posible entonces que los principios marxistas pudieran pasar a formar parte de la Escritura o incluso sustituir a los principios bíblicos. Sin embargo, el apóstol Pablo describe claramente su ministerio con estas palabras: "cuando recibisteis la palabra de Dios que oísteis de nosotros, la recibisteis *no como palabra de hombres*, sino según es en verdad, la palabra de Dios, la cual actúa en vosotros los creyentes" (1 Ts. 2:13).

El segundo inconveniente de la teología de la liberación es precisamente el de sustituir el dogma cristiano por el marxista. La fe puede quedar reducida así a un programa revolucionario para instaurar el socialismo, aunque sea por medio del uso de las armas. Algunos sectores del liberacionismo pretenden resolver la violencia con más violencia. Frente a la sangre de los trabajadores, de los que están en paro, de los hambrientos, de los que luchan por su libertad, se opone otra sangre, la de los acaudalados, la de las fuerzas del orden que defienden los intereses burgueses, la de los ciudadanos que sucumben en los atentados terroristas o la de aquellos campesinos inocentes que han tenido la desgracia de vivir en el territorio equivocado. Violencia contra violencia, ojo por ojo y diente por diente. ¿Qué queda entonces del mensaje de Jesucristo acerca de poner la otra mejilla? ¿cómo interpretar la doctrina del amor al prójimo y del respeto a la persona humana?

Para justificar el derramamiento de sangre inocente, sea del bando que sea, es menester arrancarle al Evangelio sus páginas más importantes. ¿Cómo es posible sino, disculpar la "contra-violencia" y condenar sólo la violencia institucionalizada o viceversa? Jesús no fue un revolucionario violento que buscara mejorar el mundo a toda costa, aunque fuera por medio de la agresión y la crueldad. Como se vio, a propósito del mito de Maquiavelo, el cristianismo no puede asumir la mentalidad de que "el fin justifica los medios", sin traicionar sus propios principios. Deducir de la Biblia la legitimidad del uso de la violencia revolucionaria para lograr la paz social o la libertad del pueblo es intentar hablar donde la Escritura calla.

Es verdad que, según la respuesta dada por los apóstoles, Pedro y Juan, a las autoridades en el libro de los Hechos (4:19, 20; 5:28, 29), los cristianos deben "obedecer a Dios antes que a los hombres". Es cierto que esta actitud descarta una sumisión ciega y absoluta a las autoridades humanas. Sin embargo, no es lo mismo la resistencia pacífica practicada por los discípulos de Jesús que la revolución armada propuesta por algunos teólogos de la liberación. Los cristianos deben oponerse a los gobiernos corruptos e injustos pero no mediante el uso de las armas, sino por medio del voto, el diálogo, la negociación política, la manifestación pública y, si es necesario, la resistencia pacífica que respete la vida del prójimo.

La tercera dificultad liberacionista es, a nuestro modo de ver, la aceptación del universalismo, la creencia de que toda la humanidad será finalmente salvada. Según esta concepción teológica, Dios estaría obrando por medio de Jesucristo en el corazón de cada persona independientemente de que cada cual creyera o no en él. Como todo el mundo estaría destinado a salvarse, la evangelización resultaría superflua y lo importante sería luchar por mejorar la existencia humana aquí en la Tierra. El estudioso evangélico de la teología de la liberación, Raymond Hundley, lo expresa con estas palabras:

> "Estos teólogos creen que la historia es una sola y que Dios está obrando redentivamente en todas las personas, sea que ellas crean en Él o no. El universalismo de los liberacionistas radicales les ha permitido enfocar toda su atención en mejorar la vida de la gente. Si eventualmente todos han de ser salvos sin importar lo que crean en cuanto a Jesucristo, entonces el evangelismo es una pérdida de tiempo y lo mejor que podemos hacer es asegurarnos que todos tengan la mejor vida posible en la vía a la salvación final en Cristo". (Hundley, 1990: 94).

No obstante, la Palabra de Dios es muy clara al respecto. En ella se habla de salvación pero también de condenación. Es verdad que la muerte de Cristo en la cruz tuvo un carácter redentor para toda la humanidad, pero la condición necesaria y suficiente para que tal redención sea efectiva a nivel personal es la fe. Sin ésta es imposible agradar a Dios. La fe, el arrepentimiento sincero y la confesión pública que constituyen en conjunto el proceso individual de la conversión, son el paso imprescindible para que el perdón pueda alcanzar a cada persona. Por tanto, el destino eterno de la criatura humana depende, según la Biblia, de la decisión que ésta adopte ante Jesucristo. De ahí que el universalismo, al que apela cierta forma de teología de la liberación, sea un grave error doctrinal.

¿Eran comunistas los primeros cristianos?

El evangelista Lucas describe la comunidad de bienes en la Iglesia primitiva con estas palabras:

"Todos los que habían creído estaban juntos, y tenían en común todas las cosas; y vendían sus propiedades y sus bienes, y lo repartían a todos según la necesidad de cada uno. Y perseveraban unánimes cada día en el templo, y partiendo el pan en las casas, comían juntos con alegría y sencillez de corazón, alabando a Dios, y teniendo favor con todo el pueblo." (Hch. 2:44-47a).

"Y la multitud de los que habían creído era de un corazón y un alma; y ninguno decía ser suyo propio nada de lo que poseía, sino que tenían todas las cosas en común. Y con gran poder los apóstoles daban testimonio de la resurrección del Señor Jesús, y abundante gracia era sobre todos ellos. Así que no había entre ellos ningún necesitado; porque todos los que poseían heredades o casas, las vendían, y traían el precio de lo vendido, y lo ponían a los pies de los apóstoles; y se repartía a cada uno según su necesidad." (Hch. 4:32-35).

Algunos teólogos de la liberación sostienen que estos textos se refieren claramente a una forma incipiente de comunismo llevado a la práctica por los primeros cristianos y que tal experiencia fracasó porque se produjo en una comunidad muy minoritaria rodeada por un gran mundo capitalista que la absorbió. Pero si aquel intento se describe en el Nuevo Testamento no es sólo para conocer la historia antigua de la Iglesia, sino para que también hoy los creyentes procuren poner en práctica ese estilo de comunismo cristiano. Por tanto, la cristiandad contemporánea debería triunfar allí donde la primitiva no lo consiguió.

No obstante, es conveniente realizar algunas matizaciones previas. En primer lugar, la comunidad que describe Lucas no fue la única que practicó esta costumbre de tener todas las cosas en común. También otros grupos no cristianos como los esenios de Qumrán o los terapeutas judíos que llevaban una vida ascética practicaban este tipo de vida comunal (Gnuse, 1987: 222).

Aparte de esto, las diferencias existentes entre tales experiencias y lo que hoy se entiende por comunismo son evidentes. Quienes compartían sus bienes lo hacían siempre voluntariamente y no presionados por ninguna autoridad estatal; no todas las posesiones se ponían en común sino que seguía habiendo propiedad privada; esta costumbre sólo se dio en Jerusalén y no hay constancia de que los cristianos de Antioquía o de otros lugares la llevaran también a la práctica; no parece que hubiera una organización muy estructurada para el reparto de los bienes, sino que el texto más bien sugiere que se hacía de forma entusiasta y espontánea; está claro que la experiencia duró poco y quizá en su fracaso pudo influir el hecho de que la venida del Señor no fue tan inminente como algunos esperaban. De todo esto es posible deducir que la práctica del comunalismo fue una experiencia temporal que no tenía por que tener necesariamente una finalidad normativa para la vida de las futuras generaciones de cristianos.

El propósito del autor del libro de los Hechos, al relatar esta práctica de la comunidad primitiva, no es apelar a la conciencia de los cristianos para que hagan voto de pobreza y renuncien a sus bienes materiales o los repartan entre los demás miembros de la congregación, sino que el principal objetivo de Lucas, en aquellos días en que la situación de pobreza era alarmante y afectaba también a las iglesias, es que los creyentes desarrollasen un espíritu solidario y altruista. La persona que se convierte al Señor debe experimentar un cambio de corazón y de actitud que le lleve a compartir lo que posee con sus hermanos necesitados. El que tiene debe dar al que no tiene con un espíritu generoso y caritativo. Los primeros cristianos no fueron comunistas en el sentido actual, no se entregaron a un experimento total de posesión comunal de bienes, lo que sí pusieron en práctica fue su generosidad para dar limosna y compartir lo que poseían con los muchos pobres que había en aquella época. De manera que su actitud continúa siendo un ejemplo para los creyentes del siglo XXI que, además de la fe, compartimos con ellos un grave problema: los pobres, ese 80% de la humanidad actual que dispone sólo del 20% de la riqueza mundial.

A pesar de los errores que, como se ha visto, pueda tener la forma más radical de la teología de la liberación, una cosa está clara: ha servido para aguijonear la conciencia cristiana adormecida por la sociedad del bienestar. Esto puede llevar a la cuestión acerca del compromiso social del cristiano. ¿Cuál es la mejor opción política para el creyente? ¿el socialismo o el capitalismo? ¿la izquierda, la derecha o el centro? En mi opinión el cristiano puede elegir en conciencia entre diferentes opciones políticas, en todas como se ha visto puede haber aciertos y también equivocaciones. Como señala Küng:

"Un cristiano puede tomar en serio su compromiso por la justicia social y, sin embargo, no ver forzosamente la salvación en la *socialización* de la industria, de la agricultura y, si cabe, incluso de la educación y la cultura, que es lo que cree el socialismo en sentido estricto. Como cristiano también puede estar a favor de una economía social de mercado. Pero, sea cual fuere la postura ante estas cuestiones, sólo podrá llamarse de verdad cristiano quien no ve en Marx, sino en Cristo, la última y decisiva autoridad en cuestiones de lucha de clases, empleo de la violencia, terror, paz, justicia y amor" (Küng, 1980: 361).

Para servir a los pobres y crear una sociedad más justa e igualitaria no es imprescindible recurrir a las ideas de Marx o del liberacionismo, basta sólo con obedecer el mensaje que desde hace dos mil años está escrito en las páginas del Nuevo Testamento. La revolución fundamental de este mundo es la resurrección que inauguró Jesús y que implica transformación radical del ser humano; con Cristo hasta las mandíbulas de la muerte que parecen triturarlo todo se desvanecen como un sueño y permiten el camino a la verdadera vida. Por eso los creyentes debemos hoy, más que nunca, poner en práctica el ministerio social que se desprende del Evangelio de Jesucristo para que el reino de Dios siga implantándose en este mundo y para que la vida gane finalmente la batalla a la muerte, la injusticia y el sufrimiento. Como recomendó el apóstol Pedro:

> "Cada uno según el don que ha recibido, minístrelo a los otros, como buenos administradores de la multiforme gracia de Dios. Si alguno habla, hable conforme a las palabras de Dios; si alguno ministra, ministre conforme al poder que Dios da, para que en todo sea Dios glorificado por Jesucristo, a quien pertenecen la gloria y el imperio por los siglos de los siglos. Amén." (1 P. 4:10, 11).

10 SIGMUND FREUD (1856-1939)

El mito de Edipo o de la religión que surgió del sentimiento de culpabilidad

"Agregando a esto la hipótesis de Darwin de que los hombres vivían primitivamente en hordas, cada una de las cuales se hallaba bajo el dominio de un único macho, fuerte, violento y celoso, llegué a la hipótesis, o mejor dicho a la visión del siguiente proceso. El padre de la horda primitiva habría monopolizado despóticamente a todas las mujeres, expulsando o matando a sus hijos, peligrosos como rivales. Pero un día se reunieron estos hijos, asesinaron al padre, que había sido su enemigo, pero también su ideal, y comiéronse el cadáver. Después de este hecho no pudieron, sin embargo, apoderarse de su herencia, pues surgió entre ellos la rivalidad. Bajo la influencia de este fracaso y del remordimiento, aprendieron a soportarse unos a otros, uniéndose en un clan fraternal, regido por los principios del totemismo, que tendían a excluir la repetición del crimen, y renunciaron todos a la posesión de las mujeres, motivo del asesinato del padre. De este modo surgió la exogamia, íntimamente enlazada con el totemismo. La comida totémica sería la fiesta conmemorativa del monstruoso asesinato, del cual procedería la conciencia humana de la culpabilidad (pecado original), punto de partida de la organización social, la religión y la restricción moral. [...] Esta teoría de la religión arroja viva luz sobre el fundamento psicológico del cristianismo, en el cual perdura sin disfraz alguno la ceremonia de la comida totémica en el sacramento de la comunión."

FREUD, *Autobiografía,* (1970: 95).

Tal sería el origen de todas las religiones de la humanidad según el famoso padre de la teoría del psicoanálisis, Sigmund Freud. ¿Cómo pudo llegar a semejante conclusión? ¿qué experiencias le motivaron a ello? ¿fueron los argumentos científicos, sus descubrimientos acerca del inconsciente humano, o, por el contrario, tales afirmaciones se fundamentaron sólo en sus propias convicciones personales? Intentaremos dar respuesta a estas cuestiones en las siguientes páginas. Nos enfrentamos así al último gran mito social del mundo moderno que conforma la decena a que se presta atención en el presente trabajo.

En primer lugar, conviene señalar que Freud fue un pensador que se movió a caballo entre dos siglos, ya que se educó en el XIX y desarrolló casi toda su obra durante el XX. Junto a Marx y a Nietzsche, constituyó la tríada de los llamados "filósofos de la sospecha" que se caracterizaron por el intento de quitar la máscara que, en su opinión, ocultaba el verdadero rostro de la sociedad y del ser humano. Cada uno de ellos buscó el sentido oculto de una realidad que se resistía a mostrarse tal como era. Y para lograr tal empresa sólo quisieron emplear la herramienta propia de una época empapada de racionalismo, el método de la ciencia positiva.

Nietzsche sospechó que el ser humano, al ser engañado por la religión y por la idea de la existencia de un Dios trascendente, se había olvidado de lo único que en verdad tenía sentido: la vida y sus manifestaciones; Marx, como se vio, sospechó que el verdadero motor de la historia y de la existencia humana era la razón económica que motivaba la lucha de clases; mientras que la sospecha freudiana consistió en intuir que detrás de la consciencia del hombre había una realidad mucho más fuerte llamada inconsciente, que era capaz de reprimir los instintos o de guardar recuerdos traumáticos capaces de provocar neurosis. Esto le llevó a interpretar el fracaso de la civilización moderna como consecuencia de la represión social, cultural o religiosa que se ejercía sobre los instintos más básicos del ser humano. Los filósofos de la sospecha creían que la culpa de la desorientación existencial que padecía el hombre se debía a la ignorancia de su verdadera realidad. Por eso existían "hombres rebaño" (según Nietzsche), "hombres alienados" (según Marx) y "hombres neuróticos" (según Freud).

Sigmund se manifestó durante toda su vida como un hombre testarudo y valiente. Fue un investigador constante capaz de enfrentarse con temas delicados, como el de la sexualidad, que chocaban contra la moral tradicional de la época. Explicó ciertas perversidades o desviaciones sexuales como si se tratasen de enfermedades o patologías psíquicas y no como pecados morales. Revalorizó el papel de la sexualidad en el desarrollo psíquico de la persona, lo cual le obligó a luchar durante toda su vida contra la incomprensión o el rechazo de muchos de sus colegas y amigos.

El interés por los autores clásicos, griegos y latinos, le llevó a leer la tragedia, *Edipo Rey* de Sófocles. Pronto quedó impresionado por la lectura de este mito que le acompañó durante toda su vida. El héroe de tal obra, Edipo, era hijo del rey de Tebas, Layo, y de su esposa Yocasta. Un oráculo le había predicho a Layo que sería asesinado por su hijo y que después éste se casaría con su propia madre. Cuando Edipo fue mayor huyó de sus país natal y en Fócida se peleó con un viajero al que dio muerte: era Layo, su padre, a quien no reconoció. Más tarde llegó a Tebas, donde la Esfinge le propuso los enigmas que planteaba a todos los viajeros; Edipo supo responder acertadamente y la Esfinge murió. En agradecimiento, los ciudadanos de Tebas le hicieron rey y él, sin saberlo, se casó con Yocasta su madre: el oráculo se había cumplido. Según Sófocles, después de descubrir la verdad, Yocasta se ahorcó y Edipo se cegó.

Fue expulsado de Tebas por sus propios hijos y anduvo errante por los confines del Ática hasta que desapareció misteriosamente.

El mito de Edipo causó tal impacto en la mente del joven Freud que éste se imaginaba a menudo su retrato colocado en un lugar honorífico de la Universidad con la inscripción: "El que resolvió el enigma de la Esfinge y fue el hombre más poderoso".

Origen de su ateísmo

El día 6 de mayo de 1856 nació Sigismund Freud en Freiberg de Moravia (hoy Pribor, de la antigua Checoslovaquia). Fue hijo del tercer matrimonio de Jakob Freud con Amalia Nathansohn. Cuando acabó el bachillerato se cambió el nombre de Sigismund por otro alemán muy parecido, Sigmund, que en hebreo correspondía a Salomón. Freiberg era una pequeña ciudad de unos cinco mil habitantes mayoritariamente católicos. Sólo el dos por ciento eran protestantes y judíos. Su padre, Jakob, un comerciante de tejidos de origen judío, se trasladó junto a su familia a Viena por motivos laborales. En aquella época Sigmund sólo tenía cuatro años de edad. Más tarde, en la escuela fue instruido en Sagrada Escritura y en hebreo por el profesor Hammerschlag, hombre por el que Freud sintió siempre un profundo cariño y respeto.

Sin embargo, pronto tuvo dos tipos de experiencias que hicieron germinar en él su marcado carácter antirreligioso. La primera fue a causa de la relación con la anciana niñera checa que lo cuidó durante sus primeros años de vida. Se trataba de una mujer inteligente y rigurosa pero también vieja y fea, en opinión del mismo Freud, que le inculcó las ideas católicas acerca de la bondad del cielo y los horrores del infierno, con los que le amenazaba cuando no se portaba bien. Cada domingo lo llevaba obligatoriamente a misa, lo cual provocó en él una neurosis infantil. Freud sentía aversión por las ceremonias y por las doctrinas religiosas. En cierta ocasión la niñera fue sorprendida robando y se la condenó a diez meses de prisión. La asociación entre el ritualismo católico que practicaba tal cuidadora y su comportamiento hipócrita e inmoral, influyeron negativamente en la concepción religiosa del pequeño Freud. Además era consciente de que la niñera se ocupaba de él porque su joven madre tenía que cuidar de su recién nacida hermana Ana. Todo esto fue muy desagradable para Freud que se vio así desplazado del cariño de su madre.

La segunda experiencia negativa fue el descubrimiento del antisemitismo católico que se respiraba en su época. Freud fue marginado por su origen judío tanto en la escuela primaria como en el gimnasio y la universidad; tuvo que soportar todo tipo de humillaciones por parte de los "cristianos" antisemitas y prácticamente careció de amigos entre los no judíos. Siempre fue consciente de ser "un sucio judío" para aquellos cristianos que decían tener "consideración para con el prójimo".

Cuando tenía doce años su padre le contó una mala experiencia que le había ocurrido tiempo atrás durante su juventud. Mientras paseaba en domingo por una calle de Freiberg, bien vestido y con una gorra nueva sobre la cabeza, un católico con el que se cruzó le quitó la gorra y la arrojó al arroyo gritándole: "¡Bájate de la acera, judío!". A la pregunta del pequeño Freud: "Y tú, ¿qué hiciste?", el padre respondió tranquilamente: "Dejar la acera y recoger la gorra". Esta actitud no le pareció demasiado heroica al muchacho y, según confesó años después, la sustituyó en su imaginación por otra que respondía mejor a sus sentimientos. Aquélla en la que Amílcar Barca, el padre de Aníbal, hizo jurar a su hijo que se vengaría de los romanos. A partir de ese momento el personaje histórico de Aníbal tuvo un primer lugar en las fantasías de Sigmund Freud, aumentando su odio y sus deseos de venganza, a la vez que se forjaba la convicción de que la fe cristiana carecía de toda credibilidad. Por tanto, vivió entre dos mundos religiosos que nunca le satisficieron; de una parte la situación de inferioridad del judaísmo oprimido que profesaban sus padres y de la otra, el catolicismo opresor de la nación en la que se educó.

La relación que tuvo Freud con sus padres fue claramente de carácter edípico. Esto llegó a reconocerlo él mismo con mucha sinceridad mediante estas palabras: "también en mí comprobé el amor por la madre y los celos contra el padre" (Freud, 1972 (9): 3584). La madre, Amalia, era una mujer simpática, presumida y mucho más joven que su marido, Jakob, quien le doblaba la edad. En cierta ocasión el pequeño Sigmund la vio desnuda y esto contribuyó a su eterno deseo de reunirse con una madre amada e idealizada. Para él, su madre representaba el principio del placer mientras que el padre era el rival autoritario y terrible que se la arrebataba exigiendo a la vez respeto y sumisión. Freud vivió su propio complejo de Edipo al experimentar esa tendencia a eliminar a quien le privaba del cariño de su madre. Durante toda su existencia trató de superar tales inclinaciones y llegó a la conclusión de que las relaciones con los padres en los primeros tres años de la vida eran decisivas y condicionaban a todas las personas. Sin embargo, la incapacidad para superar esta ambivalencia afectiva hacia su padre le acompañó durante toda la vida. Incluso llegó tarde al funeral del mismo y después se reprochó frecuentemente su conducta negligente. Küng explica así estas complicadas relaciones familiares:

> "[...] el padre de Freud, tras la muerte de su segunda mujer y con dos hijos, teniendo más de cuarenta años y siendo abuelo, contrae matrimonio con una joven judía que aún no había cumplido los veinte años y que un año después trae al mundo a Sigmund como primogénito de ocho hermanos. Así, Freud, nada más nacer, ya es tío, y su compañero de juegos, el hijo de su hermanastro Emanuel, casi de la misma edad, pero más

fuerte que él, es su sobrino y llama abuelo a su padre. Cuarenta años más tarde, muerto ya su padre, constata Freud en su implacable autoanálisis el clímax de una neurosis: una inconsciente rivalidad y repulsa contra su padre, que había sido para él la encarnación de la autoridad, la prohibición y la coacción, a la par que una pasión por su juvenil madre; en una palabra: ¡lo que él llamó complejo de Edipo!" (Küng, 1980: 370).

El análisis psicológico que Freud hace de sí mismo le lleva a la opinión de que tales tendencias edípicas constituyen un rasgo humano universal. También cree que ser el favorito de la madre proporciona una seguridad especial que puede conducir al éxito en la vida. Sin embargo, cuando no se supera del todo el complejo de Edipo —como sería su caso— puede resultar imposible aceptar en la vida a los demás ya que se les ve como eternos rivales. Si no se admite al padre, si se recela continuamente de los otros, resulta muy difícil aceptar al Otro, a Dios como realidad trascendente y Padre del ser humano. Este fue el principal problema de Freud que está en la base de su manifiesto ateísmo y su apasionamiento por los fenómenos ocultos. A pesar de los esfuerzos de su madre Amalia por introducirlo en la fe judía, Freud creció sin creer en Dios ni en una existencia después de la muerte y, de la lectura de sus escritos, tampoco se desprende que en algún momento encontrara a faltar esta clase de fe.

Del éxito al sufrimiento

A los diecisiete años ingresó en la universidad para estudiar medicina, carrera para la que no tenía una especial vocación. Pronto sufrió la incomprensión de alumnos y profesores por el hecho de ser judío.

"La Universidad, a cuyas aulas comencé a asistir en 1873, me procuró al principio sensibles decepciones. Ante todo, me preocupaba la idea de que mi pertenencia a la confesión israelita me colocaba en una situación de inferioridad con respecto a mis condiscípulos, entre los cuales resultaba un extranjero. Pero pronto rechacé con toda energía tal preocupación" (Freud, 1970: 11).

Los estudios de medicina los alternó con clases en la facultad de filosofía y con trabajos experimentales en un instituto de fisiología de Viena. En 1881 obtuvo el doctorado en medicina y continuó realizando trabajos de laboratorio acerca del sistema nervioso de los peces. No obstante, esta ocupación no le proporcionaba suficientes recursos económicos para vivir y empezó a poner en práctica la medicina que había estudiado. Comenzó a trabajar en el Hospital General de Viena y en otros centros donde podía seguir investigando en enfermedades nerviosas y escribiendo sobre las mismas. Contrajo matrimonio con Marta Bernays, hija de una conocida familia judía de Hamburgo. La ceremonia religiosa se hizo por el rito hebreo y aunque a Freud le disgustaba todo lo religioso, tuvo que aceptar la voluntad de la familia de la novia e incluso memorizó unos textos hebreos para recitarlos durante la celebración.

Después de la boda, la influencia que ejerció sobre su esposa hizo que ésta fuera abandonando paulatinamente las costumbres ortodoxas judías. A pesar de esto el matrimonio fue feliz, tuvieron tres hijos y tres hijas que aportaron estabilidad a la familia en los momentos difíciles. Aunque sus teorías abogaban por "una vida sexual incomparablemente más libre" que la propia de su tiempo, Freud vivió su matrimonio de acuerdo a la más estricta moralidad.

Gracias a la intervención de su antiguo profesor Brücke, se le ofreció una beca para ir a estudiar al Hospital de la Salpêtrière de París. Allí aprendió del doctor Jean Martin Charcot la técnica de la hipnosis, que este prestigioso neurólogo empleaba para curar a enfermos de histeria, tanto mujeres como hombres. Poco a poco los intereses científicos de Freud fueron experimentando un cambio y pasaron desde la fisiología o la neurología a la psicología o psicopatología. Su aportación más importante, la teoría del psicoanálisis, que será analizada más adelante, surgió influenciada por las dos grandes tradiciones psicológicas de la época: la neuropatología alemana y la psicopatología clínica francesa.

Freud fundó en la ciudad donde realizó su carrera, una agrupación psicológica que constituyó el germen de lo que sería después la Sociedad Psicoanalítica de Viena. Hacia el final de sus días llegó a convertirse en un personaje histórico viviente. La fama que tenía por todo el mundo le fue muy útil frente a los nazis. A pesar de que cuando éstos entraron en Viena le cerraron la editorial que poseía y le prohibieron que continuara ejerciendo la medicina, le permitieron también, gracias a la mediación del presidente Roosevelt, salir del país y exiliarse en Londres. Antes de su partida, un oficial de la Gestapo le exigió que firmarse un documento en el que se decía que había sido bien tratado por la policía nazi. Después de firmar, Freud pidió al oficial que le dejara escribir algo más y, con el humor irónico que le caracterizaba, anotó: "Sólo me resta recomendar la Gestapo a todo el mundo".

El éxito y la popularidad que alcanzó en su madurez no pudieron contrarrestar la tristeza y amargura que caracterizaron sus últimos años de vida. Algunos de sus mejores amigos y discípulos, como Breuer, Adler y Jung, le abandonaron y fueron muy críticos con los planteamientos del psicoanálisis. En 1920 murió su hija Sophie, con tan sólo veintiséis años de edad. Tres años después lo hacía también su nieto de cuatro años, Heinz, que era hijo de Sophie. Todo esto fue un duro golpe para Freud. Pero la desgracia no se detuvo ahí. Ese mismo año, 1923, se le diagnosticó un cáncer en la mandíbula del que fue intervenido en treinta y tres ocasiones. Vivió durante dieciséis años en medio de dolores y se le tuvo que implantar una prótesis que le desfiguró el rostro y el habla.

Sin embargo, en medio de todas estas contrariedades siguió escribiendo y recibiendo pacientes hasta un mes antes de morir. En ocasiones se refería a su existencia como a "una pequeña isla de dolor en un mar de indiferencia" (Jones, 1984: 26) y estaba convencido de que "la vida es un asunto feo, irracional y humillante". Nunca quiso tomar calmantes o analgésicos y sólo al final, cuando el médico le aseguró que su fin estaba próximo, pidió morfina para pasar del sueño a la muerte.

Descubrimiento del inconsciente

A principios del siglo XIX, la mayoría de los psiquiatras creía que las alteraciones de la personalidad se debían a causas somáticas, es decir, a un mal funcionamiento fisiológico del cerebro. Griessinger, uno de los más grandes psiquiatras de ese siglo afirmaba que las enfermedades mentales eran enfermedades del cerebro. Esta constituía la premisa básica de la psicología organicista, o biologicista, de aquella época. Freud partió también de esta misma idea pero, al entrar en contacto con técnicas como la hipnosis y el análisis de los sueños, intuyó que existía una parte reprimida de la personalidad que no se expresaba en la conducta consciente y que podía ser la responsable oculta de ciertas enfermedades mentales.

La idea del inconsciente como generador de fantasías, impulsos incontrolados, lapsus, actos fallidos o auténticas psicosis, fue su gran descubrimiento que enriqueció los análisis científicos durante el siglo XX. Poco a poco la locura dejó de verse como una anomalía del órgano cerebral para entenderse como una alteración mental, como un conflicto del inconsciente. Este nuevo planteamiento de que era la mente –y no el cerebro– la causa de su propia enfermedad, o del mal funcionamiento del cuerpo, fue una auténtica revolución en el ámbito de la psiquiatría. Pero al principio la mayoría de sus colegas se le opusieron y consideraron su pensamiento como una herejía profesional.

Sin embargo, Freud había descubierto el inconsciente como un sistema constitutivo de la persona; como esa región oscura del ser humano, desordenada y difícil de interpretar o como ese juego de fuerzas de la mente que resultaba inaccesible al conocimiento directo. Se empeñó en hacer del inconsciente un objeto de estudio para la ciencia y dedicó toda su vida a profundizar en dicha cuestión, llegando a la conclusión de que "los procesos psíquicos son en sí mismos inconscientes, y que los procesos conscientes no son sino actos aislados o fracciones de la vida anímica total" (Freud, 1979: 17).

Sus investigaciones buscaban un método capaz de curar las enfermedades nerviosas y progresivamente constituyeron una auténtica analítica

OBRAS DE FREUD

1895a	*Obsesiones y fobias.*
1895b	*Estudios sobre la histeria* (en colaboración con Breuer).
1898	*Los mecanismos del olvido.*
1899	*Recuerdos pantalla.*
1900	*La interpretación de los sueños.*
1901	*Psicopatología de la vida cotidiana.*
1905a	*Tres contribuciones a la teoría sexual.*
1905b	*El chiste y su relación con lo inconsciente.*
1905c	*Fragmento de un análisis de histeria.*
1907	*El delirio y los sueños en Gradiva de W. Jensen.*
1909a	*Análisis de una fobia en un niño de cinco años.*
1909b	*Observaciones sobre un caso de neurosis obsesiva.*
1910a	*Cinco lecciones sobre el psicoanálisis.*
1910b	*Un recuerdo de infancia de Leonardo da Vinci.*
1911	*Observaciones psicoanalíticas sobre la autobiografía de un caso de paranoia.*
1913	*Tótem y tabú.*
1914a	*El Moisés de Miguel Ángel.*
1914b	*Contribución a la historia del movimiento psicoanalítico.*
1915	*Introducción al psicoanálisis* (Primera parte).
1917a	*La aflicción y la melancolía.*
1917b	*Introducción al psicoanálisis* (Segunda parte).
1918	*El hombre de los lobos: extracto de la historia de una neurosis infantil.*
1919a	*Más allá del principio del placer.*
1919b	*Se pega a un niño.*
1921	*Psicología de las masas y análisis del yo.*
1923	*El yo y el ello.*
1925a	*Mi vida y el psicoanálisis.*
1925b	*La negación.*
1926a	*Psicoanálisis y medicina.*
1926b	*Inhibición, síntoma y angustia.*
1927	*El futuro de una ilusión.*
1930	*El malestar en la cultura.*
1932	*Lecciones de introducción al psicoanálisis.*
1937	*Análisis terminado y análisis interminable.*
1939	*Moisés y el monoteísmo.*
1950	*El nacimiento del psicoanálisis* (cartas a Fliess).

del psiquismo, un psicoanálisis que estudiaba la mente del ser humano. Hasta entonces se aceptaba un modelo de hombre que dirigía su vida y su comportamiento guiado siempre por la razón y la consciencia. Las personas se veían como animales racionales autónomos y libres en sus decisiones y en sus actos. No obstante, el estudio de las mentes desequilibradas que Freud llevó a cabo, le hizo rechazar tal planteamiento y admitir la existencia de experiencias o recuerdos escondidos en la mente, de los que no se tenía conciencia, y que ejercían una gran influencia sobre la personalidad. Además descubrió algunas fuerzas instintivas, capaces de dirigir los actos en determinadas direcciones que no estaban controladas por la voluntad consciente del individuo.

Ante la necesidad de explicar el origen de los conflictos mentales que padecían sus enfermos, Freud se vio obligado a elaborar un modelo que describiera la complejidad del ser humano, la lucha entre las diversas partes del sujeto.

> "En mis últimos trabajos especulativos he intentado descomponer nuestro aparato psíquico basándome en la elaboración analítica de los hechos patológicos, y lo he dividido en un *yo*, un *ello* y un *super-yo* (*El "yo" y el "ello"*). El *super-yo* es el heredero del complejo de Edipo y el representante de las aspiraciones éticas del hombre" (Freud, 1970: 82).

Dedujo que el *ello* era el conjunto de los instintos o fuerzas biológicas de las que el ser humano no era consciente; el responsable del segmento inconsciente de la conducta humana que generalmente tendía al placer o a la satisfacción de apetencias que podían ser moralmente censurables. El *ello* daba sentido a comportamientos que aparentemente parecían no tenerlo y explicaba también el sinsentido de los sueños. Por su parte el *yo* era el fragmento del *ello* que establecía contacto con el mundo real exterior; representaba la consciencia que organizaba las necesidades del *ello* y estaba regido por el principio de la realidad; tenía que resolver los conflictos del inconsciente y las imposiciones del *super-yo*. Mientras que éste, el *super-yo*, era la consciencia moral, el conjunto de normas y prohibiciones adquiridas por la educación; se encargaba de reprimir las pulsiones o deseos inconscientes que la moral rechazaba.

Según Freud, cuando una fuerza inconsciente muy intensa era reprimida por el *super-yo* se podía llegar a la enfermedad mental, a la neurosis. La salud psíquica de la persona dependía precisamente de ese equilibrio entre la satisfacción de las pulsiones inconscientes del *ello* y las restricciones impuestas por el *super-yo*. En ocasiones este equilibrio no se conseguía y entonces se generaba angustia, sufrimiento o sentimientos de culpabilidad.

Sin embargo, para combatir estos sentimientos de angustia el *yo* disponía de unos mecanismos de defensa cuya finalidad era satisfacer a la vez al *ello* y al *super-yo*. Tales mecanismos para mantener el equilibrio entre el mundo exterior y las pulsiones psíquicas internas, fueron estudiados por su hija, Anna Freud (Cunill & Marías, 1994: 14).

Los seis principales pueden definirse así: la *represión* o negación de las pulsiones que no son aceptables para el *super-yo* como podría ser, por ejemplo, el incesto; la *regresión* o retorno a etapas anteriores de la vida en las que el *yo* no tenía los conflictos actuales, tal sería el comportamiento más infantil de ciertos niños para reclamar mayor atención cuando les nace un hermanito; la *sublimación* o transformación de los impulsos instintivos en actividades consideradas superiores y más aceptadas como la cultura, el arte o la religión; la *proyección* o atribución a los otros de aquellos impulsos o sentimientos que el *yo* considera peligrosos. En este sentido, las fobias (claustrofobia, agorafobia, etc.) serían, según Freud, pulsiones sexuales no aceptadas por el individuo y que las proyectaría al exterior como temores; el *desplazamiento* o sustitución del objeto inicial de una pulsión por otro que el *yo* considera menos complicado o comprometido, como el amor a los animales de las personas que viven solas y, por último, la *reacción* o desarrollo de una conducta externa contraria a un sentimiento que el *super-yo* rehusa aceptar. Por ejemplo, cuando un individuo habitualmente agresivo se vuelve sospechosamente pacífico.

¿Hombres histéricos?

Cuando Freud regresó a Viena, después de su estancia en París con el profesor Charcot, empezó a hablar acerca de los casos de histeria en hombres que había conocido y de cómo ésta podía provocarse mediante sugestión hipnótica. Nadie quiso creerlo pero él continuó sus estudios hasta lograr un método sistemático de investigación.

"A mi regreso de París y Berlín me hallaba obligado a dar cuenta en la Sociedad de Médicos de lo que había visto y aprendido en la clínica de Charcot. Pero mis comunicaciones a esta Sociedad fueron muy mal acogidas. [...] un viejo cirujano, exclamó al oírme: "Pero ¿cómo puede usted sostener tales disparates? Hysteron (sic) quiere decir útero. ¿Cómo, pues, puede un hombre ser histérico?" [...] Por fin encontré, fuera del hospital, un caso clásico de hemianestesia histérica en un sujeto masculino y pude presentarlo y demostrarlo ante la Sociedad de Médicos. Esta vez tuvieron que rendirse a la evidencia, pero se desinteresaron en seguida de la cuestión." (Freud, 1970: 19).

Los síntomas de los histéricos eran para Freud una prueba de la complejidad de ese psiquismo escondido que existía en todas las personas y que podía ser descubierto por medio de la hipnosis. Detrás de las acciones humanas había unos procesos mentales inconscientes que las provocaban o condicionaban. El origen de la histeria no era de carácter orgánico, como hasta entonces se pensaba, sino que se debía a conflictos psíquicos desconocidos por el propio enfermo y que podían ser manipulados por el médico mediante la hipnosis. El hecho de recordar tales conflictos y de verbalizarlos en estado hipnótico parecía aliviar a los pacientes.

Freud llamó a esta terapia "limpieza de la chimenea" o "curación por la palabra" ya que constituía una auténtica "catarsis" en la que el enfermo revivía ciertos acontecimientos desagradables y traumáticos de su vida que eran, en realidad, los causantes de su enfermedad. Más tarde, Freud abandonó la técnica de la hipnosis debido a su irregularidad y la sustituyó por otra llamada de las "libres asociaciones de ideas" que consistía en dejar al paciente en libertad para que fuera desenredando sus problemas y complejos, a partir de ideas simples o poco relevantes que lo irían llevando hasta su verdadero conflicto reprimido. Esta técnica terapéutica que se denominó psicoanálisis consistía en dejar hablar a los pacientes acerca de sus vidas y sobre lo que recordaban de su infancia.

Placer sexual y complejo de Edipo

"Traspasé los límites de la histeria y comencé a investigar la vida sexual de los enfermos llamados neurasténicos, que acudían en gran número a mi consulta. Este experimento me costó gran parte de mi clientela; pero me procuró diversas convicciones, que hoy día, cerca de treinta años después, conservan toda su fuerza." (Freud, 1970: 33).

Freud hizo un insólito descubrimiento: se dio cuenta que detrás de los fenómenos neuróticos se escondían perturbaciones sexuales ocurridas en el pasado. Por tanto, la sexualidad tenía mucha más trascendencia psíquica de lo que hasta entonces se creía. Conflictos de carácter sexual no resueltos a una temprana edad podían estar en el origen de muchas neurosis. Cuando el niño o la niña, entre los tres y seis años de edad, descubrían las diferencias entre sus órganos sexuales, podían producirse complejos como el de Edipo o el de castración, que más adelante tenían que resolverse satisfactoriamente. Si esto no ocurría así entonces se generaban las neurosis. Freud explicaba el complejo de castración afirmando que la visión de los genitales femeninos producía miedo en los niños porque éstos lo interpretaban como la mutilación producida por un castigo y, en cambio, las niñas sentían envidia de los varones porque ellas carecían del miembro viril. Lo normal era que a medida que iban madurando estos complejos sexuales se resolvieran bien.

Tales afirmaciones resultaron muy conflictivas en los días de Freud ya que ni la psicología ni la moral pública aceptaban la existencia de una sexualidad infantil. Hasta entonces se pensaba que ésta no se despertaba hasta la edad de la pubertad. Sin embargo, sus experiencias parecían confirmar que el impulso sexual no era patrimonio exclusivo de los órganos genitales adultos sino que se podía ampliar a todas las zonas erógenas del cuerpo y a todas las edades. En su opinión, los niños recién nacidos no sólo tenían necesidad de alimento sino también de satisfacción erótica, en el sentido de contacto corporal estrecho y placentero con los demás. Freud empezó a hablar de *la libido* para referirse a la energía de las pulsiones sexuales, tanto en niños como en adultos, que no estaban limitadas a los órganos genitales sino que representaban una función corporal bastante más extensa que tendía al placer.

Según tales criterios señaló la existencia de cuatro fases distintas en la evolución de la sexualidad infantil, capaces de establecer las características diferenciales de la personalidad adulta: la etapa *oral* que se daba durante el primer año de vida y en la que la principal fuente de placer era la boca y la alimentación; la etapa *anal*, entre el primer y segundo año, en la que este esfínter y su función excretora constituían la principal fuente de placer para el bebé; la etapa *fálica,* que variaba entre los tres y los seis años, durante la cual se descubrían los órganos genitales como centro placentero por excelencia, era también la época en la que se originaba el complejo edípico y el de castración; finalmente, el periodo de *latencia*, de los seis a los doce años de edad, coincidía con la resolución de tales complejos y era un tiempo de tranquilidad pulsional que desembocaba en la pubertad.

> "Realmente, es tan fácil convencerse de las actividades sexuales regulares de los niños, que nos vemos obligados a preguntarnos con asombro cómo ha sido posible que los hombres no hayan advertido antes hechos tan evidentes y continúen defendiendo la leyenda de la asexualidad infantil. Este hecho debe depender, indudablemente, de la amnesia que la mayoría de los adultos padece por lo que respecta a su propia niñez."
> (Freud, 1970: 53).

Según el freudismo la raíz del complejo de Edipo en el niño hay que buscarla alrededor de los cuatro o cinco años de edad. En esa época la mayoría de los niños empiezan a ser capaces de renunciar a la compañía habitual de los padres y comienzan a relacionarse con otras personas. Los vínculos de componente erótico que hasta ese momento mantenían con la madre se debilitan. Si se les permitiera que tales relaciones continuaran, a medida que los pequeños fueran madurando se sentirían sexualmente ligados a la madre y no sería posible superar el complejo edípico (profundo rechazo del padre porque éste disfruta de la posesión sexual de la madre).

No obstante, en la mayoría de los casos esto no ocurre porque los niños aprenden a reprimir de forma inconsciente sus deseos eróticos hacia la madre. El caso de las niñas fue menos elaborado por Freud, aunque supuso también que el proceso ocurría de manera inversa al de los varones. Las niñas reprimían sus deseos eróticos hacia el padre y aprendían a superar el rechazo inconsciente hacia la madre.

"[...] el niño reconoce en el padre a un rival con el que compite por el afecto de la madre. Al reprimir los sentimientos eróticos hacia su madre y aceptar al padre como un ser superior, el niño se identifica con él y se hace consciente de su identidad masculina. Renuncia al amor por su madre porque siente un miedo inconsciente a ser castrado por el padre. Por el contrario, las niñas supuestamente sufren de "envidia del pene" porque carecen del órgano visible que caracteriza a los niños. La madre se devalúa a los ojos de la niña porque también ella carece de pene y es incapaz de proporcionarle uno. Cuando la niña se identifica con la madre, acepta la actitud sumisa que supone reconocer que sólo se es la "segunda". (Giddens, 1998: 140).

Descenso a las profundidades de la mente

Freud llegó a la determinación de que los sueños eran realizaciones más o menos encubiertas de los deseos reprimidos y, por tanto, debían ser convenientemente interpretados. Los traumas psíquicos contenidos en el inconsciente podían de esa manera salir a la luz y ser curados. A esto contribuía también la adecuada lectura de los actos fallidos como las equivocaciones al hablar o escribir, errores de lectura, olvidos, pérdidas, etc. Freud estudió muchos casos de "lapsus linguae" ya que, en su opinión, ninguno de estos fallos se debía a la casualidad sino que todos procedían del inconsciente y eran motivados por sentimientos que se intentaban reprimir en la mente del sujeto, pero sin éxito. La psicología del siglo XIX interpretaba los sueños como puros fenómenos mentales de carácter residual que carecían de interés científico.

Sin embargo, Freud se fijó en el significado profético y religioso que habían tenido para los pueblos de la antigüedad. Tanto los egipcios, como los griegos y romanos habían intentado descubrir el futuro analizando los sueños; muchos profetas del Antiguo Testamento habían recibido consignas o revelaciones especiales por medio de sus visiones oníricas y también en el Nuevo Testamento Dios se había manifestado en sueños a ciertas personas. No obstante, Freud les dio un significado muy diferente al que tenían en el mundo antiguo. Para él los sueños eran auténticos caminos que conducían al inconsciente.

"Se hizo posible demostrar que los sueños poseen un sentido y adivinar éste. Los sueños fueron considerados en la antigüedad clásica como profecías; pero la ciencia moderna no quería saber nada de ellos, los abandonaba a la superstición y los declaraba un acto simplemente "somático", una especie de contracción de la vida anímica dormida. [...] Podemos, pues, decir justificadamente que *el sueño es la realización (disfrazada) de un deseo (reprimido)* y vemos que se halla construido como un síntoma neurótico." (Freud, 1970: 60, 63).

En su opinión, a través de los sueños sería posible satisfacer deseos escondidos que la consciencia rechaza porque no se sujetan a nuestros principios morales. Por tanto, el origen del sueño habría que buscarlo en los impulsos instintivos reprimidos por la vida real o en los deseos recientes que no han sido satisfechos de manera adecuada. Mediante estas aportaciones la teoría del psicoanálisis creada por Freud se consolidaba como una teoría del comportamiento humano, o sea, como una escuela de investigación psicopatológica que aspiraba a interpretar la conducta humana por medio del descubrimiento de las motivaciones ocultas de la misma. Era como una especie de técnica espeleológica que pretendía llegar a las profundidades de la mente humana.

Sin embargo, las posibilidades del psicoanálisis no se agotaban con el estudio de los sueños, la sexualidad infantil o la histeria masculina. Los análisis freudianos superaron las fronteras del psiquismo individual y se adentraron también en el ámbito de la sociedad, la cultura, el arte y la religión. Freud se identificó con el mito de Rousseau, que afirmaba la bondad innata de la naturaleza humana. El gran psiquiatra estaba convencido de que la historia de la civilización y de la cultura era un gran esfuerzo por someter a las fuerzas de la naturaleza. Las instituciones creadas por el hombre, como el Estado, constituían en definitiva un medio para controlar las pasiones naturales de los seres humanos, como el asesinato, el incesto o la violación.

En su obra, *El malestar de la cultura,* se refirió a la gran paradoja que suponía descubrir que la civilización creada para hacer más feliz al hombre, sólo había conseguido hacerlo más desgraciado. Tal descubrimiento sería la causa de la hostilidad hacia la cultura que experimenta el hombre moderno. Freud reconoció que el individuo occidental no se sentía cómodo en la civilización que él mismo había construido; que a pesar de haberse convertido en el dios de la técnica y de la ciencia, a pesar de poseer múltiples objetos materiales que le proporcionaban mayor comodidad y bienestar, en el fondo, no era feliz y seguía viviendo una vida de frustración.

En cuanto al arte, Freud pensaba que era una ilusión en la que el ser humano moderno, atormentado por sus deseos, intentaba refugiarse para satisfacerlos. Los artistas creaban un mundo de fantasía para que la gente pudiera evadirse de la realidad. El arte era como un lenguaje metafórico parecido al de los sueños en el que el artista sintonizaba más o menos con el público en función de la pericia que tuviera para expresar su propia infelicidad a través de la obra. Los llamados trabajos maestros serían aquellos en los que la infelicidad de todos, espectadores y artista, mejor se ponía de manifiesto.

También la religión será considerada por Freud como una "neurosis obsesiva de la humanidad", como un recurso ficticio y utópico para combatir la miseria de este mundo. El objetivo principal de la misma sería dominar los sentidos humanos apelando a un mundo irreal en el que se proyectarían todas las necesidades biológicas y psicológicas. El Dios padre y juez de la humanidad al que apelan tantas religiones sería, en realidad, una forma alienada de la figura paterna que combinaría los papeles de protector idealizado y también de represor odiado. Aunque la religión podía desempeñar un aspecto positivo, al intentar llenar la vida de las personas, consolarlas de su sufrimiento, darles pautas de conducta social y valor ante lo desconocido, en el fondo, no era más que un delirio colectivo o una deformación infantil de la realidad. Es decir, otra neurosis más.

La leyenda de Edipo
como mito fundador de la vida colectiva

Freud llegó a convencerse de que la entrada de cada criatura en el mundo era como un gran choque contra la sociedad y sus normas morales. En base a su personal concepción de la historia de Edipo, cada niño estaba movido por una fuerza interior que era esencialmente buena. Pero pronto se encontraba con el conflicto de su primera relación social: para convertirse en adulto tenía que renunciar a lo que más quería, su propia madre. Por tanto, la sociedad sería la responsable del primer drama de la existencia humana. El mítico Edipo ciego representaba lo que la mayoría de las personas experimentan en su más tierna infancia. Convertirse en el asesino del padre y en el amante de la madre, sería también lo que todo bebé soñaba inconscientemente.

Por tanto, según Freud, para llegar a ser uno mismo, cada individuo debería empezar por destruir las bases de la sociedad establecida. La receta para alcanzar la felicidad consistiría en no refrenar nunca los propios impulsos. No habría que arrepentirse de nada, no sería conveniente reprimir los deseos más íntimos porque ello podría traumatizar a las personas. Esta sería la conclusión a la que conduce el mito generoso de Freud: el mal no está en el corazón del hombre sino en las normas sociales. De manera que para erradicarlo lo que habría que hacer es cambiar las pautas de la sociedad, modificar el ambiente externo que rodea al hombre. Nada de renovaciones internas, sacrificios o experiencias íntimas de conversión, como propone la religión, sino sustitución inmediata de todo aquello que no produce placer o satisfacción en la vida.

Muchos psicólogos después de Freud han señalado que el complejo de Edipo no es más que un mito fabricado por el padre del psicoanálisis. Hans Küng se refiere al psicólogo A. Hoche, estudioso de los sueños, para resaltar de él las siguientes palabras:

"El proceder de los psicoanalistas que descubren en sus casos lo que el dogma ha proyectado dentro de ellos me recuerda el de esos padres que con cara risueña encuentran delante de sus hijos los huevos de pascua que ellos mismos han escondido... Aquí ocurre una cosa curiosa. Yo me he esforzado honradamente durante muchos años por encontrar a alguien que apeteciese a su madre y tuviera el deseo de matar a su padre. No lo he encontrado. A otros experimentados colegas les ocurre lo mismo. El complejo de Edipo se pasea por la literatura como el Holandés Errante por los mares: todos hablan de él, algunos creen en él, pero nadie lo ha visto" (Küng, 1980: 434).

Una cosa es reconocer la gran importancia que posee ese primer triángulo afectivo –las relaciones entre el recién nacido, su madre y su padre– para el adecuado desarrollo de la personalidad, y otra muy distinta es mitificar el complejo de Edipo, universalizándolo y haciéndolo responsable de todas las neurosis que padecen los adultos.

Por otro lado, hay que reconocer que aunque Freud no se dedicó a la sociología, su mito de Edipo constituye una versión diferente del mito fundador de la vida en sociedad. Si Marx habló del inconsciente social, Freud lo hizo del inconsciente psicológico individual. Si para el primero la única esperanza que tenía la sociedad de alcanzar la felicidad era la revolución que conduciría a la dictadura del proletariado, para Freud, en cambio, la revolución la debería hacer inmediatamente cada individuo, en el mismo instante en que se diera cuenta de que la coerción o las normas sociales le oprimen. La sociedad renacería cada vez que a un niño se le somete a una cultura o a una tradición particular. Por tanto, el mito edípico es atemporal porque sitúa el origen del drama social no en la noche de los tiempos sino en la experiencia personal de cada individuo. Freud concluye de todo esto que la realidad suprema sería el hombre y que no habría ninguna otra realidad superior a él. La cruda verdad del mundo serían sólo las restricciones o prohibiciones que mutilan a las personas. Nada más.

Críticas a la psicología freudiana

A pesar de que las ideas psicológicas de Freud continúan disfrutando de una gran influencia y probablemente muchas de las aportaciones del psicoanálisis son válidas; aún reconociendo que la mayoría de los estudiosos de la mente humana acepta hoy que existen aspectos inconscientes del comportamiento que podrían haberse originado, según el modo de enfrentarse a la ansiedad, durante los primeros años de la infancia, tal como él señaló; es menester reconocer también que las teorías de Freud han sido muy criticadas y, en ocasiones, han suscitado reacciones bastante hostiles. Algunos psicólogos rechazaron la idea de que los niños pequeños manifestaran deseos eróticos o que aquello que ocurría durante los primeros años de vida pudiera crear ansiedad para siempre (Giddens, 1998).

El feminismo expresó también su desacuerdo, argumentando que Freud se centraba demasiado en la sexualidad de los varones y prestaba poca atención a la experiencia femenina. Sus planteamientos establecían un vínculo muy directo entre la identidad de género y la conciencia genital, lo cual dejaba entrever que, de algún modo, el pene era considerado como un órgano superior a la vagina y que ésta se definía sólo como una mera carencia de aquél. Los partidarios del feminismo se preguntaban ¿por qué no se podía considerar al revés, que el órgano femenino fuese superior al masculino? Tampoco se veía bien que en los escritos de Freud, el padre desempeñase siempre la principal función disciplinaria ya que existían muchas culturas en las que este papel era desempeñado por la madre. Asimismo se le criticó el retraso –alrededor de los cuatro o cinco años– que daba al inicio del aprendizaje del género. La mayor parte de los autores posteriores llegaron a la conclusión de que éste se iniciaba mucho antes.

Otro gran estudioso del desarrollo infantil, el profesor de la Universidad de Chicago, Georges H. Mead (1863-1931), aunque sostuvo ciertas ideas parecidas a las de Freud, llegó a la conclusión de que la personalidad humana estaba menos sometida a tensiones de lo que suponía el padre del psicoanálisis. En su opinión, los bebés empiezan a desarrollarse como seres sociales imitando las acciones de las personas que les rodean y para ello utilizan el juego. Los niños pequeños adoptan así el papel de otro y desarrollan su autoconciencia al verse a sí mismos como los ven los demás. Tanto para Freud como para Mead, alrededor de los cinco años el niño es ya capaz de sentirse autónomo y desenvolverse fuera del contexto familiar.

Freud creía que esto se debía a la fase edípica, mientras Mead afirmaba que era consecuencia de la capacidad para desarrollar la autoconciencia. Mead no estaba de acuerdo en que lo que ocurría entre el nacimiento y la primera infancia tuviera necesariamente que determinar toda la vida posterior de la persona. Pensaba que la capacidad de aprendizaje social propia de la adolescencia era tan importante o más que la ocurrida durante la primera infancia. Las hipótesis de Mead no dependían tanto del inconsciente y no fueron tan polémicas como las de Freud, aunque también influyeron de forma importante en la psicología posterior.

El discípulo de Freud, Alfred Adler (1870-1937), médico de origen judío, pronunció cuatro conferencias en 1911 bajo el título general: *Crítica de la teoría sexual freudiana*. Las ideas que expresó en este ciclo supusieron su expulsión, así como la de siete médicos más, del círculo psicoanalítico de Viena. Su versión de la teoría psicoanalítica fue mucho más rica y matizada desde el punto de vista científico que la de Freud, ya que se avenía mejor con aquello que era posible observar en la práctica. Adler llegó a la conclusión de que su maestro se había dejado engañar por las características de la muestra con la que trabajó, es decir, los enfermos mentales. De ahí que valorara tanto el carácter sexual de la libido y el mito de Edipo sobre el que construyó toda su obra.

Sin embargo, Adler decía que el origen de los trastornos anímicos no era el conflicto entre el yo y la pulsión sexual, como afirmaba Freud, sino el afán de superación del niño. Las neurosis no eran, por tanto, el resultado de traumas edípicos sufridos durante la primera infancia que influían inconscientemente a lo largo de toda la vida, sino la expresión de un "sentimiento de inferioridad" que era siempre alimentado por todas las experiencias negativas que sufría el individuo y que le impedían conseguir sus fines. De manera que la felicidad de las personas dependía, en el fondo, de la relación con los demás. El sentimiento de inferioridad sólo podía superarse mediante el "sentimiento de comunidad".

Adler suavizó también la crítica de la religión que hizo su maestro Freud ya que estaba convencido de que el sentimiento religioso tenía como finalidad principal la perfección de la humanidad. Pero a pesar de que su postura fue más tolerante hacia la religión, para él Dios seguía siendo –como para Freud– sólo una idea de la mente humana. Una idea que podía ser muy positiva, pero una idea al fin y al cabo. Sin embargo, el teólogo Ernst Jahn que fue discípulo de Adler y escribió con él un libro titulado: *Religión y psicología individual,* le replicó a éste que en la concepción cristiana Dios no era una idea, ni siquiera un fin, sino una realidad. Küng recoge estas palabras de Jahn:

"Esta es la cuestión: ¿idea, fin o realidad? Para la interpretación cristiana Dios no es ni idea ni fin. Dios es realidad. La idea y el fin pueden ser determinados por la fuerza del pensamiento humano. Pero el ser de Dios no está ligado a los procesos mentales del hombre. Dios no es un resultado del pensamiento. Dios es una realidad sobrecogedora" (Küng, 1980: 405).

Si para el psicólogo Adler, Dios es un regalo de la fe, para el teólogo Jahn, en cambio, la fe es un regalo de Dios. El hombre no inventa al Creador sino que es éste quien crea al hombre. Tal sería el misterio de la fe en la trascendencia que constituye el núcleo del cristianismo y de otras religiones monoteístas. Otro discípulo disidente de Freud fue Carl Gustav Jung (1875-1961) quien se separó de su maestro un año después que Adler porque rechazaba también su teoría sexual y su comprensión de la libido.

En oposición al psicoanálisis de Freud y a la psicología individual de Adler, Jung definió su teoría como "psicología analítica o compleja". Para él, la libido no era solamente una pulsión sexual sino una energía psíquica que originaba procesos tan complejos como: pensar, sentir, percibir e intuir. En base a tales funciones anímicas Jung distinguió hasta ocho tipos psicológicos distintos entre las personas. Tampoco estuvo de acuerdo con el ateísmo manifiesto de Freud ni con la intrusión de la medicina en el campo de la concepción del mundo y de la vida. Nunca dejó de autodefinirse como cristiano.

Ya en la década de los ochenta (1978, 1988), la socióloga Nancy Chodorow trabajó sobre el desarrollo del género, haciendo más énfasis que Freud en la importancia de la madre. En su opinión la necesaria ruptura entre el bebé y su madre ocurre de manera diferente en los varones que en las hembras. Las chicas pueden permanecer al lado de su madre mostrándole sus sentimientos hacia ella sin ningún tipo de reparos ni condicionamientos sociales. Pueden besarla, acariciarla o abrazarla y comportarse como lo hace ella. No hay necesidad de que se produzca una ruptura entre madre e hija, lo cual hace posible que cuando la pequeña se convierte en adulta tenga un sentido del yo mucho más vinculado a los demás. Su identidad personal se fusiona mejor con la de los otros e incluso puede depender más de ellos.

Tal sería la razón, en opinión de Chodorow, de que las mujeres manifestaran una mayor sensibilidad y compasión emotiva que los hombres. Éstos, por el contrario, se verían obligados a romper prematuramente su apego inicial con la madre ya que se les inculca que lo masculino es opuesto a la ternura femenina y a los mimos maternales. Por tanto, a los chicos les faltaría cierta habilidad para relacionarse íntimamente con los demás o para comprender sus propios sentimientos. Este sería el origen de la característica inexpresividad masculina o la dificultad para manifestar sus propios sentimientos a los demás.

En vez de esto, los varones desarrollarían mejor que las chicas la capacidad para el análisis crítico de la realidad, serían más activos y enfocarían su existencia en base al deseo de conseguir cosas. En realidad, los planteamientos de Chodorow son completamente opuestos a los de Freud ya que interpretan lo masculino como una disminución de lo femenino. A los varones les faltaría algo que han perdido en la ruptura de su estrecha relación inicial con la madre. De ahí que su actitud ante el mundo sea más manipuladora y más torpe en cuanto al establecimiento de relaciones afectivas con los demás. Por el contrario, las mujeres se expresarían en función de sus relaciones y éstas constituirían la base de su autoestima.

A pesar de que la obra de Chodorow ha sido también criticada porque no explica el deseo actual de las mujeres por ser independientes y autónomas, o los sentimientos de agresividad femenina, así como por basar sus estudios sólo en la típica familia blanca de clase media, lo cierto es que en general las ideas de esta socióloga continúan siendo muy relevantes y tenidas en cuenta en los estudios acerca de la identidad de género o la sexualidad.

Por último, ciertos teóricos de la ciencia contemporáneos, como Karl R. Popper, han discutido también el carácter científico del psicoanálisis, empleando para ello el criterio de demarcación y la teoría falsacionista. En su opinión la aparente irrefutabilidad de la teoría del psicoanálisis la convertiría en una teoría dogmática no científica. Si no es posible confirmarla o refutarla por medio de la experiencia es porque no se trataría de una teoría verdaderamente científica. La explicación de Freud acerca del psiquismo humano impone unas asunciones previas que no son susceptibles de verificación y que permiten adaptar cualquier manifestación psíquica a las explicaciones del psicoanálisis. En este sentido Popper escribe:

> "En los comienzos de este periodo desarrollé mis ideas sobre la *demarcación entre teorías científicas* (como las de Einstein) y *teorías pseudocientíficas* (como las de Marx, Freud y Adler). Me resultaba claro que lo que hacía que una teoría, o un enunciado fuesen científicos, era su poder para descartar, o excluir, la ocurrencia de algunos eventos posibles –para proscribir, o prohibir, la ocurrencia de esos eventos–. Así pues, *cuanto más prohibe una teoría, más nos dice.*" (Popper, 1977: 55).

Teología negativa de Freud

El terreno de la teología y la historia bíblica se vio también salpicado por las subversivas ideas freudianas. En su opinión, el gran patriarca bíblico Moisés habría sido de origen egipcio y no judío como afirma la Escritura. Se trataba por tanto de un personaje seguidor del faraón Amenhotep IV que fue quien instauró en Egipto la religión monoteísta. A la muerte de éste, y tras la prohibición de tal religiosidad seguidora del único dios Ikhnatón (la religión de Atón), Moisés se habría visto obligado a abandonar su patria egipcia junto a los seguidores de tal divinidad. Finalmente habría sido asesinado por el pueblo al que él mismo escogió, los hebreos, y su doctrina completamente erradicada. Más tarde los profetas del Antiguo Testamento habrían sido los artífices del retorno de los judíos al Dios mosaico.

> "Si Moisés, además de dar a los judíos una nueva religión, les impuso el precepto de la circuncisión, entonces no era judío, sino egipcio; en tal caso, la religión mosaica probablemente fuera también egipcia, aunque no una religión cualquiera, sino la de Atón, predestinada para tal fin por su antítesis con la religión popular y por sus notables concordancias con la religión judía ulterior." (Freud, 1974: 36).

Estas hipótesis tan aventuradas e imposibles de confirmar constituyeron el núcleo de su obra, *Moisés y el monoteísmo,* y de su peculiar interpretación de la religión en clave del complejo de Edipo (Cabezas de Herrera, 1989). Freud creyó ver en Moisés la imagen temida del padre y la idealización de su propia imagen que lo perseguía siempre y lo ponía en situaciones difíciles que le impedían, a veces, actuar de manera coherente. El gran héroe bíblico le resultó siempre un personaje ambivalente, lo odiaba en cuanto le recordaba a su padre autoritario y exigente y, a la vez, lo amaba porque se identificaba plenamente con él. Freud se sintió avergonzado de sus humildes orígenes judíos y trató de buscar su genealogía imaginaria entre los grandes héroes de la antigüedad como el propio Moisés.

Si el judaísmo había sido la religión del Padre, –escribió Freud– el cristianismo sería la del Hijo que no habría podido evitar la tentación de eliminar al Padre. Moisés admiraba, respetaba y amaba al Dios Padre pero con el transcurso de los siglos, la misma hostilidad que un día había llevado a los hijos de la hipotética horda primitiva a matar a su padre, admirado y temido a la vez, se manifestó de nuevo. Como las promesas hechas por el Dios Padre se retrasaban, muchos judíos dejaron de creer en él y mataron al Padre en sus propias vidas. El apóstol San Pablo reconocerá más tarde este sentimiento de culpabilidad: si nosotros somos desgraciados es porque hemos matado al Padre. Este sería el "pecado original", el mayor crimen contra Dios (Freud, 1974: 122).

Por tanto ese crimen sólo podía ser redimido mediante el sacrificio del Hijo. Desde entonces el Hijo se convirtió en Dios, en lugar de su Padre, y así habría surgido el cristianismo como la religión del Hijo. Pero más tarde, en Pentecostés, la religión del Padre y la del Hijo se cumplieron en la religión del Espíritu, cuyo mensaje sería que Dios ya no estaba en el cielo sino en la sociedad y en la comunicación de los hombres, en cualquier lugar donde los humanos se reunían en su nombre. De modo que, –continúa Freud– el asesinato de Moisés (?) en la religión monoteísta se correspondía con el del padre primitivo en el totemismo y con el de Jesucristo en el cristianismo. ¡Todos eran consecuencia del complejo de Edipo del ser humano!

"Ya hemos señalado que la ceremonia cristiana de la santa comunión, en la que el creyente ingiere la carne y la sangre del Redentor, no hace sino reproducir el tema del antiguo banquete totémico, aunque tan sólo en su sentido tierno, de veneración, y no en el sentido agresivo." (Freud, 1974: 124).

De esta forma el psicoanálisis no sólo serviría para explicar las cuestiones psicológicas del ser humano sino también el origen de la religión. Se mezcla así lo que pretende ser ciencia con las propias creencias. Freud desarrolló en su libro *Tótem y tabú,* la idea de que los ritos religiosos se parecían mucho a los actos obsesivos de los neuróticos y esto le llevó a la convicción de que la religión constituye una neurosis obsesiva universal. Igual que el ser humano, según Darwin, habría evolucionado a partir de un antepasado simiesco, también las religiones evolucionarían en línea recta desde la edad de piedra hasta la actualidad.

De manera que si se quería conocer cómo había sido el origen de la religión, lo único que había que hacer era estudiar las costumbres de los pueblos "primitivos" que vivían en el presente, puesto que constituían auténticas reliquias del pasado. Mediante tal método, los etnólogos y antropólogos de la época llegaron a la conclusión de que primero había sido el *animismo o totemismo,* la creencia de que el mundo estaba pobla-do de fuerzas mágicas o espíritus; después la religión habría evoluciona-do hacia el *politeísmo,* la concepción de muchos dioses, y por último, habría surgido la fe en un único Dios, el *monoteísmo.* Pero todo como un mero producto de la imaginación humana.

> "[...] el totemismo con su adoración de un sustituto paterno, con la ambivalencia frente al padre expresada en el banquete totémico, con la institución de fiestas conmemorativas, de prohibiciones cuya violación se castigaba con la muerte; creo, pues, que tenemos sobrados motivos para considerar al totemismo como la primera forma en que se manifies-ta la religión en la historia humana y para confirmar el hecho de que desde su origen mismo la religión aparece íntimamente vinculada con las formaciones sociales y con las obligaciones morales. [...] Estos dioses masculinos del politeísmo reflejan las condiciones de la época patriarcal: son numerosos, se limitan mutuamente y en ocasiones se subordinan a un dios superior. Pero la etapa siguiente nos lleva al tema que aquí nos ocupa: el retorno del dios paterno único, exclusivo y todopoderoso." (Freud, 1974: 117, 118).

Freud recogió tales explicaciones etnológicas y las combinó con su idea de que la religión sería también como una proyección, como un infantilismo compulsivamente ampliado. Del mismo modo en que los niños disfrutan de la protección y de los cuidados de sus padres mientras son pequeños pero cuando crecen, al enfrentarse a un mundo difícil y hostil, aparece en ellos el miedo a las amenazas que les esperan y a la responsabilidad, y a veces ese miedo hace que el niño se aferre a sus recuerdos infantiles, la persona religiosa se aferraría también a la ilusión de que existe un Dios bondadoso que le ama y le protege. En vez de romper con el deseo de seguridad o de protección paterna, proyecta así la figura del padre sobre el universo, adopta una actitud pasiva y se niega a crecer. Construye en su imaginación un Dios que presenta características paternas o maternas para poder seguir viviendo.

En esto consistiría, según Freud, la ilusión de la religión, en una pro-yección basada sobre unas ideas equivocadas. Este Dios al que se busca en oración impediría a los creyentes abandonar su infancia, desarrollar la libertad y convertirse en personas responsables. Tal religión sólo engendraría eternos niños de pecho, incapaces de abandonar el estado teológi-co-infantil para enfrentarse con la sociedad en la que viven.

Sigmund Freud se siente tan satisfecho con este análisis del senti-miento religioso que además crea su propio mito imaginario en oposi-ción al relato de la Biblia. Para él la fe en Dios habría surgido del asesi-nato edípico del padre de la tribu primitiva (véase el texto que encabeza este capítulo). Ese habría sido el origen de toda religión y, por tanto, se convierte así a Dios en símbolo de todo aquello que odian los hombres: autoritarismo, obediencia, sumisión, etc. Por tanto todas las religiones, incluido el cristianismo, serían ilusiones, proyecciones de dentro a fuera que nacerían de los propios deseos humanos y que pertenecerían a una edad no madura de los pueblos y de las personas. Pero como las religio-nes habrían fracasado al no lograr la felicidad de los hombres, ya que éstos todavía se sentían desgraciados, lo que habría que hacer es prescin-dir de tal Dios y de todas las instituciones o valores culturales que se fundamentaran en su existencia.

Freud propuso una "educación para la realidad", un abandono defini-tivo de esa neurosis obsesiva proveniente del complejo de Edipo, que era la religión, y su sustitución por una visión del mundo científica; abogó por una sociedad sin religión porque "la ignorancia es la ignorancia" y además, porque una sociedad irreligiosa podría ser un tesoro oculto y una fuente de progreso.

El ambiente familiar en el que se educó el joven Freud así como la presencia de su niñera católica y la influencia de la filosofía natural ale-mana (Naturphilosophie), que a su vez asumía las ideas evolucionistas de Darwin en cuanto a que el hombre primitivo vivía en pequeñas hordas dominadas brutalmente por un macho que poseía a todas las hembras y castigaba o mataba a los más jóvenes, determinaron su extraña relación con lo religioso. Además, el prolongado contacto con sus pacientes le hizo identificar las formas equivocadas y patológicas de la religión con la religión misma y en especial con el cristianismo. Freud no se relacionó seriamente con cristianos que vivieran su fe de manera coherente, ni tam-poco leyó a los grandes creyentes de la historia. Nunca fue influido posi-tivamente por la conducta cristiana de alguna persona próxima a él. Por tanto, nunca vio la necesidad de abandonar su postura atea.

El cristianismo de Cristo
no es neurosis sino liberación

A pesar de las afirmaciones de Freud en cuanto al origen de las reli-giones, hasta hoy no se ha encontrado la hipotética "religión primitiva" de la que, según se dice, habrían evolucionado todas las demás. La etno-logía y la antropología contemporáneas afirman que es imposible hallarla mediante el método científico y que ni siquiera se la debe buscar. Entre los especialistas en historia de las religiones cada vez es mayor la convicción de que no es posible demostrar que una religión sea anterior a otra. Cada forma religiosa ha tenido su época y diferentes formas han podido también coexistir en el tiempo.

Por tanto resulta imposible determinar una sucesión precisa que lleve desde el animismo al monoteísmo, pasando por el fetichismo, totemismo y politeísmo. No existen las fuentes necesarias para poder explicar históricamente el origen de la religión. No es posible acudir a los pueblos "primitivos" de la actualidad para deducir de ellos tal origen porque estos pueblos no son, en realidad, las auténticas culturas del pasado. También ellos han tenido una larga historia, aunque ésta no haya sido escrita. Por tanto, "en lo tocante al origen de la religión no podemos ir más allá de las hipótesis, visiones, suposiciones, tentativas históricas y psicológicas" (Küng, 1980: 410). Sin embargo, una cosa sí parece ser cierta. Jamás se ha encontrado algún pueblo o civilización que no poseyera indicios de religión. El sentimiento religioso en el ser humano es algo universal, lo cual permite creer que la religión nunca dejará de existir mientras queden hombres.

De otra parte, es verdad que la religión puede atar a las personas; es cierto que algunas formas religiosas esclavizan a las criaturas y las hacen extrañas con respecto a su entorno y a los demás seres humanos. En algunos casos el sentimiento de culpabilidad que genera la creencia puede llegar a perjudicar la salud psíquica del individuo y provocarle un comportamiento neurótico e irracional. En esto Freud tenía razón, para algunas personas la religión es susceptible de hacer que tales sentimientos produzcan neurosis individuales o colectivas. Sin embargo, estas críticas no agotan la autenticidad del sentimiento religioso o de la religión misma. Es verdad que hay religiones autoritarias que poseen un marcado carácter alienante para los fieles que las profesan, pero también existen orientaciones religiosas que se preocupan por la persona humana y promueven su mejora radical.

La religión puede llegar a ser como un opio para las personas, –según afirmó Marx– como un tranquilizante social o un medio de consolación, pero no tiene por qué serlo necesariamente. La religión puede convertirse en una ilusión, en una especie de neurosis o de inmadurez mental, –como señaló Freud– pero tampoco tiene que ser necesariamente así. El hecho de que existan creyentes alienados o neuróticos nada dice acerca de la existencia de Dios. El que se pueda o no explicar psicológicamente la fe o el sentimiento religioso no significa que Dios sea sólo el producto de la mente humana.

Decir que la religión es siempre psicología y proyección es equivocarse y dar una respuesta indemostrable. ¿Acaso el enamorado no proyecta también su propia imagen en su amada? ¿significa esto que su amada no existe o que sólo está en la mente del enamorado? ¿no es él quien mejor la conoce y está en mejores condiciones de comprenderla que cualquier otra persona que juzgara desde fuera? El que los humanos proyecten su propia imagen sobre el concepto que tienen de Dios, nada dice acerca de la existencia o no existencia del mismo. Los argumentos psicológicos de Freud no refutan ni destruyen la idea de la existencia de Dios ni la autenticidad del sentimiento religioso. Quien crea que la crítica freudiana de la religión es concluyente se equivoca por completo. El ateísmo de Freud es una hipótesis sin pruebas; el psicoanálisis no lleva necesariamente al ateísmo y las representaciones religiosas siguen siendo irrefutables.

¿Es el cristianismo una de esas manifestaciones religiosas alienantes que conducen a la neurosis, como decía Freud? Parece obvio que, como todas las creencias, la fe cristiana puede sufrir deformaciones o adulteraciones capaces de crear problemas a ciertas personas. No obstante, el genuino cristianismo de Cristo no es una neurosis sino todo lo contrario, una liberación radical del ser humano. Cuando el individuo llega a conocer la verdad de la revelación, descubre la auténtica libertad. Jesús dijo que quien permanece en su palabra, conoce la verdad y ésta le convierte en una persona libre (Jn. 8:31, 32). Pero "permanecer en la palabra de Cristo" implica poseer voluntad y responsabilidad moral.

Cada criatura humana es responsable de sus actos delante de Dios y es libre para decidirse a favor o en contra de él. Sin embargo, este sentido de la responsabilidad moral es el que pretenden destruir los planteamientos de Freud. ¿Hasta qué punto es el ser humano responsable de sus actos si éstos vienen determinados por fuerzas o impulsos inconscientes que no se pueden controlar? Si las pulsiones que experimentamos vienen de la parte más antigua del cerebro (del Ello) que todavía subsiste de cuando éramos animales irracionales, ¿cómo es posible decir que tales deseos poco evolucionados son moralmente malos y no el simple producto de esa parte cerebral más antigua y animal? ¿hasta qué punto podemos ser responsables de tales pulsiones? Las hipótesis freudianas conducen a considerar los errores del comportamiento no como resultado de la corrupción moral del individuo sino como simples respuestas aprendidas por nuestros antepasados y guardadas en el inconsciente. No obstante, cuando se niega la visión cristiana del mundo se está rechazando también la idea de responsabilidad moral y de pecado. Bajo el disfraz de una concepción "científica" de la vida humana, lo que se hace es robarle dignidad al ser humano y tratarlo como si fuera una máquina o un animal. Al negar la realidad de la conciencia y de la maldad que anida en el corazón de las personas, se genera caos moral y corrupción a todos los niveles. Como escribe Colson:

> "¿Consumen drogas? ¿Son alcohólicos? ¿Son aptos para el trabajo pero se niegan a trabajar? ¿Están teniendo hijos sin la más mínima inten-

ción de mantenerlos económicamente? No importa. Igualmente tienen derecho a los beneficios del gobierno, y no hay que hacer preguntas. De modo que estos patrones de conducta disfuncionales se robustecen, y el ciclo continúa. A los ciudadanos no se los alienta a asumir responsabilidad moral o personal para su vida. No nos sorprendamos, entonces, de que la idea de bienestar social ha engendrado una clase social subordinada en donde la conducta disfuncional e ilegal es norma. Al ignorar la dimensión moral, al reducir los desórdenes sociales a problemas técnicos que deben tratarse con soluciones científicas, hemos creado caos moral." (Colson, 1999: 168).

Las ideas de Freud están en la raíz de ese liberalismo que entiende siempre el crimen y la delincuencia como producto exclusivo de la pobreza o de otros males sociales. Es evidente que el ambiente que rodea a muchos individuos puede contribuir negativamente sobre ellos y hacer que muchos lleguen a convertirse en delincuentes. Sin embargo, no todos los que se han criado o viven en tal ambiente se convierten necesariamente en criminales. El hombre es hombre precisamente porque es capaz de tomar decisiones propias moralmente significantes. Pero cuando se niega esta responsabilidad individual y se sitúa el origen del crimen en fuerzas abstractas e impersonales de la sociedad, entonces resulta que nadie es responsable de nada. Negando el pecado y la culpa no es posible mejorar la sociedad. Por el contrario, lo que ocurre es que se le resta significado a las decisiones y a las acciones humanas, se mengua la dignidad del ser humano y se corre el riesgo de dejar sueltas las fuerzas más negativas de este mundo.

Freud contempló la religión, según se ha visto, como una neurosis de carácter edípico que sólo servía para ilusionar a las personas y hacerles creer en un Dios caritativo y paternal, sin embargo su psicología atea ha contribuido a recrear otro gran mito que ha tenido mucho éxito: el mito, ya anunciado por Rousseau, de la bondad innata del ser humano. La creencia en la autonomía del yo y en la inexistencia de verdades objetivas; la convicción de que la moralidad está sujeta a las preferencias de cada cual; la concepción de que cada individuo es su propio dios y de que no hay que rendir cuentas a nadie. No existe Dios, ni pecado, ni culpa. Pero ¿no es posible decir también que estas creencias ateas son ilusiones interesadas? Si la religión, según Freud, no es más que la proyección de un deseo, ¿por qué no pueden tales ideas ser a su vez proyecciones del deseo de vivir sin Dios, sin ser responsables de nada y sin tener que dar razón de nuestros actos a nadie? El argumento de la proyección puede aplicarse tanto en un sentido como en otro.

La principal neurosis de nuestro tiempo no es la religión, ni mucho menos el cristianismo, sino la falta de orientación en la vida, la ausencia de valores, de normas éticas y de responsabilidad individual. La carencia de sentido y el vacío existencial que caracteriza al hombre contemporáneo es consecuencia directa de la represión que hoy sufre la moralidad y el sentimiento religioso. En nuestro tiempo se reprime lo espiritual y los resultados pueden verse por doquier. Pero lo cierto es que, a pesar de todas las teorías y mitos humanos, el cristianismo continúa siendo la mejor visión del mundo que todavía está al alcance de las personas. Es la creencia que mejor se ajusta a la realidad del hombre y que responde de manera sabia a sus preguntas fundamentales. Esto es así, sencillamente, porque el cristianismo de Cristo es la auténtica liberación y la Verdad con mayúsculas.

LOS MITOS SOCIALES A LA LUZ DE LA BIBLIA

En este apartado y a modo de resumen se pasará revista a los diez mitos sociales que han sido analizados, con el fin de resaltar sus características principales en comparación con la visión bíblica.

1. MAQUIAVELO: El mito del príncipe nuevo

ENUNCIADO:

El fin justifica los medios.
Propone la búsqueda del bien a través del mal.
La moral debe sacrificarse al interés.

CONCEPTO DE HOMBRE:

El hombre no es bueno ni malo
pero puede llegar a ser lo uno o lo otro.

CONCEPTO DE DIOS:

Maquiavelo creía en un Dios que había hecho al hombre pero no intervenía en el mundo de lo social, ni en la historia y, desde luego, no se ocupaba de poner o quitar soberanos. Esto sólo era incumbencia del ser humano.

VISIÓN BÍBLICA:

El Nuevo Testamento enseña, sin embargo, que el cristiano no debe devolver mal por mal, ni maldición por maldición sino bendición (1 P. 3:8, 9). Y Jesús afirma claramente: "A cualquiera que te hiera en la mejilla derecha, vuélvele también la otra" (Mt. 5:38, 39). De manera que el comportamiento adecuado del creyente consiste en practicar la solidaridad cristiana y el amor con todo el mundo, incluso con los enemigos.

2. DESCARTES: El mito de la razón

ENUNCIADO:

La fuente de toda verdad no es Dios sino la mente humana.

CONCEPTO DE HOMBRE:

El hombre es un ser autónomo gracias a su capacidad para pensar.
Ello le constituye en el centro del universo.

CONCEPTO DE DIOS:

Descartes creía que Dios era la causa primera que había creado el
mundo pero pronto lo habría abandonado a su suerte.

VISIÓN BÍBLICA:

Sólo a partir del conocimiento del Dios que se revela en Jesucristo, es
posible llegar a conocer verdaderamente al ser humano (Sal. 8:4-6;
Gn. 1:26; Hch. 17:26).

3. HOBBES: El mito del contrato social

ENUNCIADO:

La razón impulsó a los hombres primitivos, que vivían en lucha permanente de todos contra todos, a la realización de un contrato social. Un acuerdo que legitimaba el poder absoluto del gobernante para garantizar la convivencia.

CONCEPTO DE HOMBRE:

El hombre es malo por naturaleza

CONCEPTO DE DIOS:

Hobbes entendió a Dios como el mayor soberano del universo al que se debía obediencia y sumisión. Sin embargo, llegó a creer que también se debía obediencia a todos los soberanos humanos aunque éstos actuaran despóticamente, se convirtieran en dictadores infieles o incluso dejaran de creer en Dios.

VISIÓN BÍBLICA:

La obediencia de los súbditos está condicionada por el comportamiento del gobernante en relación a los propósitos de Dios (Ro. 13:4). Si un gobierno no actúa de acuerdo a los principios bíblicos de respeto a la vida y a las creencias no merece la consideración, ni la sumisión. La maldad no está escrita en los genes humanos sino que es el resultado de la libre decisión de cada persona o del deseo de independencia de Dios.

4. LOCKE: El mito de la propiedad privada

ENUNCIADO:

El derecho a la propiedad privada es tan básico como el derecho a la vida.
La propiedad privada es inviolable y tan sagrada como la vida humana.
El trabajo es la prolongación del ser humano.

CONCEPTO DE HOMBRE:

El hombre no fue al principio una especie de lobo para el hombre, sino una criatura reflexiva que supo renunciar a sus libertades individuales para vivir en paz.

CONCEPTO DE DIOS:

Locke aceptaba que Dios era el legislador último cuya existencia podía ser demostrada fácilmente por medio de la razón.

VISIÓN BÍBLICA:

Las necesidades humanas son siempre más importante que los derechos de propiedad. No es posible equiparar la inviolabilidad de la vida humana con la de la propiedad privada (Éx. 22:25; Lv. 25:23-36; Dt. 14:28, 29; 15:7, 8; 23:19; Am. 2:6, 7; Os. 12:7, 8; Mi. 2:2, 8, 9; Is. 5:8, 9; Jer. 22:13-17; Sal. 10:2-4; Lc. 16:13; 18:24; Mr. 10:25; Mt. 13:22).

5. ROUSSEAU: El mito de la sociedad culpable

ENUNCIADO:

El hombre es bueno por naturaleza pero cuando se reúne con otros hombres y empieza a vivir en sociedad entonces se pervierte y se vuelve malo.
El pecado original no existe.
El pensamiento, el arte y la cultura han contribuido a los principales vicios del ser humano.
La propiedad privada es la raíz de todos los males.

CONCEPTO DE HOMBRE:

Rousseau creyó en la bondad original de la naturaleza humana pero acusó a la sociedad de todos los males existentes y situó su posible redención en un futuro mejor.

CONCEPTO DE DIOS:

Rousseau dio siempre más importancia a una religión natural basada en la naturaleza y en la conciencia humana que en la revelación bíblica. Dios era la primera causa que había generado el movimiento de la materia y que garantizaba también la inmortalidad del alma.

VISIÓN BÍBLICA:

El ser humano fue creado libre por Dios pero, aún antes de su vida en sociedad, conoció el mal y perdió su inocencia original. Por tanto, el único responsable del mal social es el propio hombre (Gn. 3:8; 8:2; Job 15:14, 16; Is. 25:8; Jn. 3:6; Ro. 5:19; 6:23).

6. HEGEL: El mito de las revoluciones

ENUNCIADO:

Las revoluciones sociales a lo largo de la historia han sido necesarias y permitidas por Dios para el avance progresivo de la humanidad. La guerra sería un mal menor que habría que pagar para que la humanidad mejorara poco a poco.

El mal presente es necesario para alcanzar el bien futuro.

CONCEPTO DE HOMBRE:

El hombre es malo desde su origen y la sociedad imperfecta, por tanto sólo es posible la reforma y el progreso social por medio de la revoluciones violentas que progresivamente van transformando la humanidad con arreglo a la voluntad divina.

El hombre es un esclavo da la historia, un títere manejado por los hilos de la razón divina.

CONCEPTO DE DIOS:

Dios utiliza la maldad del ser humano para realizar su plan histórico. El Dios de Hegel recorre toda la historia de la humanidad y posee un cierto aire panteísta que lo impregna todo.

VISIÓN BÍBLICA:

Dios no puede ser responsable del mal ni de las consecuencias del mismo que son del todo imputables al comportamiento humano (Is. 26:21; Ez. 11:19).

7. COMTE: El mito de los tres estados de la humanidad

ENUNCIADO:

La humanidad habría pasado por tres etapas o estados (teológico, metafísico y positivo) en su evolución histórica hacia el espíritu científico y racionalizador.

Si Dios y la fe religiosa eran necesarios al principio en el estado teológico, ahora ya habrían sido sustituidos por la mentalidad positiva y racional. La religión ya no sería necesaria en el presente sino que habría dado paso al estado científico.

CONCEPTO DE HOMBRE:

El hombre es un animal más y como tal debe ser estudiado.

La sociedad es anterior al hombre y no al revés.

Para el espíritu positivo el hombre propiamente dicho no existe, sólo existe la humanidad ya que todo desarrollo humano se debe a la sociedad.

CONCEPTO DE DIOS:

Dios no existe. Según Comte, el Dios de los cristianos tenía que ser sustituido por otra divinidad más importante: la propia humanidad. Como el sentimiento religioso era una realidad humana, Comte concibió el Catecismo Positivista de una nueva religión de la humanidad, una religión sin Dios pero creada según las formas de la Iglesia Católica.

VISIÓN BÍBLICA:

Como escribió San Pablo, algunos hombres "cambiaron la verdad de Dios por la mentira, honrado y dando culto a las criaturas antes que al Creador" (Ro. 1:25). Sin embargo, la validez de esa verdad es eterna y aunque el cielo y la tierra pasen, la Palabra de Dios nunca pasará.

8. DARWIN: El mito del evolucionismo

ENUNCIADO:

Todos los seres vivos proceden por evolución de una primitiva célula. El hombre ha evolucionado a partir de un antepasado simiesco que también dio origen a los monos actuales.

CONCEPTO DE HOMBRE:

El hombre es considerado también como un animal más de la escala evolutiva pero que posee un órgano muy especial, el cerebro que le dota de inteligencia y capacidad de abstracción.

CONCEPTO DE DIOS:

Dios no resulta necesario para explicar la aparición de la vida y del ser humano.

VISIÓN BÍBLICA:

La vida no procede de simples leyes naturales que son el producto del azar ciego, sino de un diseño inteligente realizado por Dios (Ro. 1:20). El creador formó al ser humano directamente a su imagen y semejanza (Gn. 1:26, 27).

9. MARX: El mito de la redención del proletariado

ENUNCIADO:

Cuando la clase proletaria llegue a asumir el poder representará los intereses de toda la humanidad e instaurará un socialismo en el que cesará la lucha de clases y todos los hombres llegarán a ser verdaderamente libres e iguales entre sí.

CONCEPTO DE HOMBRE:

El hombre es concebido como el producto de la evolución ciega y carente de valor, una especie biológica más, pero, mediante el advenimiento de la revolución proletaria, al final triunfará la justicia social, la felicidad, y el régimen perfecto.

El hombre es bueno por naturaleza por tanto no es necesario el arrepentimiento sino la revolución.

CONCEPTO DE DIOS:

Dios es una construcción fantástica de la mente humana.

La religión es el opio del pueblo y aliena al ser humano pero cuando se eliminen las causas sociales que la originan, desaparecerá por sí sola.

VISIÓN BÍBLICA:

La historia demuestra que confiar en la bondad natural del ser humano y en las promesas de paraísos y utopías sociales, ha sido siempre cometer una grave equivocación. No obstante, la revolución fundamental de este mundo es la resurrección de Jesús que implica transformación radical del ser humano. Los cristianos deben poner en práctica el ministerio social del Evangelio. (1 P. 4:10, 11).

10. FREUD: El mito de Edipo

ENUNCIADO:

El origen del cristianismo y de las demás religiones habría que buscarlo en el sentimiento de culpabilidad que posee el ser humano por
haber matado al padre de la horda primitiva para robarle sus mujeres.
Aquel crimen de carácter edípico habría originado el totemismo, la
primera religión, y se recordaría en todas las demás religiosidades
que han ido apareciendo después.

CONCEPTO DE HOMBRE:

El hombre es bueno por naturaleza pero cuando no supera sus tendencias edípicas de amar a la madre y odiar al padre se torna incapacitado para aceptar a los demás y a Dios como Padre trascendente.
La sociedad es la culpable del primer drama de la existencia humana
ya que obliga a cada bebé a renunciar a su madre para convertirse en
adulto.

CONCEPTO DE DIOS:

Dios no existe, es una mera ilusión humana. Una proyección alienada
de la figura paterna al que se le atribuirían los papeles de protector
idealizado y de represor odiado.
Aunque la religión puede desempeñar un aspecto positivo al consolar
a las personas de su sufrimiento, en el fondo se trata de una neurosis
obsesiva de la humanidad, es una deformación infantil de la realidad.

VISIÓN BÍBLICA:

Al Dios cristiano se le puede llamar también Abba, padre. Por tanto el
cristianismo no es neurosis edípica sino liberación radical (Jn. 8:31, 32).

Parte III

GLOBALIZACIÓN
Y
PROTESTANTISMO

GLOBALIZACIÓN
Y PROTESTANTISMO

¿Es posible que en plena época postmoderna todavía subsistan ciertos mitos sociales propios de la modernidad y que influyan en las creencias religiosas de las personas? ¿Hay síntomas de tal persistencia mítica en el seno del mundo protestante? En mi opinión, la mayor parte de los mitos tratados en este libro no han desaparecido de ciertos ambientes evangélicos sino que, por el contrario, brotan con fuerza en la actualidad originando ideas, doctrinas y actitudes que se alejan de la ortodoxia bíblica o que son claramente contrarias al Evangelio de Cristo. El extraordinario desarrollo de las comunicaciones que está en la base del actual proceso globalizador, hace hoy posible que tales errores o comportamientos equivocados se difundan con rapidez traspasando las fronteras y anidando en el seno de muchas congregaciones locales.

En este sentido, el mito maquiavélico de creer que el fin justifica los medios empleados hilvana desde el influjo consumista que se detecta en cierta música y literatura religiosa dirigida por mentes no creyentes, hasta el sensacionalismo, la publicidad engañosa o la creación de tantos fetiches pseudoespirituales como anidan por doquier. Con la utilización indiscriminada de cualquier medio de comunicación de masas para presentar el mensaje evangélico ocurre lo mismo. Es cierto que la proliferación de teleevangelistas famosos ha servido para llevar muchas criaturas a los pies de Jesús, pero lamentablemente ha fomentado también la sustitución del culto en la iglesia local y la fraternidad entre los hermanos, por el incremento del individualismo espiritual que provoca la ceremonia televisada.

El surgimiento de ciertas estrellas de la predicación virtual ha hecho que en muchas ocasiones se dé más valor al mensajero que al propio mensaje transmitido. Todo esto converge en el surgimiento de un cristianismo exclusivamente vertical, egoísta, generador de ídolos y apartado de la solidaridad con el hermano, que conduce al sentimiento equivocado de que no es necesario cambiar los males sociales porque, al fin y al cabo, Cristo viene pronto.

Si el mito cartesiano de la razón influyó de manera decisiva en la aparición de la teología racionalista moderna con su tendencia a la desmitologización del texto bíblico, no cabe duda que las tendencias actuales se han pasado al polo opuesto. Hoy se experimenta todo lo contrario, el auge del mito del sentimiento que inunda casi todos los ambientes cúlticos. La liturgia de la mayoría de las iglesias protestantes se ha visto afectada por una ola de emocionalismo religioso. La alabanza ha adquirido un papel preponderante sobre la doctrina. La música religiosa y sentimental se ha transformado en un negocio floreciente para los empresarios avispados, desplazando a la literatura cristiana de calidad que es la que permite la reflexión personal y el crecimiento en la fe.

La afición a cierta escatología-ficción y la búsqueda exclusiva de temas como la guerra espiritual está provocando el desarrollo del esoterismo y la superstición pseudobíblica en algunas comunidades evangélicas. Esto conduce finalmente a una religiosidad idolátrica y superficial, que es característica de la época postmoderna, pero que no es capaz de transformar radicalmente a la persona ni de disminuir la corrupción social de los pueblos. La conversión se queda así sólo en un cambio externo que no llega a modificar significativamente la interioridad del ser humano. La estética predomina sobre la ética y sobre el comportamiento personal (Cruz, 1997).

El desinterés de otros sectores evangélicos por las cuestiones sociales y políticas en las que viven, contribuye a la proliferación de iglesias "ghetto" preocupadas solamente por el "más allá" y ciegas a la realidad social del "más acá". Esta tendencia actualiza de alguna manera el mito de Hobbes acerca del contrato social, ya que tal despreocupación política permite la inmunidad de ciertos soberanos y les da vía libre para gobernar despóticamente, convertirse en dictadores corruptos o comerciar con el ser humano como si éste fuera un simple medio y no un fin en sí mismo según indica la Escritura.

Por otra parte, las ideas de Locke sobre la propiedad privada se evidencian también hoy en esa preocupación exclusiva por el triunfo personal, tanto en el ámbito profesional como en el espiritual, que reduce el Evangelio a mero "exitismo" o búsqueda ansiosa de todo tipo de bienes. El dolor, la pobreza y la injusticia se ignoran como si no formaran parte de la realidad o como si siempre fueran el resultado de la pereza o la indolencia. Tales actitudes pasan por alto la especial sensibilidad social que mostró siempre el Señor Jesús en su relación con los pobres, enfermos y maltratados de aquella época.

El mito de la sociedad culpable mediante el que Rousseau pretendió desculpabilizar al ser humano, asegurando su bondad natural, mientras estigmatizaba a la vez cualquier creación de la sociedad, ha calado en el mundo evangélico. La única modificación a tales ideas es que ahora la maléfica sociedad ha sido sustituida por el maléfico Satanás. Éste sería siempre el culpable de todo, el único responsable del pecado y la maldad humana. La criatura volvería a ser inmaculada y buena por naturaleza.

De ahí la imperiosa necesidad de expulsar al príncipe del mal de sus múltiples fortalezas físicas: el pico del Everest en la cordillera del Himalaya, la ciudad griega de Tesalónica, el monumento a las Cibeles en Madrid o la pirámide de Teotihuacán en México. Tales exorcismos a Satán vendrían a aliviar o eliminar la responsabilidad moral y espiritual que tiene cada persona delante de Dios. Este mito transformado levanta la carga del pecado de la espalda humana, la coloca en la del príncipe de las tinieblas y el hombre deja así de ser responsable del mal social que le rodea. ¿Es éste el auténtico mensaje de la Biblia?

La imagen de Hegel se transparenta también a través de ciertas interpretaciones que conciben los desastres naturales, las epidemias o los accidentes que ocurren a diario como si fueran castigos enviados por Dios a la humanidad a consecuencia de su pecado y desobediencia. Así, la terrible enfermedad del SIDA, las guerras, los genocidios, el terrorismo, los terremotos, los huracanes o las erupciones volcánicas se convierten en armas arrojadizas de origen divino que pretenden contrarrestar la indiferencia espiritual o la pecaminosidad del ser humano. Tal sería el precio a pagar para que en el futuro pudiera alcanzarse el bien y se realizaran adecuadamente los planes de Dios. Su proyecto requeriría de las lágrimas, el dolor, la maldad y la muerte del ser humano. Esta equivocada teología del castigo entronca, en ciertos círculos, con el mito de que Dios usaría el mal para lograr el bien y realizar así su plan histórico. Nada más alejado de la verdad.

Es evidente que el mito de los tres estadios de la humanidad con el que Comte pretendía liquidar la religión, asegurando que ésta desaparecería durante la época moderna, se ha estrellado contra el despertar religioso que se detecta hoy por doquier. Sin embargo, este resurgir postmoderno de la espiritualidad está preñado de reminiscencias esotéricas y gnósticas que no tienen nada que ver con el cristianismo. Por desgracia tales influencias han penetrado también en las prácticas y creencias que sostienen determinados grupos evangélicos. En este trabajo tendremos ocasión de analizar algunas de ellas para distinguirlas de la sana doctrina que se enseña en el Nuevo Testamento.

Los últimos descubrimientos de la ingeniería genética constituyen una mala noticia para los racismos inspirados en el mito evolucionista. El conocimiento del genoma humano demuestra la inexistencia de bases genéticas sólidas sobre las que se pueda apoyar una clasificación racista de la especie humana. Desde el punto de vista de los genes, por ejemplo, puede existir mayor diferencia entre dos españoles blancos nacidos en Madrid que entre uno de ellos y un aborigen australiano. Esto confirma la idea bíblica acerca de que el racismo y la xenofobia no tienen razón de ser. ¿Qué sentido puede tener entonces la existencia de iglesias exclusivas para blancos o para negros? ¿congregaciones evangélicas de ricos y congregaciones de pobres? ¿la práctica del eugenismo espiritual que ve con malos ojos los matrimonios interraciales? El mito de Darwin sigue vivo en el ámbito de las creencias y continúa dividiendo a los hombres según su origen, incluso dentro de las mismas iglesias que se denominan cristianas.

Quizá sea la idea marxista acerca de la redención del proletariado la que de forma más clara se haya visto frustrada a finales del siglo xx. A partir de la estruendosa caída del muro de Berlín ya nadie se cree que los pobres vayan a dominar la Tierra. Como se verá, los desposeídos de hoy son los excluidos del proceso globalizador que experimentan en sí mismos el incremento de las diferencias entre ricos y pobres. ¿Se ha contagiado a las iglesias evangélicas esta enfermedad de la resignación y la pasividad por la existencia de los excluidos? ¿no existe acaso una teología de la prosperidad que culpabiliza de manera automática al pobre por el hecho de ser pobre? ¿no se sospecha de cualquier acción social dentro de algunas iglesias o se la acusa inmediatamente de marxista y de ser partidaria de la teología de la liberación? El mito de Marx parece haber muerto pero las injusticias sociales que lo hicieron nacer siguen muy vivas.

Por último, con Freud y su mito edípico la Iglesia se enfrenta al reto de la fe y la conducta. Estamos de acuerdo en que el cristianismo no es enfermedad neurótica sino liberación radical. Pero, ¿cómo vivimos la fe en la práctica diaria? ¿en qué consiste nuestra religiosidad evangélica? ¿no se manifiestan a veces, en el seno de ciertas congregaciones, comportamientos espirituales enfermizos? Dios no es un tirano dictador que se complace en hacer sufrir a sus criaturas o en castigarlas y hacerles pagar por sus deslices, pero tampoco es un criado del ser humano que está siempre esperando nuestras peticiones para realizarlas inmediatamente. La predicación que deifica al hombre o al diablo y que disminuye la acción de Dios o de su hijo Jesucristo, además de ser herética es capaz de generar deformaciones y desequilibrios del espíritu en los creyentes que la escuchan.

A la vista de tal subsistencia de mitos en el interior del cristianismo protestante contemporáneo, quizá sea conveniente plantearse la necesidad de una nueva reforma que nos haga volver a beber las aguas cristalinas de la Palabra de Dios, la única fuente incontaminada capaz de saciar completamente la sed espiritual del ser humano. ¿Cómo puede hacerse esto en los inicios del nuevo mundo que la globalización está inaugurando? ¿En qué medida influye este proceso de internacionalización sobre la iglesias y los líderes cristianos? ¿Acaso la mundialización puede contribuir a la generación de nuevos mitos sociales en el seno de las congregaciones evangélicas? ¿Contra qué nuevas perversiones religiosas propias de la postmodernidad es menester luchar dentro del protestantismo actual? ¿Cómo afecta la llamada "sociedad red" al individuo, al creyente y a la familia? ¿Qué ventajas e inconvenientes puede aportar la globalización al cristianismo? ¿Nos dirigimos hacia la creación de una nueva ética globalizada? ¿Cómo será el cristianismo del futuro?

Son muchas las inquietudes que se despiertan en esta nueva era de la comunicación. Empezaremos definiendo los conceptos fundamentales del proceso globalizador para terminar por sus posibles implicaciones religiosas.

1 ¿GLOBALIZACIÓN O MUNDIALIZACIÓN?

Estas dos palabras suelen utilizarse en ocasiones como si fueran sinónimas. Sin embargo, ciertos autores emplean el término "globalización" para referirse a la relación económica creciente que existe entre todos los países del mundo y que hace posible el libre intercambio de bienes y servicios. Uno de los primeros en usar este concepto fue Theodore Levitt en 1983. No obstante, otros sociólogos reservan la palabra "mundialización" para señalar la unificación progresiva del planeta que ha sido interconectado y se ha vuelto interdependiente gracias al desarrollo de la tecnología electrónica e informática. Por tanto, según tales concepciones, la mundialización sería un fin en sí misma, algo deseable que contribuiría a la mejora social de la humanidad, mientras que la globalización se entendería sólo como un medio que, en la práctica, vendría a ser lo mismo que "capitalismo global". Independientemente del debate etimológico, lo que parece claro es que ambos términos apuntan hacia la aparición del nuevo mundo que está naciendo a principios del siglo XXI.

Desde finales del siglo XX el planeta Tierra se ha visto inundado por una serie de novedades que han contribuido a cambiar radicalmente la vida del ser humano. Las computadoras y los chips electrónicos han inaugurado esta lista de innovaciones tecnológicas haciendo que las telecomunicaciones reduzcan el espacio y el tiempo en los que se desenvuelve el hombre. No sólo las coordenadas espacio-temporales pueden ser ya modificadas sino también la propia vida que caracteriza el planeta azul. La manipulación genética ha roto las fronteras naturales que separaban a las especies y se perfila como la gran esperanza médica para el futuro. Los mercados financieros operan ya en tiempo real y a escala global controlados electrónicamente. De igual forma la economía capitalista se ha apoderado del mercado mundial, mientras que el imperio soviético y la ideología comunista que lo caracterizaba han desaparecido junto con la guerra fría. Al mismo tiempo, en la mayoría de las sociedades se está produciendo una lucha contra todo autoritarismo, así como una infravaloración del patriarcado tradicional que afecta decisivamente a la familia y al papel de la mujer en la vida social. Todo esto, que es nuevo en la historia de la humanidad, lleva a concluir a ciertos sociólogos que actualmente estamos ante la aparición de un nuevo mundo (Castells, 1999).

Sin embargo, no todo es bueno y justo en este nuevo mundo naciente. Como escribe el profesor Néstor García Canclini:

"Es curioso que esta disputa de todos contra todos, en la que van quebrando fábricas, se destrozan empleos y aumentan las migraciones masivas y los enfrentamientos interétnicos y regionales, sea llamada globalización. Llama la atención que empresarios y políticos interpreten la globalización como la convergencia de la humanidad hacia un futuro solidario, y que muchos críticos de este proceso lean este pasaje desgarrado como el proceso por el cual todos acabaremos homogeneizados." (García Canclini, 1999: 10).

A pesar de esta cara oscura de la globalización que intentaremos descubrir más adelante, lo cierto es que no se trata de un proceso que afecte exclusivamente a la economía y a las comunicaciones internacionales. Lo global se ha colado en nuestra vida sin que nos demos cuenta, globalizándonos también la propia biografía (Beck, 2000: 110). Los contrastes económicos entre los países, la mezcla de distintas culturas, la contaminación del planeta, el perjuicio que supone desde el agujero de ozono hasta el SIDA, las vacas locas o la fiebre aftosa, todo ello afecta y agita lo más íntimo de la vida humana. La globalización no sólo ocurre fuera del individuo sino en el núcleo de la propia vida, afecta a la persona, a las relaciones conyugales, a la familia, al mundo laboral; influye en el círculo de los amigos, en la escuela, en la alimentación, en el ocio e incluso en la vida religiosa y espiritual. Lo global, se quiera o no reconocer, conforma absolutamente toda nuestra existencia terrena. De ahí la necesidad de estudiar minuciosamente el tema para saber cómo debemos vivir y cómo nos conviene actuar hoy frente a este nuevo fenómeno social.

Desde la perspectiva cristiana y con el fin de evitar los malos entendidos, es conveniente adelantarse a decir aquello que no es este fenómeno contemporáneo. En primer lugar, no creo que la globalización sea el cumplimiento de ninguna profecía bíblica, como en ocasiones se sugiere, en el sentido de que guarde relación con la moneda del Anticristo, por ejemplo, con el famoso euro de la Unión Europea. (¿Por qué siempre tiene que ser el euro y no el dólar?). Tampoco creo que tenga que ver con ningún hipotético microchip que se implantaría bajo la piel de la mano o en la frente de todas las personas que serían así controladas por un futuro gobierno mundial. La globalización no tiene nada que ver con la escatología ni con la profecía bíblica.

Hace unos años cuando la Unión Europea estaba formada por diez países, ciertos creyentes aficionados a la futurología pseudobíblica, empezaron a señalar que esta agrupación nacional era en realidad el cumplimiento de la profecía bíblica acerca de las "diez naciones", los "diez cuernos" y los "diez reyes" de Apocalipsis. Al poco tiempo, cuando España y Suecia entraron también a formar parte de dicha Unión Europea, los números ya no encajaban. Eran doce países en lugar de diez. Los adivinos del futuro enmudecieron pero lamentablemente sus obras publicadas contribuyeron al descrédito e hicieron daño a la extensión del reino de Dios en la Tierra. Otro tanto ha ocurrido con el fin del milenio o con la figura del Anticristo, identificado con muchos personajes históricos, desde Nerón hasta Hitler y Stalin, sin embargo, ninguno de ellos ha llegado a serlo. No creo que tales especulaciones tengan algo que ver con el actual proceso de globalización. Pienso que con estos temas debemos ser sumamente cuidadosos porque la credibilidad del Evangelio puede ponerse fácilmente en entredicho.

2 EL MUNDO DESBOCADO DE LA SOCIEDAD RED

El sociólogo inglés Anthony Giddens, al que me he referido en numerosas ocasiones a lo largo de este libro, afirma que el mundo en que nos encontramos hoy, se parece muy poco al que pronosticaron los pensadores de la modernidad, como Karl Marx o Max Weber. Ellos creyeron que cuanto más capaz fuera el ser humano de comprender racionalmente el mundo que habitaba, mejor podría manejar la historia para realizar sus propósitos. Cuanto más se olvidara de las costumbres y prejuicios del pasado, mejor dotado estaría para dominar su propio futuro.

Sin embargo, hoy vemos que esto no ha sido así. Los sociólogos modernos se equivocaron por completo. El mundo actual, en vez de estar cada vez más sometido al control del hombre, se nos muestra como un "mundo desbocado" (Giddens, 2000). La ciencia y la tecnología que en principio estaban destinadas a hacer la vida humana más segura y predecible, han generado contratiempos tan desastrosos como el cambio climático global. Se han evitado muchos riesgos, es verdad, pero se ha contribuido también a crear otros nuevos.

La economía electrónica globalizada ha permitido el desarrollo de ciertas empresas pero ha aumentado a la vez la incertidumbre y el riesgo económico o empresarial. La nueva estructura social de la era de la globalización, llamada la "sociedad red" (Castells, 1999) por estar formada por redes de producción, poder y experiencia, tiene aspectos positivos para el ser humano pero no está exenta de conflictos sociales y contradicciones internas. La familia tradicional está amenazada por los continuos cambios que la incorporación de la mujer al mundo laboral está provocando.

En casi todas las religiones del mundo están proliferando los movimientos integristas o fundamentalistas que se oponen abiertamente a la tolerancia cosmopolita y a la complejidad cultural propia de la globalización. La violencia germina en el seno de los nacionalismos y de las identidades étnicas buscando el regreso a las tradiciones del pasado. En vez de olvidarse de ellas como predicaban los sociólogos decimonónicos se las rebusca con fervor. Al mismo tiempo, parece que la globalización contribuye decisivamente a la implantación de la democracia por todo el mundo y a la tolerancia de la diversidad cultural. Frente a todo esto persiste la duda acerca de si el ser humano será capaz en el futuro de tomar las riendas de este actual mundo desbocado y dirigirlo sabiamente por los senderos más justos y solidarios. ¿Podemos confiar en ello?

3 ANTECEDENTES HISTÓRICOS DE LA GLOBALIZACIÓN

Aunque el término, como se ha visto, es de origen reciente, la idea general de la globalización es mucho más antigua. En cierto sentido podría decirse que cuando Alejandro Magno extendió su imperio hasta arribar a la India o cuando los fenicios recorrían las costas mediterráneas para realizar su comercio, por medio del intercambio de mercancías, costumbres y cultura, de alguna forma se dio un incipiente proceso globalizador. De la misma manera, el nacimiento de Cristo durante el primer siglo de la era cristiana tuvo lugar también dentro de un evidente proceso de globalización suscitado por la influencia y poderío del Imperio Romano.

Probablemente la fe cristiana no habría prosperado a la velocidad que lo hizo de no ser por dicho proceso. La predicación de Jesús se produjo en Palestina, en el lugar estratégico y en el momento histórico oportuno para difundirse con rapidez entre las principales culturas de la época. No debe olvidarse que nuestro Dios es el mejor estratega del universo que influyó decisivamente en la venida de Cristo a la Tierra, en su humanización, así como en la elección del lugar exacto y la fecha idónea para su nacimiento. En este sentido, el apóstol San Pablo escribe: "Pero *cuando vino el cumplimiento del tiempo,* Dios envió a su Hijo,..." (Gá. 4:4). O sea, en el momento oportuno. El lugar y la época no fueron elegidos al azar sino muy sabiamente. La globalización impuesta por las armas del Imperio Romano perduró durante algunos años pero se derrumbó con la invasión de los bárbaros. Durante la Edad Media y en épocas posteriores hubo también intentos de crear grandes imperios pero, en realidad, nada de esto era una verdadera globalización en el sentido actual del término sino más bien tímidos esfuerzos de unificación por el poderío militar.

El primer proceso globalizador basado principalmente en razones económicas fue el que se dio a finales del siglo XIX y principios del XX. Los economistas de hoy distinguen dos procesos de globalización: uno que abarcaría desde 1870 hasta 1914, coincidiendo con la revolución industrial, y otro generado a partir de 1950 y que llegaría hasta el momento presente. Lo que ocurrió en la primera globalización fue el abaratamiento de los costes energéticos y del transporte. Esto fue consecuencia de la expansión de las redes del ferrocarril entre 1820 y 1850, del desarrollo de las calderas de vapor en las industrias y de las mejoras en el transporte marítimo.

Tales acontecimientos fueron los principales motores del progreso así como en la actualidad puedan serlo la aviación, las telecomunicaciones o el Internet. Si en 1830 el velero más rápido tardaba 48 días en viajar desde Europa a los Estados Unidos, diez años después los vapores lo hacían tan sólo en 14 días. Esto supuso un gran adelanto al que se le unió el invento del telégrafo. A partir de 1860 las principales ciudades del mundo estaban ya unidas por este revolucionario sistema de comunicación.

La revolución industrial contribuyó a crear un desequilibrio entre los países que aportaban las materias primas y los industrializados que las necesitaban. Al mismo tiempo se produjo una sobreoferta de productos innecesarios en los mercados que no podían venderse, a menos que se fomentara de alguna manera su exportación al exterior más allá de las fronteras de los propios países productores. Así apareció el concepto de liberalismo o librecambismo como la mejor solución a todos los males económicos del planeta. Las fronteras se empezaron a abrir y hubo un gran intercambio de bienes y mano de obra. Sin embargo, la cosa no funcionó.

Al principio, la demanda creció y empezó a haber fuertes movimientos migratorios desde Europa a los Estados Unidos, donde los obreros eran necesarios. Pero a medida que la inmigración y la oferta de mano de obra fue aumentando en Norteamérica, los salarios empezaron a disminuir y se produjo la paradoja de que los obreros que habían permanecido en Europa ganaban más que los que se habían marchado a América. El poder y el capital se fueron concentrando en las grandes empresas, mientras que los perdedores acabaron resucitando el temido fantasma del proteccionismo. Se empezó a impedir la importación de productos extranjeros y la experiencia acabó en el desastre económico. La primera globalización dio marcha atrás y sólo duró 44 años. Después de unas décadas oscuras en las que proliferaron los nacionalismos, el mundo se sumergió en la Primera Guerra Mundial. Se produjo la Gran Depresión de 1929 y al poco tiempo sobrevino otro gran conflicto armado, la Segunda Guerra Mundial.

El segundo proceso globalizador que empezó en los años cincuenta y ha llegado hasta nuestros días, no se desarrolló con tanta rapidez como el primero pero, por lo pronto, ya ha durado más tiempo que su predecesor. También se ha visto frenado temporalmente por importantes crisis financieras como la de México en 1994 que acabó extendiéndose a toda Latinoamérica y la del sudeste asiático de 1998, que se inició en Tailandia y terminó afectando a vecinos tan alejados como Rusia y América Latina. No obstante, la globalización económica actual ha venido superando hasta ahora todos los obstáculos con los que ha tropezado. La mayoría de los expertos cree que seguirá avanzando de manera imparable porque, a diferencia del proceso anterior, la globalización de hoy se apoya sobre fundamentos mucho más sólidos.

El primero de tales apoyos viene determinado por la increíble movilidad que posee el capital en la actualidad. Los adelantos de las telecomunicaciones permiten que la globalización de los mercados financieros sea casi completa. Las sumas billonarias que se mueven diariamente de unos países a otros en cuestión de minutos dejarían perplejo a cualquier economista de principios de siglo. El segundo fundamento viene de la mano de los grandes organismos e inmensos bloques comerciales. Instituciones internacionales de cooperación económica, como el Banco Mundial o el Fondo Monetario Internacional (FMI) que suavizan los efectos que puedan causar las crisis momentáneas de un determinado país.

La tercera razón de la actual estabilidad económica global es la mayor interdependencia de las empresas. En la primera globalización se fomentó el librecambismo de mercancías pero no el de las empresas. Sin embargo, hoy las compañías multinacionales constituyen el soporte principal que permite el desarrollo del proceso globalizador. Ya no se trata sólo de adquirir una materia prima barata cambiándola por productos manufacturados caros, sino que la producción se traslada al propio país donde además la mano de obra es también más barata. Así, los distintos componentes de un determinado producto se pueden fabricar en diferentes partes del mundo y ser ensamblados en otra.

El desarrollo de la tecnología es el cuarto punto de apoyo de la segunda globalización. El mundo se ha convertido en una "aldea global", en palabras de McLuhan (1990), que ya no requiere de 80 días para ser recorrida por completo según pronosticaba Julio Verne en su famosa novela, sino que hoy esto puede hacerse en tan sólo 16 horas de viaje confortable en un Concorde. Si el coste de una llamada de tres minutos desde Nueva York a Londres era de 300 dólares, en el año 1930, actualmente mediante el correo electrónico es prácticamente gratis. Los cambios experimentados en el mundo de los transportes y de la comunicación permiten suponer que el actual proceso globalizador no tiene marcha atrás.

Estas dos últimas globalizaciones que acabamos de ver describen procesos económicos de la historia reciente, sin embargo cuando en la actualidad se habla de globalización parece que se hace referencia a la etapa que empieza a finales de los noventa durante el siglo xx. En 1989 la guerra fría mantenida durante años entre el bloque capitalista y el bloque soviético se acabó porque uno de los dos, el capitalista, ganó la batalla. Para ser más exactos, se podría decir que el día en que cayó el muro de Berlín empezó la globalización (Comín, 1999: 94). Los EE.UU. defendían un sistema de mercado capitalista centrado en la propiedad privada, mientras que la URSS pretendía un sistema burocrático de planificación centralizada. En realidad, se trataba más de una guerra entre los intereses económicos enfrentados de las dos grandes potencias mundiales que de un conflicto entre principios morales o ideológicos. Estados Unidos venció en esta lucha y con su victoria se inició el proceso de norteamericanización del mundo que caracteriza la actual globalización. El mismo invento informático de los militares que hizo posible ganar la guerra fría, el Internet, es el que ha permitido después la globalización especulativa.

4 ECONOMÍA SIN FRONTERAS

La mayoría de los sociólogos coincide en reconocer que una de las características más evidentes de la globalización es que se trata de un fenómeno en expansión del modelo de desarrollo capitalista y neoliberal. Este modelo primaría la especulación sobre la inversión productiva sostenible; la concentración de riqueza en pocas manos sobre la redistribución de la misma y el crecimiento económico por encima del progreso social equitativo. Tal horizonte económico trasciende ya los estrechos límites nacionales y se ha abierto a todo el mundo. Hoy ciertas decisiones tomadas por determinados individuos en un lugar de la Tierra repercuten sobre otras personas que viven a miles de kilómetros de distancia. Como suele decirse en economía "cuando Wall Street se resfría, el resto del mundo contrae una pulmonía" (González-Carvajal, 2000: 28). La globalización hace que el futuro de cada persona se elabore ya a escala mundial.

La internacionalización del comercio permite que en cualquier aldea de la montaña más remota puedan encontrarse productos fabricados en diferentes partes del mundo. La proliferación de empresas multinacionales no sólo permite que sus productos se vendan en países distintos a donde fueron producidos, sino que hasta el mismo proceso de producción se ha internacionalizado también. Un vehículo Ford Mondeo, por ejemplo, está fabricado con piezas procedentes de 112 lugares distintos, repartidos por 16 países de 3 continentes. La empresa suiza de alimentación, Nestlé, que fue fundada 1867 está hoy presente en 150 países y su negocio en Suiza es muy poco importante. Entre sus diez máximos dirigentes, sólo dos son suizos. Los ocho restantes pertenecen a cinco naciones diferentes. La lista de empresas con similares características es larga y sigue creciendo.

Otro famoso ejemplo lo constituye la muñeca Barbie (De la Dehesa, 2000). La materia prima para su fabricación procede de Taiwan y de Japón. El ensamblaje se realiza en Indonesia, Malasia y China. Los moldes y las pinturas provienen de Estados Unidos, mientras que China aporta el algodón para los vestidos. Las muñecas son exportadas desde Hong Kong a un precio de dos dólares por unidad, pero en Estados Unidos se venden a diez dólares. Cada segundo que pasa se compran dos muñecas Barbie en el mundo, lo que le permitió a la empresa Mattel, que la comercializa, obtener unas ganancias en el año 1995 de 1.400 millones de dólares.

Las compañías multinacionales como ésta son el principal canal mediante el cual la globalización se está desarrollado en la actualidad. Como veremos más adelante, el rápido crecimiento de tales empresas ha levantado todo tipo de críticas. Especialmente por parte de los gobiernos de países pequeños. Como las multinacionales mueven mucho dinero, los gobiernos nacionales tienen que doblegarse ante las exigencias de las empresas privadas, lo cual les hace pensar que pierden soberanía. Hay que tener en cuenta que entre las 60 mayores unidades económicas del mundo, aproximadamente la mitad corresponden a multinacionales, mientras que la otra mitad está formada por países.

La internacionalización de los capitales es quizá la característica más sobresaliente del actual proceso globalizador. Hasta hace poco el movimiento de capital entre los países era más bien escaso ya que existía un sistema de cambio fijo. Sin embargo, con la desaparición de éste en 1972 y gracias a la eliminación de otros controles, el capital financiero se empezó a mover de unos países a otros generando una inestabilidad económica sin precedentes. Por ejemplo, en la actualidad es posible apretar un botón de una computadora y conseguir que veinte mil millones de dólares pasen de Nueva York a Hong Kong en segundos y al minuto siguiente, es posible que esta cantidad se transforme en marcos alemanes y vaya a parar a Berlín.

De ahí que tales cantidades viajeras hayan sido denominadas "capitales golondrina" porque vuelan de un continente a otro con gran facilidad. Este trasiego especulativo tiene lugar durante las 24 horas del día y contribuye a crear lo que se ha llamado la "sociedad del riesgo" (Beck, 2000; Giddens, 2000). Aunque, de hecho, a este riesgo del colapso de la economía mundial, habría que añadir también el riesgo ecológico, el nuclear, el de los alimentos modificados genéticamente, el del calentamiento global del planeta, el de los accidentes de tráfico e incluso el del divorcio, los fundamentalismos violentos, etc. Todos absolutamente imputables a la acción del propio ser humano.

5 NACIONALISMO *VERSUS* GLOBALIZACIÓN

La globalización no afecta sólo a la economía mundial sino que influye también en la política, la cultura, la ciencia, el arte, la sociedad, la familia e incluso en las propias vivencias religiosas. La democracia, por ejemplo, como sistema que permite la competencia entre los diferentes partidos y en la que existe libertad de expresión para todos los miembros de la población, se ha visto favorecida y difundida por la globalización. Desde mediados de los años setenta la cantidad de regímenes democráticos se ha duplicado sobradamente.

Sin embargo, se está produciendo un fenómeno paradójico. Mientras en la mayoría de los países que han evolucionado recientemente hacia gobiernos más tolerantes, la democracia se está expandiendo, en aquellos otros que ya llevan muchos años disfrutando de una democracia madura, se detecta un cierto desencanto democrático entre los ciudadanos. En la mayoría de los países democráticos el prestigio social y moral de la clase política ha caído en picado. Las pocas personas que votan lo hacen sin apenas ilusión por el resultado. En el fondo se piensa que, salga victorioso el partido que salga, todo va a continuar igual. Especialmente las generaciones jóvenes se muestran escépticas en política y poco participativas en las urnas. ¿Por qué está ocurriendo esto?

La globalización está contribuyendo de alguna manera a destradicionalizar el mundo. Los líderes políticos no pueden recurrir ya a las antiguas formas éticas o de conducta, que eran socialmente admitidas por todos, para justificar lo que hacen. Pero, por otro lado, tampoco pueden imponer nuevos comportamientos. Además, en muchas ocasiones, su propia actitud moralmente vacilante los deslegitima ante el pueblo y esto hace que la política parlamentaria se aleje de la realidad o de los cambios que llenan la vida de las personas.

La permisividad liberal que fomentan ciertos partidos contribuye a la desorientación moral de muchos jóvenes. Esto conduce a situaciones como la que se da entre la población española, en la que el 74% de los muchachos entre 18 y 24 años no tiene criterios sólidos para discernir entre el bien y el mal (Mardones, 1996). A pesar de esto, cierto sector de los jóvenes sigue prefiriendo asuntos más prácticos y reales como los ecológicos, los derechos humanos, la ayuda al Tercer Mundo, las cuestiones sexuales o la política familiar. Han pasado de una militancia política a una militancia humanitaria.

Ante semejante situación se ha sugerido que el futuro de la globalización debe pasar por "democratizar la democracia" (Giddens, 2000). Es decir, empezar a poner en práctica una devolución del poder allí donde esté excesivamente centralizado a nivel nacional; emplear medidas anticorrupción a todos los niveles; practicar una mayor transparencia en los asuntos políticos; tener más en cuenta la opinión de los jurados populares y de los sondeos electrónicos; colaborar mejor con los grupos y asociaciones ciudadanas, etc. Si todo esto se realiza bien, el equilibrio entre el gobierno, la economía y la sociedad civil podrá seguir sustentando ese insustituible edificio que es la democracia.

Por otro lado, es evidente que los nacionalismos están experimentando en la actualidad un notable auge. Desde que se inició el proceso descolonizador, el número de países ha ido aumentando por todo el mundo. Así, por ejemplo, en 1946 había 74 países en la Tierra, mientras que hoy este número se acerca a los 200 y continúa creciendo. ¿Cómo es posible que en pleno proceso globalizador, en el que todo parece tender hacia la unificación, se esté produciendo a la vez este fenómeno de proliferación nacionalista? Quizá sea precisamente esa tendencia mundial a la homogeneidad la que fomenta en las personas el deseo de buscar lo individual, lo corporal, lo diferente, lo local, aquello propio que distingue de los demás. Es la revalorización de la patria chica, la nación, la etnia, la lengua, las costumbres de cada pueblo o la cultura autóctona, frente a la globalización que impone una sola cultura sobre las demás.

No obstante, lo curioso es que el mismo proceso de globalización y apertura de los mercados está permitiendo este auge nacionalista. Como escribe el economista español, Guillermo de la Dehesa:

"La descolonización de África dio origen a 48 nuevos Estados. La desmembración del imperio soviético ha permitido el nacimiento de 15 nuevos países: Yugoslavia ha pasado a convertirse en cinco países distintos. Ellos y otros muchos tendrían grandes dificultades de supervivencia si no existiese una economía cada vez más abierta y globalizada en el mundo." (De la Dehesa, 2000: 108).

De manera que, según esta opinión, los países pequeños son los que más se benefician de la globalización ya que al no disponer de recursos para ser autosuficientes tienen que vivir necesariamente del comercio internacional. Por tanto, el proceso globalizador no sólo es la razón del resurgimiento de las identidades culturales locales sino que además tiende a favorecer los separatismos nacionalistas por todo el mundo. En una Tierra más igualitaria y abierta, las minorías étnicas identificadas por la misma lengua y cultura podrían empezar a negociar democráticamente su independencia del país en el que están integradas. Seguramente esta tendencia se incrementará en el futuro.

Algunos sociólogos creen que los temores de que la globalización acabe con los Estados nacionales y, por ende, con la democracia, son del todo infundados (Beck, 2000). Más bien, lo que puede ocurrir en el futuro es la colaboración transnacional y la creación de provincias a nivel mundial. Es verdad que actualmente pocos países del mundo están en condiciones de defenderse por ellos mismos ante una supuesta guerra química, nuclear o bacteriológica. Desde luego, la seguridad nacional pasa hoy por la integración con otros países en organizaciones supranacionales o internacionales. Pero también ocurre lo mismo con otros muchos problemas de carácter global como las mafias internacionales, la droga, el terrorismo o las crisis medioambientales.

Una nación sola es incapaz de luchar contra todo esto, de ahí la necesidad de la cooperación internacional y de la creación de grandes áreas de integración regional. Sin embargo, esto no significa que el Estado-Nación vaya a desaparecer bajo la inmensa rueda de molino de la globalización. Ahora bien, es probable que sufra cambios importantes derivados de ceder soberanía a las instituciones políticas supranacionales y también a los gobiernos locales que existen dentro de la misma nación.

6 LAS HORMIGAS DE YANAGI Y EL CABALLO DE TROYA DE RAMÍREZ

El artista japonés Yukinori Yanagi expuso durante la Bienal de Venecia de 1993 una obra muy original que pretendía poner de manifiesto las migraciones masivas que ocurren en el mundo por causa de la globalización y cómo tales movimientos de personas pueden contribuir a disolver las diferencias entre las naciones. Su peculiar creación consistió en disponer 36 banderas de diversos países que estaban realizadas a base de cajitas llenas de arena coloreada. En su interior colocó hormigas que podían desplazarse a través de la arena gracias a la existencia de pequeños tubos que conectaban las diferentes banderas. El resultado final era que el trasiego de insectos removía los colores de la arena y las diferentes banderas se emborronaban hasta convertirse en una mezcla homogénea de colores. El profesor García Canclini (1999), comentando esta exposición, se refiere a las diversas reacciones del público y señala que éstas oscilaron entre las de aquellos que no aceptaban ver desestabilizadas las diferencias entre las naciones, hasta los que protestaron por la "explotación de las hormigas" que se estaba realizando.

Otra representación artística acerca de las migraciones que genera la globalización es el enorme caballo de Troya, de 25 metros de altura, instalado por el mexicano Marcos Ramírez Erre junto a la frontera entre Tijuana y San Diego. El caballo tiene dos cabezas, una que mira a los Estados Unidos y otra que lo hace hacia México, como si quisiera poner de manifiesto reciprocidad entre las dos culturas pero también todo aquello que las une y, a la vez, las separa. El cuerpo y las dos cabezas de madera están construidos mediante vigas que les hacen transparentes. Es como si el artista quisiera manifestar que entre ambos pueblos no hay misterios ya que cada cual sabe lo que pretende del otro.

Otros autores insisten en que la globalización está produciendo, en realidad, la norteamericanización cultural del mundo. La influencia de los medios de comunicación estadounidenses, especialmente de la televisión, es cada vez mayor en todos los países del globo. Esto es fácil de ver en el número de películas "made in USA", así como en las más importantes cadenas de noticias como la CNN, la NBC, los anuncios o las series televisivas. El idioma inglés es el que predomina en la red Internet así como en casi todas las industrias de la comunicación. Más de 800 millones de personas lo hablan. Casi el doble de las que se expresan en español, que es la segunda lengua más hablada del planeta si no se tiene en cuenta el mandarín. Pues bien, ¿llegarán alguna vez tales tendencias a homogeneizar culturalmente el mundo? ¿desaparecerán las culturas locales como los colores de la arena de Yanagi? ¿serán sustituidas todas las banderas por las barras y estrellas norteamericanas?

A pesar de que es innegable que la globalización está produciendo ciertas modificaciones culturales, no creo que las culturas locales vayan a desaparecer por completo como a veces se afirma. Más bien me parece que las influencias entre los pueblos suelen tener dos cabezas como el caballo de Troya de Ramírez. Es verdad que muchas costumbres de Occidente han llegado al norte de África, por ejemplo, pero también los es que la música y la cultura árabe está cada vez ganando más adeptos en Europa, como lo demuestra el incremento de ventas del último elepé del exiliado argelino en Francia, Khaled, el famoso "rey del rai". Lo mismo está ocurriendo con la introducción del idioma castellano en Estados Unidos. En las últimas campañas a la presidencia los candidatos se han visto obligados a hacerle guiños al español. La globalización de la cultura no suele ser una vía de sentido único sino que las influencias tienden a ser recíprocas. Como indica De la Dehesa:

> "La imagen de un joven árabe en un bar norteamericano de El Cairo, bebiéndose un café, fumándose un cigarrillo, escuchando "rap" y mirando la televisión, vestido con camiseta y pantalones vaqueros y zapatillas de deporte, puede parecer totalmente estadounidense y, sin embargo, si se le pregunta qué piensa de la cultura norteamericana su respuesta puede ir desde ser totalmente ajeno a ella a incluso ser hostil." (De la Dehesa, 2000: 196).

El hecho de que muchos jóvenes por todo el mundo escuchen música de grupos estadounidenses o vean películas norteamericanas y aprendan el inglés, no significa que renuncien a su propia cultura o a su lengua materna. La globalización no tiene necesariamente que acabar con las costumbres locales. Tal como se señalaba con motivo de los nacionalismos, el proceso globalizador más bien está originando en algunos lugares la exaltación de las culturas minoritarias que procuran diferenciarse de la dominante. Umberto Eco manifestaba recientemente en una entrevista que:

> "aunque se teme que la mundialización imponga el inglés, a lo mejor ocurre todo lo contrario, se desarrolla el multiculturalismo. El modelo del milenio será san Pablo, que nació en Persia, de una familia judía, que hablaba griego, leía la Torá en hebreo y vivió en Jerusalén, donde hablaba el arameo y cuando se le pedía el pasaporte era romano... El imperio romano no pudo imponer una sola lengua en su territorio". (Eco, 2000).

Para los cristianos el reto de la globalización debe responderse por medio de la apertura a todos los pueblos y a todas las lenguas. El perfil

ideal del creyente del nuevo milenio podría ser muy parecido al del apóstol Pablo. Más adelante se profundizará en esta idea. De momento, sólo
señalar que el cristianismo tiene que reconocer el error histórico que supuso identificar el Evangelio sólo con la cultura occidental e intentar
imponer ésta por la fuerza a otras civilizaciones.

Esto puede ser ilustrado mediante un ejemplo tan simple como el de
un instrumento musical propio de las congregaciones inglesas. El armo-
nio se llegó a ver como parte integrante de la fe cristiana y se exportó a
todos los continentes como si allí no hubiera otros instrumentos musicales que pudieran usarse también para alabar a Dios. Lo mismo ocurrió
con los estilos arquitectónicos de los templos, con la indumentaria de los
líderes, el trato a los niños en las escuelas y otras muchas costumbres de
Occidente exportadas a través de las iglesias. Sin embargo, aunque el
mensaje de Cristo no debe cambiar, sí tiene que inculturarse en la manera
de ser de cada comunidad. Esto es, adecuarse y respetar los valores positivos que posee cada cultura.

7 LA ACELERACIÓN DE LA HISTORIA

El desarrollo de los medios de comunicación ha aproximado geográficamente a las personas y ha contribuido a acelerar la historia del ser humano. Existen actualmente más de 200 satélites artificiales sobrevolando la Tierra para transmitir información. Mediante el barato invento del Internet es posible ya, por ejemplo, para los latinoamericanos leer *El Periódico de Cataluña* antes que los propios catalanes de Barcelona, debido a la diferencia horaria. Somos la primera generación de la historia capaz de hacer esto, por lo que hemos convertido a la humanidad en una sociedad cosmopolita mundial. El ritmo de los acontecimientos se ha vuelto frenético y tal velocidad le proporciona un carácter efímero a la realidad. Lo que acontece rápidamente parece menos real. Lo malo se torna menos malo y lo bueno no lo parece tanto.

Sin embargo, la abundancia de hechos e informaciones acaba por provocar una seria crisis de identidad en el mundo contemporáneo. De ahí la necesidad de reivindicar lo individual, lo corporal y lo local que experimentan tantas personas y grupos humanos en la actualidad. Esto debe abrir los ojos de los cristianos para enfatizar, hoy más que nunca, que la vivencia del Evangelio es una relación personal con Jesucristo. Una experiencia individual que debe provocar también una solidaridad fraterna con el hermano. En medio del frenesí informativo hay que aprender a pararse; a buscar la calma de la lectura bíblica, de la meditación y de la oración. Ante el peligro de la aceleración informativa y de la uniformización cultural, el creyente debe cultivar su mente y su espíritu con un sentido crítico que proporcione paz y armonía interior.

8 DIÁSPORA GLOBALIZADORA

En la actualidad hay alrededor de 130 millones de inmigrantes. Lo que significa que el 2% de la población mundial vive y trabaja en un país que no es aquél en el que nació. Frente a esta marea humana que se marcha de los países pobres donde no encuentra trabajo rumbo a las naciones industrializadas del Norte, se ha empezado a construir por parte de los países ricos un muro de frialdad e indiferencia. Igual que las torres de vigilancia, los fosos y las murallas que el Imperio romano construyó para impedir que los bárbaros cruzaran sus fronteras, hoy también se teme a esa otra invasión de "los nuevos bárbaros" (Rufin, 1992) que no emigrarían para destruir, sino para trabajar y sobrevivir. Sin embargo, la mayoría de los sociólogos asegura que tales muros burocráticos no serán eficaces, como tampoco lo fueron aquellos que construyeron los romanos en la antigüedad. La tendencia será, más bien, que durante el presente siglo XXI las migraciones seguirán aumentando.

Ante semejante diáspora mundial los cristianos tenemos especiales motivos para convertirnos en defensores de los inmigrantes. No es posible olvidar que la historia de la revelación, cuyo centro es Cristo, comienza con una emigración, con el éxodo bíblico. Los libros del Éxodo, Levítico y Deuteronomio están repletos de citas como esta: "No molestes ni oprimas al extranjero, porque vosotros también fuisteis extranjeros en Egipto" (Éx. 22:20). Aquellas iglesias que sepan recibir a los inmigrantes con amor cristiano y permitan que éstos se integren, serán signos positivos de referencia en el futuro. En el Nuevo Testamento, cuando se realiza el juicio de las naciones, se llega a decir que acoger o dejar de acoger al forastero, equivale a acoger o dejar de acoger a Cristo.

> "Porque tuve hambre y me disteis de comer; tuve sed y me disteis de beber; fui forastero y me recogisteis.. Señor... ¿Y cuando te vimos forastero y te recogimos, o desnudo y te cubrimos?... De cierto os digo que en cuanto lo hicisteis a uno de estos mis hermanos más pequeños, a mí lo hicisteis" (Mt. 25:35-40).

No obstante, a pesar de la caridad cristiana con que se debe tratar al extranjero según la Biblia, también es posible idear soluciones prácticas. Algunos economistas que han estudiado la globalización del mercado del trabajo mundial, proponen una solución al problema de la movilidad laboral. El asunto que están estudiando ya los sindicatos de los países industrializados, sería "hacer subir el standard social de los trabajadores pobres en sus países a medida que el capital extranjero fuera invirtiéndose en ellos. De esta manera, la unificación del mercado de trabajo sería innecesaria, porque no habría voluntad de los trabajadores de irse de su país" (Comín, 1999: 137). Así, a medida que aumentaran los ingresos en los países no industrializados, las migraciones tenderían a disminuir progresivamente. Muchos de los problemas generados por la globalización pueden ser solucionados mediante voluntad política y solidaridad internacional.

9 GLOBALIZACIÓN ECOLÓGICA

No es posible estar completamente seguros de que el cambio climático que está experimentando el planeta, así como el número de tormentas y huracanes sea una consecuencia directa de la interferencia humana en el medio ambiente, sin embargo tampoco es posible descartar que así sea. Muchos científicos están convencidos de que existe una relación directa entre los gases contaminantes que emiten las chimeneas de tantas industrias, así como de los tubos de escape de los vehículos por todo el mundo y el calentamiento global del planeta. Desde la década de los sesenta se conocen ejemplos significativos de contaminación en lugares tan alejados de los centros industriales como puede ser la Antártida. Hasta la carne de los pingüinos mostró productos químicos que habían sido elaborados y expulsados con el humo de las fábricas de los países industrializados.

Otro ejemplo de cómo la globalización puede incidir negativamente desde el punto de vista ecológico, lo proporcionan ciertas industrial de la alimentación. Los cangrejos del Mar de Norte, antes de ser vendidos en Hamburgo y en los mercados alemanes, se trasladan primero a Marruecos para pelarlos y después a Polonia para que sean empaquetados (Beck, 2000). ¿Acaso no constituye esto un error ecológico? ¿no se consume más energía de la necesaria, aunque los sueldos en esos países sean más bajos?

Cuanto mayor es la distancia que existe entre los centros de pesca o de producción y los de consumo, más medios de transporte se requieren, más cantidad de combustible no renovable se necesita y mayores son también los efectos contaminantes sobre el planeta. ¿No sería mejor, siempre que fuera posible desde la perspectiva ecológica, realizar todo el proceso de elaboración del producto allí donde éste se obtiene? En el futuro quizás sea necesario que en el precio de cada artículo vaya incluido también el coste ecológico necesario para proteger la vida en el planeta.

En las cumbres sobre el medio ambiente que se vienen celebrando periódicamente suele hablarse bastante acerca de esta crisis ecológica global y sobre la necesidad de un "desarrollo sostenido". Sin embargo, tales cumbres han demostrado hasta ahora la falta de consecuencias concretas ya que los países más industrializados son los primeros en negarse a disminuir sus niveles de producción. Al no existir ningún tipo de regulación, la mayoría de las naciones adopta una actitud de competencia destructiva y egoísta hacia el entorno. Los pobres permiten a las empresas establecidas en su país que continúen contaminando ya que necesitan los puestos de trabajo que tales empresas proporcionan. Hoy por hoy, el problema de la globalización ecológica sigue esperando una respuesta satisfactoria de las principales potencias mundiales.

10 CAMBIOS EN LA FAMILIA Y CRISIS DE INTERIORIDAD

Aunque el debate acerca de los cambios que se están produciendo en la familia y en los valores de las personas parezca alejado del tema de la globalización, lo cierto es que no lo está. La familia tradicional evoluciona rápidamente como consecuencia del nuevo papel que la mujer ha empezado a desempeñar en la sociedad. La exigencia de una mayor igualdad entre los sexos es una característica actual que contrasta con todas las anteriores sociedades registradas a lo largo la historia de la humanidad. Esta revolución femenina global no sólo afecta a la familia sino también a la vida social en general, desde el mundo laboral hasta el ámbito de la política. Actualmente la mujer sólo es reprimida en aquellos países controlados por gobiernos autoritarios o por grupos religiosos fundamentalistas. En todos los demás se está dando un intenso debate sobre la igualdad sexual y el futuro de la familia.

Durante la Edad Media en Europa el matrimonio no solía realizarse en base al amor que existía entre la pareja sino para transmitir adecuadamente las propiedades de los padres. Ni siquiera se consideraba que el amor sincero era necesario en la vida matrimonial. La mujer se concebía siempre como una propiedad o un vasallo más del marido o del padre. Esta desigualdad en el trato entre hombres y mujeres se extendía también a la vida sexual. La sociedad medieval veía con buenos ojos que el varón tuviera sus aventuras amorosas con otras mujeres, pero no toleraba la misma actitud de parte de la esposa. El doble rasero sexual respondía a la necesidad de continuar el linaje a través de los hijos propios y asegurar así la herencia familiar. De ahí que la exigencia de castidad y fidelidad sólo se impusiera al sexo femenino. Como en esta familia tradicional la sexualidad se entendía sólo en función de la reproducción, era frecuente que las mujeres tuvieran alrededor de diez embarazos durante su vida. Todas estas costumbres familiares se prolongaron hasta bien entrado el siglo xx.

No obstante, durante las últimas décadas estamos asistiendo a un cambio decisivo en la familia y en la vida sexual del mundo occidental. Hoy la sexualidad se ha separado de la reproducción; la familia ha dejado de ser una unidad económica, mientras que el amor se ha convertido en el principal vínculo de unión entre el hombre y la mujer. En algunos países más del 30% de los nacimientos ocurren fuera del matrimonio. Muchas parejas habitan juntas sin estar casadas y, a la vez, aumenta el número de personas que viven solas. Es verdad que la gente se sigue casando, aunque también es cierto que el divorcio es cada vez más frecuente. Antes los niños representaban un soporte económico para la familia, hoy constituyen un gasto importante para la economía del hogar. Según afirma Giddens, la familia actual se habría convertido en una "institución concha" que por fuera tiene el mismo aspecto que en el pasado pero, por dentro, habría cambiado notablemente, volviéndose inadecuada para la tarea que hoy está llamada a cumplir:

> "Hemos de reconocer la gran transición que supone esto. *Emparejarse y desparejarse* son ahora una mejor descripción de la situación de la vida personal que *el matrimonio y la familia*. Es más importante para nosotros la pregunta "¿tienes una relación?" que "¿estás casado?". La idea de una relación es también sorprendentemente reciente. En la década de los sesenta nadie hablaba de *relaciones*" (Giddens, 2000: 72).

La realidad que se nos plantea hoy a los cristianos que seguimos creyendo en la familia, tal y como ésta se entiende a la luz de la Palabra de Dios, es que tanto la llamada "familia tradicional" como las recientes y efímeras "relaciones de pareja", no están inspiradas en los principios bíblicos. Aquellas relaciones de familia que no se fundamentan en el amor, el respeto, la igualdad, el compañerismo y la obediencia a la voluntad de Dios expresada en el Nuevo Testamento, constituyen proyectos totalmente ajenos a la idea de familia cristiana. Desde la perspectiva de la fe no es posible admitir la discriminación por razón del sexo en el seno de la vida familiar. Delante de Dios no hay varón ni mujer sino que todos somos iguales. La fidelidad matrimonial es entendida en el Evangelio como una exigencia para ambos cónyuges por igual. ¡No sólo para la mujer!

La reciente alternativa de las llamadas "familias de hecho" de carácter homosexual, tanto si se trata de parejas masculinas como femeninas, no posee ningún apoyo bíblico; más bien al contrario, se trata de relaciones claramente condenadas en la perspectiva cristiana. No se deben confundir ese tipo de parejas con el concepto bíblico de matrimonio ya que se trata de dos cosas absolutamente diferentes. La presión social y mediática ejercida actualmente por los grupos homosexuales ha contribuido a crear la idea de que todo lo relacionado con el sexo está envuelto por una aureola de amoralidad. Nada se considera negativo y lo más correcto parece que sea la permisividad social. Esto ha contribuido a crear el sentimiento de que todo tipo de prácticas sexuales son algo normal que debe ser aceptado por la sociedad.

Sin embargo, nunca se explica con claridad que la transexualidad, la homosexualidad, la pederastia o las prácticas sadomasoquistas, constituyen aberraciones sexuales de individuos que no maduraron adecuadamente durante su infancia o adolescencia; que no se trata de comportamientos normales, como tales grupos pretenden hacer creer, sino de desviaciones psicológicas que pueden llegar a curarse si el individuo se lo propone sinceramente.

Aunque muchos sociólogos opinen que durante la globalización la familia esté condenada a desaparecer o al menos este concepto clásico deba ampliarse a otros tipos de convivencia, lo cierto es que una cosa es la familia formada a partir del matrimonio heterosexual, entre un hombre y una mujer unidos por el vínculo del amor, y otra cosa distinta es la relación que se da en las uniones homosexuales. No hay que confundir los términos. Tampoco creo que la familia clásica vaya a desaparecer de nuestro mundo, aunque eso sí, seguramente tendrá que subsistir al lado de otros modos de convivencia.

Ante semejante realidad, las familias cristianas que viven su fe y educan hijos para la gloria del Señor, están contribuyendo de forma decisiva a la extensión del reino de Dios en la Tierra. El testimonio de la vida en el hogar cristiano, de la unión estable del matrimonio y del cuidado de los hijos seguirá siendo en el mundo global como un faro que iluminará las vidas de muchas personas para conducirlas a los pies de Jesús.

Algunos autores han señalado que después de la "sociedad industrial" y de la "sociedad del ocio" en los países occidentales, este mundo parece haber entrado en una nueva fase a la que se ha denominado la "sociedad depresiva" (Anatrella, 1995). Esta última sociedad se caracterizaría por el aumento de las enfermedades depresivas y por el consumo de ansiolíticos. En pleno proceso globalizador, muchas personas parecen haber puesto toda su confianza en la ciencia y la tecnología, a la vez que han procurado librarse de Dios. Esto ha provocado la aparición de diversas ideologías alienantes que han eliminado toda esperanza del corazón humano.

Sin embargo, en la actualidad el atractivo del progreso parece haberse desvanecido arrastrando al hombre a una profunda crisis moral. Hay gente que se da cuenta hoy de que ya no posee razones para seguir viviendo. Personas a las que nada les satisface y no encuentran complacencia en vincularse a ninguna institución social, política o religiosa. No quieren saber nada de familia, de matrimonio, de iglesia o de cualquier otra asociación. Proliferan los individuos aislados que llevan una vida atomizada. Viven para sí mismos en la búsqueda de una libertad narcisista que les conduce con frecuencia a la depresión. Tal situación refleja una profunda crisis moral que sería una consecuencia más de la pérdida de fe del hombre contemporáneo, de su profundo empobrecimiento interior. Cuando se intenta eliminar a Dios de la propia existencia, también se vienen abajo el respeto al otro, el interés por la verdad, la búsqueda del bien común y el amor al prójimo. Este es el drama principal de la actual sociedad depresiva. En el momento en que lo que realmente da sentido al hombre, como la fe y la moral, se borran o se circunscriben a la esfera de lo privado, la persona pierde confianza en sí misma y se inicia un descenso por la pendiente de la depresión.

Por eso crece la melancolía en nuestras ciudades y prolifera la búsqueda ansiosa de todo tipo de terapias pseudorreligiosas. Si no se tienen ideales ni creencias, la vida psíquica de las personas carece de una base sólida en la que apoyarse para vivir en sociedad. La duda existencial puede llevar también a la depresión y ésta es capaz de hundir a la persona en la inactividad o puede provocar conductas de desafío o de desesperación. De ahí la relevancia actual y la necesidad del cristianismo que fomenta la riqueza y el diálogo interior. La oración del creyente no sólo es comunicación con Dios sino también con uno mismo. Esta práctica refuerza la personalidad proporcionando dinamismo y, sobre todo, enriqueciendo espiritualmente la vida humana.

11 VENTAJAS Y PELIGROS DE UN MUNDO GLOBAL

La mayoría de los economistas defienden los aspectos generales de la globalización, aunque algunos se muestran contrarios a sus implicaciones financieras. En opinión de los últimos, este fenómeno mundial será positivo en conjunto para el crecimiento económico del planeta y para la convergencia internacional. Sin embargo, antes de llegar a esto seguramente los países pobres tendrán que apretarse el cinturón todavía más. Tanto los costes como los beneficios no van a distribuirse equitativamente, por lo que habrá ganadores y perdedores. No obstante, se apunta que el número de los primeros será mucho mayor que el de los segundos. Es probable que, gracias a las nuevas tecnologías, se mejore la productividad a nivel internacional pero también se fragmenten los mercados laborales. Por tanto, la globalización tiene aspectos positivos y negativos.

"Es decir, ni la "globafilia", ni la "globafobia" están totalmente justificadas. La globalización no es una fuente inagotable de beneficios para la humanidad como predican unos, ni tampoco es responsable de todos los efectos perversos que le adjudican otros. En economía nada es absoluto y todo es relativo. Este proceso de globalización en el que nos encontramos inmersos es relativamente mucho más positivo que negativo para la economía mundial. Ahora bien, hay que intentar reducir al máximo sus posibles efectos negativos para determinados países e individuos que pueden quedar descolgados o excluidos por la globalización" (De la Dehesa, 2000: 13).

Una ventaja clara del actual proceso globalizador es que amplía la capacidad del ser humano para comprender otras culturas y para aceptar lo diferente. En otro lugar de este trabajo me he referido al arraigado etnocentrismo que han padecido siempre casi todos los pueblos de la tierra. Cada etnia o cada tribu ha mirado siempre de reojo a los vecinos y, en algunos casos, los ha considerado como seres inferiores. Esto se comprueba al ver los nombres con los que se ha bautizado frecuentemente a los demás. Los extranjeros eran "bárbaros" para los griegos; los españoles, "gachupines" para los mexicanos; los italianos eran los "gringos" de los argentinos, aunque hoy este calificativo se aplique en general a los norteamericanos y, en fin, los españoles también denominan despectivamente "sudacas" a todos los latinoamericanos. Ningún pueblo se libra de este desprecio etimológico. Pues bien, la globalización puede hacer que tales prejuicios se vayan disolviendo progresivamente en base a la convivencia pacífica y al conocimiento mutuo.

Pero también puede ocurrir todo lo contrario, que los problemas generados por la coexistencia obligada no sean bien solucionados por los políticos o las autoridades civiles y degeneren en explosión racista, exclusión xenofóbica, fundamentalismo o limpieza étnica. Este es el gran peligro de la globalización al que algunos autores se han referido para augurar el origen de los grandes conflictos bélicos del futuro. Para superar la tendencia natural del ser humano al etnocentrismo será menester que cada persona ponga algo de su parte y esté dispuesta a respetar lo diferente. Los líderes políticos deberán actuar aquí con sabiduría y sensibilidad, limando asperezas y solucionando diligentemente los posibles enfrentamientos interculturales.

El hecho de que el mundo se haya convertido en una aldea global puede facilitar el que los hombres se empiecen a reconocer de verdad unos a otros y se comuniquen como hermanos. De nuevo vuelve a hacerse oportuno hoy el mensaje de la Biblia, los extranjeros deben ser tratados con amor. Dios vuelve a repetir lo que ya anunció al hombre del Antiguo y del Nuevo Testamento, que todas las personas pertenecen al mismo género humano. Las luchas por motivos étnicos no tienen sentido. Cada individuo es ciudadano del mundo entero. Los crímenes contra la humanidad ya no pueden ocultarse detrás de las fronteras nacionales. El fenómeno del "sinfronterismo" del amor y la justicia debe penetrar en todos los rincones de este planeta. Igual que los médicos "sin fronteras", los farmacéuticos "sin fronteras" o los profesores "sin fronteras" arriban con su solidaridad donde hace falta, el mensaje cristiano de la fraternidad debe traspasar también todos los límites para arraigar en el corazón de cualquier ser humano y crear una nueva conciencia global. Lo que no se debe permitir es que la aldea global se convierta en un cortijo global:

> "Alguien ha dicho que la famosa "aldea global" de McLuhan es más bien un "cortijo global", con su "señorito" (Estados Unidos), sus "capataces" (los países del Norte) y un montón de "jornaleros" (los restantes países)" (González-Carvajal, 2000: 20).

Esto no debe seguir siendo así. Es verdad que la globalización está creando más riqueza pero también la está distribuyendo mucho peor. La brecha existente entre los países ricos y los pobres continúa ensanchándose más y más de año en año. Los recursos económicos suelen desplazarse hacia las regiones donde se obtiene una mayor rentabilidad, lo que provoca que ciertos lugares del globo, como el África Subsahariana por ejemplo, se vean excluidos de la globalización. Nadie cuenta con ellos ni siquiera para explotarlos. La gente sigue muriéndose allí de hambre como si la dignidad del ser humano no contara para la mundialización. Aquí se hace de nuevo presente el fantasma de Maquiavelo. Si la globalización permite que los pobres se conviertan en simples medios de los ricos, en instrumentos para que otros hombres acumulen todavía más riqueza, entonces la humanidad se está pervirtiendo. Éste es el gran pecado global del mundo de hoy, el asumir que la pobreza (que es igual a muerte) de la mayoría de la población mundial es un medio necesario para la satisfacción de una minoría.

Pero el drama humano no se representa sólo en los países del Tercer Mundo, también en el seno de las grandes metrópolis en los países industrializados muchas familias sufren las consecuencias de la quiebra de tantas empresas. La globalización tiende a favorecer los monopolios y la desaparición de las pequeñas compañías. Sólo en el año 1998 se fusionaron 24.000 empresas por todo el mundo, esto contribuye a aumentar las desigualdades entre los países y entre los estratos sociales de cada país. En muchos lugares de África, Asia, América Latina, Europa Oriental y en la periferia de las grandes ciudades del Primer Mundo, se vive actualmente peor que hace diez años. Esta situación no puede ser aceptada por una conciencia cristiana mínimamente sensibilizada. Como escribe Antonio Comín:

> "Se sabe que el problema del hambre en el mundo es una cuestión de distribución de alimentos, no de producción, puesto que con la producción anual actual (de cereales, etcétera) se pueden alimentar todos los habitantes de la tierra. Es una paradoja macabra el que se haya inventado un sistema técnico para trasladar el capital de un lado a otro en segundos y sin embargo, la humanidad no haya encontrado todavía un medio de trasladar la comida allí donde se necesita (...), y trasladarla no para volverla a mover, sino para que se quede." (Comín, 1999: 110).

Los países que pertenecen a la Unión Europea se han hecho más ricos durante los últimos veinte años, en un porcentaje que va desde el 50 al 70%, sin embargo hoy existen en estos países más de veinte millones de parados, cincuenta millones de pobres y cinco millones de personas que carecen de un techo donde cobijarse. ¿Dónde ha ido a parar todo este incremento de la riqueza? Se sabe que en Estados Unidos el 10% de la población se ha enriquecido aún más llevándose el 96% del plus de riqueza. En Alemania, por ejemplo, los beneficios de las empresas han aumentado desde 1979 en un 90%, mientras que los salarios sólo lo han hecho en un 6% (Beck, 2000). Esto debilita el poder de los trabajadores frente al de las empresas. Pero además, en los países en los que hasta ahora imperaba el estado de bienestar se ha producido un fuerte aumento del desempleo de los trabajadores menos cualificados.

Si la globalización acepta que los capitales vayan de un país a otro con absoluta libertad para buscar inversiones más rentables, ¿por qué se niega a los trabajadores que hagan lo mismo? ¿por qué no pueden emigrar y buscar empleo allí donde las condiciones laborales sean más propicias para ellos? Si no se regula una cosa, ¿por qué se pretende regular la otra? Desde un trato igualitario y libre, no se debería rechazar a los inmigrantes "sin papeles", por la sencilla razón de que tampoco se imponen visados de entrada y salida a los capitales. Y más todavía, si se tiene en cuenta que en la mayoría de los países de inmigración, falta mano de obra o las tareas que los inmigrantes realizan son rechazadas por los obreros autóctonos.

No cabe duda de que hay que replantearse a fondo la cuestión de la justicia social en la era de la globalización, si es que se quiere impedir lo que se ha llamado la "brasileñización" del mundo. Es decir, la exclusión de todos aquellos que no tienen poder adquisitivo, o sea, de la mayor parte de la humanidad. Es menester decir que la tendencia a la desigualdad entre unos pocos ricos y muchísimos pobres, que parece ser una característica del actual proceso globalizador, no es algo inevitable. Es posible contrarrestarla y eliminarla por medio de políticas públicas adecuadas. Por tanto, es imprescindible que los gobiernos emprendan cuanto antes acciones conscientes dirigidas a compensar tales tendencias. El "temor a sobrar" debe desaparecer de la conciencia de los pueblos.

Hoy podría decirse que el *Homo sapiens* se ha convertido en un auténtico consumidor, en un *Homo consumptor* (González Faus, 1999) que considera el consumismo como la actitud más normal del mundo. Sin embargo, es menester recordar que tal fenómeno no es un hecho natural capaz de definir al ser humano. La fiebre del consumo que nos afecta en la actualidad es una especie de enfermedad absolutamente artificial creada por la necesidad de maximizar beneficios que tienen todas las empresas capitalistas. Nuestro mundo ha pasado de la virtud del ahorro al vicio generalizado del despilfarro. Impera en este tiempo un nuevo evangelio del consumo que es totalmente opuesto a la primitiva ética protestante del ahorro o al valor cristiano de la moderación o, incluso, a aquella idea que tenían los cristianos de los primeros siglos de que todo lo que nos sobra, después de tener las necesidades básicas cubiertas, ya no nos pertenece y, por tanto, debemos dárselo a los pobres.

Según el Nuevo Testamento toda avaricia es idolatría (Col. 3:5) y además, "la vida del hombre no consiste en la abundancia de los bienes que posee" (Lc. 12:15). Los cristianos del presente siglo mundializado debemos recuperar la moderación, la austeridad y la conciencia de un uso sencillo de las cosas para evitar que, a base de tanto consumir, acabemos consumiendo nuestra vida espiritual y a nosotros mismos. Según el Evangelio de Cristo el hombre está llamado a ser señor de las cosas materiales y no esclavo de ellas.

El incremento del consumo y del progreso que ha experimentado el mundo occidental no ha servido para hacer más feliz al ser humano. Algunos de los países europeos que más han progresado como, por ejemplo, Suiza o Suecia, que poseen una de las rentas *per capita* más altas del mundo y durante siglos no se han visto involucrados en guerras ni en conflictos raciales, con una amplia libertad política, una buena educación y prácticamente sin pobreza, no suelen caracterizarse precisamente por la especial felicidad de sus ciudadanos. Por el contrario, la depresión, las enfermedades mentales, el divorcio, el abuso de las drogas y el suicidio suelen ser el pan nuestro de cada día. Esto hace que aparezcan en las estadísticas de "calidad de vida" como países infelices. Sin embargo, en muchas regiones pobres de Latinoamérica la gente ríe, disfruta de lo poco que poseen y es, en general, mucho más feliz. ¿Por qué? Parece que el progreso y el consumo de bienes materiales no va parejo con la felicidad del ser humano. ¿No será que, como afirma la Escritura, ésta depende más del progreso interior que del exterior?

Otro serio inconveniente que marcha paralelo a la globalización es el fenómeno de la corrupción. Si en los países del Sur hay funcionarios y gobernantes corruptos, en los del Norte existen inversores interesados en corromperlos. Las llamadas Organizaciones Criminales Transnacionales (OCT) ganan cada año un billón de dólares, según la ONU, mediante el tráfico de drogas, armamento, especies en peligro de extinción, tráfico de mujeres y de mano de obra en régimen de esclavitud, así como por medio de la inversión en negocios legales: inmobiliarias, finanzas, industrias del ocio, etc. También la "industria del secuestro" es actualmente una de las más florecientes en América Latina. Sólo durante el año 1995 se hicieron públicos 18.000 secuestros pero, en realidad, esta cifra es menos de la mitad de los que se produjeron (De Senillosa, 1999). El dinero que se obtiene del rescate sirve, en ciertos casos, para sufragar los gastos de grupos armados como las FARC (Fuerzas Armadas revolucionarias de Colombia). Aunque también la delincuencia común se aprovecha del secuestro como fuente de recursos económicos.

Se ha señalado asimismo, que la globalización puede acabar con los Estados nacionales pues tiende a restarle poder a la política de las naciones. Algunos sociólogos creen que "los políticos de los distintos partidos, sorprendidos y fascinados por la globalización "debilitadora de instituciones", están empezando a sospechar vagamente que se pueden convertir en sus propios "sepultureros" (Beck, 2000: 17). Ciertos economistas piensan que la apertura de fronteras comerciales, así como el aumento de los desplazamientos geográficos y la autorregulación del mercado tienden a minimizar la influencia del Estado.

También se indicó que una de las principales críticas a la globalización es precisamente la de ser, en realidad, una americanización cultural del mundo. Esto se haría evidente en la ubicuidad de emblemas estadounidenses como: Coca-Cola, McDonald's, Nike, la CNN, etc. Los más pesimistas creen que tal influencia contribuiría a destrozar las culturas locales. En este sentido el escritor español Francisco Umbral afirma que:

"Globalizar es simplificar el mundo, reducirlo a un idioma, una moneda y un pecado. Globalizar no es extender el mapa de los pueblos, sino cortarnos las ideas al cero, como el pelo. Globalización, pensamiento único, latido unánime del dólar" (Umbral, 2000).

Según esto no se mundializaría el mundo, sino el "American way of life" que nos sería impuesto desde fuera. Estaríamos convergiendo hacia una cultura global unificada que apreciaría, por ejemplo, sólo las mismas series televisivas realizadas en Los Angeles, los mismos vaqueros de marca y el mismo tabaco Marlboro como signo de naturaleza salvaje e impoluta. El relumbrante mundo de la Norteamérica blanca se colaría en los corazones de la gente por todo el planeta.

No obstante, se indicó también la ambivalencia de la mundialización cultural que tiene su propia dialéctica y ésta pasa por el respeto de lo local e incluso por la influencia de éste sobre el proceso globalizador. Es verdad que la Coca-Cola, por ejemplo, posee factorías por todo el mundo, pero también procura que sus jefes y directivos consigan convertirse en parte viva de cada cultura. Para vender bien el producto tienen que saber inculturarlo localmente. Por tanto, en realidad, la globalización iría pareja con la localización y el respeto a lo autóctono (Beck, 2000). Pero también existe una colonización inversa que se manifiesta por la influencia que ciertos países no occidentales ejercen sobre las costumbres de Occidente. ¿A quién se le escapa el éxito de los culebrones brasileños por todo el mundo? ¿o la latinización de los Estados Unidos? ¿la exportación de alta tecnología india, la islamización, el pop alemán, el rai norteafricano o la salchicha blanca de Hawai? A pesar de todo esto parece que la globalización no está produciendo ninguna unificación cultural, ninguna cultura global. El fantasma de la "mcdonaldización" del mundo no es capaz de acabar con los localismos ni con las diferencias de los pueblos.

Un último inconveniente de la globalización es el de carecer de un control mundial. Se trata, como ha señalado Beck, de una "sociedad mundial *sin Estado mundial* y sin *gobierno mundial"*. Vivimos en un mundo que tiende cada vez más hacia un capitalismo global desorganizado, en el que no hay un poder internacional político o económico reconocido que esté al mando y al que se pueda recurrir cuando algo vaya mal o cuando se den situaciones de injusticia social. Este es uno de los principales retos que hoy tiene planteado el proceso globalizador.

12 FUTURO DE LA GLOBALIZACIÓN EN EL SIGLO XXI

Es difícil adivinar cómo va a ser el futuro económico y social por el que discurrirá el planeta. Sin embargo, ciertas tendencias que se vislumbran ya en el presente pueden ayudar a configurar la sociedad global del siglo XXI. Los revolucionarios cambios que en poco tiempo ha experimentado la tecnología de la información seguramente se incrementarán en el futuro. La superautopista informática mundial se perfeccionará y contribuirá a facilitar la comunicación interactiva. Asimismo el presente siglo verá la revolución de la ingeniería genética con sus aplicaciones prácticas sobre todo en la cura de numerosas enfermedades hereditarias. Si se sabe usar de manera sabia la genética podrá no sólo mejorar la calidad de vida de las personas e incluso alargarla, sino también proteger el medio ambiente y luchar contra la contaminación. Al alargarse la vida humana el hombre tendrá más tiempo para el ocio, la reflexión y para penetrar en los secretos de la espiritualidad.

La economía global seguirá expandiéndose durante el presente siglo XXI pero en vez de prescindir de ciertos sectores de la población mundial, como ocurre hoy, probablemente se produzca un fenómeno inverso, que muchos "excluidos excluyan a los exclusores" (Castells, 1999: 407). Es posible que la violencia de ciertos fundamentalismos religiosos desafíe al sistema global. El acceso de tales grupos a las armas de destrucción masiva podría suponer una pesadilla para la humanidad. Es muy posible que los Estados nacionales continúen existiendo pero a costa de ceder soberanía a gobiernos regionales internos y externos. Las instituciones de carácter internacional como la ONU o la OTAN tendrán cada vez un papel más relevante en la resolución de los conflictos mundiales.

En sociología se han señalado tres asuntos de seguridad global que acapararán seguramente la atención pública en el futuro: el incremento de la tensión en el área del Pacífico, debida a la confrontación de los poderes chino, japonés, coreano, indonesio e indio; el resurgimiento de Rusia como superpotencia nuclear, cuando supere sus dificultades económicas; y el terrorismo fundamentalista global o local que podrá tener acceso a nuevas tecnologías bélicas. Todo esto puede contribuir a que la vida humana se vuelva aún más vulnerable y sea preciso recurrir a la tecnología para aumentar la seguridad de las personas. Si se llega a tal situación se incrementará el miedo y todavía podrá cuestionarse, más aún que hoy, de qué nos habrá servido tanto progreso y tanta innovación tecnológica. La cuestión acerca de si a mayor progreso aumenta también la felicidad del ser humano o, por el contrario, lo que aumenta es la insatisfacción y el vacío interior, volverá a estar de actualidad en el futuro.

Sin embargo, la globalización no tiene por qué conducir inevitablemente al enfrentamiento entre los seres humanos. No se trata de una especie de ciclón natural que arrolle de forma inevitable todo lo que encuentra a su paso. La globalización controlada puede ser beneficiosa para toda la humanidad pero si se la abandona en la selva neoliberal del más fuerte es capaz de arrasar naciones enteras. Conviene, por tanto, empezar a replantearse una globalización en la solidaridad que no excluya a nadie. Actualmente no existen órganos internacionales adecuados para realizar esta labor reguladora de la globalización, pero será menester crearlos en aras del bien común.

El sistema global tiene que ser controlado por instituciones supranacionales que tengan en cuenta a toda la familia humana de la tierra. No se trata de la creación de un único gobierno mundial, que podría llegar a convertirse en una dictadura poco democrática, sino de la unión de instituciones como la ONU, el Fondo Monetario Internacional, el Banco Mundial, etc., con una clara finalidad democratizadora y autorreguladora de la economía global y que se ocupara además de los derechos sociales y políticos de todos los ciudadanos del mundo. Se podría empezar así a construir el fundamento para la creación de una *mundialización democrática del bienestar.* Como escribe Comín: "se trata de que todos los seres del planeta tengan casa y comida, pero de que cada cual haga su casa a su manera y coma según su tradición. Y lo mismo puede decirse respecto del trabajo, la educación, la salud..." (Comín, 1999: 146). Este bienestar social para todo el planeta no tiene por qué producir caos moral si se sabe fundamentar en la responsabilidad de los individuos y de sus respectivos gobiernos. Evidentemente serán necesarios sistemas de control social capaces de supervisar adecuadamente tal responsabilidad.

Para crear esta mundialización democrática del bienestar haría falta también disponer un impuesto internacional a los capitales especulativos que circulan velozmente entre los países. De manera que tales impuestos se quedaran en la misma región en la que se invierte, según propuso ya el premio Nobel de economía norteamericano, J. Tobin. Se debería controlar más y mejor las actividades internacionales de los bancos y las demás instituciones financieras. Mediante un acuerdo responsable entre las naciones habría que poner límites a las empresas transnacionales con el fin de no dejarlo todo a las fuerzas incontroladas del mercado internacional. El trabajo debería también participar tanto de las ganancias como de las pérdidas del capital, a través de una progresiva sustitución de la participación salarial por la participación en la propiedad de las empresas (Beck, 2000). Esto se está ya empezando a realizar en ciertas regiones del mundo.

Habría también que invertir más de lo que se está haciendo en formación y en investigación ya que el desarrollo tecnológico de un país depende de la capacidad de sus ciudadanos para resolver los problemas que se plantearán en el futuro. En vez de acortar el período de educación sería menester alargarlo, pues la globalización exigirá cada vez más reconstruir la sociedad del saber y de la cultura a través de la formación de todos sus ciudadanos. Como ya se ha señalado, un grave atentado contra la democracia es el de los excluidos por la globalización. "Sin vivienda no hay trabajo, sin trabajo no hay vivienda y sin trabajo ni vivienda no hay democracia", estas palabras de Ulrich Beck ponen de manifiesto el serio peligro que supone para la actual democracia la existencia de tanta pobreza como hoy existe por todo el mundo. La democracia del futuro no será capaz de soportar tanta miseria. La globalización deberá dar una respuesta satisfactoria cuanto antes a este problema mundial.

El sociólogo Manuel Castells termina su monumental trilogía acerca de la actual era de la información con estos deseos:

> "Si las personas están informadas, son activas y se comunican a lo largo del mundo; si la empresa asume su responsabilidad social; si los medios de comunicación se convierten en mensajeros, en lugar de ser el mensaje; si los actores políticos reaccionan contra el cinismo y restauran la fe en la democracia; si la cultura se reconstruye desde la experiencia; si la humanidad siente la solidaridad de la especie en todo el planeta; si afirmamos la solidaridad intergeneracional viviendo en armonía con la naturaleza; si emprendemos la exploración de nuestro yo interior, haciendo la paz con nosotros mismos. Si todo esto se hace posible por nuestra decisión compartida, informada y consciente, mientras aún hay tiempo, quizás entonces, por fin, seamos capaces de vivir y dejar vivir, de amar y ser amados." (Castells, 1999: 412).

Si todas estas buenas intenciones se dejan a la voluntad o al capricho altruista del ser humano, probablemente será difícil que lleguen a realizarse. Sin embargo, si de verdad cambia el yo interior de las personas entonces nada es imposible. Y en esta mutación radical de la interioridad es donde puede intervenir decisivamente el mensaje de Jesucristo. Lo exterior puede mejorar cuando lo interior ha cambiado por completo. Aquí debe intervenir la responsabilidad, el testimonio y la evangelización de los cristianos del siglo XXI. Es una realidad que actualmente la riqueza se concentra en los países tradicionalmente cristianos. Esto supone un claro reto para el pueblo de Dios de estas naciones. No podemos permanecer como telespectadores pasivos ante las injusticias y desigualdades de nuestro mundo. Hoy más que nunca seguimos siendo "guardianes de nuestros hermanos" (Gn. 4:9).

13 CRISTIANISMO Y MUNDIALIZACIÓN

El proyecto de Jesús que se observa en las páginas de la Biblia es un proyecto claramente globalizador. Su mensaje va dirigido a todo el mundo y es, por tanto, universal; pretende que toda criatura le reconozca y entable una relación personal con él y con los demás miembros de la comunidad cristiana. La unidad con Cristo tiene que promover también la unidad con los hermanos. Nadie debe quedar excluido, ni espiritual ni materialmente, de esta mundialización fraternal. Pero, a la vez, este mensaje cristiano es profundamente respetuoso con las personas y con sus particularidades culturales.

La universalidad de Jesús de Nazaret resulta incompatible con cualquier tipo de exclusión o de marginación, ya sea de carácter social o espiritual. El Señor no hace jamás acepción de personas. Su proyecto no es nunca elitista, aunque a veces se haya entendido que el hecho de escoger a un pueblo (el de Israel) y a ciertas personas (los apóstoles) supusiera la idea de que en el mundo tiene que haber individuos "elegidos" y otros "no elegidos". Con lo cual se podría justificar la exclusión que se observa en el actual proceso globalizador, afirmando que también el mismo cristianismo escoge a ciertas personas y descarta a otras. Nada más lejos de la realidad. Este planteamiento no hace honor a la verdad que pretende transmitir la Escritura. Es cierto que en el Antiguo Testamento Dios escoge al pueblo hebreo entre las demás naciones y, en el Nuevo, tal elección se continúa por medio de la Iglesia cristiana que será quien lleve a cabo el proyecto universal de la salvación.

Sin embargo, estas elecciones no suponen un privilegio sino una seria responsabilidad, un servicio a todas las naciones de la tierra. Como afirma el pacto de bendición realizado entre Dios y Abram:

> "Pero Jehová había dicho a Abram: Vete de tu tierra y de tu parentela, y de la casa de tu padre, a la tierra que te mostraré. Y haré de ti una nación grande, y te bendeciré, y engrandeceré tu nombre, y serás bendición. Bendeciré a los que te bendijeren, y a los que te maldijeren maldeciré; *y serán benditas en ti todas las familias de la tierra*" (Gn. 12:1-3).

De manera que la elección no significa ningún privilegio elitista para el pueblo de Israel o para la Iglesia cristiana, sino una gran responsabilidad, una misión especial y una actitud de servicio hacia el resto de la humanidad. Jesucristo predicó la llegada del reino de Dios a la tierra, la inauguración de un nuevo mundo en el que ya no habría discriminaciones ni exclusiones de ningún tipo. Una sociedad que tuviera puestos los ojos en la trascendencia, una iglesia en la que hombres y mujeres de cualquier raza, cultura, clase social o tradición pudieran vivir como hermanos sin descartar a nadie. Porque como reconoció más tarde el apóstol Pablo "ya no hay judío ni griego; no hay esclavo ni libre; no hay varón ni mujer; porque todos vosotros sois uno en Cristo Jesús" (Gá. 3:28). Esta nación santa tenía que ser universal porque su Dios también lo era; tenía que aprender a compartir con los marginados y menesterosos y, sobre todo, tenía que aspirar a una mundialización universal que no excluyera a nadie.

No obstante, esta clase de universalidad del mensaje cristiano está constantemente amenazada por aquello que se ha llamado, el "pensamiento único" de la globalización. La uniformidad de criterios, la creencia de que una determinada cultura es la mejor para expresar la fe, la imposición de una manera de entender la doctrina, la creencia de que sólo hay un estilo litúrgico, que sólo un tipo de música sirve para alabar a Dios o que el gobierno de la Iglesia debe ser necesariamente de tal o cual manera. Sin embargo, el mensaje de Jesús fue profundamente respetuoso con las diferentes culturas y se alejó siempre del "uniformismo" que caracteriza el pensamiento único. Cuando se acude al Evangelio para ver cómo era el cristianismo primitivo, si se trataba de una estructura monolítica o por el contrario era algo muy heterogéneo y plural, se descubre que no fue en absoluto uniforme sino muy variado.

14 LA IGLESIA ANTE EL PELIGRO DEL "PENSAMIENTO ÚNICO"

La Iglesia cristiana del Nuevo Testamento se caracterizó por presentar el doble aspecto de su pluralidad y, a la vez, de su unidad. La primitiva comunidad de Jerusalén era estrictamente judía y, como tal, observaba fielmente los preceptos del judaísmo, tales como el respeto absoluto de la Ley, la celebración del culto en la sinagoga, la liturgia simple o la práctica de la circuncisión a todos los varones. No obstante, pronto apareció en el seno de esta comunidad un grupo de judeocristianos helenistas que no eran menos judíos que los demás, pero que por haber vivido en Grecia, eran de habla griega y de cultura más helenista. Estaban acostumbrados a una religiosidad espiritualista, a la celebración de los sacramentos, a los cultos recargados, muy participativos y un tanto exaltados.

Esto creó ciertos problemas internos y los apóstoles decidieron poner a algunos judeohelenistas como responsables de su propio grupo, según se puede leer en el capítulo sexto de los Hechos de los Apóstoles. Se eligieron a siete varones: Esteban, Felipe, Prócoro, Nicanor, Timón, Pármenas y Nicolás. La primera persecución contra los cristianos no afectó más que al grupo de los helenistas, probablemente porque las autoridades judías los veían como demasiado liberales. Pero lo que está claro es que los otros cristianos, los judeocristianos semitas, (entre los cuales estaban los apóstoles), no tuvieron mayores dificultades y permanecieron en la ciudad, mientras que los cristianos helenistas tuvieron que salir huyendo:

> "En aquel día hubo una gran persecución contra la iglesia que estaba en Jerusalén; y todos fueron esparcidos por las tierras de Judea y de Samaria, salvo los apóstoles" (Hch. 8:1).

Al principio, parece que el líder más representativo de la iglesia de Jerusalén fue Pedro, pero pronto fue sustituido por Santiago, el hermano del Señor. Se trataba de una iglesia cristiana que todavía había acentuado más su judaísmo, si es que puede hablarse así, después de la huida de los helenistas. Por su parte, los judeocristianos helenistas que marcharon hacia el norte fueron predicando el Evangelio por todos los territorios que atravesaron hasta que llegaron a Antioquía de Siria. Allí establecieron una iglesia abierta a los gentiles y en la que no se pretendía someter a nadie a la Ley del Antiguo Testamento. Se trataba de una iglesia más carismática, con una organización diferente a la de Jerusalén, que no estaba dirigida por un colegio de presbíteros, sino por "profetas y maestros" (Hch.

13:1, 2). Jerusalén y Antioquía fueron las dos grandes iglesias del cristianismo primitivo, pero ambas eran de características muy diferentes. La de Jerusalén fue una iglesia judeocristiana rigurosa y fiel a todas las normas del judaísmo; mientras que la de Antioquía, en cambio, fue una iglesia misionera abierta a los paganos, a los que no se les obligaba a someterse a la circuncisión ni a las normas veterotestamentarias. ¿Cómo podían estar en comunión iglesias tan diferentes?

Para resolver este asunto se celebró el concilio de Jerusalén, que fue una asamblea de las dos iglesias, la de Jerusalén y la de Antioquía. El capítulo quince de Hechos y el dos de la carta a los Gálatas nos hablan de este concilio. Al final, la iglesia de Jerusalén aceptó la legitimidad del cristianismo de la iglesia de Antioquía. Es decir, se llegó a la conclusión de que la unidad de la Iglesia se basaba, no en la unificación, sino en el reconocimiento de lo diferente. No en la homogeneidad, sino en la pluralidad. No en que todos los creyentes fueran iguales, o que tuvieran que someterse a la misma cultura, a la misma lengua, a las mismas tradiciones y pensaran siempre igual sobre asuntos secundarios, sino precisamente todo lo contrario. Se entendió que la diversidad era enriquecedora, que el Evangelio tenía que inculturarse. Es decir, introducirse en todas las culturas para transmitir adecuadamente los valores cristianos.

Hoy podemos decir que, seguramente, la decisión de esta asamblea de Jerusalén fue la más importante que ha tomado la Iglesia en toda su historia porque sentó las bases para superar una religión étnica y local, y para que el cristianismo llegara a ser auténticamente universal. Se pasó así de una visión centrípeta de la Iglesia (ya que los judíos esperaban la peregrinación de todos los pueblos a Sión) a una visión centrífuga (el Evangelio tenía que difundirse y llegar "hasta lo último de la tierra").

Dentro del Nuevo Testamento encontramos iglesias muy diferentes. Las comunidades paulinas, caracterizadas por su espíritu misionero y su voluntad de encarnarse en el mundo. Las comunidades que reivindicaban el nombre del apóstol Juan, que rechazaban el contacto con el mundo y se cerraban sobre sí mismas. La comunidad de Mateo, que era como un término medio (o un ensayo de síntesis) entre las iglesias judeocristianas y las paganocristianas. Y si se tienen en cuenta las comunidades que están detrás de la literatura apócrifa, el abanico del pluralismo se amplía enormemente. Sin embargo, a pesar de este evidente pluralismo, la Iglesia primitiva supo fundamentar también su unidad en la persona de Jesucristo y en los escritos que consideró canónicos, es decir, inspirados por Dios. La diversidad, lejos de ser un mal, manifestaba vitalidad y participación personal, pero por debajo de ella había una profunda unidad.

En efecto, en la Iglesia primitiva se detecta una voluntad decidida por mantener la comunión entre las distintas congregaciones, así como en el interior de cada una de ellas. Hay una conciencia de pertenencia a la única Iglesia de Dios. "Hay diversidad de carismas y de dones, pero el

Espíritu es el mismo. Hay diversidad de ministerios, pero el Señor es el mismo. Y hay diversidad de operaciones, pero Dios, que hace todas las cosas en todos, es el mismo" (1 Co. 12:4-6). La base de la unidad de la Iglesia primitiva fue siempre la vida, la muerte y la resurrección de Jesucristo. Pero esto no quiere decir que no tuvieran problemas. Los hubo. Especialmente en la iglesia de Corinto hubo divisiones. En este sentido el apóstol Pablo tuvo que escribirles:

> "Quiero decir, que cada uno de vosotros dice: Yo soy de Pablo; y yo soy de Apolos; y yo de Cefas; y yo de Cristo. ¿Acaso está dividido Cristo? ¿Fue crucificado Pablo por vosotros? ¿O fuisteis bautizados en el nombre de Pablo?" (1 Co. 1:12).

Probablemente una de las causas de estas divisiones se debía a la existencia en Corinto de diversas iglesias domésticas, cada una de las cuales se remontaba a un fundador distinto a quien se recurría para legitimar la propia historia. La primera carta de Pablo a los Corintios es el escrito de la diversidad, en ella se fomenta el pluralismo pero a la vez se promueve la unidad profunda y se podan con energía los brotes que la ponen en peligro. Brotes como el "capillismo", las rivalidades espirituales, el desprecio de los débiles y los pobres, el engreimiento o el elitismo espiritual. Cuando se idolatra a un líder con carisma y uno se identifica totalmente con él, existe el peligro de olvidar la centralidad de Cristo resucitado. Cuando la mentalidad sectaria y exclusivista prevalecen, se descompone la unidad de la Iglesia y aparece una jerga privada, un lenguaje exclusivo, que está más cerca del lenguaje de Babel que del de pentecostés.

De ahí que Pablo diga: "que habléis todos una misma cosa" (1 Co. 1:10) e insiste en que dejen de hablar diferentes lenguajes y vuelvan a hablar la lengua del Maestro, que es la de la unidad. Es posible que alguno de sus partidarios le respondiera: ¡pero Pablo, es que yo soy de los tuyos, yo soy de Pablo! Y el apóstol en vez de sentirse alagado, todo lo contrario, se enfadara. ¡Ojalá todos los líderes religiosos de nuestro tiempo supieran rechazar, como Pablo, el fanatismo de sus seguidores! ¡Qué bueno sería si en vez de buscar el culto a la personalidad y los aplausos de la propia congregación, se promoviera sólo la adoración al único Señor del Universo!

Es posible que en las palabras de Pablo haya un cierto sentimiento de amargura. Como si dijera: "¡Qué pena...! Todas esas riquezas, todos esos dones, todas esas energías, en vez de convertirse en un patrimonio común compartido en la fraternidad, se utilizan de forma individualista, se explotan en un ambiente mezquino de competitividad. Con todo lo que hay que hacer y nos entretenemos en disputas y en competiciones partidistas!". Es natural que haya jefes o líderes carismáticos dotados de una fascinación especial que sean fundadores y tengan el don de ser dirigentes creativos. Pero éstos, aunque desempeñen una función útil, tienen que acordarse (y sobre todo recordar a los demás), que no son más que hombres. Tienen que evitar que su presencia corte el camino hacia Cristo. No se trata de eliminar las diversidades o la variedad dentro de la Iglesia, sino de reconocer que lo que realmente es importante, lo que une a todos los creyentes es el lenguaje silencioso de la cruz.

Las congregaciones cristianas que aparecen en el Nuevo Testamento nos dan ejemplo de pluralismo, pero también de unidad dentro de la Iglesia. Sin embargo, se aprecia también como el exclusivismo, en algunos momentos, les llevó al sectarismo, a la intransigencia y a la división. Siempre que esto ocurría, era por culpa de los individualismos y, como consecuencia, el nombre de Jesucristo era silenciado. Pablo y los demás apóstoles lucharon frecuentemente contra tales actitudes. En nuestro tiempo, en que la mundialización puede conducirnos al pensamiento único, los cristianos no estamos, ni mucho menos, exentos de caer en los mismos males. Debemos, por tanto, pedirle al Señor sabiduría, tolerancia y respeto hacia la fe sincera de los demás. Para que, como escribe Pablo: "nuestra fe no esté fundada en la sabiduría de los hombres, sino en el poder de Dios" (1 Co. 2:5).

15 EL LÍDER CRISTIANO EN UN MUNDO GLOBAL

¿Cómo es posible definir hoy el perfil del dirigente cristiano que debe pastorear al pueblo de Dios en medio de un mundo globalizado? ¿qué patrones se pueden establecer para diseñar un liderazgo eficaz en plena era de la mundialización? Si se recuerda la acertada cita de Umberto Eco acerca del apóstol Pablo como prototipo de hombre que vivió también, durante el primer siglo, inmerso en un incipiente proceso de globalización, quizás pueda intuirse cuáles deberían ser las principales características del creyente y del líder cristiano en la actualidad (ver p. 397). Debemos recuperar a Pablo, tomarlo como modelo de cristiano comprometido con la causa del Evangelio y aplicar los mismos principios que él empleó a la hora de comunicar el mensaje de Jesucristo.

Los principios paulinos aplicables al liderazgo cristiano eficaz en el mundo de hoy son numerosos. Desde su decidida visión de futuro ("prosigo al blanco"), o su sincera dependencia de Dios ("todo lo puedo en Cristo que me fortalece") y hasta su vocación intercesora ("haciendo memoria de vosotros en mis oraciones"), abundan los ejemplos de cualidades paulinas que podrían estudiarse. Sin embargo, es oportuno resaltar cinco de estos importantes principios que están claramente relacionados con el tema del testimonio del creyente en la presente era de la información y que pueden ser útiles para comunicar con éxito el mensaje evangélico. En primer lugar, es menester *recuperar la simplicidad con que Pablo predicaba la doctrina de la salvación:*

"Los judíos piden señales, y los griegos buscan sabiduría; más nosotros predicamos a Cristo crucificado" (1 Co. 1:23).

Así de simple es el mensaje del Evangelio. Sin embargo, a veces se complica la predicación y se recarga de adornos innecesarios, que pueden ser en sí mismos muy buenos, pero que no forman parte de la esencia original del mensaje cristiano. Lo grave es que en ocasiones tales complementos llegan a adquirir más importancia que el propio mensaje. Los griegos de la época de Pablo no fueron los únicos en demandar sabiduría humana. Más tarde, durante la Edad Media, la teología escolástica católica adoptó también la filosofía griega de Aristóteles y se creó una amalgama que fusionó la revelación bíblica con determinados conceptos filosóficos para especular acerca de la verdad. Cuando se lee, por ejemplo, a Tomas de Aquino es posible comprobar hasta qué punto la escolástica pretendió convertir el agua de la filosofía helenista en el vino de la teología cristiana. Por desgracia, lo que ocurrió fue más bien lo contrario, el vino se transformó en agua.

En nuestros días y en determinados círculos protestantes se está cayendo en el extremo opuesto. Si los judíos del tiempo paulino pedían señales, en la actualidad muchos líderes cristianos, en su afán por atraer a la gente, se dedican también a anunciar campañas de señales y milagros en vez de predicar "a Cristo crucificado". No debe olvidarse que éste no es el objetivo principal del predicador cristiano. Dios tiene poder para dar salud y vida en abundancia como quiera y cuando lo desee. No precisamente en el momento en que nosotros se lo exijamos. La sanidad física y el poder sobrenatural de Dios es susceptible de actuar en el mundo de hoy y es capaz de ayudar ocasionalmente a la predicación del Evangelio, como ayudó a Jesús y a sus discípulos. Pero no constituyen el objetivo principal de la predicación cristiana. En la Biblia tenemos ejemplos de situaciones en las que el propio Maestro tuvo que prohibir a sus discípulos que hicieran publicidad de los milagros que él realizaba, porque no quería que la gente le siguiera por sus prodigios de manera egoísta.

Tampoco es misión del líder cristiano ir por el mundo convocando a Satanás para pelear con él, como si se tratase de un reto pugilístico de los pesos pesados. Ciertos sectores del protestantismo actual padecen un exceso de mercenarios espirituales dispuestos a batirse en duelo, a entablar batallas o guerras espirituales con el príncipe de las tinieblas para así liberar ciudades, montañas, monumentos o derribar fortalezas espirituales que nunca nadie ve caer. Muchas veces este tipo de espectáculos sólo sirve para ridiculizar el Evangelio de Jesucristo ante la opinión pública. Es verdad, que el creyente debe enfrentarse con todas sus fuerzas a Satán a lo largo de su vida, como hizo repetidamente el Señor Jesús. Pero esta lucha personal e íntima no debe convertirse en un espectáculo de masas, ni debe jamás transformarse en una obsesión que nos esclavice o en el único objetivo de la predicación evangélica.

El diablo fue derrotado por Cristo en la mismísima cruz del Calvario y tiene mucho menos poder del que por desgracia se le atribuye. Lo único que le queda es la mentira, él sigue siendo el "príncipe de la mentira" y es capaz de hacer creer a la gente que Dios no existe o que Jesús no es el Hijo de Dios. Lo puede hacer de mil maneras distintas. Por eso nuestra misión es desenmascararlo abriendo los ojos de las criaturas para que descubran la mentira en la que viven. De ahí que la misión primordial del líder cristiano sea mucho más simple de lo que a menudo se imagina: predicar "a Cristo, y a éste crucificado".

El segundo principio paulino consiste en *recuperar la doctrina cristiana de la resurrección de los muertos:*

"Mas ahora Cristo ha resucitado de los muertos; primicias de los que durmieron es hecho. [...] Y cuando esto corruptible se haya vestido de incorrupción, y esto mortal se haya vestido de inmortalidad, entonces se cumplirá la palabra que está escrita: Sorbida es la muerte en victoria." (1 Co. 15:20, 54).

El tema escatológico que apunta hacia el futuro y viene a satisfacer la curiosidad humana acerca de lo que ocurrirá mañana, ha sido y continúa siendo también uno de los grandes favoritos de predicadores y escritores evangélicos. Lamentablemente, hay que decir una vez más que en demasiadas ocasiones lo que se hace no es una escatología bíblica seria, sino una "escatología ficción" que especula constantemente y se aleja de una correcta interpretación del texto bíblico. Se juega con la idea del rapto, la gran tribulación, aquello que acontecerá a los que se queden cuando los elegidos se vayan, quién será más terrible si la bestia, el falso profeta o el anticristo e incluso qué personaje histórico tiene más posibilidades de encarnar cada uno de estos roles. No obstante, el apóstol Pablo no participó nunca de este juego de especulación escatológica. Según su opinión, éste no era un tema importante para la predicación del Evangelio.

La principal inquietud que atenazaba a sus contemporáneos era muy similar a la que preocupa hoy a los hombres y mujeres del siglo XXI. En aquel tiempo, igual que en éste, lo que a la gente le interesaba no era saber quién sería el anticristo, sino cómo enfrentarse a la trágica realidad de la propia muerte. Y Pablo les responde con un mensaje escatológico tan simple como contundente: ¡no temáis, hay esperanza! Los que creen en Jesucristo ya no tienen motivos para seguir especulando acerca del futuro porque Cristo ha resucitado de entre los muertos. Igual que le ocurrió a él, nos ocurrirá también a nosotros. El fue la primicia que germinó la Vida de las mismas entrañas de la Muerte. Todos aquellos que creen en su nombre pasarán por la puerta que el abrió de par en par hacia la Vida. Por tanto, el futuro del creyente es claro, la reunión final con Cristo, bien sea en la vida o en la muerte, pero siempre a través de la resurrección. El principal mensaje paulino acerca del futuro que nos espera es, paradójicamente, una mirada al pasado: la tumba vacía de Jesús. Tal es también el mensaje que necesita oír el hombre de nuestro tiempo.

La tercera proposición es *recuperar la perspectiva multicultural de Pablo*. En su epístola a los colosenses, hablándoles sobre la necesidad de abandonar el viejo hombre con sus vicios y revestirse del nuevo que se va renovando, les dijo:

"... donde no hay griego ni judío, circuncisión ni incircuncisión, bárbaro ni escita, siervo ni libre, sino que Cristo es el todo, y en todos." (Col. 3:11).

Vimos anteriormente que la globalización actual es un proceso que conlleva a menudo serios desequilibrios económicos, culturales y sociales que pueden resultar difíciles de solucionar. Hay ganadores y perdedores, beneficiados y perjudicados, por eso la actitud de la Iglesia debe ser la lucha pacífica contra todo tipo de exclusión, así como contra la insolidaridad y el individualismo egoísta. Pablo ofrece una definición cristiana clara y contundente de su perspectiva multicultural en una mundialización solidaria. La Iglesia de Jesucristo no debe convertirse en un ghetto, ni participar en luchas étnicas o raciales, ni suscribir nacionalismos excluyentes. Si la comunidad cristiana realmente cree que "Cristo es el todo, y en todos", entonces tiene que actuar para que los desequilibrios entre el Norte y el Sur se vayan reduciendo, para que se respeten las identidades culturales y todos los seres humanos del planeta recuperen la dignidad con la que fueron creados por Dios.

En cuarto lugar, hay que *recuperar la visión unitaria del pueblo de Dios que sostenía el apóstol Pablo.* Recordando el texto anterior en el que el apóstol de los gentiles hace un llamamiento a la unidad de todos los cristianos en Cristo Jesús:

> "Quiero decir, que cada uno de vosotros dice: Yo soy de Pablo; y yo soy de Apolos; y yo de Cefas; y yo de Cristo. ¿Acaso está dividido Cristo? ¿Fue crucificado Pablo por vosotros? ¿O fuisteis bautizados en el nombre de Pablo?" (1 Co. 1:12).

Es cierto que el término "ecumenismo" no está muy bien visto en los círculos evangélicos, tanto de España como de Latinoamérica. Su simple mención recuerda pactos de unidad incondicional con la Iglesia Católica y esto suele estar muy mal visto. Estoy de acuerdo en que la unión total entre católicos y protestantes para crear una sola institución eclesial no será nunca una realidad. Básicamente porque sostenemos con Roma diferencias teológicas y doctrinales muy serias a las que no podemos ni estamos dispuestos a renunciar. Sin embargo, no creo que estas obvias diferencias deban conducirnos a perder de vista la realidad plural del cristianismo contemporáneo. A la hora de evangelizar en un mundo global o de defender ante la opinión pública los valores cristianos, hemos de ser conscientes de que estas diferencias que para nosotros pueden ser importantes, para el hombre de la calle cada vez son más insignificantes.

Por otro lado, la beligerancia evangélica contra el catolicismo, que en el pasado pudo ser beneficiosa e incluso llegó a convertir la evangelización en una simple crítica de los errores de la teología católica, hoy está dejando de tener sentido porque la Iglesia Católica está cambiando. Su apertura a la lectura de la Biblia y a la esencia del Evangelio es mayor cada vez y sus técnicas de evangelización se parecen cada vez más a las nuestras. Pero es que además, sus posibilidades para adaptarse rápidamente a las exigencias de la globalización son también mayores que las nuestras, ya que ellos continúan apareciendo como un solo bloque, mientras que el protestantismo está dividido en múltiples grupúsculos, con la pretensión por parte de cada uno de ellos de ser la "única iglesia verdadera", exclusiva y excluyente, ya que estaría en posesión de la verdad. Creo que esto debería llevarnos a la reflexión serena y desapasionada; a unirnos, no con Roma, sino entre los distintos grupos cristianos y familias evangélicas; a trabajar mucho más unidos y a desestimar las diferencias marginales que, en realidad, son mucho más pequeñas y menos importantes de lo que se pretende. Si el cristianismo del tercer milenio no enfrenta unido a la globalización, no va a tener nada que hacer frente a ella.

El cristianismo es plural. Lo era ya en tiempos de Pablo y lo sigue siendo en la actualidad. Seguramente ha sido así porque así ha querido el Señor que lo fuera. Y quizás sea en esta pluralidad donde la fe cristiana encontrara toda su fuerza. Es posible que haya sido esta pluralidad la que le ha permitido adaptarse y subsistir frente a todo tipo de circunstancias adversas. Pero pluralidad no es sinónimo de antagonismo, sino todo lo contrario. La pluralidad debe conducir al respeto mutuo y a la colaboración en la causa común, desde la perspectiva particular. La pluralidad desautoriza todo exclusivismo y deslegitima la descalificación de los demás.

Esa tendencia errónea a creer que en el más allá estaremos sólo nosotros, no coincide en absoluto con la visión del apóstol Juan quien vio una multitud de hombres y mujeres vestidos con ropas blancas, pertenecientes a toda nación, tribu, pueblo y lengua. El texto bíblico no habla de "denominaciones", ni de "confesiones", sino que asegura que los salvos son aquellos cuyos nombres están escritos en el Libro de la Vida y han sido lavados por la sangre del Cordero. No dice nada de figurar en el libro de registro de una iglesia, confesión o denominación concreta. Por fortuna, el Libro de la Vida no depende de nosotros, depende de Jesucristo, y como enfatiza el apóstol Pablo, "Cristo no está dividido".

Por último, deberíamos también *recuperar la cosmovisión de Pablo acerca del señorío de Cristo:*

"Porque en él fueron creadas todas las cosas, [...] Y él es antes de todas las cosas, y todas las cosas en él subsisten; [...] así las que están en la tierra como las que están en los cielos, haciendo la paz mediante la sangre de su cruz." (Col. 1:16, 17, 20).

Según estas palabras, la redención no es sólo para las personas sino también para toda la creación. Y si es así, la misión de la Iglesia en el mundo no es una misión limitada exclusivamente a la salvación de los individuos. Es una labor global que obliga a salir del ostracismo congregacional para conquistar el mundo entero. La misión de los cristianos debe alcanzar también todas las áreas de la cultura: las artes, las ciencias y las letras para la gloria de Jesucristo. La misión del líder cristiano no es averiguar quien será el anticristo, sino predicar el Evangelio de la cruz y tratar de ganar todo el mundo para Jesús. Sólo así será posible transformar la globalización salvaje y excluyente en una globalización del amor.

16 EL RETORNO DE LA RELIGIÓN

La mundialización ha traído de la mano un fenómeno singular. Por primera vez en la historia es como si muchas personas fueran capaces de vivir sin religión y, lo que es mucho peor, sin Dios. En algunos ambientes, Dios parece estar tan muerto que ni siquiera de su muerte se habla. Se le ha sustituido por los nuevos dioses de la computadora y el ocio vacacional. Lo triste y, a la vez, trágico de esta situación de olvido de lo religioso es que puede convertir a este hombre incrédulo del tercer milenio en un bárbaro espiritual, en una especie de mutante incapacitado para la reflexión trascendente y para poder elevar los ojos sobre el horizonte del sentido de la vida y de la fraternidad humana. Se trata de un asunto delicado capaz de ensombrecer el futuro y que, desde luego, entristece a la cristiandad y le plantea un reto muy especial. No obstante, la historia ha demostrado suficientemente que aunque el hombre sea capaz de vivir y organizar el mundo sin Dios, en realidad, sin él sólo puede organizarlo contra el propio ser humano. Todo humanismo que se aleja de Dios es en el fondo un humanismo inhumano. ¿Puede el hombre seguir siendo hombre si se amputa voluntariamente su dimensión espiritual? ¿no corre el riesgo de degenerar hacia una animalidad con más o menos ingenio?

A pesar de esta indiferencia hacia la religión que se detecta en ciertas regiones de nuestro globalizado planeta, lo cierto es que paradójicamente la religiosidad no está desapareciendo. Más bien está experimentando una transformación. No sólo existen otras zonas donde el cristianismo y el fervor religioso general aumenta de día en día, como Latinoamérica, África o el sudeste asiático, sino que también en el seno de las naciones donde existe mayor increencia, como pueden ser ciertos países europeos, se produce asimismo la proliferación de algunas formas religiosas, más o menos libres, que buscan en lo oculto, en la ciencia o la sanidad, en el culto al cuerpo, la naturaleza, la política, el deporte, la música o el voluntariado, el sentido profundo de la vida humana (Cruz, 1997). Y es que el ser humano es incapaz de vivir sin creer en algo que le llene y satisfaga su anhelo espiritual. El mito moderno de Comte acerca de que la religión desaparecería con la arribada del estado científico se ha demostrado hoy completamente falso. La religión puede cambiar e incluso confinarse en el ámbito de lo privado, pero no desaparece con la globalización.

No obstante, este fenómeno postmoderno del resurgir religioso conduce de manera inevitable a la filosofía del pluralismo. Es decir, a la creencia de que no puede existir ninguna religión universal o absoluta que sea la única verdadera y que a la salvación puede llegarse por diferentes caminos. Por tanto, todas las religiones serían válidas para elevar espiritualmente al ser humano y todas merecerían el mismo respeto. Partiendo de tales planteamientos es fácil comprender por qué en la actualidad proliferan las religiosidades a la carta que toman un poco de cada tradición para fabricar un variado menú religioso. En España, por ejemplo, la quinta parte de los que se declaran católicos dicen creer también en la reencarnación. Pero además, el 14% de los ateos afirman su fe en Dios o celebran la primera comunión de sus hijos mediante un rito civil. Esta religión pastiche, "patchwork", cóctel o "kitsch", es capaz de mezclar al Dios bíblico sin juicio final, por supuesto, con los últimos logros de la tecnología científica, al estilo postmoderno de la "new age". La psicología profunda se amalgama con un ecumenismo global y se aliña con amuletos, cartas astrales o esoterismo barato.

En realidad, esta situación actual es muy parecida a la que imperaba en la Grecia de los días de Pablo. En efecto, según relata el evangelista Lucas en su libro de los Hechos de los Apóstoles, el espíritu del apóstol se enardecía al ver la ciudad de Atenas entregada a la idolatría (Hch. 17:16). Al parecer aquellos atenienses buscaban ansiosamente las novedades filosóficas y religiosas. El comportamiento de Pablo ante semejante pluralismo religioso constituye un claro ejemplo acerca de cómo debemos actuar también hoy los cristianos del tercer milenio. Detectó cuál era el principal problema de aquella gente. A pesar de tener muchos dioses, en realidad, no conocían al Dios verdadero. Les habló acerca del único creador del universo que no hacía acepción de personas. En su discurso llegó hasta la resurrección de Jesucristo y aquí fue cuando algunos de sus oyentes se empezaron a desentender del tema, ya que las creencias griegas consideraban que el cuerpo material era algo malo mientras que sólo el alma era la parte buena del ser humano. No podían concebir una religión que creyera en la resurrección de los muertos porque ¡cómo iba el alma, una vez liberada del cuerpo, a introducirse de nuevo en un cuerpo material, aunque fuera glorificado! Esto supuso un inconveniente para algunos, sin embargo, según afirma el texto, otros creyeron y se unieron a Pablo.

Siempre habrá personas que choquen intelectualmente con el milagro de la resurrección de Jesús, pero también habrá otras que abrirán de par en par su alma y la fe les permitirá asirse a las promesas del Hijo de Dios. El pluralismo religioso actual así como el relativismo de creer que no existe la verdad absoluta, aunque puedan suponer un serio problema para la evangelización, no serán capaces de acabar con el cristianismo, como en ocasiones se afirma, por la sencilla razón de que ninguna otra creencia de los hombres es capaz de producir vida en abundancia o de levantar un cadáver de su tumba. Por eso, la misión del cristiano en la globalización es, como ha sido siempre, seguir dando testimonio de su fe en Jesucristo.

17 CAMBIOS DENTRO DEL CRISTIANISMO

No creo que seamos los últimos cristianos, como a veces se dice, pero es muy posible que el pluralismo actual termine con la manera de ser cristiano que ha venido caracterizando a muchos creyentes hasta ahora. Algunos sociólogos católicos creen que el cristianismo convencional se va a terminar (González-Carvajal, 2000). El hecho de ser miembro de una iglesia por tradición familiar, asistir con más o menos regularidad a sus servicios religiosos, creer que tales prácticas y costumbres son buenas e incluso verdaderas, pero no experimentar jamás una relación personal con Dios a través de Cristo, no leer casi nunca la Biblia, ni meditar en ella, ni intentar aplicarla a la propia vida, esto es lo que probablemente se va a acabar con el pluralismo de la globalización. El convencionalismo que ha venido caracterizando al cristianismo institucional, no sólo a la Iglesia de Roma sino también a las principales denominaciones protestantes, que proporcionaba al creyente en ciertos países una sensación de seguridad y protección ya que casi todos sus compatriotas profesaban la misma fe, es lo que se va a extinguir durante este tercer milenio. Esa religiosidad cómoda que habría todas las puertas y facilitaba todos los caminos, va a desaparecer en medio de la actual selva ideológica.

Los cristianos de los primeros siglos, desde luego, no tuvieron este problema. Entre ellos no había creyentes convencionales ya que no hubieran podido subsistir en medio de un mundo hostil a la fe cristiana que en muchas ocasiones se cobraba vidas humanas. Las frecuentes persecuciones hacían que los seguidores de Cristo fueran personas verdaderamente comprometidas con su fe. Pero después, durante los siguientes siglos, fue apareciendo cada vez con mayor intensidad la práctica religiosa fácil, poco comprometida, socialmente beneficiosa y convencional. Seguramente la mayor parte de los cristianos actuales no volverán a padecer el mismo tipo de persecución física que sufrieron sus predecesores a principios del primer milenio, pero sí se tendrán que enfrentar a la dispersión del cristianismo en medio de un mundo plural.

De alguna manera esto podría ser como en el primer siglo. Cuando el apóstol Pedro escribiendo en su primera epístola dice: "Pedro, apóstol de Jesucristo, a los expatriados de la dispersión en el Ponto, Galacia, Capadocia, Asia y Bitinia,..." (1 P. 1:1), se está dirigiendo a los cristianos que habían experimentado la diáspora y se habían dispersado por el mundo. También hoy los creyentes somos extranjeros en nuestra propia tierra porque estamos rodeados de personas que no conocen el Evangelio de Jesucristo. Gente agnóstica, atea o que profesa cualquier religión oriunda de lejanas tierras. Los misioneros cristianos ya no necesitan viajar a lugares exóticos pues el campo de misión empieza al cruzar la puerta de su casa y salir a la calle. La globalización nos obliga a vivir una auténtica diáspora espiritual en medio del pluralismo religioso de nuestra misma ciudad.

Por desgracia, esta pluralidad ideológica ha contribuido también a que la religión se recluya en el círculo de lo privado. Es como si la competencia entre creencias hubiera vuelto tímidos a los creyentes. Como si hablar públicamente de las propias convicciones se considerara algo de mal gusto y hasta una falta de educación. Resulta difícil detectar a los cristianos porque las evidencias que antes los delataban, hoy han desaparecido por completo. El estilo de vida, el comportamiento, los hábitos, el lenguaje, los anhelos, el tiempo de ocio, etc., ya no sirven para distinguirlos como antes. No hay diferencia externa entre creyentes y no creyentes. La religión ha entrado a formar parte sólo del ámbito personal, íntimo o familiar pero huye de cualquier exteriorización. Es lo que Th. Luckmann ha denominado la "privatización de la religión" (Mardones, 1996: 115). Esto hace que la fe se torne absolutamente "invisible" en la sociedad y se entienda como una forma de pensar y no como una manera de actuar, de vivir o de dar testimonio.

Pero, a su vez, la privatización del sentimiento religioso conduce hacia un individualismo del creyente que tiende a alejarse tanto de las demás personas que no profesan su misma fe, como de la propia institución religiosa a la que pertenece. Se avanza así hacia una práctica religiosa en la que el protagonista principal es el propio individuo y no la Iglesia, la misión evangelizadora o la relación con los otros hermanos en la fe. Si bien es cierto que el cristiano necesita tener una relación personal con Cristo, esto no significa que deba caer en el individualismo espiritual o en el egoísmo de no querer compartir el Evangelio con el prójimo. El principal peligro de caer en esta situación es el de la propia fractura de la persona pero también el de hacer estéril el mensaje de la salvación. No es extraño que ante el incremento de tales actitudes proliferen también todo tipo de errores doctrinales y de comportamientos contrarios a la Palabra de Dios. Actualmente en el seno del mundo protestante, por ejemplo, están surgiendo tendencias que pueden dificultar o incluso impedir que se dé el testimonio evangélico auténtico. Hasta cierto punto, es lógico que los enemigos de la fe planteen batalla al cristianismo. Siempre ha sido así y probablemente siempre lo será. Pero lo que resulta inaudito es que dentro mismo del pueblo de Dios abunden, cada vez más, quienes dificultan la extensión del reino mediante sus ideas o su comportamiento equivocado.

18 PERVERSIONES DEL PROTESTANTISMO ACTUAL

La Reforma protestante del siglo XVI supuso una oposición frontal a los principales errores y falsas doctrinas que se habían ido generando en el seno de la Iglesia romana a lo largo de la historia. Cuando Lutero fue obligado a retractarse de sus críticas so pena de ser excomulgado ante la dieta de Worms, en abril de 1521, declaró las siguientes palabras: "no añado fe ni al papa ni a los concilios solos... Estoy ligado por los textos de la Escritura que he citado y mi conciencia es prisionera de las palabras de Dios" (Baubérot, 1996: 157). Pues bien, cinco siglos después quizá sea necesario retomar estas mismas palabras de Lutero para intentar reformar las perversiones doctrinales que están proliferando en el extenso panorama del protestantismo mundial. Si queremos que nuestra conciencia cristiana sólo siga siendo "prisionera de las palabras de Dios" no tenemos más remedio que denunciar con amor pero también con decisión las barbaridades que se están cometiendo actualmente dentro del ámbito evangélico y en el nombre del Señor Jesús.

Desde los días de Lutero y los demás reformadores las divisiones en el seno del protestantismo no han hecho más que aumentar. El universo evangélico aparece hoy, en plena globalización, como un inmenso colage formado por pequeños recortes de prensa reformada, gruesos cartones con las firmas de teólogos alemanes, grandes pedazos de hierro bautista retorcido y algo oxidado sobre un fondo uniforme y convencional de hermanos, salpicado de una enorme multitud de confetis pentecostales multicolores que se dividen con facilidad. No obstante, la estética de este cuadro está siendo destruida por una especie de carcoma sectaria, personalista y engreída. Ciertos telepredicadores made in América que rompen en pedazos la estructura doctrinal básica y ponen en peligro toda la composición, jugando con los sentimientos y la buena fe de las criaturas.

Bajo el pretexto de la libre interpretación bíblica, muchos oradores se han vuelto expertos en el arte de formar iglesias con su propio nombre y apellido, olvidando la oración de Jesús: "que sean uno para que el mundo crea". A todo ello contribuye la desinformación teológica y doctrinal del pueblo de Dios. Muchos púlpitos están demasiado acostumbrados a la improvisación, a las aplicaciones psicológicas, al espectáculo que fomenta la emoción del momento, a la lágrima fácil y al entretenimiento de la congregación pero, en el fondo, no hay verdadera exégesis bíblica. El conocimiento de la Palabra no aumenta, la madurez espiritual no se alcanza nunca, el comportamiento cotidiano de los creyentes no se distingue apenas del de los demás. Se puede ser cristiano practicante el domingo y funcionario corrupto el lunes por la mañana. ¿Cómo es posible si no, que países con tantísimos cristianos y tantas congregaciones sigan estando entre los más corruptos y entre los que menos se respetan los derechos humanos?

Robar la libertad a los creyentes

El cristianismo no puede vender barato a Jesucristo. La fe cristiana no pasa por temporadas de rebajas sino que siempre posee el mismo valor y la misma exigencia. A veces, parece como si en ciertos cultos evangélicos se robara libertad al ser humano y, por tanto, el nombre de Dios se rebajara ya que una cosa suele ir siempre unida a la otra. Cuando se practica un "maravillosismo" milagrero y se atrae a gente sencilla prometiéndole "salud, dinero y amor", como reza la popular canción, ¿no se está de alguna manera secuestrando la libertad del ser humano? ¿al hinchar a Dios, no se deshincha al hombre? Convertir a la divinidad en curandera con horario fijo, transforma también al hombre en marioneta dirigida desde arriba por los hilos caprichosos de los dioses ¿No era esto también lo que creían los antiguos griegos y los romanos paganos?

Estos y otros comportamientos producidos en el mundo evangélico de habla hispana han llevado a algunos sociólogos a cuestionar seriamente si todos los movimientos religiosos que suelen definirse como protestantes lo son realmente. En este sentido el historiador y sociólogo Jean-Pierre Bastian escribe:

> "... la mayoría de los movimientos religiosos pentecostales y evangélicos encubiertos por la categoría 'protestantismo', no pertenecen a la cultura protestante. Son más bien religiones de parche, catolicismos de sustitución que se dan en continuidad con las prácticas de la religión popular latinoamericana. Más que de sincretismo, tenemos que hablar de una cultura religiosa híbrida que articula lo arcaico de la taumaturgia y del exorcismo con lo hipermoderno televisivo y mediático." (Bastian, 1999: 242).

¿No deberían tales declaraciones hacernos reflexionar? ¿Qué está ocurriendo en el seno del protestantismo para dar lugar a este tipo de opiniones? Estemos o no de acuerdo con ellas, creo que se impone la revisión de lo que creemos a la luz de la Palabra de Dios. El cristianismo de Cristo es un movimiento de solidaridad con lo sagrado y lo más sagrado del cosmos, aparte del Dios trino, es el propio ser humano. Ninguna otra fe religiosa es tan respetuosa con la humanidad como el Evangelio de Jesucristo. Y él fue precisamente quien afirmó ser la verdad y que al conocerla, el hombre llegaría a ser libre. Pero ¿puede haber espacio para la libertad cuando se pretende obligar a Dios a que intervenga en la vida humana y se someta a los designios del hombre? ¿acaso hay libertad cuando se concibe al hombre como esclavo de Dios y se le dice que si no se cura es por su falta de fe? La mayor paradoja de la historia fue contemplar a Dios muriendo en el Gólgota como un miserable malhechor. Pero precisamente gracias a esa impotencia divina, el hombre es libre para elegir entre la Vida y la Muerte. Sin embargo, cuando se predica un Dios autoritario que no respeta la libre voluntad del hombre o que reparte sus dones de manera caprichosa, en función de la insistencia o de los méritos humanos, se le hace un flaco servicio a Dios y al hombre. A Dios porque él no quiere actuar así y al hombre porque se le arranca de cuajo el sentido de la responsabilidad cristiana y el libre albedrío. Se olvida que el Dios que se revela en Jesucristo no se impone, sino que se ofrece.

Lamentablemente muchas de tales reuniones religiosas, en el fondo, no se hacen para rendirle honor a Dios sino para beneficiar a ciertos hombres que buscan poder, prestigio o el sometimiento de los demás. Pero además, lo que se consigue con todo esto es difundir una imagen negativa de Dios, como si fuera un amo despótico que sólo se gozara robando la dignidad del ser humano. Jesús siempre luchó contra esta tendencia de los religiosos de su tiempo por falsear las relaciones entre el hombre y Dios. El Maestro se opuso también a la servidumbre espiritual entre los propios hombres. De ahí su singular idea acerca del prójimo, mediante la cual enseñaba que el respeto a otro ser humano es semejante al respeto que se debe a Dios. No hay que olvidar que la lucha de Jesús contra la perversión religiosa de su época fue el principal elemento que le condujo a la cruz. Frente a esta sed contemporánea de señales, milagros y curaciones es bueno recordar las palabras críticas del Maestro relatadas en el Evangelio:

"Entonces respondieron algunos de los escribas y de los fariseos, diciendo: Maestro, deseamos ver de ti señal. El respondió y les dijo: La generación mala y adúltera demanda señal; pero señal no le será dada, sino la señal del profeta Jonás. Porque como estuvo Jonás en el vientre del gran pez tres días y tres noches, así estará el Hijo del Hombre en el corazón de la tierra tres días y tres noches." (Mt. 12:38-40).

Contra todo el milagrerismo que se detecta en ciertos círculos evangélicos, la Biblia enseña que sólo la muerte de Cristo y su resurrección constituyen el milagro definitivo que puede dar vida al ser humano. Hacia ese acontecimiento histórico debe apuntar la predicación evangélica que desee tratar al hombre y a la mujer de hoy como personas libres, dueñas de su destino y colaboradoras de Dios en la historia. Por el contrario, todo aquello que tenga que ver con el esoterismo pseudocristiano, la superstición religiosa o la escatología ficción debe ser rechazado y abandonado por las iglesias evangélicas.

Teología de la prosperidad

Max Weber analizó el protestantismo de su tiempo y señaló que el movimiento puritano fue el que empezó a entender el trabajo físico como algo que merecía el beneplácito de Dios. De ahí progresivamente, según su opinión, la ética protestante habría ido mostrando su afinidad con el espíritu del capitalismo, aunque después éste se descarriara por senderos muy alejados de las concepciones austeras del primitivo puritanismo. Sin embargo, en plena postmodernidad, estamos asistiendo al surgimiento de una nueva tendencia religiosa dentro del protestantismo que vuelve a contemplar la riqueza material y la prosperidad económica como una consecuencia más de la auténtica fidelidad cristiana. Mediante una exégesis deformada y nefasta se contempla a Jesús como un hombre rico y próspero que vivía en una gran mansión, manejaba grandes cantidades de dinero y vestía con mucho lujo. Era tan rico, se dice, que se habría visto en la necesidad de buscar un administrador para que le llevara las cuentas. No obstante, a pesar de su buena posición social fue llevado a la cruz por Satanás y allí se transformó en un demonio y fue torturado hasta la muerte. Pero en las mismas entrañas del infierno, Jesús le arrebató las llaves a Satán y salió victorioso. Fue recreado desde un ser satánico a una encarnación de Dios y, por tanto, según sintetiza Hank Hanegraaff a partir de discursos de ciertos paladines de esta peculiar teología de la prosperidad, la lección que debe sacar todo el mundo es que:

> "... como una encarnación de Dios, tú puedes poseer ilimitada riqueza y perfecta salud –un palacio como el Taj Mahal con un Rolls Royce a la puerta–. ¡Tú eres ahora como un pequeño Mesías recorriendo la tierra! Todo lo que hace falta es que reconozcas tu propia divinidad. Tú también puedes controlar la fuerza de la fe. Nunca más tendrás que orar, "Sea hecha tu voluntad". Más bien, tu Palabra es una orden para Dios." (Hanegraaff, 1993: 26).

Semejante sarta de herejías encadenadas conduce inevitablemente a la conclusión de que la pobreza es un pecado, puesto que sería consecuencia del fracaso espiritual, mientras que la riqueza material habría que entenderla como el reflejo de una vida espiritualmente abundante. De la misma manera se interpreta la enfermedad y la salud. Por medio de la atribución de significados esotéricos a determinados textos de la Biblia intentan hacer creer a la gente que si sus cuerpos pertenecen a Dios no es posible que pertenezcan también a la enfermedad. Por tanto, si poseen dolencias físicas es por su falta de fe. Y se llega así a situaciones absurdas y dramáticas como, por ejemplo, la de unos padres que retiran la administración de insulina a su hijo diabético o la de creer que los síntomas dolorosos de una enfermedad sólo son trucos de Satanás para convencernos de nuestra debilidad física.

El escaso conocimiento bíblico del pueblo que escucha tales sermones de prosperidad, permite que estos maestros de la mentira del llamado
"movimiento de la fe" levanten sus enormes imperios en base a las ofrendas o donativos que les envía la gente crédula y de buena fe. Pero esto no
es lo peor. Lo que más daño hace al Evangelio, y al mundo protestante a
escala mundial, es el tremendo descrédito que provocan tales predicadores con su herética y nefasta teología. Al extraer los versículos bíblicos
de su contexto literario y de su marco histórico, llegan a conclusiones
perversas y erróneas, completamente ajenas a la intención inspirada del
autor. La gente corre tras el milagrerismo y cuando descubre que no se
cura o que no prospera su cuenta corriente, sino que más bien ocurre todo
lo contrario, entonces sobreviene la desorientación espiritual y el sentimiento de que han sido engañados. Muchos terminan en la increencia y
en la generalización fácil: ¡Todo es mentira! ¡todos son iguales! Esto
perjudica profundamente la extensión del reino de Dios en la tierra.

El mito de Rousseau acerca de la bondad del ser humano continúa
todavía latente debajo de esta teología de la prosperidad que intenta de-
gradar a Dios para deificar al hombre. Al decir que los humanos fueron
creados como duplicados exactos de Dios, incluso en forma y tamaño, se
nos está divinizando mientras que el creador resulta empequeñecido. El
poder que se le roba a ese Dios subordinado y sirviente de la creación, ya
que siempre está a las órdenes del hombre, se le otorga a Satanás que
pasa a ser el dios todopoderoso de este mundo. De manera que el cosmos
torna así a contemplar la existencia de dos fuerzas equipotentes, Dios y
Lucifer. El dualismo del primitivo gnosticismo vuelve a estar de actualidad y la guerra espiritual entre titanes del universo se pone otra vez de
moda. El temor humano refuerza el poder de Satán, de la misma manera
que la fe activa a Dios (Hanegraaff, 1993). Mientras tanto, Jesucristo es
silenciado y enterrado profundamente en el infierno con lo cual se desvirtúa el auténtico mensaje bíblico. Si el hombre se engrandece, con su fe
ocurre lo mismo y, por tanto, se enseña que hay que tener "fe en la fe", en
lugar de tener fe en Dios.

A pesar de los múltiples errores doctrinales y perversiones religiosas
que sustentan tales especulaciones de la teología de la prosperidad, hay
además un criterio fundamental para dilucidar si se trata de una manifestación auténtica de lo que afirma la Escritura o, por el contrario, es una
interpretación claramente perniciosa e idolátrica: ¿contribuye al bien del
hombre o lo esclaviza todavía más? Este es el criterio definitivo para
evaluar toda religión. Y ante semejante pregunta la teología de la prosperidad se nos revela como una idolatría religiosa que rebaja a Dios y a
Jesucristo para ensalzar al hombre y lo diabólico. Sin embargo, a pesar
de la aparente revalorización del estatus humano resulta que, en realidad,
lo que se consigue es más esclavitud. En vez del auténtico culto a Dios a
través del amor al prójimo, se fomenta el anhelo egoísta de tener más y

estar siempre sano. El afán por acumular riqueza se antepone a la solidaridad con los hermanos más necesitados o incluso se utiliza a éstos como instrumentos a nuestro servicio. Tal actitud olvida que el cristianismo es fundamentalmente un movimiento de amor y solidaridad en favor de lo sagrado que es el ser humano, la humanidad.

Cuando al mensajero se le valora más que al mensaje

Una de las estrategias más habituales en el mundo de la publicidad es la creación, en el posible consumidor, del deseo de obtener un producto determinado. Para ello, en ocasiones, se recurre a una personalidad conocida con la intención de utilizarla como reclamo. Generalmente se trata de artistas, deportistas famosos, políticos, hombres de ciencia, etc., dependiendo de la naturaleza del producto y de los objetivos que se persigan. Sin embargo, los publicistas se quejan con frecuencia de que, a veces, los famosos que participan en el anuncio tienen más éxito que el propio producto anunciado. Su conocida personalidad anula al producto. Cuando después se pregunta al público qué es lo que recuerda del anuncio, el consumidor habla más del personaje que del producto en cuestión.

Este tipo de publicidad intenta provocar uno de los anhelos básicos del ser humano: la relevancia, el deseo de ser admirado y conocido, el ansia por convertirse en un triunfador o en un líder famoso. De manera que el producto recomendado por la persona famosa se transforma en una especie de fetiche, en un sustitutivo del personaje admirado, que crea en el consumidor la sensación de que, si lo adquiere, estará de alguna manera más cerca de alcanzar los mismos logros que su líder. Pues bien, también en el entorno evangélico actual, quizás sin darnos cuenta, estamos rozando esta misma seducción. La estrella eclipsa al producto. El líder o evangelista hace sombra al mensaje que predica. Cuando, por ejemplo, se promociona una campaña evangelística, un concierto musical para dar testimonio de la fe cristiana o un libro que pretende edificar al pueblo de Dios, la confianza de los organizadores no está ya en la naturaleza del mensaje que se quiere difundir, el Evangelio de Jesucristo, sino en la fama de la persona que lo recomienda o en su capacidad de convocatoria.

Muchos libros cristianos que aparecen en los estantes de las librerías evangélicas no se venden ya por la naturaleza y calidad de su contenido, sino por el prestigio y la fama del autor. La música cristiana no suele difundirse hoy por la espiritualidad de su mensaje sino, sobre todo, por la popularidad del cantante o del grupo. Lo que cuenta no es ya el mensaje sino el mensajero. Los medios se han vuelto más importantes que el propio fin. En cierto modo, esto contribuye a "personalizar" el Evangelio. La Reforma protestante acabó con las imágenes en las iglesias evangélicas. Sin embargo, ¿no se estará en la actualidad volviendo otra vez a una especie de idolatría fetichista? ¿no habremos sustituido aquellas imágenes medievales de yeso por modernas fotografías y videos de los líderes de hoy? Los medios de comunicación evangélicos están repletos de anuncios de campañas evangelísticas con Fulano y con Mengano, como si ellos fueran las estrellas del espectáculo. ¿No sería mejor promocionar campañas con Jesucristo, la verdadera estrella?

En el monte de la transfiguración todo lo que Moisés y Elías –dos líderes de máximo prestigio en el mundo del Antiguo Testamento– pudieron hacer fue señalar a Cristo y desaparecer. Este acontecimiento muestra claramente que en el cristianismo la única estrella, el único merecedor de gloria y honra, es exclusivamente Jesucristo. Por tanto, en todas las actividades cristianas la estrella del anuncio debe ser siempre el mensaje de Jesús y nunca el mensajero.

Fetiches espirituales

Se observa también cómo ciertos factores y técnicas propias de la publicidad secular se han introducido en el mundo cristiano con la intención, no de difundir el mensaje de Jesucristo en la tierra sino de obtener pingües beneficios económicos. Determinados productos se han convertido en signos de valor mágico, en auténticos fetiches religiosos sin los cuales no parece posible alcanzar la realización espiritual en la vida. Desde galletas espirituales fabricadas exclusivamente con alimentos naturales traídos de Palestina, hasta joyas de gran valor o simples camisetas decoradas.

Recientemente más de quince millones de jóvenes circulaban en los Estados Unidos con un brazalete en el que podían leerse las siglas WWJD correspondientes en inglés a la pregunta: ¿qué haría Jesús en su lugar? En principio, la idea de tales siglas es recordarles a los muchachos, en las decisiones que deben tomar a lo largo de su vida diaria, cuál sería la actitud del Señor Jesús. La intención parece buena, sin embargo el problema está en que la mayoría de estos jóvenes no se leyeron el libro que explicaba el sentido de esta campaña. Se conformaron sólo con comprarse y lucir el brazalete que se había puesto de moda. Cambiaron el mensaje por el fetiche. Se podrá alegar que, aún así, el mero hecho de que quince millones de jóvenes lleven el brazalete es ya de por sí un testimonio cristiano. Es verdad. Pero también es cierto que cuando *Hallmark* y *Barns & Noble* lanzaron al mercado anillos de oro por un valor de 350 dólares, así como juguetes de lujo con las siglas WWJD, tales productos perdieron pronto el valor de su mensaje original y se convirtieron en meros fetiches consumistas. Tales objetos en nada se diferencian de aquellos otros brazaletes con las "filacterias" que llevaban los vanidosos fariseos para ser vistos por los hombres y que Jesús condenó enérgicamente.

Aquellas cajitas tenían escrita la ley de Moisés pero no eran más que fetiches:

"Porque atan cargas pesadas y difíciles de llevar, y las ponen sobre los hombros de los hombres; pero ellos ni con un dedo quieren moverlas. Antes, hacen todas sus obras para ser vistos por los hombres. Pues ensanchan sus filacterias, y extienden los flecos de sus mantos" (Mt. 23:4, 5).

El problema no está en el objeto en sí, sino en el propósito y la intencionalidad de su uso. Fetiches pueden ser los casetes musicales, los videos, los libros e incluso un determinado tipo o versión de la Biblia, si se desposeen de su valor espiritual y formativo o se transforman sólo en productos de consumo, en objetos mágicos o en mercancía para obtener mucho dinero. De todo esto, el verdadero cristianismo deberá siempre huir.

Romper con la historia del cristianismo

Para que el mensaje cristiano haga impacto en los hombres y mujeres del siglo XXI, conviene prestar mucha atención a tres aspectos fundamentales que en ocasiones no se tienen suficientemente en cuenta: la garantía de la historicidad de nuestra fe, la manera de comunicar el mensaje y la puesta en práctica de sus contenidos. Lo primero que debemos recuperar como cristianos evangélicos, son las raíces históricas de nuestra fe. La Iglesia cristiana, siempre ha fomentado y protegido la historia porque ha encontrado en ella un importante aliado, el apoyo científico a la autenticidad de su mensaje. Un sólo documento original del siglo II, que haga referencia a los orígenes del cristianismo, tiene mas valor que cien mil páginas de apologética escritas en el día de hoy. Un fragmento del evangelio de Mateo en un pedacito de papiro, da más credibilidad a la Escritura que todos los comentarios publicados durante los últimos cien años. La historia es fundamental para demostrar la autenticidad de nuestra fe. Sucede, sin embargo, –y esto es muy de lamentar–, que en nuestros círculos evangélicos parece como si, últimamente, el patrimonio de la historia se hubiera olvidado o incluso rechazado. Y así, con este falso concepto en mente, algunos han desarrollado una tendencia a prescindir de la historia. Pretenden, dar un salto acrobático estableciendo un puente directo entre su iglesia o denominación y la Iglesia primitiva.

Como si la actividad de Dios, la obra del Espíritu Santo, se hubiera paralizado después del siglo I, y hubiera permanecido inactiva por mil y tantos años para continuar ahora, en el siglo XX. Todo lo acaecido en la comunidad cristiana durante casi veinte siglos, no les importa. Esto es un error gravísimo. Aferrarnos obcecadamente a la idea de que nosotros entroncamos directamente con la Iglesia primitiva y no tenemos nada que ver con la historia de la Iglesia, de cara al mundo, más que favorecer la imagen a las iglesias evangélicas, lo que hace es perjudicarlas. Lo único que conseguimos con esta actitud, es que el hombre de la calle nos vea como una secta, algo carente de historia y sin raíces, la creación novedosa de un grupo de iluminados advenedizos o una moda norteamericana.

Si la Iglesia parte de Jesucristo ha de ser forzosamente, en sí misma, un organismo histórico. Por tanto, para el hombre de la calle, todo grupo religioso que se desvincula de la historia de la Iglesia, no es una iglesia, es una secta. Las iglesias evangélicas no somos una secta inventada ayer por un iluminado. No partimos de cero. No nacimos por generación espontánea, engendrados por visión angélica y llamados a recomenzar la historia. Tenemos raíces que entroncan, a través de la Reforma, con toda la historia de la Iglesia hasta el cristianismo primitivo. El Espíritu de Dios obró poderosamente en el nacimiento de la Iglesia y ha continuado haciéndolo, desde entonces, a través hombres de fe. Pequeños núcleos de creyentes en los que la antorcha de la luz verdadera se ha mantenido siempre en alto, encendida y presente. Pensar que la actividad de Dios se paralizó en el primer siglo y que recomienza con nosotros, o con nuestro grupo, no tan solo carece de todo fundamento y de todo sentido, sino que es incluso un acto de presunción. Sin la Reforma del siglo XVI, no hubiéramos conocido otra iglesia que la de Roma y la ortodoxa. Probablemente, ninguno de los grupos evangélicos actuales existiría porque todos son histórica y doctrinalmente, hijos de la Reforma o derivaciones de su base doctrinal.

No hay ni una sola iglesia, ni una sola denominación que pueda decir que ha nacido por generación espontánea y que no tiene nada que ver con otras o con la historia de la Iglesia. Todo individuo, toda colectividad que pierde sus raíces está en trance de perder su identidad. Como cristianos evangélicos, herederos de la Reforma del siglo XVI –y con ello herederos de la Iglesia antigua– nos es menester asumir nuestra identidad consciente y responsablemente. Y ello sólo será posible en la medida en que estudiemos, conozcamos y amemos lo que fueron e hicieron nuestros antepasados en la fe. Tenemos que conocer a fondo nuestras fuentes y beber en ellas. El descubrimiento de esta identidad histórica común, ha de servir para fomentar la unidad y la cooperación entre las distintas denominaciones y las distintas iglesias actuales. Hay que evitar las situaciones de mutua descalificación y de guerra psicológica entre ministerios cristianos que con frecuencia juzgamos a veces, erróneamente, como competencia.

El hombre de la calle, por lo menos en España, no distingue entre bautistas y pentecostales, no conoce ni entiende las diferencias entre la iglesia "Jesús te llama" y la iglesia "Jesús viene". Eso son cosas nuestras. Para él solo existen católicos y protestantes. Si queremos diferenciarnos, en la proclamación de nuestro mensaje, de la amalgama de sectas que proliferan en el mundo y presentarnos ante los ojos del hombre de hoy, no como una secta, sino como una fe histórica común, digna de crédito, hemos de desenterrar nuestras raíces históricas, apoyarnos en ellas y establecer una identidad común recuperando el principio de unidad en la diversidad, y de mutua colaboración entre todas las iglesias a la hora de anunciar el Evangelio.

El segundo de los factores que se nos plantea como requisito esencial para impactar con el Evangelio al hombre de la postmodernidad es la "empatía" en su comunicación. Por empatía se entiende la capacidad de comprender las emociones ajenas y hacerlas propias para comunicar mejor. Empatía es solidarizarse con los sentimientos de los demás. Predicar con empatía es identificarse con la manera de pensar y de sentir de los oyentes, de tal forma, que el mensaje comunique mejor. Y esto tiene que ver con el lenguaje y las formas que se utilizan en la presentación del Evangelio. Si queremos llegar al hombre del siglo XXI, no podemos acercarnos a él con un lenguaje del siglo I, con un vocabulario que para nosotros es corriente y habitual, pero que el oyente no lo entiende.

En España hoy, prácticamente todas las escuelas son laicas. La gran mayoría de los niños no saben nada de la Biblia, no saben quién es Jesús, y la palabra "pecado" no les dice nada. No podemos abordar en la calle a un estudiante o a un profesional de la era postmoderna y decirle a bocajarro: ¡Eres un pecador y tienes que arrepentirte! Porque no sabe lo que es el pecado ni tiene conciencia de culpabilidad. Lo mas probable es que nos diga: ¡¿Yo un pecador? ¿Por que? No hago ningún mal a nadie y pago mis impuestos. Pecador lo será usted, usted es un insolente, y el que tiene que arrepentirse y pedirme disculpas por haberme insultado es usted!

Los judíos del siglo primero, que leían los evangelios o las cartas de Pablo, sabían muy bien lo que era el pecado y la expiación, pero los hombres y mujeres del siglo XXI, no lo saben. Por tanto, hemos de sentir como ellos sienten y hablarles en un lenguaje que puedan entender, que les llegue. El hombre actual tiene una preparación tecnológica elevada, pero es poco propenso a la reflexión filosófica y esto exige que nuestros mensajes, –tanto en lo que respecta a su contenido como a su presentación– tengan que ser mucho mas comunicativos. La predicación es un don del Espíritu Santo y se ejerce por impulso de su poder. Pero, como tantos otros dones, artes y oficios, para ejercitarlo con eficacia y soltura, es necesario estudiar sus técnicas y contar con las herramientas adecuadas, que nos faciliten trabajar el material. Al hombre de hoy no se le puede ir con un mensaje monolítico y absolutista. Hay que ayudarle a entender las verdades mediante anécdotas que las ilustren, frases célebres que las apoyen e incluso, fragmentos poéticos que las adornen.

Una ilustración de la vida real, adecuada al tema, contada con suficiente gracia y en el momento oportuno, no tan sólo puede hacer más comprensibles verdades espirituales difíciles de comunicar, sino que además sirve para mantener o recuperar la atención del auditorio. Y eso, Spurgeon no fue, ni mucho menos el primero en descubrirlo. Jesús, el Maestro de los maestros, el autor del Mensaje, nos dio el ejemplo de utilizar constantemente ilustraciones en forma de parábolas. Esto es lo que, entre otras cosas, me llevó a escribir el libro, *Parábolas de Jesús en el mundo postmoderno*. Obra en la que se ilustra cómo las 43 parábolas del Maestro constituyen ejemplos de lo que puede ser la predicación en el momento presente.

Otra forma de ilustrar los mensajes son las llamadas frases célebres o citas literarias. Sirven para apoyar y dar autoridad a las verdades de la Biblia mediante ideas que personajes famosos de la historia han dicho. Hemos de ser conscientes de que, para nosotros, la Biblia es palabra de Dios, pero para nuestros oyentes no. Quizás para ellos tiene mas valor una frase de Voltaire, de Marx o de Nietzsche, que una cita de Isaías. Esto es algo que el apóstol Pablo sabía muy bien. Era un buen conocedor de frases célebres y las utilizaba con gran eficacia. También fue consciente de que a los filósofos del areópago de Atenas no les convencería citando a Moisés como argumento definitivo. ¿Y a que recurrió? A las frases célebres de sus propios filósofos griegos, "como vuestros mismos poetas han dicho..." A veces, algunos predicadores objetan que la inclusión en un sermón de frases célebres, pronunciadas por hombres mortales, desvirtúa la fuerza de la Palabra inspirada. Pero esto es querer ser mas ortodoxos que el propio Pablo, porque él no tuvo ningún reparo en utilizarlas en apoyo de su mensaje.

La técnica de subir al púlpito con las manos vacías, abrir la Biblia, leer un pasaje, y decir sobre él lo que nos venga a la mente, no sirve ya para comunicar al hombre de la postmodernidad. El predicador tiene que "cocinar" previamente su mensaje, trabajarlo en su despacho con ayuda de buenas obras de referencia y consulta, enciclopedias de anécdotas, de frases célebres, citas literarias, de poesía, que le ayuden a hacerlo mas comunicativo; de la misma forma que el cocinero elabora sus manjares en el fogón antes de servirlos a la mesa para que resulten digeribles al estómago de los comensales. Es posible que esto pueda sonar a herejía en los oídos de algunos defensores de la improvisación espiritual, amantes de subir al púlpito con las manos (y también la mente) vacías, confiados en que el Espíritu Santo les revelará, sobre la marcha, todo lo que tengan que decir. Y algunos, para defenderse, no dudan en esgrimir, –sacándolo de su contexto– el pasaje de Mateo 10:19, 20: "no os preocupéis por cómo o de que hablaréis; porque os será dado en aquella hora lo que habéis de hablar. Porque no sois vosotros los que habláis, sino el Espíritu de vuestro Padre que esta en vosotros".

Los que se escudan en este pasaje para subir al púlpito con las manos (y la mente) vacías, pasan por alto el contexto del pasaje. El Señor estaba hablando de las persecuciones, refiriéndose a los momentos, delicados y difíciles, cuando sus discípulos tendrían que comparecer ante gobernadores y reyes, ¡como acusados!, no como predicadores o maestros ante una congregación. Pretenden ignorar que el pasaje empieza diciendo: "cuando os entreguen", no "cuando subáis a un púlpito a predicar". El Señor está siempre a nuestro lado, dispuesto para asistirnos en los momentos de dificultad y angustia. Pero no participa, no aprueba, no tolera, ni premia en modo alguno la pereza, la desidia y la indolencia. En los momentos cruciales, ante nuestros acusadores, cuando nos vemos en la encrucijada de afrontar la persecución, nos dice: "No te preocupes, yo te diré lo que habrás de decir..." Pero en el ministerio de la predicación, la exhortación y la enseñanza, delante de nuestros oyentes, antes de subir el púlpito, nos dice: "Tú eres quien debe trabajar, ...ocúpate en leer". (1 Ti. 4:13).

El tercero de los obstáculos que hemos de superar para llegar con nuestro mensaje al hombre de hoy, es la praxis en sus contenidos. El ser humano actual ya no cree solamente en palabras. Exige hechos. Si queremos llegar a él y conseguir que nos escuche, ya no basta con la teoría, hemos de recurrir a la práctica y desarrollar una sociología cristiana. Lo cierto es que, la sociología y la teología, nunca se han llevado demasiado bien. La sociología secular ha partido siempre de enfoques racionalistas y evolucionistas, muy hostiles al cristianismo, afirmando que la religión no es más que la secuela de la etapa más primitiva de la raza humana, en la que el hombre tuvo que inventar a Dios para poder explicar los fenómenos de la naturaleza y que, por tanto, ha sido siempre un elemento de freno y de retraso en el progreso del hombre. Sabemos que esto no es cierto. Pero sí es cierto que el cristianismo ha fallado estrepitosamente en sus enfoques sociológicos.

Un sector de la Iglesia, básicamente la Iglesia católica, pero también algunas iglesias protestantes oficiales, olvidando el principio bíblico de separación Iglesia-Estado, pactaron con los reinos de este mundo y han venido practicando con el poder civil todo tipo de formas de concubinato, que han puesto en entredicho, ante la sociedad, los principios fundamentales del cristianismo de igualdad y de justicia. En reacción a esto, el otro sector, el que podríamos considerar como más evangélico, se ha situado en el otro extremo y se ha conformado con una mentalidad de ghetto, centrándose exclusivamente en las necesidades espirituales –sin duda las mas importantes– pero olvidando que el hombre es un ser integral y soslayando otros aspectos bíblicos importantes, como es la responsabilidad social de la Iglesia en el mundo. Pues bien, ninguna de las dos posturas es correcta. Es importante y necesario que la Iglesia recupere la iniciativa en este campo y desarrolle para el siglo XXI una teología de la sociedad, o dicho de otro modo, una sociología cristiana.

Esta sociología debe cubrir dos áreas importantes: la colectiva y la individual. Esto es, la acción social y la consejería cristiana. Por un lado, están los problemas colectivos. La iglesia no puede permanecer impasible, frente a las grandes plagas sociológicas que aquejan a nuestra sociedad como son la pobreza, la injusticia, la marginación y la corrupción. Por otro lado están los problemas personales. La pérdida de los valores morales y la epidemia de desequilibrios psicofísicos que como consecuencia afectan hoy al ser humano de la globalización. La depresión, la droga, el sexo libre, el suicidio, etc. Si queremos que el hombre vea en nosotros algo mas que palabras, hemos de aportar respuestas prácticas a sus necesidades. Hemos de potenciar la labor social y la consejería cristiana. Y cabe decir, con tristeza que el panorama que presentamos en estos dos aspectos fundamentales de la praxis de nuestro mensaje, no es muy alentador.

La obra social en ocasiones se pasa muy por alto y hemos de reconocer, con humildad, que en este particular la Iglesia católica nos va muy por delante. Habría que recapacitar y reconsiderar nuestra postura, recordando que atender las necesidades materiales, no tan solo es parte de nuestra misión como cristianos, sino también un requisito previo esencial para llegar con nuestro mensaje a ciertos estratos sociales. Es muy difícil predicar el Evangelio a un estómago vacío. El Evangelio es también para los pobres y es misión de la Iglesia atender sus necesidades espirituales y materiales.

Con la consejería, sucede todo lo contrario que con la obra social. La practicamos. Pero a veces con tal desconocimiento, y tan mal, que si no lo hiciéramos, en muchas ocasiones sería mejor. Porque dar consejos en un área tan frágil y susceptible como son las reacciones emocionales del ser humano, requiere unos conocimientos teóricos y prácticos muy profundos. De lo contrario, fácilmente podemos caer en la aberración de producir, involuntariamente, con nuestro consejo, más daño del que intentábamos remediar y causar mayores problemas que aquellos que tratábamos de solucionar. Desde luego, no basta con un mero encuadre psicológico racionalista para erradicar las secuelas, por ejemplo, de un pasado ocultista. La psicología, sin Dios, es una ciencia vana. Pero tampoco conquistaremos el mundo con exorcismos estériles para quitar el demonio de un dolor de muelas que debería ser tratado por un dentista. La auténtica pastoral cristiana es una integración coherente entre Biblia y medicina, en la que las Escrituras, la Palabra de Dios y la exégesis bíblica, pasen a ser la norma y el control de calidad, el límite para la aplicación, tanto de las teorías psicológicas como de la liberación espiritual.

En el idioma griego existen dos palabras para definir el bien: la palabra "agazos", con la que se designa la bondad escueta de alguna cosa y la palabra "kalós", que se refiere a algo que no tan sólo es bueno, sino que además, es también hermoso, atractivo o elegante. Si queremos que los hombres y mujeres de hoy acepten el Evangelio, hemos de tener muy presente que no basta con que nuestro mensaje sea "agazos", ha de ser también, "kalós". Bueno y, a la vez, atrayente.

Insolidaridad con los menesterosos

En cierta ocasión, el Señor Jesús respondió a unos fariseos que criticaban a los discípulos por arrancar y comer espigas en el día de reposo, que el sábado fue hecho por causa del hombre y no el hombre por causa del sábado. Lo mismo puede decirse acerca de la religión ya que ésta es para el hombre y no al revés. Pero por desgracia, a lo largo de la historia del cristianismo, la religión ha servido en numerosas ocasiones para oprimir al hombre y evadir a los creyentes de la realidad social que les rodeaba. Muchas críticas contra la religión han dado en el blanco, al poner de manifiesto que ésta se usaba para escapar del mundo y no para transformarlo.

El nuevo talante religioso que se observa hoy en plena globalización parece tener una especial sensibilidad por las cuestiones materiales de este mundo. Desde la crisis de identidad personal y colectiva hasta el miedo a la enfermedad o la muerte, pasando por la protección ecológica del planeta, los problemas culturales, migratorios, étnicos y, sobre todo, la grave división entre ricos y pobres, todo esto constituye un paquete de cuestiones que interpelan directamente a la fe cristiana, demandando un respuesta clara y concreta. La cuestión es si las iglesias protestantes están respondiendo de manera adecuada a este reto o si, por el contrario, están ocultando su rostro bajo el manto de una espiritualidad mal entendida.

Es triste tener que reconocer que en ciertos ámbitos evangélicos se detecta un grave déficit solidario hacia los numerosos problemas de injusticia social que existen en nuestro mundo global. El auge del sentimiento o la emocionalidad así como del individualismo y el deseo de salvación personal hace que, en demasiadas ocasiones, se olviden los problemas del prójimo y se pase de puntillas junto al herido que yace al borde del camino, como en la parábola del buen samaritano. Tales creyentes no asumen los problemas de este mundo como propios porque, en el fondo, consideran equivocadamente que todo lo que hay en la tierra es malo y está condenado a la destrucción. Pero la pobreza, la miseria en que viven millones de criaturas, las desigualdades que afectan a la mayoría de los habitantes de este planeta y tantas otras situaciones discriminatorias no se pueden solucionar sólo mediante la oración o la meditación. Hace falta también un empeño activo y una voluntad decidida, sobre todo por parte de las iglesias poderosas del Norte para superar tanta injusticia y deshumanización. La solidaridad de los cristianos de los países ricos para con los del Sur es hoy más necesaria que nunca y debe contribuir a cambiar las actuales estructuras sociales de bloqueo y opresión. El cristianismo está llamado a servir al hombre y no a servirse de él. Cuando esto no se quiere reconocer se fomenta una religión vacía e idolátrica que huye de los problemas reales para refugiarse en un espiritualismo insolidario y ajeno al Evangelio de Jesucristo.

La actual proliferación de teleevangelistas pedigüeños que apelan a los sentimientos de los televidentes cristianos para sacarles el dinero y engrosar así sus imperios personales, es algo que clama al cielo. Se predica un evangelio de la codicia que pisotea el mensaje de Jesucristo ya que es lo más opuesto a aquello que el Señor quiso enseñar a sus discípulos. La avaricia egoísta y pseudorreligiosa de tales lobos vestidos con piel de ovejas no se fundamenta en la Palabra de Dios sino en el sueño americano de opulencia y prosperidad individualista. A los pobres se les considera como indigentes espirituales incapaces de prosperar porque siguen siendo esclavos del pecado. Se llega a creer así que los menesterosos se merecen su pobreza y, por tanto, no habría que tener la más mínima consideración hacia ellos. ¿Puede haber mayor cinismo y crueldad en nombre de la religión? Esta es la más perniciosa herejía que existe actualmente en el seno del protestantismo a escala mundial. Todos los demás errores parecen pequeños frente a semejante aberración religiosa que es el producto de la mentalidad individualista de nuestra sociedad de consumo. Tal como se ha visto a lo largo de este trabajo, las leyes bíblicas no apoyan jamás la acumulación masiva de riqueza en manos de unos pocos sino su redistribución adecuada entre los que pasan necesidad. Tal como indica Hank Hanegraaff, nos hace falta una nueva Reforma:

"Hoy también nos hace falta una nueva Reforma. El saqueo de los pobres, santificado por bulas papales en el pasado, es sorprendentemente parecido a la nueva generación de "papas de la prosperidad" de hoy. Tetzel estafó a los pobres de su época prometiéndoles libertad del purgatorio. Los falsos maestros de hoy están esquilmando a sus seguidores prometiéndoles libertad de la pobreza y una vida abundante en prosperidad" (Hanegraaff, 1993: 209).

Cristianismo espiritualista

El auge de los movimientos del Espíritu que aspiran a recuperar el sentido de la oración y poner otra vez de moda los retiros espirituales así como los encuentros de meditación y alabanza, no cabe duda que suponen un beneficio general para la Iglesia pues contribuyen a fomentar una espiritualidad necesaria. Sin embargo, uno de los peligros que conlleva esta ola postmoderna de nueva espiritualidad es el de falsificar, sin pretenderlo, al verdadero Dios de la Biblia o sustituirlo por ídolos humanos.

Los excesos en este sentido fomentan una interioridad emocional, una vivencia interior intensa, pero que no da lugar a una movilización exterior que provoque un cambio de actitudes sociales o una regeneración moral de la persona. Con demasiada frecuencia, esta mal entendida espiritualidad da lugar a congregaciones que en el fondo son grupos emocionales dependientes de un líder que es quien les proporciona calor, sentido y participación. Cuando esta persona desaparece, o se equivoca, el grupo tiende a deshacerse porque, en realidad, dependía del pastor más que de Dios. Se había llegado así a idolatrar al dirigente hasta el extremo de que si éste fracasa a nivel personal, toda la congregación fracasa también y se desintegra por completo.

En un mundo secularizado que niega continuamente a Dios, los cristianos evangélicos corremos el riesgo de volcarnos hacia el lado opuesto y crear un espiritualismo desencarnado, una religiosidad que apueste por un Dios ajeno a la historia humana que sólo se haría presente en determinados momentos de oración eufórica, de culto emotivo o alabanza fluida. Sin embargo, la huida de nuestra tarea en el mundo no será nunca la verdadera religión pura de que nos habla el Nuevo Testamento y que consiste en el amor de "visitar a los huérfanos y a las viudas en sus tribulaciones, y guardarse sin mancha del mundo" (Stg. 1:27). No hay por qué dudar de la autenticidad de muchas actitudes religiosas, ni de la sinceridad del corazón del creyente que ora bajo la influencia del Espíritu Santo, pero sí que es conveniente proclamar que existe el peligro de que extraviemos nuestros caminos y volvamos a cometer equivocaciones parecidas a las de los religiosos de la época de Jesús.

El Maestro denunció la religiosidad espiritualista de los escribas y fariseos que consistía precisamente en hacer lo opuesto a lo que escribió Santiago: "¡Ay de vosotros escribas y fariseos, hipócritas!, porque devoráis las casas de las viudas, y como pretexto hacéis largas oraciones; por esto recibiréis mayor condenación" (Mt. 23:14). ¿De qué sirve participar activamente en cultos muy espirituales si en la vida cotidiana no se actúa con misericordia y amor al prójimo? Lo cúltico, lo espiritual, lo sagrado o lo religioso no pueden sustituir a Dios ni a la responsabilidad que cada creyente tiene delante de él. El culto racional no debe convertirse en una idolatría de los sentimientos o los deseos humanos, ni en una huida del mundo, sino en una acogida gozosa y responsable de nuestra misión en la sociedad. Jesucristo nunca concibió otra forma de rendirle culto a Dios, para él no hay acceso posible al creador del universo fuera de la dedicación y el compromiso con ese reino de la fraternidad. El creyente no puede pasar de largo ante los caídos en la cuneta de la historia. Toda búsqueda de Dios, al margen de esta suprema ley, acaba tarde o temprano creando a un Dios falso y practicando un espiritualismo anticristiano.

La gloria de Dios no reside en que el hombre le mencione, le cante o le dé culto en determinados momentos, sino que es la vida entera de los seres humanos. Más que hablar, cantar o danzar es vivir cada día con coherencia. La propia vida de los cristianos es el reconocimiento de Dios como Padre que desea plena comunión con sus hijos. Aquellas mismas palabras que un día escucharon los discípulos de Cristo: "¿por qué estáis mirando al cielo?" (Hch. 1:11), resuenan hoy con fuerza sobre todos los empeños espiritualistas. Es en esta tierra, en la que por desgracia su voluntad todavía no se cumple, donde tenemos la obligación de seguir mirando y donde Dios quiere ser encontrado por cada ser humano. De manera que a Dios no se le debe buscar en el espiritualismo, sino en el Espíritu Santo y en el Cristo humanado.

A Dios tampoco se le puede amar en abstracto o de forma espiritualista. Como escribió el apóstol Juan: "Si alguno dice: Yo amo a Dios, y aborrece a su hermano, es mentiroso. Pues el que no ama a su hermano a quien ha visto, ¿cómo puede amar a Dios a quien no ha visto?" (1 Jn. 4:20). El que ama a Dios no puede ignorar a sus hermanos. Sin embargo, los espiritualismos buscan a Dios donde ellos quieren y no donde él espera ser hallado, por eso son tan peligrosos para la Iglesia del Señor ya que pueden privarla de su fidelidad a Dios y de su credibilidad ante los hombres.

Pero el creador que fue capaz de dar la vida de su Hijo por la humanidad, considera más sagrada la vida del hombre que todos los actos religiosos juntos. El ser humano tiene más valor para Dios que todos los tiempos de oración, alabanza, ceremonias, lugares o utensilios de culto. Primero el hombre, después lo demás. Por tanto, el único criterio para discernir verdaderamente si nuestro culto y nuestra adoración nos "religan" de verdad a Dios, es que nos comportemos como hermanos ya que nuestra responsabilidad ante el Señor se juega en el terreno de este mundo, en el esfuerzo para que venga su reino y se cumpla su voluntad en la tierra como en el cielo.

Cuando el Señor Jesús respondió a la mujer samaritana que a Dios se le puede adorar en cualquier lugar de la tierra, con tal de que se le adore "en espíritu y en verdad" porque "Dios es Espíritu" (Jn. 4:24), no le estaba insinuando que para poder adorarle tenía que practicar una especie de misticismo que le elevara espiritualmente hasta el séptimo cielo o que tenía que entrar en un trance como si fuera una médium espiritista intentando conectar con el más allá. No, nada de eso. Al decir que Dios es Espíritu, el evangelista Juan estaba afirmando que en el creador se da el dinamismo del amor que ha creado al ser humano y sigue actuando en el resto de la creación. El Padre comunica su vida a toda criatura por medio de ese amor que lo caracteriza. Por tanto, decir que Dios es Espíritu significa afirmar que el amor procede de Dios y que Dios es amor. Por eso cuando el ser humano ama de verdad a sus semejantes se transforma en espíritu porque "es nacido del Espíritu" (Jn. 3:6) y se hace semejante a Dios mismo tomando parte de su plenitud (Jn. 1:16). De manera que el culto a Dios deja de ser vertical e individual porque el Espíritu de Dios está presente en todos los hombres que le aman y aman a su prójimo. Este es el único y verdadero culto que el Padre desea que se le tribute, el culto del amor. El culto antiguo exigía del ser humano continuos sacrificios de animales y bienes materiales, así como una humillación constante del hombre frente a Dios. Había una gran distancia que separaba a las criaturas del creador. Sin embargo, el nuevo culto que Jesucristo hizo posible dejó de humillar al hombre y empezó a elevarlo acercándolo cada vez más a Dios y haciéndolo muy semejante al Padre. Ya no había que llamarle "Jehová de los ejércitos", sino papá (abba) porque se trataba de un padre amoroso. Por tanto, Dios ya no quiere cultos como los de la antigua alianza con sacrificios y ofrendas de animales, ni siquiera quiere sacrificios personales, golpes de pecho, derramamiento de lágrimas o promesas difíciles de cumplir. Dios no quiere más sangre animal o humana. Él no espera dones, sino comunicación sincera, amor y responsabilidad por parte del hombre. Su gloria consiste en dar vida y desplegar así el dinamismo del amor.

19 ¿CÓMO SERÁ EL CRISTIANISMO DEL FUTURO?

¿Somos la última generación de cristianos de la historia? Esta pregunta tiene hoy, en pleno proceso globalizador, muchos motivos para ser formulada de manera coherente ya que si una sola generación, como podría ser la nuestra por ejemplo, dejara de educar en la fe a la siguiente, el cristianismo podría estar en peligro de extinción. En algunos países como España este peligro no es algo irreal, sobre todo si se tiene en cuenta la opinión de los jóvenes al respecto. Sólo el 2,7% de ellos creía, en 1999, que la fe cristiana podía aportar ideas válidas para orientarse en la vida (González-Carvajal, 2000). Máxime cuando el tema religioso ha dejado prácticamente de tratarse en las escuelas y hoy casi resulta de mal gusto hablar en público o mantener conversaciones acerca de las creencias personales. La religión se ha recluido al ámbito de lo privado y esto está provocando que su práctica caiga en picado. De ahí que algunos pensadores se pregunten si somos los últimos cristianos.

No creo que seamos la última generación cristiana de la historia porque Dios en su misericordia hacia la humanidad no dejará que se apague la luz que su Hijo Jesucristo encendió. Por fortuna, el futuro de la Iglesia depende de Dios y no del hombre y el Sumo Hacedor es capaz de confundir las mejores predicciones sociológicas fundadas en hechos, como ha sucedido a lo largo de la historia. Además, tenemos la promesa de Jesús, hecha a Pedro, de que las fuerzas del mal no prevalecerán sobre la Iglesia (Mt. 16:18). Sin embargo, esto no nos garantiza que la Iglesia llegará al final de los tiempos pujante, ni que vaya a mantenerse vigorosa en todos los lugares donde antiguamente tuvo una rica presencia. Por ejemplo, en Asia Menor (lo que hoy es Turquía) el cristianismo fue muy importante durante los primeros siglos y se extendió con fuerza. El apóstol Pablo realizó allí sus primeras misiones apostólicas. Los primeros concilios de la cristiandad se celebraron en aquellas tierras que vieron florecer grandes iglesias y en las que el reino de Dios se difundió rápidamente. Pero de pronto llegó la religión islámica y empezó el retroceso de las iglesias cristianas. De los 54 millones de habitantes que hoy tiene el país, sólo 140.000 dicen profesar la fe cristiana. El cristianismo pasó también a través del Imperio romano a Europa y de aquí al resto del mundo. No obstante, ¿acaso no está ahora también disminuyendo la fe en la vieja Europa, mientras que a la vez surge con fuerza en Latinoamérica y en otros continentes? Nada nos garantiza que en el futuro no vaya a ocurrir en Europa lo mismo que en Asia Menor. Por tanto, está perfectamente justificado preguntarse por el futuro del cristianismo en nuestros países occidentales.

Si no queremos que tales augurios se hagan realidad quizá los cristianos debamos actuar en consecuencia y centrar más el mensaje evangélico en el significado último y en el propósito de la vida humana. Siempre se ha insistido en que el fin primordial de toda religiosidad es la relación personal con Jesucristo a través de la meditación en su Palabra y de la oración, pero hoy más que nunca debemos seguir poniendo el énfasis en el individuo, en la persona concreta, en sus dilemas individuales y familiares. El Evangelio da soluciones prácticas a toda problemática humana y muchas veces estas soluciones se consiguen a través del grupo de hermanos, del pequeño grupo fraternal con el que nos relacionamos frecuentemente en la iglesia. Es posible que el poder de atracción del cristianismo futuro dependa, en buena medida, de la creación de congregaciones donde las personas se sientan tratadas como en familia. Pequeños y abundantes oasis de amor cristiano en medio de enormes ciudades, por desgracia, despersonalizadas e inhumanas. Tenemos que pedirle a Dios sabiduría para acertar en la formación de estas iglesias que creen sensación de hogar y de seguridad fraternal. Lugares de culto donde además de ofrecer protección espiritual y material, exista espacio para la libertad del ser humano.

La religiosidad de hoy, se quiera o no reconocer, debe pasar por la experiencia afectiva y emocional. Por supuesto que no hay que olvidar la doctrina, el estudio bíblico y la racionalidad de la fe, pero sería un grave error marginar la libre expresión de los sentimientos y las emociones personales en los cultos y las celebraciones cristianas. En esta época del *feeling* (sentimiento) el cristianismo sin experiencia sensible, sin fe cálida, no parece tener mucho atractivo. Por eso la conversión, como experiencia que hace vibrar el corazón y supone un arrepentimiento capaz de cambiar el estilo de vida, continúa siendo imprescindible en el inicio de la vida cristiana.

Está bien manifestar interés por lo doctrinal y lo institucional pero actualmente necesitamos un cristianismo más sensible a los problemas humanos, una fe que sea más solidaria con el hombre. La denuncia de los innegables excesos que se cometen en nuestra sociedad en temas relacionados con el sexo, el culto al cuerpo o la moralidad pública es menester mantenerla, pero no podemos ser menos sensibles a otros asuntos que también degradan al ser humano y atentan contra su dignidad, como son la idolatría del sistema, el dios del mercado, el consumo, la discriminación o la mercantilización de los medios de comunicación. El cristianismo tiene hoy la responsabilidad de desenmascarar todas aquellas falsedades del mundo global que humillan al ser humano. Creer en la resurrección de Jesucristo significa aceptar que hay solución a todos los problemas generados por el pecado, que hay un futuro para el hombre y que ese futuro ha empezado ya a través del mensaje de Jesús. El cristianismo está empapado de esperanza para todo aquél que se acoge a la cruz de

Cristo. Por esto, si las iglesias protestantes actuales desean recuperar su atractivo sociocultural deben ser críticas, ilustradas, actualizadas, tolerantes, no dogmáticas, tener la suficiente sensibilidad hacia lo personal y estar preparadas para presentar defensa reflexiva de su fe en Jesucristo.

La nueva sensibilidad espiritual del ser humano de la globalización pasa por la valoración del símbolo religioso y de la estética en el culto y en la celebración. Frente a tanto nuevo misticismo, esoterismo, gnosticismo y paganismo como hoy se detecta por doquier, en religiosidades como la Nueva Era que promueven una especie de reencantamiento del universo, el cristianismo debe promover un redescubrimiento de los signos evangélicos. Hay que recuperar la frescura de la celebración de la Mesa del Señor con todas sus connotaciones, no sólo del sacrificio de Cristo en la cruz sino también de renovación de la esperanza en su regreso glorioso. Conviene darle al bautismo cristiano su verdadero valor doctrinal y no restarle importancia cúltica o reducirlo a puro trámite casi privado. La recuperación de la liturgia que practicaban los cristianos primitivos es algo que puede enriquecer el culto actual y evocar sugerentes imágenes en la mente del ser humano de hoy, tan sensibilizado por la cultura de la imagen y los medios audiovisuales. Debemos aprender a valorar en su justa medida el lenguaje de los signos y del cuerpo.

Asimismo será menester empezar a recuperar esa presencia más globalizadora y misteriosa de Dios en la creación. Desgraciadamente el hombre se ha portado siempre como un tirano para el mundo natural que al principio se le confió. El cristianismo tiene que descubrir de nuevo el amor y la sabiduría de Dios en toda la creación no humana y empezar a predicar la protección de los sistemas ecológicos naturales, a través de la remodelación y el equilibro del desarrollo. El ser humano que acepta a Jesucristo como salvador personal debe asumir también su responsabilidad de ser colaborador del creador en el mundo natural, del que es mayordomo y administrador.

Ante todo esto es pertinente cuestionarse acerca de cómo deberán ser los cristianos del siglo XXI. Aquellos que tendrán que ser capaces de afrontar todos estos retos pastorales y estos serios interrogantes para la fe. En primer lugar, creo que serán personas con una experiencia de Dios. Muy pronto, será imposible creer en Dios, sin tener algún tipo de experiencia personal con él. La fidelidad a la oración es una cuestión de vida o muerte para el creyente. En el futuro, desaparecerán los creyentes intelectuales que no estén curtidos por la oración a solas, que es la que da fuerzas para vivir contracorriente. A la vez, deberán ser personas que vivan la radicalidad evangélica. La principal tragedia del cristianismo fue que, de la noche a la mañana, se convirtió en la religión oficial de un gran imperio. Las persecuciones y las catacumbas fueron pronto tan sólo un recuerdo en los libros de historia. Y aconteció lo que Max Weber llamó: "el retorno de los revolucionarios a la vida cotidiana". Aquellas palabras de

Jesús acerca de "cargar con la cruz" para ser discípulos suyos (Mt. 10; Lc. 14), es como si ya hubieran dejado de tener sentido, y hoy encontramos mucha gente que ni cree ni deja de creer. Sin embargo, esta situación no puede prolongarse por más tiempo. En el tercer milenio no va a ser posible ser cristiano, sin serlo radical y apasionadamente. Los creyentes que sean poco o nada practicantes, se convertirán en indiferentes casi sin darse cuenta y serán arrastrados por la corriente general.

Por último, creo que los cristianos del futuro serán individuos que constituirán congregaciones de contraste, abiertas a los demás. Para mantener la fe en un clima de desdén, de desprecio o de indiferencia religiosa, los cristianos del siglo XXI deberán estar integrados en iglesias vivas. No se trata de crear un submundo evangélico dentro de la sociedad, con sus medios de comunicación, sus partidos políticos y servicios de todo tipo, como algunos defienden. La sal debe mezclarse con los alimentos, así como el fermento con la masa. Pero sí será necesario disponer de pequeñas comunidades cristianas que contrasten con la sociedad, en las que exista fe compartida, calor humano, relación fraternal, apertura a los forasteros, etc. Y que, además sepan dispersarse en la sociedad para dar testimonio de su fe. Conviene tener en cuenta que el cristianismo nunca será un fenómeno de masas, sino algo minoritario. Por supuesto que hay que evangelizar y aspirar a una iglesia lo más numerosa posible, porque Jesús quiso que intentáramos "hacer discípulos a todas las gentes", pero lo que importa no es tanto el crecimiento numérico de la Iglesia, sino la implantación del reinado de Dios sobre la tierra. El fermento no tiene por qué ser muy abundante. Lo que se requiere es que tenga capacidad para hacer fermentar la masa.

20 LA PASTORAL CRISTIANA EN EL TERCER MILENIO

Hoy más que nunca, la tarea del pastor debe ser más dialogante que en cualquier otra época de la historia ya que vivimos en la era del diálogo y la comunicación. En el mundo globalizado casi todo se soluciona mediante el intercambio de ideas y la negociación. Desde las teorías acerca del origen del universo hasta la convivencia en el seno del hogar, todo parece resolverse sobre la mesa de las negociaciones. Esto plantea un inconveniente a la hora de presentar verdades absolutas como la idea de Dios o la realidad de la fe. A diferencia del hombre de la Ilustración que se declaraba abiertamente ateo o creyente, el ser humano de la época postmoderna no es tan tajante en cuanto a la existencia de Dios y ni la niega, ni la acepta. Se impone así un relativismo que tiende a diluir las fronteras precisas entre las diferentes creencias. Quienes defienden este relativismo de la globalización ideológica preconizan que el mayor contacto y el diálogo entre las culturas terminarán por limar las principales divergencias entre las religiones y surgirá una creencia común. Una especie de "esperanto religioso" aceptado por todos los pueblos de la tierra. ¿Qué se puede decir ante semejante idea?

Es evidente que las verdades absolutas de la fe cristiana no son ni deben ser objeto de debate. No es factible colocar la revelación divina sobre una mesa de negociaciones y empezar a recortar o a pactar sobre aquello que para nosotros es palabra inspirada. El mensaje del Evangelio no es materia que pueda ser modificada o silenciada. Lo que sí puede modificarse son las formas o los métodos mediante los que se transmite tal mensaje a los diferentes pueblos o culturas humanas. La verdad, en sí misma, es innegociable. Pero los criterios personales o culturales, los particulares puntos de vista, las opiniones subjetivas o las valoraciones que se hacen sobre la verdad, sí que pueden negociarse e incluso modificarse. Hay que ser conscientes de que ciertas cosas que en ocasiones se interpretan como verdades absolutas no son más que reduccionismos o interpretaciones forzadas. Así ocurre, por ejemplo, en determinadas explicaciones científicas, éticas, sociológicas o proféticas de las verdades que se describen en la Biblia. Ésta no es un tratado científico, ni histórico, ni tan siquiera un libro de sociología. La Biblia es un libro de fe que partiendo de la realidad indemostrable de la existencia de Dios, muestra su amor hacia el ser humano y revela el desarrollo de su maravilloso plan que, por medio de la fe en su Hijo Jesucristo, es capaz de redimir a la criatura humana. Nada más y nada menos.

La Palabra de Dios afirma que el ser humano es una creación divina y le advierte al creyente que es templo del Espíritu Santo, estableciendo el principio del respeto a la vida humana. Esto es materia de fe. Sin embargo, la Biblia no prohibe específicamente cosas tan secundarias como, por ejemplo, beber vino, café o Coca-Cola. Nada dice acerca de la longitud que deben tener las faldas de las mujeres o si pueden, o no, llevar pantalones como los hombres. Tampoco dice si es lícito que los varones usen faldas como hacen los escoceses en su folklore particular. En la Biblia no se habla tampoco del mapa del genoma humano, ni de la manipulación genética o de clonaciones y alimentos transgénicos.

Todo esto plantea debates éticos que han aparecido después gracias al desarrollo científico y que dependen de las costumbres, la cultura o la moral de la época en la que han aparecido. Esto no significa, sin embargo, que no pueda acudirse a la Escritura para buscar posibles respuestas o situaciones similares capaces de arrojar luz sobre tales problemas contemporáneos. Pero debe tenerse siempre muy en cuenta que no se trata de cuestiones de fe, sino de situaciones éticas que deben ser analizadas o debatidas partiendo del principio bíblico fundamental del respeto a la vida y a la dignidad del ser humano. De ahí que la actitud del líder cristiano deba ser la firmeza en las cuestiones inamovibles de fe y, a la vez, la tolerancia, o el diálogo abierto, en los asuntos que dependan de la opinión personal y sean, por tanto, susceptibles de debate.

Ante la actual despersonalización que sufre el ser humano en todos los ámbitos de la sociedad postmoderna, en la que muchas veces se ve reducido a un simple dígito o a un número grabado en una computadora, el líder cristiano que siente la llamada pastoral debe redescubrir esa grandeza del Evangelio que radica precisamente en su acción personalizadora. Aunque la fe deba vivirse en comunidad, el compromiso directo es claramente personal. El cristianismo no es sólo mediación corporativa o relación de estructuras sino, ante todo, relación directa del individuo con Dios. Esto quedó muy claro con la Reforma, pero también mucho antes, ya que el Evangelio contenía un buen número de mensajes de Jesús, en los que se revelaban grandes verdades teológicas acerca del carácter de Dios. Muchas de tales predicaciones fueron dirigidas ¡a una sola persona! Lo mismo puede decirse de las epístolas paulinas, cuatro de las doce que existen, es decir, una tercera parte, son también de carácter personal.

El hombre y la mujer de hoy necesitan el calor del abrazo, el apretón de manos, la intimidad del tu a tu y esto es muy difícil que pueda darse a través de las megaiglesias con miles de miembros por muy bien estructuradas que estén. Los creyentes necesitan el contacto personal sincero entre ellos mismos pero también con el pastor. Sin embargo, cuando esta relación se despersonaliza y se convierte en mero "clientelismo", toda la estructura eclesial empieza a peligrar. No hay que olvidar que la Iglesia primitiva creció en los hogares particulares y se forjó en el ambiente de las catacumbas. Cuando se empezaron a edificar grandes templos y a construir megaestructuras, comenzó también la corrupción y la decadencia. No es de extrañar que estén apareciendo ya por todo el mundo, con notable éxito, los grupos celulares y las iglesias en los hogares. La pastoral cristiana para la globalización ha de ser una pastoral personalizada que sea sensible a las necesidades del individuo concreto.

En relación con la problemática actual de los jóvenes, los líderes cristianos deben tener en cuenta todos los conflictos sociales que repercuten de forma decisiva sobre ellos. Desde el desempleo, motivado por los avances tecnológicos que han hecho necesaria una mayor especialización de los trabajadores y una disminución de los puestos de trabajo, hasta la crisis del sistema educativo, los cambios en la realidad familiar y los problemas dentro de las propias iglesias evangélicas. Actualmente existe una grave desmotivación en los estudios debida, sobre todo, a la falta de relación entre lo que se aprende en las aulas y las necesidades del mercado laboral. En España, los cambios en los planes de estudios han provocado un alto índice de fracaso escolar en los diversos niveles educativos. Los estudios técnicos y especializados han ido perdiendo la dimensión humanista de la cultura. A ello hay que sumar los problemas de la violencia en las escuelas y la crisis de autoridad. La pastoral cristiana no puede desvincular el mensaje del Evangelio de la revalorización de la cultura. Hay que continuar inculcando a los adolescentes y a los jóvenes los valores del estudio y el esfuerzo personal como parte fundamental de la misión del creyente en este mundo.

Otra de las cosas que más ha cambiado y sigue cambiando durante la globalización es el concepto tradicional de familia. Hay pocos países en el mundo donde no se esté dando un debate intenso sobre la igualdad sexual, la regulación de la sexualidad y el futuro de la familia. Son muchas las dificultades que encuentran los jóvenes para formar sus propias familias. La estancia en el domicilio de los padres se prolonga cada vez más ya que no encuentran los recursos necesarios para emanciparse. La permisividad moral y la inestabilidad de muchos matrimonios dificultan la maduración psicoafectiva de los muchachos. Si a todo esto se añade la actual crisis de las utopías sociales, el vivir sin plantearse el sentido de la propia vida y del mundo, el consumismo y el hedonismo característico de la sociedad occidental, así como la idea de libertad personal entendida como un valor absoluto, resulta que el joven aparece en el mundo postmoderno de la globalización como un individuo fragmentado en su existencia, roto en la conciencia que tiene de sí mismo. ¿Será posible alcanzar a ese joven con los valores tradicionales del Evangelio?

A pesar de toda esta problemática juvenil en que se vive hoy, no todo está perdido. Se percibe también en muchos ambientes jóvenes la existencia de unos ideales y valores que son signos positivos de esperanza. Hay auténticos deseos de cambio y de buscar una sociedad mejor. Algunos luchan todavía por implantar la solidaridad, la amistad, el pluralismo, el respeto a las demás culturas, la paz y la justicia. Muchos poseen una gran sensibilidad ante la violación de los derechos humanos y una aversión ante la corrupción, la mentira y la hipocresía. Se detecta también entre las jóvenes generaciones una revalorización del papel de la mujer en la familia, en la sociedad y en las iglesias, así como un talante más alegre o festivo ante la vida y las celebraciones religiosas. Se está produciendo una mayor valoración del testimonio personal por encima de las palabras y de las profesiones de fe. De manera que no todo son dificultades para la pastoral cristiana. Ahora bien, ésta deberá entrar a fondo en la problemática de la familia y tendrá que definir claramente los límites del sexo, así como el papel de la mujer pero sin simplificaciones de la realidad, sin reduccionismos pseudobíblicos sino estableciendo unos valores cristianos y una moral evangélica que sea como una brújula indicadora del norte que representa Jesucristo.

El líder cristiano de la globalización está llamado a desarrollar su labor pastoral en un mundo saturado de información. Necesita, por tanto, estar bien informado. Debe saber con exactitud lo que está predicando, lo que aconseja, por qué lo dice, a quién lo hace y cómo debe decirlo. Desde luego que todo pastor debe tener el llamamiento de Dios para dedicarse a esta tarea y la vocación personal necesaria para hacerlo pero, inmediatamente después, tiene que prepararse por medio del estudio y la lectura. Nadie pone en duda que el apóstol Pablo, por ejemplo, además de ser un gran hombre de fe, fue también una persona cultivada de enorme talla intelectual. Pablo fue un enamorado de la lectura y de la escritura, lo cual le permitió moverse con soltura en el mundo global de su tiempo y llegar con el Evangelio a personas y lugares donde nadie más hubiera podido llegar. Pues bien, en mi opinión, este es también el principal reto para la pastoral de nuestro tiempo: la lectura, el estudio y la preparación intelectual del líder cristiano. Hemos de imitar al apóstol Pablo y seguir su consejo a Timoteo: "Entre tanto que voy, ocúpate en la lectura" (1 Ti. 4:13).

21 VALORES EVANGÉLICOS PARA UN MUNDO GLOBALIZADO

La fe del cristiano no es como un iglú cálido por dentro pero aislado en medio del polo Norte, frío y desértico. El cristianismo nos vincula a otras personas no sólo en el espacio sino también a través del tiempo. Con toda seguridad, si no hubiera sido por la llama de la fe que cada generación pasó a la siguiente a lo largo de la historia, nosotros hoy no conoceríamos al Señor Jesús como salvador personal. Estamos metidos, por tanto, en el mismo fluido histórico que nos comunica con otras generaciones anteriores y posteriores en el tiempo. El cristianismo nos liga a Cristo pero también a la comunidad de los creyentes que poseen una misma historia y un mismo legado cultural. Por tanto, no podemos renunciar a los valores de la fe que ha venido manteniendo el testimonio cristiano a lo largo de los siglos. No debemos creer que esos valores y esa herencia no nos pertenecen o que sólo forman parte del patrimonio de otras iglesias, como la católica o la ortodoxa.

La *dignidad* que hoy se otorga a cada ser humano, así como el *respeto* al otro, la preocupación por la *verdad*, la búsqueda del *bien común*, de la *libertad*, la *responsabilidad* y la *solidaridad*, así como la negativa a emplear cualquier método para conseguir un determinado fin, por muy noble que éste sea, son todo ello valores que nacieron del cristianismo y que, a pesar de que sufrieron mucha oposición, han sido asumidos por la conciencia laica del actual mundo globalizado. Pero no debe olvidarse que hunden sus raíces en la predicación de Jesucristo y en la cultura judeocristiana. Todos ellos nacieron de la Biblia y hoy forman parte importante de la cultura occidental. Esto es algo que en ocasiones no se quiere reconocer o no se tiene suficientemente en cuenta.

Sin embargo, los creyentes no debemos contentarnos con eso. La realidad de la globalización y del acelerado cambio que, como se ha visto, se está produciendo en el mundo ha afectado también a la vigencia de los valores heredados. Muchos de los principios que sirvieron a nuestros padres se están poniendo hoy en duda o se rechazan decididamente en la actualidad. De ahí la necesidad de establecer un nuevo sistema de valores que nos sirva ante las creencias del hombre contemporáneo y que, a la vez, respete los principios inamovibles del Evangelio. Frente a valores dominantes propios de la modernidad que todavía subsisten en nuestra sociedad, como la competitividad, la producción, el consumo ilimitado, el crecimiento indefinido, el bienestar particular o la seguridad personal, quizás debiéramos proponer desde la fe otros valores más evangélicos como podrían ser: la *cooperación,* el *trabajo socialmente útil,* el *consu-*

mo responsable, el *crecimiento sostenible,* el *bienestar global* y la disposición para la *flexibilidad* o la *movilidad.*

Uno de los principales valores que proporciona la fe cristiana es el de la *identidad* de las personas. Las tres cuestiones fundamentales del ser humano: ¿quién soy? ¿de dónde vengo? y ¿a dónde voy?, el creyente se las responde afirmando que "soy de Dios porque vengo de él y voy a él". De manera que, en realidad, las tres preguntas son la misma y, por tanto, tienen la misma respuesta. Nuestra identidad es la de ser hijos de Dios y esto es un don que la divinidad nos ha otorgado. Gracias a la fe, el ser humano sabe quién es y por qué está en este mundo. Se da cuenta de que su misión primordial es la entrega a Dios y a los demás que se inicia ya aquí, pero que irá creciendo hasta alcanzar la gloria eterna. Este conocimiento de la propia identidad tiende, en la vida del cristiano, a relativizar todas las demás falsas identidades con las que los hombres se separan de los hombres, como puede ser la que crea el color de la piel, el idioma que se habla, las ideas políticas que se tienen o los bienes materiales de que se disfruta.

A lo largo de estas páginas hemos visto que la sociología es capaz de decir muchas cosas acerca de las sociedades humanas. Sin embargo, lo que no puede decir es si la humanidad mejora o empeora con el tiempo desde el punto de vista moral y espiritual. Para realizar tal análisis los sociólogos tendrían que disponer de la historia en su totalidad. Deberían poder juzgar el resultado al final del desarrollo histórico completo. Desde la perspectiva bíblica, es posible considerar a la persona que durante su existencia terrena no logra acogerse a la salvación que Jesús ofrece gratuitamente, después de haber tenido la posibilidad de hacerlo, como un ser humano fracasado en su destino eterno. El hombre que le da la espalda a Dios equivoca su vida entera. Este sería también el método de la sociología cristiana para evaluar todo período histórico. Aquél pueblo, cultura o época que haya sido más permeable a la Palabra de Dios y haya vivido con mayor coherencia el mensaje de Jesucristo, habrá progresado más que quienes no lo hayan hecho. La vida humana sin la fe en Dios es un auténtico sinsentido. De ahí la necesidad que tiene el creyente de ser coherente con su fe. No podemos vivir como si Dios no existiera. Por eso la *coherencia* es uno de los valores fundamentales del cristianismo en medio de un mundo plural y globalizado.

Hoy se habla mucho de un valor que tampoco fue ajeno a Jesús ni debe serlo, por tanto, al cristianismo contemporáneo, se trata de la *tolerancia.* Y la tierra de la que se nutren las raíces de este valor, revalorizado en la postmodernidad, es precisamente el amor al prójimo. Tolerar es acoger, aceptar, sobrellevar, servir, comprender, respetar y muchas cosas más. Sin embargo, hay un límite claro para la tolerancia. El de la complicidad. El cristiano no puede ser cómplice ni tolerar el pecado, la injusticia o la maldad. Cuando Pablo dice que "Cristo es el todo, y en todos"

(Col. 3:11) no sólo está reafirmando la unidad de todos los creyentes en Jesucristo, sino que también indica indirectamente que de la misma manera en que el Hijo de Dios se hizo "todo para salvarnos a todos", los cristianos debemos poner en práctica esta tolerancia bien entendida con todos los seres humanos, pero con la intención final de transmitir siempre el testimonio evangélico. Tolerancia no será nunca sinónimo de indiferencia o de cerrar los ojos a la realidad y la mente a la reflexión moral.

El libro de Proverbios afirma taxativamente: "Instruye al niño en su camino, y aún cuando fuere viejo no se apartará de él" (Pr. 22:6). Este consejo veterotestamentario que se ha venido entendiendo como un valor pedagógico fundamental a lo largo de la historia, hoy está siendo cuestionado por educadores postmodernos. Algunos profesores y maestros defienden una educación neutra, sin valores, y además obligatoria para todo el mundo. Se propone instruir a los niños en todos los caminos y, al mismo tiempo, en ninguno. Fomentar la acumulación de conocimientos pero olvidando por completo los valores morales y espirituales. ¿A qué puede conducir todo esto? ¿no se abona así un futuro moralmente caótico? La *educación para la existencia* ha sido siempre un valor característico de la cultura cristiana y debe continuar siéndolo. El principal objetivo de la enseñanza de los niños y jóvenes que nacen en hogares cristianos tiene que ser el de mostrarles que son seres trascendentes. Cada persona, además de adquirir un nivel cultural y una profesión que le permita vivir, debe aprender también cómo puede acceder a la vida eterna. De ahí que la formación cristiana sea el núcleo principal de la labor educativa.

La civilización de Occidente debe también a la Biblia el valor de la unidad del género humano. Dios otorgó al hombre del Antiguo Testamento el don de considerar al hombre semejante al hombre. Valor que no existía en ninguna otra cultura de la antigüedad ya que cada pueblo se consideraba superior a sus vecinos. Sin embargo, el valor de la *igualdad* aparece claramente reflejado en el respeto hacia el extranjero que siempre anidó en el alma de Israel, así como en las palabras del apóstol Pablo contra la discriminación entre judíos y griegos, esclavos y libres u hombres y mujeres. Según la Escritura, la desigualdad y el racismo siempre son consecuencia de la increencia y del alejamiento humano de la voluntad de Dios.

Frente al estilo de vida consumista y depredador que caracteriza el tiempo presente, la Palabra de Dios nos recuerda otro valor que en muchas ocasiones se pasa por alto, el de la *austeridad*. En Deuteronomio puede leerse:

"Cuídate de no olvidarte de Jehová tu Dios, para cumplir sus mandamientos, sus decretos y sus estatutos que yo te ordeno hoy; no suceda que comas y te sacies, y edifiques buenas casas en que habites, y tus vacas y tus ovejas se aumenten, y la plata y el oro se te multipliquen, y todo lo que tuvieres se aumente; y se enorgullezca tu corazón, y te olvides de Jehová tu Dios" (Dt. 8:11-14).

El progreso económico y la abundancia de bienes materiales ha conducido también, en líneas generales, a la cultura de Occidente hacia una creciente paganización y un olvido de la perspectiva sobrenatural. El corazón del hombre moderno se ha enfriado y su hijo primogénito, el postmoderno, no sólo a perdido la fe en Dios sino también en la ciencia y en las posibilidades del propio ser humano. Ante esta situación actual, el cristianismo evangélico debe continuar reivindicando la virtud bíblica de la austeridad y la moderación. Tiene que recordar las palabras de Jesús:

> "Mirad también por vosotros mismos, que vuestros corazones no se carguen de glotonería y embriaguez y de los afanes de esta vida, y venga de repente sobre vosotros aquel día." (Lc. 21:34).

Debemos oponernos al consumismo anticristiano e insolidario en que vive sumido el hombre de hoy para, con nuestro ejemplo, poder contagiar a muchas criaturas que viven atrapadas sin darse cuenta por esa esclavitud materialista. Sólo la vida sobria que propone el Evangelio puede devolver la libertad de espíritu y la felicidad que anhela el ser humano. Hoy como ayer, sigue siendo cierto que no es más rico el que más tiene, sino el que menos necesita para vivir. Como escribe acertadamente el sociólogo Pérez Adán (1998: 57): "La vida solo es un sitio de paso,... se trata de una enfermedad mortal de transmisión sexual. Por eso, centrarse en ella con afán de acaparar riquezas y poder no tiene sentido, a menos que lo que pretendamos sea acabar siendo los más ricos del cementerio". Desde luego, siempre será mejor hacerse "tesoros en el cielo, donde ni la polilla ni el orín corrompen, y donde ladrones no minan ni hurtan", que en la tierra insegura y fluctuante.

22 EL RETO DE LAS RELACIONES INTERCONFESIONALES Y EL DIÁLOGO INTERRELIGIOSO

Actualmente el centro de gravedad del cristianismo mundial (católicos, protestantes y ortodoxos) se ha trasladado al hemisferio sur. Si a principios del siglo xx, el 80% de la cristiandad estaba constituida por europeos y norteamericanos, hoy a principios del xxi el 60% de los cristianos son ciudadanos de Africa, Asia y Latinoamérica. Lo que antes fueron tierras de misión para los creyentes del norte, ahora se han convertido en forja de misioneros del sur que regresan a Europa o Estados Unidos con el deseo de evangelizar a los blancos descreídos.

Este desplazamiento religioso tan importante se está realizando mucho más rápidamente que en cualquier otra época de la historia. La insistencia de los creyentes en el mensaje social de Jesús y en su preocupación por la liberación de los pobres, los marginados y los oprimidos, ha contribuido a despertar el interés por la fe cristiana en la mayoría de los países del sur, independientemente de sus tradiciones religiosas autóctonas. En la India, por ejemplo, los parias han encontrado en el Evangelio la esperanza y la dignidad que les negaba el sistema de castas de la institución brahmánica; en China los obreros descubren en el cristianismo valores y respuestas claras a las inquietudes existenciales que preocupan a todo ser humano y que el marxismo no les respondía satisfactoriamente; los africanos, por su parte, que viven en medio de una pobreza cruel y deshumanizante, dirigidos en muchas ocasiones por regímenes corruptos, sufriendo continuas guerras y enfermedades mortales como el SIDA, se acogen pronto al mensaje de Jesucristo porque en él hay esperanza y sanidad para el cuerpo y el alma. Es lógico, por tanto, que el cristianismo crezca hoy más que nunca entre los pueblos del sur.

No obstante, este rápido crecimiento está generando polémicas importantes en el seno de las respectivas confesiones cristianas ya que ha traído también la proliferación de interpretaciones diversas de la fe. Algunos teólogos asiáticos y africanos partidarios del diálogo interreligioso están proponiendo relaciones próximas entre las verdades cristianas y las tradiciones hindúes, budistas o animistas de sus propios pueblos. Esto constituye uno de los principales peligros para el cristianismo futuro, no el de inculturarse en cada tradición, algo que sería necesario y deseable, sino el de convertirse en una religión global que lo incluya todo. En una especie de esperanto religioso postmoderno, sincretista y variopinto. Los chinos convertidos al catolicismo, por ejemplo, continúan practicando la veneración de sus antepasados en la misa del Año Nuevo chino, tal como hacían en su antigua tradición confuciana. En la India se concibe el sacrificio de Cristo en la cruz como el acto mediante el cual eliminó su karma malo, lo que le permitió acabar con las futuras reencarnaciones. En América Latina muchos católicos siguen adorando además a los ancestrales ídolos africanos que los esclavos llevaron consigo hace cuatrocientos años, así como a las antiguas divinidades precolombinas. Y, en fin, entre los evangélicos de todo el mundo proliferan las congregaciones inspiradas en revelaciones personales de un líder carismático, que se apartan de la Biblia, y usan la teología de la prosperidad para capitalizar las carencias de pueblos marginados económicamente. Se aprovechan de la tendencia al sentimentalismo y al trance emocional de determinadas culturas para difundir sus ideas y crear así más iglesias. De esta manera, según la Enciclopedia Cristiana Mundial, se ha alcanzado ya la cifra de 33.800 denominaciones cristianas a escala mundial (Woodward, 2001).

Frente a tales tendencias que se están dando en todos los ámbitos del mundo cristiano, el Vaticano ha reaccionado publicando un documento, que ha sido muy conflictivo y criticado tanto desde sectores protestantes como católicos, cuyo fin principal sería reducir este sincretismo, esta mezcla de religiones que se detecta actualmente dentro de la iglesia de Roma. La Congregación para la Doctrina de la Fe hizo manifestaciones en el *Dominus Iesus*, afirmando que la "única religión verdadera subsiste en la Iglesia católica" o que "las Comunidades eclesiales que no han conservado el Episcopado válido y la genuina e íntegra sustancia del misterio eucarístico, no son iglesia en sentido propio". Asimismo acerca de las otras religiones no cristianas se decía que "se hallan en una situación gravemente deficitaria si se compara con la de aquellos que, en la Iglesia, tienen la plenitud de los medios salvíficos". Hasta cierto punto es razonable la reacción adversa de las iglesias protestantes ante este documento que fue presentado al Papa por el cardenal Ratzinger el día 16 de junio del 2000. Sin embargo, en mi opinión, no parece un texto dirigido específicamente contra los protestantes sino más bien contra las múltiples facciones católicas por todo el mundo que amenazan con avenirse a otras religiones e independizarse poco a poco de Roma. Seguramente cuando se marcan unos caminos estrictos para la salvación, lo que se quiere recordar a todo el mundo católico, diverso y lleno de vivencias diferentes, es que no se puede hacer nada al margen del Vaticano romano. En el fondo este documento responde a una doble amenaza, la del sincretismo religioso y la del deseo de autonomía de las iglesias católicas regionales o nacionales.

Ante la situación de mundialización en que nos encontramos, las siguientes cuestiones resultan hoy más relevantes que nunca, ¿son positivas y convenientes las relaciones interconfesionales y el diálogo interreligioso? Es cierto que el ecumenismo no ha dado los resultados que se esperaban pero, ¿significa eso que ya no debe haber ningún tipo de relación entre católicos y protestantes? ¿qué tipo de relación sería oportuno mantener? El diálogo con los católicos no tiene por qué suponer una pérdida de nuestra propia identidad, como se piensa a veces, sino más bien un enriquecimiento de la misma. El conocer y compartir ideas y puntos de vista doctrinales o teológicos puede contribuir a fortalecer nuestras propias creencias y a que conozcamos mejor aquello que nos define. Pero la relación interconfesional no puede limitarse a una mera discusión teológica de eruditos, sino que debe ampliarse a la relación diaria entre personas que viven juntas, se aman y se respetan a pesar de pertenecer a confesiones diferentes. Tal relación puede suponer también el reto de asumir un compromiso común frente a situaciones de justicia, de defensa de la fe y los valores cristianos, así como actividades que contribuyan a dignificar al ser humano. Si la doctrina separa, la acción es capaz de unir. No deberíamos olvidar que aunque subsisten diferencias importantes, es mucho más lo que nos une que lo que nos separa. Y ¿por qué no? el diálogo puede llevar también, en determinadas situaciones, a la oración conjunta a Jesucristo, el centro de toda relación de unidad entre los cristianos. En muchos lugares se está viviendo ya una unión práctica y diaria de los creyentes, aunque la unión oficial de sus respectivas Iglesias no llegue a ser nunca una realidad.

El guirigay moral y ético de las actuales sociedades postmodernas supone un reto común a todas las iglesias cristianas. Los atentados contra la familia, la educación o los valores del Evangelio son continuos en nuestro mundo occidental. La enseñanza de una "religión" de inspiración agnóstica, o incluso atea, en las escuelas supuestamente laicas implica una necesidad y supone una oportunidad para hacer un frente común por encima de nuestras diferencias teológicas. Todo aquello que represente una amenaza directa a la fe que compartimos debe ser interpelado desde la unidad de todos los cristianos.

En este sentido se han llevado a cabo ya importantes acciones de carácter interconfesional como la "Declaración conjunta en defensa de la familia y de la vida" suscrita en Estados Unidos por católicos, protestantes, ortodoxos y judíos o la "Carta Ecuménica Europea", firmada en Estrasburgo por representantes de todas las confesiones cristianas en Europa (católicos, anglicanos, protestantes, evangélicos y ortodoxos) que consideran como misión prioritaria común, "devolver al continente el alma que parece haber perdido". En palabras del Papa Juan Pablo II, "Europa no puede ser comprendida ni edificada sin tener en cuenta las raíces que se encuentran en su identidad original, ni puede tampoco construirse rechazando la espiritualidad cristiana de que está impregnada" (*La Vanguardia*, 22.04.01). Urge, por tanto, un esfuerzo común encaminado al anuncio claro del Evangelio con independencia de trasfondo confesional. De lo contrario, –añadió el rumano Daniel, metropolitano ortodoxo– "La experiencia de la secularización en los países del Este es que cuando las personas abandonan la tradición cristiana en la que se formaron, no pueden quedarse así, sino que tienden hacia una religiosidad difusa y sincrética".

En este mismo sentido, –ya dentro del área del mundo hispano–, se manifiesta la "Declaración conjunta de los cristianos sobre el matrimonio y la vida familiar en Catalunya" suscrita en Barcelona (España) y en cuya firma participaron las siguientes personalidades: en representación de la Iglesia Católica, el Cardenal Arzobispo de Barcelona Ricard María Carles i Gordó, Vicepresidente de la Conferencia Episcopal Española; en nombre de la Iglesia ortodoxa, Monseñor Jérémie, metropolitano ortodoxo para las Galias, España y Portugal; y como representante de las iglesias protestantes evangélicas, el Pastor Bautista Josep Monells i Mateu, director de Ágape (Campus Crusade for Christ International); y cuyo texto, por el interés que puede suscitar a nivel de otras posibles acciones similares de colaboración interconfesional, que sin duda se darán en otros países, transcribimos a continuación:

DECLARACIÓN CONJUNTA DE LOS CRISTIANOS SOBRE EL MATRIMONIO Y LA VIDA FAMILIAR EN CATALUÑA
Firmada por católicos, evangélicos y ortodoxos

Plenamente conscientes del papel que el cristianismo atribuye al hogar y a la vida familiar, así como de los poderosos y penetrantes condicionamientos sociales que amenazan con socavar la dignidad humana, el matrimonio y la vida familiar en Cataluña, nosotros como representantes de las confesiones cristianas (católica, evangélica y ortodoxa), de mayor implantación en Cataluña, deseamos que el mensaje religioso sobre la familia de nuestras respectivas creencias llegue a nuestra sociedad, y deseamos unirnos a todos los hombres de buena voluntad para crear un clima social más sano, en el que la vida familiar en Cataluña pueda florecer y fortalecerse.

Creemos y estamos unidos en las siguientes afirmaciones, en las cuales, históricamente, nuestras respectivas confesiones son unánimes:

1. Dios, Creador del Universo y Padre de toda la humanidad, revelado en Jesucristo, nos creó hombre y mujer, y estableció la familia como parte de su plan divino. A causa de nuestra comprensión de este diseño divino, creemos y proclamamos unidos que nuestra sexualidad es un maravilloso don que procede de Dios, que hemos de aceptar con agradecimiento y de usar con reverencia y alegría en el seno del matrimonio.

2. Nuestra comprensión del plan de Dios para el matrimonio tiene como ideal una promesa de fidelidad para toda la vida en una relación continua y de mutuo sostenimiento y, en la cual, cada cónyuge ayuda al

otro a desarrollarse hasta alcanzar su capacidad de autorrealización humana.

3. Dios es un asociado activo en el sostén y el enriquecimiento de la relación matrimonial esposo-esposa.

4. Los hijos son un legado de Dios y la paternidad/maternidad es una aventura alegre aunque ardua en el compañerismo con Dios para la procreación y crianza de cada hijo. La paternidad/maternidad demanda el uso responsable de todos los talentos y capacidades que Dios nos ha dado para llevar a cabo esta gran empresa.

5. La vida familiar es cuna de la personalidad y del carácter del niño y crea un ambiente propicio para el desarrollo de los valores sociales de cada sucesiva generación, así como para la principal fuente de las relaciones más significativas para cada uno de los miembros adultos de nuestra sociedad. Todos los niños necesitan un padre y una madre firmemente unidos en el amor para guiar su crecimiento hacia la virilidad o la feminidad, y para proporcionar la seguridad emocional que favorece el desarrollo de relaciones maduras y responsables entre hombres y mujeres.

6. La familia es el fundamento de nuestra sociedad. Modela las actitudes, las esperanzas, las ambiciones y los valores de todos los ciudadanos. El niño suele ser el perjudicado cuando la vida familiar se hunde; y cuando esto sucede a escala masiva, la comunidad social permanece gravemente perjudicada.

7. Afirmamos el derecho inalienable de los padres a la elección y el ejercicio de la educación de sus hijos, recordando que los poderes públicos tienen la obligación constitucional de garantizar a los padres cristianos que la enseñanza y la propuesta social de diversión y ocio no contradigan sus valores éticos y morales.

Por tanto, nosotros (los grupos cristianos que somos la religión mayoritaria en Cataluña) unimos nuestras fuerzas en la exploración de todos los caminos y medios disponibles para preservar y fortalecer la vida familiar en Cataluña, con el propósito de que todas las personas puedan disfrutar de su realización en la dignidad, la justicia y la paz y pedimos el concurso y el sostenimiento de la Administración Pública.

Barcelona, 11 de mayo del 2001.

En el mismo sentido habría que valorar el diálogo interreligioso en países de tradición no cristiana, en los que no se respetan los principios más elementales de libertad religiosa y la fe cristiana sufre verdadera persecución. Quizá si tal diálogo se practicara podría terminarse con tantos crímenes y con esa sangría de mártires de la fe que persiste todavía hoy en algunos países. Estas relaciones entre religiones no implican en absoluto la renuncia a nuestros principios doctrinales, ni la traición de las bases históricas de nuestra fe evangélica reformada. Son más bien la respuesta necesaria a una problemática común, ante la grave amenaza de ese enemigo poderoso que es la religión laica. Cada vez será más imperiosa la necesidad de unir nuestros esfuerzos a la hora de plantear ante gobiernos y administraciones públicas nuestros derechos como cristianos, en una acción reivindicativa cuyo éxito solo es viable, hoy en día, desde la perspectiva de una acción interconfesional conjunta.

CONCLUSIÓN

La misteriosa singularidad de Jesucristo, que por la fe nos hace verle como Dios y como hombre verdadero, supone un reto intelectual de considerable magnitud para todo sociólogo. El hecho de que Dios se haya hecho hombre y haya querido pertenecer a nuestra especie, sentir como corría sangre humana por sus propias venas y saberse poseedor de ADN como nosotros, significa que el creador del universo a través de su Hijo pertenece también a la sociedad de los hombres. Esta especial convicción cristiana contribuye a relacionar íntimamente la teología con la sociología. Si Dios se ha hecho humano y presente en la sociedad, entonces toda sociedad humana es de algún modo también divina. Dios está presente en la sociedad de los hombres y, por tanto, quien desee estudiar teología deberá interesarse también por el estudio de lo social. El evangelista San Juan describe en una dramática escena los últimos momentos de la vida humana de Jesús y su relación con Pilato mediante estas palabras:

“Así que, entonces, tomó Pilato a Jesús, y le azotó. Y los soldados entretejieron una corona de espinas, y la pusieron sobre su cabeza, y le vistieron con un manto de púrpura; y le decían: ¡Salve, Rey de los judíos! y le daban de bofetadas. Entonces Pilato salió otra vez, y les dijo: Mirad, os lo traigo fuera, para que entendáis que ningún delito hallo en él. Y salió Jesús, llevando la corona de espinas y el manto de púrpura. Y Pilato les dijo: ¡He aquí el hombre! Cuando le vieron los principales sacerdotes y los alguaciles, dieron voces, diciendo: ¡Crucifícale! ¡Crucifícale! Pilato les dijo: Tomadle vosotros, y crucificadle; porque yo no hallo delito en él. Los judíos le respondieron: Nosotros tenemos una ley, y según nuestra ley debe morir, porque se hizo a sí mismo Hijo de Dios.” (Jn. 19:1-7).

Hay muchas personas en nuestro tiempo que creen en la existencia de Dios pero rechazan el hecho de que Jesús sea en verdad el Hijo de Dios, y que haya resucitado después de muerto, como afirman los Evangelios. Según ellas, Cristo sería sólo un personaje histórico, un gran pensador moralista que murió por defender sus ideas, pero nada más. Un hombre al fin y al cabo. De hecho, esta creencia dista sólo un paso de lo que cree el islam. Los musulmanes, por ejemplo, aceptan a Dios (Alá) pero consideran a Jesús como un profeta más. Su fe podría definirse así: “Dios sí, Jesús no”. No obstante, hay también otras personas, que incluso pueden considerarse a sí mismas como cristianas, pero que por diversos motivos, no aceptan la existencia de Dios aunque conservan, sin embargo, una cierta simpatía hacia el personaje, Jesús de Nazaret, sobre todo en su dimensión social y revolucionaria. Este sería, por ejemplo, el caso del “Jesús de los ateos” del existencialista Albert Camus y de tantos otros autores marxistas. Su creencia sería por tanto: “Dios no, Jesús sí”. Sin embargo, ¿por qué elegir entonces sólo a Jesús y no a Buda, Sócrates, Mahoma o Gandhi, que fueron también importantes figuras para la humanidad?

En mi opinión, ninguna de estas dos opciones puede ser considerada como alternativas cristianas. Ni "Dios sí, Jesús no", ni su contraria, "Dios no, Jesús sí", son creencias que puedan extraerse de las páginas de la Escritura. ¿Quién es, en realidad, Jesús según la Biblia? La lectura del evangelio de Juan pone de manifiesto el reto que supuso el Maestro para los judíos de su tiempo y que sigue suponiendo hoy para cada ser humano. Según la ley hebrea había blasfemado al pretender hacerse pasar por Hijo de Dios y quien blasfemaba debía ser castigado con la pena de muerte (Lv. 24:16). Sin embargo, Jesús había sido examinado por las autoridades romanas y éstas no habían encontrado ningún motivo para condenarlo a la pena capital. Cuando Pilato dijo: "¡He aquí el hombre!" (*Ecce homo*), sin ser consciente de ello, pronunció en realidad lo que verdaderamente era Jesús: el "Hijo del Hombre", el "Hombre-Humanidad", el "verdadero Adán"; la realización máxima del proyecto de Dios en una persona que renuncia a todo dominio y se pone al servicio de los hombres porque no pretende someter a ninguno, sino que invita a todos y acepta a los que responden a su voz. Un rey que es la negación de la realeza del mundo porque predica un reino de Dios en base a la libertad, la solidaridad y el amor.

Jesús quiso demostrar a sus compatriotas, durante toda su vida, que el Mesías no era un rey político humano, sino el Rey de paz y de amor que deseaba reinar en el corazón de cada persona. La frase de Pilato: "He ahí el Hombre" encierra el dolor de todos los seres humanos, que somos sus hermanos. Ningún sufrimiento del hombre le es ajeno a Jesucristo. A partir de ese momento, su persona se convirtió en el recipiente inmenso de todo dolor. Ninguna angustia será ya jamás inútil. Ningún padecimiento se perderá en el olvido. El anciano Job, algunos siglos antes, había apretado los puños y había dicho: "Yo quisiera hablar y razonar con Dios" (Job 13:3). Y es posible que también nosotros hoy tengamos réplicas que hacerle a Dios, tengamos porqués íntimos que constituyen un muro que a veces nos impide acercarnos a él: ¿Por qué tuvo que morir mi hijo? ¿por qué millones de criaturas mueren cada año de hambre? ¿por qué los lamentos de ese muchacho accidentado que no se puede mover y tiene que pasar su vida en una silla de ruedas? ¿por qué la desesperada soledad de tantos ancianos? ¿por qué aquella mujer se muere de cáncer gritando: "no puedo más"? ¿por qué la muchacha violada que pide auxilio encuentra sólo la indiferencia general? ¿por qué el terremoto segó tantas vidas? ¿por qué ese pequeño féretro blanco acompañado al cementerio entre sollozos de los familiares? ¿qué nos puede decir Dios a todo esto?

La respuesta vino hace dos mil años por parte de Pilato: "He ahí el Hombre". He ahí a tu hermano de desventura, a tu consanguíneo en el dolor imposible. Dios no ha venido a eliminar el sufrimiento humano. No ha venido a presentarnos un tratado teológico sobre el problema del mal en el mundo. No nos ha dado explicaciones. Sin embargo, ha hecho algo mucho más necesario, algo locamente divino. Ha venido a compartir, a participar, a tomar sobre sí el dolor de los hombres. Esto es lo que representa la cruz, la solidaridad de Dios con el dolor humano. ¡Qué otra divinidad hubiera sido capaz de tal sacrificio! En el cuerpo desangrado de Jesucristo (en el *Ecce Homo*) no se ha olvidado nada. Está el grito del joven de veinte años que se encuentra paralizado, la tragedia del despedido, el hambre de los niños, el drama de la muchacha engañada y hasta el último estertor del moribundo. Ya nada se pierde porque "el Hijo del Hombre ha venido a buscar y a salvar lo que estaba perdido" (Lc. 19:10). Ha venido a buscar nuestro dolor que a veces se considera "inútil" y ahora avanza tambaleándose bajo el peso de la cruz. Desde ese día, Dios comulga por medio de Jesucristo con el dolor de todos los hombres.

Cristo crucificado es como un espejo en el que podemos ver a Dios y también conocernos mejor a nosotros mismos. Comparado con el ideal de otras religiones, Jesús resultará siempre altamente alarmante. Ante el ideal griego y romano de lo bueno y lo bello, Cristo se da a conocer más bien como todo lo contrario. Es accesible a toda clase de criaturas cargadas de enfermedades y defectos, desde fiebre hasta ceguera, posesos y leprosos, traidores a su nación y prostitutas maleducadas. Habló de Dios a los despreciados y a los sin-dios, a los injustos les anunció la justicia de la gracia divina, a los pecadores les perdonó sus pecados. Se identificó con los "no-hombres" de la sociedad, para llamarlos y tratarlos como seres humanos. A los hambrientos y encarcelados les llamó "mis hermanos más pequeños". Por eso la muerte de Cristo iguala a todas las personas. Como escribió el teólogo Jürgen Moltmann:

"Así como en una calavera no se ve si fue la de un rico o la de un pobre, de un hombre justo o de un injusto, en la miseria humana que se manifiesta en el crucificado... se hacen reales,... todas aquellas diferencias con las que los hombres se separan de otros hombres" (Moltmann, 1986: 38).

Dios se hizo hombre para, de unos dioses orgullosos e infelices, hacer hombres verdaderos. Por eso la cruz de Jesucristo será siempre el punto de diferenciación entre el cristianismo y las demás religiones del mundo. No hay ningún credo religioso que se fundamente por entero en la resurrección de un hombre, no ha existido jamás ningún profeta, pensador o filósofo, que se haya levantado de la tumba después de haber muerto. Sólo Jesús de Nazaret, de ahí su extraordinaria singularidad. Por eso a la pregunta, tantas veces formulada, de si es la fe en el resucitado como una droga espiritual, como un narcótico alucinógeno que nos distrae de la realidad, haciéndonos creer en una vida después de la muerte. Nuestra respuesta es negativa porque conocemos a Jesús. Creemos, en efecto, que la resurrección fue un acontecimiento histórico pero también estamos persuadidos de que fue algo más que eso. También fue un acto creativo de Dios, una nueva creación. Y esto significa que si él resucitó, nosotros podemos también nacer a una nueva vida, cuando lo reconocemos y lo entendemos realmente. Y con esta clase de fe se inicia para nosotros la auténtica libertad.

Ciertas personas cuando se les habla del más allá responden: "¡oh sí, el más allá, no conozco a nadie que haya vuelto de la muerte para contarlo!" Y son sinceras, están diciendo la verdad, porque no conocen a Jesucristo. Sólo él murió en una cruz y al tercer día de estar muerto volvió de la tumba para contárnoslo. Su explicación está relatada en las páginas del Nuevo Testamento y después de resucitar se apareció:

> "a Cefas, y después a los doce. Después apareció a más de quinientos hermanos a la vez, de los cuales muchos viven aún y otros ya duermen. Después apareció a Jacobo; después a todos los apóstoles; y al último de todos, como a un abortivo, me apareció a mí (escribe Pablo)" (1 Co. 15:5-8).

Cuando hablamos de la resurrección de Cristo, no nos estamos refiriendo sólo a un acontecimiento de hace dos mil años, sino a un suceso del pasado que marca también el presente, pues abre las puertas al futuro de la vida eterna. La resurrección no es un opio de ultratumba que entretiene con vanas promesas, sino la fuerza que permite que la vida renazca. Quien pone su esperanza en la resurrección de los muertos y en la nueva creación en la cual la muerte dejará de existir para siempre, entra en el ámbito del Espíritu de Dios y experimenta ya aquí las fuerzas de ese mundo venidero. ¿Cómo? En el amor a los demás. El apóstol Juan escribió: "Nosotros sabemos que hemos pasado de muerte a vida, en que amamos a los hermanos" (1 Jn. 3:14). Incluso aunque no piensen como nosotros, aunque tengan otro carácter, aunque reconozcamos sus defectos porque nosotros también tenemos.

El amor en el cristiano puede llegar a ser tan fuerte como la muerte, pues en el amor ya experimentamos el triunfo de la vida. La muerte produce ruptura, división, separación y dolor; el amor, en cambio, contrarresta todos esos efectos ya que une, consuela, reinserta, repara familias y da vida. Allí donde se experimenta la esperanza de la resurrección, el temor a la muerte desaparece junto con el miedo a la vida. Y en este espíritu de la resurrección podemos vivir plenamente, amar plenamente y morir plenamente aquí en la tierra porque sabemos que algún día también hemos de resucitar plenamente. Tal es la esperanza en la que se fundamenta toda sociología cristiana.

ÍNDICE ONOMÁSTICO Y DE CONCEPTOS

A

Abbagnano, Nicolás 115, 137, 197
Abraham 85, 94, 95, 103
absolutismo 97, 102, 114, 115, 117
Adán 27, 95, 105, 111, 112, 151, 152, 153, 154, 183, 189, 400, 410
Adler, Alfred 274, 285, 286, 288
adorno 16
Agassiz, Louis 199
agentes de socialización 37, 38
aldea global 253, 256, 323, 346, 347
alienación 33, 133, 234, 239, 240, 245, 248
Althusser, L. 32
Amós 9,10, 129
anarquismo 114, 236
Anatrella, Tony 343
animismo 51, 290, 292
anomia 24
antítesis 157, 160, 161, 245, 288
Aquino, Tomás de 80, 95
Aristóteles 35, 80, 100, 109, 137, 361
Aron, Raymond 176, 179, 232, 246, 247, 252, 254
Assmann, Hugo 257, 261, 257, 261

B

Bacon, Francis 59, 87, 97
Barincou 65, 71
Barrientos, Alberto 186
Barth, Karl 86
Bastian, Jean-Pierre 372
Baubérot 371
Baudrillard, Jean 92
Bauer, Bruno 235, 248
Beck, Ulrich 316, 326, 329, 339, 347, 349, 350, 352, 353
Beer, Sir Gavin de 137, 140, 144, 145, 146
Behe, Michael J. 203, 209, 210, 211, 214, 223, 225, 227
Beriain, Josetxo 29
Berigardo, Claudio 97
Berger, Peter L. 22, 56, 183
Berkeley 79, 221
Big Bang, teoría cosmogónica del 23
Blau, P.M. 22
Blumenberg 234, 235, 237, 244, 251
Boorstin, Daniel J. 81, 149, 162, 174
brasileñización 348

Brinton, Crane 182
Briva 165
Buda 53, 262, 409
Burguess, E.W. 21

C
calidad de vida 136, 349, 351
cambio social 25, 30, 31, 49, 50, 243
Campanella, T. 59
capillismo 359
capitales golondrina 326
capitalismo global 315, 350
Castells, Manuel 315, 319, 351, 353
Chauvin, Rémy 204, 207, 208, 214, 222, 227
Chodorow, Nancy 287
clase social 45, 116, 130, 132, 242, 243, 246, 294, 356
Claval, Paul 63, 80, 86, 94, 114, 120, 122, 140, 241
clientelismo 394
Coenen 166
coevolución 215
Colomer 157, 160, 162, 164
Colson, Charles 205, 223, 257, 293, 294
Comín, Antoni 323, 338, 347, 352
complejo de Edipo 272, 273, 277, 279, 280, 283, 284, 288, 289, 291
Comte, Auguste 9, 10, 11, 20, 21, 36, 63, 169, 170, 171, 172, 173,
    174, 175, 176, 177, 178, 179, 180, 181, 182, 183, 184, 185, 186,
    246, 305, 313, 367
comunismo 23, 135, 233, 236, 239, 243, 245, 246, 249, 250, 256,
    262, 265
    auténtico 245
    primitivo 245
conflicto social 47, 200
Confucio 53
contrato social 36, 63, 93, 94, 96, 101, 102, 103, 104, 106, 114, 122,
    137, 138, 140, 146, 147, 149, 150, 158, 245, 301, 312
Cooley, C.H. 21
Copérnico 81
Cordón, Faustino 203
Coser 47
costumbres 43, 48, 49, 50, 71, 73, 125, 127, 130, 145, 196, 201, 207,
    218, 274, 290, 319, 321, 328, 332, 333, 341, 350, 369, 394
creacionismo 199, 202, 205, 207
Cruz, Antonio 35, 50, 69, 87, 89, 135, 184, 220, 221, 312, 367
Cullmann, Oscar 142

Cuvier, Georges 199

D
Dahrendorf, R. 30, 47
Darwin, Charles R. 27, 63, 152, 187, 188, 189, 190, 191, 192, 193,
    194, 195, 196, 197, 198, 199, 200, 202, 203, 204, 206, 208, 209,
    210, 211, 212, 214, 215, 217, 218, 221, 222, 225, 227, 228, 230,
    233, 238, 269, 289, 291, 306, 313
darwinismo social 200, 201
Daumer, Friedrich 248, 249
Dawkins, Richard 205, 206, 207
Dehesa, Guillermo de la 325, 328, 332, 345
Dembski 223
democracia 36, 55, 65, 107, 115, 121, 140, 184, 231, 256, 319, 327,
    328, 353
Demócrito 88, 235, 239
desarrollo sostenido 339
Descartes, René 79, 80, 81, 82, 83, 84, 85, 86, 87, 88, 90, 91, 92, 93,
    97, 100, 109, 116, 137, 300
desmitificación 153, 154
destino 29, 68, 69, 81, 96, 104, 105, 154, 161, 164, 169, 177, 180,
    232, 262, 264, 373, 398
dictadura del proletariado 245, 246, 284
diezmo 124
diosa Razón 80
disimetría molecular 209
Dooyeweerd, Herman 116, 243
Durkheim, Émile 20, 21, 23, 24, 25, 36, 39, 51

E
Eco, Umberto 332, 361,
economía 12, 13, 23, 21, 25, 33, 45, 46, 55, 122, 123, 127, 184, 195,
    232, 237, 239, 246, 252, 257, 266, 315, 316, 319, 325, 326, 327,
    328, 342, 345, 351, 352
ecotopía 59
ecumenismo 364, 368, 402
educación 33, 57, 96, 110, 119, 136, 138, 139, 143, 144, 145, 169,
    171, 226, 244, 245, 266, 277, 291, 349, 352, 370, 399, 403, 405
    negativa 139
    para la existencia 399
    para la realidad 291
egocentrismo 121
Eisenstadt, S.N. 22
Eliade, Mircea 183

endemismo 53

Epicuro 235, 239

escuela de Frankfurt 16, 32

espiritualismo 205, 385, 386, 387

Esquilo 235

Estado 36, 41, 42, 46, 66, 67, 68, 69, 74, 75, 76, 93, 97, 100, 101,
102, 103, 104, 107, 110, 111, 112, 113, 115, 116, 120, 140, 144,
149, 160, 161, 163, 182, 195, 197, 212, 213, 218, 224, 231, 236,
244, 245, 246, 249, 252, 254, 256, 282, 329, 349, 350, 382
moderno 66, 104
–Nación 329

estado 35, 36, 71, 82, 93, 100, 101, 104, 109, 110, 112, 113, 118, 120,
127, 129, 139, 140, 150, 151, 168, 169, 176, 177, 239, 245, 251,
260, 278, 291, 305, 347, 367
de naturaleza 35, 101, 118, 120
metafísico 177
positivo 177
teológico 176, 291, 305

estamento 227, 244

estatus social 39

estructura social 31, 39, 45, 49, 232, 246, 319

estructuralismo 29, 31, 250

Eva 105, 111, 152, 153, 154, 189

evangelio social 259

evolucionismo 27, 151, 187, 189, 200, 201, 202, 205, 207, 208, 209,
214, 217, 222, 227, 228, 306

excluidos 117, 314, 345, 346, 351, 353

F

familia 33, 35, 37, 38, 39, 41, 42, 43, 50, 56, 65, 68, 96, 97, 116, 127,
144, 158, 160, 173, 190, 194, 201, 233, 236, 237, 239, 241, 245,
271, 274, 287, 314, 315, 316, 319, 327, 332, 341, 342, 343, 352,
390, 395, 396, 403, 404, 405
cristiana 342
de hecho 342
tradicional 319, 341, 342

felicidad 20, 59, 86, 100, 106, 107, 119, 121, 137, 138, 139, 158, 180,
236, 245, 248, 283, 284, 286, 291, 307, 349, 351, 400

Ferris, Timothy 188

Feuerbach 51, 235, 238, 239, 250

Feyerabend 12

Filmer, Robert 111, 112

filosofía 9, 20, 21, 24, 29, 73, 79, 80, 81, 83, 85, 89, 90, 96, 97, 100,
102, 105, 109, 114, 116, 121, 138, 157, 158, 159, 160, 161, 163,

164, 165, 170, 174, 175, 178, 182, 183, 205, 231, 234, 235, 238, 239, 244, 250, 251, 273, 291, 361, 367
  de las luces 80, 239
  positiva 9, 21, 170, 174, 175
filósofos de la sospecha 270
física social 170, 172, 178, 179, 185
Flori, Jean 154, 227
Foucault. M. 31
 Freud, Sigmund 63, 91, 269, 270, 271, 272, 273, 274, 275, 276, 277, 278, 279, 280, 281, 282, 283, 284, 285, 286, 287, 288, 289, 290, 291, 292, 293, 294, 308, 314
Fromm, Erich 236

G
Galileo 77, 81, 87, 97
Galton, Francis 190
García, Esmeralda 114
García Canclini, Néstor 315
Garfinkel, H. 22
Gellner, Ernest 229
generación espontánea 208, 210, 379
Giddens, Anthony 16, 31, 39, 45, 51, 202, 216, 281, 284, 319, 326, 327, 342
Giner 12, 88, 102, 104, 202
globalización 314, 315, 316, 317, 319, 321, 322, 323, 325, 326, 327, 328, 329, 331, 332, 337, 338, 339, 340, 341, 343, 345, 346, 347, 348, 349, 350, 352, 353, 356, 361, 363, 364, 365, 366, 367, 368, 369, 370, 371, 383, 384, 391, 393, 395, 396, 397
Gnuse, Robert 124, 127, 265
gobierno 42, 67, 76, 77, 86, 97, 101, 102, 107, 109, 112, 113, 114, 117, 118, 119, 120, 121, 139, 140, 146, 160, 179, 236, 294, 301, 316, 328, 350, 352, 356
Goffman, E. 22,
Goldschmidt, Richard 221, 222
González Faus, José Ignacio 348
González-Anleo, Juan 20, 34, 242
González-Carvajal, Luis 325, 346, 369, 389
Gould, Stephen Jay 192, 221, 222
Goya 59
Grau, José 53, 151

H
Habermas, J. 16, 32

Haeckel, Ernst 188, 200, 208, 218, 219
Hanegraaff, Hank 374, 375, 385
Hawley, A.H. 22
Hegel, Georg W.F. 63, 79, 157, 158, 159, 160, 161, 162, 163, 164,
    167, 181, 235, 238, 239, 240, 244, 245, 248, 304, 313
Heschel 167
Hitler 150, 163, 201, 317
Hobbes, Thomas 93, 96, 97, 104, 112
Homans, G.C. 22
hombres
    alienados 270
    neuróticos 270
    rebaño 270
Horkheimer, Max 16
Hugo, Victor 106, 221
Hundley, Raymond 258, 260, 264
Huxley, Thomas 188, 189, 190, 192, 193, 194, 195, 198, 200, 204,

I
ilusión religiosa 51
Ilustración 10, 19, 20, 79, 80, 85, 114, 170, 180, 181, 381, 393
inconsciente 44, 91, 188, 240, 241, 269, 270, 273, 275, 276, 277,
    280, 281, 284, 285, 293
    social 240, 241, 284
industria del secuestro 349
institución concha 342
interaccionismo simbólico 31
Isaías 94, 130, 131, 167, 381
Iscariote, Judas 74, 77
Iturrate, José Luis 29

J
Jeremías 58, 131, 133
Jerez 238, 249
Jung, Carl Gustav 274, 286

K
Kant 79, 84, 233
Kundera, Milan 89
Khun 12
Küng, Hans 85, 90, 92, 233, 234, 248, 249, 250, 260, 266, 272, 273,
    283, 284, 286, 292
L
Lakatos 12

Leakey, Richard E. 209
Leibniz 79, 233
Lennon, John 86
Leviatán 93, 96, 97, 98, 99, 101, 104, 114
Lévi-Strauss, C. 31
ley
    biogenética de Haeckel 218, 219
    de los tres estados 173, 176, 179, 180, 181
    del talión 72, 73
    moral natural 118
liberalismo 113, 115, 119, 121, 122, 163, 241, 294, 322
libertad,
    conciencia de la 161, 162
    natural 112
limpieza de la chimenea 279
Livio, Tito 65, 67
Locke, John 63, 109, 110, 111, 112, 113, 114, 115, 116, 117, 118, 119,
    120, 121, 122, 136, 148, 149, 233, 302, 312
Lubac, Henri de 248, 249
lucha
    de clases 23, 25, 47, 238, 241, 242, 243, 244, 246, 250, 251,
    256, 258, 266, 270, 307
    por la existencia 187, 193, 200
Lucrecio 65
Lukács, G. 32
Lutero, Martin 95, 162, 248, 371
Lynd 47
Lyon, David 185

M
Malthus, T.R. 21, 195
Mamón 70
Mandeville, Bernard de 119
Mannheim K. 21
Maquiavelo, Nicolás 65, 66, 67, 68, 69, 70, 71, 72, 73, 77, 93, 107,
    164, 263, 299, 347
maravillosismo 372
Marcu 66
Marcuse 16
Mardones, José Mª. 327, 370
Marín, Godofredo 107, 108
Marx, Karl 20, 21, 23, 25, 36, 45, 47, 51, 56, 63, 91, 157, 164, 170,
    200, 231, 232, 233, 234, 235, 236, 237, 238, 239, 240, 241, 242,

243, 244, 245, 246, 247, 248, 249, 250, 251, 252, 253, 254, 255, 256, 257, 258, 260, 262, 266, 267, 269, 270, 284, 288, 292, 307, 314, 319, 381

marxismo 23, 29, 32, 240, 251, 256, 258, 260, 261, 401
    estructural 32
    ortodoxo 32

marxofobia 260

materialismo 23, 25, 89, 99, 116, 205, 222, 228, 233, 235, 238, 245
    dialéctico 99, 233, 238
    histórico 25, 245

Mayr, Ernst 217

mcdonaldización 350

McLuhan 253, 323, 346

Mead, G.H. 21, 31, 285

mente y su espíritu 335

Mersenne, Marin 97

Merton, R.K. 22, 30, 31

Miller, Stanley L. 209, 210

Mills, C.W. 22

Miqueas 130

mito
    de Edipo 269, 271, 284, 286, 308
    de la propiedad privada 302
    de la razón 79, 80, 90, 300
    de la resurrección 55
    de la sociedad culpable 137, 245, 303, 312
    de las revoluciones 157, 164, 244, 304
    de los tres estados de la humanidad 9, 169, 176, 183, 305
    de un Mesías liberador 55
    del contrato social 93, 103, 106, 149, 158, 301
    del evolucionismo 187, 189, 228, 306
    del príncipe nuevo 65, 68, 72, 73, 77, 299
    social 86, 173, 269

modernidad 50, 68, 114, 240, 311, 319, 397

Moisés 69, 126, 276, 288, 289, 377, 378, 381

Moltmann, Jürgen 251, 411

monarquía 97, 101, 112, 113, 114, 115, 117, 118, 127, 249

monoteísmo 176, 178, 276, 288, 290, 292

Moro, Tomás 59

Mott 155

movimiento de la fe 375

muerte 36, 41, 47, 54, 55, 57, 66, 73, 75, 76, 77, 87, 100, 105, 124, 128, 141, 142, 150, 151, 152, 155, 165, 168, 174, 175, 180, 183, 187, 203, 206, 235, 237, 243, 261, 262, 264, 267, 270, 272, 273,

275, 288, 290, 313, 347, 359, 363, 367, 373, 374, 384, 391, 410, 411, 412
mujer,
    situación social de 50
mundialización 256, 314, 315, 332, 346, 350, 352, 355, 356, 360, 361, 364, 367, 402
mundo desbocado 319
mutación 147, 220, 353

N
nación 42, 53, 102, 127, 130, 133, 272, 328, 329, 355, 356, 365, 411
nacionalismo 327
neodarwinismo 209, 219, 220, 221
Newton, Isaac 87, 116
Nietzsche, Friedrich 85, 91, 269, 270, 381
norma 24, 44, 117, 263, 294, 383
nuevos bárbaros 337

O
ONU 48, 349, 351, 352
Oparin, Alexander I. 209
orden social 9, 11, 19, 30, 31, 38, 52, 85, 93, 121, 149, 172, 178, 256, 260
organicismo 182
órganos,
    homólogos 214
    rudimentarios 225, 227
Oseas 129, 130

P
Pablo, San 118, 289, 305, 321, 332
Paley, William 190, 224
paraíso comunista 246
Pareto, V. 21
Park, R.E. 21
Parsons, T. 21, 22, 31, 47, 182
Pascal, Blas 91
Pasteur, Louis 208
Patrizi, F. 59
pecado original 138, 150, 151, 153, 269, 289, 303
pensamiento único 253, 350, 356, 360
Pérez, Adán 27, 183, 400
Pinillos, José Luis 89
Platón 59, 86, 144

plusvalía 239, 246, 247
poder absoluto 19, 93, 94, 111, 112, 114, 301
polimerización 209
politeísmo 176, 178, 290, 292
Popper, Karl 205
pornografía de la ciencia 92
positivismo 28, 60, 90, 170, 174, 175, 180, 181, 182, 183, 185
postmodernidad 50, 90, 91, 92, 314, 374, 380, 381, 398
principio
	antrópico 223, 224
	de la unidad de la razón 83
privatización de la religión 370
progreso, idea de 20, 176, 207
proletariado 36, 45, 231, 233, 236, 242, 243, 245, 246, 247, 252, 254,
	257, 284, 307, 313
Prometeo 63, 235
propiedad privada 20, 63, 76, 86, 109, 111, 113, 119, 120, 121, 122,
	123, 124, 125, 126, 127, 132, 135, 136, 148, 149, 171, 240, 243,
	245, 246, 251, 252, 255, 265, 302, 303, 312, 323
pseudociencia 201, 204
psicología analítica 286
puritanismo 51, 374

R
Raison, Timothy 91, 173, 182, 193, 232
Ramírez Erre, Marcos 331
Ranaudet, Augustin 71
razón,
	de Estado 67
	ilustrada 91
Reforma protestante 19, 96, 114, 158, 162, 163, 371, 376
relaciones de pareja 49, 342
religión,
	cohesión social 24, 25, 66
	crear solidaridad 24
	de la humanidad 172, 181, 305
	neurosis obsesiva 282, 289, 291, 308
	opio del pueblo 25, 164, 233, 239, 248, 249, 255, 307
	primitiva 291
resocialización 38
responsabilidad individual 37, 57, 125, 151, 154, 158, 294, 352
Revolución,
	científica 35, 83

francesa 20, 42, 107, 140, 149, 150, 157, 159
   gloriosa 118
   industrial 23, 122, 321, 322
Rodríguez Aranda, Luis 114
rol social 40
Ropero, Alfonso 88, 89, 110, 114, 115, 183
Rousseau, Jean-Jacques 36, 110, 114, 115, 137, 138, 139, 140, 141,
   142, 143, 144, 145, 146, 147, 148, 149, 150, 154, 155, 180, 233,
   235, 245, 282, 294, 303, 312, 375
Rufin 337

S
Saint-Simon 20, 174
Schrage 74
selección natural 189, 193, 194, 195, 196, 197, 198, 199, 200, 202,
   203, 205, 206, 207, 210, 211, 212, 213, 215, 219, 222, 225, 226,
   227
Senillosa, Ignasi de 349
sentimiento,
   de comunidad 286
   de culpabilidad 269, 289, 292, 308
   de inferioridad 286
Sicre, José Luis 133
Simmel, G. 21
sincretismo 372, 402
sinfronterismo 346
sistema irreductiblemente complejo 210, 211
Smith, A. 21
sociedad
   capitalista 25, 32, 244, 247
   culpable 137, 245, 303, 312
   del ocio 343
   del riesgo 326
   depresiva 343
   industrial 10, 22, 46, 180, 181, 182, 184, 343
   red 314, 319
sociobiología 106, 205, 206, 216
sociocracia 20, 172
sociolatría 20, 180
sociología 7, 9, 10, 11, 12, 13, 15, 16, 19, 20, 21, 22, 23, 24, 25, 27,
   28, 29, 31, 32, 33, 34, 39, 41, 47, 49, 55, 56, 57, 58, 60, 63, 88,
   104, 169, 170, 171, 172, 176, 179, 181, 182, 183, 184, 186, 199,
   202, 231, 232, 242, 250, 284, 351, 382, 383, 393, 398, 409, 412

carácter enciclopédico *27*
ciencia positiva *11, 27, 172, 179, 270*
evolucionista *27*
nueva religión *10, 19, 20, 305*
Sócrates 141, 409
Spencer, Herbert 27, 182, 192, 200
suicidio 24, 174, 238, 349, 383
Summer, W.G. 21
supervivencia de los mejores 200

T
tabú 276, 289
Teilhard de Chardin, Pierre 229
teleevangelistas 311, 385
temor a sobrar 348
teodicea 104, 157, 163, 206
teología
    de la liberación 23, 250, 257, 258, 259, 260, 261, 262, 263, 264, 266, 314
    de la prosperidad 314, 374, 375, 402
    de la resignación 19
teoría,
    crítica 16, 32
    de la evolución 188, 195, 196, 199, 202, 204, 211, 217, 219, 220, 233
    de la pangénesis 199
    de las dos plantas 84, 85
    del Big Bang 34, 35
    del conflicto 30
    del consenso 30
    del diseño inteligente 224, 227
    del equilibrio puntual 217
    sensualista 110
teóricos,
    del conflicto 47
    del equilibrio 47
tiempo,
    en la Biblia 164
Tillich, Paul 151, 152

tolerancia 19, 107, 114, 115, 116, 119, 319, 360, 394, 398, 399
totemismo 51, 269, 289, 290, 292, 308
tótems 86

trabajo 11, 13, 20, 21, 24, 25, 33, 37, 41, 45, 50, 52, 94, 95, 100, 109, 119, 120, 123, 131, 136, 142, 144, 145, 149, 171, 174, 180, 185, 187, 190, 193, 194, 196, 197, 200, 237, 240, 244, 246, 247, 248, 254, 255, 256, 258, 269, 293, 302, 303, 313, 337, 338, 340, 345, 352, 353, 374, 385, 395, 397

U
Umbral, Francisco 349, 350
uniformismo 356
Urey, Harold C. 209
uso 16, 33, 39, 43, 73, 82, 113, 133, 138, 154, 177, 217, 224, 225, 234, 256, 263, 264, 348, 378, 405
utopía 21, 23, 59, 86, 89, 139, 181

V
valor 37, 49, 56, 71, 94, 108, 110, 122, 123, 126, 129, 135, 148, 151, 165, 166, 233, 241, 247, 261, 283, 307, 311, 348, 372, 377, 378, 381, 387, 391, 395, 398, 399
Vanasco, Alberto 159, 159, 160
Veblen, T. 21
virtù política 67
Voltaire 19, 146, 233, 235, 381
voluntad
    colectiva 140
    general 36, 139, 149, 150
    individual 140

W
Warner 47
Weber, Max 20, 21, 23, 24, 25, 50, 51, 89, 95, 122, 184, 249, 319, 374, 391,
Wilson, Edward O. 216
Woodward 402

Y
Yanagi, Yukinori 331, 332

Z
Zelote, Simón 74
Zoroastro 53

BIBLIOGRAFÍA

ABBAGNANO, N. 1982, *Historia de la filosofía,* 3 vols., Hora, Barcelona.

ADORNO, Th. W. 1996, *Introducción a la sociología (1968),* Gedisa, Barcelona.

ALBERCH, P. 1984, La embriología en el darwinismo: un problema clásico con nuevas perspectivas, en P. Alberch y otros (ed.), *Darwin a Barcelona,* PPU, Barcelona, 401-442.

ALEGRE, X. 1999, La mundialización "kath-ólica", en F. Fernández Buey y otros, (ed.), *¿Mundialización o conquista?,* Sal Terrae, Santander, 17-41.

ANATRELLA, T. 1994, *El sexo olvidado,* Sal Terrae, Santander.

ANATRELLA, T. 1995, *Contra la sociedad depresiva,* Sal Terrae, Santander.

ARON, R. 1996, *Las etapas del pensamiento sociológico,* 2 vols., Fausto, Argentina.

ASSMANN, H. 1993, Economía y teología, en Floristán, C. & Tamayo, J. J. (ed.) *Conceptos fundamentales del cristianismo,* Trotta, Madrid, 352-367.

AUBACH, Mª. T. y otros, 1986, *Utopía y postmodernidad,* Universidad Pontificia de Salamanca.

BARINCOU, E. 1985, *Maquiavelo,* Salvat, Barcelona.

BARRIENTOS, A. 1993, *Sociología y fe cristiana,* Instituto Internacional de Evangelización a fondo, San José, Costa Rica.

BATAILLE, G. 1998, *Teoría de la religión,* Taurus, Madrid.

BASTIAN, J. P. 1999, Sociología histórica del cambio religioso en México y en América Latina, en Blancarte, R. J. & Casillas, R. (ed.) *Perspectivas del fenómeno religioso,* Facultad Latinoamericana de Ciencias Sociales, México, 205-249.

BAUBÉROT, J. y otros, 1996, *El protestantismo de A a Z,* Gayata Ediciones, Barcelona.

BAUM, G. 1980, *Religión y alienación. Lectura teológica de la sociología,* Cristiandad, Madrid.

BECK, U. 2000, *¿Qué es la globalización?,* Paidós, Barcelona.

BELLOSTAS, J. 1991, *Sociología y cristianismo en el desarrollo de la familia,* Clie, Terrassa, Barcelona.

BERGER, P. L. 1971, *Para una teoría sociológica de la religión,* Kairós, Barcelona.

BERGER, P. L. 1995, *Invitació a la sociologia,* Herder, Barcelona.

BERGER, P. L. & LUCKMANN, Th. 1996, *La construcció social de la realitat,* Herder, Barcelona.

BERIAIN, J. & ITURRATE, J. L. (Editores) 1998, *Para comprender la teoría sociológica,* Verbo Divino, Estella, Navarra.

BILBENY, N. 1993, *El idiota moral. La banalidad del mal en el siglo XX,* Anagrama, Barcelona.

BLANCARTE, R. J. & CASILLAS, R. 1999, *Perspectivas del fenómeno religioso,* Facultad Latinoamérica de Ciencias Sociales, México.

BLOCH, E. y otros, 1973, *El futuro de la esperanza,* Sígueme, Salamanca.

BLUMENBERG, W. 1970, *Karl Marx en documentos propios y testimonios gráficos,* Edicusa, Madrid.

BLUMENBERG, W. 1984, *Marx,* Salvat, Barcelona.

BONHOEFFER, D. 1980, *Sociología de la Iglesia,* Sígueme, Salamanca.

BOORSTIN, D. J. 1999, *Los pensadores,* Crítica, Barcelona.

BOURDIEU, P. 1998, *Sobre la televisión,* Anagrama, Barcelona.

BOURDIEU, P. & WACQUANT, L. J. D. 1994, *Per a una sociologia reflexiva,* Herder, Barcelona.

BRIVA, A. 1961, *El tiempo de la Iglesia en la teología de Cullmann,* Seminario Conciliar de Barcelona, Barcelona.

CABEZAS DE HERRERA, R. 1989, *Freud, el teólogo negativo,* Universidad Pontificia de Salamanca.

CAMMILLERI, R. 1995, *Los monstruos de la razón,* Rialp, Madrid.

CARDÚS, S. 2000, *El desconcert de l'educació,* La Campana, Barcelona.

CASTELLS, M. 1999, *La era de la información, Vol. 3, Fin de milenio,* Alianza Editorial, Madrid.

CASTELLS, M. 2000a, *La era de la información, Vol. 1, La sociedad red,* Alianza Editorial, Madrid.

CASTELLS, M. 2000b, *La era de la información, Vol. 2, Economía, sociedad y cultura,* Alianza Editorial, Madrid.

CHAUVIN, R. 2000, *Darwinismo, el fin de un mito,* Espasa Calpe, Madrid.

CLAVAL, P. 1991, *Els mites fundadors de les ciències socials,* Herder, Barcelona.

COENEN, L. y otros, 1984, *Diccionario teológico del Nuevo Testamento,* 4 vols. Sígueme, Salamanca.

COLSON, CH. & PEARCEY, N. 1999, *Y ahora... ¿cómo viviremos?,* Unilit, Miami, Estados Unidos.

COMTE, A. 1997, *Discurso sobre el espíritu positivo,* Alianza Editorial, Madrid.

CRUZ, A. 1996, *¿De dónde venimos?,* en F. Ortiz y otros (ed.), *Expediente X, ideas y recursos para el estudiante cristiano,* Clie, Terrassa, Barcelona, 85-105.

CRUZ, A. 1997, *Postmodernidad,* Clie, Terrassa, Barcelona.

CRUZ, A. 1998, *Parábolas de Jesús en el mundo postmoderno,* Clie, Terrassa, Barcelona.

CRUZ, A. 1999, *Bioética cristiana,* Clie, Terrassa, Barcelona.

COMÍN, A. 1999, La mundialización: aspectos políticos, en F. Fernández Buey y otros, (ed.), *¿Mundialización o conquista?,* Sal Terrae, Santander, 87-159.

CONILL, J & MARÍAS, I. 1994, *Sigmund Freud,* Ega donostiarra, Bilbao.

CONILL, J. & DOLTRA, M. 1996, *Karl Marx, l'humanisme marxista,* Ega donostiarra, Bilbao.

COLOMER, E. 1986, *El pensamiento alemán de Kant a Heidegger. II. El Idealismo: Fichte, Schelling y Hegel,* Herder, Barcelona.

CORTÉS, J. 1998, Una aparente paradoja, en El "Manifiesto comunista" ha salvado el capitalismo, *El Ciervo,* 566: 7.

CULLMANN, O. 1999, *La oración en el Nuevo Testamento,* Sígueme, Salamanca.

DARWIN, Ch. 1972, *Teoría de la evolución,* Península, Barcelona.

DARWIN, Ch. 1973, *El origen del hombre,* 2 vols., Petronio, Barcelona.

DARWIN, Ch. 1977, *Autobiografía,* Alianza Editorial, Madrid.

DARWIN, Ch. 1980, *El origen de las especies,* Edaf, Madrid.

DARWIN, Ch. 1983a, *Recuerdos del desarrollo de mis ideas y carácter,* Nuevo Arte Thor, Barcelona.

DARWIN, Ch. 1983b, *Ensayo sobre el instinto y apunte biográfico de un niño,* Tecnos, Madrid.

DARWIN, Ch. 1994, *El origen de las especies,* Reseña, Barcelona.

DAWKINS, R. 1979, *El gen egoísta,* Labor, Barcelona.

DEBORD, G. 1999, *Comentarios sobre la sociedad del espectáculo,* Anagrama, Barcelona.

DE LA DEHESA, G. 2000, *Comprender la globalización,* Alianza Editorial, Madrid.

DE LUBAC, H. 1989, *La posteridad espiritual de Joaquín de Fiore,* 2 vols., Encuentro, Madrid.

DE SEBASTIÁN, L. 1999, La mundialización económica, en F. Fernández Buey y otros, (ed.), *¿Mundialización o conquista?,* Sal Terrae, Santander, 59-86.

DE SENILLOSA, I. 1999, La mundialización social, en F. Fernández Buey y otros, (ed.), *¿Mundialización o conquista?,* Sal Terrae, Santander, 161- 196.

DEMBSKI, W. A. 1998, *The Design Inference: Eliminating Chance through Small Probabilities,* Cambridge University Press, Cambridge.

DESCARTES, R. 1997, *Discurso del método/ Meditaciones metafísicas,* Colección Austral, Espasa Calpe, Madrid.

DOOYEWEERD, H. 1998, *Las raíces de la cultura occidental,* Clie, Terrassa, Barcelona.

DURKHEIM, E. 1992, *Las formas elementales de la vida religiosa,* Akal, Madrid.

ECO, H. 2000, entrevista por Florent Latrive y Annick Rivoire reproducida en *El Periódico de Cataluña,* 7 de enero, 2000.

ECHANO, J. 1997, *Augusto Comte (1798-1857),* Ediciones del Orto, Madrid.

ELLACURÍA, I. 1993, "Salvación en la historia", en Floristán, C. & Tamayo, J. J. (ed.) *Conceptos fundamentales del cristianismo,* Trotta, Madrid, 1252-1274.

ESCOBAR, S. 1997, "Una actitud cristiana ante el trabajo", *Andamio,* 3:66-76.

FERNANDEZ BUEY, F. 1999, El mundo visto desde abajo, en F. Fernández Buey y otros, (ed.), *¿Mundialización o conquista?,* Sal Terrae, Santander, 9-16.

FERRÉS, J. 1998, *Televisión y educación,* Paidós, Barcelona.

FERRIS, T. 1995, *La aventura del Universo,* Grijalbo Mondadori, Barcelona.

FINKIELKRAUT, A. 1998, *La humanidad perdida,* Anagrama, Barcelona.

FLORI, J. 1983, *Los orígenes una desmitificación,* Safeliz, Madrid.

FLORI, J. & RASOLOFOMASOANDRO, H. 2000, *En busca de los orígenes ¿evolución o creación?,* Safeliz, Madrid.

FLORISTAN, C. & TAMAYO, J. J., 1993, *Conceptos fundamentales del cristianismo,* Trotta, Madrid.

FREUD, S. 1970, *Autobiografía,* Alianza Editorial, Madrid.

FREUD, S. 1971, *Psicoanálisis del arte,* Alianza Editorial, Madrid.

FREUD, S. 1972, *Obras completas,* 9 vols., Biblioteca Nueva, Madrid.

FREUD, S. 1974, *Escritos sobre judaísmo y antisemitismo,* Alianza Editorial, Madrid.

FREUD, S. 1979, *Introducción al psicoanálisis,* Alianza Editorial, Madrid.

FREUD, S. 1979, *Ensayos sobre la vida sexual y la teoría de las neurosis,* Alianza Editorial, Madrid.

FROMM, E. 1962, *Marx y su concepto de hombre,* Fondo de Cultura Económica, México.

GARCÍA CANCLINI, N. 1999, *La globalización imaginada,* Paidós, Barcelona.

GARCÍA SÁNCHEZ, E. 1995, *John Locke (1632-1704),* Ediciones del Orto, Madrid.

GAVIN DE BEER, SIR, 1985, *Rousseau,* Salvat, Barcelona.

GELLNER, E. 1994, *Posmodernismo, razón y religión,* Paidós, Barcelona.

GIDDENS, A. 1998, *Sociología,* Alianza Editorial, Madrid.

GIDDENS, A. 2000, *Un mundo desbocado. Los efectos de la globalización en nuestras vidas,* Taurus, Madrid.

GINER, S. y otros (eds.), 1998, *Diccionario de sociología,* Alianza Editorial, Madrid.

GIRALDI, G. 1978, *Fe cristiana y materialismo histórico,* Sígueme, Salamanca.

GNUSE, R. 1987, *Comunidad y propiedad en la tradición bíblica,* Verbo Divino, Estella, Navarra.

GOMIS, J. 1998, La prueba del pudin es que se come, en El "Manifiesto comunista" ha salvado el capitalismo, *El Ciervo,* 566: 9.

GONZÁLEZ-ANLEO, J. 1994, *Para comprender la sociología,* Verbo Divino, Estella, Navarra.

GONZÁLEZ-CARVAJAL, L. 2000, *Los cristianos del siglo XXI,* Sal Terrae, Santander.

GONZÁLEZ CASANOVA, J. A. 1998, Las crisis económicas han engordado el capitalismo, en El "Manifiesto comunista" ha salvado el capitalismo, *El Ciervo,* 566: 10.

GONZÁLEZ FAUS, J. I. 1999, La mundialización cosmovisional, en F. Fernández Buey y otros, (ed.), *¿Mundialización o conquista?,* Sal Terrae, Santander, 197-214.

GOTTSCHALK, L. y otros, 1977, *Historia de la Humanidad,* T. 5, Planeta/ Sudamericana, Barcelona.

GOULD, S. J. 1983, *El pulgar del panda,* Hermann Blume, Madrid.

GRASSÉ, P. P. 1977, *La evolución de lo viviente,* Hermann Blume, Madrid.

GRAU, J. 1968, *Aquí va la respuesta,* Ediciones Evangélicas Europeas, Barcelona.

GRAU, J. 1987-1990, *Catolicismo romano: orígenes y desarrollo,* 2 vols. Ediciones Evangélicas Europeas, Barcelona.

HANEGRAAFF, H. 1993, *Cristianismo en crisis,* Unilit, Miami.

HARMAN, P. M. 1987, *La revolución científica,* Crítica, Barcelona.

HEGEL, G. W. F. 1998, *Escritos de juventud,* Fondo de Cultura Económica, México.

HEGEL, G. W. F. 1999, *Fenomenología del Espíritu,* Fondo de Cultura Económica, Madrid.

HESCHEL, A. J. 1973, *Los profetas. II. Concepciones históricas y teológicas,* Paídos, Buenos Aires.

HOBBES, T. 1999, *Leviatán o la materia, forma y poder de un Estado eclesiástico y civil,* Alianza Editorial, Madrid.

HUGO, V. 1973, *Los miserables,* Petronio, Barcelona.

HUNDLEY, R. C. 1990, *Teología de la liberación,* CLC, Bogotá.

HUXLEY, J. & KETTLEWEL, 1984, *Darwin,* Salvat, Barcelona.

JEREZ, R. 1994, *Marx (1818-1883),* Ediciones del Orto, Madrid.

JOHNSON, Ph. E. 1995, *Proceso a Darwin,* Portavoz, Grand Rapids, Michigan, EEUU.

JONES, E. 1984, *Freud,* 2 vols., Salvat, Barcelona.

KÜNG, H. 1980, *¿Existe Dios? Respuesta al problema de Dios en nuestro tiempo,* Cristiandad, Madrid.

LOCKE, J. 1980, *Ensayo sobre el entendimiento humano,* 2 vol., Editora Nacional, Madrid.

LOCKE, J. 1985, *Carta sobre la tolerancia,* Tecnos, Madrid.

LOCKE, J. 1991, *Dos ensayos sobre el gobierno civil,* Espasa Calpe, Madrid.

LYON, D. 1979, *Cristianismo y sociología,* Certeza, Buenos Aires.

MAQUIAVELO, N. 1996, *El Príncipe,* Alianza Editorial, Madrid.

MARCU, V. 1967, *Maquiavelo,* Espasa-Calpe, Madrid.

MARDONES, J. Mª. 1996, *¿Adónde va la religión?,* Sal Terrae, Santander.

MARDONES, J. Mª. 1999, *Síntomas de un retorno. La religión en el pensamiento actual,* Sal Terrae, Santander.

MARÍN, G. 1985, *Evangelio y progreso social,* Universidad Central de Venezuela, Caracas.

MARSAL, J. F. 1975, *La sociología,* Salvat, Barcelona.

MARX, K. 1970, "Tesis sobre Feuerbach", en *La Ideología alemana,* Grijalbo, Barcelona.

MARX, K. & ENGELS, F. 1974, *Contribución a la crítica de la filosofía del derecho de Hegel,* Sígueme, Salamanca.

MARX, K. & ENGELS, F. 1997, *Manifiesto comunista,* Akal, Madrid.

MARX, K. 1999a, *Manuscritos: economía y filosofía,* Alianza Editorial, Madrid.

MARX, K. 1999b, *El Capital. Crítica de la Economía Política,* Fondo de Cultura Económica, México.

McLUHAN, M. & POWERS, B. R. 1990, *La aldea global,* Gedisa, Barcelona.

MEDRAS, H. 1968, *Elementos de sociología,* Ed. de cultura popular, Barcelona.

MIRET MAGDALENA, E. 1998, ¿Es proletario el ejecutivo?, en El "Manifiesto comunista" ha salvado el capitalismo, *El Ciervo,* 566: 11.

MOLTMANN, J. & HURBON, L. 1980, *Utopía y esperanza. Diálogo con Ernst Bloch,* Sígueme, Salamanca.

MOLTMANN, J. 1986, *El hombre,* Sígueme, Salamanca.

MOOREHEAD, A. 1980, *Darwin. La expedición en el Beagle (1831-1836),* Ed. del Serbal, Barcelona.

MORAZÉ, Ch. 1977, *Historia de la Humanidad,* T. 8, Planeta/ Sudamericana, Barcelona.

MOTT, S. Ch. 1995, *Etica bíblica y cambio social,* Nueva Creación, Buenos Aires.

PÉREZ ADÁN, J. 1997, *Sociología, concepto y usos,* Eunsa, Navarra.

PÉREZ ADÁN. J. 1998, *Manifiesto anticonservador,* Carmaiquel, Valencia.

PINILLOS, J. L. 1995, *La mente humana,* Temas de hoy, Madrid.

PLÉ, A. 1968, *Freud et la religion,* Les éditions du cerf, Rouen, Francia.

POPPER, K. R. 1977, *Búsqueda sin término,* Tecnos, Madrid.

PORZECANSKI, T. 1982, *Mito y realidad en las ciencias sociales,* Humanitas, Buenos Aires.

PRADES, J. A. 1998, *Lo sagrado, del mundo arcaico a la modernidad,* Península, Barcelona.

RÁBADE, S. y otros, 1996, *Kant: conocimiento y racionalidad,* Pedagógicas, Madrid.

RAISON, T. 1970, *Los padres fundadores de la ciencia social,* Anagrama, Barcelona.

RIBAS, A. 1998, Pretender la exclusiva de la revolución, en El "Manifiesto comunista" ha salvado el capitalismo, *El Ciervo,* 566: 5.

ROPERO, A. 1999, *Introducción a la filosofía,* Clie, Terrassa, Barcelona.

ROUSSEAU, J. J. 1991, *Las confesiones*, Orbis, Barcelona.

ROUSSEAU, J. J. 1996, *Del Contrato social/ Discurso sobre las ciencias y las artes/Discurso sobre el origen y los fundamentos de la desigualdad entre los hombres*, Alianza Editorial, Madrid.

ROUSSEAU, J. J. 1998, *Emilio, o De la educación*, Alianza Editorial, Madrid.

RUFIN, J. C. 1992, *El imperio y los nuevos bárbaros*, Rialp, Madrid.

SARTORI, G. 1998, *Homo videns. La sociedad teledirigida*, Taurus, Madrid.

SCHAEFFER, F. A. 1969, *Huyendo de la razón*, Ediciones Evangélicas Europeas, Barcelona.

SICRE, J. L. 1979, *Los dioses olvidados. Poder y riqueza en los profetas preexílicos*, Cristiandad, Madrid.

SIMMEL, G. 1988, *Sociología I y II*, Edicions 62, Barcelona.

STRUBBIA, M. 1981, *Doctrina social de la Iglesia*, Paulinas, Buenos Aires.

TILLICH, P. 1982, *Teología sistemática*, 3 vols., Sígueme, Salamanca.

TORRALBA, F. 1998, No previeron las violencias nacionales, en El "Manifiesto comunista" ha salvado el capitalismo, *El Ciervo*, 566: 13.

TOURNIER, P. 1999, *El mito de una sociedad sin Dios*, Clie, Terrassa, Barcelona.

UMBRAL, F. 2000, La globalización, *El Mundo*, 24.05.00, p. 76.

VANASCO, A. 1973, *Vida y obra de Hegel*, Planeta, Barcelona.

VÁZQUEZ MONTALBÁN, M. 1999, La mundialización cultural, en F. Fernández Buey y otros, (ed.), *¿Mundialización o conquista?*, Sal Terrae, Santander, 43-58.

WARE, C. F. y otros, 1977, *Historia de la Humanidad*, T. 10, Planeta/Sudamericana, Barcelona.

WEBER, M. 1986, *El político y el científico*, Madrid.

WEBER, M. 1995, *La ética protestante y el espíritu del capitalismo*, Península, Barcelona.

WHITCOMB, J. C. & MORRIS, H. M. 1982, *El diluvio del Génesis*, Clie, Terrassa, Barcelona.

WILSON, E. O. 1980, *Sociobiología, la nueva síntesis*, Omega, Barcelona.

WOODWARD. K. L. 2001, El nuevo rostro de la iglesia, *Newsweek*, 18.04.01, pp. 40-46.

WRIGHT MILLS, C. 1992, *La imaginació sociològica*, Herder, Barcelona.

ZWETSCH, R. E. y otros, 2000, *Desafíos a la fe en tiempos de globalización*, Clai, Quito, Ecuador.

Sociología

Una desmitificación

GUÍA DE ESTUDIO

por Richard Ramsay

Facultad Latinoamericana de Estudios Teológicos

Contenido

Cómo obtener un curso acreditado por FLET 441
Cómo hacer el estudio 443
Cómo establecer un seminario en su iglesia 445
El plan de enseñanza FLET 447
Descripción del curso 448
Metas y objetivos 448
Tareas en general 449
Programa de tareas específicas 449
Libros recomendados para lectura adicional 451
Cómo escribir el ensayo 452
Calificación 452
Lecciones 453
Manual para el facilitador 469
Respuestas a las preguntas de repaso 469

Cómo obtener un curso acreditado por FLET

Si el estudiante desea recibir crédito por este curso, debe:

1. Llenar la solicitud de ingreso.
2. Proveer una carta de referencia de su pastor o un líder cristiano reconocido.
3. Pagar el costo correspondiente. (Ver «Política financiera» en el *Catálogo académico.*)
4. Enviar a la oficina de FLET o entregar al representante de FLET autorizado, una copia de su diploma, certificado de notas o algún documento que compruebe que haya terminado los doce años de la enseñanza secundaria (o educación media).
5. Hacer todas las tareas indicadas en esta guía.

Nota: Ver «Requisitos de admisión» en el *Catálogo académico* para más información.

Cómo hacer el estudio

Cada libro describe el método de estudios ofrecido por esta institución. Siga cada paso con cuidado. Una persona puede hacer el curso individualmente, o se puede unir con otros miembros de la iglesia que también deseen estudiar.

En forma individual:
Si el estudiante hace el curso como individuo, se comunicará directamente con la oficina de la Universidad FLET. El alumno enviará su examen y todas sus tareas a esta oficina, y recibirá toda comunicación directamente de ella. El texto mismo servirá como «profesor» para el curso, pero el alumno podrá dirigirse a la oficina para hacer consultas. El estudiante deberá tener a un pastor o monitor autorizado por FLET para tomar su examen (sugerimos que sea la misma persona que firmó la carta de recomendación).

En forma grupal:
Si el estudiante hace el curso en grupo, se nombrará un «facilitador» (monitor, guía) que se comunicará con la oficina de FLET. Por tanto, los alumnos se comunicarán con el facilitador, en vez de comunicarse directamente con la oficina de FLET. El grupo puede escoger su propio facilitador, o el pastor puede seleccionar a uno del grupo que cumpla con los requisitos necesarios para ser guía o consejero, o los estudiantes pueden desempeñar este rol por turno. Sería aconsejable que la iglesia tenga varios grupos de estudio y que el pastor sirva de facilitador de uno de los grupos; cuando el pastor se involucra, su ejemplo anima a la congregación entera y él mismo se hace partícipe del proceso de aprendizaje.

Estos grupos han de reunirse una vez por semana en la iglesia bajo la supervisión del facilitador para que juntos puedan cumplir con los requisitos de estudio (los detalles se encontrarán en las próximas páginas). Recomendamos que los grupos (o «peñas») sean compuestos de 5 a no más de 10 personas.

El facilitador seguirá el «Manual para el facilitador» que se encuentra al final del libro. El texto sirve como «profesor», mientras que el facilitador sirve de coordinador que asegura que el trabajo se haga correctamente.

Cómo establecer
un seminario en su iglesia

Para desarrollar un programa de estudios en su iglesia, usando los cursos ofrecidos por la Universidad FLET, se recomienda que la iglesia nombre a un comité o a un Director de Educación Cristiana. Luego, se deberá escribir a Miami para solicitar el catálogo ofrecido gratuitamente por FLET.

El catálogo contiene:

1. La lista de los cursos ofrecidos, junto con programas y ofertas especiales,
2. La acreditación que la Universidad FLET ofrece,
3. La manera de afiliarse a FLET para establecer un seminario en su iglesia.

Luego de estudiar el catálogo y el programa de estudios ofrecidos por FLET, el comité o el director podrá hacer sus recomendaciones al pastor y a los líderes de la iglesia para el establecimiento de un seminario o instituto bíblico acreditado por FLET.

Universidad FLET
14540 SW 136 Street No 200
Miami, FL 33186
Teléfono: (305) 232-5880
Fax: (305) 232-3592
e-mail: admisiones@flet.edu
Página web: www.flet.edu

El plan de enseñanza FLET

El proceso educacional debe ser disfrutado, no soportado. Por lo tanto no debe convertirse en un ejercicio legalista. A su vez, debe establecer metas. Llene los siguientes espacios:

Anote su meta diaria: _____
Hora de estudio: _____
Día de la reunión: _____
Lugar de la reunión: _____

Opciones para realizar el curso
Este curso se puede realizar de tres maneras. El alumno puede escoger el plan intensivo con el cual puede completar sus estudios en un mes y entonces, si desea, puede rendir el examen final de FLET para recibir acreditación. Si desea hacer el curso a un paso más cómodo lo puede realizar en el espacio de dos meses (tiempo recomendado para aquellos que no tienen prisa). Al igual que en la primera opción, el alumno puede rendir un examen final para obtener crédito por el curso. Otra opción es hacer el estudio con el plan extendido, en el cual se completan los estudios y el examen final en tres meses. Las diversas opciones se conforman de la siguiente manera:

Plan intensivo: un mes (4 sesiones)   Fecha de reunión
Primera semana: *Lecciones 1-2*   _____
Segunda semana: *Lecciones 3-4*   _____
Tercera semana: *Lecciones 5-6*   _____
Cuarta semana: *Lecciones 7-8, y*   _____
Examen final de FLET   _____

Plan regular: dos meses (8 sesiones)   Fecha de reunión
Primera semana: *Lección 1*   _____
Segunda semana: *Lección 2*   _____
Tercera semana: *Lección 3*   _____
Cuarta semana: *Lección 4*   _____

Quinta semana: *Lección 5* _____
Sexta semana: *Lección 6* _____
Séptima semana: *Lección 7* _____
Octava semana: *Lección 8, y* _____
Examen final _____

Plan extendido: tres meses (3 sesiones)   Fecha de reunión
Primer mes: *Lecciones 1-3* _____
Segundo mes: *Lecciones 4-6* _____
Tercer mes: *Lecciones 7-8, y* _____
Examen final _____

Descripción del curso
Este curso analiza el pensamiento sociológico secular bajo el lente de la Biblia. Se usa como texto principal el libro titulado *Sociología: Una desmitificación*, por Antonio Cruz.

Metas y objetivos

Metas:
1. (Cognitiva) El alumno conocerá el pensamiento sociológico secular y comprenderá el enfoque bíblico de estos conceptos.

2. (Afectiva) El alumno desarrollará una actitud crítica constructiva para analizar los conceptos de pensadores sociológicos importantes, buscando lo positivo y lo negativo en ellos, de acuerdo con la enseñanza bíblica.

3. (Conducta/volitiva) El alumno leerá los materiales con cuidado y con criterio, y escribirá un ensayo acerca de algún tema presentado en el curso.

Objetivos:
El alumno demostrará que ha logrado las metas al hacer lo siguiente:
1. Entregará un cuaderno con las respuestas para las preguntas de repaso, el bosquejo y los apuntes para cada capítulo.
2. Entregará un informe de lectura adicional (300 páginas).
3. Entregará un ensayo acerca de algún tema estudiado en el curso, mostrando su conocimiento del tema y su actitud crítica constructiva.
4. Aprobará el examen final.

Tareas en general

El alumno:

1. Leerá el texto *Sociología: Su desmitificación,* por Antonio Cruz.
2. Mantendrá un cuaderno en el que realizará: apuntes de cada capítulo, un bosquejo de cada capítulo, y respuestas para las preguntas de repaso (entregará el cuaderno al final del curso para ser evaluado como parte de su nota final).
3. Realizará la lectura adicional de 300 páginas, seleccionadas de la lista de libros recomendados.
4. Entregará un informe de su lectura. El informe debe incluir la información bibliográfica de los libros leídos, el número de páginas leídas, y las respuestas a las siguientes preguntas: a) ¿De qué se trata esta lectura?; b) ¿Qué le llamó la atención?; c) ¿Está en desacuerdo con el autor con respecto a algún tema? ¿por qué?; y d) ¿Cómo afecta –de manera práctica– a su vida y su ministerio lo que ha aprendido en esta lectura?
5. Entregará un ensayo escrito acerca de un tema relacionado con la sociología (según las instrucciones abajo).
6. Rendirá un examen final.

Nota:

El estudiante debe leer las secciones del texto que corresponde a la tarea de cada lección (ver sección «Programa de tareas específicas»), realizar apuntes y hacer un bosquejo de cada capítulo, *antes de contestar las «Preguntas de repaso».* Después, debe buscar las respuestas para las preguntas (que se encuentran en el «Manual del facilitador»), como una manera de repasar la materia leída. Que no forme el hábito malo de leer las preguntas primero y solamente buscar las respuestas. Eso no sería una buena manera de aprender, y sería una especie de deshonestidad y engaño. El estudiante mismo será perjudicado al final.

Si el alumno está estudiando como individuo, el supervisor o monitor será el encargado de tomar el examen final. El alumno deberá escribir a la oficina de FLET para pedir aprobación para el supervisor o monitor que tomará el examen final, y para pedir que envíen la copia del examen final a este supervisor. Sugerimos que esta persona sea la misma que recomendó al alumno.

Si el alumno está estudiando en un grupo, el facilitador tomará el examen final.

Programa de tareas específicas

Para hacer el curso en dos meses (plan regular de estudios), el estudiante debe seguir el plan de tareas indicado abajo. Si el estudiante hace el curso según el plan intensivo, o según el plan extendido, tendrá que adaptar las tareas de acuerdo al período de tiempo en que realizará el curso.

Semana 1
Lea la Parte I del texto, Introducción a la sociología.
Haga un bosquejo de la lectura y apuntes.
Conteste las preguntas de repaso de la lección 1.

Semana 2
Lea la Parte II, Secciones 1 y 2, Maquiavelo y Descartes.
Haga un bosquejo de la lectura y apuntes.
Conteste las preguntas de repaso de la lección 2.

Semana 3
Lea la Parte II, Secciones 3 y 4, Hobbes y Locke.
Haga un bosquejo de la lectura y apuntes.
Conteste las preguntas de repaso de la lección 3.

Semana 4
Lea la Parte II, Secciones 5 y 6, Rousseau y Hegel.
Haga un bosquejo de la lectura y apuntes.
Conteste las preguntas de repaso de la lección 4.

Nota:
Para evaluar su progreso, el alumno debe presentar tres tareas a mediados del curso:
a) Su cuaderno de trabajo con los apuntes, bosquejos de lectura, y respuestas para las preguntas de repaso de las lecciones desarrolladas hasta el momento.
b) Un informe parcial de la lectura adicional.
c) Un hoja con el tema y un bosquejo tentativo de su ensayo.

Si el alumno está estudiando en un grupo, debe mostrar estas tres tareas al facilitador.
Si está estudiando como individuo, debe enviar una fotocopia de las tres tareas a la oficina de la Universidad FLET.

Semana 5
Lea la Parte II, Secciones 7 y 8, Comte y Darwin.
Haga un bosquejo de la lectura y apuntes.
Conteste las preguntas de repaso de la lección 5.

Semana 6
Lea la Parte II, Secciones 9 y 10, Marx y Freud.
Haga un bosquejo de la lectura y apuntes.
Conteste las preguntas de repaso de la lección 6.

Semana 7

Lea la Parte III, Globalización y protestantismo, Secciones 1-14.
Haga un bosquejo de la lectura y apuntes.
Conteste las preguntas de repaso de la lección 7.

Semana 8

Lea la Parte III Globalización y protestantismo, Secciones 15-22
y conclusión.
Haga un bosquejo de la lectura y apuntes.
Conteste las preguntas de repaso de la lección 8.

Examen final

Si el alumno está estudiando en grupo, el facilitador tomará el examen final y enviará las hojas de respuestas a la oficina de FLET.

Si está estudiando como individuo, el supervisor o monitor que ha sido autorizado por FLET tomará el examen final y enviará la hoja de respuestas a la oficina de FLET.

Entrega de tareas

Al final del curso:

El alumno que este estudiando como individuo deberá enviar a la oficina de FLET su cuaderno de apuntes, su informe de lectura adicional, y su ensayo para ser calificados.

El alumno que este estudiando en un grupo deberá entregar su cuaderno de apuntes, su informe de lectura adicional, y su ensayo, junto con el examen final, a su facilitador.

Libros recomendados para lectura adicional

Comte, Auguste. *Discurso sobre el espíritu positivo*. Madrid: Alianza, 1997.

Cruz, Antonio. *Postmodernidad*. Barcelona: CLIE, 1997.

Dooyeweerd, Herman. *Las raíces de la cultura occidental*. Barcelona: CLIE, 1998.

Durkheim, Emile. *Las formas elementales de la vida religiosa*. Madrid: Akal, 1992.

Marx, Karl, y Engels, Frederich. *Manifiesto comunista*. Madrid: Akal, 1997.

Maquiavelo, Nicolás. *El príncipe*. Madrid: Alianza, 1996.

Rousseau, Jean Jacques. *Del contrato social*. Madrid: Alianza, 1998.

Weber, Max. *La ética protestante y el espíritu del capitalismo*. Barcelona: Península, 1995.

Cómo escribir el ensayo

El ensayo debe constar de 10-15 páginas, y ser escrito a doble espacio. Se sugiera que el estudiante lea otros materiales acerca del tema elegido (ver arriba lista de libros recomendados), en adición al texto principal del Dr. Antonio Cruz, para componer el ensayo. Este ensayo debe incluir una introducción, una conclusión, y una bibliografía. Debe ser ordenado y bien escrito, con buena ortografía. Debe usar comillas cuando cite texto del libro, e indicar correctamente la información correspondiente con una nota al pie de página. Donde usa ideas de otro libro, también debe poner una nota al pie de página. El ensayo debe ser escrito de acuerdo con las pautas provistas en *Un manual de estilo* por Mario Llerena (LOGOI-Unilit.)

Sugerimos los siguientes temas para el ensayo; no obstante, usted puede elegir cualquier otro.

1. El enfoque cristiano de la sociología.
2. Un análisis cristiano del pensamiento de Maquiavelo.
3. Un análisis cristiano del pensamiento de Descartes.
4. Un análisis cristiano del pensamiento de Hobbes.
5. Un análisis cristiano del pensamiento de Locke.
6. Un análisis cristiano del pensamiento de Rousseau.
7. Un análisis cristiano del pensamiento de Hegel.
8. Un análisis cristiano del pensamiento de Comte.
9. Un análisis cristiano del pensamiento de Darwin.
10. Un análisis cristiano del pensamiento de Marx.
11. Un análisis cristiano del pensamiento de Freud.
12. ¿Cómo debemos responder a la globalización?
13. ¿Cómo debemos responder a la teología de la prosperidad?
14. ¿Cómo debemos modificar la pastoral para enfrentar los cambios del tercer milenio?

Calificación

La nota final será calculada de acuerdo a los siguientes porcentajes:

Cuaderno de apuntes	20%
Informe de lectura adicional	20%
Ensayo	30%
Examen final	30%
Total	100%

Nota: Al final de cada lección encontrará algunos gráficos que le ayudarán a memorizar los puntos principales aprendidos en cada capítulo.

Lección 1

Preguntas de repaso

1. ¿Quién fue el creador del término «sociología» y qué significado le dio?

2. ¿Informa la Biblia acerca de algún sociólogo perteneciente al pueblo de Israel? ¿por qué se le considera como tal? ¿qué diferencia hay entre sus soluciones sociales y las que propusieron los sociólogos del siglo xix?

3. ¿Es la sociología una ciencia positiva como pueda serlo la física o la biología? ¿por qué?

4. ¿En qué se diferencia la sociología de otras disciplinas sociales como la economía, historia o antropología?

5. ¿Cuál fue el ambiente social y religioso en el que surgió la sociología?

6. ¿Qué significado tenía el concepto de «anomia» para el sociólogo francés Emile Durkheim?

7. ¿Qué diferencia el pensamiento de Max Weber del de Karl Marx por lo que respecta al motor fundamental que actuaría en la sociedad?

8. ¿En qué discrepa el enfoque actual de los estudios sociológicos del que tenía la sociología de hace 150 años?

9. ¿Qué enfrenta la teoría social del consenso con la del conflicto?

10. ¿Cuál es la diferencia entre el estructuralismo y el interaccionismo simbólico por lo que respecta al papel del individuo en la sociedad?

11. Según Aristóteles, el ser humano ¿era sociable por naturaleza? ¿por qué? ¿a qué se debe que a partir de los siglos xvii y xviii se empezara a cuestionar esta opinión aristotélica? ¿qué pensaron después los sociólogos del siglo xix?

12. ¿Qué es la «socialización»? ¿Qué es la «resocialización»? Proponga algún ejemplo de cada término.

13. ¿Qué diferencia hay entre «estatus» y «rol» social?

14. ¿Qué distingue los conceptos de «Estado» y de «nación»?

15. ¿Qué tipo de cambio social han experimentado valores como el esfuerzo y el ahorro en la época postmoderna?

16. ¿Qué opinaban acerca de la religión los tres sociólogos clásicos: Marx, Durkheim y Weber? ¿qué otra respuesta se puede dar desde la fe cristiana?

17. ¿Qué implica el término «endemismo» aplicado a la mayoría de las religiones que existen en el mundo? ¿es posible aplicar este concepto al cristianismo? ¿porqué?

18. ¿Por qué la fe cristiana no se puede comparar con las demás religiones, a pesar de la ambivalencia del comportamiento de los creyentes a lo largo de la historia?

19. ¿Es capaz la sociología de ofrecer una visión total del ser humano? ¿por qué?

20. ¿Puede la sociología demostrar que la fe cristiana es sólo el producto de la mente humana? ¿por qué?

21. ¿Qué es un mito social? ¿sigue creyendo en tales mitos el hombre moderno?

El inicio de la sociología

→ Re~~lig~~ión

Comte
(Siglo XIX: ambiente de revolución)

→ **Sociología**
(Estudio de la conducta humana en sociedad)

La religión no es competente; pero la sociología sí es competente.

Lección 2

Preguntas de repaso

Maquiavelo

1. ¿En qué consiste el mito de Maquiavelo?

2. ¿Cuál es la diferencia entre las convicciones que tenían los príncipes cristianos de la Edad Media acerca de sus súbditos y las que proponía Maquiavelo?

3. ¿Cómo entendió Maquiavelo la historia de la humanidad en relación con el Dios Creador?

4. ¿Existen ejemplos de maquiavelismo en nuestro tiempo? Cite algunos.

5. ¿Tenía razón Maquiavelo al decir que la moral cristiana debilita el carácter de las personas? ¿por qué?

6. ¿Cuál es el reto del mensaje cristiano frente al mito de Maquiavelo?

7. ¿Era injusta la ley del talión? ¿por qué la abolió Jesús?

8. ¿Con qué inconvenientes maquiavélicos tropiezan los conceptos bíblicos de «humildad» y «verdad»?

9. ¿Qué opinaba Jesús acerca de la violencia de las armas? ¿y el escritor de Apocalipsis 13:10?

10. ¿Propuso el Maestro la idea de que la religión debía aliarse con el Estado? ¿cómo hay que interpretar Marcos 12:17?

11. ¿Qué opinaba el apóstol Pablo acerca de la obediencia a los soberanos?

Descartes

1. ¿Cómo concibe el mito de la razón al ser humano?

2. ¿En qué fundamentó Descartes la posibilidad que tenía la razón humana para llegar a descubrir la realidad?

3. Según el razonamiento cartesiano, ¿qué era lo único de lo que no se podía dudar?

4. ¿Por qué se considera peligrosa la manera en que Descartes entendió el mundo natural?

5. La afirmación de que la existencia pertenece a la esencia de Dios, ¿demuestra su existencia? ¿por qué?

6. ¿En qué consiste el mito cartesiano? ¿adónde condujeron tales ideas?

7. ¿Qué diferencia hay entre el pensamiento de Newton y el de Descartes en cuanto al lugar que ocupa la razón en el universo?

8. ¿Es la conciencia humana el simple juego de los átomos del cerebro?

9. ¿Puede la certeza racional explicar todos los misterios de la vida humana?

10. ¿Qué significa la frase siguiente: «la fe cristiana es el fundamento de la razón»?

Maquiavelo

La política es como una **máquina**:
 - Ignora la dimensión moral, y
 - Acepta cualquier medio para lograr los objetivos.

Descartes

El racionalismo

Método:
 Descarte todo lo que pueda dudar.
Conclusión:
 "Cógito ergo sum" ("Pienso, luego existo."),

Lección 3

(Parte II, Secciones 3 y 4, Hobbes y Locke)

Preguntas de repaso

Hobbes

1. ¿Cómo entendió Hobbes la condición original del ser humano?

2. ¿Qué diferencia existe en la idea de «trabajo» entre los pueblos de tradición protestante y los católicos?

3. ¿En qué se distingue el concepto de «príncipe» que se tenía en el mundo católico con respecto al mundo protestante?

4. ¿Por qué el mito de Hobbes supuso un paso atrás en relación a lo que proponía la Reforma protestante?

5. ¿En qué consiste el mito del contrato social?

6. ¿Es cierto que la igualdad entre los hombres conduce a la lucha, mientras que la desigualdad llevaría a la paz?

7. ¿Dónde se inspiró Hobbes para crear la figura simbólica del Leviatán?

8. ¿Cuál era la base de la convivencia según Hobbes?

9. ¿Cuál es el origen del mal según la Biblia?

10. ¿En qué consiste la verdadera felicidad para el cristiano?

Locke

1. ¿Cuál es la diferencia fundamental entre los dos sistemas de pensamiento propios del siglo XVIII: el Racionalismo y el Empirismo?

2. ¿Qué afirma la teoría sensualista de John Locke?

3. ¿Cómo intentó Rober Filmer fundamentar el poder monárquico absoluto? ¿cuál fue la respuesta de Locke?

4. ¿Qué opinaba Locke acerca de la idea de Hobbes de que al principio el hombre había sido «un lobo para el hombre»?

5. ¿Dónde fundamentó Locke su perspectiva liberal del contrato social de Hobbes?

6. ¿Qué pensaba Locke acerca de la libertad religiosa?

7. ¿Qué entendió Locke por «ley moral natural»?

8. ¿En qué consistió el mito de Locke y qué repercusiones tuvo?

9. ¿Cómo se entiende en la Biblia el concepto de propiedad privada?

10. ¿Qué diferencia había entre los reyes de Canaán y el pueblo de Israel en cuanto al asunto de las propiedades?

11. ¿En qué consistió la denuncia profética de Amós?

12. ¿Son siempre las riquezas una bendición de Dios?

13. ¿Fracasó el pueblo de Israel en su intento de crear una sociedad igualitaria?

14. ¿Fue rico el Señor Jesús?

Hobbes
El contrato social

El "leviatán", gobernador soberano del estado

El hombre es un "lobo", malo por naturaleza.

Para mantener la paz, la sociedad acepta un estado gobernado por un "leviatán", un soberano que lleva la espada.

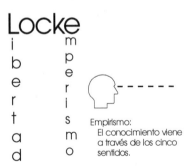

Locke
libertad
imperismo

Empirismo:
El conocimiento viene a través de los cinco sentidos.

Los hombres son libres e iguales.
Forman el Estado por su libre voluntad.

Lección 4

Preguntas de repaso

Rousseau

1. Según las ideas de Rousseau, ¿qué diferencia habría entre el hombre natural y el hombre artificial?

2. ¿En qué sentido se puede calificar el pensamiento de Rousseau de postmoderno?

3. ¿Qué quiere decir que el mito de Rousseau es inverso al de   Hobbes?

4. ¿Cuál fue la mayor paradoja en la vida de Rousseau?

5. ¿Por qué se afirma que Rousseau vivió en discrepancia con sus ideas?

6. ¿En qué idea fundamental coincidieron Rousseau y Marx?

7. ¿Qué concepto de hombre sustenta el mito de Rousseau?

8. ¿Qué repercusiones tuvo el mito roussoniano?

9. Según la enseñanza bíblica, ¿se hereda genéticamente el pecado?

10. El ser humano, ¿es bueno por naturaleza?

Hegel

1. ¿Qué afirma el mito de las revoluciones?

2. ¿Por qué admiraba Hegel a Napoleón Bonaparte?

3. ¿Eran racistas las ideas sociales que tenía Hegel? ¿por qué?

4. ¿Qué relación existe entre el mito de Hegel y el de Maquiavelo?

5. ¿Qué diferencia hay entre la concepción del tiempo que poseía la filosofía griega y la que tenía el hombre de la Biblia?

6. ¿Aprueba Dios todos los acontecimientos sociales de la historia? ¿por qué?

7. ¿Cuál es el sentido último de la historia humana según la Escritura?

8. ¿Ha fracasado el plan de Dios en la historia humana? ¿por qué?

9. ¿Es posible justificar racionalmente el problema del mal en el mundo?

10. ¿Cuál es la alternativa cristiana a dicho problema?

Rousseau

El hombre natural es bueno,
pero la sociedad lo ha corrompido.
Debe guiarse por sus sentimientos,
y volver a su inocencia primitiva.

Hegel

La dialéctica:
Todo lo "negativo"
se transforma en positivo.

El progreso social es posible
solamente por medio de las
revoluciones violentas.

Lección 5

(Parte II, Secciones 7 y 8, Comte y Darwin)

Preguntas de repaso

Comte

1. ¿Tenía razón Auguste Comte al decir que la vida social no existía en la fe monoteísta? ¿por qué?

2. ¿En qué consistía la nueva religión de la humanidad que proponía Comte?

3. ¿Cómo explicó Comte su mito de los tres estados?

4. ¿Qué entendía cuando hablaba de la «infancia de la humanidad»?

5. ¿En qué sentido puede decirse que la religión inventada por Comte fue, en realidad, una «sociolatría»?

6. ¿Se han cumplido las expectativas de Comte por lo que respecta a la desaparición de la religión en la sociedad industrializada? ¿por qué?

7. ¿Tiene actualmente el cristianismo nuevas posibilidades para transmitir su mensaje?

8. ¿Qué relación hay entre el versículo de Romanos 1.25 y el mito de Comte?

9. ¿Desaparecerá algún día la llama de la fe cristiana? ¿por qué?

10. ¿Puede haber una sociología cristiana? Razone la respuesta.

Darwin

1. ¿Por qué tardó Darwin tanto tiempo en publicar las ideas evolucionistas a las que había llegado hacía más de veinte años?

2. ¿Cuáles son las tres premisas fundamentales de la teoría evolucionista?

3. ¿En qué consiste el darwinismo social?

4. ¿Qué objeción importante plantea la moderna bioquímica a la teoría de la evolución por azar?

5. ¿Por qué el debate entre darwinistas y antidarwinistas suele ser a veces tan agrio?

6. ¿En qué consiste la disimetría molecular de los seres vivos? ¿qué serio inconveniente supone para el evolucionismo?

7. ¿Qué es un sistema irreductiblemente complejo y qué implicaciones tiene para la teoría de Darwin?

8. ¿Está el adulterio escrito en el genoma humano?

9. Defina la teoría del diseño inteligente.

10. ¿Puede el hombre llegar a comprender la mente de Dios?

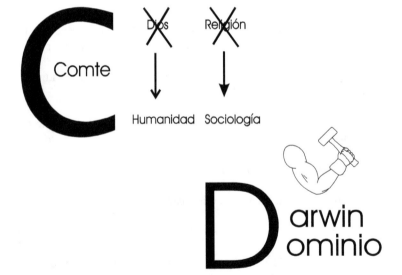

Según Darwin, el proceso de la evolución fue guiado por el dominio de las especies más fuertes sobre las especies más débiles.

Lección 6

Preguntas de repaso

Marx

1. Explique en qué consiste el mito marxista de la redención del proletariado.

2. ¿Qué opinión tenía Marx acerca de la religión en general?

3. ¿Cómo entendió Marx el concepto de alienación? ¿cuáles eran, según él, las principales fuentes que originaban la alienación de trabajadores y empresarios?

4. ¿Cuál fue la debilidad principal de la visión sociológica de Marx en relación a su noción acerca del inconsciente social?

5. ¿Es, en realidad, la lucha de clases el único motor de la historia?

6. ¿En qué consiste la teoría de la plusvalía propuesta por Marx?

7. ¿Qué diferencia hubo entre Marx y Lenin en cuanto a la idea de religión?

8. ¿Demostró Marx que Dios no existe? ¿por qué?

9. ¿Se han cumplido las predicciones marxistas acerca de la fe religiosa?

10. ¿Está justificada la crítica de la teología de la liberación al cristianismo tradicional y, en concreto, al mundo protestante? ¿por qué?

11. ¿Cuáles son los principales errores de la teología de la liberación según la perspectiva del Evangelio?

12. ¿Fueron comunistas los primeros cristianos? ¿por qué?

Freud

1. ¿Qué dos experiencias de la infancia pudieron influir en el marcado carácter antirreligioso de Freud?

2. ¿Por qué creció Freud sin creer en Dios, a pesar de que sus padres eran judíos creyentes?

3. ¿Cuál fue el gran descubrimiento de Freud que enriqueció la psicología del siglo xx?

4. ¿En qué consiste la técnica freudiana del psicoanálisis?

5. ¿Qué es el complejo de Edipo y a qué edad se suele dar en los niños, según Freud? ¿puede este complejo explicar todas las neurosis que padecen algunos adultos?

6. ¿Cómo interpretó Freud la religión?

7. ¿Qué críticas planteó el feminismo a la psicología freudiana?

8. ¿Qué distingue el pensamiento de Adler del de su discípulo Jahn, en cuanto a la concepción cristiana de Dios?

9. ¿Cómo explicó Freud el cristianismo en base al complejo de Edipo?

10. ¿A qué conclusión moral conduce la visión freudiana del mundo? ¿en qué se diferencia de la que propone el cristianismo?

Materialismo

M **A** **R** **X**

1. Acepta la dialéctica de Hegel, pero la invierte con el materialismo de Fuerbach.

2. La religión es el "opio del pueblo".

3. La lucha de clases es el motor de la historia.

Freud

La inconsciencia
El "complejo de Edipo"
El psicoanálisis

Lección 7

Preguntas de repaso

1. ¿Cómo puede influir el mito de Maquiavelo en ciertas actitudes que se dan hoy en el protestantismo?

2. ¿Qué significa decir que «la estética predomina sobre la ética» en algunas comunidades evangélicas?

3. ¿Con qué mito social puede estar relacionado el llamado «exitismo» o la búsqueda afanosa de todo tipo de bienes?

4. ¿Qué otro mito subyace detrás de la disminución de responsabilidad moral y espiritual de algunos creyentes?

5. ¿De qué manera el mito hegeliano de creer que Dios usa el mal para lograr el bien, puede afectar hoy al cristiano?

6. ¿Qué opina la Biblia acerca del racismo y la xenofobia? ¿se dan estas discriminaciones hoy en las iglesias protestantes?

7. ¿Es lo mismo globalización que mundialización? ¿por qué?

8. ¿Por qué algunos sociólogos afirman en la actualidad que estamos ante la aparición de un nuevo mundo?

9. ¿Qué quiere decir que la globalización afecta también a nuestra propia biografía?

10. ¿Cómo terminó el primer proceso globalizador que se produjo entre 1870 y 1914? ¿ocurrirá lo mismo con la actual globalización? ¿qué creen la mayoría de los sociólogos?

11. ¿En qué cuatro fundamentos económicos se apoya el actual proceso globalizador?

12. ¿Qué se entiende por «sociedad del riesgo»?

13. ¿Cómo se puede explicar que en plena globalización, los nacionalismos experimenten un notable auge?

14. ¿Cuál es el peligro de identificar el Evangelio con una determinada cultura?

15. ¿Cómo entiende la Biblia el trato que debe darse al inmigrante o al extranjero? ¿es siempre fácil esta actitud? ¿por qué?

16. Los cambios que se están produciendo hoy en la familia ¿acabarán con el ideal de familia cristiana? ¿por qué?

17. ¿Qué se entiende por sociedad depresiva?

18. ¿Cómo puede enriquecerse interiormente la vida humana?

19. ¿Cuáles son los principales peligros que plantea hoy la globalización?

20. ¿Qué papel pueden desempeñar los cristianos en el futuro de la globalización?

21. La elección de Israel como pueblo de Dios, o de la Iglesia como esposa de Cristo, ¿supusieron algún tipo de privilegio elitista para los judíos o los cristianos? ¿por qué?

22. ¿En qué consiste el «pensamiento único» que se da en ciertos ambientes eclesiales?

23. ¿A qué importante conclusión se llegó en el concilio de Jerusalén?

La globalización

= Unidad económica

Cuatro peligros principales:

F avorece a las metrópolis y los monopolios,

L os recursos van hacia los ricos,

A umenta la corrupción. y

N o produce calidad de vida o felicidad.

Lección 8

(Parte II, Globalización y protestantismo, Sección 15 y Conclusión)

Preguntas de repaso

1   ¿Qué es predicar la doctrina de la salvación con simplicidad?

2. ¿Se está produciendo hoy un retorno a la religión? ¿esto es bueno o es malo para el Evangelio?

3. ¿En qué sentido se puede robar la libertad a los cristianos?

4. ¿Cuáles son los principales errores de la teología de la prosperidad?

5. ¿De qué manera el mensajero puede eclipsar al mensaje?

6. ¿Qué es un fetiche espiritual?

7. ¿Porqué las iglesias evangélicas no deben renunciar a las raíces históricas de su fe?

8. ¿Qué dos áreas importantes debiera cubrir la sociología cristiana? ¿por qué?

9. ¿Cómo se ve desde el Evangelio la insolidaridad hacia los menesterosos?

10. ¿Qué características deberían tener las iglesias cristianas del futuro?

11. ¿Qué significa recuperar el lenguaje de los signos en el culto?

12. ¿Por qué hoy la pastoral cristiana debe ser más personalizada que nunca?

13. ¿En qué consiste el valor cristiano de la identidad?

14. ¿Qué es educar para la existencia?

Seis desafíos clave
para la iglesia del futuro:

La pastoral:
-Solidaridad
-Personalizada

El mensaje:
-Significado de la vida
-Aspecto emocional
-Denunciar falsedades
-Destacar sacramentos

MANUAL PARA EL FACILITADOR

Introducción

Este material ha sido preparado para el uso del facilitador de un grupo o peña. Dicho facilitador sirve para guiar a un grupo de 5-10 estudiantes a fin de que completen el curso de ocho lecciones. La tarea demandará esfuerzo de su parte, ya que, aunque el facilitador no es el instructor en sí (el libro de texto sirve de «maestro»), debe conocer bien el material, animar y dar aliento al grupo, y modelar la vida cristiana delante de los miembros del grupo. La recompensa del facilitador en parte vendrá del buen sentir que experimentará al ver que está contribuyendo al crecimiento de otros, del privilegio de entrenar a otros y del fruto que llegará por la evangelización. El facilitador también debe saber que el Señor lo recompensará ampliamente por su obra de amor.

Instrucciones específicas
Antes de la reunión: Preparación
A. Oración: expresión de nuestra dependencia en Dios
1. Ore por usted mismo.
2. Ore por los estudiantes.
3. Ore por los que serán alcanzados y tocados por los alumnos.

B. Reconocimiento
1. Reconozca su identidad en Cristo (Romanos 6-8).
2. Reconozca su responsabilidad como maestro o facilitador (Santiago 3.1-17).
3. Reconozca su disposición como siervo (Marcos 10.45; 2 Corintios 12.14-21).

C. Preparación
1. Estudie la porción del alumno sin mirar la guía para el facilitador, es decir, como si usted fuese uno de los estudiantes.
   a. Note aspectos difíciles, así se anticipará a las preguntas.
   b. Tome nota de ilustraciones o métodos que le vengan a la mente mientras lee.

   c. Tome nota de aspectos que le sean difíciles a fin de investigar más, usando otros recursos.

2. Estudie este manual para el facilitador.
3. Reúna otros materiales, ya sea para ilustraciones, para aclaraciones, o para proveer diferentes puntos de vista a los del texto.

Durante la reunión: Participación

Recuerde que las reuniones de grupo sirven no solo para desarrollar a aquellos que están bajo su cuidado como facilitador, sino también para edificar, entrenar y desarrollarlo a usted. La reunión consiste de un aspecto clave en el desarrollo de todos los participantes, debido a las dinámicas de la reunión. En la peña varias personalidades interactuarán, tanto unos con otros, como también con Dios. Habrá personalidades diferentes en el grupo y, junto con esto, la posibilidad para el conflicto. No le tenga temor a esto. Parte del «currículum» será el desarrollo del amor cristiano. Tal vez Dios quiera desarrollar en usted la habilidad de solucionar conflictos entre hermanos en la fe. De cualquier modo, nuestra norma para solucionar los problemas es la Palabra inerrante de Dios. Su propia madurez, su capacidad e inteligencia iluminada por las Escrituras y el Espíritu Santo lo ayudarán a mantener un ambiente de armonía. Si es así, se cumplen los requisitos del curso y, lo más importante, los deseos de Dios. Como facilitador, debe estar consciente de las siguientes consideraciones:

A. El tiempo u horario:
1. La reunión debe ser siempre el mismo día, a la misma hora, y en el mismo lugar ya que esto evitará confusión. El facilitador siempre debe tratar de llegar con media hora de anticipación para asegurarse de que todo esté preparado para la reunión y resolver cualquier situación inesperada.
2. El facilitador debe estar consciente de que el enemigo a veces tratará de interrumpir las reuniones o traer confusión. Tenga mucho cuidado con cancelar reuniones o cambiar horarios. Comunique a los participantes en la peña la responsabilidad mutua que tienen el uno hacia el otro. Esto no significa que nunca se debe cambiar una reunión bajo ninguna circunstancia. Más bien quiere decir que se tenga cuidado y que no se hagan cambios innecesarios a cuenta de personas que por una u otra razón no pueden llegar a la reunión citada.
3. El facilitador debe completar el curso en las ocho semanas indicadas (o de acuerdo al plan de estudios elegido).

B. El lugar:
1. El facilitador debe asegurarse de que el lugar para la reunión estará disponible durante el tiempo que dure el curso. También deberá tener todas las llaves u otros recursos necesarios para utilizar el local.

2. El lugar debe ser limpio, tranquilo y tener buena ventilación, suficiente luz, temperatura agradable y suficiente espacio a fin de poder sacarle buen provecho y facilitar el proceso educativo.
3. El sitio debe tener el mobiliario adecuado para el aprendizaje: una mesa, sillas cómodas, una pizarra para tiza o marcadores que se puedan borrar. Si no hay mesa, los estudiantes deben sentarse en un círculo a fin de que todos puedan verse y escucharse el uno al otro. El lugar entero debe contribuir a una postura dispuesta hacia el aprendizaje. El sitio debe motivar al alumno a trabajar, compartir, cooperar y ayudar en el proceso educativo.

C. La interacción entre los participantes:
1. Reconocimiento:
   a. Saber el nombre de todos.
   b. Saber los datos sencillos: familia, trabajo, nacionalidad.
   c. Saber algo interesante de ellos: comida favorita, etc.
2. Respeto para todos:
   a. Se debe establecer una regla en la reunión: Una persona habla a la vez y todos los otros escuchan.
   b. No burlarse de los que se equivocan ni humillarlos.
   c. Entender, reflexionar, y/o pedir aclaración antes de responder a lo que otros dicen.
3. Participación de todos:
   a. El facilitador debe permitir que los alumnos respondan sin interrumpirlos. Debe dar suficiente tiempo para que los estudiantes reflexionen y compartan sus respuestas.
   b. El facilitador debe ayudar a los alumnos a pensar, a hacer preguntas y a responder, en lugar de dar todas las respuestas él mismo.
   c. La participación de todos no significa necesariamente que todos los alumnos tienen que hablar en cada sesión (ni que tengan que hablar desde el principio, es decir, desde la primera reunión), más bien quiere decir, que antes de llegar a la última lección todos los alumnos deben sentirse cómodos al hablar, participar y responder sin temor a ser ridiculizados.

Después de la reunión: Evaluación y oración
A. Evaluación de la reunión y oración:
1. ¿Estuvo bien organizada la reunión?
2. ¿Fue provechosa la reunión?
3. ¿Hubo buen ambiente durante la reunión?
4. ¿Qué peticiones específicas ayudarían al mejoramiento de la reunión?

473

B. Evaluación de los alumnos:
1. En cuanto a los alumnos extrovertidos y seguros de sí mismos: ¿Se les permitió que participaran sin perjudicar a los más tímidos?
2. En cuanto a los alumnos tímidos: ¿Se les animó a fin de que participaran más?
3. En cuanto a los alumnos aburridos o desinteresados: ¿Se tomó especial nota a fin de descubrir cómo despertar en ellos el interés en la clase?

C. Evaluación del facilitador y oración:
1. ¿Estuvo bien preparado el facilitador?
2. ¿Enseñó la clase con buena disposición?
3. ¿Se preocupó por todos y fue justo con ellos?
4. ¿Qué peticiones específicas debe hacer al Señor a fin de que la próxima reunión sea aún mejor?

Ayudas adicionales

1. Saludos: Para establecer un ambiente amistoso caracterizado por el amor fraternal cristiano debemos saludarnos calurosamente en el Señor. Aunque la reunión consiste de una actividad más bien académica, no debe carecer del amor cristiano. Por lo tanto, debemos cumplir con el mandato de saludar a otros, como se encuentra en la mayoría de las epístolas del Nuevo Testamento. Por ejemplo, 3 Juan concluye con las palabras: «La paz sea contigo. Los amigos te saludan. Saluda tú a los amigos, a cada uno en particular». El saludar provee una manera sencilla, pero importante, de cumplir con los principios de autoridad de la Biblia.

2. Oración: La oración le comunica a Dios que estamos dependiendo de Él para iluminar nuestro entendimiento, calmar nuestras ansiedades y protegernos del maligno. El enemigo intentará interrumpir nuestras reuniones por medio de la confusión, la división y los estorbos. Es importante reconocer nuestra posición victoriosa en Cristo y seguir adelante. El amor cristiano y la oración sincera ayudarán a crear el ambiente idóneo para la educación cristiana.

3. Creatividad: El facilitador debe hacer el esfuerzo de emplear la creatividad que Dios le ha dado tanto para presentar la lección como también para mantener el interés durante la clase entera. Su ejemplo animará a los estudiantes a esforzarse en comunicar la verdad de Dios de manera interesante. El Evangelio de Marcos reporta lo siguiente acerca de Juan el Bautista: «Porque Herodes temía a Juan,

sabiendo que era varón justo y santo, y le guardaba a salvo; y oyéndole, se quedaba muy perplejo, pero le escuchaba de buena gana» (Marcos 6.20). Y acerca de Jesús dice: «Y gran multitud del pueblo le oía de buena gana» (Marcos 12.37b). Notamos que las personas escuchaban «de buena gana». Nosotros debemos esforzarnos para lograr lo mismo con la ayuda de Dios. Se ha dicho que es un pecado aburrir a las personas con la Palabra de Dios. Hemos provisto algunas ideas que se podrán usar tanto para presentar las lecciones como para proveer proyectos adicionales de provecho para los estudiantes. Usted puede modificar las ideas o crear las suyas propias. Pídale ayuda a nuestro Padre bondadoso, todopoderoso y creativo a fin de que lo ayude a crear lecciones animadas, gratas e interesantes.

Conclusión

El beneficio de este estudio dependerá de usted y de su esfuerzo, interés y dependencia en Dios. Si el curso resulta ser una experiencia grata, educativa y edificadora para los estudiantes, ellos querrán hacer otros cursos y progresar aún más en su vida cristiana. Que así sea con la ayuda de Dios.

Estructura de la reunión

1. Dé la bienvenida a los alumnos que vienen a la reunión.
2. Ore para que el Señor calme las ansiedades, abra el entendimiento, y se manifieste en las vidas de los estudiantes y el facilitador.
3. Presente la lección (puede utilizar las sugerencias provistas).
4. Converse con los alumnos las preguntas de repaso. Asegure que hayan entendido la materia y las respuestas correctas. Pueden hablar acerca de las preguntas que le dieron más dificultad, que fueron de mayor edificación, o que expresan algún concepto con el cual están en desacuerdo.
5. Anime a los estudiantes a completar las metas para la próxima reunión. Además, comparta algunas ideas para proyectos adicionales que los alumnos puedan decidir hacer. (Utilice las sugerencias provistas.)
6. Revise los cuadernos de los alumnos para asegurar que estén haciendo sus tareas para cada lección.
7. Termine la reunión con una oración y salgan de nuevo al mundo para ser testigos del Señor.

No se olvide de orar antes y después de las clases. Anime a los alumnos a orar los unos por los otros durante la semana también.

Para conversar en las clases, primero pregunte si hay dudas o interrogantes acerca de lo que estudiaron en las lecciones. Verifique si han podido contestar bien las preguntas de repaso. Conversen entre todos acerca de los temas de la lectura. Trate de buscar aplicaciones prácticas para la vida diaria y para el ministerio en la iglesia.

Comience y termine las clases con oración. La clase debería ser un tiempo de crecimiento, en que se preocupe por la formación espiritual y teológica de los alumnos. Ore por los alumnos también durante la semana. Trate de desarrollar una amistad con ellos.

Evaluación de tareas

a) El cuaderno de apuntes

El facilitador debe revisar el cuaderno de apuntes a mediados del curso y al final de este. Para mediados del curso, el facilitador no tiene que calificar el cuaderno. Solamente tiene que revisarlo para asegurar que el alumno esté progresando en el curso. Para el final del curso, el facilitador debe dar una nota por el cuaderno. Si el alumno ha cumplido con realizar los apuntes, bosquejos de lectura, y las respuestas para las preguntas de repaso de todas las lecciones, recibirá 20 puntos. Si no ha hecho nada de esto, recibirá 0 puntos. Si ha hecho solamente algunas lecciones, recibirá el porcentaje correspondiente. Por ejemplo, si hizo 6 lecciones solamente, recibirá 6/8 de los 20 puntos, o 15 puntos. El facilitador no tiene que evaluar cuán bien ha escrito los apuntes, bosquejos, y respuestas, sino solamente si lo ha hecho o no. Cuando haya revisado el cuaderno, el facilitador debe enviar un informe a la oficina de FLET, señalando las calificaciones de los alumnos para esta tarea.

b) Informe de lectura adicional

El facilitador debe revisar el informe parcial de lectura a mediados del curso, solamente para asegurar que el estudiante esté progresando y que no esté dejando su lectura para el último momento. También debe pedir que los alumnos entreguen sus informes al final del curso, el día que se toma el examen final. Este informe debe ser enviado a la oficina de FLET para ser evaluado, junto con la hoja de respuestas del examen final.

c) El ensayo

A mediados del curso, el alumno debe entregar una hoja al facilitador que incluya el tema de su ensayo y un bosquejo del ensayo. El facilitador no tiene que calificar esto, sino asegurar que el alumno esté planificando su ensayo. Si el alumno no ha comenzado, anímelo a empezar. El ensayo final debe ser enviado a la oficina de FLET para ser calificado, junto con las hojas de respuestas del examen final y el informe de lectura adicional.

d) El examen final
El examen será calificado en la oficina de FLET.

El facilitador debe pedir copias del examen, con las hojas de respuestas, con suficiente anticipación para tomar el examen en la fecha establecida.

Calificación final

La nota final será calculada según los siguientes porcentajes:

Cuaderno de apuntes	20%
Informe de lectura adicional	20%
Ensayo	30%
Examen final	30%
Total	100%

Lección 1

(Parte I, Introducción a la sociología)

1. Auguste Comte. Para él, la sociología era «una disciplina para estudiar las sociedades humanas y todos los fenómenos sociales que en ellas se dan», utilizando el método científico. Era «una especie de *física de la sociedad*».

2. Sí, el profeta Amós. Se le consideraba «sociólogo incipiente» porque «su libro ofrece una rigurosa descripción de la sociedad israelita de aquella época y denuncia las injusticias sociales de que eran víctimas los judíos más pobres». La diferencia entre las soluciones de Amós y de Comte es que Amós propuso una vuelta a la fe en Dios, pero Comte propone la sociología como un sustituto secular de la religión.

3. No. «El ser humano es mucho más complejo que un animal o una máquina y, por tanto requiere también una metodología de estudio muy especial y variada». La sociología pretende descubrir los mecanismos mediante los cuales las personas dan sentido a sus experiencias sociales y su capacidad para vivir de forma organizada en sociedad.

4. Sólo la sociología «se pregunta por el motivo mediante el cual los seres humanos se mantienen unidos a pesar de que sus relaciones sean, a veces, conflictivas.»

5. La sociología surgió (en el siglo XIX) «en medio de un ambiente de *sublevación*. Revolución en el mundo de las ideas y revolución también en el mundo laboral». Los sociólogos se convirtieron en los «sacerdotes del *progreso*», concepto que sustituía la fe cristiana. Las fábricas se convirtieron en el nuevo «hogar» de los obreros, generando una serie de problemas sociales que fueron estudiados por los sociólogos. La sociología nació «con la finalidad primordial de sustituir la religión en la época moderna», porque el mensaje bíblico había sido deformado en las iglesias.

6. Para Durkheim, «anomia» era un trastorno social, una enfermedad social. Era «la falta de objetivos en la vida y la desesperación de no saber cuál es el sentido de la propia existencia». Esto deja al hombre sin normas morales en medio de un «vacío existencial».

7. Según Marx, el motor fundamental de la sociedad eran los conflictos económicos entre las clases sociales. Según Max Weber, habría que tener en cuenta también la influencia de la religión. Destaca el ejemplo de cómo influyó el concepto protestante del tiempo y del trabajo en el desarrollo del capitalismo y en el progreso económico del mundo anglosajón. Weber también menciona otros factores como la ciencia y la burocracia.

8. Los estudios sociológicos hace 150 años «aspiraban a explicar toda la realidad social, su origen y su destino final». Hubo numerosas interpretaciones «totalistas» como el marxismo, el estructuralismo, y el historismo o culturalismo. El enfoque actual es más humilde e inseguro, no pretende dar explicaciones por todo, sino ofrece distintas teorías particulares y propone métodos de investigación social.

9. Por un lado, la teoría del consenso dice que «el orden social se basa en el acuerdo tácito. El cambio social se produce en forma lenta y ordenada». Por otro lado, la teoría del conflicto dice que «el orden social se basa en la manipulación y el control de los grupos dominantes. El cambio social se produce de forma rápida y desordenada, a medida que los grupos subordinados sustituyen a los dominantes».

10. Por un lado, el estructuralismo propone que hay estructuras sociales que condicionan a los individuos, tal como la gramática condiciona un idioma. Por otro lado, el interaccionismo simbólico dice que los individuos controlan las condiciones de su vida y el funcionamiento de la sociedad.

11. Sí, según Aristóteles, el ser humano es un ser sociable (cívico) por naturaleza porque la sociedad es anterior al individuo, porque habla y se comunica con los demás, y porque requiere de los demás para satisfacer sus necesidades. En los siglos XVII y XVIII, se produjo la revolución científica con el método invertido; en vez de empezar con razonamientos generales y llegar a conclusiones particulares, partían con lo particular para llegar a las conclusiones generales. Entonces, empezaron a pensar que primero estaban los individuos, y después la sociedad. Los sociólogos del siglo XIX volvieron a proponer «la existencia real de la sociedad al margen de los individuos».

12. La socialización es «la acción mediante la cual una persona se convierte en alguien competente dentro de la cultura en la que vive», y al resocialización es «el proceso mediante el cual un individuo puede interiorizar un conjunto de normas y valores diferentes de los que hasta el momento tenía asumidos». Un ejemplo de la socialización

es cuando un niño desarrolla sus capacidades físicas, afectivas y mentales, y otro es cuando alguien aprende una profesión como médico o profesora. Un ejemplo positivo de la resocialización es la conversión cristiana, y un ejemplo negativo es lo que pasó con las personas en los campos de exterminio nazis.

13. El «estatus social» es la «posición que cada persona ocupa en la estructura social cuando se comunica con los demás». Por ejemplo, uno puede tener el «estatus» de padre o madre en la familia. El «rol social» es «el conjunto de normas de comportamiento que van asociadas a cada estatus». Es como el papel de un actor en el teatro, la conducta esperada de quien ocupa cierto «estatus».

14. El estado es una institución política, y la nación es una «comunidad unida por vínculos culturales, históricos, y económicos que habita en un determinado lugar geográfico».

15. Mientras en el período moderno, predominaban los valores como el esfuerzo, la laboriosidad, el ahorro, y el deseo de construir un futuro mejor, ahora en la época postmoderna, predomina la búsqueda del placer, la vivencia del presente, y el ansia de libertad y de realización personal.

16. Ninguno de los tres, ni Marx, ni Durkheim, ni Weber, era creyente. Los tres pensaban que la «ilusión religiosa» desaparecería poco a poco en la sociedad moderna. Argumentaban que la existencia de tantas distintas religiones hacía inviable aceptar cualquiera de las creencias.
Marx pensaba que las creencias religiosas no eran más que el producto de la autoalienación del ser humano.
Durkheim llegó a la conclusión de que la religión tradicional sería sustituida por otra forma de religiosidad humanista.
Weber opinaba que las creencias religiosas eran capaces de provocar grandes cambios sociales.
Desde la perspectiva cristiana, no se puede incluir el cristianismo en el mismo saco con otras religiones, porque no se trata de una «religión», sino de una relación personal con Jesucristo.

17. El «endemismo» es la adaptación de una religión a la región o nación donde existe. No se puede aplicar este concepto al cristianismo, porque el evangelio no está limitado por las fronteras geográficas o políticas, sino que «es capaz de arraigar en el corazón de toda persona».

18. El cristianismo no se puede comparar con las demás religiones, a pesar de las conductas inconsecuentes de los cristianos, porque no podemos culpar a Cristo por los errores de los cristianos. «Mientras todas las religiones humanas intentan señalar la verdad y el camino para hallarla durante esta vida, Jesucristo afirmó claramente que él era «el camino, la verdad, y la vida»». Ningún otro líder religioso ha podido decir esto.

19. No, la sociología no es capaz de ofrecer una visión total del ser humano, porque «el hombre es mucho más que un cerebro metido en un cuerpo físico que se relaciona con sus semejantes». El hombre tiene consciencia, moralidad y espiritualidad, dimensiones que no se pueden estudiar con las ciencias sociales.

20. No, la sociología no puede demostrar que la fe cristiana es sólo el producto de la mente humana, porque la experiencia personal de fe, la creencia en la Biblia, y la existencia de Dios son asuntos que no se pueden analizar científicamente.

21. Un «mito social» surge del deseo de una sociedad perfecta. Es un modelo para la sociedad, un intento de organizar la existencia humana de acuerdo con una visión utópica. Sí, el hombre moderno «sigue necesitando y creando mitos para poder sobrevivir».

Lección 2

(Parte II, Secciones 1 y 2, Maquiavelo y Descartes)

Maquiavelo

1. El mito de Maquiavelo es «una política que ignora la dimensión moral y acepta cualquier medio para lograr los objetivos perseguidos». Maquiavelo propuso «una fría y técnica racionalidad del poder, más preocupado por el éxito de sus logros que por los medios empleados en alcanzarlos».

2. En la Edad Media, los príncipes «cristianos» veían a sus súbditos, no como «un medio para alcanzar gloria personal», sino como «una sociedad a la que había que servir y proteger». Maquiavelo propone que el príncipe se preocupe solamente de «su propia fortuna, de su poder, de su gloria y destino personales».

3. Maquiavelo aceptaba el concepto griego-oriental de la historia como ciclos universales, sin ningún ser trascendente detrás. Creía que Dios «no intervenía en el mundo de lo social». Dios tampoco pone o quita a los soberanos.

4. Sí, existen ejemplos de maquiavelismo en nuestro tiempo. Ejemplos: el terrorismo, intentos de hacer «limpieza étnica», y muchos conflictos armados.

5. No tiene razón Maquiavelo al decir que la moral cristiana debilita el carácter de las personas, porque se requiere más valor y fuerza para defender el bien que para «dejarse arrastrar por ese remolino de iniquidad y depravación».

6. El reto del mensaje cristiano frente al mito de Maquiavelo es el de devolver el bien por el mal, y cambiar la maldición por bendición.

7. La ley del talión («vida por vida, ojo por ojo, diente por diente...», Éxodo 21.23-25) era justa, porque pretendía «poner equidad en las venganzas desproporcionadas que entonces se practicaban». Quedó eliminada por Jesús (Mateo 5.38-39) porque «la moral cristiana presenta unas exigencias muchísimo más elevadas que aquella antigua ley. Los seguidores del Maestro no deben empecinarse en sus derechos, sino que han de aprender a renunciar a ellos».

8. El concepto bíblico de humildad es incompatible con el mito de Maquiavelo, porque éste concibe la humildad como una debilidad, como un vicio característico de los esclavos, igual que la cultura romano-helénica. El concepto bíblico de la verdad tampoco es compatible, porque según Maquiavelo «la mentira es considerada casi como moneda de cambio necesaria para el ejercicio de la política».

9. Jesús «rehusó sistemáticamente la violencia y el extremismo». En Apocalipsis 13.10, se insta a aceptar pacíficamente, con paciencia y con fe, la violencia de la bestia.

10. No, el Maestro no enseñó que la religión debiera aliarse con el Estado (Marcos 12.17, la pregunta acerca de los impuestos), sino que debe poner a Dios en primer lugar, sin despreocuparse de «las cuestiones del Estado o de la vida pública». Con la pregunta de la moneda, Jesús enseñaba que, tal como la moneda pertenece a César, el ser humano pertenece a Dios.

11. En Romanos 13, Pablo simplemente enseña que «el cristiano debe respetar las leyes civiles del país en que vive», y que no eluda las obligaciones civiles. No enseña una «actitud servil de sumisión al Estado».

Descartes

1. El mito de la razón concibe al ser humano como «un ser autónomo gracias a su capacidad de pensar». El hombre así toma el lugar central en el universo.

2. Descartes fundamentó la posibilidad del conocimiento de la verdad n la idea de que Dios es bueno, y no nos engaña. «Si Dios existe y ha dotado de razón a la criatura humana, entonces es posible llegar a conocer verdaderamente la realidad.»

3. No se podía dudar que el individuo existe porque piensa. («Cogito ergo sum», pienso luego existo.)

4. Descartes explicaba todos los organismos en términos mecánicos, como máquinas. El peligro en eso es que elimina la responsabilidad del hombre por la creación.

5. No, la afirmación de que la existencia pertenece a la esencia de Dios no demuestra su verdadera existencia, sino solamente la posibilidad de su existencia. Tal como podemos imaginar la idea de un millón de dólares en la caja fuerte, sin que realmente existieran.

6. El mito cartesiano consistió en «afirmar que la fuente de toda verdad no era Dios sino la mente del hombre».

7. Según Newton, «el creador había depositado su razón no sólo en la mente humana, sino también en todos los rincones del universo».

8. No. La conciencia humana no es el simple juego de átomos del cerebro, porque «la conciencia transciende la pura materia de que está hecho el cerebro».

9. No. «La razón humana no puede revelar por sí sola todos los misterios de la existencia. Sólo el mensaje cristiano, el de la fe en Dios a través de la obra de Jesucristo, puede responder a los enigmas del hombre».

10. Significa que no se puede llegar al conocimiento de Dios y de la realidad a partir de la razón. Al contrario, cuando partimos desde la fe, podemos tener certeza del pensamiento. En vez de decir, *«pienso,* luego existo», el cristiano debe decir, *«creo,* luego existo».

Lección 3

Hobbes

1. Hobbes consideraba al hombre malo por naturaleza, «una especie de lobo para el hombre».

2. La tradición católica (Tomás de Aquino) veía el trabajo manual de poca consideración, pero la tradición protestante (Lutero) ve todo tipo de trabajo como un don divino, una manera de cumplir sus deberes y agradar a Dios.

3. El catolicismo medieval veía a los príncipes como poseedores de prestigio casi místico, una especie de «mediador entre Dios y los hombres», con una misión divina de «organizar la sociedad y conducir al pueblo en justicia». En la reforma protestante, se promovió «una nueva filosofía social que eliminaría todas las diferencias (sociales) entre las personas».

4. El mito de Hobbes negaba la libertad humana y la igualdad de los hombres, proponiendo una sociedad jerárquica dirigida por un soberano autoritario.

5. El mito del contrato social contiene los siguientes elementos:
   a. El fin supremo del hombre es alcanzar la felicidad.
   b. Para ser feliz, tendría que satisfacer todos sus deseos constantemente.
   c. La búsqueda de poseer más y más lleva inevitablemente a una lucha entre los hombres.
   d. La única forma de evitar esta lucha sería que todos aceptaran la desigualdad.
   e. La única manera de hacer que acepten la desigualdad es tener un Estado gobernado por un soberano (Leviatán) que impone la desigualdad, y así poner fin a las hostilidades naturales.

6. No, no es cierto que la igualdad entre los hombres conduce a la lucha, ni que la desigualdad llevaría a la paz. En la Biblia, todos eran iguales delante de Dios y debían comportarse como hermanos. Vivir de acuerdo con tales principios bíblicos es lo único que lleva a la paz.

7. Hobbes se inspiró en la figura del monstruo marino en la Biblia llamado el «Leviatán» (Job 41.24).

8. Según Hobbes, la base de la convivencia era «el miedo a la espada que portaba el soberano».

9. Según la Biblia, el mal es algo «anterior y extraño al propio hombre», «un ente suprahumano que se aprovecha de la debilidad y credulidad de la primera pareja». «... Es por medio de la serpiente cómo se remarca que el poder del mal se habría originado en una criatura y no en el propio Dios». Según la Biblia, el hombre no era malo por naturaleza, sino libre.

10. Para el cristiano, la verdadera felicidad consiste en «la satisfacción de haber cumplido con el deber de servir a Dios a través del prójimo».

Locke

1. Para el racionalismo, la fuente de todo conocimiento es la razón humana. Para el empirismo, la fuente del conocimiento es la acción del mundo sobre la persona; el conocimiento depende de la experiencia de los sentidos.

2. La teoría sensualista de John Locke afirma que «las impresiones o sensaciones externas que se van acumulando en las personas a lo largo de la vida, constituyen el punto de partida para que el pensamiento perfile y conforme el espíritu del hombre». «Tanto la sensación (experiencia externa) como la reflexión (experiencia interna) se conjugaban para constituir la fuente del conocimiento humano.»

3. Robert Filmer utilizó el argumento de que Dios había dado poder soberano a Adán sobre Eva y su descendencia, originando el poder monárquico absoluto. La respuesta de Locke era que Adán no era el único propietario, sino que Dios le dio la tierra como patrimonio de toda la humanidad. Según Locke, el Estado no era una creación divina de poder absoluto, sino una creación humana, «hecha a partir de la libre voluntad de hombres iguales entre sí».

4. Locke decía que las ideas de Hobbes rebajaban al hombre al nivel de «fieras salvajes», y conducían a un «relativismo político». Según Locke, el hombre no era un «lobo», sino «una criatura reflexiva que espontáneamente supo renunciar a sus libertades individuales para vivir en paz». Todos los hombres fueron creados libres e iguales, y sólo Dios es soberano absoluto.

5. Locke fundamentó su perspectiva liberal del contrato social (que todos los hombres son iguales y libres) en sus creencias protestantes del «sacerdocio universal de los creyentes».

6. Locke pensaba que la libertad religiosa tenía que ser garantizada, sin embargo esta tenía un límite, donde empiezan los derechos de otras personas o donde se pone en peligro la existencia del Estado.

7. La «ley moral natural» es algo que posee el hombre en lo más profundo de su ser, que «dibuja los límites de la conciencia y le susurra la conducta que debe seguir».

8. El mito de Locke consistió en «hacer del trabajo la prolongación del hombre, afirmando que el derecho a la propiedad privada era tan básico como el derecho a la vida». Este mito conduce a la acumulación de riquezas en las manos de pocos.

9. En la Biblia se «priorizan siempre las necesidades de las personas sobre los derechos de propiedad». La Biblia enseña que Dios es dueño de toda la tierra.

10. Los reyes de Canaán tenían todo derecho a apropiarse de las tierras que desearan. En Israel, Dios era dueño del terreno, las propiedades eran comunales, y las leyes evitaban abusos y extremos, basadas en el amor al prójimo.

11. Amós denunció la injusticia social que perjudicaba a los pobres y desvalidos.

12. No, las riquezas no son siempre una bendición de Dios. El amor a las posesiones frecuentemente conduce a olvidarse de Dios.

13. Aunque Israel fue conquistado por sus naciones enemigas poderosas, los valores y sus ideales sociales han inspirado muchas instituciones políticas y han llegado a formar parte del cristianismo.

14. No, Jesús «no tuvo bienes materiales, y predicó siempre con el ejemplo personal».

Lección 4

(Parte II, Secciones 5 y 6, Rousseau y Hegel)

Rousseau

1. Según Rousseau, el hombre natural es esencialmente bueno, mientras el hombre artificial se ha degenerado por influencia de la sociedad.

2. El pensamiento de Rousseau se puede calificar de «postmoderno» porque exaltaba el sentimiento sobre la razón. «Los razonamientos se extravían y se pierden, según él, si no son guiados por el instinto natural.»

3. Para Hobbes, el hombre primitivo era malo, y tuvo que hacer un pacto social para evitar las consecuencias de la maldad. Para Rousseau, el hombre primitivo era inocente y no necesitaba un pacto social para librarse de las consecuencias de su maldad.

4. Se enamoró de una camarera con quien tuvo cinco hijos, pero todos fueron donados inmediatamente al orfanato.

5. Porque actuó en contra de lo que pensaba. Enseñó aquello que no supo o no deseó poner en práctica; por ejemplo, aunque creía que la literatura era dañina para la humanidad (este fue el argumento de su primer éxito literario), siguió escribiendo prolíficamente.

6. Rousseau y Marx coincidieron en la idea de que la propiedad privada producía desigualdad y finalmente guerras entre las clases sociales.

7. Rousseau tenía un concepto muy optimista del hombre. Estaba convencido de la «posibilidad de establecer, todavía en el presente, un nuevo orden social que fuera capaz de superar la corrupción moral y las injusticias que se derivaban de las desigualdades sociales», por medio de la renuncia del individuo a sus intereses privados a favor de los colectivos.

8. El mito roussoniano se convirtió en el ideario de la revolución francesa de 1789. «El concepto de «voluntad general» se transformó en un dogma populista que hizo de la opinión del pueblo algo tan supremo e infalible como si se tratase de la voluntad de Dios».

9. No, según la Biblia, no se hereda el pecado genéticamente, sino que se heredan las consecuencias del pecado, es decir, la muerte. (Ver nota abajo.)

10. No, según la Biblia, el hombre no es bueno «por naturaleza» después de la caída.

Nota:
Ofrecemos las siguientes reflexiones sobre el tema del pecado original para complementar el texto:

Luis Berkhof, en su *Teología sistemática*[1] (segunda sección, capítulos III y IV) hace un repaso histórico de las distintas maneras de entender el «pecado original», y explica que su propia posición es que el «pecado original» incluye dos elementos: 1) Todo hombre tiene la culpa del pecado de Adán y Eva «imputada» legalmente a su cuenta, evidente en Romanos 5:12-19, Efesios 2:3 y 1 Corintios 15:22; y 2) Como consecuencia de su culpa, todo hombre nace con una naturaleza corrupta. Habla de la teología «representativa» (que él mismo sostiene) que «acentúa el hecho de que hay una imputación «inmediata» de la culpa de Adán a todos [los] que él representa como cabeza del pacto».[2] Según este concepto, el pecado original no es heredado genéticamente, sino que es traspasado legalmente a nuestra cuenta, ya que Adán nos representó. De la misma manera, según Romanos 5, Cristo nos representó en Su justicia, y los que creemos en Él recibimos Su justicia imputada legalmente a nuestro favor.

En su *Teología sistemática*[3] (segunda parte, capítulo 2), J. Oliver Buswell, Jr. cita el *Catecismo Menor de Westminster*, que menciona tres aspectos del estado pecaminoso del hombre: «Pregunta #18: ¿En qué consiste lo pecaminoso del estado en que cayó el hombre? Respuesta: Lo pecaminoso del estado en que cayó el hombre consiste en la culpabilidad del primer pecado de Adán, la falta de justicia original, y la depravación de toda su naturaleza, llamada comúnmente pecado original, con todas las transgresiones actuales que de ella dimanan». Después Buswell cita a Charles Hodge, quien dice que el «pecado original» incluye los tres aspectos de la pecaminosidad mencionada en el Catecismo. Finalmente, Buswell explica que él mismo limita el concepto del «pecado original»

1 L. Berkhof, *Teología sistemática*. (Grand Rapids: T.E.L.L., 1976).
2 Berkhof, *Teología sistemática*, p. 285.
3 Hay tres tomos publicados por LOGOI, en Miami: *Dios y Su revelación* (1979), *El hombre y su vida de pecador* (1980), y *Cristo, Su persona y Su obra* (2000). Pronto será publicada su teología sistemática completa, incluyendo la escatología, en un solo tomo. La doctrina del pecado original se explica en el segundo tomo, la segunda parte.

al primer aspecto mencionado en el *Catecismo Menor*, es decir, la culpa del pecado de Adán que ha sido imputada a nuestra cuenta.

Hegel

1. El mito de las revoluciones (de Hegel) afirma que el hombre es malo desde su origen, que la sociedad es imperfecta, y que el progreso social es posible sólo por medio de las revoluciones violentas. Hegel creía que: «Todo lo negativo finalmente se transformaría en positivo. El mal presente era necesario para alcanzar el bien futuro. Esta revelación era gradual y no había terminado todavía».

2. Hegel admiraba a Napoleón Bonaparte porque era gran militar y estadista, capaz de cambiar el curso de la historia.

3. Sí, las ideas de Hegel eran racistas porque «ensalzó el espíritu alemán en la historia, afirmando que sólo las naciones germánicas estaban destinadas a ser los soportes de los principios cristianos». Según él, «el pueblo germano era el único verdadero sucesor del antiguo pueblo griego y por tanto estaba destinado a conducir el cristianismo a su término».

4. El mito de Hegel tiene en común con el de Maquiavelo la creencia de que «el fin justifica los medios».

5. La filosofía griega concebía el tiempo como cíclico, mientras el hombre de la Biblia percibía el tiempo como «un proceso linear ascendente en el que era posible diferenciar claramente entre el ayer, el hoy o el mañana».

6. No, Dios no aprueba todos los acontecimientos sociales de la historia, porque «Él nunca puede aprobar la maldad ni el pecado del ser humano».

Nota:
Ofrecemos las siguientes reflexiones acerca de la soberanía de Dios para complementar el texto. Los conceptos representan la línea de pensamiento de los siguientes escritores:

Luis Berkhof, *Teología sistemática* (Grand Rapids: Libros Desafío), primera parte, segunda sección, capítulo VI; James Montgomery Boice, *Fundamentos de la fe cristiana* (Miami: Logoi/Unilit), capítulo 11; y Juan Calvino, *Instituciones*, Libro primero, capítulos XVI, XVII, y XVIII. Ver también *La Confesión de Fe de Westminster*, capítulo V.

La soberanía de Dios, la existencia del mal, y la responsabilidad del ser humano parecen conceptos incompatibles para nuestras mentes limitadas. Sin embargo, la Biblia enseña las tres cosas, sin insinuar que Dios sea responsable o culpable por el mal.

a) Dios gobierna todo lo que sucede.
   Note los siguientes pasajes acerca de Su providencia:

   Efesios 1:11
   En Él tuvimos herencia, habiendo sido predestinados conforme al propósito del que hace todas las cosas según el designio de su voluntad.

   Proverbios 16:33
   La suerte se echa en el regazo; mas de Jehová es la decisión de ella.

   Aunque Dios gobierna todo, normalmente deja que la naturaleza siga sus propias leyes. Es decir, normalmente gobierna la creación a través de «medios». Sin embargo, Dios puede interrumpir estas leyes cuando Él quiera, por ejemplo cuando hace milagros (ver Proverbios 3.26-30 y Salmo 8, por ejemplo.)

   La Confesión de Fe de Westminster, capítulo V, Secciones II y III, dice:
   Aunque todas las cosas acontecen inmutable e infaliblemente con relación a la presciencia de Dios, quien es la causa primera; sin embargo, por la misma providencia, Él las ha ordenado para que sucedan de acuerdo con la naturaleza de las causas segundas, ya sea necesaria, libre o contingentemente. (II)

   En su ordinaria providencia, Dios hace uso de medios; sin embargo, es libre de obrar sin ellos y contra ellos, según le plazca. (III)

   De la misma manera, Dios normalmente deja libres los pensamientos de los hombres. No obstante, Él puede también cambiar sus pensamientos cuando Él quiera, por ejemplo para llevar a un no creyente a arrepentirse y a creer en Cristo (ver Juan 1.13 y Romanos 9.18-21, por ejemplo).

b) Dios encamina todo para Su gloria.
   Pablo explica en Romanos 8 que Dios encamina todo para el bien de los cristianos. ¿Por qué? Porque Su propósito con ellos es que lle-

guen a ser como Jesucristo mismo en santidad. No promete prosperidad material, ni poder sobrenatural, sino bendición espiritual. Todas nuestras experiencias ayudan a crecer espiritualmente.

Romanos 8:28-30

> *Y sabemos que a los que aman a Dios, todas las cosas les ayudan a bien, esto es, a los que conforme a su propósito son llamados. Porque a los que antes conoció, también los predestinó para que fuesen hechos conformes a la imagen de su Hijo, para que él sea el primogénito entre muchos hermanos. Y a los que predestinó, a éstos también llamó; y a los que llamó, a éstos también justificó; y a los que justificó, a éstos también glorificó.*

La historia de José es un buen ejemplo. Sus hermanos lo vendieron como esclavo, pero llegó a ser gobernante durante el hambre, y pudo salvar a su familia. Cuando sus hermanos revelan su identidad, José dice:

Génesis 50:20

> *Vosotros pensasteis mal contra mí, mas Dios lo encaminó a bien, para hacer lo que vemos hoy, para mantener en vida a mucho pueblo.*

Dios utilizó las naciones vecinas malvadas para lograr Su propósito con Su pueblo.

Habacuc 1:5-12

> *Mirad entre las naciones, y ved, y asombraos; porque haré una obra en vuestros días, que aun cuando se os contare, no la creeréis. Porque he aquí, yo levanto a los caldeos, nación cruel y presurosa, que camina por la anchura de la tierra para poseer las moradas ajenas... Oh, Jehová, para juicio lo pusiste; y tú, oh Roca, lo fundaste para castigar.*

c) Dios no es el responsable por el pecado.

Gálatas 2:17

> *Y si buscando ser justificados en Cristo, también nosotros somos hallados pecadores, ¿es por eso Cristo ministro de pecado? En ninguna manera.*

Note también que la Biblia considera a Adán culpable por la caída.

Romanos 5:18-19

Así que, como por la transgresión de uno vino la condenación a todos los hombres, de la misma manera por la justicia de uno vino a todos los hombres la justificación de vida.
Porque así como por la desobediencia de un hombre los muchos fueron constituidos pecadores, así también por la obediencia de uno, los muchos serán constituidos justos.

Esto es un misterio que escapa a la lógica de la mente humana. Hay dos perspectivas para ver los sucesos de la historia humana. Es como ver todo primero desde lejos, a través de un *telescopio,* y después ver todo de cerca, a través de un *microscopio.*

Desde una perspectiva, Dios planifica todo y hace que todo suceda de acuerdo con Su plan. Esto es como ver todo desde lejos, a través de un telescopio. Es el cuadro grande. Dios vive más allá del tiempo y del espacio, así que para él, la historia de la humanidad es como un momento en la eternidad.

2 Pedro 3.8

Mas, oh amados, no ignoréis esto: que para con el Señor un día es como mil años, y mil años como un día.

Desde otra perspectiva, el hombre ocupa su propia voluntad para tomar decisiones, y cada decisión cambia el rumbo de la historia. El hombre vive encerrado en el tiempo y en el espacio. Esto es como ver todo de cerca, a través de un microscopio, examinando los detalles pequeños.

Si Dios no mostrara en la Biblia la perspectiva grande, la única perspectiva que observaría el hombre sería la pequeña. Esto disminuiría la grandeza de Dios, y tendríamos menos confianza en Él. Pero si Dios no mostrara también la perspectiva pequeña, el hombre posiblemente caería en un fatalismo pasivo. Dios nos ha revelado tanto el cuadro grande como el pequeño, para que le demos la gloria que le corresponde, y para que también actuemos responsablemente.

La Confesión de Fe de Westminster lo expresa así en el capítulo V:

Dios, el gran Creador de todo, sostiene, dirige, dispone, y gobierna a todas las criaturas, acciones y cosas, desde la más grande hasta la más pequeña, por su sabia y santa providencia, conforme a su presencia infalible y al libre e inmutable consejo de su propia voluntad, para la alabanza de la gloria de su sabiduría, poder, justicia, bondad y misericordia. (I)

...Lo pecaminoso sólo procede de la criatura y no de Dios, quien es santísimo y justísimo, no es ni puede ser el autor o aprobador del pecado. (IV)

Tenemos que reconocer nuestra pequeñez frente a Dios, y aceptar lo que Él nos dice, aunque no lo comprendamos, porque Él es la fuente de toda verdad. Hay muchas cosas que creemos, sin entenderlas, como lo infinito del universo; sabemos que no puede tener fin, pero tampoco podemos asimilar el hecho de que es infinito.

Isaías 55:8
Porque mis pensamientos no son vuestros pensamientos, ni vuestros caminos mis caminos, dijo Jehová.

Deuteronomio 29:29
Las cosas secretas pertenecen a Jehová nuestro Dios; mas las reveladas son para nosotros y para nuestros hijos para siempre, para que cumplamos todas las palabras de esta ley.

7. Según la Biblia, «el sentido último de la historia no es la manifestación del poder humano, sino de aquello que, de momento, se encuentra oculto en la mente de Dios». «El final previsto por Dios para la historia es aquel tiempo en que el conocimiento de su Palabra prevalecerá».

8. No, el plan de Dios en la historia humana no ha fracasado, porque muchos aspectos de la salvación se dan más allá de la historia humana. Tal como la obra redentora de Jesús no se consumó hasta después de Su muerte y resurrección, así también la plenitud de la salvación del hombre no se realiza hasta después de la muerte y resurrección de este.

9. No, «desde la pura racionalidad humana, no será posible jamás justificar el problema del mal en la historia».

10. «La única alternativa deseable continúa siendo asumir el riesgo de la fe. Acogerse con cordura a la locura de una resurrección de los muertos y una justicia final en Cristo Jesús».

Lección 5

(Parte II, Secciones 7 y 8, Comte y Darwin)

Comte

1. Comte está equivocado cuando dice que la vida social no existía en la fe monoteísta. Tanto el pueblo hebreo como los cristianos primitivos mostraron una sensibilidad social. Cuando eran fieles a Dios, eran solidarios y fraternales.

2. La nueva religión que proponía Comte tenía como fin principal «crear grupos de hombres que vivieran como si ya estuviesen en la nueva sociedad perfecta». «Quiso establecer un régimen absolutista, una sociocracia fundamentada en la sociología y dirigida por una élite de sabios, de los que él sería el jefe espiritual». La humanidad en general llegaba a ser un sustituto para el Dios de los cristianos.

3. Comte decía que el hombre había pasado por tres etapas evolutivas: la edad religiosa, la edad metafísica, y ahora la edad científica o positiva.

4. La «infancia de la humanidad» sería la primera edad, la edad religiosa, en que el hombre buscaba las causas originales y finales.

5. La «religión» de Comte era una «sociolatría» porque tenía como objeto de culto la humanidad. Fue fabricada para llenar el vacío espiritual del hombre moderno.

6. No, no se han cumplido las expectativas de Comte con respecto a la desaparición de la religión en la sociedad industrializada, porque se ha producido precisamente lo contrario: la religión ha florecido, y la confianza en la ciencia se ha perdido. En la época postmoderna, «se ha producido el desengaño de la razón moderna y un progresivo retorno de lo sagrado».

7. Sí, el cristianismo tiene posibilidades nuevas para transmitir su mensaje porque «tras este despertar postmoderno de lo religioso late un rechazo de la injusticia, de la insolidaridad y una valoración de la compasión y el amor al prójimo. ¿Y quién puede llenar mejor que el cristianismo de Cristo estas lagunas de la sociedad?»

8. El mito de Comte representa el cumplimiento de lo dicho en Romanos 1.25: «cambiaron la verdad de Dios por la mentira, honrando y dando culto a las criaturas antes que al Creador».

9. No, la llama de la fe cristiana «seguirá dando su brillo y su calor».

10. (Respuesta personal. Esta pregunta podría ser el tema para un ensayo.)

Darwin

1. Algunos piensan que Darwin tardó en publicar sus ideas evolucionistas por respeto a su padre y su esposa, que no creían en su teoría, pero también es posible que haya sido por falta de suficiente evidencia para probar la teoría.

2. Las tres premisas de la teoría son: a) Hay una variación en los seres vivos. Cada organismo es distinto. b) «Todas las especies eran capaces de engendrar más descendientes de los que el medio podía sustentar». Muchas crías perecen. c) El mecanismo que actúa para eliminar algunas variaciones y conservar otras es la «selección natural», el proceso en que sobreviven los más aptos, por ser mejor adaptados a su ambiente.

3. El «darwinismo social» aplica la teoría de la selección natural a la sociedad humana. «Según el darwinismo social», el éxito de las sociedades se debería a la supervivencia de los más fuertes».

4. La objeción a la teoría de la evolución por azar, que plantea la bioquímica moderna, es que esta no es capaz de explicar la alta complejidad de la química de la vida. Esto es una «caja negra» para el darwinismo, porque la ciencia no puede explicar el origen ni la existencia de tanta complejidad por un proceso de azar, sino que apunta a la creación por un Ser inteligente.

5. El debate entre darwinistas y antidarwinistas es a veces tenso, porque despierta sentimientos y creencias muy arraigadas. En el fondo es un debate teológico.

6. En la naturaleza cada molécula de aminoácidos en materia inerte posee una simetría, son «dextrógiros» y «levógiros». Pero, los organismos vivos solamente utilizan los «levógiros», y nadie puede explicar por qué. Si la materia viva hubiese procedido de la materia inerte, como supone la teoría de la evolución, las dos deberían reflejar la misma simetría.

7. Un «sistema irreduciblemente complejo» es un sistema que no se puede reducir o modificar, sin que deje de funcionar, porque cada pieza depende de otras. Por ejemplo, el ojo humano no funcionará si es que todas las partes no están formadas y trabajando correctamente. Darwin dijo que si existiera algún órgano así, su teoría se «vendría abajo por completo», y de hecho existen muchas estructuras así. Según la teoría de la evolución, estos órganos se han formado lentamente durante mucho tiempo; pero si hubiese sido así, no habrían funcionado hasta ser totalmente desarrollados. Suposición que va en contra de la selección natural, ya que esta se hubiera encargado de eliminar cualquier cosa que no funcionase correctamente.

8. No, el adulterio no está condicionado por los genes. Eso dejaría sin responsabilidad moral. Es imposible probar algo así mediante algún método científico.

9. La teoría del diseño inteligente fue desarrollada en forma convincente por William Paley en su *Teología natural*. Dice que si encontráramos un reloj en el suelo, sabríamos que fue diseñado por un ser inteligente dada su complejidad. Así toda la compleja naturaleza apunta a un creador.

10. No, «pretender realizar un análisis psicológico del creador que revele los motivos de su actitud es una tarea muy arriesgada, a no ser que él mismo manifestara su finalidad». (Esto nos ayuda a contestar a los que dicen que no hubo un creador, un diseñador inteligente, porque la naturaleza contiene «imperfecciones».)

Lección 6

(Parte II, Secciones 9 y 10, Marx y Freud)

Marx

1. El mito marxista de la redención del proletariado es que los obreros tomarán el poder, reemplazando la burguesía, centralizando los instrumentos de producción en manos del Estado. La verdadera salvación de la humanidad será la formación de una nueva sociedad justa. Su filosofía se ha llamado el «materialismo dialéctico», porque aceptaba la dialéctica de Hegel, pero en vez de aceptar el idealismo de Hegel, prefería el materialismo de Feuerbach.

2. Marx consideraba la religión el «opio del pueblo».

3. Marx sacó su concepto de alienación del Derecho, y lo utilizó para hablar de una persona que ha perdido sus derechos, que ha sido expropiada. Señaló que el obrero está alienado cuando su trabajo deja de pertenecerle, y cuando tiene que trabajar por un sueldo humillante. Según Marx, la propiedad privada de los medios de producción y la anarquía del mercado constituían las dos fuentes principales de la alienación.

4. Aunque Marx denuncia el «inconsciente social» por engañarse con la apariencia, y por no examinar la realidad, él mismo fundamenta sus teorías de la sociedad, no en un estudio del mundo real, sino en un análisis teórico.

5. No, la lucha de clases no es el único motor de la historia, ya que intervienen muchos otros factores como por ejemplo la lucha pacífica por la justicia y por la verdad, los principios cristianos del amor, y el desarrollo científico y técnico.

6. La teoría de la plusvalía propuesta por Marx consiste en que el obrero trabaja más de lo necesario para recuperar fuerzas, lo cual genera un excedente (plusvalía) que enriquece al empresario. «Si, por ejemplo, un trabajador produce en cinco horas un valor igual al que está contenido en su salario, pero trabaja diez horas, lo que hace es trabajar la mitad del tiempo para sí mismo y la otra mitad para el empresario».

7. Marx era más moderado en su posición contra la religión. Marx pensaba que la religión moriría por sí sola, pero Lenin odiaba todo lo que tenía que ver con la religión y consideraba el ateísmo necesario para el partido comunista.

8. No, Marx no demostró que Dios no existe. Su argumento era que el hombre había inventado a Dios. Es verdad que el hombre ha hecho la religión bajo la influencia de lo psicológico, lo social y lo económico, pero esto no dice nada acerca de la existencia de Dios. El hecho de que el hombre tiene pensamientos acerca de Dios no demuestra que Dios sea solamente un producto del pensamiento humano.

9. No, no se han cumplido las predicciones marxistas acerca de la fe religiosa, ya que esta no ha desaparecido. Al contrario, el marxismo mismo se ha convertido en el «opio del pueblo» en algunas partes del mundo.

10. Sí, la crítica de la teología de la liberación al cristianismo tradicional (y al protestantismo en particular) está justificada en varios sentidos: se exhibe una insensibilidad social y una alianza con los poderes humanos, la fe cristiana ha sido «espiritualizada», enseñando que lo físico y material no valen la pena, se ha desarrollado mucho individualismo, egoísmo, y arrogancia religiosa, se ha descuidado el ministerio social, y algunos equiparan el capitalismo con el cristianismo.

11. Los principales errores de la teología de la liberación según la perspectiva del Evangelio son: a) niegan la autoridad de la Biblia como base de la fe y del estilo de vida cristiano, b) reemplazan el cristianismo con el dogma marxista, haciendo un programa revolucionario para instaurar el socialismo, y c) aceptan el universalismo, la creencia de que toda la humanidad será finalmente salvada.

12. No, los primeros cristianos eran generosos en compartir, pero no eran comunistas, como sostienen algunos teólogos de la liberación (refiriéndose a Hechos 2:44-47 y Hechos 4:32-25). «No se entregaron a un experimento total de posesión comunal de bienes». Hay muchas diferencias: los cristianos compartían voluntariamente sus bienes; no todas las posesiones se ponían en común, sino que seguían teniendo propiedad privada; la costumbre de compartir sucedió solamente en Jerusalén; no tenían una organización muy estructurada para el reparto de los bienes, sino fue espontáneo; la experiencia duró poco y fracasó (quizás influyó el hecho de que la venida del Señor no fue tan inminente como algunos esperaban).

Freud

1. Freud tuvo dos experiencias en su infancia que hicieron germinar en él su carácter antirreligioso: a) Una anciana niñera checa era muy estricta, le inculcaba ideas católicas, y lo llevaba a la iglesia cada domingo, pero fue sorprendida robando. Esta hipocresía influyó en su rechazo de la religión. b) Descubrió el antisemitismo católico. Fue marginado y tuvo que soportar humillaciones de parte de los «cristianos».

2. Según su propio análisis psicológico, no superó el «complejo de Edipo», y no pudo aceptar a su padre, impidiendo así que acepte a Dios el Padre.

3. «La idea del inconsciente como generador de fantasías, impulsos incontrolados, lapsus, actos fallidos o auténticas psicosis, fue su gran descubrimiento que enriqueció los análisis científicos durante el siglo xx.»

4. La técnica del psicoanálisis de Freud consistía en «dejar hablar a los pacientes acerca de sus vidas y sobre lo que recordaban de su infancia». El paciente debía revivir ciertos acontecimientos desagradables y traumáticos que habían causado su enfermedad. Esto era una «limpieza de chimenea», una «catarsis». Primero usó la hipnosis, pero después usó las «libres asociaciones de ideas».

5. Sacando el concepto de la tragedia de Sófocles, Edipo Rey (en que Layo mata a su padre Tebas y se casa con su propia madre Yocasta) Freud pensaba que el niño varón envidia al padre y ama a la madre. Rechaza al padre porque disfruta de la relación sexual con la madre, y tiene inconsciente miedo del padre porque podría castrarlo. El niño sueña inconscientemente con asesinar al padre y ser amante de la madre, pero reprime estos sentimientos. Al inverso, la niña reprime sus deseos eróticos hacia su padre y el rechazo inconsciente hacia la madre. Si los niños no superan este complejo, se produce una neurosis.

6. Freud creía que la religión era una «neurosis obsesiva de la humanidad», como un recurso ficticio para combatir la miseria de este mundo.

7. El feminismo criticó a Freud por centrarse demasiado en la sexualidad masculina y prestar poca atención a la experiencia femenina.

8. Para Adler, la religión era una idea del hombre, y para Jahn, Dios era una realidad. «Si para el psicólogo Adler, Dios es un regalo de la fe, para el teólogo Jahn, la fe es un regalo de Dios».

9. Primero, Moisés representa la imagen del padre temido que fue ase-
    sinado por sus propios «hijos», el pueblo hebreo. Segundo, muchos
    judíos dejaron de creer en Dios Padre y lo mataron en sus propias
    vidas. Esto sería el «pecado original». Este crimen sólo puede ser
    redimido mediante el sacrificio del Hijo. Así el Hijo se convierte en
    Dios en lugar de Su Padre. «De modo que –continúa Freud– el asesi-
    nato de Moisés (?) en la religión monoteísta se correspondía con el
    del padre primitivo en el totemismo y con el de Jesucristo en el cris-
    tianismo. ¡Todos eran consecuencia del complejo de Edipo en el ser
    humano!»

10. La visión freudiana del mundo rechaza la idea de responsabilidad
    moral, porque roba la dignidad del hombre y lo trata como si fuera
    una máquina o un animal. El cristianismo propone que cada indivi-
    duo es responsable por sus actos delante de Dios.

Lección 7

(Parte III, Globalización y protestantismo, Secciones 1-14)

1. El concepto maquiavélico que el fin justifica los medios ha influido en el protestantismo en el consumismo manifiesto en cierta música y literatura, en el sensacionalismo, en la publicidad engañosa, en la creación de fetiches pseudoespirituales, y en el uso indiscriminado de los medios de comunicación masiva.

2. Decir que «la estética predomina sobre la ética» significa que la conversión afecta solamente lo exterior, y no modifica en forma profunda lo interior. Esto sucede cuando se pone tanto énfasis en temas como la escatología-ficción o la guerra espiritual, provocando el esoterismo y la «superstición pseudobíblica».

3. El «exitismo» puede estar relacionado con las ideas de Locke sobre la propiedad privada.

4. El mito de Rousseau acerca de culpar a la sociedad por los problemas y no al individuo, subyace detrás de la disminución de responsabilidad moral y espiritual de algunos creyentes, pero en vez de culpar a la sociedad, se hace responsable a Satanás.

5. El mito hegeliano se puede ver en las interpretaciones de los desastres naturales y los actos de violencia, como si fueran castigos enviados de Dios.

6. Según la Biblia, la xenofobia y el racismo no tienen razón de ser. Aún así, existen estas tendencias pecaminosas en las iglesias protestantes, por ejemplo en las congregaciones exclusivamente de una raza o de un nivel social, o en el prejuicio contra matrimonios interraciales.

7. Normalmente la «globalización» se refiere a la creciente unidad económica en el mundo, y la «mundialización» se refiere a la unificación progresiva con respecto a la tecnología electrónica y la información. Ambos términos apuntan a la aparición del nuevo mundo.

8. Algunos sociólogos afirman que estamos ante la aparición de un nuevo mundo por los siguientes cambios: a) innovaciones técnicas como las computadoras, b) la manipulación genética, c) la operación electrónica de los mercados financieros, d) el dominio de la economía

capitalista, y e) la lucha contra el autoritarismo, y f) la disminución del valor del patriarcado tradicional.

9. Decir que la globalización «afecta nuestra biografía» significa que los cambios que trae la globalización afectan no solamente la comunidad internacional, sino también afectan al individuo y a su familia.

10. El primer proceso globalizador que se produjo entre 1870 y 1914 terminó en el abaratamiento de los costes energéticos y del transporte, debido a la expansión del ferrocarril, al desarrollo de las calderas de vapor en las industrias, y a las mejoras en el transporte marítimo.

11. Los cuatro fundamentos económicos en que se apoya el actual proceso globalizador son: a) la increíble movilidad que posee el capital en la actualidad, b) los grandes organismos e inmensos bloques comerciales que suavizan los efectos de las crisis momentáneas de un determinado país, c) la mayor interdependencia de las empresas, y d) el desarrollo de la tecnología que ha convertido el mundo en una «aldea global».

12. Se habla de la sociedad moderna como una «sociedad de riesgo» porque los capitales cambian fácilmente de un país a otro, que podría producir un colapso mundial de la economía. También este término se refiere a los riesgos de problemas ecológicos, de una guerra nuclear, de alimentos modificados, del calentamiento del planeta, de los accidentes, del divorcio, y de la violencia.

13. La misma tendencia a la homogeneidad producida por la globalización ha fomentado el deseo de buscar lo individual, lo corporal, lo diferente, lo local, para distinguirse de los demás. Además, la globalización ha hecho posible que los países pequeños sobrevivan económicamente con pocos recursos, porque dependen del comercio internacional. Así se favorece a los separatistas nacionalistas.

14. Al identificar el Evangelio con una sola cultura, se impone esta cultura por la fuerza a otras civilizaciones y no respeta los valores positivos que posee cada cultura.

15. La Biblia enseña que se debe tratar al extranjero con caridad. Los cristianos debemos defenderlos. Éxodo 22.20 dice, «No molestes ni oprimas al extranjero, porque vosotros también fuisteis extranjeros en Egipto». (Ver también Mateo 25.35-40.)

16. El ideal de la familia cristiana no se acabará porque «las familias cristianas están contribuyendo de forma decisiva a la extensión del reino de Dios en la tierra».

17. La «sociedad depresiva» se caracteriza por el aumento de las enfermedades depresivas y por el consumo de ansiolíticos.

18. La oración «refuerza la personalidad proporcionando dinamismo y, sobre todo, enriqueciendo espiritualmente la vida humana».

19. Existen los siguientes peligros de la globalización: a) Los recursos tienden a desplazarse hacia los sectores más ricos, convirtiendo a los pobres en simples medios de los ricos. b) Los recursos también tienden a favorecer a las metrópolis y a los monopolios, haciendo desaparecer las pequeñas compañías. c) No se ve que el progreso económico produzca calidad de vida y felicidad, sino que se ve un aumento en la depresión, enfermedades mentales, el divorcio, el abuso de las drogas, y el suicidio. d) Se ve un aumento de la corrupción en paralelo con la globalización. e) La globalización puede acabar con los Estados nacionales. f) La globalización podría correr el peligro de «americanizar» el mundo, pero también existe la influencia inversa desde otras culturas hacia los EE.UU. g) La globalización carece de un control mundial; no hay un poder internacional a quien recurrir cuando algo vaya mal o cuando se den situaciones de injusticia.

20. Los cristianos no podemos quedar como «telespectadores pasivos», sino debemos ser «guardianes de nuestros hermanos». Debemos llevar el mensaje de Jesucristo al mundo para que las personas experimenten un cambio interior que mejorará lo exterior también. «Es una realidad que actualmente la riqueza se concentra en los países tradicionalmente cristianos. Esto supone un claro reto para el pueblo de Dios en estas naciones».

21. «...La elección no significa ningún privilegio elitista para el pueblo de Israel o para la Iglesia cristiana, sino una gran responsabilidad, una misión especial y una actitud de servicio hacia el resto de la humanidad».

22. El «pensamiento único» es la «uniformidad de criterios, la creencia de que una determinada cultura es mejor para expresar la fe, la imposición de una manera de entender la doctrina, la creencia de que sólo hay un estilo litúrgico, que sólo un tipo de música sirve para alabar a Dios o que el gobierno de la Iglesia debe ser necesariamente de tal o cual manera».

23. En el concilio de Jerusalén se llegó a la conclusión de que «la unidad de la Iglesia se basaba, no en la unificación, sino en el reconocimiento de lo diferente. No en homogeneidad, sino en la pluralidad».

Lección 8

1. Predicar la salvación con simplicidad significa concentrarse en el mensaje central de Cristo crucificado (1 Co 1.23).

2. Sí, se está produciendo un retorno a la religión, pero es una religiosidad pluralista, proponiendo la validez de todas las religiones.

3. Se puede robar la libertad a los cristianos cuando se practica un «maravillosismo milagrero y se atrae a la gente sencilla prometiéndole salud y prosperidad». «Convertir a la divinidad en curandera con horario fijo, transforma también al hombre en marioneta dirigida desde arriba por los hilos caprichosos de los dioses.»

4. Los principales errores de la teología de la prosperidad son: a) Distorsionan el relato bíblico de Jesús, haciendo que fuera rico y próspero. b) Hacen que la pobreza sea un pecado, consecuencia de fracaso espiritual. Interpretan la enfermedad de la misma manera. c) Los maestros de este movimiento se construyen verdaderos imperios con las donaciones de los pobres. d) Degradan a Dios y deifican al hombre. Dicen que el hombre fue creado como duplicado de Dios. Dicen que Dios no es más fuerte que Lucifer.

5. Cuando se pone tanto énfasis en un mensajero «estrella» para hacer promoción, se puede eclipsar el mensaje.

6. Un «fetiche espiritual» es un producto que ha sido convertido en algo de valor «mágico», como galletas espirituales fabricadas con alimentos naturales de Palestina, joyas, camisetas decoradas, o brazaletes con mensajes.

7. Las iglesias evangélicas no deben renunciar a las raíces históricas de su fe, porque da apoyo científico y autenticidad al mensaje del evangelio.

8. La sociología cristiana debe cubrir dos áreas: la colectiva y la individual, porque existen problemas sociales como la pobreza y la injusticia, pero también hay problemas individuales como la depresión, las drogas, el sexo, y el suicidio.

9. El Evangelio no nos permite «crear un espiritualismo desencarnado, una religiosidad que apueste por un Dios ajeno a la historia humana». Jesús denunció la religiosidad espiritualista de los escribas y los fariseos (Mt 23.14). Juan dice que si decimos que amamos a Dios, pero no amamos a nuestro hermano, somos mentirosos (1 Jn 4.20).

10. Las iglesias cristianas del futuro deben tener las siguientes características: a) Debemos centrar el mensaje en el significado último y en el propósito de la vida humana. b) Debemos incluir el aspecto afectivo y emocional, sin olvidarnos de la doctrina, el estudio bíblico, y la racionalidad de la fe. c) Debemos mostrar más solidaridad con el hombre. d) Debemos desenmascarar las falsedades del mundo global que humillan al ser humano. e) Debemos promover un redescubrimiento de los signos evangélicos.

11. Hay que «recuperar la frescura de la celebración de la Mesa del Señor y darle al bautismo su verdadera importancia. Frente a tanto misticismo y esoterismo, y la sensibilidad a lo audiovisual, debemos recuperar la importancia de la liturgia con sus imágenes visuales.

12. La pastoral cristiana de hoy debe ser más personalizada que nunca porque «el hombre y la mujer de hoy necesitan el calor del abrazo, el apretón de manos, la intimidad de tu a tu». Esto es difícil en las megaiglesias con miles de miembros, y por lo tanto habría que crear este ambiente en grupos pequeños.

13. El valor cristiano de la identidad consiste en poder explicar al ser humano quién es. Podemos contestar las preguntas: ¿quién soy? ¿de dónde vengo? y ¿a dónde voy?

14. «Educar para la existencia» significa enseñar valores morales y espirituales, en vez de solamente acumular conocimientos.

CPSIA information can be obtained
at www.ICGtesting.com
Printed in the USA
LVHW081631070523
746343LV00004B/22

9 788482 672595